Florentin Bosse
Feld der Sterne

Florentin Bosse

Feld der Sterne

Rediroma-Verlag

Bibliografische Information der Deutschen Nationalbibliothek:
Die Deutsche Nationalbibliothek verzeichnet diese Publikation in der Deutschen Nationalbibliografie; detaillierte bibliografische Daten sind im Internet über http://portal.dnb.de abrufbar.

ISBN 978-3-98527-610-3

www.rediroma-verlag.de
16,95 Euro (D)

Für Martine,
die immer gekämpft hat, wenn es etwas zu kämpfen gab.

Für Stefana und Joachim,
die immer mitgemacht haben

Vorwort

Es sind jetzt fünf Jahre vergangen und die Erinnerungen können einen immer noch überwältigen.

Ich weiß nicht, warum ich das Bedürfnis habe, über diese Erinnerungen zu schreiben. Ich möchte eigentlich über meine Pilgerreise schreiben, aber irgendwie scheint es mir geboten, einige Gedanken über die Zeit vor dem Pilgern wachzuschreiben.

Jeder hat vielleicht seine Art, mit einem Verlust umzugehen; ich denke, man versucht den Schmerz in sich hinein wirken zu lassen, wie ein süßes Gift, oder man versucht vielleicht, den Schmerz zu ignorieren und weiterzumachen – nur der Gedanke an den Schmerz ist schmerzhaft und lähmend – oder die Angst vor dem Schmerz ist so groß, dass man ständig Menschen um sich haben möchte, um nicht allein zu sein, damit der Schmerz sich nicht in einen hineinfrisst.

Ich war fünf Jahre gelähmt gewesen, irgendwie sinntaub. Ich habe Martina fünf Jahre gepflegt, ich habe getrauert, gelitten, ich habe sie mit voller Liebe, tiefer Bewunderung und Begeisterung, unendlicher Zärtlichkeit und Selbstlosigkeit versorgt, umsorgt, betreut und behütet und alles dem Kampf für ihre Genesung oder erfolgreiche ambulante Behandlung untergeordnet.

Ich habe meine Frau Martina verloren, und drei Sachen gingen mir ständig durch den Kopf: Es war meine Schuld, ich muss die Kinder schützen und ich möchte niemandem um mich haben oder sehen, zumindest keine gemeinsamen Freunde, Verwandten, Kollegen oder Bekannten.

Die ersten Wochen nach Martinas Tod haben die Kinder und ich zusammen in Praia verbracht und es war eine sehr emotionale, traurige, dankbare und wunderbare Zeit, die wir dort hatten. Wir haben gemeinsam alles für die Trauerfeier in Berlin geplant und organisiert und es war eine nicht beschreibbare Wärme da, so viel Liebe, Zuwendung, Wohlwollen und eine Fülle von hemmungslosen Trauergefühlen.

Wir haben uns gegenseitig die Wunden geleckt und wir waren füreinander da. Wir waren alle drei vom Schmerz gelähmt. Stefana hatte eine massive Wut in sich, da sie es nicht schaffte, nach Lissabon zu kommen, bevor

Martina starb. Ich wusste nicht, wie ich sie schützen konnte, und ich weiß es bis heute nicht. Sie flog nach der Trauerfeier zurück nach London, da sie dort arbeitete, und wir hatten dadurch weniger Zeit, uns zu sehen.

Joachim war irgendwie in der unmittelbaren Zeit nach Martinas Tod gefasster in seiner Art, den Schmerz in sich zu tragen. Die Flasche des Schmerzes abzufüllen und anschließend zu versiegeln, war sehr hilfreich damals, auch wenn es letztendlich nur ein Verschieben des Schmerzens war. Er ist in Berlin geblieben und ich flog zurück nach Praia.

Habe ich meine Kinder geschützt? Habe ich alles Mögliche getan, um deren Schmerz und Trauer zu lindern? Sehr wahrscheinlich nicht oder nicht ausreichend. Eher umgekehrt, ich war derjenige, der die Liebe und den Kummer meiner Kinder um mich so oft in den darauffolgenden Wochen gespürt hat.

Ich bin also drei Monate in Praia geblieben und versuchte, mein neues Zuhause, mein Interregnum, auf mich wirken zu lassen. Ich war relativ weit weg von den Menschen, und doch immer noch erreichbar. Und ich war darüber nicht so glücklich, so dass ich alles dafür tat, um die Kontakte mit anderen Menschen mit Hartnäckigkeit zu vermeiden. Na ja, vielleicht nicht alles, aber ich habe unhöflicherweise keine E-Mails beantwortet und das Klingeln des Telefons meist ignoriert. Viele Freunde und Verwandte haben mich angerufen und mir ihre Anteilnahme und Mitgefühl wegen meines Verlustes bekundet. Es war sehr nett, aber ich konnte damit echt nicht umgehen. Es war ähnlich, wie wenn ich Geschenke zum Geburtstag oder Weihnachten bekam. Ich konnte mich nicht richtig bedanken oder zwei sinnvolle Sätze zusammenbekommen. Ein seltsames Verhalten, ich weiß. Aber ich war und bin nun mal so. Die Anrufe haben sich mit der Zeit reduziert – zu meinem Glück – und langsam konnte ich die Tage mit meinen neuen Freunden verbringen.

Meine neuen Freunde waren die Steine, die Wellen, das Wasser, der Sand und der Wind.

Meine Freunde waren Gedichte und Sonnenuntergänge.

Und später dann die Dorfwege voller Staub, Wälder mit feuchter Erde und getrocknete Tannenzapfen.

Es war irgendwie wie Kraft tanken. Ich dachte, Menschen müssen solche Krafttankstellen aufbewahren und schützen – es ist wie Sauerstoff und Kohlenhydrate für die Seelen der Menschen.

Es war aber eine Kraft, der ich mir am Anfang nicht bewusst war – eine Kraft zum Vollgas geben. Ich wollte über meine Grenzen gehen und ich habe mich mit Essen vollgestopft, bis ich mich übergab. Ich trank und ließ mich volllaufen, bis ich nicht mehr wusste, wo und wann ich eingeschlafen war und warum und manchmal mit wem. Ich habe mit Frauen geschlafen, immer wieder, Frauen, die ich nicht richtig kannte oder nicht kennen wollte.

Ich wollte leben, ich wollte das Leben spüren, ich wollte meine Sinne zurück, ich wollte mein Herz pochen hören wie nie zuvor, meine Lungen in tiefem Einatmen spüren, wie sie sich dehnen und gierig all die Luft aufnehmen und noch mehr wollen, mein Blut durch die Venen fließen spüren wie gewaltige Bäche nach einem reichen Frühlingsregen ...

Ja, es war wie eine Rettung des Körpers und eine Strafe des Körpers gleichzeitig, weil ich wütend war, mein Versprechen nicht gehalten zu haben, Martina für mindestens zehn Jahre am Leben zu erhalten, nachdem ihre Krankheit ausgebrochen war.

Dann, auf einmal, trat die Sinnlosigkeit des Daseins ein und ich wusste nicht mehr, wohin, wozu und warum. Ich war tage- und wochenlang in diesem für manche Leute bekannten Reich gewesen, ein Reich der Stille, der Leere, des Nachdenkens, der Spaziergänge, der Kontemplation und der Träume, wo man die Vergangenheit träumt und die Erinnerungen lebt.

Es war nicht Trauer, ich hatte die letzten fünf Jahre täglich getrauert; es war eine Zeit der Fragen ohne Antwort, des Leids, aber nicht der Verzweiflung. Alle diese Jahre habe ich gedacht, wenn die Zeit eine Bewegung oder in Bewegung ist, dann kann man sich vorstellen, dass die Zukunft vor dir steht und du die Vergangenheit hinter dir hast. Dann werden die Ereignisse in der Zukunft sich irgendwie vergegenwärtigen, und später langsam in der Stille der Vergangenheit ruhen.

Seitdem Martina unheilbar krank wurde, hatte ich das Gefühl, dass es bei mir nicht mehr so war; ich habe die Ereignisse aus der Vergangenheit kommen und sich in der Gegenwart entfalten sehen, um sich dann auf eine ungewisse Zukunft zuzubewegen. Die Zukunft war hinter mir, die Vergangenheit war meine Zukunft geworden ...

Später aber passierte etwas Seltsames. Ich spürte und wusste, dass mein Weg ein Weg des Leidens sein muss, aber nicht der Verzweiflung. Die langen Spaziergänge am Strand und durch den Wald haben mir sehr gut getan. Der Geist wurde freier und es fiel mir so viel leichter, dem Bedürfnis des Nachdenkens nachzugehen. Und ich wollte gehen und gehen und gehen, gehen und allein sein. Sicherlich sind wir nicht für immer an die gleichen Kreise der Welt gebunden, zumindest nicht an die gleiche Sozialkreise.

Und aus dem Nichts, aus einem unterbewussten Nichts, aus einem in mir seit Jahren lebenden Nichts, kam mir die Idee, mich für eine Weile einfach auf den Weg zu machen, pilgern zu gehen; aus dem Verkehr der Sozialkreise auszuscheiden, um mich von dem Kreis der Sonne, der Nacht und der Natürlichkeit der Natur gefangen nehmen zu lassen.

Es war eine gewaltige Energie der Befreiung, wie bei einem Baby, wenn es – wenn auch ein bisschen wackelig – die ersten Schritte macht und allein laufen kann.

Die Klarheit dieser Entscheidung war überwältigend, genauso wie die Vorfreude; ich musste an Patrick Leigh Fermor in „The Time of Gifts“ denken, dessen Vorfreude ähnlich gewesen sein musste.

Meine Begeisterung und Energie hat auch meine Kinder angesteckt und sie haben mich ständig und rastlos unterstützt und ermutigt, diese Reise zu machen. Sie waren sehr zuverlässige Reisebegleiter, auch wenn sie die meiste Zeit nur in Gedanken bei mir waren, was mir allerdings sehr gelegen kam.

Das Ziel der Reise war mir seit ungefähr zehn Jahren klar, seitdem ich Paulo Coelhos „Alchimist“ zum ersten Mal gelesen habe, und ich meinte, dass so eine Pilgerreise nur dort enden sollte, in dem Feld der Sterne – Santiago de Compostela.

Mir war der Anfang der Pilgerreise auch klar, auch wenn meine Kinder zu der damaligen Zeit in Berlin und London gewohnt haben. Berlin war der Ort, wo wir Martina beigesetzt hatten, und es konnte für mich kein besserer Ort des Segens sein.

Die fieberhaften Vorbereitungen und Planungen waren in drei Wochen abgeschlossen, meine mentale Verfassung war stabil und jugendhaft, die Zukunft war wieder da, ungewiss, aber spürbar. Santiago de Compostela war nur ein Begriff, ein kontextueller Ort, damit die Logik einer Reise aufrecht erhalten blieb – denn wenn man erstmals losfährt, muss man irgendwo ankommen, was mir aber sehr fragwürdig vorkam.

Am 26. April fing ich meine Pilgerreise in Berlin an. Es waren die spannendsten ersten sechs Monate des Interregnums meines Avatars.

Deutung

Ich wusste damals nicht, dass fünf Jahre danach, diese Reise noch immer so tief in mir stecken würde. Dass ich kein Heimweh oder Fernweh haben würde, sondern Pilgerweh.

Ich habe fünf Jahre nicht geträumt, oder, besser gesagt, mich nicht erinnert, geträumt zu haben. Das war irgendwie ein seelischer Armutszustand. Aber ich war geduldig. Geduldig wie ein Mechaniker. Ein Mechaniker ist auch geduldig. Er wartet, dass etwas kaputtgeht, damit er es dann reparieren kann. Ich wartete auf meine Träume. Nach ungefähr fünf Jahren träumte ich plötzlich wieder. Schöne, romantische, grausame, sinnlose und fantastische Träume, in denen alles möglich war, wenn auch unerklärlich oder magisch, wie in einer südamerikanischen, magisch-realistischen Kurzgeschichte von Marques, Borges oder Cortazar.

Es war wie eine Erlösung, ein Aufwachen oder ein Gespür, Mensch zu sein. Ich konnte es kaum erwarten, wieder schlafen zu gehen und verrückte Sachen zu träumen. Aus irgendwelchen Gründen ist mir die Pilgerreise von Berlin nach Compostela, die ich vor fünf Jahren gemacht habe, wieder wach und sanftmütig in Erinnerung gekommen.

Ich habe damals meine Erinnerungen, Gedanken und Erlebnisse in ein Tagebuch geschrieben. Hier habe ich diese Geschichte für meine Kinder zusammengefasst, in der Hoffnung, dass sie mich und meine innere Welt besser verstehen würden, auch wenn sie dafür keine Pilgerreise würden machen müssen. Sie waren teilweise mit mir auf dem Weg nach Compostela und ich bin bis heute dankbar, dass sie mich unterstützt haben. Ich habe meine Gedanken so dargestellt, wie sie damals durch meinen Kopf flossen, manchmal verwirrend, widersprüchlich, langweilig, unreif oder unsinnig und ich habe sie (weitgehend und wenn überhaupt, dann auf jedenfalls unbewusst) nicht umschrieben oder gefiltert. Ich wollte die Gedanken und Gefühle, die mich damals begleitet haben, rein, schlicht und unvermischt durch spätere Reflexionen wiedergeben.

Der Jakobsweg

Deutschland

April

Berlin. Stadt der Kontraste, Abenteuer, erzählten und nichterzählten (oder noch zu erzählenden) Geschichten. Stadt, in der sich Ost und West, Nord und Süd, schwarz und weiß, rechts und links, Tag und Nacht sozial, geopolitisch und europäisch treffen. Stadt, in der Liebe und Hass in Frieden oder Gewalt aufblühen, Hauptsache Toleranz. Die einzige Stadt mit einem multi-kulturellen Ambiente, das authentisch erlebt wird und nicht auferlegt oder geschwindelt. Nicht New York, Paris oder London. Einfach Berlin.

Und mittendrin, an dem berühmten Alexanderplatz, stand ich am 26. April 2015. „Alex", ein berühmter Berliner Treffpunkt, dessen Name in dem russischen Zaren Alexander, dem Erstem, wurzelt. Er wurde im Zweiten Weltkrieg erheblich zerstört und dann wieder neu erbaut von der damaligen Ostberliner Verwaltung, mit einem durch die geometrische Form des Platzes und die darum herum liegenden Bauten generierten Gefühl des Unwohlseins.

Es war ein grauer Tag, der sich noch nicht entschieden hatte, ob der Regen sich behaupten würde oder es einfach so in grau und trüb weiterging. Obwohl Ende April, war nirgendwo eine grüne Farbe zu sehen. Außer des Namensschildes von der „Galeria" Kaufhof. Das lag hauptsächlich daran, dass kaum Blumen oder Bäume am Platz gewachsen waren. Es war nicht mein Lieblingsplatz in Berlin, aber dennoch eine der meistbesuchten Gegenden der Stadt, ein beliebter Ausgangspunkt für die Touristen.

Und hier kommen wir zur Sache; ich hatte mich entschlossen, von Berlin nach Santiago de Compostela zu pilgern. Das war der Plan.

Ich hatte mich entschlossen, auf die Suche zu gehen, und würde am Alexanderplatz in Berlin anfangen. Ich war krank. Ich war der verlorenen Liebe krank. Ich hatte meine Frau Martina im Januar verloren. Ich hatte auch meinen Kompass verloren.

Meine Kinder Stefana und Joachim waren da, um mich zu verabschieden.

Ich ging auf die Suche nach meinem eigenen Lebensinhalt, nach meiner Heimat – würde mich aber nicht wie Santiago in Wind oder sogar in den Schatten des Windes verwandeln.

Ich ging auf die Suche nach der sanftmütigen und traurigen, sozialen Inkompetenz eines bekannten Prinzen.

Ich ging auf die Suche nach dem Fuchs, um mich mit ihm vertraut zu machen.

Ich ging auf die Suche nach dem Dorf und der grenzenlosen Begeisterung der Dorfbewohner über die überraschenden Besuche der Zigeuner und deren wunderbaren Erfindungen, die sie mitgebracht hatten.

Ich ging auf die Suche nach dem Tal des Himmels, nach Holden Caulfield, Dorian Gray, Tengo und nach anderen Schätzen, die noch nicht wussten, dass ich sie suchte.

Wenn alles gut lief, würde ich Santiago de Compostela irgendwann Ende September erreichen, vielleicht auch nicht. Wie Pessoa mal sagte, „der Wert der Dinge liegt nicht in der Zeit, die sie dauern, sondern in der Intensität, mit der sie geschehen. Es gibt also unvergessliche Momente, unerklärliche Dinge und unvergleichliche Menschen ...“

Ich hatte meine Reise nur bis Santiago de Compostela geplant. Was danach passieren würde, hing davon ab, was ich auf dem Weg lernen, wie ich trauern, was mich getröstet haben oder was ich gefunden haben würde.

Ich dachte, dass dann etwas geschafft sein würde, wie es geschafft worden sein sollte, und hoffte, dass es mir dann zu eigen würde. Dann würde ich ein weiser Mann geworden sein.

Die Kinder umarmten mich irgendwie umständlich und voller Liebe, wir machten ein paar Bilder und dann ging es los. Wir wussten nicht so genau, wie wir uns in so einer Situation verhalten sollten. Es war nicht nur eine Reise, es war vielleicht ein Abschied von einer Lebensphase und ein Anfang einer neuen. Wir wussten nicht, wie alles in sechs Monate aussehen würde. Es war aber so, dass keiner von uns richtig loslassen wollte. Na ja, irgendwie nahm ich als Vater und erfahrener Bursche die Zügel in die Hand und machte mich auf dem Weg.

Ich war stolz, den Weg angefangen zu haben. Ich fühlte mich auch mit meiner Ausrüstung sehr komfortabel, insbesondere mit meinem klappbaren Taschenmesser und mit meiner Kappe, die meinen Zustand, so schien mir, ziemlich gut beschrieb. Es stand auf meiner Kappe „Barely Legal", und so wie ich aussah und was ich vorhatte, konnte man es sehr wohl als beinahe legal beschreiben.

Ich hatte neue Wanderschuhe, um 3.000 Kilometer zu laufen, von der Ausrüstungsfirma als einwandfrei funktionierend garantiert. Ich hatte eine Wind-/ Regenjacke, die ich vor einigen Jahren für Wanderungen gekauft hatte, einen zwölf-Kilo-Rucksack, eine Isomatte und obendrauf meinen Schlafsack. Ich hatte keinen Wanderstock, weil ich ihn als eine nutzlose Belastung und zusätzliches Gewicht betrachtete. Außerdem meinte ich, dass mich der Weg die Tiersprache bald lehren und ich dementsprechend keinen Schutz brauchen würde. Ziemlich gut, dachte ich. Ich hatte sogar einen Pilgerausweis, der musste sein. Ich wusste, dass der Rucksack so wenig wie möglich wiegen sollte, aber irgendwie schien alles, was ich mitgenommen hatte, eine Bedeutung, einen Sinn zu haben und, ja, eine Notwendigkeit zu sein. Nehmen wir zum Beispiel die Powerbank für mein Mobiltelefon. Na ja, das war so eine Sache.

Ich hatte die Reise die letzten sechs Wochen geplant.

Die Idee des Pilgerns hatte mich damals fasziniert. Ich wusste nicht, wohin mit meinem Schmerz und der Einsamkeit, ich hatte keinen Unterschied zwischen Tag und Nacht mehr gemacht, hatte lange Nächte gelesen oder lange über Sachen nachgedacht. Ich wollte leben, ich wollte Intensität spüren. Das Leben selbst schien bedeutungslos, aber es gewann an Wert, weil wir irgendwie Möglichkeiten geschaffen haben, unsere individuellen und kollektiven Existenzen zu genießen. Und darum ging es, da ich keinen Genuss mehr fand. Ich wusste, dass, theoretisch gesprochen, Kunst, wissenschaftliches Wissen, Lesen – als unbewusst selbst vorgeschriebene Bibliotherapie – sogar Denken selbst, edle Wege sein können, das eigene Leben zu spüren und zu intensivieren. Aber ich konnte es kaum umsetzen. Vielleicht sollte ich zuerst etwas aktiver machen und es würde möglicherweise helfen, dachte ich. Also habe ich mit der Planung der Pilgerreise angefangen.

Es war mir klar, dass ich so oder so ein einsamer Pilger und mit mir allein sein würde, irgendwie authentisch. Wie damals, als Pilgern eine Bedeutung hatte: nämlich eine Reise in der Fremde über das Land, über unbebaute Felder, in einer Zeit, als die Pilger geehrt wurden und das Gebot der Gastfreundlichkeit für freie Übernachtungen und Proviant gesorgt hat. Ich hatte alle Wege in Deutschland und der Schweiz untersucht und ausgesucht, die Etappen berechnet und festgemacht, Alternativwege ebenfalls berechnet, da die so genannten Jakobswege in Deutschland und Schweiz kaum markiert, gepflegt und geehrt sind.

Frankreich und Spanien sind sehr vertraut mit den Pilgern und alles ist viel besser organisiert, hatte ich mir sagen lassen.

Ich plante also eine Pilgerreise von 3.300 km in ca. 180 Tagen.

Deutschland ca. 1.000 km in 50 Tagen, die Schweiz 450 km in 30 Tagen, Frankreich 1.100 km in 55 Tagen und Spanien 775 km in 43 Tagen. Alles in Etappen, mit Zielen, Übernachtungen, Tage für Kleiderwaschen oder Fußblasen pflegen, Monumente, Sehenswürdigkeiten und kirchliche Einrichtungen besichtigen.

Ich nahm mit: Schlafsack, Isomatte, Zelt, drei Sätze Unterwäsche, zwei Pullis, Regenumhang, Schildmütze, Pilgerhose und Wechselhose mit mehreren abschließbaren Beinen, leichte Turnhose, Kulturbeutel, großes Handtuch, Badehose, drei T-Shirts, ein Paar Wandersocken, ein Paar Baumwollsocken, eine Laufgürteltasche mit sechs Reisverschlussfächern, eine kleine Schere, Elastoplast, Sonnencreme, Sonnenbrille, Fußbalsam, Wundcreme, Wäscheleine, Toilettenpapier, Plastikdose, Taschenlampe, Notizbuch, Bleistifte, alles, was man halt für so eine Reise braucht. Und ich war genauso entschlossen wie unsicher in meiner Verrücktheit, diese Reise durchzuziehen. Alles und jeder war bereit für diese Pilgerreise außer mir. Aber noch einmal, kann jemand überhaupt für eine solche Reise bereit sein?

Also ging ich endlich los. Auf den ersten fünf Kilometer oder so war ich voll gespannt, um zu spüren, ob alles richtig eingepackt und eingekauft war, um zu sehen, ob die Schuhe nicht zu eng sind, ob meine Füße nicht anschwellen, ob alles mit dem Rucksack in Ordnung ist, ob irgendwelche Dellen sich in meinen Rücken bohren konnten. Denn der Abschied war ziemlich hastig, und ich hatte nicht genug Zeit beim Packen, um zu schauen, ob alles richtig eingepackt war. Vielleicht war es auch gut so, da ich einige Zeit gebraucht hatte, um aus Berlin herauszukommen. Ich hatte keine großen Sorgen um meine Kondition, da ich während der letzten Monate in Praia d'El Rei dreimal die Woche eine Art vor Laufübungen am Strand oder durch die Dörfer gemacht hatte, manchmal mit Rucksack, manchmal ohne, mal eine Stunde, mal zwei, also war ich ziemlich fit, glaubte ich.

Ich hatte auch mein Armband dabei, meinen Glücksbringer, so hatte ich beschlossen. An meinem ersten Tag nach Martinas Tod war ich in Lissabon an einen meiner geliebten Aussichtsplätze in der Nähe der Castello Sao Jorge namens Largo Porta Sol gegangen. Von dort aus konnte man die Mündung des Tejos in den Ozean sehen, so wie die riesige Brücke „Vasco da Gama" über den Tejo, man konnte sogar den Hafen und auch einen Teil der Stadt beobachten. Ein beliebter Platz für Touristen, ziemlich banal und meist überfüllt. Nichtsdestotrotz ein Platz mit Fernweh, Düfte von Oleander und Hibiskus, mit Wasserrauschen und Geräuschen des Hafens und mit Senegalesen, die den Touristen Andenken verkaufen möchten.

Ich weiß es nicht, warum ich dort war, ich habe mich einfach dort wiedergefunden. Ein Senegalese kam zu mir und wollte mir ein Armband verkaufen, aber seine Worte kamen nicht über seine Lippen. Er schaute mich einige Male an, denke ich. Dann irgendwann fragte er mich, was mit mir los sei. Er spürte, dass etwas mit mir nicht stimmte. Ich sagte ihm, dass meine Frau vor einigen Stunden gestorben sei. Dann war eine Weile wieder Stille und ich konnte in Ruhe die Arie „Ah forse lui" von Traviata hören, denn es war halt gerade alles, was durch meinen Kopf und meine Ohren ging. Es war leer, leerer als leer in mir. Dann, irgendwie und irgendwann, ich erinnere mich nicht mehr genau, band er mir um meinen linken Armknöchel ein Armband, flüsterte etwas über Götter, Geschenke oder so und verschwand.

Ich habe dieses Armband getragen bis einen Tag bevor ich Margot kennenlernte. Der Tag, an dem das Band einfach zerbrach, aber das ist eine andere Geschichte.

Die erste große Etappe war Berlin – Leipzig. Ich war neugierig, Ostdeutschland im Gehen kennenzulernen. Es waren zwar fünfundzwanzig Jahre nach der Wiedervereinigung, aber ich war in dieser Zeit nicht mehr als ab und zu ein Wochenende da. Die Tagesetappe war 25 Kilometer bis nach Saarmund. Eine stolze Entfernung für den Anfang, aber die Freude, der Enthusiasmus und der Hochmut des Anfangs kannten keine Grenzen. Ich war nicht mehr in Berlin, ich war unterwegs, ich war auf dem Weg, ich war in meinem neuen Zuhause für die nächsten sechs Monate. Der Himmel wurde dunkler und es roch nach Gewitter und Feuchtigkeit. Ich fing am frühen Nachmittag an zu pilgern, nachdem die Kinder und ich einen wunderbaren Brunch gehabt hatten, bei dem in unserem Freundeskreis berühmten „BBB – Brunch bei Bosse“ – der letzte BBB für die nächsten Monate. 25 Kilometer würden etwa fünf Stunden dauern, meinte ich, vielleicht sechs mit den Pausen. Das hieße, dass ich am Abend in Saarmund sein sollte, um dann eine Unterkunft zu suchen oder mein Zelt aufzubauen. Ich hatte zwar eine Adresse für eine Übernachtung, aber es war keine Herberge und diese Sachen sind nicht immer sicher.

Es gingen mir so viele Gedanken durch den Kopf, aber vor allem hatte ich Angst vor meiner eigenen Courage. Ich ging durch einen Wald und es fühlte sich so gespenstisch an, mich in eine Welt zu begeben, in der die einzige Person, die mich hören konnte, ich selbst war.

Dann fing es an langsam zu regnen. Am Anfang nur ein paar Tropfen. Ich sah nur Dickicht und Zweige um mich herum. Mit der kommenden Dunkelheit fingen die Gegenstände an, ihre Form zu verlieren, zuerst verschwamm alles zu einer grauen, dann zu einer dunklen Masse. Irgendwie kam ich am Rande des Waldes an und es wurde ein bisschen heller. Weißer Dampf stieg vom Boden auf und breitete sich über die Wiese aus.

Der Regen wurde stärker und ich wurde nasser. Meine geliebte Regenjacke war nicht dicht genug, die leichte Polyester/Elastan-Hose sowieso nicht. Es war kalt, es war dunkel, ich war nass und ich hatte noch zehn oder zwölf Kilometer vor mir. Mein Selbstvertrauen wurde ein bisschen wackelig und die ersten Zweifel kamen. Hatte ich mich übernommen? Wollte ich tatsächlich die ganze Strecke bis Santiago durchziehen? Warum? Was wollte ich erreichen? Wo waren die Menschen? Ich war ziemlich deprimiert, so unsicher, traurig, allein und verzweifelt, dass ich dachte, dass es keine Schande sei, wenn ich gleich aufhören und sagen würde: „Hey Leute, ich kann es nicht, wäre schön gewesen, aber ..."

Dann erinnerte ich mich an den kleinen Prinzen von Saint-Exupery, der fragte: „Wo sind die Leute? Es ist ein bisschen einsam hier in der Wüste." Da antwortete die Schlange: „Es ist auch bei den Menschen einsam." Ich musste natürlich schmunzeln und es war auf einmal wieder alles erträglich. Bis auf die Füße, ich war bestimmt dabei, die ersten Blasen zu bekommen.

Und dann geschah etwas, und es wurde einer jener Momente, in denen sich herausstellte, was für mich bedeutsam war. Am späten Nachmittag hörte der Regen so abrupt auf, dass es schwierig, war zu glauben, dass es überhaupt geregnet hatte. Im Westen rissen die Wolken eine niedrige Schicht aus poliertem Silber auf und das Licht brach durch. Ich ging weiter und beobachtete, wie sich die Masse der grauen Farbe des Himmels immer wieder auflöste und neue Farben entstanden: blau, pfirsichorange, grün und purpurrot. Dann füllten sich die Wolken mit einem trüben rosa, als wären diese lebhaften Farben auf einmal verschmolzen, als sie sich trafen. Ich konnte mich nicht mehr bewegen. Hatte alles eine Bedeutung für mich? War es ein Zeichen? Gleich kamen die ersten Gedanken, warum war ich hier, ich hatte so eine kleine Bedeutung in dieser Welt bis jetzt gehabt, wenn überhaupt, wie und was sollte geschehen mit meinem Leben? Ja, ich wusste, der Weg würde mir alles erzählen und verraten, aber ein Hauch von Sinnlosigkeit und Unbedeutsamkeit meines Unterfangens hatte sich in meinem Unterbewusstsein schon ein bisschen breitgemacht. Ich wollte alles in mich aufnehmen. Zu meinen Füßen knarrte und flüsterte die Erde. Die Luft roch nach grün und war voller Anfänge. Ein weicher Nebel stieg von der Erde auf wie Rauchschwaden.

Ich hatte Steglitz und Kleinmachnow hinter mir, lief über die nach Dünger riechenden Felder und dachte, in einer Stunde würde Saarmund sich zeigen und ich würde die erste Etappe hinter mir haben, obwohl es ziemlich dunkel und beängstigend wurde. Es war Sonntag und mir wurde klar, das Pfarramt würde nicht mehr offen sein, also war eine Übernachtung noch ungewiss.

Es war schon acht Uhr abends, als ich Saarmund erreichte. Ein kleines Dorf mit vielleicht zweitausend Seelen und mit einer evangelischen Kirche. Der Legende nach kommt der Name Saarmund von einem Abfluss der Nuthe, namens Saar, der nach 50 Kilometer wieder Zufluss der Nuthe wird. Was für ein Erfolg, die erste Etappe hinter mir zu haben! Mehr konnte ich nicht mehr denken. Aber wie ich oft unterwegs feststellte, sind die Dörfer in Deutschland, insbesondere Ostdeutschland, am Abend Geisterdörfer. Kein Licht, keine Menschen auf der Straße, wenn überhaupt ein bellender Hund oder eine Katze auf der Jagd. Ich musste etwas essen, trinken, mich umzuziehen, denn meine Klamotten hatten nicht im Geringsten die Absicht gehabt zu trocknen. Ich war komplett nass und hatte Angst, eine Grippe oder Erkältung zu bekommen. Aber es gab keine Kneipe in Saarmund auf der Hauptstraße! Ich war entschlossen, mein Zelt im Garten der Kirche aufzustellen und mich hinzulegen – nass und verzweifelt, wie ich war. Der Kirchenturm war zu sehen, auch wenn er nur zur Hälfte fertig war. Erst ein Jahr später, in 2016, sollte er komplett renoviert und fertig gestellt werden. Also gesagt und getan, zurück zu der Kirche gegangen und da wartete die Providenz auf mich!

Wie man weiß – aber wie es aus meinem Kopf komplett verschwunden war – ist in einem Dorf, in dem eine Kirche ist, in der Nähe auch eine Kneipe. Und tatsächlich, in einer Seitenstraße neben der Kirche, war die Kneipe und siehe da, die war auch offen. Ich war so glücklich und erleichtert als ich eintrat. Ich spürte das Leben, die Energie, die Kraft. Wie ein weiser Mann mal sagte: „Leben ist das Seltenste auf der Welt für die Menschen. Die meisten Menschen existieren nur. Das ist alles. “

Jetzt war es auch so, dass ich mich seit dem Tod meiner Frau nicht mehr rasiert hatte, das heißt, dass ich einen drei Monate alten grauen Bart hatte und mein Erscheinungsbild schon ziemlich seltsam war. Es war in der Kneipe nur ein Tisch besetzt, eine Frau, wahrscheinlich die Wirtin, hatte die Bedienung übernommen und ein Mann, wahrscheinlich der Ehemann, stand an der Bar. Der Raum war warm, angenehm und ungelüftet, es roch nach Sauerkraut, Alkohol und Zigarettenkippen. Tische und Stühle aus solidem Holz, vielleicht zehn Tische, wenn überhaupt, mit relativ sauberen Tischdecken, Bier vom Fass und alle möglichen Schnäpse einschließlich des unvergesslichen Jägermeisters an der Bar. Dorfkneipe halt, dunkel und mit Bildern von Sehenswürdigkeiten und Persönlichkeiten aus Saarmund, also Kirchen und ein paar Porträts von alten Menschen mit Bart, irgendwie mir sehr ähnlich. Es passte alles für mich – es hätte sowieso alles gepasst – und so setzte ich mich an einen Tisch. Die Unterhaltung an dem Tisch, an dem so heftig diskutiert wurde, die für mich der Azimut gewesen war, die Kneipe zu finden, wurde auf einmal stumm. Alle schauten mich an und fragten sich: „Er ist bestimmt ein Fremder, ist er ein Priester, hat er sich verlaufen oder ist er tatsächlich ein Pilger, ein nasser Pilger, wie damals?"

Sowohl die Aufmerksamkeit der Gäste als auch der Wirtin und des Ehemanns war so auf mich fixiert, als wäre ich der Bär, der bei dem Zirkus Krone die Kinder mit seinem Grollen erschreckt hat. Sicherlich passiert in so einem Dorf, obwohl nur 30 Kilometer von der Hauptstadt Berlin entfernt, nichts Erwähnenswertes außer Hochzeiten, Beerdigungen und Geburten.

Als ich mit meinen Gedanken wieder in Dialog trat, kam die nette Dame und fragte mich, was ich zu essen und trinken gedenke, weil die Kneipe bald schließen werde.

„Na ja, ein Pils vom Fass und Thüringer Rostbratwürste (ich war zwar noch in Brandenburg, aber ging bereits Richtung Thüringen) müssten schon drin sein", meinte ich.

„Selbstverständlich" meinte die Wirtin.

Zehn Minuten später war die Welt wieder in Ordnung für mich. Ich hatte bis dahin nicht die Zeit gehabt, zu bemerken welchen Hunger und Durst ich hatte. Die Überraschung kam kurz danach, als die Wirtin mich fragte, ob sie mit mir am Tisch sitzen dürfe.

„Na klar, gerne", sagte ich und dann fingen wir an, uns zu unterhalten. Es war ein wunderbarer Abend, zumindest hatte ich es am nächsten Tag so in Erinnerung. Das Bier floss, und so auch die Worte, ich erzählte ein bisschen über mich, meinen Schmerz und meine Hoffnungen. Irgendwann setzte sich auch ihr Mann zu uns und wir tauschten viele Erinnerungen, Ängste und Emotionen aus. Sie waren überglücklich, einen Pilger zu sehen. Der Jakobsweg fängt mittlerweile schon in Polen an – leider aus touristischen und kommerziellen Gründen – aber es schien, dass bisher keine Pilger durch Saarmund gegangen waren oder dort übernachtet oder in deren Kneipe gespeist hatten. Ihr Mann, ein ehemaliger Pflastersteinleger, ein stolzer Pflastersteinleger, hielt mir ein Plädoyer für seinen Beruf: wie schön es ist, Straßen, Eingänge und Gärten zu pflastern. Er sprach mit so einer Liebe über seine Werke, vielleicht Kunstwerke. Er erzählte, dass er ab und zu die Plätze und die Werke, die er gemacht hatte, besuchte, manchmal reparierte er das eine oder das andere, auch ohne gefragt zu werden ... „Wie schön ist es, wenn man bodenständig ist und etwas Bodenständiges macht", sagte er.

„Was für ein wunderbarer Satz", sagte ich, von einem Mann der bodenständig, im wahrsten Sinne des Wortes, gearbeitet hat. Sie waren eine glückliche Familie, wir haben bis in die frühen Morgenstunden gesprochen und ich erinnere mich leider nicht mehr, wie ich dennoch in ein Bett, ein Einzelzimmer in deren Gaststätte gelangt war, aber ich hatte sehr gut geschlafen, ohne Träume. Den ganzen Jakobsweg lang musste ich mich an diesen Mann oft erinnern, wie einfach und nah das Glück sein kann.

Es war ein wunderbarer Abend, nach einem Tag, der mich fast an den Rand der Verzweiflung gebracht hatte – durch Regen, nasse Klamotten, Fußblasen, Angst, keine Übernachtung zu finden, und Einsamkeit. Ich danke euch.

Am nächsten Morgen ging ich los, nachdem ich mich bei der Familie, die die Gaststätte führte, bedankt und verabschiedet und ein bisschen Proviant in einem Geschäft gekauft hatte.

Die Etappe sollte bis nach Beelitz gehen, 22 Kilometer weit, wenn meine Blasen es mitmachen würden. Ich hatte sie zwar gepflegt und mit Wundpflastern gewickelt, aber ich wusste nicht, ob es reichen würde.

Es war ein sehr schöner Frühlingstag. Die Luft war süß und mild, und der Himmel streckte sich hoch, ein intensives Blau.

Gestern Abend waren die Bäume, Büsche und Hecken dunkelbraune Stämme und Spindeln vor dem Horizont gewesen; doch jetzt, wo ich unterwegs war, war es, als ob überall, wo ich hinschaute, die Felder, die Gärten und Bäume vor Wachstum explodiert wären. Die Fülle des neuen Lebens war genug, um schwindelig zu machen. Ich fing an, nach Beeren zu schauen, aber es war zu früh. Die Büsche zeigten erst mit Stolz ihre Blumen und Blüten, auf die Beeren musste ich noch geduldig warten. Ich wusste nicht, ob die Welt in Ordnung war, aber die Natur war bestimmt so wie immer, und es war ein Gefühl von Freude und Zuverlässigkeit, das mich auf einmal begleitete. Dann schrieb ich den Kindern und Freunden eine kurze Nachricht, einen Wasserstandbericht sozusagen. So in etwa:

Der Weg übernimmt die Führung. Ich fühle, dass der Weg anfängt, mich zu beherrschen und zu meistern.

Ich bin bereit. Ich bin bereit, „etwas Gepäck" am Straßenrand abzustellen, falls der Weg mich dazu auffordert (mein Rucksack wird wahrscheinlich sowieso zu schwer sein ☺).

Ich bin bereit zu gehen und zu lernen, Dinge zu sehen, zu riechen und zu schmecken, die wir nicht sehen, riechen oder schmecken wollen – wenn der Weg es so will.

Ich denke, wenn die Leute pilgern und gehen, werden sie sich langsam wandeln wie die Landschaft, durch die sie gehen, wie die Büsche oder wie eine Kuh, die weidet. Sie werden sich nicht an Gerüchen, Schmutz, mangelnder Hygiene, Insekten, Würmern, Fliegen, Stechmücken und all dem durcheinandergebrachten Zeug stören.

Ich bin bereit, die Kühe zu melken, die Schweine zu füttern, die Eier im Stall durch das Heu zu suchen, die Schafe in den Bergen zu hüten und die Spätsommertage damit zu verbringen, die Maiskolben zusammen mit anderen Menschen manuell zu enthülsen.

Ich bin bereit, zurückzukommen und zu beginnen, aktiv an einer globalen Geistesrevolution teilzunehmen – wenn der Weg es so will.

Ich bin bereit für alles, was kommt, und wo immer der Weg mich hinführt.

Der Weg nach Beelitz war mühsam und anstrengend, es gab keinen beschilderten Jakobsweg, so wie ich es in allen Reisebüchern gelesen hatte. Die Blasen waren da, von mir ein bisschen mit Pflaster bandagiert, und die Schmerzen hielten sich in Grenzen. Ich pilgerte tatsächlich durch die Felder und Wälder und navigierte nach der Sonne auf Sicht, die Richtung Süd-West haltend. Ich hatte immer noch nicht voll begriffen, was ich vorhatte, und die Nachricht, die ich gesendet hatte, war mehr oder weniger eine Beruhigungspille für die Leute. Ich beobachtete die Landschaft und es war wunderschön. Ich hielt das eine oder andere Mal an und schaute mir einen Bach an, der vor sich hinplätscherte, oder einen Baum, der stolz und selbstbewusst sein Alter und seine grüne Krone zeigte, ich stolperte manchmal auch über Baumwurzeln, die sich schamlos und unordentlich über den Weg verbreitet hatten, oder machte einfach Rast. Wie schön war es, eine Tomate, ein bisschen Schafskäse, eine Lauchzwiebel und ein frisches Brot zu speisen, frisches Wasser aus dem Bach zu trinken, mein Taschenmesser zum Schneiden und Essen zu benutzen und nur die Vögel zwitschern zu hören und die Geräusche und die Gerüche der Natur wahrzunehmen.

Beelitz, ein unbedeutendes Örtchen, mit etwa zehntausend Einwohnern, ist vor allem bekannt als Mittelpunkt des größten brandenburgischen Spargelanbaugebietes und durch seinen jüdischen Friedhof. Ich mied den Ort und ging weiter, bis ich in Buchholz landete, etwa zehn Kilometern von Beelitz und dem naheliegenden Sedinner See entfernt, und fand dort auch eine Übernachtungsmöglichkeit.

Mein Sohn, Joachim, rief mich an und wollte sich noch mal von mir verabschieden. Ich freute mich sehr und siehe da, eine Stunde später kam er an. Wir fuhren in eine Kneipe, und es war wie eine letzte Bastion der Gesellschaft, die mich halten wollte, aber ich war schon weg, auf dem Weg. Es war ein wunderbarer Abend mit Joachim und irgendwie konnte ich ihm mein Bedürfnis nach Grenzerfahrungen erklären, nach Erfahrungen, die mich das Leben wieder spüren lassen, nach Sex, Drugs und Rock & Roll, nach intensiven Erlebnissen. Ich glaube, ich sprach zwei Stunden ununterbrochen und nahm nur wenige Bisse von dem Gericht zu mir. Aber ich war so in Fahrt, dass ich bestimmt auch mit vollem Mund sprach.

Joachim war aber verständnis- und rücksichtsvoll und hörte mir aufmerksam zu.

Ja, ich wollte halt Intensität erleben. Tatsächlich ist Intensität nichts anderes als das Prinzip, ein Ding systematisch mit sich selbst zu vergleichen. Intensiv ist dann, was mehr oder weniger stärker ist. Wir können nur fühlen, was intensiv ist, das heißt, was zunimmt, abnimmt, sich ändert. Deshalb können wir die Intensität nicht mathematisch quantifizieren, da nicht quantifiziert werden kann, was man fühlt. Vielleicht definiert uns das. Gelassenheit, Aufregung, Freude, Angst, Trauer, Glaube und Erleuchtung – alle Formen der Intensität von „etwas", das wir nicht artikulieren können, sondern fühlen – und wonach wir uns in gewisser Weise vielleicht bewusst oder unbewusst sehnen. Und es ist diese Intensität, meine ich, die uns fesselt und instinktiv und auf raffinierte Weise süchtig macht nach allem, was wir tun.

Und das ist es, wo ich mich befand. Ich hatte so ein Bedürfnis nach Intensität, nach Grenzerfahrungen. Allein sein für mehrere Wochen und Monate war eine Grenzerfahrung für mich. Mich zu betrinken und wie und wo auch immer zu landen, mit wem auch immer, war eine Grenzerfahrung. Starke Schmerzen der Fußblasen und trotzdem weiter zu laufen war eine Grenzerfahrung.

Ich hatte auch ein Techtelmechtel mit einer Portugiesin in Praia gehabt. Sie war fünfundzwanzig Jahre jünger als ich, bodenständig und in mich verliebt. Das war in einer gewissen Art auch eine Grenzerfahrung. Ich hatte sie nur einige Monate nach Martinas Tod kennengelernt und ich wusste nicht, wohin mit meinem Schmerz. Ich versuchte irgendwie, mich meinem Leiden zu entziehen und ich dachte, eine Art flüchtige, erotische Beziehung könnte ein großes Loch ausfüllen. Man sagt, dass angeblich geteiltes Leid halbes Leid ist. Das stimmt aber nicht. Ich wusste damals nicht, dass man nur allein leiden kann.

Ich verabschiedete mich mit nicht geflossenen Tränen und Herzschmerzen von Joachim. Ich wusste, wie schwer es für ihn war, mich leiden und ohne Kompass zu sehen, und wie gerne er mir geholfen hätte. Aber ich musste es machen und er hat es natürlich verstanden.

Die Nacht war erstickend, ich konnte die Fenster nicht öffnen, die Wände waren feucht, ich hatte kein Trinkwasser mehr, aber morgen würde es weitergehen. Der Weg bis Treuenbrietzen war eine ca. 20 Kilometer lange Etappe und ich dachte, dass sie relativ einfach zu schaffen ist.

Ich packte meinen Rucksack wieder ordentlich, die Sachen mussten in einer gewissen Ordnung gepackt sein, damit ich zum Beispiel am Tag einfacher an das Proviant oder an das Toilettenpapier kommen konnte. Der Schlafsack, das Zelt und die Schlafmatte mussten sich aufeinander stützen, damit sie mich während der Tagesetappe nicht am Rücken störten. Ich musste relativ einfach Zugriff auf die Regenklamotten haben, falls es zu regnen anfing, und alles musste in einer Ordnung zueinander sein, die ich während dieser Pilgerreise langsam entdeckt oder entwickelt hatte. Was für eine Freude, wieder auf dem Weg zu sein!

Es war hell, wolkenfrei, nicht so warm, um zu schwitzen, ein perfekter Tag zum Wandern. Es war sehr früh, die Geschäfte hatten noch nicht geöffnet, ich kochte mir einen Tee, trank ihn und machte mich auf den Weg. Der ganze Weg ging durch die Wälder oder zumindest hatte ich es so beschlossen. Und ich ging und ging. Mein Körper lief gut, ich fühlte mich gut in meinem Körper und irgendwie wurde das Gehen automatisch. Links, rechts, links, rechts, wie ein Wanduhrpendel, oben, unten, oben, unten, wie die Kolben eines Motors einer Dampfmaschine. Ich war wie ferngesteuert, ich war wie ein Pferd, das den Weg von der Dorfkneipe bis nach Hause blind kennt. Ich war jedenfalls wie in einem bewussten Unbewusstsein am Überlegen und die Gedanken meldeten sich zum Denken, die Fragen kamen und die Antworten waren wie das Wasser in einem Topf voll Kartoffeln kurz vor dem Kochen, es brodelte und mischte sich mit anderen Fragen zusammen, und diese Fragen verlangten nach anderen Antworten. Und ich ging weiter und war doch Zeuge und Zuschauer meiner Gedanken. Ich glaube, es ging hauptsächlich um die Frage, warum mache ich, was ich mache. Na ja, es hatte alles so angefangen, dass ich sicherlich Martine die letzte Ehre erweisen wollte und sie durch mich in den Erinnerungen der Menschen behalten wollte. Ich wollte auch die Menschen vermeiden und mich nicht gesellschaftlich über Pegelstände meiner Gemütslage unterhalten müssen oder über die schönen vergangenen

Zeiten. Ich wollte nicht gesellschaftlich sein müssen. Es gab vielleicht auch praktische Gründe, ich wollte mir zum Beispiel beweisen, dass ich immer noch so ein großes Unterfangen planen, organisieren und durchziehen konnte (vielleicht auch nicht perfekt), nachdem ich die letzten fünfundzwanzig Jahre das Steuer für solche Angelegenheiten meiner Frau überlassen hatte.

Und letztendlich war es die Befreiung, die ich erwartete, vom Weg gesagt zu bekommen, wohin meine Reise weitergeht, was ich von meinem Leben zu erwarten habe, was noch auf mich zukommt. Wo sollte ich hin, wann würde ich das ganze Durcheinander, in dem ich und mein Leben sich befanden, zu einem Ende führen und wann würde ich in ruhigeren Gewässern fahren.

Bei den letzten Fragen wurde ich leider wieder in das Reich der vor sich hinträumenden Menschen geworfen. Wahrscheinlich stolperte ich über einen Stein, auf jeden Fall konnte ich nur feststellen, dass ich doch kein Dorfpferd war, weil ich überhaupt keine Ahnung hatte, wo ich mich befand. Das war natürlich lustig, aber ich musste feststellen, wo ich war, damit ich die entsprechenden Kompasskorrekturen machen konnte. Aber es war keine menschliche Seele weit und breit. Irgendwann sah ich einen Wegweiser, der besagte, dass ich im Naturpark Nuthe-Nieplitz war. Also lief ich die ganze Zeit Richtung Osten. OK, es musste weitergehen, aber zuerst machte ich eine Rast und aß die Reste des Essens vom vorigen Tag, da ich früh morgens keine Lebensmittel kaufen konnte. Ich dachte noch mal über meine Gedanken nach und musste laut lachen. Es war echt lustig, so beim Laufen in Gedanken abzudriften, als wäre ich im Schlaf und träumte. Ich wusste natürlich nicht, dass dies ein Markenzeichen meiner Reise sein würde und eigentlich das war, was der Weg einem sagt, was der Weg mit einem macht.

Ich versuchte also, mich beim Essen und dann anschließend beim Gehen gedanklich „wach“ zu halten, bis ich irgendwann spät am Nachmittag Treuenbrietzen erreichte.

Treuenbrietzen, eine stolze kleine Stadt mit nur ca. achttausend Einwohnern, hat mir sehr gut gefallen. Ich fing an, ein bisschen die Mentalität und Denkweise der Menschen in Ostdeutschland zu verstehen, die wie ich, in einer Diktatur, einem totalitären, kommunistischen Regime groß geworden sind, mit dem Gefühl, der kleinere, ärmere Bruder zu sein. Viele hatten dann eine stolze, aber sinnlose Überheblichkeit an den Tag gelegt, wobei sie wahrscheinlich nur die lokale Tradition und Lebensweise beizubehalten versuchten.

Der Geschichte nach hieß Treuenbrietzen am Anfang nur Brietzen und im XIV. Jahrhundert, als ein Kampf zwischen zwei angeblich adeligen Familien um die Herrschaft des Landes startete, haben die Bürger von Brietzen Treue zu der bestehenden Familie, unter der sie schon lange gelebt hatten, geschworen. Um die Treue der Bevölkerung zu ehren, wurde der Name der Stadt von Brietzen zu Treuenbrietzen geändert.

Ich fand ein spartanisches und trockenes Zimmer (wie es sich für einen Pilger gehört) in der Pfarrei, kaufte Lebensmittel ein, aß zu Abend und legte mich zum Nachdenken hin.

Am nächsten Tag erwachte ich ziemlich spät und entschloss mich dann, in der Bäckerei, wo ich Proviant für den Tag kaufte, auch zu frühstücken. Ich gönnte mir einen Kaffee Latte und ich konnte es nicht lassen, mir auch eine Portion Sauerkraut zu holen. Ich setzte mich an einen Tisch – es waren wenige Leute da – und fing an, in mein Tagebuch zu schreiben. Ich war bestimmt eine bizarre Erscheinung für die Menschen, die unterwegs in Treuenbrietzen waren, mit meinem Bart, abgenutzten Klamotten, zwei Jakobsmuscheln hingen an dem Rucksack, mit Isomatte und Zelt auf dem Rucksack und mit Kaffee Latte, Sauerkraut und Tagebuch auf dem Tisch. Aber es war nun mal so. Auf einmal kam jemand auf mich zu und fragte, ob er sich zu mir setzen könne, um mir Gesellschaft zu leisten. Ich dachte: Oh, Gott, das ist genau das, wovon ich wegrennen möchte und was ich mit aller Kraft auf dieser Pilgerfahrt vermeiden möchte.

Er war in einem unbestimmten Alter, in jenen Jahren, bei dem es schwerfällt, das Alter zu erraten. Weder hässlich noch hübsch, weder groß noch klein, mit einem freundlichen Gesicht, neugierigen Augen und einem Gesicht, das Scharfsinn und Vertrauen ausstrahlte. Ich entschloss mich spontan, ihm doch an meinem Tisch Platz zu gewähren.

Er stellte sich höflich vor, hieß Klaus Wagner, und drückte sich sehr artikuliert aus. Er hatte eine sehr angenehme Stimme, einen wunderbaren sächsischen Akzent und sprach eine Sprache, die eine jahrelange Beamtenkarriere verriet. Ich freute mich auf der einen Seite, nach zwei Tagen wieder mit jemandem reden zu können, auf der anderen Seite wusste ich, dass ich eigentlich allein sein und mich so schnell wie möglich wieder auf den Weg machen wollte. Na ja, ich erzählte ihm ein bisschen, woher ich kam und wohin ich wollte. Dann fragte er mich, was für ein Landsmann ich sei, da mein Akzent kein ostdeutscher Akzent sei. Als ich Rumänien erwähnte, glühten seine Augen, sein Gesicht entspannte sich komplett, seine Haltung wurde so, als hätten wir schon dreimal mindestens auf Bruderschaft und Schnaps geschworen, und ich spürte, ich war sein Freund geworden. Er erzählte mir eine interessante Geschichte, mehr oder weniger seine Lebensgeschichte. Er war verheiratet seit über zwanzig Jahren, seine Frau stammte aus Siebenbürgen in Rumänien, er war seinerzeit zig Male dort gewesen und liebte das Land und die Leute; sie hatten keine eigenen Kinder, aber einen Jungen aus Siebenbürgen adoptiert. Er habe als Beamter im Bürgeramt gearbeitet und sei jetzt pensioniert und Kunsthändler und Kunstsammler geworden.

„Was sammeln Sie?“, fragte ich.

„Bemalte Möbel“, antwortete er. Er hatte sich in die bemalten Möbelstücke aus Rumänien verliebt und war mehrmals mit einem Transporter oder LKW da unten und hatte handbemalte Schreibtische, Bauerschränke, Truhen, Schuhschränke, Kommoden und anderes mitgebracht. Er sprach sogar ein bisschen Rumänisch und erzählte leidenschaftlich über seine Leidenschaft.

Klaus lud mich ein, eine Pause zu machen, um mir seine Kollektion – die größte Kollektion bemalter Möbelstücke Deutschlands – zu zeigen und ein paar Tage bei ihm zu übernachten. Natürlich musste ich es ablehnen, aber ich freute mich und fühlte mich geschmeichelt, dass er mich aufgrund meiner Herkunft, meines Aussehens und meiner Story als Gast, Freund und Kenner betrachtete. Dann verabschiedeten wir uns, wir umarmten uns herzlich und ich ging tatsächlich weiter auf meinem Weg. Ich dachte nun wie magisch, verrückt oder bizarr es war, in dieser Ecke der Welt, in dieser kleinen Stadt von siebentausend Seelen, jemanden zu finden, der Sammler von rumänischen bemalten Möbelstücken war.

Ich lief entlang der Großstraße – es schien so, als ob alle wichtigen Straßen in Ostdeutschland Groß-, Dorf- oder Hauptstraße heißen –, um aus dem Dorf zu gelangen. Und dann kam der Hammer. Klaus lief nach Hause, holte schnell ein von ihm geschriebenes Buch über bemalte Möbelstücke, stieg anschließend in seinen Wagen und fuhr auf der Großstraße entlang, in der Hoffnung, mich wiederzusehen. Und ich war tatsächlich da und war berührt über seine Geste, mir so ein Buch, natürlich von ihm unterschrieben, zu schenken. Ich konnte es nicht annehmen, auch wenn ich so sehr wollte, weil das Buch groß war und vielleicht anderthalb Kilo wog, und ich versuchte anderthalb Kilo mit 3.000 Kilometern zu multiplizieren, um die Energie zu ermitteln und dann alles noch mal mit 4,18 zu multiplizieren, um alles in Kilokalorien umzurechnen, um zu verstehen, wie viel extra Energie ich würde verbrennen müssen, wenn ich das Buch mitgenommen hätte. Und es war viel. Ich danke dir, Klaus.

Also lief ich mit schwerem Herzen weiter. Es war eine Begegnung, die mich monatelang geprägt hat. Die Schönheit der kleinen Dinge, die innere Zufriedenheit, dein Ziel verfolgt zu haben. Die Kraft und die Macht der wahren Träume.

Jetzt war ich auf dem Weg nach Wittenberg und war neugierig wie ein Kind, das im Dezember früh morgens aufsteht, um in die Schule zu gehen, und das Erste, was es macht, ist, aus dem Fenster zu schauen, ob es geschneit hat oder nicht. Wittenberg, eigentlich „Lutherstadt Wittenberg" genannt, liegt an der Elbe und ist eine lebenswerte, alte und zugleich moderne Stadt. Glücklicherweise blieb sie vom Krieg und von dem sozialistischen Städteumbau nahezu verschont. Der ganze Charme blieb also unverändert bewahrt. Es ist ein Ort, an dem auch heute noch Wohnen, Studieren und Arbeiten zusammen mit Genießen und harmonisch miteinander Leben möglich ist. Mit über 46.000 Einwohnern ist Wittenberg ein Ort, der nach Geschichte und Religion riecht.

Martin Luther, „Reformator" der Kirche, war derjenige, der entgegen seiner Absicht die Spaltung der Katholischen Kirche bewirkte. In dieser Spaltung entstand die neue Evangelisch-Lutherische Kirche der

Protestanten. Durch seine Thesen sind im Lauf der Reformation weitere Konfessionen des Protestantismus entstanden. Ich war seit meiner Kindheit so neugierig, diese Stadt zu besuchen und zu atmen. Aber 35 Kilometer waren sehr wahrscheinlich an einem Tag nicht zu schaffen und ich hatte schon ein bisschen Zeit durch die unerwartete Unterhaltung mit Klaus früh morgens verschwendet; ich musste also Ruhe und Geduld bewahren.

Die Sonne war schon längst aufgegangen und der Himmel hatte keine rote oder orangene Nuance mehr, er war einfach blau. Die Laufmaschine funktionierte optimal, mit Ausnahme der Blasen, die halt hartnäckig und voll Wasser waren und mich in den ersten Stunden des Laufens störten. Viel mehr störten mich aber die Gedanken an ein ungelüftetes, nach Feuchtigkeit stinkendes Zimmer, das nach Leere roch, mit Vorhängen und Handtüchern, die abgefärbt und abgenutzt schienen. Ich war immer noch ein Kind der Wohlstandsgesellschaft. Darüber hinaus hatte ich auch dieses instinktive, tief greifende Bedürfnis, einen Teil von mir draußen zu lassen.

Na ja, ich verlief mich wieder einmal und ich kam nach ungefähr 20 Kilometern und bei einsetzender Dämmerung in der Nähe eines Dorfes namens Kropstädt an. Meine schon frische Erfahrung als Pilger sagte mir, dass die Lebensmittelgeschäfte schon geschlossen waren, dass die Menschen auch die Rollläden runtergezogen hatten und es kaum möglich war, dort eine Übernachtung zu finden, da keine Menschen auf der Straße sein würden und die Dorfkneipe wahrscheinlich auch zu war. Also beschloss ich zu zelten. Premiere! Gesagt und getan, der ganze Vorgang war ziemlich unprofessionell, aber das Zelt stand. Ich hatte einen guten Platz am Rande des Waldes gefunden, wo ich dann meinen Rucksack auspackte, ein schönes Abendessen machte und in Ruhe aß. Die Stille setzte langsam ein, man hörte vielleicht von der Ferne noch eine Kuh, die ihre Unzufriedenheit mit ihrer engen Halsglocke oder ihrem Platz im Stall mitteilen wollte, ein Hund, der bellte, weil er nicht Besseres zu tun hatte, oder einen schlafwandelnden Finken, der sich in einem Wiegenlied übte. Die Feldgrillen stellten auch ihre Anwesenheit laut und musikalisch dar. Es roch nach Erde, Feldblumen, feuchtem Gras und Dampf, der aus der Erde hochzog, nach Kälte und Ausgewogenheit. Es war so friedlich und angenehm einsam. Ich hatte mein Handy dabei, das nur im Notfall benutzt werden sollte. Aber als ich überraschend feststellte, dass die Internet-Verbindung vorhanden war, hörte ich gleich das zweite Klavierkonzert von Rachmaninow an. Ich war satt, ich war zufrieden mit mir, ich war glücklich und schaute mir lange den wunderbaren Sternenhimmel an. Ich spürte meine Winzigkeit in der Gleichung des Universums und dachte an meine „persönliche Legende".

Mir fehlte nichts. Doch kurze Zeit später fiel mir auf, was mir fehlte ... Die Glocke des Kirchenturms meinte, es wäre Zeit zu schlafen, also bereitete ich meinen Schlafsack vor, ich zog meinen Trainingsanzug-ähnlichen Pyjama an, machte meine Kopflaterne an und schrieb in meinem Tagebuch die Eindrücke und die Gedanken des Tages nieder. Dann legte ich mich schlafen. Und dann wurde mir kalt. Der Beipackzettel zum Schlafsack garantierte Wärme bis zu -3 Grad Celsius. Ich hatte bewusst einen leichteren Schlafsack mitgenommen, aus Platz- und Gewichtsgründen. Ich wusste nicht, wie kalt es da draußen sein würde (ich war draußen, im Übrigen), aber mir war eiskalt. Vielleicht hatte ich mir eine Erkältung zugezogen, ich wusste es nicht, aber ich hatte Schüttelfrost. Ich zog mir jede halbe Stunde ein Teil nach dem anderen an, alles, was ich zum Anziehen mithatte, Pullis, Hosen, Socken, Unterwäsche, Regenjacke, alles. Außer Handschuhe. Handschuhe waren nicht auf meiner Packliste. Es war Ende April und ich dachte, es wird wohl warm genug sein, auch aus Gewichtsgründen. Na ja, das war es, was mir fehlte, als ich vor ein paar Stunden meinte, dass es mir an nichts fehlt.

Früh morgens hielt ich die Kälte nicht mehr aus, ich zog mich wieder aus, um meine Wanderuniform anzuziehen, mit meinen dreiteiligen Hosen, ich meine die Hosen, auf die ich so stolz war, dass ich sie als kurze Hose, Kniehosen oder lange Hosen anziehen konnte – ich musste nur einen oder zwei Reißverschlüsse ab- oder anmachen. Dann packte ich den Rucksack wieder ein, rollte Schlafsack und Isomatte zusammen und baute das Zelt ab. Es war kalt, meine Finger blieben beinahe an den Heringen des Zeltes kleben. Irgendwann war ich fertig und machte mich auf den Weg. Ich hätte in dem Moment ein Königreich für eine heiße Tasse Tee oder Kaffee gegeben, aber um sechs Uhr dreißig morgens war bestimmt keine Backstube geöffnet. Ich hatte eine kurze Etappe vor mir, ca. 20 Kilometer nur, es wurde langsam wärmer.

Die Sonne schlich sich über den Horizont, die Hügel wurden vor dem Sonnenaufgang zu Gold. Über allem war ein Morgennebel, und ein paar Windmühlen aus Beton steckten hochmütig ihre Spitzen über den Nebel. Als ich meinen Proviant für den Tag in Kropstädt kaufte, schaute ich zufällig in einen Fensterladen. Da war eine komische Gestalt, die mich anguckte. Und ich hatte mich beinahe in dem Mann, der mich anstarrte und einen ungepflegten Eindruck machte, mit seinen langen Haaren und dem Bart, mit seiner komischen Kappe, mit schmutzigen Stiefeln und veralteter Jacke und mit einem Berg von Sachen auf dem Rücken, nicht wiedererkannt. Ich musste zweimal ins Fenster schauen, um herauszufinden, dass ich es wirklich war. Ich ging weiter und dachte an die Erfahrungen der letzten Tage. Es waren wunderbare Momente, die ich erlebt hatte, und wunderbare Menschen, die ich getroffen habe. Aber das allgemeine Gefühl, das ich verspürte, war irgendwie das von Fremdenfeindlichkeit, von Xenophobie. Ich hatte viele Menschen getroffen, meistens am Abend, aber auch während des Tages. Ich war erschreckt, wie viel Angst diese Menschen vor Fremden hatten. Es war richtig, dass ich eine seltsame Erscheinung war, aber die Angst und die Ablehnung der Menschen hatte, meine ich, nichts oder nur bedingt mit meinem Aussehen zu tun. Erziehungssätze wie „was du nicht weiß, macht dich nicht heiß“ oder „du solltest nicht mit Fremden sprechen“ kamen mir ins Gedächtnis. Vielleicht war das eine Erziehungssache. Ich hatte die Leute mit „Guten Tag“ oder „Hallo“ oder „Ich grüße Sie“ begrüßt und eine Person von zehn hat mir geantwortet. Seltsam, hatte ich gedacht. Da war ein Paar, das Sachen aus dem Kofferraum eines Autos entlud, er hatte mir lieb und freundlich zu meiner Begrüßung geantwortet und wollte wissen, woher ich komme und wohin ich gehen möchte. Die Frau hatte ihn am Arm gezogen und ihm etwas zugeflüstert und dann sagte er nur kurz: „Na dann, gute Reise.“ Ablehnend und unfreundlich.

Ein anderes Mal war ich vor einem Gebrauchtwagenpark und wusste nicht mehr, wo es langging, und machte erst einmal am Rande der Straße im Gras eine Rast. Der Verkäufer kam und wollte mich vertreiben, obwohl die Straße und der Bürgersteig der Öffentlichkeit gehörten und nicht dem Laden. Ich glaube immer noch an die Überzeugungskraft und die Macht der Überredung und ich bemühte mich, dem Verkäufer die Angst zu nehmen und ihm ein Bild über meine Welt und mein Leben in der letzten Woche sowie in den nächsten sechs Monaten zu geben. Er hörte mir zu, ab und zu stellte er Fragen und am Ende wollte er mich unbedingt nach Wittenberg mit einem seiner Wagen fahren! Das hat mir noch mal bewiesen, dass die Leute hier, Menschen aus einer anderen Kulturregion, aus einem anderen Volk oder aus einer anderen Gemeinde nicht aggressiv und ablehnend mir gegenüber waren, sondern dass es sich hier mehr um Angst handelte und nicht um feindliche, aggressive Ablehnung. Angst, in Frage gestellt zu werden, Angst, sein Hab und Gut zu verlieren. Wenn man aber miteinander redet, wird die Angst langsam schmelzen und sich oft in Freundlichkeit und Hilfe umwandeln.

Na ja, egal. Ich freute mich jetzt weiter Richtung Wittenberg zu gehen und fertig. Es war schon früh am Nachmittag, ich verbrachte meine Mittagspause am Straßenrand zusammen mit einem lieben Hund vor dem Gebrauchswagenhaus und aß Schafskäse, Tomaten, Zwiebeln und Vollkornbrötchen. Mittlerweile hatte ich auch für zwei kleine Dosen Salz und Pfeffer gesorgt und war schon Meister beim Schneiden und Schnippeln mit meinem Opinel-Taschenmesser mit einer zwölf-Zentimeter-Edelstahlklinge und einem Griff aus Buchenholz. Ich hatte überall am Rand der Felder oder im Wald Früchte gesucht, aber es war erst Anfang Mai, und die Obstbäume und Beerenbüsche waren erst voll Blüten, also musste ich noch geduldig sein. Kurz nochmal die Blasen kontrolliert und gepflegt und los ging es.

Zwei Stunden zu laufen, war mittlerweile eine Bagatelle für mich, die Gefahr war wie immer das Driften, das in Gedanken abtauchen und den Pilgerweg aus den Augen verlieren. Es war eine Gefahr und eine Sucht gleichzeitig. Ich kam spät am Nachmittag in Wittenberg an und flanierte ein bisschen durch die Stadt, auf der Suche nach meiner Unterkunft. Es war so schön, junge Menschen auf der Straße zu sehen, wahrscheinlich Studenten und Touristen, und überall bunte Marktstände. Es war eine wirklich lebendige Stadt. Offene Bäche fließen stolz und sauber durch die

Innenstadt, schattige Altstadthöfe mit hohen Mauern bieten den perfekten Rückzugsraum für Gespräche oder Lektüre. Man spürte Geschichte, ich hatte so ein Gefühl von Frömmigkeit, es gab Brücken dort, über die ich lief und über die möglicherweise auch Martin Luther gegangen ist. Über die gleiche Brücke, stell dir mal vor!! Ich kannte dieses Gefühl, als ich zum ersten Mal in Paris, in London, in Cambridge oder in Oxford war. Ich wollte mit den Theologiestudenten oder Teilnehmern des evangelischen Predigerseminars einen Kaffee oder ein Bier trinken und mich mit ihnen unterhalten, aber ich hatte Angst gehabt, dass meine Religionskenntnisse und die Zeit, die ich zur Verfügung hatte, nicht genug für einen lebendigen und vielleicht emotionalen Austausch waren. Ich besuchte aber doch das Lutherhaus, einst ein Kloster, und Luthers Wohnhaus. Heute war es ein Museum mit seinen persönlichen Gegenständen und Gemälden.

Beinahe unwillig ging ich doch zu meinem „Wittenberg Youth Hostel“ und wurde dort in ein kleines Zimmer geführt, spartanisch eingerichtet, mit einem Bett, Waschbecken, einem kleinen Schrank, einem Stuhl und mit einem Junggesellen-Geruch. Lieblos und heimatlos. Ich richtete mich kurz ein, wusch meine Wäsche, legte sie zum Trocknen hin, und setzte mich auf das Bett. Ich dachte auf einmal über die Idee oder das Gefühl oder den Geruch von Heimat nach. Ich war vor etwa dreißig Jahren aus Rumänien nach Amerika ausgereist und habe das Wort „Heimat“ erst in Deutschland kennengelernt, weil auf Deutsch „Heimat“ und „Zuhause“ zwei verschiedene Wörter sind. Es hat mich sehr beeindruckt, berührt und irgendwie destabilisiert. Besonders destabilisiert hat mich das Wort „heimatlos“, da ich mich mit diesem Begriff irgendwie auch tiefer identifizierte. Jetzt musste ich plötzlich an die Sommerferien meiner Kindheit denken.

Es war mit Sicherheit einer der besten Tage des Jahres ... Er wartete seit Wochen auf diesen Tag. Schließlich beschlossen seine Eltern, ihn zu seinem Opa zu bringen, um dort den Rest der Sommerferien zu verbringen, und hier saß er am Samstagmorgen bei einer brennenden Hitze auf dem Rücksitz des alten Autos und wartete darauf, dass sein Vater ihn zu seinem geliebten Dorf brachte, in dem der Opa lebte.

Er war in der fünften Klasse in der Schule und seine Freunde nannten ihn Chapeau oder Mircea, aber er genoss es am meisten, wenn seine Mutter ihn Flo nannte. Es war so eine sanfte und subtile Abkürzung seines Namens (Florentin), aber auch kraftvoll und männlich.

Es war eine drei- oder vierstündige Fahrt bis zum Dorf, mit viel Verkehr, Autos, Pferdekutschen, Fahrrädern und manchmal sogar Fußgängern und einer nicht vorhandenen Verkehrskontrolle oder einem Gefühl von Disziplin. Die Straße führte durch einige Industriegebiete mit viel Staub und Schmutz, aber dann ging es durch die Berge und einige schöne Serpentinen warteten auf ihn. Gegen Ende war die Straße ruhiger und verlief parallel zu einem großen Fluss, der Feuchtigkeit und Frische in die Luft brachte, so dass er erwartete, dass die Hitze des Tages erträglich sein würde.

Mircea verbrachte alle seine Sommerferien mit seinem Opa seit ... uff, er konnte sich nicht erinnern, seine Sommerferien woanders verbracht zu haben. Er genoss das schöne Bauernleben im Dorf so sehr, mit Menschen, die meinten, was sie sagten, und die sagten, was sie meinten, und die nicht redeten, es sei denn, es gab etwas, über das tatsächlich gesprochen werden musste.

Vor allem aber liebte er seinen Opa. Jeden Sommer hatte Opa neue Ideen, neue Geschichten und er hörte fromm zu, aber mit viel Begeisterung für alles, was Opa sagte. Opa brachte ihm bei, wie man reitet, wie man den Geruch der Luft, die Steifheit der Blätter, die Farbe des Grases und den Flusslärm des kommenden Wetters liest, wie man den Speck räuchert, auf einem Stock aufgespießt und dann auf das Feuer legt, das sie auf dem Feld machten, um ihr Mittagessen zu kochen, während sie die Kühe der Dorfgemeinschaft hüteten. Wie man ein Buch liest, wie man liebt, ein Buch zu lesen, wie man eine Peitsche aus Weidenholz und Hanfseil baut und vor allem, wie einen sehr soliden Peitschenknall erzeugen kann – der den Neid aller Jungen im Dorf hervorrief.

Er fühlte sich jedes Jahr so viel reicher, stärker und irgendwie schlauer, wenn er von diesen Sommerferien zurückkam, und er überlegte, welche neuen Geschichten sein Opa in diesem Jahr für ihn haben würde, welche neuen Abenteuer sie erleben könnten und über welche Bücher sie sprechen würden.

Aber es gab noch einen anderen Grund, warum er dieses Jahr mit seinem Opa zusammen sein wollte. Er wollte mit ihm über einige Dinge sprechen, die er nicht mit seinen Eltern besprechen konnte, über einige sehr persönliche und intime Dinge, die ihn in letzter Zeit störten und faszinierten. Als sie das Bauerndorf erreichten, wurde ihm klar, wie geistesabwesend oder, besser gesagt, tagträumerisch er die letzten zwei Stunden war. Hoffentlich haben meine Eltern das nicht bemerkt, dachte Mircea. Es gab übliche Umarmungen, übliches stereotypes Familienessen mit Gesprächen über Gesundheit, Familie, Kinder, Politik und Sport, an denen Opa einsilbig teilnahm. Mircea war sehr höflich und äußerte Meinungen, die seine Eltern hören wollten, und er hoffte, dass seine Körpersprache nicht die Langeweile und den Mangel an emotionalem Inhalt des gesamten Gesprächs offenbaren würde, den er fühlte.

„Wie geht es dir, Opa?“, fragte er, nachdem er sich von seinen Eltern verabschiedet hatte, die endlich wieder im Auto waren und die Rückreise antraten. Opa und er gingen vom einzigen Dorfrestaurant – das auch Postamt, Pub, Club und Kulturhaus war und wo sie gerade zu Mittag gegessen hatten – zum Haus des Großvaters. Das Haus war etwa zehn Minuten zu Fuß entfernt, es war ein angenehmer später Nachmittag, die Hitze hatte nachgelassen und ältere und jüngere Menschen, Männer und Frauen, saßen auf den Bänken vor ihren Häusern, auf der Fußgängerseite auf der Straße und ruhten sich aus nach einem harten Arbeitstag. Samstage bedeuten für einen Landwirt nicht so viel, wenn Arbeit noch anliegt, die erledigt werden muss. um den kommenden Abend zu genießen.

Die Häuser im Dorf waren so gebaut – natürlich nach deutscher Tradition – dass sie einen Innenhof mit Ställen, Heuschobern, Gemüsegarten und Obstgarten im hinteren Teil des Hauses hatten. Die Vorderseite der Häuser war zur Straße hin ausgerichtet ohne Vorgarten, aber mit Bänken auf der Fußgängerseite, auf denen die Leute saßen und miteinander reden konnten oder mit den Leuten, die auf der Straße entlang kamen. Ein zehnminütiger Spaziergang zu diesem Zeitpunkt konnte leicht zu einem einstündigen Spaziergang werden, da es nach Sitte und Tradition erforderlich ist, dass sie jede Person auf jeder Bank begrüßen und dann ein mehr oder weniger kurzes Gespräch über die Dinge führen müssen. Alle kannten einander im Dorf. Und wenn im Dorf ein neues Gesicht auftauchte, wurde es nicht nach seinem Namen gefragt, sondern danach, zu wem es gehört .

„Mir ging es ganz gut. Es wird jedes Jahr schwieriger, weißt du ... seit Omas Tod ist alles um mich herum so leblos. Hätte ich nicht die Bücher um mich herum gehabt und vielleicht Jack the Black, wäre es für mich viel schwieriger gewesen“, sagte Opa. Jack the Black war natürlich der schwarze Schäferhund, der den Haushalt tatsächlich zusammenhielt.

„Wie geht es der Kuh, Opa? Wie geht es den Tieren?“, fragte ich.

„Der Kuh geht es gut, sie verlangt nicht viel und gibt mir die Milch, Sahne und Butter, die ich brauche. Sie geht jeden Tag auf die Weide, zusammen mit den anderen Kühen, kennt ihren Weg zurück und wir haben unsere Kuschelmomente am Abend. Jack the Black leitet die Show wie immer und hält mich in Sicherheit. Du weißt, ich musste das Pferd im letzten Jahr verkaufen. Ich kann nicht mehr reiten und ein Pferd muss geritten werden, wie eine Henne einen Platz braucht, um ihre Eier zu legen. Manchmal vergesse ich, mich um das Geflügel zu kümmern, aber sie erinnern mich sehr lautstark daran, wenn ich ihnen nicht die Aufmerksamkeit schenke, die sie benötigen“, antwortete Opa.

Sie erreichten das Großelternhaus und er packte seinen Koffer unter der strengen Aufsicht von Jack the Black aus, während Opa das Abendessen vorbereitete, das Feuer in der Küche anzündete und das Wasser aufwärmte, damit Mircea duschen konnte.

Es war absolut unglaublich, surreal, wie dieses Dorf es geschafft hat, die Technologie abzulehnen, um all die Jahre keinen Fortschritt zu machen. Es war erstaunlich, dass sein Opa kein fließendes Wasser und Gas oder keine elektrische Heizung hatte. Er konnte es nicht vermeiden, dass die Mitarbeiter des Stadtrats Elektrizität im Haus installierten, aber er hatte immer noch keine Pumpe, um das Wasser aus dem Brunnen zu holen. Das Wasser musste manuell aus dem Brunnen entnommen werden, indem der angekettete Eimer in den Brunnen tief abgesenkt, dann herausgezogen und die Kette auf einer Holzrolle gerollt wurde,, bis der Eimer herauskam.

„Also, was machen wir morgen?", fragte Mircea, nachdem das Abendessen beendet war, das Geschirr gespült, er den Tisch aufgeräumt hatte und nachdem sein Opa angefangen hatte, sein übliches Glas Schnaps zu trinken.

„Nun, ich denke, morgen wird ein perfekter Tag zum Angeln sein", sagte Opa.

„Oh, das wird cool", antwortete Mircea. „Ich bin letztes Jahr mit den Jungs aus dem Dorf angeln gegangen", sagte er, ohne seine Enttäuschung verbergen zu können. Denn er erwartete eine dieser spektakulären Ideen, die sein Opa jedes Jahr für ihn hatte, um außergewöhnliche Dinge zu tun, selbst wenn die meisten dieser Dinge reine Fantasie waren, wie Charaktere aus den Büchern, die sie lasen, nachzuspielen.

„Nun, ich nehme an, du bist im Bach hinter den Häusern mit den Angelruten angeln gegangen. Diesmal wird es anders sein. Wir werden mit unseren Händen angeln gehen", flüsterte Opa.

„Was?"

„Ja, mein Junge, wir werden mit unseren Händen angeln gehen, aber ich werde dir morgen alles darüber erzählen. Jetzt musst du dich ausruhen. Und vergiss nicht, dir die Zähne zu putzen, okay?"

„OK, Opa, danke für das Abendessen und lass uns morgen richtig angeln. Ich kann es kaum erwarten ... Gute Nacht und schlaf gut."

Er ging ins Bett, aber er konnte nicht wirklich einschlafen. Er dachte an dieses Dorf, an Opa, an seine Eltern und an sein bisheriges Leben. Er überlegte, wie und wann die beste Gelegenheit sein würde, mit seinem Opa über die Fragen zu sprechen, die ihn quälten. Er dachte auch an seine früheren Zeiten in diesem Dorf und erkannte, dass eine seiner ältesten Erinnerungen war, als er an einem frühen Dezembermorgen durch einen sehr lauten Schrei aufwachte und aus seinem Bett sprang und dann in den Hinterhof ging, wo das Schreien herkam und er viele Männer und ein Schwein sah, das geschlachtet wurde und verblutete. Das Bild war so stark und er war so schockiert, dass er überhaupt nicht sprechen konnte.

Und Mircea erinnerte sich daran, wie sein Opa ihn in die Arme nahm und stundenlang mit ihm sprach, bis er wieder einschlief, mit ihm über den Geist und die Seele und das Mantra eines Schweins sprach und wie Schweine und Tiere und die Menschheit alle eine große Familie sind. Das war dieser ganze Mist, der sich in der Zwischenzeit so falsch und so gut anfühlte. Da war auch Opas Stimme zu hören und seinen Geruch zu riechen, unrasiert zu sein, seinen Atem zu riechen, der immer noch an den Schnaps der letzten Nacht erinnert. Seine Hände und sein Körper rochen nach Gras, Heu, Kuhdung und frisch geschnittenes Holz. All das gab ihm das Gefühl, beschützt, gepflegt, geliebt zu werden, ein Gefühl von Heimat …

Opa konnte auch nicht schlafen und dachte, dieses Dorf war ein Anachronismus, eine ungültige Struktur, die mit alten Traditionen, Patina und Nostalgie behaftet war; wo die Leute auf der Straße miteinander reden und sich grüßen, manchmal mehrmals am Tag, wenn sie sich sahen, wenn sie die Straße hinauf zum einzigen Geschäft gingen oder die Straße hinunter, um nach Hause zu kommen, denn diese Straße war die einzige Straße im Dorf.

Die Menschen verwendeten hauptsächlich alte Kräuterextrakte, um ihre Krankheiten zu behandeln, und zögerten völlig, einen Arzt oder ein Krankenhaus aufzusuchen. Sie schrieben keine Verträge oder Papiere und bezogen Anwälte ein, wenn sie ein Tier oder ein Haus im Dorf verkauften oder kauften. Sie teilten ihre Werkzeuge und ihre Belegschaft miteinander, als sich die Menschen im Herbst gegenseitig halfen, die Vorbereitungen für den Winter abzuschließen – die trockenen Maiskolben zu entrinden und den Stall mit Heu zu füllen. Tätigkeiten, für die viele Hände gleichzeitig arbeiten mussten. Deshalb versammelten sich alle und arbeiteten den ganzen Tag, um einem von ihnen zu helfen, und am nächsten Tag gingen sie vielleicht alle, um einem anderen Bauern im Dorf zu helfen. Am Ende hatten alle Bauern ihre Scheunen für den Winter voll.

Aber es schien nachhaltig zu sein, obwohl Mircea tief in seinem Herzen wusste, dass es nur eine Frage der Zeit war, bis die Menschen neue Götter anbeten würden, genannt „Bequemlichkeit“, „Effizienz, „Profit,“ zusätzlich zu der neuesten Technologiewelle, die das Dorf erobern würde und dass der Prozess der Umwandlung irreversibel war. Aber zumindest überlebten sie so viele Jahre und dachten, dass Mircea wahrscheinlich einer der letzten Zeugen des Dorfes sein würde, des Erbes und der Schönheit der sozialen Bindung, des Zugehörigkeitsgefühls, der Einzigartigkeit und Großzügigkeit der Natur, uns zu akzeptieren, wie wir sind.

Am nächsten Morgen, nach dem Frühstück, gingen Opa und er durch den Hinterhof und durch den Gemüsegarten bis zum Bach, der irgendwie bedrohlich aussah, da er aufgrund der letzten Regentage größer war und schneller als gewöhnlich floss. Nachdem sie dachten, einen guten Platz gefunden zu haben – Gott weiß, warum das ein guter Platz war, aber das sagte Opa nun mal so – blieben sie stehen und setzten sich auf ein Stück Holz, das im Gras in der Nähe des Baches lag.

„Ich kenne diesen Ort, Opa! Ich bin vor Jahren mit den anderen Jungs aus dem Dorf hierhergekommen, wir haben ein Bad genommen, wir haben geplanscht und mit dem Wasser gespielt ... es hat Riesenspaß gemacht!“, sagte Mircea.

„Ja, ich erinnere mich, es ist ein guter Ort, um an heißen Sommertagen ein Bad zu nehmen. Es kann so erfrischend sein! Aber wie du siehst, ist heute niemand hier außer uns und die Fische, hoffe ich“, antwortete Opa. Dann begann die Einführung in den Prozess, vielleicht das Ritual des Fischfangs mit bloßen Händen.

„Wie du siehst, schlängelt sich der Bach hier. Diese Flusswindung ist ungefähr acht Meter lang und zweieinhalb Meter breit. Das Wasser kann heutzutage einen Meter tiefer oder höher sein, nachdem starke Regenfälle den Bach stärker und schneller gemacht haben. Wir können nur von dieser Seite in den Bach treten. Die Fische werden auf der anderen Seite ruhen, wo all diese Weidebäume zu sehen sind, deren Wurzeln in der Luft über dem Wasser hängen. Es ist ein Platz, der etwas dick und schlammig ist, aber so mögen es die Fische. Wir müssen von dieser Seite ins Wasser gehen und langsam zu der Seite des Baches gelangen, wo sich die Wurzeln der Weiden befinden. Wir müssen sehr langsam gehen und dürfen keine Geräusche oder Wellen machen. Der einfachste Weg, dies zu tun, ist, wenn du daran denkst, Teil der Natur zu sein, Teil eines größeren Sinnes zu sein

und diese unbeschreibliche, aber erreichbare Harmonie von allem um dich herum zu fühlen, zu der Fische, Vögel, Tiere, Menschen, alle gehören. Es kann vorkommen, dass du manchmal über einen Stein am Grund des Flusses rutschst, aber das wird deine Einstellung oder deinen Geist nicht ändern. Langsam wirst du erkennen, dass es nur der Fisch und du sind und es kein Unheil gibt, das man sich gegenseitig antun würde. Es gibt keine Angelrute, es gibt keinen Haken, mit dem der Fisch verletzt werden kann, es gibt kein Netz, in dem der Fisch eingesperrt werden kann, es sind nur du und der Fisch. Du musst dann deine Arme unter Wasser haben, du wirst bis zu deinem Hals ins Wasser tauchen und mit den weit geöffneten Fingern deiner Hände wirst du dann beginnen, das Wasser und den Schlamm unter den Wurzeln der hängenden Weide zu erkunden. Langsam und sanft, aber voller Emotionen, mit einem Herzschlag wie bei deinem ersten Date mit dem ersten Mädchen, in das du verliebt warst. Aber dein Körper und dein Geist sind Teil dieses größeren Sinnes, und du wirst ruhig bleiben und langsam Zentimeter um Zentimeter um Zentimeter das Flussufer erkunden. Und es wird ein Moment kommen, in dem du den Fisch zwischen deinen Fingern spüren wirst. Dieser Moment ist göttlich. Du solltest keine Angst haben, es ist ein sublimer Moment. Der Fisch hat auch keine Angst, er ist Teil dieses höheren Sinnes, so, wie du es bist. Du musst ihn holen, aber trotzdem unter Wasser halten, sanft an ihn denken, mit ihm sprechen und dann zum anderen Flussufer zurückkehren, aus dem Wasser steigen und für diese Erfahrung dankbar sein. Ich werde die erste Runde machen und ich möchte, dass du von der anderen Seite aus zuschaust, aber immer noch bei mir bist und diese Emotion fühlst und lebst, ein Teil von mir bist. OK?"

Mircea konnte einfach nicht sprechen. Er schaffte es irgendwie zu nicken, aber alles klang so surreal ... immer noch so aufregend, so ungewöhnlich, aber immer noch Teil einer größeren Harmonie.

Die nächsten Minuten waren so besonders, die erstaunlichste Zeit, die er in seinem Leben erlebte. Es war, als ob alles in Zeitlupe geschah, sein Opa bewegte sich so langsam über den Fluss, dass man glauben konnte, dass er sich überhaupt nicht bewegte und nur im Wasser stand, wie in einem dieser landschaftsimpressionistischen Gemälde ... Aber er spürte eine solche Intensität in den langsamen Bewegungen seines Großvaters ... dann war Opa auf der anderen Seite des Baches und blieb stehen. Offensichtlich begann die Suche nach dem Fisch. Aber alles, was sie fühlen konnten, war Reichtum, überwältigende Schönheit und Harmonie.

Dann drehte sich sein Opa um und kam zurück. Mircea war verblüfft, er erkannte, was bald passieren würde, aber er konnte es einfach nicht glauben. Es war nicht echt, nicht wirklich.

Als sein Opa mit dem Fisch in den Händen aus dem Wasser stieg, konnte er sich nicht länger zurückhalten und begann wie vor einer Schlacht zu schreien und zu tanzen wie ein indianischer Krieger.

„Du hast es getan, du hast es getan ... Opa ist der Beste ...!“, schrie Mircea und tanzte weiter.

Dann war Mircea an der Reihe und dann hatte sein Opa noch einen Versuch und sie hatten drei Fische. Aber diesmal gab es die ganze Zeit keine Explosion von Freude und Glück; diesmal war es ein ganz besonderes Gefühl, das er hatte. Mircea wusste nicht, wie er es in Worte fassen sollte, was er fühlte. Es war vielleicht irgendwie ein Gefühl, dass alles, was passieren musste, passierte, dass alles, was einen Sinn hatte, geschah, dass er eine Rolle erfüllte, die vor langer Zeit für ihn geschrieben worden war, er fühlte sich bescheiden und einfach, aber in der Zwischenzeit mächtig und beherrschend, er fühlte sich klein und unbedeutend, aber gleichzeitig entschlossen und vertrauensvoll.

Später richteten sie die Fische her – die lagen immer noch im Wasser, aber zusammen mit einem langen Grashalm, der durch die Kiemen zu ihrem Maul ging und dann um einen Weidenzweig geknotet wurde, der fest im Wasser verankert war. Opa und er, sie lagen im Gras, mit einem Grashalm im Mund, nicht kauend, sondern nur mit diesem Grashalm im Mund, „weil dies das ist, was Männer tun, wenn sie im Gras liegen“.

Er war der Meinung, dass dies der richtige Moment war, um einige seiner Fragen zu stellen.

„Opa, das war wirklich großartig. Vielen Dank, dass du mir beigebracht hast, wie man Fische mit den Händen fängt. Es war so großartig ... Opa, ich dachte die letzten Tage, ich wollte in den Wörterbüchern nachschlagen, aber ich dachte, es ist besser, dich zu fragen. Kannst du mir erklären,

was Liebe bedeutet und woran ich sie erkenne? Ich höre und lese dieses Wort in den letzten Monaten oft und möchte so gerne wissen, was das bedeutet. Es muss etwas Besonderes bedeuten, oder, weil ich das Gefühl habe, mit Mama, Papa oder meinen Freunden darüber nicht sprechen zu können!"

„Nun, darüber ist es gar nicht so einfach zu reden, du hast recht, mein Junge", sagte Opa. „Und ich fürchte, ich kann dir auch keine Definition geben. Denn Liebe ist nichts, was du siehst, es ist wie der Wind oder wie eine Erinnerung, du kannst es nicht sehen, aber du kannst es fühlen. Aber so ist auch Hass, also muss es mehr sein, um es zu beschreiben. Das Gefühl, geliebt zu werden, das Empfinden der Liebe eines Menschen, gibt dir Mut, gibt dir Sicherheit und du fühlst dich sicher und voller Mut und Energie. Das ist es, was du wohl fühlst, wenn deine Mutter dich in ihre Arme nimmt, dich umarmt oder für dich sorgt. Liebe ist eine magische Sache, sie lehrt uns, zu geben, zu glauben, zu vertrauen, zu verbinden, zu opfern, geduldig zu sein, ohne überhaupt etwas zu lehren. Wenn du dich geliebt fühlst, musst du überhaupt nicht verstehen, was passiert. Alles geschieht in dir und erfordert kein Verständnis. Erinnerst du dich an Fjodor Dostojewski und seinen Prinzen Myshkin in seinem Buch Der Idiot*? Dostojewski sagte einmal: Was ist die Hölle? Ich behaupte, das ist das Leiden, nicht lieben zu können."*

Opa legte eine Hand um seine Schultern und streichelte ihn eine Weile.

„Aber was sind deine Gedanken, Mircea? Hast du eine besondere Erfahrung gemacht, die dich zum Nachdenken gebracht hat? Ich könnte stundenlang über Liebe sprechen, weil es ein so wichtiger Teil unseres Lebens ist, aber vielleicht könnte ich besser sprechen, wenn ich verstehen würde, ob dich etwas stört oder es etwas Bestimmtes gibt, etwas, was du hören möchtest ..."

Er wusste nicht, wie er anfangen sollte ... „Opa, ja, ich fühle irgendwie die Liebe von Mama und Papa, ich fühle auch deine Liebe, und das gibt mir mehr Kraft, Mut und Selbstvertrauen, und ich fühle diesen warmen Fluss der Zuneigung zu dir, der vielleicht Liebe genannt wird. Aber es muss etwas mehr sein."

„Man kann nicht wirklich sagen, dass mehr dahintersteckt, denn Liebe ist alles, was es gibt. Wie alt bist du jetzt, mein Junge?“, flüsterte Opa.

„Ich werde im Dezember zwölf. Macht es einen Unterschied?“, antwortete Mircea.

„Nein, nicht wirklich, ich dachte nur, dass du vielleicht wissen möchtest, was es bedeutet, sich zu verlieben. Sich zu verlieben ist irgendwie anders als verliebt zu sein“, sagte Opa.

„Oh, das klingt ziemlich seltsam, aber ich denke, vielleicht wollte ich jetzt, dass du mit mir darüber sprichst“, sagte Mircea.

„Sicher. Aber lass uns die Fische aufheben und nach Hause gehen, ich fange an Hunger zu bekommen und es wird ein bisschen dauern, sie zu grillen und in der Zwischenzeit etwas Salat zu machen. Ich werde versuchen, dir zu sagen, was es heißt, verliebt zu sein, wenn wir zurückgehen, OK?“

„Ok“, antwortete Mircea.

Also nahmen sie den Fisch aus dem Wasser, banden die Schnürsenkel ihrer Schuhe zusammen, legten sie um den Hals und gingen barfuß nach Hause, fühlten das Gras, die Erde, den Staub und die Baumblätter. Es war ein wunderschöner Tag, klarer Himmel, Vögel, die ihre Symphonien sangen, ein leichter Wind wehte durch Mirceas langes blondes Haar, alles war so real und magisch zugleich und er fühlte sich so friedlich, glücklich und stolz, gelernt zu haben, wie man Fische mit den Händen fangen kann, und für diese Gespräche mit seinem Opa – von Mann zu Mann, wie man sagt.

„Here we go“, begann Opa und weckte ihn von seinen Tagträumen am frühen Nachmittag. „Sich verlieben, verliebt sein und lieben sind die größten wunderbaren Gefühle, die jemand haben kann, denn es sind Wahnsinn und Schmerz, Leiden und Glück, Wirbelsturm und weißer Sand und Palmen am Strand an einem strahlenden Tag. Es lässt dich die Dinge vergessen, die du tun solltest. Du siehst Herzen statt Zahlen, wenn du deine Mathe-Hausaufgaben machst. Du wirst hungrig, hast aber keine Lust zu essen, durstig, aber keine Lust zu trinken. Es nimmt nur dein Herz und dein Gehirn in Besitz. Dein Inneres zittert und du kannst dich ganz kindisch benehmen, wenn du siehst, wie sie vorbeigeht. Du fühlst den Wunsch, ihr

all deine wertvollsten Dinge als Geschenk zu geben – was vielleicht nicht das Klügste ist, da Mädchen normalerweise nicht von Lego, Briefmarken, oder Zigarrensammlungen beeindruckt sind. Es macht dich aber auch so verletzlich. Es öffnet deine Brust und es öffnet dein Herz und es bedeutet, dass jemand in dich eindringen und dich durcheinanderbringen kann. Aber du wünschst dir irgendwie, dass sie kommt und dich durcheinanderbringt. Es ist sicher eine ziemlich verrückte Sache. Es könnte aus heiterem Himmel erscheinen und in dich eindringen, wie eine frische Morgenbrise nach einem Sturm am Tag zuvor. Man sollte sich darauf einlassen und durch Geschichte, Raum, Sterne, Mond und alles dazwischen fallen lassen; Stunden, Tage und Wochen fallen, bis man vergisst, dass man tatsächlich fällt. OK, Ich fange jetzt an zu kochen und wir werden nach unserem späten Mittagessen weitermachen", sagte Opa.

Opa fing an zu kochen und beobachtete den Jungen ab und zu. Mircea war nachdenklich, und Opa hatte das Gefühl, dass Mircea offensichtlich sehr beeindruckt mit seinen Gefühlen reagierte auf das, was der alte Mann gesagt hatte. Es war etwas, das ihn berührte, etwas, das ihn beunruhigte.

Nach dem Mittagessen sagte er, dass er ein Nickerchen machen möchte, und ging in sein Zimmer. Opa begann an den Jungen zu denken. Hatte er die richtigen Worte gefunden? Konnte er ihm irgendwie helfen?

Der Tag neigte sich dem Ende zu, der Sonnenuntergang gab ein so warmes und großzügiges Licht. Opa kuschelte ein bisschen mit der Kuh, die gerade von den Weiden zurückkam, fütterte die Tiere, goss die Pflanzen im Gemüsegarten und nahm ein paar Wassereimer und füllte die Behälter in der Küche für das warme Wasser, sammelte die Eier und entzündete schließlich ein Feuer im Kamin. Er griff nach einem seiner Lieblingsbücher, „Das Glasperlenspiel" von Herman Hesse. Es war einer der besten Momente des Tages und er war durchweg froh, Mircea bei sich zu haben. Er spürte langsam, wie seine Augenlider immer schwerer wurden, und die Musik des Feuers erfüllte den Raum.

Mircea kam später ins Wohnzimmer und Opa schien nicht geschlafen zu haben, seine Augen waren irgendwie traurig und der ganze Körper benahm sich ein bisschen träge wie nach einem guten Nickerchen ...

„Hallo Opa“, sagte Mircea.

„Wie geht es dir, mein Junge? Hast du es geschafft, etwas Schlaf zu bekommen? Wie fühlst du dich? Hast du vom Angeln geträumt?“, fragte Opa.

„Nein, Opa, ich konnte nicht schlafen. Ich musste viel darüber nachdenken, was du heute Morgen gesagt hast, über all diese Emotionen und Sachen ... Ich glaube, ich bin in ein Mädchen verliebt. Und du hattest Recht, ich habe das Gefühl, ich kann mich nicht auf die Schule konzentrieren, ich habe eine schlechte Note in Mathe und ich weiß nicht einmal, wie ich meiner Mutter davon erzählen soll“, antwortete er schüchtern.

„Nun, das sind großartige Neuigkeiten. Sich das erste Mal zu verlieben – das ist sehr lange her für mich„, sagte Opa. „Es ist die schönste Zeit. Erzähl mir alles darüber, ich bin so neugierig. Wo hast du sie getroffen, wie sieht sie aus, auf welche Schule geht sie?“ Opa war plötzlich ziemlich aufgeregt über meine Neuigkeit.

„Nun, ich habe sie tatsächlich nicht getroffen, das ist der seltsame Teil. Ich kenne sie nicht, aber ich weiß, dass sie existiert, und ich weiß, wie sie aussieht, und ich weiß, dass ich sie an dem Tag erkennen werde, an dem ich sie treffen werde; und je früher desto besser, da ich so viel Zeit wie möglich mit ihr verbringen möchte. Ich träume von ihr und kann nur an sie denken“, antwortete Mircea in einem Atemzug.

War ich vielleicht ein geborener Bauer, vielleicht war meine Berufung Landwirt? Ich liebte wie nichts anderes das Landleben, zu sehen, wie man Sahne und dann Butter aus Milch macht oder geschmierten Schmand auf ein Stück schwarzes Brot schmiert. Ich liebte es, mit den Hunden zu spielen, das Pferd ohne Sattel oder Halfter zu reiten und sich nur an der Pferdemähne festzuhalten, mit den Kühen tagsüber weiden zu gehen und von staatlichen Feldern Maiskolben zu stehlen und die im von uns gemachten Feuerchen zu braten, und am Abend Milch, direkt aus dem Euter der Kuh gesammelt, zu trinken. War es das, was man „Heimatgefühl“ nennt? Waren diese Erfahrungen die Grundsteine meiner Identität, meines Charakters, haben sie meine Weltauffassung geprägt? Haben sie meinen Begriff von dem, was man „Heimat“ nennt, geprägt? War Heimat eine Beziehung zwischen Menschen und einem Ort, an dem Menschen sich verbunden fühlen? Vielleicht war es so, und vielleicht habe ich mich deswegen so oft heimatlos gefühlt.

Wie auch immer, es war schon dunkel draußen und es blieb mir nichts anders übrig, als ein leichtes Abendbrot zu machen – wie es sich für einem Pilger gehört –, um dann ins Bett zu gehen. Also holte ich meine Proviantreste aus dem Rucksack – wunderbare kleine Tomaten, der übliche Feta und Knoblauch, da ich keine Frühlingszwiebel mehr hatte, ein altes Stück Brot und ein paar Scheiben Mailänder Salami. Ich war mittlerweile auch besser organisiert, da ich zwei sehr kleine Salz- und Pfeffer-Glasbehälter aus einer Kneipe gestohlen hatte, so wie einen hermetischen Behälter für das Olivenöl, den ich in einem Lebensmittelgeschäft gekauft hatte. Und mit meinem Opinel-Messer war ich in einem rund herum wohlfühlenden Zustand. Wenn nur diese Geschichte mit der Heimat mich in Ruhe lassen könnte.

Ich war fast eine Woche unterwegs und es war so viel passiert.

Am nächsten Tag war ich schon mit dem Verlauf geübt. Proviant besorgen und dann den Weg weiter finden. Der Ausgang aus einer Stadt war etwas Neues, da ich keine Karten von Wittenberg hatte. Aber wie ich in der letzten Woche erfahren und erlebt hatte, mit den Leuten zu reden und nach dem Weg zu fragen war immer – wie soll ich sagen – interessant. Man hat Meinungen ausgetauscht, die Leute haben gefragt, woher ich komme und wohin ich gehe – für die kundigen Leute war es von Anfang relativ klar, da ich zwei angehängte Jakobsmuscheln an meinem Rucksack hatte. Also ging ich voller Hoffnung aus dem Hostel heraus und der Tag schien gut anzufangen; die Dame aus einer Bäckerei, wo ich mir Brot für den Tag kaufen wollte, bot es mir kostenlos an und dazu noch ein belegtes Brötchen, so, wie man die Pilger damals auch gewürdigt hat. Es war so schön, so etwas zu erleben, weil es mir bis jetzt schien, dass der Jakobsweg und das Pilgern im Bewusstsein der Ostdeutschen nicht so bekannt waren oder wahrgenommen wurden.

Es war ein schöner Frühlingstag, die Obstbäume standen in voller Blüte, die Sonne schien, wenn auch schüchtern. Es war in etwa acht Uhr morgens

– es roch nach alten Büchern und feuchten Steinen und der Morgennebel verabschiedete sich langsam von den Feldern. Ich wollte auf Sicht und Sonne navigieren und selbstbewusst und entschlossen die Hauptstraße entlang nach Süden laufen, als ein Mann mit einem alten und gut gepflegten Fahrrad mich fragte, wo mein nächster Pilgerwegaufenthalt wäre. Ich sagte ihm, dass meine Etappe mich über Kemberg nach Bad Schmiedeberg bringen sollte. Er freute sich und ich wusste nicht, warum, und fing an, mir den Weg aus Wittenberg zu beschreiben. Er war mittelgroß, vielleicht Mitte oder Ende dreißig, mit einem intelligenten aber irgendwie nicht geübten, wenn nicht trägen Gesichtsausdruck. Er beschrieb mir den Weg mit den Händen und mit vielen Worten, die leider immer wieder Bezüge auf Denkmäler und Straßennamen, die ich mir nicht merken konnte, hatten. Er hatte blaue, warme Augen, und wenn notwendig, auch mit einem scharfen und fokussierten Blick, braune Haare und ein freundliches, relativ rundliches Gesicht, vielleicht ein bisschen rötlich, was entweder Alkoholgenuss oder hohen Blutdruck verriet, war gut gebaut (vielleicht ein Kfz-Mechaniker oder ein Feldarbeiter), mit einer angenehmen Stimme und er sprach so was von schön sächsisch, dass ich Schwierigkeiten hatte, mein Schmunzeln zu verbergen. Ich war überglücklich, dass er sich so viel Zeit nahm, um mir alles zu erklären, weil er bestimmt unterwegs zur Arbeit war und nicht so viel Zeit hatte, so dachte ich. Und außerdem spürte ich so viel Warmherzigkeit mir gegenüber (als Pilger, Andersaussehender oder Ausländer), die ich in meiner ersten Pilgerwoche nicht richtig erlebt hatte. Dann sagte er plötzlich, dass es besser wäre, wenn er mich ein bisschen begleitete, um sicherzugehen, dass ich mich in der Stadt nicht verlaufe. Und so machten wir es auch. Aber er lief mit mir sage und schreibe 16 km und musste sicherlich auch 16 km zurück (auf dem Fahrrad natürlich)! Das war ein Hammer! Es passierte irgendwie natürlich. An manchen Stellen hatte er Sorge, dass ich die nächste Abbiegung vom Weg verpassen würde, und sagte: „ Ach, ich komme bis zur nächsten Brücke“ oder „dort im Wald kann man sich sehr schnell verlaufen, ich komme noch ein Stück mit“. Und so begleitete er mich noch ein Stück und noch ein Stück.

Martin, so hieß er, war ein junger Mann, der viel gelesen hatte und sich ordentlich ausdrückte, zumindest schien es mir so, als ich ihn sprechen hörte. Er hatte den Enthusiasmus eines jugendlichen Burschen und den Körper eines gelangweilten und leicht gleichgültigen Tischlers nach zwanzig Jahren Berufsausübung. Martin erzählte alles Mögliche, über Wittenberg, Sachsen-Anhalt, Fürsten und Ostdeutschland vor und nach der Wende. Er artikulierte sich gut, aber nicht didaktisch, seine Unterhaltung war eher ähnlich einer Stammtischrede. Ich erzählte ihm auch viel über mich – wir liefen schließlich vier Stunden miteinander – vielleicht hatte ich das Bedürfnis dazu. Aber hauptsächlich tauschten wir uns über meine Gedanken einer Geistesrevolution der Gesellschaft aus, was unbedingt geschehen sollte. Hätte ich ihm gesagt, dass ich einen Begleiter für mein Pilgern brauche, wäre er gleich eingesprungen (er war arbeitslos und lebte zusammen mit seiner Mutter, die er ständig anrief, um ihr zu erzählen, wo er ist und mit wem er gerade zusammen ist). Martin war absolut begeistert über meine Gedanken und meinen Plan einer „Mind Revolution" in der Gesellschaft und wollte unbedingt mitmachen. Ich konnte ihn einfach nicht wegschicken, da er die ganze Zeit sehr nett und hilfsbereit war. Er hatte den richtigen Weg mehrmals für mich gefunden. Ich wäre ohne ihn bestimmt anders gelaufen bei der einen oder anderen Wegkreuzung. Den ganzen Tag konnte ich nicht mit mir allein sein, was aber der Sinn und Zweck meines Pilgerns war, meiner Meinung nach. Es war eine Erfahrung und eine Warnung für später, dass ich hart sein muss, falls ich doch allein laufen möchte. Bis jetzt hatte ich keinen anderen Jakobsweg-Pilger getroffen, aber es war mir bewusst, je näher ich an Santiago de Compostela kommen würde, um so mehr Menschen würden um mich sein.

Irgendwann wollte ich den Pilgertag zu Ende bringen und suchte einen Platz für mein Zelt. Wir waren in einem Wald, in der Nähe eines Baches, weil ich natürlich nah am Wasser zelten wollte. Martin war unruhig und zeigte mir Laufspuren von Wildschweinen, die angeblich auf diesem Weg zum Trinken gelaufen seien, und er meinte, es sei ratsam, mir einen anderen Platz für meine Übernachtung zu suchen. Na ja, wir liefen ein Stück weiter und dann beschloss ich, mein Zelt unter einem Hochsitz für Jäger (also gab es tatsächlich wilde Tiere in der Gegend) aufzuschlagen. Also baute ich mein Zelt auf und das Ganze sah sehr lustig aus. Martin wollte und wollte sich nicht verabschieden, für ihn sah alles so abenteuerlich, interessant und halt „anders“ aus, wobei sein Leben so geplant, vorbestimmt und bemuttert zu sein schien, wahrscheinlich war demnächst kein großes Abenteuer mehr in seinem Leben zu erwarten. Egal, wir umarmten uns und ich scheuchte ihn ein bisschen weg ... Ich danke dir, Martin.

Dann war ich endlich allein und machte mir ein Feuerchen – Premiere – und ich wusste, dass ich im Wald Feuer nur an bestimmten Stellen machen durfte, aber was soll‘s

Ich legte mir alles zurecht, Brot, zwei Tomaten, Schafkäse, ein paar Radieschen, ein Stück Kaiserspeck, ein Blech, das ich auf dem Weg gefunden hatte, Salz, Pfeffer, Öl, Zitrone und meine Camping-Teetasse. Ich sammelte fleißig ein paar Äste und Holz für mein Feuerchen, und dann ging es los.

Es war ein wunderbarer Sonnenuntergang, das Wasser im Bach war silbergrau und lebendig, das Essen war exzellent, der Wald war noch nicht gruselig, das Zelt stand stolz da, unter dem Hochsitz. Das einzige Problem war, dass ich das Wasser für den Tee nur in der Tasse kochen konnte. Ich hatte keinen anderen Behälter und wollte auch kein weiteres Gepäck mittragen. Die Tasse hatte aber einen Metallgriff, der sehr heiß wurde und da ich keine Handschuhe oder Küchentücher dabeihatte und meine wertvolle Klopapierrolle nicht benutzen wollte, versuchte ich den Ärmel eines Pullovers zu benutzen. Aber ich hatte Angst, ihn zu verbrennen. So war es schwierig für mich, Tee zu trinken, das Essen wurde zu einem Albtraum und es nervte mich. Aber was einen nicht umbringt, macht einen stärker. Langsam bekam ich Übung und bei der dritten Tasse Tee wurde ich geschickt und lockerer.

Der Tag kam zum Ende, langsam wurde es ruhiger, die Dämmerung setzte ein, nur der eine oder der andere gestörte Vogel zwitscherte unentwegt, kein Netz vorhanden – Gott sei Dank. Ich räumte alles weg, das Feuerchen löschte ich mit Wasser, das ich vom Bach in einer meiner Wasserflaschen geholt hatte.

Es war Zeit eine Zigarette zu rauchen, einen kleinen Schnaps zu trinken und Nachzudenken. Da ich nicht mehr rauchte und keinen Alkohol mit mir schleppen wollte, blieb mir nur das Nachdenken.

Und es ging um die „Mind Revolution". Ich war vielleicht ein Rebellencharakter, aber ich kam auf die Idee einer Mind Revolution hauptsächlich wegen meiner Tochter. Es war so, dass Stefana, meine Tochter, nach einer sehr erfolgreichen akademischen Karriere zu dem Schluss gekommen ist, dass die heutige Gesellschaft todkrank sei und in der jetzigen Form nicht mehr mit herkömmlichen Medikamenten gerettet werden könne. Eine sinnvolle Genesung wäre nur dann möglich, wenn grundsätzliche Änderungen vorgenommen würden. In der Geschichte erfolgten diese Änderungen in der Regel nur durch eine Revolution oder einen Krieg.

Sie entschloss sich also dementsprechend zu einem anderen Weg, mit Alternativlösungen, bei denen man dem geistigen, spirituellen und emotionalen Leben eine viel höhere Wertstellung schenkte. Durch Martinas Tod wurde sie total durcheinandergebracht und wusste nicht mehr, wohin mit ihrem Schmerz.

Das war aber nicht meine Welt, und ich wollte sie doch verstehen, mit ihr reden können und unsere tolle Vater-Tochter-Beziehung aufrechterhalten. Ich wollte ihr helfen, ich wollte sie beschützen und ihren Schmerz lindern, aber ich wusste nicht genau, wie. Und da hatte ich diese Idee der Mind Revolution (die Stefana bestimmt ansprechen würde und dann vielleicht für sie auch eine Beschäftigungstherapie sein könnte oder zumindest eine Zeitbeschäftigung, denn Zeit wird alles lösen, sagt ein altes Sprichwort). Ich stellte mir also vor, dass ich erstmals eine Art programmatische Gruppe gründen werde, die das Manifesto und die Glaubwürdigkeit so einer Bewegung feststellen würde und dann weiter eine aktive Rolle in der Planung und Umsetzung spielen sollte. Die Idee begeisterte meine beiden Kinder und sie konnten es kaum erwarten, dass wir beginnen. Mit meinem Pilgern sollte ich auch den Pegel ermitteln, wie weit die Leute zu dieser Idee und Initiative bereit wären. Darüber wollte ich mich auf meinem Weg mit möglichst vielen unterhalten.

Aber welche Welt war meine Welt? Da musste ich wieder an meine Zeiten in Rumänien denken, wo ich aufgewachsen war und wie ich geworden bin wer ich bin.

Mircea war jetzt ein hübscher, erfolgreicher Teenager und stand vor einer der größten Entscheidungen seines Lebens.

Er absolvierte eine der bekanntesten Schulen der Hauptstadt mit sehr guten Zeugnissen. Mit großen und tränenreichen Küssen und Glückswünschen der meisten seiner Lehrer, insbesondere der Lehrerinnen, wurde er verabschiedet. Für sie war er der sonnige, erfolgreiche, mit blauen Augen und blonden Haaren, dünne, hübsche Junge, der das Erfolgsrezept hatte. Die Lehrer waren stolz darauf, auf eine bestimmte Weise auch zu seinem Erfolg beigetragen zu haben.

Mircea wusste, er wurde vielleicht noch mehr geliebt, weil er nicht nur ein erfolgreiches Vorbild war, sondern auch ein charmanter Unruhestifter. Er war der erste in seiner Klasse, gemessen an den Noten, die er erhielt – mit Ausnahme der Noten im Benehmen, bei denen er sich immer wieder nicht verbessern konnte –, aber er war doch der erste Schüler in seiner Klasse und Schule, der es schaffte, zwei Fenster am selben Tag mit dem Fußball zu zerschlagen.

Mircea war nur ein entfesselter Junge, er lebte seine Ausgelassenheit und seine Freude und hatte immer verrückte Ideen, wie man „Dinge" macht, mit denen er alle seine Freunde in der Klasse beeindruckte und die Aufmerksamkeit der Lehrer weckte. Die Lehrer wussten – wenn sie durch die Korridore an seiner Klasse vorbeikamen und die Klasse ruhig war – war es entweder, weil Mircea krank und abwesend war, oder weil er etwas vorhatte, auf das die Lehrer dann schnell reagieren mussten, denn sonst bedeutete es bestimmt Ärger.

Aber er war auch derjenige, der ziemlich viel von der russischen klassischen Literatur gelesen und verschlungen hatte – Tschechow, Dostojewski, Tolstoi, Puschkin, Klassiker der französischen Literatur – Flaubert, Dumas, Saint-Exupery, Hugo, Balzac, Baudelaire, dann englische, klassische Literatur – Dickens, London, Shakespeare, Stevenson, Austen – und viele andere Bücher, die von verschiedenen Autoren geschrieben wurden. Mircea liebte es wirklich zu lesen und er las absolut willkürlich. Jedes Buch gab ihm das außergewöhnliche Vergnügen, in eine imaginäre Welt einzutauchen und diese Welt so intensiv zu spüren. Wie Fernando Pessoa mal sagte: „Die Literatur ist die angenehmste Art und Weise, das Leben zu ignorieren." Er hatte irgendwie ein Talent, soziale, politische und historische Ereignisse miteinander zu verbinden, darin einzutauchen und Teil der Helden und Handlungen dieser Bücher zu werden. – Opa, ruhe in Frieden!

Es war jedoch auch ein weicher Teil in ihm, eine weiche Seite, die niemand sehen oder bemerken würde, wenn man seine Handlungen nicht vorsichtig genug anschaute. Er hatte und zeigte ein ausgesprochenes, sportliches, ehrliches und bandengetriebenes Verhalten wie die anderen Jungen auch. Unter der Haube aber fühlte er eine warme und zerbrechliche Identität mit dem kleinen Prinzen, Prinz Myshkin oder Oliver Twist.

Er interessierte sich nicht für Mädchen, obwohl er in den letzten zwei Jahren bemerkt hatte, dass es eine Reihe von Mädchen gab, die ein offenkundiges Interesse an ihm hatten. Natürlich war er auch der Beste in dem Literaturfach, aber er war derjenige, der die rhetorische Demagogie, wie die Lehrerin eines Tages während der Literaturstunde zum Beispiel sagte: „Kinder, wenn es eine Person in der Klasse gibt, die nicht an dem Unterricht teilnehmen möchte, würde ich dieser Person lieber empfehlen, die Klasse zu verlassen, als in der Klasse zu sitzen und mich und die anderen Kinder zu stören. Ich verspreche, ihm oder ihr wird nichts passieren!", nicht zulassen konnte.

Nun, das erfordert eine Antwort, dachte Mircea und stand einfach auf und fragte, ob er die Klasse verlassen dürfe. Die Literaturlehrerin war sprachlos, als sie realisierte, was eigentlich passierte, aber sie musste zu ihrem Wort stehen und ihn gehen lassen.

Mircea wusste von seinem Vater, dass er ihn immer für seinen Humbug in der Schule beschützen würde, wenn seine Noten gut wären. Mircea hatte also immer gute Noten. Und so passierte es auch diesmal, als sein Vater in die Schule bestellt wurde, um über das unerhörte Verhalten seines Sohnes informiert zu werden. Sein Vater, nachdem er die Noten seines Sohnes gesehen hatte, schmetterte alle Beschwerden der Lehrerin ab, unter dem Einwand, dass es sich um jugendliches Verhalten handele und dass es sich bald von selbst in den nächsten Jahren ändern werde. Wichtig wären nur die Noten. Später würde Mircea von seiner Französischlehrerin über den Inhalt dieses Gespräches erfahren, sein Vater hatte ihm nur gesagt, es sei alles in Ordnung. Er hatte verstanden, wie das System funktioniert und war oft bereit, die Grenzen dieses Systems zu testen. Und das war Teil seines Problems.

Die Frage war nun, welche Universität er für den nächsten Schritt seines Lebens wählen würde. Oder war das die Frage? Das war die große Frage, die vor ihm stand und ihn so in Besitz nahm, dass er diese Traurigkeit, Melancholie, Angst und sogar manchmal das Erbrechen, das diese Frage hervorrief, nicht aufhalten konnte. Und es gab niemanden, mit dem man über diese Frage hätte sprechen können.

Er hörte seit einigen Jahren auf, mit seinen Eltern über den Wahnsinn der Ereignisse in Rumänien zu sprechen. Er wusste nur, wie die Dinge in diesem Land funktionieren, aber er hatte eine Ahnung, ein sehr kleines Bauchgefühl, das ihm sagte, dass die Dinge in anderen Ländern möglicherweise nicht sehr anders seien. Er hatte eine unersättliche Liebe zu seinen Eltern, insbesondere zu seinem Vater, der aus tiefer Liebe manchmal die falschen Dinge in seinem Leben getan hatte – aber seine Liebe reichte leider nicht aus, um alle Fragen zu beantworten, die er hatte. Er fragte sich, ob es jemanden geben würde, der diese Antworten geben könnte. Er erinnerte sich, als er vielleicht neun oder zehn Jahre alt war und die Schüler einen Aufsatz über die „Mutter" – Anlass des Internationalen Tages der Mutter (Muttertag) – schreiben mussten. Mircea aber schrieb einen Aufsatz über die Hände seines Vaters, drei Seiten lang. So wollte er es halt. Es gab natürlich Empörung und Begeisterung in der Kanzlei der Lehrer – das hat er viel später erfahren – aber gut benotet wurde seine Arbeit trotzdem.

Er konnte nicht mehr mit seinem Opa über seine Probleme sprechen. Opa war vor zwei Jahren, an einem schönen Herbstabend, nach einer kurzen und aggressiven Krankheit mit einem Lächeln im Gesicht und im Frieden mit sich selbst und der Welt gestorben. Und er konnte nicht mit seinem älteren Bruder, Gabriel, sprechen, weil Gabriel ihm gegenüber eine hochmütige und lässige Haltung zeigte: „Ich-weiß-alles, ich-habe-es-dir-gesagt, ich-bin-in-der-Lage-über-alles-zu-reden", aber reden bedeutete eigentlich nicht unbedingt, etwas zu sagen. Ihre Beziehung begann sich in den letzten Jahren zu verschlechtern, obwohl sie im Grunde ziemlich stolz aufeinander waren. Aber Mircea durfte erst viele Jahre später den abgrundtiefen Unterschied zwischen ihm und seinem Bruder verstehen. Und Freunde? Oder Kollegen? Nun, er war sich nicht sicher, was das damals bedeutete. Aber alle hätten diese Frage nicht verstanden. Das Gespräch mit ihnen ging stattdessen über die Wahl – die sie im nächsten großen Schritt hatten –, die nämlich darin bestand, an welche Universität Mircea gehen sollte.

„Mircea, wirst du versuchen, einen Platz für das Polytechnische Institut zu bekommen? Und wenn ja, würdest du dich für Automatisierung, Elektronik oder Luftfahrt entscheiden? Oder möchtest du reine Mathematik oder Physik studieren? Oder möchtest du dich für einen sozialwissenschaftlichen Studienplatz bewerben – Soziologie, Philosophie, Geschichte oder Geografie? Denkst du darüber nach, Wirtschaft und Politik zu betreiben? Oder willst du dich vielleicht für Fremdsprachen einschreiben?“

Dies waren die Fragen, die Lehrer und Kollegen ihm stellten, als er in all diesen Fächern in der Schule gute Noten erzielte. Vielleicht war eines seiner Probleme, dass er keine besondere Leidenschaft für irgendwas hatte. Er erhielt seine guten Noten nur, weil er so verdammt wettbewerbsfähig war. Ja, ihm wurde beigebracht, um sich herum nur Konkurrenz zu sehen. Das predigten die Lehrer, daher musste er Leistung bringen und er konnte Leistung bringen. Und das war sein Segen und gleichzeitig sein Fluch.

Und ja, das war der logische nächste Schritt. Falls er nicht zu Uni ginge, wäre es ein Nachteil, weil er seinen Militärdienst leisten musste, eine belastende, lebensverändernde Erfahrung. Er hat ältere Kollegen von ihm gesehen, die von der Erfahrung von achtzehn Monaten Militärdienst absolut traumatisiert waren, achtzehn Monate in einer Gemeinschaft leben, die ihre Arbeitsweise seit fast hundert Jahren nicht geändert hatte, wo Denken oder Andersdenken nicht erlaubt war. Erlaubt war nur gehorchen und das tun, was dir gesagt wird.

Alles war klar, von der Gesellschaft festgelegt, der Weg zum Erfolg wurde vorgegeben und als erfolgreich funktionierend bewiesen, es durfte also keine Zweifel oder Fragen geben. Die totalitären Systeme hatten die Propaganda und die Gehirnwäsche zur Perfektion gebracht. Die

Nomenklatura wurde manchmal misstrauisch, von ihrer eigenen Propaganda selbst einer Gehirnwäsche unterzogen zu werden.

Jetzt, wo die Schule fertig war, ging er oft in den Gemeindepark, saß auf einer Bank – „völlig asozial", wie sein Bruder es ausdrückte – und dachte über sein bisheriges Leben nach und versuchte irgendwie dem Ganzen einen Sinn zu geben.

Also, was war das Problem, wozu die große Aufregung? – würde sein Bruder fragen.

Und das konnte Mircea nicht erklären, es war alles verwirrend und diffus, als würde man flüssiges Quecksilber aus einer Röhre fallen lassen, um dann zu versuchen, eine Entscheidung zu treffen, in welche Form der Quecksilberfleck sich entwickeln soll, aber diese Form änderte sich mit jedem fallenden Tropfen.

Und Opa war nicht da. Er hätte es sicher verstanden. Er hätte gewusst, wie man ihm eine Geschichte nach der anderen erzählt, bis Mircea die Antwort in diesen Geschichten selbst finden würde. Seit seiner früheren Kindheit, in den ersten Schuljahren, zusammen mit und von seinem älteren Bruder, verstand Mircea, was erforderlich ist, um erfolgreich zu sein, wie man jemandem gefallen kann, der darauf wartet, schöne Worte zu hören, wie man sich auf einen Wettbewerb fleißig und hartnäckig vorbereiten muss, um dann den Kampf so natürlich und leicht aussehen zu lassen, wenn er besser als die anderen war. Dass er immer genau bedachte, was er sagte und sagen musste, um in der Schule in dem Gedächtnis und der Erinnerung der Lehrer so als Vorbild zu bleiben. Ein Vorbild, zu dem die anderen Kinder aufschauen sollten.

Es war alles wie ein Spiel, das er zuvor gespielt hatte und das er bereits kannte. Es war so einfach und natürlich. Er wusste natürlich sogar intuitiv, welche Witze und Komplimente er den Mädchen machen sollte, damit sie sich nach ihm sehnten.

Er war der Anführer der Fußballmannschaft und der Beste in der Klasse. Ja, er war in fast allem, was er tat, begabt und zielstrebig – abgesehen von Musik und Kunst – und er hatte eine ausgezeichnete Beobachtungsgabe, Hartnäckigkeit, Erfolgsdrang, immense Freude daran,

Zusammenhänge und Abhängigkeiten zwischen verschiedenen Elementen von Sprache, Logik und Wissenschaft zu erkennen.

Er war auch der Anführer seiner Straßenbande, und das war ein viel schwierigerer Job und ein sehr guter Test für sein zukünftiges Leben in der Gesellschaft, da er das Gefühl hatte, dass er jeden Tag herausgefordert wurde und Leistung erbringen musste, um der Beste zu sein, was auch immer die Herausforderung war. Er musste mehr wissen und die Dinge besser kennen als die anderen Jungen. Er musste besser Fußball spielen und der natürliche Kapitän sein, der befiehlt, welches Kind wo spielen wird, schneller und besser in den Bäumen klettern als die anderen Jungen und immer neue Spiele erfinden, als sich die Bande an den heißen Nachmittagen, besonders an Wochenenden, langweilte. (Er dankte seinem Opa immer in Gedanken für die schöne Inspiration, das große Wissen, was er auf klare, nicht schulische Weise gesammelt hatte, und die Liebe zum Lesen, die seinen Opa ihm nahebrachte all diese Sommerferien.)

Er erinnerte sich sogar daran, wie er seine Jungfräulichkeit zwischen einem Fußballspiel und einer geplanten Expedition seiner Bande (um Erdbeeren aus einem Garten zu stehlen, in dem ein wilder, bellender und beißender Hund frei herumlief) an ein Mädchen verloren hatte. Mit „religiöser Hingabe", könnte man sagen, wartete sie stundenlang vor seinem Haus, bis sie ihn nach Hause kommen oder weggehen sehen würde, um ein paar Worte mit ihm wechseln zu können. Sie verfolgte ihn zu jedem Punkt, so auch zu diesem Fußballspiel. Als sie bis zum Ende dasaß und das Fußballspiel beobachtete und ihm und nur ihm zujubelte, fühlte er, dass er doch nett zu ihr sein konnte, für diese Selbstlosigkeit und Leidenschaft, die sie ihm entgegenbrachte. Also verließen sie zusammen das Spielfeld und fingen an zu reden.

Es war einer dieser Momente, in denen er weder kontrollieren noch führen oder Witze machen konnte, da er nicht wusste, was mit ihm geschah. Zum Glück war das Mädchen so sanft und liebevoll, glücklich und erfahren und sie tat die richtigen Dinge zur richtigen Zeit auf die richtige Art und Weise, um seine vorübergehende geistige und körperliche Lähmung zu überwinden. Sie hat mit ihm Dinge gemacht, die er nicht wusste und noch nicht gesehen oder gelesen hatte, noch nicht einmal davon mal träumen könnte. Es gab damals keine sexuelle Aufklärung in Rumänien, es gab keine Literatur, die nur andeutend über Sexualität sprach, die entsprechenden Passagen wurden von klassischen Büchern oder Filmen zensiert. Das Mädchen war übertrieben parfümiert, der Duft war gar nicht so schlecht, aber es roch so penetrant, als hätte sie alle vergangenen Sünden wegtunken wollen und sich wieder neu für ihn erschaffen, so schien es ihm. Dieser Duft blieb in seiner Erinnerung bis heute. Sie war in der Tat ein wunderschönes Mädchen, kuschelte sich immer wieder in seine Arme und konnte oder wollte nicht aufhören.

Aber andererseits warteten die Jungs da draußen auf die Erdbeerjagd, also küsste Mircea das Mädchen zum Abschied – voller Unbehagen, wissend, dass er sie von diesem Tag an nicht mehr auf der Straße vor seiner Tür sehen würde; jetzt hatte sie eine Erinnerung, die sie für lange Zeit für sich behalten würde.

Mircea musste nun die Straßenjungen zusammenziehen und den Angriffsplan teilen. Er würde zu einer Seite des Gartens gehen und den Hund drei Minuten lang beschäftigen. Die anderen Jungs müssen auf der Erdbeerseite des Gartens vorbereitet sein und – auf sein Signal hin – über die Mauer klettern, auf die andere Seite springen, die Erdbeeren holen und sofort zurückklettern, wenn Mircea das Signal gab. „Drei Minuten, das ist alles, was ihr habt, Leute“, sagte er. Es passierte alles wie geplant und er gewann erneut die Bewunderung und den Respekt der Bande.

Die Leute verließen den Park, die Sonne ging unter, die Kinder holten die Spielsachen aus dem Sandkasten unter der liebevollen Aufsicht ihrer Großeltern oder Eltern zusammen, die Stille übernahm langsam die Hoheit über die Lage, die Luft kühlte ab. Die Bewässerungsautomaten kamen – in Form einiger hart arbeitender Männer und Frauen mit ihren Wasserschläuchen. Sie strahlten Gleichgültigkeit und Langeweile aus. Auch wenn ein vorbeikommender Hund auf Polnisch zu sprechen anfangen würde, würden sie es mit der gleichen Gleichgültigkeit betrachten. Ebenso begossen sie gelangweilt die Blumen, die Grasflächen, die Erde. Alles benötigte dringend Wasser, sogar der Asphalt auf den Parkalleen.

Dies war die beste Zeit des Tages für Mircea, da er tief in seine Gedanken eintauchen konnte. Man könnte sagen, dass er seine erste existenzielle Krise erlebte.

Er war ein junger erwachsener Mann und seine Gedanken reiften, seine Rebellion gegen das Establishment begann auch zu wachsen, ebenso wie seine Haare. Lange Haare und Bart, ein Zeichen des Protestes, wie bei den Hippies und Woodstock.

Und er erkannte, dass der sonnige Junge mit seinem erfolgreichen Story-Image nichts anderes als eine Rolle war, die er spielte, aber er war es nicht. Das Problem war, dass er nicht artikulieren konnte, wer er war. Und irgendwie war dieser sonnige Junge, dieser Gewinnertyp, immer im Wettkampf mit anderen, um mehr Leistung zeigen, Anführer zu sein, um so von der Gesellschaft beachtet und beneidet zu werden.

Aber er merkte langsam, dass mit dieser Rolle in der Gesellschaft etwas grundlegend nicht stimmt. Er wusste, dass er dem Weg des Erfolgs folgen konnte, dass er die natürliche Fähigkeit dazu hatte. Aber war das alles im Leben?

Wenn dem so war, dann waren Leute, die nicht sehr gut mithalten konnten, die Verlierer. Und so waren sie auch. Und es ging so weiter und weiter. Warum muss jeder ein akademisches Studium haben? Warum kann man nur so von der Gesellschaft als „erfolgreich" bezeichnet werden? Ist die Universität die einzige Art, ein gelehrter Mensch zu werden? Wie wäre es mit dem Reichtum an Lernen und Wissen, den er von seinem Großvater bekam, und all den schönen Büchern, die er las und über die er mit seinem Großvater sprechen konnte? Er hatte wirklich das Gefühl, die beste Zeit seines Lebens im Dorf während seiner Sommerferien mit seinem Opa gehabt zu haben, es war ein wahres, unvoreingenommenes, nicht vorschreibendes Glück. Warum kann man ohne akademisches Studium nicht klug und erfolgreich und glücklich sein?

Es sind all diese Fragen, die das Establishment herausfordern, erschüttern und erschrecken. Und die von allen akzeptierten Definitionen von Erfolg, Erfolg im Sinne der Gesellschaft, nach dem alle strebten, erschien ihm so bizarr.

Er konnte sich so gut erinnern, wie oft er sich gefragt hatte, warum dieser Wahnsinn, Gier nach Geld, Macht und Beziehungen im politischen Establishment zu haben, für die Menschen attraktiv war und sich jeden Tag verschärfte. War es in der westlichen Welt genauso? War es dann noch schlimmer hier? Warum liefen alle diesem leeren Erfolgsrezept nach?

Er wusste, dass dies das ungeschriebene Prinzip des sozialistischen Modells in allen osteuropäischen sozialistischen Ländern war. Das offizielle Modell war, dass alle Menschen das gleiche Gehalt für die gleiche Arbeit bekommen sollten. Der Ansporn für eine höhere Leistung war nicht ein höheres Gehalt, sondern die Erfüllung der Pflichten gegenüber der Gesellschaft in einer sozialistischen Diktatur. Und das ergab überhaupt keinen Sinn, da die Propagandamaschinerie Gleichheit und Wohlstand für alle predigte, was völlig unvereinbar mit dem eigentlichen Lebensprinzip war, die Gewinner eines Wettbewerbs zu belohnen, von dem er profitierte.

Aber war das in der westlichen Welt auch so? Das wusste er nicht, weil die Maschinerie alle aus dem Westen stammenden Informationen filterte. In dieser Zensur war sie ziemlich erfolgreich.

Er hatte in den letzten Jahren viele Bücher gelesen, er hatte alte, klassische und zeitgenössische Autoren verschlungen – Bücher waren wahrscheinlich der einzige Gegenstand, der in seinem Land im Überfluss vorhanden war. Er hatte aber kein Buch gelesen, kein einziges Buch, in dem materieller Reichtum und Macht als der Weg zum Glück gepredigt wird. Kein einziger in der ganzen Geschichte ist durch Reichtum und Macht glücklich geworden, auch nicht die sogenannten Helden. Im Gegenteil, die meisten von ihnen wurden in den Büchern als Bösewichte dargestellt. Warum sollten wir also für Götter beten, wenn die überwiegende Mehrheit der vorhandenen Literatur diese als Bösewichte eingestuft hatte?

Alles war so kompliziert. Und er erinnerte sich an einen Satz, den er gelesen hatte: „Wir denken, dass wir klar denken, aber das liegt nur daran, dass wir nicht klar denken." Das schrieb Albert Einstein in einem Briefwechsel mit seinem guten Freund, dem berühmten indischen Dichter Rabindranath Tagore. Ein wunderbarer Aphorismus, aber es half ihm auch nicht weiter.

Mircea konnte beschließen, nicht zur Universität zu gehen. Er könnte versuchen, das System zu bekämpfen. Aber in diesem Bereich gab es keine Konkurrenz. Und er würde nur am besten abschneiden, wenn er im Wettstreit mit anderen stünde. Und auch in seinem Land gab es keine echte Demokratie. Es war eine sehr gefährliche Lebensalternative und er wusste, dass sein Appetit auf Widerspruch und Kampf gegen die Klischees, gegen korruptes Establishment, nach anderen Wegen Glück zu suchen, nur akzeptiert werden konnte, wenn er die besten Noten innerhalb des Establishments hatte, vielleicht also das System von innen heraus zu bekämpfen.

Als Kind in der Schule hat das funktioniert, aber als Erwachsener? In der Schule war er unantastbar, aber das lag daran, dass er den vollen Rückhalt und die Unterstützung seines Vaters hatte, was ihm Zutrauen gab. Würde das als Erwachsener funktionieren oder würde er im Gefängnis landen? Würde er das Risiko eingehen, dieses gefährliche Spiel zu spielen? War das nicht eine andere Form der Heuchelei?

Sein soziales Bewusstsein wuchs, aber gleichzeitig wuchsen auch seine materiellen Wünsche. Er würde so sehr ein Motorrad haben wollen und etwas Geld, um im Winter in die Berge fahren, um Ski zu laufen und all das tun zu können, was junge Studenten tun würden, und mit den Mädchen auf Partys tanzen oder im einzigen Nachtclub in der Hauptstadt weilen.

In all diesen Tagen dachte er nach, manchmal bewusst, manchmal unbewusst. Selbst in seinen Träumen dachte er wohl weiter nach. Eines Tages aber fühlte er sich so viel besser, irgendwie erleichtert. Er hatte einen Plan, es war ihm plötzlich klar geworden, was der gemeinsame Nenner seiner Gedanken war, was ihm fehlte, obwohl er es nie gehabt oder erlebt hatte. Und sein Plan könnte sogar funktionieren.

Und das war die Freiheit. Er erkannte, dass er keine Angst vor seinen Handlungen haben wollte. Er wollte an einem Ort leben, an dem es individuelle Meinungs-, Gedanken- und Gestaltungsfreiheit gibt, keine Zensur, keine geheime Überwachung, Spionage und Polizeiüberwachung seiner politischen Einstellung. Und diese Freiheit war sein Ziel. Er erkannte, dass er das vorerst auf keinen Fall erreichen konnte. Er erkannte auch, dass ein achtzehnmonatiger Aufenthalt in einer Unterwelt des

Militärdienstes von roher und purer Brutalität ihn brechen würde. So hatte er für den Moment tatsächlich die einzige natürliche Wahl darin, die Prüfung für die Universität zu bestehen.

Aber das war nur eine vorübergehende Lösung. Er beschloss, seinem höheren Ziel hartnäckig und überzeugend zu folgen, einen Ort zu erreichen, an dem er Freiheit erfahren und leben konnte, und das sollte sehr wahrscheinlich nicht in seinem Land sein. Sobald diese Entscheidung ausgereift war, waren die nächsten Schritte mehr oder weniger logisch und unbedeutend.

Er bewarb sich um einen Platz am Polytechnischen Institut für die Fakultät „Flugwesen" an der meistgesuchten Fakultät des Instituts, und das nur, weil sein Wettbewerbsgeist ihn nichts anderes tun lassen konnte. Er wusste, dass es schwierig werden würde, da es einen sehr herausfordernden Zulassungstest mit zwei schriftlichen und einem mündlichen Test gab. Und nachdem alle Zulassungsanträge gezählt wurden, zeigte sich, dass ungefähr acht Kandidaten um einen Platz kämpfen mussten.

Er wusste auch, dass seine Familie mit seinem Versagen rechnete, weil sein Bruder – der Familienstar, mit seiner reifen und professionellen Einstellung in der Schule, mit seinem kontrollierten und souveränen Verhalten – diese Tests im Jahr zuvor nicht bestanden hatte, obwohl er sich auf diese Tests Monate im Voraus gründlich vorbereitet hatte. Und nun er, der sonnige Junge, immer mit den Jungen auf der Straße, immer schmutzig, ungekämmt, voller Schweiß, der mit schlechtem Geruch nach Hause kam, der seine Schulaufgaben in zehn Minuten erledigte und dann für neue Auftritte und Abenteuer auf die Straße ging, dieser Junge also hatte beschlossen, dass er zur Universität gehen wollte, an welche Universität er gehen wollte und sich dann ausschließlich dort eingetragen. Es schien alles so lässig, so leidenschaftslos und vielleicht sogar ein bisschen unseriös, wie seine Eltern meinten.

Nun, er hat die Tests abgeschlossen; die Ergebnisse würden dann in ungefähr zehn Tagen veröffentlicht. Mircea nahm all seine Ersparnisse und sein Zelt und ging ans Meer, um sich ein bisschen zu entspannen und seine Sommerferien zu verbringen. Seinen Eltern sagte er, dass er meinte, irgendwann anzurufen, um nach den Ergebnissen zu fragen. Über seine

Gelassenheit in so einer wichtigen Sache waren seine Eltern schockiert. Damals gab es noch kein Mobiltelefon und somit war er nicht erreichbar, denn er wollte herumreisen und zelten.

Er wusste, dass er in den Tests nicht sehr gut abgeschnitten hatte, aber Mircea war ziemlich zuversichtlich, dass es gut genug war, um einen Platz an der Universität zu bekommen.

Und so war es. Er musste nicht einmal anrufen, denn nach zwei Wochen kam sein Bruder ans Meer und er wusste irgendwie, wo Mircea mit seinem Zelt herumhängen würde, und sagte ihm, dass er Erfolg hatte und auf welchem Platz sein Name auf der Liste war. Aber wie auch immer, auf welchem Platz er stand, war für Mircea überhaupt nicht wichtig, aber für seinen Bruder, der immer pedantisch, gründlich und, ja, vielleicht eitel war.

Also los, dachte Mircea. Ein neues Kapitel in seinem Leben würde bald beginnen. Er war darauf vorbereitet. Er war bereit zu wachsen, lernhungrig und hungrig nach seiner Freiheit. Darauf musste er allerdings noch etwas warten, genauso wie er auch ein bisschen länger auf seine Liebe warten musste, aber er fühlte sich an diesem Tag so stark, als er wusste, dass er ihr näherkam.

So war seine Welt, getrieben von Ehrgeiz und Anstrengung, in der man Freiheit als größtes Gut behalten sollte, wo der Markt, Wettbewerb und die Hierarchie Teil der Natur war, mit Führern und Geführten, in der Macht und Geld die inoffiziellen, gesellschaftlichen Wegweiser zum Erfolg waren. Nichtsdestotrotz, die ethische, solidarische, kommunistische Verpackung – in einem Land, wo Religion und Gott verbannt und als Opium für das Volk kategorisiert waren – war die hoch gepredigte Leistung des Regimes und wurde als kommunistische Pflicht verkauft. Diese Verpackung sollte auch den schwächeren und weniger von Erfolg verwöhnten Mitgliedern der Gesellschaft Rechnung tragen. Der Weg der Leistung war doch der Weg, für den er sich selbst entschieden hatte, obwohl ihm bewusst war, dass eine Menge offene Fragen noch da waren, auf die er keine Antworten hatte. Gleichwohl war seine Welt auch Heu und Dünger und Wasser – das für Waschen und Kochen notwendig war – von dem im Hof erbauten Brunnen, aus dem das Wasser mit dem

Wassereimer herausgezogen werden musste, der Stall mit Pferden und Kühen und über den Hof freilaufende Hühner und der Bach, der sich hinter dem Gemüsegarten schlängelte.

Dann legte ich mich in mein Zelt zum Schlafen, nachdem ich alle drei Pullis und zwei Paar Socken angezogen hatte. Ich schlief friedlich ein und träumte, bis die Vögelchen mit deren Liebesgesängen mich erweckten. Eigentlich war ich auch in der Nacht vielleicht wach und hörte die Geräusche und das leise Grunzen der Wildschweine auf der Suche nach Nahrung, die sich um das Feuer und das Zelt herum bewegten, und ich stellte mich nur dumm, oder vielleicht hatte ich alles nur geträumt.

Auf jeden Fall packte und rollte ich in drei Minuten alles zusammen, Schlafsack, Isomatte, Zelt, Lebensmittel, zog mich um und packte die Klamotten in den Rucksack. Vor allem die Zeltheringe sollte ich nicht mehr als fünf Sekunden in der Hand halten, weil sie dann an meinen Händen klebten, und es schmerzte dann wie verrückt, wenn ich sie losriss. Ich war irgendwie professioneller geworden, war stolz auf mich, bis auf die verdammten Fußblasen, da ich nur nach dem sorgfältigen und geschickten Bandagieren weiterlaufen konnte. Ich wusste von meinem Militärdienst in Rumänien, dass man Stiefel erstmals „einlaufen" muss und dass ich dafür Geduld und Zeit mitbringen sollte, da die Stiefel noch ziemlich neu waren. Aber es tat trotzdem verdammt weh.

Jetzt also war ich auf dem Weg nach Leipzig, durch die Dübener Heide und Schönwolkau, von einem Bundesland, Sachsen-Anhalt, zu einem anderen Bundesland: Sachsen. Premiere!

Es tat mir gut, das Laufen. Und ich lief und lief. Langsam wurden die Knospen einer Freundschaft zwischen mir und dem Weg sichtbar. Es war ein wunderbarer Tag im Mai, es roch nach vollem Frühling und Lebensfreude. Die Sonne hatte sich freundlich und souverän erhoben, alles summte, sang, strahlte oder zischte und zwitscherte. Es war einfach ein Wald am Werken und ich war ein Teil davon. Ich lief fleißig und unbekümmert und wieder passierte es, dass ich in meinem Gedanken so vertieft war, dass ich die Wegweiser oder die Scheißmarkierungen übersah. Wie oft mir das auf meiner ganzen Reise noch passieren sollte, wusste ich damals noch nicht.

Ich erinnere mich nicht mehr so genau, aber ich glaube, es ging um die Frage: „Wer bin ich?“ Dabei erinnerte ich mich an das Buch „Wer bin ich, und wenn ja, wie viele?“ von Richard David Precht. Ich habe die richtige Mischung zwischen Soldaten des Systems, erfolgreichen Managern und Unternehmern, zwischen Bauern und ihren Höfen, primäre und unmittelbare Naturereignisse, Tierwelt und Dorfmenschen nie gefunden. Deswegen sind mir auch manche Entscheidungen in meinem Leben schwergefallen. Martina hatte es verstanden und hatte mir den Ausgleich, die Balance zwischen den beiden Welten geschaffen - vorausgesetzt natürlich, dass ich in der Welt der erfolgreichen Manager blieb. Wir waren von Mainz – wo sie ihre Anwaltskanzlei hatte – nach Kirberg gezogen und hatten dort fünfzehn Jahre in einem Dorf gelebt, in der Nähe einer kleinen Stadt namens Limburg. Ein Dorf mit zwei Kirchen, einer Burgruine, drei Kneipen, einem „Tante-Emma-Laden“, einer Bäckerei und einer Tankstelle – abgesehen von den paar Lebensmittelgeschäften. Ich arbeitete in Frankfurt, im Bankenviertel, und betrieb meine professionelle Kariere mit Stolz und Hartnäckigkeit.

Zuhause in meiner Wahlheimat Kirberg – wobei man Heimat nicht wählen kann, denn Heimat ist einmalig, kann man den Sinn so eines Wortes verstehen und „Wahlheimat“ als poetische Ausdrucksweise akzeptieren – hatte ich meinen Gemüsegarten, mit Zwiebeln, Radieschen, Dill, Petersilie, Kartoffeln und Tomaten gehabt. Ich hatte auch meine zwei ausgezeichneten Kirschbäume, Johannisbeerensträucher, zwei Haselnussbäume und einen Apfelbaum. Das Haus stand am Rande des Dorfes und vom Garten aus konnten wir die Getreidefelder sehen und weiter in der Ferne den Wald. Wir konnten Milch und Eier direkt vom Bauern holen, meine Tochter Stefana konnte bei einem anderen Bauern, der eine Reitschule betrieb, Reiten und alles war ziemlich idyllisch schön. Ich war wirklich glücklich. Alles war im Lot.

Dann aber zog ich aus beruflichen Gründen nach London um. Nachdem ich zwei Jahre in London gearbeitet hatte und in Frankfurt mit der Familie nur die Wochenenden verbrachte, traten die ersten Ehekrisen auf. Ich wollte mit meiner Familie sein und gleichzeitig wollte ich in London sein und beruflich weiterkommen. Das ging natürlich nur, aus meiner Sicht, wenn meine Familie in London wäre, und demzufolge zog die ganze Familie nach London um. Martina hatte aufgehört zu arbeiten und sich nur um die Kinder gekümmert. Wir hatten natürlich ein Au- Pair-Mädchen, wie es sich gehört, obwohl die Kinder mittlerweile zwölf und siebzehn Jahre alt waren. Es war eine liebe Mexikanerin, die mir bei der ersten Begegnung von Kierkegaard und Neo-Liberalismus erzählte, aber das ist wiederum eine andere Geschichte.

London war doch nicht Kirberg und meine innere Balance ging vollkommen verloren. Wer war ich, und wenn ja, wie viele? London war und ist eine faszinierende Stadt, die Engländer sind ein sehr spezielles Volk, mit einem nicht zu übersehenden Sinn für Humor und wirken eigentlich echt und authentisch. Auch wenn sie nicht authentisch sind, sind sie authentisch nicht authentisch. Man kann sie lieben oder hassen, es ist kaum möglich, ihnen gleichgültig gegenüberzustehen. Ich habe mich dort zwar wohlgefühlt, aber es war nicht meine Welt. Es war eine Welt des Geldes, des Geldmachens und des Profits. Und selbstverständlich spielte es für mich auch eine Rolle. Aber ich war mehr und mehr unausgeglichen, mir fehle etwas.

Als wir irgendwann dann nach München zogen, war es für mich Liebe auf den ersten Blick. Ich wollte dort leben, ich konnte mich dann sogar mit dem Begriff „Wahlheimat“ anfreunden. Leider wurde Martina dann krank und mein Leben wurde schon wieder aus der gerade guten und ordentlich gebauten Bahn geworfen.

Jetzt stand ich da, ohne Balance, Ich wusste nicht, wohin ich wollte, und ich wusste nicht, warum ich etwas wollen musste. Ich brauchte auf jeden Fall jemanden, der meine Seele versteht und fühlt und der mir hilft, die Balance wiederzufinden. Ich war nie ein Einzelgänger auf Dauer. Ab und zu wollte ich schon bei der einen oder anderen Auseinandersetzung nicht von meinem Weg abweichen. Ich wollte die Grenzen des Machbaren manchmal erweitern oder neue Bereiche abtasten. Ich hatte das Glücklichsein immer in einer Zweisamkeit empfunden. Ich hatte immer das unheimliche Bedürfnis, dieses Glück – wann auch immer dieses Gefühl so intensiv war, dass ich es nicht mehr aushalten konnte – mit jemandem zu teilen. Es schien mir zu egoistisch, das Gefühl nur für mich zu behalten. Und ich glaubte, dass dieses miteinander geteilte Glück nur durch Liebe und mit Liebe verstanden werden konnte. Vielleicht habe ich „Der kleine Prinz“ von Exupéry zu oft gelesen.

Mai

Ich war noch nicht in Sachsen angekommen, aber hatte – schon wieder – den Kompass verloren und wusste nicht mehr, wo ich war.

Verdammt noch mal, ich war irgendwo in der Dübener Heide, die Heide kann man nicht verwechseln, aber wo? Kein Mensch und kein Dorf in Sicht. Na ja, dann nahm ich die Richtung Süd-West. Gott sei Dank war es hell bei einem wolkenlosen Himmel, man konnte sich gut am Sonnenstand orientieren. Eine wunderbare Heidenlandschaft zwischen Elbe und Mulde, leicht hügelig, mit Mischwald aus Buchen und Eichen und viel, viel Moos. Es roch nach Heidekraut und klarer Luft. Ab und zu ein idyllischer Teich, ab und zu Biberfamilien, die Burgen im Wasser aus Schlamm und Holz bauten, alles sehr schön, aber wo war ich? Keine Menschenseele weit und breit. Ich wusste, dass ich Probleme mit „wer bin ich?“ hatte, aber ich wollte keine Probleme mit „wo bin ich?“ haben ... Na ja, mit Ruhe und Geduld lief ich weiter und irgendwann – wie in den alten Zeiten des Pilgerns – sah ich den Turm einer Kirche und bald danach auch die Dächer eines Dorfes. Es hieß Krippenha. Ich ging durch die Straßen, aber wie so oft war kein Mensch zu sehen. Also hatte ich keine Hoffnung mehr auf eine Unterkunft, ein Fremdenzimmer, eine Herberge, ein Priesterhaus oder Ähnliches. Ich fand aber einen Platz in dem Hinterhof der Kirche und ich entschloss mich, da zu zelten. Ich hatte keinen Proviant mehr und ich war ziemlich hungrig und vor allem dachte ich mit Sorge an den nächsten Tag, weil ich auch kein Lebensmittelgeschäft gesehen hatte. Egal, ich baute mein Zelt auf und entspannte mich ein wenig. Vielleicht schlief ich auch kurz ein. Plötzlich hörte ich draußen viel Lärm und wollte wissen, warum. Ich zog wieder meinen Pilgeranzug an und stieg aus dem Zelt. Da sah ich, dass Dorfbewohner anfingen, Tische, Bänke und Bühne für eine

Kirmes aufzubauen. Das war eine gute Nachricht, weil ich mir sicher war, dass es auch Essen und Trinken geben würde, sodass ich meinen Hunger sehr wahrscheinlich stillen könnte. Ich wartete und beobachtete, wie so eine Kirmes mit ihrer Logistik und Infrastruktur aufgebaut wird. Die Musikband war inzwischen angekommen, die Grillgeräte waren heiß, die Salatschlüsseln lagen schon längst auf den Tischen, die Bierkästchen standen in mit Eiswasser gefüllten Containern. Langsam kamen auch die Leute an. Ich hatte den ganzen Tag nicht gesprochen und nicht gegessen. Als also die Band zu spielen anfing, war es so laut, dass ich schon dachte, was für eine ruhige, aber kurze Nacht ich anschließend haben werde. Dann machte ich mich auf den Weg zur Kirmes.

Ich bestellte mir ein Bier, setzte mich auf eine Bank und schaute mir die Menschen, die Kleider und die Tanzfläche an. Es waren einfache Menschen, Dorfmenschen, die zusammenkamen, um zu feiern. Es war einfach schön und ich freute mich so, Teil von dieser Fete zu sein. Es war so, als gehörte ich auch ein bisschen dazu. Sicherlich sah ich aus wie ein Priester, ein Messias, ein Bettler, ungewaschen und vielleicht stinkend, mit inzwischen relativ abgenutzter, schmutziger Kleidung. Aber was soll's? Ich war erstmal da, Teil des kosmischen Geschehens, in einer Gemeinde in Sachsen, mit fünfhundert Seelen, einer Kirche und einer Agrargenossenschaft.

Dann kam ein Junge zu mir und fragte mich, woher ich komme und wohin ich gehe. Wir kamen ins Gespräch und unterhielten uns ein bisschen. Er war in der Ausbildung zum Tischler, hatte vor kurzem geheiratet und er war voller Bescheidenheit. Wir verstanden uns gut. Dann ging er uns noch ein Bierchen holen und kam zurück mit zwei Flaschen Bier, mit seiner Frau und noch einem Kumpel. Ich fragte sie nach deren Stimmung, Zuversicht, Hoffnungen und solche Sachen, die man bei einem Dorffest bestimmt nicht fragen sollte. Es tat mir in der Seele weh zu sehen, wie enttäuscht sie waren, wie hoffnungslos und resigniert. Es waren fünfundzwanzig Jahre vergangen nach der Wende, also nach der Wiedervereinigung, und sie hatten kein Vertrauen in die westliche Demokratie und keine Erwartungen an die Zukunft. Es tat mir so leid, ich wollte sie ermuntern und ich fing an, über meine Mind-Revolution-Bewegung zu reden. Ich redete viel und trank viel mehr, da immer wieder neue Flaschen Bier auf den

Tisch kamen. Ich erzählte, dass wir den Punkt erreicht hatten, an dem fast jeder die Grundlagen des bestehenden Sozialmodells kritisiert und versucht, aus der Kritik Kapital zu schlagen. (Sogar der berühmte englische Starphilosoph Russell Brand wird jetzt ein Kämpfer des Gesellschaftswandels – natürlich gegen Gebühr.) Und das ist in Ordnung, weil die Unzufriedenheit und das Unglück immer noch wachsen, sowie die Zahl der Krieger, die für eine bessere Gesellschaft zu kämpfen bereit sind. Ich vermisste jedoch den Herbert Marcuse dieser Bewegung (vielleicht auch den Jimmy Hendrix), ich vermisste die neuen Grundlagen, die neue Philosophie, ich vermisste denjenigen, der mich glauben machen konnte, dass das *„weniger ist mehr"*-Prinzip in einer Gesellschaft funktioniert, die offensichtlich noch nicht einmal versteht, dass *„mehr eigentlich weniger"* ist.

Die Geschichte zeigte uns, dass gründliche Veränderungen, die sich stückweise von innen nach außen manifestieren, quasi unmöglich sind. Die Revolution musste der Weg sein. Sogar eine friedliche Revolution, wie bei der deutschen Wiedervereinigung.

Wir vermissen nur ein gutes Drehbuch, an das wir glauben können. Oder die Heilige Schrift. Und dafür brauchen wir euch! Erst schreiben wir das Manifesto und dann stellen wir das Programm zusammen.

Kommt schon, Jungs, das ist jetzt eure Zeit!!! Lassen es uns machen!!! (Ich hatte offenbar zu viel getrunken !!!)

Ich erzählte ihnen über die „Occupy" Bewegung, über die Übernahme des Kultusministeriums, des Finanzministeriums, des Gesundheitsministeriums. Ich erzählte ihnen über die Eignungstests und Prüfungen, die ich für die Abiturienten vorhatte, die Lehrer und Ärzte werden wollten, von der Gehaltsstruktur, die geändert werden musste, über das neue Curriculum für die Schüler, von den neuen Lernmethoden, von der Tatsache, dass wir von Geburt an von den Eltern und der Gesellschaft gehirngewaschen werden, damit wir fleißige und zuverlässige Soldaten des Systems werden (zu einem Punkt, an dem wir noch nicht entscheidungsfähig sind). Zu dem Zeitpunkt, wenn wir endlich selbstständig denken könnten, haben wir schon das Gedankengerüst eingeimpft bekommen und keine Chance mehr, einen eigenen Weg zu finden.

Ich sprach über die Kirche und die gesellschaftliche Rolle, die sie seit mindestens zwanzig Jahren nicht mehr glaubwürdig ausübte, die Kirche, die im Osten für die Wiedervereinigung so gekämpft und das Zusammenkommen der Deutschen so unterstützt hatte. Die Kirche, die jetzt passiv den Neoliberalismus in Kauf nimmt, die Kirche, die nicht aufmerksam macht auf das schnell wachsende Establishment und die immer größer werdende Kluft zwischen denen, die alles haben, und denen, die wenig haben. Die Kirche, die in unser Programm und die Bewegung integriert werden muss, weil unser Programm und die Kirche die gleichen ethischen Werte haben.

Ich konnte nicht mehr aufhören. Ich erzählte ihnen auch über die Chimäre des unendlichen Wachstums der kapitalistischen Gesellschaft, die grundsätzlich auf Wachstum basiert. Und dass die Erde aber nun mal eine endliche und nicht unendliche Entität ist, ergo wird das ganze Konzept der Wirtschaft irgendwann in die Brüche gehen. Ich sprach über eine neue Gesellschaftsordnung, die mit regenerativen Methoden bei einem Null-Wachstum trotzdem funktionieren kann.

Ich war so in Fahrt, und als ich einmal wieder tief Luft schnappen wollte, merkte ich, dass mir vielleicht zehn oder fünfzehn Leute genau zuhörten. Es war möglicherweise ein Fehler, dass ich für einen Moment zu reden aufhörte, weil ich noch viel mehr zu sagen hatte. Aber die Leute fingen prompt an zu fragen. Ich erinnere mich nur noch an eine Frage, und zwar: „Wann fangen wir an?“ Es berührte mich sehr. Meine Botschaft hatte alle erreicht. Es schien so zu sein, dass sie meine Analyse und die daraus folgende Lösung glaubwürdig fanden. Es ging nur um die Durchsetzung und Umsetzung. Ich erlebte die Politikverdrossenheit unmittelbar. Alle wollten mir sagen, dass es so, wie es jetzt lief, nicht weitergehen konnte. Aber auch, dass sie die Hoffnung auf einer grundliegenden Änderung aufgegeben hatten.

Ich erzählte weiter von dem Manifesto der PDR-Gruppe. PDR stand für Praia del Rey, dort stand ein Haus in Portugal, wo ich im November die erste Besprechung der Gruppe organisieren wollte. Ich hatte schon einige der renommierten Querdenker und Vordenker für diese Bewegung für mein Treffen in PDR gewonnen und wollte das Manifesto der Gruppe zusammenstellen, die Hauptpunkte eines Plans formulieren und eine Diskussion über deren Umsetzung anregen. Ich musste den Zuhörenden versprechen, eine Volksbewegung daraus zu machen, dass ich wiederkommen und alles detaillierter erläutern würde, dass ich Skype-Videokonferenzen und Seminare organisieren würde. Ich war wie in einer Trance, als ich merkte, wie wichtig diese Gedanken für sie waren, wie mobilisiert alle waren und welche massive Bereitschaft sie hatten mitzumachen. Vielleicht war es die späte Stunde, vielleicht war es der Alkohol, aber ich fühlte mich so bestätigt und ermächtigt. Ich glaube, ich sammelte auch einige E-Mail-Adressen, die ich, leider Gottes, auf dem langen Weg, den ich noch vor mir hatte, verschlampt habe.

Irgendwann verabschiedete ich mich und ging schlafen, so dachte ich. Meine Befürchtungen bewahrheiteten sich leider, und der Lärm der Kirmes ging vielleicht noch ein oder zwei Stunden so weiter. Es war wahrscheinlich Samstag, Ich hatte schon die Reihenfolge der Wochentage aufgegeben und wusste nicht, welcher Tag es war und welches Datum.

Am nächsten Morgen – leicht verkatert, aber sehr gut gelaunt – packte ich meine sieben Sachen, pflegte und verband meine Füße und machte mich auf den Weg. Ich hatte noch ein wenig Proviant, den ich mir gestern Nacht auf der Kirmes geholt hatte. Ich hoffte mich aber im nächsten Dorf wieder mit Lebensmitteln für den Tag versorgen zu können. Vor mir lag die etwa fünfzehn Kilometer lange Route, bis Schönwolkau und von dort zwanzig Kilometer bis Leipzig.

Ich lief den ganzen Tag. Mein junges Pilgerleben hatte mich gelehrt, dass es Tage gibt, die man Arbeitstage nennen kann. Jede Bewegung schmerzt, der Körper rebelliert und will nicht mitmachen, es bedarf Willensstärke und eiserner Disziplin, um weiterzukommen. Der Kopf, das Bewusstsein, der Wille muss den Körper führen, zeigen wo es langgeht, und darf keine Kompromisse machen. Und es gibt Tage, die man Glückstage nennt, wenn der Körper sich durchtrainiert fühlt wie ein junges Pferd, das kaum warten kann, geritten zu werden. An solchen Tagen bleibt der Kopf frei. Der hat nicht so viel zu tun, da der Körper sich eigentlich von allein mit Freude bewegt. Dann wird der Geist frei fliegen und die Gedanken fangen an zu spindeln und zu spindeln, bis man Stunden später nicht mehr weiß, wo man sich befindet.

Heute war ein Arbeitstag und ich lief halt nur. Ich lief an Schönwolkau vorbei und wollte an einer Herberge in einem Vorort von Leipzig übernachten. Die Herberge war aber geschlossen, ich war fix und fertig nach fast 30 Kilometer laufen, voller Demut vor der Natur, die mich den ganzen Tag begleitet hatte, aber hungrig, müde und mit Blasen an beiden Füßen. Selbstmitleid half aber nicht weiter, ich musste eben eine Übernachtungsmöglichkeit finden. Es gab keinen gescheiten Platz zum Zelten, also beschloss ich, weiter bis nach Leipzig die letzten zehn Kilometer zu laufen. Ein Arbeitstag halt. Es war schon Abend, als ich Leipzig erreichte, und ich hatte noch nicht mal Kraft, um mich umzuschauen. Ich wollte nur schlafen. Ich buchte dann ein Zimmer in einem Hotel für zwei Tage – wollte ein bisschen meine zwei Wochen Pilgerleben feiern – ich schlief aber sofort ein, angezogen, wie ich war.

Am nächsten Morgen frühstückte ich genüsslich, fühlte mich aber trotzdem ziemlich unwohl, ja vielleicht schuldig. Teure Hotels sind wie Süßigkeiten, sie schmecken hervorragend, aber sind nicht die Sünde wert. Eine Sünde von den Menschen kreiert? Ich verstehe Raststätten, Herbergen als Platz des Speisens und der Erholung, aber die Hotels mit vielen Sternen schienen mir irgendwie ein künstliches Gebilde und keine Notwendigkeit. Dann schaute ich mir ein paar Stunden die Stadt an, wollte unbedingt die Nikolauskirche sehen, der Treffpunkt für die berühmten „Montagsdemonstrationen“, die letztendlich zu dem Sturz des kommunistischen Regimes der DDR beigetragen haben. Dort bekam ich den Pilgerstempel in meinen Pilgerausweis, den ich mir zu Beginn der Pilgerreise besorgt hatte. Von den Kirchen unterwegs hatte ich schon neun oder zehn Stempel gesammelt. Der Pfarrer in der Nikolauskirche segnete mich und wünschte mir eine gute Reise. Ich schaute mir auch die Thomaskirche an, wo Johan Sebastian Bach begraben ist.

Ich schaute mir auch die Menschen auf der Straße an und stellte fest, dass ich irgendwie pilgersüchtig wurde, denn alles Hin und Her, was sich da auf der Straße abspielte, erschien mir ziemlich sinnlos. Es schien mir, als ob es nur darum ging, Zeit zu gewinnen, um Effizienz, um

Schnelligkeit, aber mir war nicht klar, warum es so war. Zu welchem Zweck? Ja, „time is money“, sagt man. Heißt das, dass, wenn man Zeit hat, man Geld hat? Ist Geld das Maß der Dinge? Ist Zeit das Maß der Dinge? Ich erinnerte mich, dass ich kurz nach meiner Ankunft in Deutschland in einer Zeitschrift eine Umfrage las: „Was wäre das Ding, ohne das die Deutschen nicht leben könnten?“ Es schien mir eine sehr interessante Frage zu sein. Ich legte die Zeitung zur Seite und fing an, darüber nachzudenken. Vielleicht Wasser, vielleicht Energie? Mir war klar, dass es die Frage nach einem Gebrauchsgegenstand, einem Rohstoff oder Ähnlichem war. Ich war ziemlich gespannt und ich nahm mir wieder die Zeitung, um die Antwort zu lesen. Über 55% Prozent der Deutschen könnten sich das Leben ohne eine Uhr nicht vorstellen! Also Zeit! Sicherlich laufen die Sachen optimal, wenn die Dinge zeitlich abgestimmt sind. Verrückt! Aber was passiert, wenn du zu einer Bäckerei gehst oder zum Schuster und die Geschäfte haben zu und öffnen erst in einer halben Stunde wieder? Ist es schlimm? Oder versuchst du die halbe Stunde, die dir geschenkt wurde, gemütlich und genüsslich zu verbringen, indem du vielleicht in einem Café die halbe Stunde zu verbringen versuchst. Und wenn das Café geschlossen ist, dann suchst du das nächste Café. Wenn es dann offen ist, dann trinkst du gemütlich einen Tee oder Kaffee, vielleicht liest du ein bisschen, und wenn nicht, dann kehrst du zurück, denn in der Zwischenzeit hat der Schuster oder die Bäckerei bestimmt wieder geöffnet. Die Spontanität der Entscheidungen und der Erlebnisse macht das Leben lebenswert. Wir sind doch keine Maschinen! Aber das Ergebnis der Befragung war, dass man eine Uhr unbedingt braucht. Also ist Zeit Geld! Könnte man sagen, „Liebe ist Geld“? Oder wäre es besser zu sagen, „Zeit ist Liebe?“, denn die Liebe schien mir ein viel besseres Beispiel für das Maß der Dinge. Ich hatte so viel Zeit, als ich unterwegs war, ich hatte Zeit ohne Ende, aber ich habe dadurch kein Geld geschaffen oder verloren. Ich hatte aber auch keine Liebe, da Martina gestorben war.

Egal, ich entschloss mich, die Großstädte in der Zukunft zu meiden. Ich kaufte mir in einer Apotheke alles Nötige, um meine Füße ein bisschen zu pflegen, und ging zurück ins Hotel. Ich wusch alle meine Sachen, Unterwäsche, Socken, T-Shirts, Hosen, Proviantbüchse, eben alles. Es gab warmes Wasser. Natürlich habe ich auch genüsslich geduscht und dann begutachtete ich sorgfältig meine Blasen und versorgte sie. Es sah nicht mehr so schlimm aus. Inzwischen wusste ich auch, wie man die Blasen am besten behandelt und anschließend bandagiert. Danach lag ich noch im Bett und füllte mein Tagebuch mit Eindrücken, Gedanken, Gefühlen, Hoffnungen und Ängsten.

Und sicherlich kam ich wieder und wieder auf die Gedanken: „Was suchst du hier?", „Was machst du mit deinem Leben?" und solche Sachen. Glücklicherweise sind diese Gedanken später unterwegs nicht mehr gekommen, damals aber wusste ich es nicht. Aber ja, ich dachte, dass der berühmte Weg, „der Weg, der alles weiß", der einem mit einem bisschen Glück einen Teil dieser Weisheit mitteilt, der existiert möglicherweise nicht, oder wenn ja, dann nur in meinem Kopf. Der Weg ist ein Symbol, das ich für das Geheimnis und die Magie dieser Welt, was ich für meine Unfähigkeit benutze, zu verstehen, worum es bei Leben, Liebe, Abwesenheit, Erinnerungen und Tod geht.

Ich wollte nur meine Trauer zu Tode laufen und wieder lebendig sein können. Das war alles. Und wohl wahr, es war eine offene Frage, ob ich es schaffen würde. Das Ergebnis stand offen.

Eines ist sicher – wir sind nicht das, was wir sind, wir sind das, was wir geben – und das würde mich stark halten.

Also ging ich schlafen, und wie üblich war es ein Schlaf ohne Träume.

Am nächsten Morgen packte ich alles in Ruhe, es war nicht kalt und ich musste mich nicht beeilen. Dann kaufte ich ein und anschließend beschloss ich, dass es das Pilgern in einer Großstadt eigentlich nicht gegeben hat und auch nicht geben sollte. Ich sprach ein paar Passanten an, wie man am bestens aus der Stadt rauskam, um dann nach Deutzen und Altenburg zu pilgern.

Plötzlich hörte ich Musik, Gesang von einer Band. Es war irgendwie keine bekannte Musik, es war eher etwas Exotisches. Ich schaute mich um, und dann sah ich ein paar Jungs, die mit Gitarren und Trompeten eine „Mariachi" spielten. Eine Frau, wahrscheinlich ihre Tochter, fing an zu singen. Alle hatten mexikanischen Trachten an und sie spielten und sangen sehr, sehr schön. Es was genau das, was ich als Ansporn für den Tag brauchte. Ich bekam so eine gute Stimmung, dass eigentlich alles an diesem Morgen wie geschmiert lief. Ich wusste auch, mit welchem Bus ich bis zum Rand von Leipzig fahren musste, und dann, wie ich von dort weiterzulaufen hatte.

Bis Deutzen waren es ziemlich genau 30 Kilometer, eine lange Etappe, aber ich war fit und gut erholt, meinte ich. Der Himmel war wolkenbedeckt, es war ziemlich kühl und man konnte gut laufen. Ich war neugierig zu erfahren, ob ich einen Arbeitstag oder einen Träumerei-, Nachdenklichkeits- oder Erinnerungstag vor mir hatte.

Es war noch eine Weile durch Süd-Leipzig zu laufen und ich müsste weiterhin Leute fragen, wie der Weg nach Altenburg war. Das Problem war, dass hier in Ostdeutschland der Jakobsweg nur eine Marketing-Idee war und es kaum markierte Pilgerwege gab. Fast alle Leute konnten mir sagen, wie man nach Altenburg fährt, aber nicht, wie man nach Altenburg geht. So entschied ich mich, mein Glück herauszufordern, und lief einfach über die Felder. Und da die Landschaft so schön war, mit Getreidefeldern, die kräftig wuchsen, mit Feldblumen am Rande der kleinen Pfade, mit sanften und zierlichen Mohnblumen, die zwischen den Weizen- oder Roggenpflanzen wuchsen, mit fleißigen Bienen und mit unentschiedenen weißen und farbigen Schmetterlingen, die anscheinend nicht wussten, wohin, und deren Flugrichtung sich alle drei Sekunden änderte, fing ich an, über Schönheit und Liebe nachzudenken.

Und es ging natürlich über meine Kindheitsliebe, der ich noch nicht begegnet war.

Die Zeit seiner letzten Sommerferien vor Anfang des Studiums fühlte sich an wie eine Ewigkeit. Mircea musste an sein Mädchen denken, das noch nicht mal einen Namen hatte. Er hatte beschlossen, ihr einen Namen zu geben, und zwar Maria.

Mircea fragte sich, ob er seiner geliebten Maria untreu war, während er seine jugendlichen Abenteuer mit anderen Mädchen hatte. Nach all den Jahren war Maria immer noch frisch in seinen Gedanken und ihre Präsenz wurde immer stärker. Er hatte sich schon ein Bild über sie gemacht, wie sie aussehen sollte – braunhaarig, mit langen, lockigen, eleganten und wilden Haaren, die ihr Gesicht so romantisch und sinnlich umrahmten, mit unglaublichen und tiefen Schwarzaugen, die wie aus Samt zu sein schienen, die manchmal an die Augen eines kleinen, erschreckten, aber auch freudigen Kitzes erinnerten, mit Lippen, von denen er seine Augen nicht abwenden konnte, und mit einem Lächeln, das jeden Menschen in einem Radius von fünfhundert Metern zum Schmelzen brachte, und mit einem sehr gut trainierten Körper, aber dennoch von außergewöhnlicher Sinnlichkeit und Weiblichkeit. Er würde nicht wissen, wo er zuerst hinschauen sollte – auf ihre wunderschön geformten Beine, ihre offenen, eher kleinen, schüchternen, aber unglaublich ausdrucksstarken Brüste, ihre Hände und Arme, ausgezeichnet königlich und gleichzeitig arbeitende, zuverlässige Hände, die dich beschützen, streicheln und segnen werden, aber insbesondere ihren Hals. Das würde man nicht unbedingt sehen, da sie ihre langen Haare meist wild und frei trug. Aber wenn sie sich liebten, würden er ihren majestätischen, aber zerbrechlichen Hals nicht übersehen können, wie ein Rehkitz, weich und sehnsüchtig, sehnsüchtig nach Zärtlichkeit, Küssen und Liebe.

Dies waren Blitzbilder von ihr, die er so oft bekam, und er konnte keinen Sinn erkennen, ob es sich um Bilder aus einem früheren Leben handelte oder ob es etwas war, das ihm noch in Zukunft passieren würde. Wenn ja, würde er diesen Moment nicht vergehen lassen und sich von etwas anderem ablenken lassen. Er war sich so sicher, dass er sie eines Tages vorbeikommen sehen würde, und hatte immer noch höllische Angst, dass ihm dann der Mut fehlen würde, ihren Namen zu flüstern, trotz all seines fast arroganten Selbstbewusstseins, das er all die Jahre aufgebaut hatte.

Er wollte so sehr mit jemandem über all diese Dinge reden können, er brauchte einen Mentor, er brauchte jemanden, der ihm Wissen über all diese Dinge brachte, damit er dann verdauen, reflektieren und herausfinden konnte, wie alles zu verstehen war und was es wert war. Warum sind wir Menschen so kompliziert, so zweideutig, so scheinheilig und warum sind wir so unromantisch geworden? Er lächelte und erinnerte sich an sein einziges Poster in seinem Zimmer, das seine Mutter nie verstanden hat, auf dem stand: „Wenn du eine Maria hast, hast du alles, wenn du keine hast, suche dir eine." Es gab also Leute da draußen, die Liebe fühlten und romantisch waren, es gab eine Menge zeitgenössischer Bücher, die von der inneren Schönheit der Liebe handelten, aber die Leute schienen diese Liebe nicht zu leben. War das Lesen dieser Bücher nur eine Zuflucht und der Trost, den sie brauchten, oder war es ihre Kapitulation? War möglicherweise Romantik verpönt? Und war diese Kapitulation das Markenzeichen all der Menschen in diesem Land, die Wertschätzung dieser Liebe aufzugeben?

Sein Kopf explodierte, er konnte einfach keine Struktur in seine Gedanken setzen und je mehr er dachte, desto mehr Fragen tauchten auf, aber keine Antworten ... Es war alles in allem eine sehr miserable Zeit, und das lag auch daran, dass er vor nur wenigen Tagen eine Entscheidung getroffen hatte, die höchstwahrscheinlich irreversibel war und durch die Maria vielleicht in noch weitere Ferne von ihm rückte.

Aber über diese Dinge konnte man nicht sprechen, das kann man in einem totalitären System einfach nicht, da es das perfekte Rezept für eine Gefängnislandung ist.

Und in gewisser Weise wurden die Dinge ein bisschen hoffnungslos, aber auch ein bisschen klarer.

Ich lief schon zwei Stunden und diesmal konnte ich meinen Compostela-Kurs halten, da ich auf einem unbefestigten Waldweg war, der parallel zu der Landstraße lief. Das war schon mal gut. Es war mittlerweile Zeit für Rasten und ich holte meinen Proviant aus dem Rucksack, frische Brötchen (oder „Semmel", da ich Richtung Bayern ging), zwei frische Tomaten, ein Bündel frische Frühlingszwiebeln, eine halbe Packung Fetakäse, vier oder fünf Radieschen, Salz und Öl und ein paar Scheiben ungarische Salami. Dazu eine Flasche Mineralwasser. Es war einfach herrlich, ein sehr gutes Mahl nach gelungener Arbeit. Das Wetter war schön, ein bisschen windig, von Weitem sah ich wahrscheinlich einen Reiterhof. Viele Stuten, Hengste und kleine und freudige Fohlen waren am Laufen und Hüpfen auf dem Feld.

Es kam ein bisschen Lärm von der Straße, wo ich auf einer Bank saß, aber das Gefühl von Zufriedenheit mit mir und meinem Weg, meinen

Gedanken war überwältigend. Es war das erste Mal, dass ich sicher war, die richtige Entscheidung getroffen zu haben, Pilgern zu gehen.

Womit ich nicht sicher war, war Ana. Ich hatte eine Portugiesin namens Ana kennengelernt und wir hatten eine Art von Techtelmechtel, bevor ich mich auf meine Pilgerreise machte. Sie war unglücklich verheiratet, hatte ein Kind und sie lebte in einem Dorf, das vor kurzem in eine Stadt umgewandelt worden war, eine klassische Methode, um mehr Geld von der Regierung für weitere Infrastrukturprojekte zu bekommen. Ihre Eltern waren Bauern, hatten einen riesigen Baum- und Gemüsegarten, ihr Vater hatte auch in der naheliegenden Saline gearbeitet. Er war mittlerweile Rentner und liebte seine Tochter mehr als sich selbst. Sie war viel jünger als ich, vielleicht Ende dreißig oder so, und hatte nicht viel von der Welt gesehen oder gelesen. Sie hatte aber so eine Reinheit in Gedanken und dazu eine Bauernschläue, die mich stark anzog.

Warum? Weil ich wahrscheinlich in meinem Verlustschmerz auch auf der Suche war, nach einem anderen Teil von mir, weit von den Großstädten, Banken, Kariere, Geld und Macht, auf der Suche nach dem einfachen Leben, vielleicht auf einem Bauernhof, mit Baum- und Gemüsegarten, mit einem kleinen Bach hinter dem Garten, mit Hennen und Küken im Hof, Schafe und Kühe. Sie hatte all dies ihr Leben lang. Ich dachte natürlich auch daran, was aus mir geworden wäre, wenn ich mich auch für so ein Leben entschieden hätte, was für ein Mensch ich geworden wäre. Nicht im Sinne der Gesellschaftsanerkennung für Erfolg, sondern im Sinne von Weisheit, spiritueller Entwicklung, einfachem, sesshaftem und bodenständigem Leben, mit einer klaren Weltanschauung und mit sich im Reinen. Und vielleicht … was wird aus mir, wenn ich so einen Weg ab jetzt einschlagen würde?

Mir fehlte die Balance, mir fehlte Martina. Ana war da und sie war in mich verliebt und von mir eingeschüchtert. Ich verkörperte für sie all ihre Träume. Ich war derjenige, der in der ganzen Welt gelebt und gearbeitet hatte, New York, Chicago, Paris, London, Frankfurt, Berlin, München, Prag, Budapest, Warschau. Ich war für sie derjenige, der all das, was sie in ihrem Leben vermisste, darstellte. Und sie hatte natürlich Angst, dass sie mir nichts anzubieten hatte. Was für eine verrückte Welt! Sie hatte einen schönen Körper und ein sehr schönes Lächeln, mit wunderschönen Zähnen, aber sie hatte wenig Ähnlichkeiten mit meiner geträumten und erträumten Maria. Wir hatten uns ein paar Mal gesehen und den Weg zueinander gefunden, aber dann flog ich nach Berlin, um meine Pilgerreise anzufangen. Wir waren so verblieben, dass wir miteinander in Kontakt blieben und dann, wenn ich zurückkäme, sähen wir weiter. In Wirklichkeit hatten wir viel öfter miteinander geschrieben oder gesprochen, als ich dachte. Aber das hatte ich noch zu erfahren und zu erleben.

Also, ein Spruch, den ich kenne oder mir ausgedacht habe, besagt: Der Pilger ist gut beraten, auf dem Pilgerweg zu sein. Dementsprechend packte ich alles wieder und machte mich wieder auf den Weg. Der Weg war ziemlich unbefriedigend, parallel zur Straße, man hatte kein Pilgergefühl, eher ein Pendlergefühl wie jemand, der seinen Bus verpasst hatte und sich zu Fuß auf den Weg zur Arbeit machte. Nach einiger Zeit kam ich in einem Ort an, Böhlen, und wollte anhalten und dort übernachten (vielleicht war es der Frust über den bis jetzt hinter mir gelassenen Weg). Manchmal passieren Sachen, die man nicht erklären kann, und dann sagt man, dass es Magie war oder Mystik oder was auch immer. Warum ich mich gerade dort aufhalten wollte, konnte ich nicht erklären. Man sagt, das Leben ist eine Sammlung von Zielen, die man sich setzt und manchmal auch erreicht. Ich sage dazu, dass das Leben auch eine Sammlung von Ereignissen ist, die nicht zu erklären sind, wie und warum sie entstanden sind; zwischendurch gibt es auch die Ziele, die man sich setzt. Hier habe ich Stefan Blum kennengelernt.

Es war ein Hinterhof, irgendwie, und hatte vielleicht vier oder fünf Fremdenzimmer. Vorne war eine Art von Werkstatt oder besser gesagt eine Rumpelkammer. Weiter hinten war ein Gemüsegarten, ein Rastplatz und Spielplatz für Kinder, dazu eine weinende Weide, neben einer Bank mit zwei kleinen, runden Schmiedeeisentischen links und rechts, und einem runden, elastischen Gartentrampolin, mit Sprungmatte und Randabdeckung. Und dahinter war der Hof mit Stefans Wohnung im Erdgeschoss und die Fremdenzimmer im oberen Stockwerk.

Ich fragte nach einer Schlafmöglichkeit für den Abend und er fragte mich, ob ich einen Kaffee mit ihm trinken würde. Wir waren uns einig,

Kaffee zu trinken, und Stefan ging in die Küche, um den Kaffee zu kochen. Es war ein sonniger Nachmittag, ich glaube es war während der Woche, eine angenehme Maiwärme, vielleicht ein bisschen zu feucht, und es roch nach irgendwas, was meine Gehirnlogik nicht wahrhaben wollte. Stefan kam zurück mit dem Kaffee, Kuchen und seinen zwei Kindern, ein Mädchen und ein Bub, vielleicht fünf und sieben Jahre alt. Die Kinder spielten irgendwas im Garten und Stefan stellte mir eine ganze Menge Fragen. Ich war natürlich eine seltsame, aber hoch interessante Erscheinung für ihn, er wollte wissen, wie ich alles geplant hatte, welche meine Eindrücke bis jetzt waren, was ich von dieser Pilgerreise erwartete und solche Sachen. Ich erzählte viel über mich, aber wie man mittlerweile weiß, erzähle ich gerne und höre ungerne auf. Auf einmal entschuldigte er sich und fing an, sich um seine Kinder zu kümmern. Ich war mir sicher, dass meine Geschichte ihn nicht langweilte, aber er wollte auch den Kindern Zeit schenken. Und da fingen auf einmal alle drei an, wie verrückt auf dem Trampolin zu hüpfen. Es war so eine Freude zuzuschauen, aber am meisten hatte es Stefan Spaß gemacht. Er war für mich überraschend, weil ich ihn nicht so einschätzte. Er war ziemlich groß und ein bisschen übergewichtig, mit sanften Augen voller Neugierde, mit einem willensstarken Kinn und Unterkiefer wie ein Schwergewichtboxer, mit Händen, die aber eine Büroarbeit oder eine musikalische Karriere verrieten, mit langen, sehr langen blonden Haaren in einer Art Zopf zusammengebunden, vielleicht dreißig Jahre alt oder so. Er konnte gut zuhören, war höflich und war bemüht, andere zur Sprache oder zum Spielen kommen zu lassen, ohne sich vorzudrängeln. Na ja, beim Hüpfen konnte er die Kontrolle nicht mehr halten und hat sich überraschenderweise in ein glückliches und großes Kind verwandelt, das mit seinen Kindern einfach Spaß hatte.

Dann fragte er mich, ob ich in der Werkstatt übernachten möge.

„Selbstverständlich“, antwortete ich.

„Dann geh mal hin, mach es dir gemütlich. Du kannst ein Feuerchen machen und ich komme später, nachdem ich mit den Kindern Abendbrot gegessen habe und sie ins Bett gebracht habe. Und wenn du Wasser oder ins Bad möchtest, dann komm zu mir in meine Wohnung da im Erdgeschoss.“ Dabei zeigte er mir die Richtung mit der Hand. „In der Werkstatt habe ich noch keine Wasserleitungen oder Rohre fürs Bad gelegt", sagte Thomas.

„Einverstanden" erwiderte ich, ganz zufrieden mit der Werkstattlösung.

Es war eine echte Entdeckung, seine Rumpelkammer/Werkstatt zu begehen. Da waren so viele und verschiedene Gegenstände, in einer Unordnung, vielleicht doch eine ordentliche Unordnung, die nur Stefan kannte. Möbelstücke, mehr oder weniger beschädigt, Tischlerbank, alte Pumpen, die von irgendwo abmontiert wurden („Man weiß ja nicht, wann man eine Pumpe brauchen könnte."), Landwirtschaftsgeräte (Sensen, Rechen, kleine Pflüge, kleine und große Säge, zwei Äxte), eine Menge Ziegel (irgendwann muss auch das Dach repariert werden), einige Eimer mit Farben und Pinsel und Pinselrollen aller Art, Schraubstöcke und alle möglichen Schlüssel. Und dann, in einer Ecke, ein Kamin, eine ganze Menge Holz, klein und groß, Zeitungen, ein abgenutztes Sofa, zwei Kissen und ein paar Bettdecken. Ich richtete mich in der Nähe des Kamins ein und versuchte, mich ein bisschen zu entspannen, bis Stefan wiederkam.

Eine Stunde später oder so kam er hinzu, wir machten ein nettes Feuerchen und fingen an zu plaudern, dazu eine Flasche Schnaps, die er mitgebracht hatte. Er erzählte über sein abgebrochenes Studium – er hatte zwei Jahre Germanistik und Journalismus in Leipzig studiert –, von seiner gescheiterten Ehe, von seinen Kindern, von seinen Sehnsüchten und Ängsten, und dass er das Gefühl hatte, dort nicht hinzugehören, von seinem Fernweh und permanenter Unruhe, die er fühlte. Er war so offen und erzählte, glaube ich, fast alles, was er auf der Seele hatte.

Ich fragte nur: „Sag mal, Stefan, was du da an der Wand hängen hast, ist das, was ich denke, das es ist?" Es war ein kleiner Strauch, der nach Cannabis aussah.

„Ja", sagte er schmunzelnd. „Hast du Lust? Möchtest du die Qualität ausprobieren?"

„Klar", erwiderte ich und wusste nicht, warum. Ich war und bin kein Experte, nur gelegentlicher Raucher, eigentlich hatte ich mit dem Rauchen seit 23 Jahren aufgehört.

Da freute sich jemand. Stefan holte gleich Zigarettenpapier und eine Rolle aus seinen Hosentaschen, zog einen kleinen Ast aus dem Strauch und machte sich an die Arbeit. Danach weiß ich nicht mehr, wie genau es lief, wir wurden natürlich gleich Philosophen und debattierten über alles, der Rauch im Raum und unseren Köpfen hat sich langsam, aber unaufhaltsam verbreitet und der Schnaps hat sicherlich auch seinen Beitrag zu unserem momentanen Wohlstand geleistet. Woran ich mich doch vage erinnere, es war ausgesprochen angenehm, mich mit ihm zu unterhalten, wir beide hatten die Fähigkeit, dem anderen zuzuhören, beide hatten keinen Bedarf, selbst im Rampenlicht zu stehen und Recht zu haben, was üblicherweise der Fall ist und Ursache für viele unangenehme Auseinandersetzungen. Ich erinnere mich auch, dass Stefan ein einsamer Mensch zu sein schien, aber in jener Nacht tauschten wir vielleicht zwei Stunden Freude und Tränen aus und fühlten uns mit Sicherheit nicht allein. Wir sind letztendlich alle einsam und tragen die Zwänge unsere Kindheit und Erziehung in uns, zusammen mit unausgesprochenen Träumen und Wünschen.

Wir sind aber doch soziale Wesen und obwohl wir uns gemeinsam nach der Antwort zu den Fragen: „Wer bin ich? Warum bin ich? Welche ist meine Berufung? Meine Bestimmung? Was ist mein Beitrag, den ich in dieser Welt leisten muss?“ sehnen, so müssen wir doch allein die Antworten finden, und letztendlich bleibt die Kommunikation, verbale und nonverbale, eine der Hauptfähigkeiten, die wir haben, um näher an die Antworten zu kommen. Und wenn Glück die Fähigkeit ist, sich immer wieder verlieben zu können, dann wird man dieses Glück auch teilen wollen, bewusst oder unbewusst, denn wie das alte Sprichwort sagt, „geteilte Freude ist doppelte Freude“. Woran ich mich noch erinnere, ist, dass mein Kopf ständig den zweiten Satz des Klavierkonzerts Nummer 2 in C minor von Rachmaninow summte, immer wieder von vorne, wie eine kaputte Spieluhr. Ich danke Dir, Stefan.

Es war eine wunderbare Nacht, die ich bis heute in Erinnerung halte. Am nächsten Morgen wachte ich früh auf, Stefan war nicht mehr da und ich wollte – ich weiß nicht, warum, vielleicht wollte ich die Nacht und die Magie des Erzählens dort lassen und sie nicht stören – so schnell wie möglich weg.

Ich packte meine Sachen schnell zusammen und verschwand, ohne Frühstück, ohne Abschied, ohne alles. Ich hatte mit Stefan E-Mail-Adressen ausgetauscht. Mein Ziel war Altenberg, aber meine Stimmung war, dass ich früher irgendwo anhalten werde. Die vergangene Nacht, obwohl sie sehr schön war, lag mir schwer im Magen. Ich wusste nicht, warum, wahrscheinlich weil sich zwei unglückliche Seelen getroffen hatten und keine wusste, wohin mit dem Schmerz. Aber es gehörte dazu, war eine neue Erfahrung, ich fing an, doch irgendwie glücklich zu sein, diesen Weg begangen zu haben und ich war langsam der Überzeugung, dass Dinge passieren mussten, damit ich da ankommen würde, wo ich ankommen sollte.

Es hatte geregnet in der Nacht, jetzt war der Himmel wieder klar. Ich musste wieder am Rand der Landstraße laufen. Manchmal gab es auch so einen parallelen Fahrradweg, den ich ging. Der Jakobsweg, so schön wie er durch die Wälder und Felder in den Büchern beschrieben war, hatte sich teilweise als eine einzige Katastrophe erwiesen. Egal, ich musste meine Sache machen. Das Ende des Regens brachte eine Frische und ein wildes neues Wachstum mit sich. Bäume und Blumen schienen vor Farbe und Geruch zu explodieren. Am Straßenrand wurde der Schirm aus Wiesenkerbel dichter und grauer. Weiße Rosen wuchsen an den Gartenmauern hoch und die ersten tiefroten Pfingstrosen öffneten sich wie Origami Kreationen. Die Apfel- und Marillenbäume begannen auch ihre Blüten abzuschütteln und trugen kleine Fruchtperlen.

Ich marschierte fleißig weiter und dachte darüber nach, dass ich eigentlich nur drei oder vier Stunden maximal pro Tag laufe aus mehreren Gründen. Erstens, ich wollte meine Fußblasen schonen – und mittlerweile lief es sehr gut, die Blasen waren beinah verschwunden. Zweitens, weil ich am Anfang lernen musste, wie man beim Pilgern läuft und nicht gleich Heldentaten mit 30 Kilometer am Tag ablegen sollte, und drittens, weil ich dann zwei oder drei Stunden verwendete, um einen Übernachtungsplatz zu finden (insbesondere, wenn sich der Pilgerweg am Rande der Straße befand). Natürlich hätte ich mich öfter zum Zelten entscheiden können, aber wenn der Weg am Rande der Straße war, konnte ich nicht so einfach einen geeigneten Platz zum Zelten finden. Ich hoffte, dass je näher ich Frankreich kam, es umso einfacher mit den Übernachtungen werden würde, weil dort der Weg Saint-Jacques tatsächlich sehr bekannt und beliebt ist.

Und dann gelang es mir doch, den falschen Weg zu nehmen (später habe ich gelernt, dass es keinen falschen Weg gibt, es gibt nur Varianten zu dem geplanten Weg!!) und ich lief Richtung Osten – so ein Blödsinn! Naja, also kam ich nach fast drei Stunden in Borna an, hatte keine Übernachtungsadresse in meinem Büchlein, also fing ich an, nach links und rechts zu schauen und in Richtung Kirchenturm zu laufen, in der Hoffnung, dass die Kirche mir helfen könnte. Pustekuchen, die Kirche war geschlossen, das Pfarrhaus auch. Es gab einige Kirchen in Borna, verschiedene Glaubensrichtungen. Borna ist immerhin mit circa zwanzigtausend Einwohnern eine Große Kreisstadt in Sachsen. Ich wollte jetzt nicht von Kirche zur Kirche flanieren und ging weiter durch die Straßen. Am Ende des Ortes sah ich ein Häuschen, das mir gefiel. Es lag an einer großzugig gestalteten Kreuzung und hatte einen kleinen und sehr gut gepflegten Garten, mit Blumen und Bäumen und Kräutern, alle im besten Zustand. Ich klingelte dort, wohlwissend, dass mein Aussehen erst mal einen Schreck hervorrufen würde. Ein alter, kleiner, netter Mann öffnete. Er schien gar nicht überrascht zu sein und lud mich in seinen Garten ein. „Selbstverständlich habe ich ein Zimmer für Sie", sagte er gleich. Er hieß Wolfgang und war schätzungsweise Mitte sechzig, mit grauen Haaren, einem robusten Körperbau mit ausdrucksvollen Handwerkerhänden, die so aussahen, als ob sie im Maschinenbau oder Möbelbau gearbeitet hatten. Er war nicht elegant, aber sauber und mit Sorgfalt angezogen, mit einer abgenutzten Motorradlederjacke über einem verbrauchten Jeansoverall. Wolfgang zeigte mir das Gästezimmer, einfach eingerichtet aber mit Fernseher und Satellitenschüssel, und er wollte mir unbedingt sagen, dass ich mir am Abend das Fußballspiel anschauen könne.

Wir kamen ins Gespräch, natürlich mit der traditionellen Schnapsflasche, und er erzählte mir, dass er seit acht Jahren geschieden und seitdem untröstlich sei. Er hatte keine Kinder und seine ganze Liebe war in der Werkstatt. Ich sah ziemlich verdutzt aus und dachte schon an Cannabis und neue, tiefe Gespräche.

Wolfgang sagte: „Komm mal mit mir in die Werkstatt, ich zeige dir was."

„Sicher, ich bin ganz gespannt", antwortete ich. Und eine größere Überraschung konnte ich nicht haben. Da lagen zwei Motorräder da, alte schwarze Motorräder, eins mit einem roten und eins mit einem weißen Spritbehälter. Es war ein DKW Luxus 200 und ein DKW SB 200. Ich konnte es nicht glauben. Wir redeten hier von Baujahr 1927 und 1928. Die Auto- und Motorräderfabrik DKW (Dampf-Kraft-Wagen) hatte aber den Antrieb schön in 1922 von Dampf auf Benzin umgestellt – es war die berühmteste Fabrik in Deutschland und diese Motorräder waren heute ein Vermögen wert. Wolfgang hatte beide Motorräder auseinandergenommen, jeder Teil neu professionell gestrichen oder verchromt, geölt und mit Fett gepflegt. Das SB 200 Rad war schon funktionstüchtig, das Luxus 200 war in Teilen auf dem Boden, nur der Rahmen des Motorrades stand. Wir unterhielten uns stundenlang. Ich habe auch ein Rad in meiner Jugend gehabt und auch repariert und gepflegt, also konnte ich auch mitsprechen. Dann aber saßen wir nicht mehr in der Werkstatt, sondern in seinem Garten, auf einer Bank und mit einer Flasche Wernersgrüner Pils in der Hand und mit einem wunderbaren Sonnenuntergang mit rötlichem Himmel vor uns. Wolfgang war Rentner, er hatte jahrelang für MZ Motorradwerk in Zschopau gearbeitet. Das Werk entstand in 1952 als Teil des DKW-Konzernes. Er hatte gelebt für und durch seine Motorräder. Ich konnte mir die Probleme, die zu seiner Scheidung maßgeblich beigetragen haben, vorstellen. Er hatte sechs Jahre gebraucht, bis das erste Rad fertig war. Wolfgang war Mitglied in dem Motorradklub in Borna und die Klubmitglieder hatten jedes Jahr verschiedene Reisen oder Veranstaltungen geplant und gemacht, durch Ostdeutschland und mittlerweile auch Westdeutschland.

An der zweiten Stelle kam sein Gemüse- und Blumengarten. Es war so erfrischend zu sehen, wie jemand seiner Leidenschaft nachgehen konnte. Ich konnte nicht satt werden, ihm zuzuhören. Das war wahrscheinlich das, was ich auf dem Pilgerweg suchte, Erfahrungen und Geschichten von und mit Menschen, die wussten, wofür sie lebten, die keine existenziellen Probleme hatten und zufrieden mit sich und der Welt waren, und die ihre Leidenschaft lebten, integriert oder abgelehnt. Ich, der in einer Stimmung war, in der Zweifel und Unsicherheit die Schlagzeilen meines Lebens waren, brauchte genau diese Bodenhaftigkeit und Festigkeit wie Wasser oder Luft. Ich hatte aber kein Motorrad mehr!

Nach Schnaps, Bier und den 20 Kilometern, die ich hinter mir hatte, wurde ich langsam müde und verabschiedete mich von Wolfgang, nachdem ich seine Einladung für Frühstück am nächsten Morgen nicht absagen konnte, da er so „ungesprochen" war und so einen Redebedarf hatte, und ich musste und wollte ihm etwas zurückgeben – Zeit zum Sprechen und sich verbal auszutoben. Ich danke dir, Wolfgang.

Der Morgen war vielversprechend, es war warm, der Himmel war blau aber irgendwie noch ein bisschen milchig, die Deutschen hatten im Fußball gestern Abend gewonnen (habe ich mir sagen lassen), Wolfgang hatte sich schön um das Frühstück gekümmert, wir hatten noch eine Weile geplaudert, uns anschließend umarmt und dann lief ich los. Ich habe ihn auch heute gut und warm in Erinnerung.

Der Weg nach Altenburg war ziemlich kurz, nur 18 Kilometer oder so, vielleicht noch weniger. Ich war gut drauf, da der Weg endlich durch die Wälder verlief, und dachte, dass dieses Pilgern mir doch die Möglichkeit gegeben hatte – wenn auch anderes gemäß meiner Erwartungen –, mich ein bisschen mit den Menschen und der Kultur in Ostdeutschland vertraut zu machen. Stefan, Wolfgang, Klaus und die anderen waren belastbare Beweise. Altenburg, über mehr als tausend Jahre beurkundet, findet sich zwischen den Großkreisstädten Gera und Chemnitz. Die Stadt wurde eine Kaiserpfalz und später eine Residenzstadt im Osten des Freistaates Thüringen. Also war ich bis jetzt durch Brandenburg, Sachsen-Anhalt, Sachsen und jetzt Thüringen gelaufen.

Der Pfad durch den Wald führte mich treu und verlässlich, die alten Bäume links und recht waren stolz und grün und dessen Wurzeln waren interessanterweise Hilfestufen für mich, da der Weg ein bisschen steil war, da Altenburg in einem hügeligen Gebiet liegt. Ich fand auch relativ einfach einen Platz in einer Pilgerherberge (die erste echte Pilgerherberge nach Wittenberg) und machte mir einen schönen Nachmittag in der Stadt, besorgte mir Proviant für den nächsten Tag und holte mir selbstverständlich meinen Stempel für den Pilgerausweis in der schönen Bartholomäikirche.

Wenn nicht bekannt für besondere Persönlichkeiten aus der Politik, Religion oder Kunst, ist Altenburg der Ort, an dem das Kartenspiel Skat erfunden wurde, das Kartenspiel der Deutschen überhaupt. Eine sehr nette Stadt, sauber und mit fast allen Gebäuden schön restauriert, repariert oder nur mit gestrichenen Fassaden, mit einem kleinen, aber sehr schönen Schloss (der damaligen Pfalz), mit der dazugehörigen Schlosskirche, mit schönen Märkten, wobei der Brühl-Markt bei weitem der größte und imponierendste Markt war.

Ich hatte gut geschlafen und freute mich auf den weiteren Weg nach Hof. Am nächsten Morgen war eine Vorbereitungsetappe zum Aufwärmen (nur 15 Kilometer) geplant, für die nächsten vier Etappen bis nach Hof, alle mit etwa 28 Kilometer im Durchschnitt, also eine Härteprobe. Meine Fußblasen waren geheilt und ich war in einer guten physischen Form.

Das Wetter war früh morgens ziemlich unfreundlich, dunkle Wolken hingen am Himmel und es sah nach Regen aus.

Ich war aber jetzt einige Zeit unterwegs und dachte mir, was meine Schwiegermutter immer den Kindern gesagt hatte: „Es gibt kein schlechtes Wetter, es gibt nur schlechte Kleidung." Ich war gut ausgerüstet und lief dann Richtung Gößnitz. Der Plan war, an einem Campingplatz zu übernachten, aber ich lief so gut – es war einer von den Tagen, an denen der Körper läuft und läuft und der Kopf frei zum Denken oder Nachdenken ist –, sodass ich an Gößnitz vorbei und immer weiter lief, zumal auch der Regen ausblieb. Und die Gedanken und die Gefühle kamen.

Pilger zu sein bedeutet eigentlich nichts anderes als „Fremdling" zu sein, eine Person, die in die Fremde zieht, aus verschiedenen Gründen, ein Mensch zu sein, der sein Zuhause verlassen hat. Hatte ich mein Zuhause verlassen? Wenn zuhause mit Heimat gleichzusetzen ist, dann hatte ich mein Zuhause vor mehr als dreißig Jahren verlassen. Dabei hatte ich kein Gefühl, gleich pilgern gehen zu wollen. Wenn zuhause aber etwas anderes ist, dann ist es nämlich da, wo Martina ist, und da war ich noch nicht mal angekommen, geschweige denn, dass ich es verlassen hatte. Also war ich ein Pilger? Pilger pilgern, weil sie ein Gelübde als Gegenleistung für ein Wunder des heiligen Jakobs abgegeben haben. Ich habe aber keine Gelübde gemacht. Pilger sind pilgern gegangen, wenn sie eine Sünde begangen haben und dafür büßen mussten oder wollten. Ich hatte aber keine Sünde in dem Sinne begangen. Im Gegenteil – ich hatte Martina die letzten fünf Jahre gepflegt, umsorgt und geliebt – war ich dann ein Pilger? Man hat auch Pilger „delegiert", also bezahlt, damit sie pilgern gehen und für die Seele des verstorbenen beten und Buße leisten – das aber war auch nicht bei mir der Fall. Die Pilger sind auch pilgern gegangen, um Heilung eigener Krankheit oder Krankheit der Verliebten zu erbeten. Das wollte ich auch machen, das stimmt, aber hätte ich Martina allein lassen können? Sicherlich nicht, ich war ihr Leuchtturm in dem Sturm ihrer Krankheit. Ich hatte ihr sogar vorgeschlagen, dass wir zusammen die letzten 100 Kilometer des Jakobswegs gehen, wenn ich sie in einem Rollstuhl vor mir her schiebe – auch wenn uns fast alle, wenn nicht alle Hoffnungen einer Heilung verlassen hatten. Es war ein romantischer, verrückter Gedanke, aber auch das ging nicht mehr, da sie jede Woche zweimal an ihrem Tropfgerät im Krankenhaus hängen musste und die Logistik, um all die medizinische Pflege ambulant für unterwegs zu organisieren, einfach nicht möglich war.

Warum machte ich das dann? Na ja, am Anfang meiner Erzählung habe ich versucht, es teilweise zu beschreiben, aus der Sicht von damals. Es ist aber sehr wahrscheinlich, dass ich auch leiden wollte, Buße tun wollte, physisch leiden wollte, da ich Martina doch nicht retten konnte, so wie ich es ihr versprochen hatte. Mich Mental und seelisch abschotten wollte, um Freunde, Bekannte und Fremde zu vermeiden und allein leiden zu können. Ja, ich glaube, das ist, was ich suchte. Eine Weile leiden, ohne Zeugen, ohne Gesellschaft, und mich bis an die Grenze der Erträglichkeit bringen. Man kann nur allein leiden. Ich teile mit Worten meinen Schmerz mit den Kindern und ich habe sie so lieb, aber ich kann nur allein leiden. Freude kann man vielleicht teilen, Leiden aber nicht. Ich verstehe das Wort „Mitgefühl" und schätze es, aber es hilft keinem, der leidet.

Und dann war da auch diese Sache mit Ana. Ich war dabei, mich auch ein bisschen zu verlieben. Sie hatte mir täglich geschrieben und wollte alles wissen, was ich tue und wie ich es tue. Aber kann ich noch mit Martina im Himmel sein, wenn ich mich in eine andere Frau verliebe? Könnte ich mich noch mal verlieben? Ich bin nicht jemand, der „erotische Freundschaften“ – wie Milan Kundera so schön sagt – pflegt oder pflegen mag. Ich muss mich in eine Frau richtig verlieben, um mit ihr zusammen zu sein. Wie kann das sein, wenn ich immer noch Martina so sehr liebe? Sie hat mir achtundzwanzig Jahre Liebe geschenkt. Sie hat mich zwar in den letzten ihrer Tage gezwungen, ihr zu schwören, dass ich wieder glücklich sein werde, aber das war nur so eine Sache ... Würde sie verstehen, wenn ich mich in eine andere Frau verlieben würde? Würde diese Beziehung mit der 25 Jahre jüngere Portugiesin mehr als ein Techtelmechtel bleiben? Es war alles so verdammt schwer. Der Weg wird mir schon sagen, wo es lang geht, sagen einige Pilger – mal sehen.

Mittlerweile war ich an einen Ort namens Meerane gelangt. Ich fing die Suche nach einer Herberge an, und nach etwa einer Stunde oder so war ich auch erfolgreich und ich übernachtete dann in einer Pension namens Borna. Es war sehr gemütlich, ich hatte 20 Kilometer hinter mir, es war später Nachmittag und die Pension bot Abendessen und ein üppiges Frühstück, aber darüber hinaus – und das würde ich ein bisschen später erfahren – exquisite Musik und eine sehr schöne Unterhaltung mit dem Wirt. Ich bekam ein Zimmer unter dem Dach, klein, aber sehr nett eingerichtet, und mit einem Bild frischer Blumen, in einem naiv bemalten Stil, auf dem Tisch. Es gab auch allen möglichen Kram, freies W-Lan, einen riesigen Bildschirm, eine Satellitenschüssel und solche Sachen, die nicht in eine Pilgerwelt gehörten, mit Ausnahme des Internets, das mir, um Nachrichten an die Kinder zu senden, sehr entgegenkam. Dies war Teil unserer Vereinbarung, damit sie wussten, dass ich gesund und munter war und weiterlief. Ab und zu unterhielt ich mich auch mit Ana, meistens schriftlich, mit der ich doch in Kontakt blieb. Ich duschte endlich wieder und ruhte mich aus, wusch, was zu waschen war, und machte mich dann auf dem Weg zum Abendessen. Das Abendessen fand im Keller statt in einer sehr persönlichen, netten und familiären Atmosphäre. Kuschelig und freundlich, mit Holzdielen und Holztischen, gedeckt für einzelne Personen und Zweiergruppen und mit nur einer Eckbank für mehrere Personen, die eigentlich in einem separaten Raum mit schönen Bögen an der Decke war. Was mich aber am meistens beeindruckte, war die Musik, die im Hintergrund spielte. In dem Moment, als ich eintrat, spielte Albinoni – Adagio. Es war meisterhaft und rührend. Dann folgten berühmte Arien und Chöre von Opern, ich weiß nicht mehr genau welche, aber bestimmt „Casta Diva“ von Norma, „Ah forse lui“ von Traviata und „Vissi d’arte“ von Tosca.

Ich war sprachlos. Es saß nur ein einziges Paar an einem anderen Tisch da, die schienen aber auf die Musik gar nicht zu achten. Aber es war rätselhaft und seltsam für mich, hier, in dieser Pension, am Abendessen diese Musik zu hören. Das Geheimnis lüftete sich bald, als der Besitzer zu mir kam. „Guten Abend und guten Appetit! Mein Name ist Walter, darf ich mich kurz zu Ihnen setzen?“ – fragte er.

„Dankeschön, sicherlich, ich bitte darum“, antwortete ich. „Ich muss zugestehen, dass es ein bisschen überraschend ist, an diesem Abend, in dieser kleinen Stadt, bei Ihnen, beim Abendessen so eine begleitende Musik zu hören“.

„Gefällt Ihnen die Musik nicht?“

„Doch, doch, ich liebe klassische Musik. Ich bin jetzt schon einige Tage unterwegs und die einzige Musik, die ich höre, ist die Musik des Waldes, der Bienen und Spatzen, der Bäche, des Regens und des Windes. Ich habe sowieso seit langem keine klassische Musik mehr gehört. Wie kommt es dazu, dass Sie hier klassische Musik anbieten?“

„Ah, es ist eine lange und langweilige Geschichte, ich möchte Sie damit jetzt nicht belasten. Wenn Sie erlauben, würde ich gerne mit Ihnen morgen zusammen auf der Terrasse frühstücken und dann können wir uns gemütlich unterhalten.“

„Das würde mich sehr freuen. Ich beabsichtige um 9:00h oder 9:30h wieder los zu laufen, also wäre für Sie Frühstück um 8:00h ok?“

„Abgemacht. Haben Sie für heute Abend noch einen Wunsch, ein Stück klassische Musik zu hören?“

Na ja, ich dachte, schon, aber was? Dann fiel mir blitzartig ein, was ich hören wollte. „Ja, ich würde gerne den Kanon in D Major von Pachelbel hören.“

„Einverstanden, bis morgen früh dann." Und er verschwand in der Küche.

Ich blieb noch eine Weile am Tisch sitzen und bald hörte ich meinen Kanon. Es war aufbauend und romantisch wie immer und das war ein sehr gelungener Abschluss des Abends. Ich fühlte mich irgendwie bestätigt, bekräftigt, und ermächtigt in der Entscheidung, pilgern zu gehen.

Ich schlief sehr gut und am nächsten Morgen, um in der klassischen Musikstimmung zu bleiben, erwachte ich mit dem Anfangsstück „O Fortuna" von „Carmina Burana" von Carl Orff. Es war wieder ein von Regenwolken dunkler Himmel und ein ziemlich starker Wind, und zu diesem Wetter passte genau (das Lied war nur in meinen Kopf zu hören, offensichtlich) die Carmina Burana. Ich machte mich fertig und punkt um 8:00h kam von meiner Dachunterkunft runter in den Garten. Walter war schon da und wir gingen dann zusammen zum Frühstücksbuffet, das außerordentlich reichhaltig war. Wir suchten uns Sachen zum Essen aus und kehrten langsam zu seinem Lieblingsfrühstücksplatz zurück. Ich aß reichlich, während Walter mit seinen Erzählungen loslegte. Er war ziemlich lang und dünn, obwohl er nicht unbedingt sportlich oder fit aussah, mit langen Händen und noch längeren Fingern, mit einer jugendlichen Figur, obwohl er Ende vierzig sein müsste. Seine Augen waren ausgesprochen freundlich, sein Lächeln, sein ovales Gesicht ohne Kanten oder starke Unterkiefer strahlten irgendwie Vertrauen aus. Er war ein Einzelkind und wuchs in einer bürgerlichen Familie in einer Kleinstadt auf, Vater Ingenieur und Mutter Lehrerin. Er hatte die Schule gut abgeschnitten, hatte gelernt, Gitarre zu spielen, und zwar ganz gut, und wollte mit seiner Hardrock-Band (nach einer Art Beatles, also drei Gitarrenspieler und ein Schlagzeuger) ein Jahr durch das Land reisen und Musik machen. Das war aber nicht vereinbar mit dem, was seine Eltern sich für ihn vorstellten und auch nicht mit der Parteilinie – beide seiner Eltern waren SED-Mitglieder. Also musste er – aus Rücksicht auf die Zukunft seiner Eltern und auch aus finanziellen Gründen – auf seine Tour verzichten und fing an, Philosophie zu studieren. Parallel dazu fing er aber auch an, klassische Musik zu hören und zu spielen und hatte auch Klavierunterricht gegeben, um sein Taschengeld zu verdienen. Dann kam die Wende und obwohl er das Studium beendet hatte, hatte er keine Lust mehr, als Philosophielehrer Karriere zu machen (hatte er eigentlich nie gehabt). Er spürte so eine unternehmerische und musikalische Berufung, aber wusste nicht, wie und wo er es einleiten sollen. Nach einigen Jahren hin und her, entschloss er sich, eine kleine Musikschule zu gründen, die in dem gegenüberliegenden Gebäude war, das ich gestern schon gesehen hatte. Gleichzeitig baute er zusammen mit seinem Vater, der mittlerweile Rentner war, das Haus um, um daraus eine Pension zu machen. Ich hörte ihm die ganze Zeit zu. Seine ganze Geschichte beeindruckte mich sehr. Schon wieder jemand, der seinen Weg gegangen war und glücklich war mit dem, was er machte. Obwohl, nachdem er auch meine Geschichte in Kurzform von mir gehört hatte, wollte er alles aufgeben und sich gleich mit mir auf dem Weg machen. Ich sollte ihm nur zwei Tage geben, um seine Sachen in Ordnung seinem Vater zu übergeben und seine Musikschüler sowie die Schulleitung einem seiner Kollegen zu übertragen. Nicht dass er sein Leben nicht genossen hätte, aber so eine Pilgerreise mitzumachen, schien ihm eine einmalige Chance. Ich schaffte es gerade noch, ihm es auszureden. Es war ein schönes, sehr vertrautes Gespräch zwischen uns und ich hoffte sehr, dass sowohl seine Musikschule als auch die Pension weiterleben und Walter immer so ausgeglichen, freundlich und vertrauenswürdig bleibe. Es ist beinahe überflüssig zu sagen, dass die ganze Zeit unseres Gespräches schöne klassische Musik im Hintergrund spielte, und ich erinnerte mich nur an „Un Bel de Vedremo“ von Madame Butterfly, „Quando me’n vo“ von La Boheme und das Stück, was ich mit mir auf dem Weg nahm, „O mio babbino caro“, von Gianni Schicci. Ich hatte gemerkt, dass ich nicht nur mit den Ohren Musik hören konnte, sondern auch mit meiner Haut, wenn die Haare auf meinen Armen sich aufrichteten und ich eine Gänsehaut bekam. Ich danke dir, Walter.

So ein schöner Abschied... Ich musste aber weiter Richtung Hof laufen und hatte zwei oder drei lange Etappen vor mir. Das Wetter hatte sich ein bisschen beruhigt, es war immer kalt und ängstlich dunkel, aber der Wind blies nicht mehr und es regnete auch nicht. Ich war froh, dass ich die Nacht nicht gezeltet hatte. Egal, ich war gut unterwegs und mein Körper lief wie geölt. Es geht, wenn man geht!

Ich verließ Meerane und ging in Richtung Wald, da gab es schon die erste Herausforderung, die bergauf führende Straße. Eine neue Realität erwartete mich, sobald ich tiefer in den Wald lief. Der Weg war mit Kiefernnadelblättern aus dem letzten Jahr bedeckt, so war die Textur des Weges weich und perfekt für meine Fußsohlen, die gerade von den Blasen geheilt war. Die Kiefernwurzeln waren subtile Stufen an dem Weg, die mir beim Klettern halfen. Kleine Pflanzen wurden lebendig und ab und zu sah ich diese wunderschönen blauen und weißen Blumen, die an diesem Ort unerwartet auftauchten und mir sagten: „Hier bin ich, ich habe es geschafft und ich bin hier, um zu bleiben!“ Junge Kiefern, die neben ihren Eltern wuchsen und stolz auf den fürsorglichen Schutz ihrer Eltern waren, sahen aus wie eine winzige Reihe von Babyenten, die ihrer Mutter folgen, wohin sie auch immer ging! Und die alten majestätischen Kiefern, ruhig und unbeeindruckt, sagten: „Wir haben diese Pilger satt, die schreiben, was sie sehen und fühlen, weil sie die Schönheit nicht als Akt innerer Transzendenz bewahren können ... Die sehen uns nicht, wie wir sind, sondern wie sie sind. Wir sind einfach hier, um zu leben und gelebt zu werden – da ist nicht mehr und nicht weniger dran!“

Diese unglaubliche Kraft des Waldes, es genügt ein Windstoß durch die Bäume, um die immense Kraft, Faszination und Vorherrschaft der Natur zu spüren.

Und vor allem das Licht. Wo auch immer ich mich umschaute, war es ein himmlisches Licht, das das ganze Leben im Wald zum Leben erweckte. Die Sonne kam durch die großen Bäume und segnete alle Pflanzen und kleinen Kreaturen, die sich bewegten. Wildschweine, Hasen, Mäuse, Ameisen, Vögel, unmögliche singende Vögel, die alle unerwarteten und unwirklichen Noten trafen, von denen eine Sopranistin nur geträumt hätte. Diese Lichtdimension zu sehen und zu denken, dass Monets „Seerosen“ oder „Impressionen“ demütig erblassen würden vor dieser Schönheit hier ...

Alles in allem verirrte ich mich wieder verdammt im Wald. Aber kein Problem, ich lief wieder nach Süd-Westen und es würde schon werden ...

Nach einem langen Arbeitstag erreichte ich Schönfels. Ich übernachtete in einer sauberen Pilgerherberge und trank am Abend mit dem Priester gesegneten Wein. Es war eine nette Unterhaltung, aber ich konnte es nur schwer aushalten, da er gehirngewaschen von der Doktrin der damaligen Partei der DDR war und die damalige Regierung und Politik in Hochachtung hielt. Es war echt merkwürdig. Zum ersten Mal begegnete ich jemandem in Ostdeutschland (im Westen sowieso nicht), der die Zeiten der Kommunismus in schöner Erinnerung hielt. Ich wollte keine politische Auseinandersetzung haben und hörte ihm nur höflich zu. Der Priester sprach schön ruhig, hatte eine schöne Stimme und mit dem Wein und der Müdigkeit der fünfundzwanzig geschafften Kilometer in den Beinen wäre ich beinahe eingeschlafen. Ich hatte nur einen Satz von dem Abend in Erinnerung behalten, als der Priester sagte: „Man kann nur wirklich besitzen, was man selbst gemacht hat. Alles andere kann einem nicht gehören."

Ich wusste nicht, ob es stimmte, es war ein schöner, poetischer Satz, leicht provokativ, und vielleicht mehr philosophisch zu verstehen. Wie zum Beispiel die Erde und die Ozeane, die von den Menschen nicht in Besitz genommen werden können, weil sie nicht von Menschen geschaffen wurden und schon da waren, bevor die Menschen überhaupt auf der Erde waren. Ich hatte mir vorgenommen mehr darüber nachzudenken, aber ich kam nicht mehr dazu.

Am nächsten Tag ging es weiter und ich wollte irgendwann mal wieder zelten. Das Zelt aufbauen am Abend, und wieder abbauen am Morgen, das Essen vorbereiten, in Ruhe speisen und mich auf das Essen konzentrieren, all das wird in seiner Einfachheit zu einem Ritual. Früh morgens, jeder Griff zum Zelt Abbauen muss präzise, einfach und sicher sein. Die Finger werden schnell taub, es ist noch sehr kalt und du hast vielleicht zehn Minuten, um alles aufzuräumen. Es dürfen keine Fehler passieren, für zusätzliche und unnötige Züge fehlt die Zeit. Alles muss professionell laufen. Der Tag bricht an, die Sonne schickt seine Vorboten, es wird langsam hell, Du bist schon unterwegs und das Licht und die Schatten fangen an, dich in die Stille begleiten. Pilgern und Zelten sind eigentlich ganz cool! Aber ich kam nicht zum Zelten, sondern zu einer netten und familialen Herberge in Buchwald. Es war ein Ehepaar, das die Herberge verwaltete, und sie bemühten sich so, für ihre Gäste alles in Ordnung zu halten. Es war mitten im Wald, in der Nähe eines Baches namens Göltzsch. Es war nur eine Gruppe von Wanderern da, sie saßen schön am Abendessen, als ich kam, und hatten schon einige Biere getrunken. Ich machte es mir gemütlich und speiste in meinem Bett. Ich war immer noch in Sachsen und die Stadt Hof war schön in Bayern, und ich konnte es kaum erwarten, wieder in einem der alten Bundesländer zu sein, insbesondere Bayern.

Am nächsten Morgen war die Etappe bis Plauen gedacht, über die Talsperre Pöhl, etwa 18 Kilometer lang. Mittlerweile war das Laufen Teil von mir geworden. Und jeden Tag dachte ich immer und immer weiter an mich und meine Wege im Leben, ohne herauszufinden, wonach ich suchte. Noch. Man sagt, dass man sich niemals so weit von sich selbst entfernen sollte, dass man den Weg zurück nicht mehr finden kann. Hatte ich mich zu weit entfernt? Wenn ja, wovon? Fragen, Fragen und ich war in Plauen angekommen, fast ohne es zu merken. Und wieder verpasste ich die Gelegenheit zu zelten. Die Pilgerherberge, die ich in Plauen suchte, war geschlossen, sodass ich mich entschloss, in einer Pension zu übernachten. Und siehe da, auf dem Weg zur Pension fand ich die Jugendherberge im Stadtzentrum und besorgte mir dort einen Platz zur Übernachtung. Es waren Vierbettzimmer, ich hatte ein Zimmer für mich allein und alles war Ok. Ich dachte nur, wie wird es in Spanien sein, wenn man in Sälen mit 30 bis 40 Betten schlafen muss, was ich nur bei meinem Militärdienst vor fast vierzig Jahren erlebt hatte. Na ja, mal sehen, wie es sein wird.

Am nächsten Morgen schien wieder eine wunderbare Mai-Sonne und meine Gemütslage verbesserte sich. Ich kaufte ein bisschen Proviant in der Bäckerei, die immer benötigten Tomaten und Radieschen, Schafkäse, Zwiebeln und natürlich Lauchzwiebeln und Knoblauch. Und selbstverständlich die tägliche Flasche Mineralwasser. Ein Stück Fleisch hatte ich noch. Noch eine Übernachtung und dann wäre ich in Hof. Ich überlegte auch – so stark war meinen Wunsch, die Ost-Bundesländer hinter mir zu lassen – direkt nonstop bis Hof zu laufen, aber es waren doch 33 Kilometer und ich wollte nicht übermutig werden, da die Pilgerreise ja erst angefangen hatte! Also beschloss ich, nur bis Heinersgrün zu gehen, in etwa 20 Kilometer. Der Weg verlief wieder durch die Wälder und Felder. Meine Beine trugen mich automatisch, und das Wetter war herrlich, zum Laufen einladend. Die Rapsfelder, soweit man sehen konnte, hatten dieses beinahe unnatürliche, starke Gelb, das irgendwie schön war, aber vielleicht zu aggressiv zu dem Grün der Bäume und des Grases am Rande des Pilgerpfades wirkte. Aber wie die Natur nun mal ist, zum Ausgleich waren auch Feld- und Mohnblumen dabei, die sich tief in die Rapsfelder hinein vordrängten.

Ich suchte wieder einmal eine andere „Variante" des Weges – es waren überhaupt keine Jakobsweg-Markierungen zu sehen und ich hatte bis jetzt keine Jakobspilger gesehen, weder auf dem Weg hin oder zurück, also der urige Jakobsweg von Berlin nach Santiago war zumindest in den Ost-Bundesländer eine Chimäre. Und ich musste dann gegensteuern, da ich diese Tendenz hatte, mich immer nach Osten gehend zu verlaufen, sodass ich gegen Abend im Heinersgrün ankam. Und was für eine lachhafte Tragödie folgte! Es gab kein Gasthaus im Dorf und es war nicht so, dass ich unbedingt essen wollte, ich hatte früh am Nachmittag doch gut gespeist und hatte noch Proviant bei mir, aber ich musste aufs Klo und hatte auch kein Klopapier mehr. Egal, ich baute mein Zelt auf, versandte ein paar E-Mails und dachte dann wie üblich wieder mal über mein vergangenes und künftiges Leben nach. Es war nie langweilig, darüber nachzudenken, und ich kuschelte mich in meinen Schlafsack, in der Hoffnung, eine milde Nacht zu haben. Aber es war wie in meiner ersten Nacht zelten, ich musste alle Klamotten anziehen und dann musste ich noch austreten, komme, was wolle. Mein Zelt stand aber mitten im Dorf zwischen zwei Häusern, und zwar am Eingang und nicht im Hinterhof. Ein versteckter Platz war kaum zu finden, geschweige denn Klopapier und da ich nicht im Wald war, konnte ich auch keine vernünftigen Blätter in der Nähe finden. Das Leben eines Pilgers war und ist manchmal verdammt schwer, das kann ich schon mal sagen!

Früh morgens musste ich alles richten und dann weiterlaufen. Die nächste Station war Hof, endlich! Eine kürzere Etappe, nur 13 Kilometer, ein Spaziergang. Nach einer Stunde oder so lief der Weg ziemlich genau auf der Grenze Sachsen / Bayern und ich lief – wie es sich gebührt – auf der bayrischen Seite des Weges, bis ich dann irgendwann in Bayern ankam, und machte dann gleich Rast und schrie froh: „Auf Wiedersehen Ostdeutschland“.

Ich hatte ein komisches, kurioses Heimgefühl, weil ich ja im Allgemeinen ein Verständnisproblem mit der Heimat hatte und darüber hinaus nur ein angeheirateter Deutsche war, „ein Plaste-Deutsche“ wie meine Schwiegermutter zu sagen pflegte, ohne sich bewusst zu sein, wie erniedrigend und abfällig so einen Ausdruck wirken könnte. Oder vielleicht wusste sie es und tat nur so, als würde sie es nicht wissen. Wie dem auch sei, ihre Enkelin Stefana war keine „Plaste-Deutsche“ und sie wäre Amok gelaufen, hätte jemand Stefana so genannt. Ah, manchmal wissen die Menschen nicht, was sie sagen oder was sie tun, und reden einfach nur vor sich hin!

Ich erreichte also schon am Mittag Hof. Ich war sage und schreibe über 360 Kilometer gelaufen. Und es ließ sich ganz gut laufen. Ich übernachtete in der Diakonie Hochfranken, die erste auf Pilger ausgerichtete Übernachtungsmöglichkeit, mit sauberen Betten, eine saubere Anlage überhaupt, bekam Abendessen und Übernachtung kostenlos, ich bekam sogar meinen Pilgerstempel dort. Mittlerweile hatte ich schon dreizehn oder vierzehn Stempel in meinem Pilgerausweis (in manchen Orten hatte ich keinen Pilgerstempel bekommen, weil die Kirche oder das Pfarrhaus geschlossen waren). Es war ein schöner Ort der Nachdenklichkeit und Besonnenheit und ich konnte mich auf die nächste große Etappe bis nach Nürnberg mental vorbereiten. Und ich war in Bayern!! Ich feierte mich ein bisschen selbst mit einem „Hellen“ und dann ging ich ins Bett.

Und weil ich mich irgendwie ausgeschlafen fühlte, ging ich dann um sechs Uhr morgens los. Eine schöne Etappe, 22 Kilometer bis Helmbrechts, ein kleiner, aber feiner Ort im Frankenwald, mit nur zehntausend Einwohnern. Das Wetter war herrlich und ich lief gut durch den Wald, und dabei pflückte ich zum ersten Mal Walderdbeeren am Rande des Weges. Winzige, zarte Walderdbeeren. Es fühlte sich so gut an! Dann suchte ich lange weiter, vielleicht konnte ich noch welche finden, aber ich hatte kein Glück.

Ich lief dann weiter und versuchte darüber nachzudenken, was mit mir in den letzten Wochen geschehen war. Seelisch vielleicht noch nicht so sehr viel, außer Fragen über Fragen, die sich anhäuften und Antworten suchten, physisch war ich fitter geworden, hatte möglicherweise auch ein bisschen Gewicht auf dem Weg gelassen. Ich erinnerte mich an einen Satz, den einer meiner Lieblingsschriftsteller, Fernando Pessoa, geschrieben hatte: „Wenn jemand denkt, dass man durch die Zeit- oder Raumentfernung manche Sachen vergessen kann, der vergisst selber, dass die Sehnsucht Erinnerungen schafft."

Die alte Weisheit, dass die Zeit alle Wunden heilt, ist so zu interpretieren, denke ich, dass man mit allen Dingen in eine gewisse Harmonie, Liebe und Verständnis kommen muss, und die vergangene Zeit wird vielleicht für dieses Verständnis sorgen.

Und dann, mitten in dem Wald, sah ich einen Rastplatz mit Tischen und Bänken und dahinter ein Holzkreuz, an dem jemand etwas gekritzelt hatte. Ich wollte sowieso Rast machen und mein Knobi mit Tomate und Fetakäse essen, also machte ich dort Rast. Anschließend ging ich zu diesem alten, von Wind und Regen gezeichneten Holzkreuz und wollte lesen, was dort gekritzelt war. Es war etwas für die Pilger:

Alles hat seine Bestimmung,
ohne dass Du sie immer begreifst
Wenn es regnet, lerne vom Wasser
Wenn es heiß ist, lerne von der Sonne
Versäume keinen einzigen dieser wunderbaren Momente,
die der Weg dir bietet, um zu wachsen

Es war so poetisch, rührend und gleichzeitig rundete es mein Mahl im Wald wunderbar ab und stimmte mich perfekt auf den Rest der Etappe ein. Also lief ich in der Nachmittagsstille weiter, bis ich Helmbrechts erreichte und die Johanniskirche vor mir emporkam. Wie fast immer, das Pfarramt hatte keine Übernachtungsmöglichkeiten, also bekam ich ein Fremdenzimmer, günstig und zweckmäßig. Es war ein gewöhnlicher Dienstag, an dem in so einem kleinen Ort keine Vorkommnisse waren und keine

Kneipe geöffnet. Also kurzes Abendbrot mit den Resten vom Mittag, ein bisschen in mein Tagebuch schreiben und dann ab in die Koje.

Am nächsten Tag wollte ich meine Proviantbüchse nachfüllen, kaufte Brot und Käse in einer Bäckerei und die Dame an der Theke war so lieb und wollte kein Geld von mir sehen, sie segnete mich und ich ging weiter, zurück zur Johanniskirche, um meinen Jakobs-Pilgerstempel zu bekommen und weg war ich.

Der Tag führte mich über Markschorgast bis Bayreuth. Zwei Etappen, die ich als reine Arbeitstage in Erinnerung habe, an denen nichts Wesentlich passierte, ich sprach mit niemandem, körperliches Leiden, Buße, vielleicht musste es so sein. Ich hatte nichts im Kopf, ich war leer, der Kopf streikte und wollte nicht denken und der Körper lief automatisch nach vorne, ein Schritt nach dem anderen, wie ein gut aufgezogenes Uhrwerk. Früh am Nachmittag erreichte ich Markschorgast. Es war nichts Besonderes in diesem Ort, es ist auch nicht besonderes passiert, Übernachtung in Fremdenzimmer, allein und ungeduldig, schlecht geschlafen und am nächsten Tag weiter.

Ich stand wieder früh auf, die Bäckereien hatten schon geöffnet, sodass ich mich gut mit Lebensmitten versorgen konnte, die Wasserflasche aufgefüllt und dann war ich wieder allein auf dem Weg. Es war aber eine Augenweide, mir die Jakobswegmarkierungen anzuschauen, es war sehr übersichtlich und irgendwie mit Liebe gemacht, endlich so, wie ich mir das vorgestellt hatte. Jawohl, Bayern kann doch gestalten, eigentlich die Fränkische St.-Jakobus-Gesellschaft, die sich um die Pflege und Markierung der Wege kümmert.

Gegen Mittag erreichte ich endlich Bayreuth, tief im bayerischen Regierungsbezirk Oberfranken, eine stolze kreisfreie Stadt mit über 75.000 Einwohnern, natürlich weltberühmt für sein adoptiertes Kind, Richard Wagner und seine jährlichen Festspiele, die im Festspielhaus auf dem „Grünen Hügel“ stattfinden. Der „Grüne Hügel“ ist ein Stadtteil, wo das Opernhaus nach den Entwürfen von Richard Wagner Ende des XIX. Jahrhunderts gebaut wurde. Ich sah von Ferne den Turm der Ordenskirche und die

Vorfreude, Bayreuth zu erreichen, war ziemlich groß. Was ich nicht wusste, war, dass der Jakobsweg an dem Bayreuther Festspielhaus vorbeilief. Ich ließ mir ein bisschen Zeit, um mir das wunderbare Kunstwerk, dieses Opernhaus, anzuschauen.

Es war ein Donnerstag, hatte ich gemerkt, Vatertag und Christi Himmelfahrt und natürlich Feiertag hier in Bayern. Die Straßen waren geschmückt und es roch nach Feiertag, Bier und Weißwurst. Es war mir auch jetzt klar geworden, warum ich Leute auf dem Wanderweg getroffen hatte. An so einem Feiertag werden spezielle Gottesdienste abgehalten, die Familien machen große Wanderungen, Feste werden organisiert, es gibt gute Stimmung und alles ist echt feierlich. Ich landete offensichtlich in einem Biergarten, es war Mittagszeit und es war voll. Nachdem ich mir alles angeschaut hatte, fand ich ein bisschen Mut und fragte, ob ich an einem Sechsertisch, an dem nur zwei Paare saßen, Platz nehmen dürfte. Ich ließ mich ziemlich schnell von der guten Stimmung der Leute anstecken, und nach zwei Maß Bier war alles wunderbar. Die Musik war laut, es spielte eine Band, alle waren schön in fränkischer Tracht angezogen und der Hauptsänger spielte gleich auch Akkordeon dazu. Es war eine einfache, natürliche Freude, Freude am Leben, die Musik hatte keine meisterlichen Feinheiten, es war halt Volksmusik und Drafi Deutscher und „Marmor, Stein und Eisen bricht“ und Hansi Hinterseer. Letztendlich liebe ich Volksmusik und ich schäme mich nicht dafür. Ich machte ausnahmsweise ein paar Fotos und schickte sie den Kindern, und dann aß ich mit Genuss Sauerkraut und Bratwurst und war auf einmal Freund mit allen dort anwesenden Menschen, anders gesagt, ich war voll betrunken!! Und voll glücklich!! Und dachte, wie schön kann das einfache Leben sein!! Und ob es für mich auch reichen würde.

Ansonsten war weiter Stille in meinem Kopf. Es ging mehr und mehr darum, einen zu Rhythmus finden und um die Rituale des Pilgers. Rucksack packen, Blasen für den Weg pflegen – Gott sei Dank hatte ich das hinter mir, meine Füße und Fußsohlen waren absolut fit – Proviant versorgen, Frühstück und Mittagessen auf dem Weg, im Wald an einem Bach im Schatten und in Ruhe sitzend, kleine Schritte und Vorgänge, auf die man sich konzentrieren muss. Ritual ist vielleicht das falsche Wort, es geht um die Quintessenz des Lebens. Eine Tomate mit Käse, Wurst und Brot, Frühlingszwiebel oder Knoblauch, eine halbe oder eine Stunde Rast, ruhig essen, ohne hastig zu werden, sich auf das Essen konzentrieren, langsam kauen, das Ganze um sich herum genießen, Sonnenstrahlen, das Zwitschern der Vögel, das Flüstern des Wassers, das weit entfernte Bellen der Hunde oder das Muhen der Kühe, sich der Natur hingeben, um Teil des Ganzen zu sein. All das einzunehmen, ist Reinheit, es ist pures Leben. Also übernachtete ich in der Jungenherberge in Bayreuth, keine besonderen Vorkommnisse, und am nächsten Tag war ich weiter unterwegs.

Ich ging und ging weiter, und wie so oft, der Körper ging wie geölt und meine Gedanken konnten sich breit machen, und ich fing wieder an zu denken, wie ich geworden war, wie ich war, wie es war, als ich Rumänien verließ und warum – um mich besser zu verstehen.

Irgendwann war es Mircea gelungen, die Reisepässe für die Auslandreise zu bekommen. Hier war er, mit dem Pass in den Händen. Mit den Flugtickets in der Innentasche seiner Jacke – mit seiner Frau neben ihm – und mit dem schönsten kleinen Jungen in seinen Armen, den die Erde gesehen hatte. Bereit für den Wahnsinn.

Er saß auf diesem schäbigen Stuhl, in diesem schäbigen Raum des Büros für internationale Reiseangelegenheiten, vor diesen beiden abstoßenden Beamten, angezogen in diesen rotweinbefleckten, zerknitterten grauen Anzügen, die nach Fett, Arroganz und billigen Zigaretten rochen. Er nahm die überreichten staatenlosen Pässe entgegen – drei Jahre nach dem offiziellen Antrag auf Ausreise, drei Jahre voller Angst, Unsicherheit, Kampf, die ständige Belästigung der Polizei durchstehend, Beleidigungen, so wie Überwachung durch die Geheimpolizei. Drei unwürdige Jahre, die er überlebte, ohne im Gefängnis zu landen (wie viele andere).

Hier war er, mit dem Film seiner letzten acht Jahre, der vor seinen Augen gerade ablief, gefiltert durch den einschüchternden Zigarettenrauch dieser Beamten, mit der Macht dieser Beamten, über das Lebensschicksal der Personen, die vor ihnen standen, entscheiden zu können. Sie hatten diese Macht angeordnet bekommen, aber hatten nicht die Erziehung, die Ausbildung und die notwendigen Vorbereitungen und Praxis, um diese Macht auszuüben. Vielleicht auch nicht den Wunsch. Und vor allem hatten sie nicht die Verantwortung verstanden, die mit der entsprechenden Macht verbunden war. Aber Macht kann jemanden süchtig machen und Menschen in Unmenschen verwandeln.

Er hatte die schönste Zeit als Student, es hätte nicht besser sein können. Oder war es nur seine Fähigkeit, sich anzupassen und das Leben zu genießen, wohl wissend, dass es sich nicht lohnte, für die Dinge zu kämpfen, die er nicht ändern kann, wie zum Beispiel die Mentalität der Menschen, die in diesem geografischen Raum, der Zeit und Geschichte leben?

Er hatte im ersten Jahr einige Probleme mit seinen Klausuren, weil er sich die absolute Freiheit, nicht zu den Vorlesungen oder Seminaren gehen zu müssen, als Einladung nahm, die er nicht ablehnen konnte. Er hätte dort sicherlich einige Dinge doch gelernt, wenn er an den Vorlesungen teilgenommen hätte, aber niemand hatte ihn dazu gezwungen, teilzunehmen – letztendlich wird es Fakultät genannt, was in sich bedeutet, dass die Anwesenheit fakultativ ist, also optional. Dementsprechend hatte er seine beste Zeit, ging ins Kino, las ein Buch nach dem anderen, jagte Mädchen, spielte Tennis, Bridge, Schach und so weiter. Als die Klausurzeit kam, hatte er ein wenig Probleme und musste sogar einige Klausuren wiederholen. Natürlich war er stolz darauf, Teil der elitärsten Fakultät des Polytechnischen Instituts – namens Luftfahrttechnik – zu sein. Es war so seltsam, wie viel Wert Menschen auf „Etiketten" legten, aber er lernte, wie man Vorteile daraus ziehen kann und wie man dieses korrupte, oberflächliche und faule System benutzt. Er war stolz darauf, dass dieses „Label" für viele seiner Unternehmungen ein Freifahrtschein war. Es war auch die Zeit, in der er sich schlagartig und für Ewigkeit – so meinte er damals – in ein minderjähriges Mädchen verliebte. Sie hieß Anca und war von einer noch nicht beschreibbaren Schönheit, einer inneren und äußeren Schönheit, rein und unberührt. Sie hatte eine besondere Magie und eine Art zu reden und zu erzählen, als wäre die ganze Welt ein Märchen. Es war eine Beziehung, die mehr eine wahnsinnige Anziehung war und in den ersten sechs Monaten konnten sie nicht die Blicke oder die Hände voneinander lassen. Danach wurde es schwieriger, sie war von ihrer Mutter, Familie, Freunden und Umgebung immer für ihre außerordentliche Schönheit gelobt worden und das hatte sie so stark geprägt, dass sie meinte, alles im Leben nur durch ihren Charme erreichen zu können. Letztendlich hatte sie sich in sich selbst verliebt, ihr natürliches Wesen hat sich in eine Koketterie und studiertes Verhalten umgewandelt und obwohl sie immer noch unheimlich attraktiv war, verlor sie langsam im Laufe der Jahre ihre Natürlichkeit, Spontanität und ihren Tiefgang. Sie hatte auch einen Draht zur Kunst und vielleicht auch schauspielerische Begabung gehabt und es war ihr gelungen, ein- oder zweimal die Hauptrolle in einem Film zu bekommen. Ja, Mircea wurde Zeuge ihrer Umwandlung und war nicht glücklich darüber, er hielt sie für ein Opfer ihrer Schönheit und Sklavin der Macht ihrer Schönheit. Sie sprachen mehrmals darüber. Alles war für ihn die Schönheit eines ungeschliffenen Diamanten, die jetzt verloren gegangen war, und letztendlich hatten sie sich getrennt. Diesmal war es endgültig, denn sie hatten sich schon ein paar Mal vorher getrennt. Es war eine traurige Geschichte, die wahrscheinlich nicht anders laufen konnte.

Er war nämlich so, dass er schon, bevor er Anca kennenlernte, eine sozusagen Briefkorrespondenz mit einem Mädchen aus Deutschland begonnen hatte. Und dieses Mädel, Patrizia hieß sie, wollte und war bereit, ihn aus Rumänien herauszuholen, sei es durch Heirat, sei es durch Schmuggeln. Sie hatten sich am Schwarzen Meer kennengelernt und hatten eine intensive und stürmische Woche gehabt und wollten gemeinsam eine Zukunft haben. Natürlich kann man schwer nach nur einer Woche so eine lebenswichtige Entscheidung treffen. Ergo hatte sie sich entschlossen, wieder nach Bukarest zu kommen, damit beide sich vergewissern konnten, ob es tatsächlich das war, was sie machen wollten. Mircea wollte schon das Land verlassen, aber er wollte erst sein Studium beenden und noch drei Jahre eine Briefbeziehung zu haben, war keine fröhliche Aussicht. Es war halt ein Abenteuer am Schwarzem Meer gewesen, aber er war jetzt unsicher, ob Patrizia in zwei Wochen am Schwarzen Meer auf ihn warten würde. Also musste er eine Entscheidung treffen.

Und er entschied sich für Patricia. Das war voll Mist, weil er das reine, makellose und verängstigte Herz einer Fünfzehnjährigen dadurch für immer brechen hätte können, aber der Reiz, zwei Wochen mit einem superschönen Weib am Meer zu verbringen, mit Aussichten auf ein Leben im Deutschland schien ihm wichtiger zu sein. Er hatte alles Anca erklärt, sie konnte natürlich nicht verstehen, was nicht zu verstehen war, es war ihre erste Trennung. Na ja, es war das erste Mal, dass er eine Entscheidung treffen musste, wegen der man, egal, was man macht, als illoyal bezeichnet wird. Er dachte nicht, dass seine Briefkorrespondenz mit Patrizia so weit und so schnell zu einem neuen Besuch führen konnte und hatte es irgendwie darauf ankommen lassen. Na ja, also fuhr er ans Schwarze Meer und, nach zwei intensiven Betttagen, merkte er, dass er die falsche Entscheidung getroffen hatte, und kehrte zurück zu Anca, aber es war natürlich zu spät. Die nächsten Jahre mit Anca und ihm waren eine Karussellfahrt, mal waren sie zusammen, mal nicht. Ständig suchten sie einander und liebten sich. Dann tauchten immer wieder die Angst und Verletzungen der kleinen Anca auf und sie trennten sich wieder. Sein Schmerz war auch sehr groß, es nicht wiedergutmachen zu können. Anca entwickelte sich mit der Zeit in eine andere Richtung, sie schauspielerte mehr und mehr, sie hatte ihre Spontanität total verloren, ihren Esprit, ihre Natürlichkeit und vielleicht auch ihren Humor, und wurde weniger und weniger die Anca, die Mircea in Erinnerung hatte, und die Anca, die ihn komplett und wie er damals dachte – für immer – verzaubert hatte. Traurig bis zum geht nicht mehr.

Er lebte bei seinen Eltern und sparte den größten Teil seiner monatlichen Zulage – das so genannte Taschengeld, das ihm seine Eltern gaben – für den Kauf seiner Transportfreiheit in Form eines Motorrads. In seinem Land konnte man keine Motorräder kaufen, aber wie bei Maria war er der festen Überzeugung, dass Dinge, von denen er intensiv, wiederholt und besessen träumte, eine Manifestation einer Realität waren, die jetzt noch nicht beobachtbar war, aber noch kommen würde. Und er träumte von diesem Motorrad.

Und eines Tages fand er durch Mundpropaganda heraus, dass es einen Mann gibt, der ein Motorrad in einer Lotterie gewonnen hatte, ein

Motorrad, das aus Russland kam und aus bestimmten Gründen von den Zollbeamten an der Grenze beschlagnahmt worden war, eine sehr verworrene und surreale Geschichte, aber er ging dorthin und sah das Motorrad, es war brandneu. Kein schickes japanisches Motorrad, sondern ein neues russisches Motorrad, und es gab fast keine jungen Leute in der Hauptstadt, die ein neues Motorrad hatten, außer die Kinder des politischen Establishments, die natürlich alles hatten, was sie wollten. Aber es kostete viel Geld und er hatte nur einen Teil dieses Geldes, sodass er den Rest von seiner Mutter borgte, mit dem festen Versprechen, es ihr zurückzuzahlen.

Und so geht die Geschichte weiter; er wurde der König der Straße. Diese Bewegungsfreiheit in einer Hauptstadt zu haben war mehr als ein Privileg, es war ein Wunder. Der öffentliche Verkehr war eher ein Geisterbild, und wenn die Busse doch schließlich auftauchten, kamen gleich drei oder vier hintereinander, wie ein Vogelschwarm. Was in Ordnung war, denn wenn drei Busse kamen, war die Wahrscheinlichkeit, dass zwei von ihnen innerhalb der nächsten halben Stunde aufgrund eines technischen Defekts anhalten würden, ziemlich groß. Man nennt so was passive Redundanz.

Es war ein wahrer Segen, ein Motorrad zu haben. Außerdem konnte er in fünf Stunden am Meer oder in zwei Stunden in den Bergen sein. Und die Mädchen liebten es, mitzufahren. Er genoss jetzt ihre Anwesenheit und tat so ziemlich alles, was alle Jungen in seinem Alter taten, flirtete, spazierte mit Mädchen, führte intensive Literatur- oder Universitätsdebatten in den Pubs und mögliche politische oder wirtschaftliche Debatten. Und wenn er der Meinung war, dass in der Umgebung die Luft „rein" sei, jubelte er der lokalen Fußballmannschaft zu …

Er lernte die Technik, in den Zug einzusteigen und schwarzzufahren – wenn die Schüler im Winter zum Skifahren am Wochenende gingen – und sich mit dem Kontrolleur auseinanderzusetzen, wobei die Verhandlungen nur darüber geführt wurden, wie viel Geld der Kontrolleur als Bestechungsgeld bekommen sollte und nicht über die Straftat des Fahrens ohne eine gültige Fahrkarte.

Er lernte mit dem Schwarzmarkt umzugehen und „exotische" Produkte wie ausländische Zigaretten, Seife, Kaffee, Kaugummi, Jeans, Pullover, Deodorants, all die Dinge zu bekommen, die Menschen für selbstverständlich halten, die es in seinem Land aber nicht gab. Er war kein Schwarzmarkthändler; das wäre viel zu gefährlich und kompromittierend gewesen, aber er wusste, woher er diese Sachen für seine eigenen Bedürfnisse bekommen konnte. Auch das lernte er und schaffte es, auf diese Weise seine Schulden gegenüber seiner Mutter zurückzuzahlen. Er lernte, in der Umgebung, in der er lebte, aufzutreten, da dies seine Fähigkeiten waren – die Regeln zu verstehen und dann in diesem Rahmen von Regeln aufzutreten, auch wenn er die Regeln manchmal bis an die Grenze bringen konnte.

Im zweiten Jahr an der Universität bewarb er sich um eine Reiseleiterposition. Er musste eine Prüfung für eine Fremdsprache, Politikwissenschaften und Erdkunde ablegen. Es gelang ihm gut und nach drei Monaten abendlicher Ausbildung erhielt er schließlich sein Diplom als Reiseleiter. Dann änderte sich sein Leben ein wenig, als er – in einer freiberuflichen Rolle – berufen wurde, Touristen in kleineren und größeren Touristenbussen und manchmal sogar privaten Limousinen durch die Hauptstadt und durch das Land zu führen. Hier schnüffelte er an der westlichen Welt, da die Touristen aus verschiedenen westlichen Ländern kamen. Er führte viele Gespräche und traf viele interessante Personen, denen er vertraute, und er erhielt einige ausgezeichnete Informationen über die westliche Demokratie. Es war wie ein erfrischender Frühlingsregen, es war wie ein Schleier erzwungener Ignoranz, der von seinem Gesicht verschwand, es war wie eine so dringend benötigte Infusion von Freiheit – da er sein letztes Ziel nicht vergaß, das er sich setzte, aus diesem hoffnungslosen Land herauszukommen, in Freiheit zu leben und ... und die Mädel aus seinen jugendlichen Träumen zu finden.

Besonders dann als er junge, wohlhabende amerikanische oder britische Touristen führte, die eine Woche lang eine Limousine und einen Touristenführer mieteten, damit sie im Land umherreisen und das Leben in einem sozialistischen Staat erleben konnten. Bei vielen Gelegenheiten war das Gespräch so ehrlich und offen, und er bekam Informationen über die westliche Demokratie, ihre Organisation, die guten und auch einige schlechte Dinge über die Pressefreiheit, die Grundlagen des Mehrparteiensystems, die Grundlagen des Gesetzes und der Ordnung, die Prinzipien der

Marktwirtschaft und die Prinzipien der sozialen Marktwirtschaft. Es war so viel zu verstehen, zu verdauen und zu reflektieren, zumal es keine andere Informationsquelle über diese Dinge gab, außer diese Gespräche mit den Touristen, die oft – wie Mircea durch einen Vergleich seiner Notizen zu verschiedenen Diskussionsthemen mit dem einen oder anderen Touristen herausfand – unterschiedliche Meinungen sogar zu diesen sehr grundlegenden Themen hatten. Es war faszinierend für ihn, die Vielfalt in einer Demokratie so hautnah zu erfahren.

Es versteht sich von selbst, dass er eine diese Fremdentouristenbetreuung nicht ausüben könnte, wenn er am Ende jedes Jobs nicht einen Bericht für die Geheimpolizei schreiben musste, mit wem er sich getroffen hatte, worüber sie gesprochen hatten, was er gefragt wurde, was nicht, was er geantwortet hatte, ob er irgendwelches Kleingeld bekommen hatte und wie viel, ob er Fremdwährung hatte, all dieser Jazz. Mircea schrieb offensichtlich sehr kurze und neutrale Berichte, die von der Überwachungsabteilung nicht sehr geschätzt wurden, sodass er jede zweite Woche gezwungen war, diese Leute zu treffen und eine Art Befragung mit ihnen durchzustehen, um einige Ungereimtheiten in seinen Antworten zu finden, die dann zu einem Verdacht führen und schließlich sein Studium oder sogar seine Freiheit beenden konnten. Mircea wusste, dass er ein sehr gefährliches Spiel spielte, da diese Typen mit eiskaltem Blick, fettigem Haar und Gesichtern voller Akne ihn hassten und nur auf einen Fehler warteten, um ihn zu zerstören. Aber er nahm die Herausforderung an und schaffte es, diese Arbeit für ein weiteres Jahr fortzusetzen. Danach erlaubte ihm der Arbeitsaufwand an der Universität einfach nicht mehr, zusätzliche Zeit für dieses westliche Schnüffeln zu verbringen.

Das Leben war so aufregend und er konnte so viele Dinge tun. Student zu sein war so toll. Aber am liebsten hätte er ein Playboy-Leben geführt – im Sommer einige Jahre als Tennis- Surf- und Wasserskilehrer gearbeitet. In der Natur zu sein, in der Sonne, im Sand und im Wasser – und Geld und die Aufmerksamkeit der Mädchen zu verdienen. Das zu tun, was man will, schien der richtige Weg zu sein. Das konnte er auch im Winter als Skilehrer in den Bergen. Die Prüfungen zum Sportlehrer waren ziemlich einfach und da er Talent für alle Sportarten hatte, war er sich sicher, relativ leicht ein Trainerzertifikat zu bekommen und dann die nächsten fünf oder zehn Jahre als Sporttrainer damit verbringen zu können. Aber er wusste auch, dass es dort keine geistige oder mentale Herausforderung gab. Die Herausforderung war eher körperlicher Natur, dreimal pro Woche bis drei oder vier Uhr morgens im Nachtclub zu sein und dann am nächsten Tag um neun Uhr morgens die erste Tennis- oder Skistunde zu geben. Der Ruf dieses Jobs war auch nicht großartig, da es nicht „intellektuell" genug war, aber wenn er seinen Studentenausweis hatte, gab das der ganzen Trainergeschichte eine neue Qualität. Aber man konnte nicht gleichzeitig Student und Trainer sein. Seine Teilzeitbeschäftigung als Reiseleiter war sowieso aus Zeitgründen kaum zu schaffen und Trainerarbeit war eine Vollzeitarbeit.

Verdammt, die Gesellschaft predigte diese Kette von „kein akademisches Studium, keine Chancen, einen lukrativen Job auszuüben; kein lukrativer Job, kein Geld; kein Geld, kein Reichtum oder keine Macht; kein Reichtum oder keine Macht, keine Wertegesellschaft oder Ansehen und daher wird die Gesellschaft dich nicht in ihre Arme nehmen, die Gesellschaft wird dich ausspucken und marginalisieren". Wenn man anders ans Geld kommen würde, bedeutete das Schwarzarbeit oder krumme Geschäfte zu machen und das war total verboten und wurde mit Knast bestrafft. Diese Leier wurde in Geist und Körper der Menschen so hinein gepredigt, gekaut, verdaut und verinnerlicht!!!

Na ja, er beendete seinen BA, die ersten drei Studienjahre – eine Art allgemeine Theorie über Mathematik, Physik, Automatisierung, Thermodynamik und Aerodynamik – und nun, in den nächsten zwei Jahren, ging es um Spezialisierung auf dem Gebiet der Luftfahrttechnik, die Suche nach einem Forschungsfach und darum, seine Meisterarbeit zu schreiben und vorzutragen.

Das war ungefähr zu der Zeit, als sein Vater starb.

Und dann wurde ich wieder „wach" und kehrte zurück in die Realität, und stellte fest, dass mir eine Meisterleitung gelungen war, auf einmal in Pegnitz zu sein, und dass ich eigentlich zwei geplante Etappen gelaufen war, etwa 36 Kilometer. Ich suchte hin und her nach einer Möglichkeit zum

Übernachten, aber es war schwer, eine Unterkunft zu finden, bis ich den Pfarrer auf der Straße zufällig traf und fragte, ob er mich irgendwo für die Nacht unterbringen könne. Er bot mir das Spielzimmer der Kinder im Pfarrhaus an und ich akzeptierte es natürlich. Pegnitz war ein schönes Dorf mit einem schönen Marktplatz und mit „Dridif"-Gefühlen.

War die Aufarbeitung meiner Vergangenheit das, was der Weg von mir verlangte? Auf jeden Fall fühlte ich mich wahrscheinlich wie Ulysses sich damals auf seiner Odyssee gefühlt hatte. Ich spürte, dass dieser Pilgerweg mich ändern oder mir helfen würde, mich selbst kennenlernen und dass mein Leben mit Sicherheit anschließend anders sein würde als bis jetzt.

Am nächsten Tag lief ich zur Bartholomäikirche und holte meinen Pilgerstempel ab, und dann pilgerte ich an einem heißen und sonnigen Tag in einem wunderbaren frischen und gekühlten Fichtenwald über unbefestigte Waldwege bis Betzenstein. Ich übernachtete kurz vor Betzenstein auf einem Campingplatz, wo am späten Abend kleine Kinder Indiana Jones spielten, die Männer grillten, die Frauen kochten, die Musik war leider schlecht und laut und ich sollte mir dabei einen schönen Abend machen! Zumindest freute ich mich, dass ich als Jakobspilger die Campinggebühren nicht bezahlen musste. Man erkennt erst, wie wertvoll die Einsamkeit ist, wenn man den Anblick bestimmter Personen nicht mehr ertragen kann. Man wird so gut wie krank von deren ständiger Anwesenheit. Dann merkt man auch, dass die einfache Ruhe, allein im Wald zu frühstücken oder Rast zum Mittagessen zu machen von unschätzbarem Wert ist.

Egal, ich dachte ein bisschen sachlich über meine Mind Revolution nach, bis ich einschlief. Am nächsten Tag war „nichts wie weg" angesagt. Ich brach sowieso viel früher auf, als die anderen noch am Träumen waren.

Es waren wieder Zeichen eines schönen Tages, der graublaue Morgennebel fing an sich zu lösen, die Sonnenstrahlen wurden kräftiger und wärmer, der Tau auf den Blättern der Bäume und der Blumen trocknete weg und es war kaum Wind. Ein wunderbarer Tag zum Pilgern. Ich fühlte mich im Einklang mit meiner und der Weltenergie, war in einer romantischen Stimmung und summte auf einmal das „Claire de Lune" von Debussy.

Jetzt hatte ich auch Mut, ein bisschen länger zu laufen, und ich versuchte wieder zwei Etappen an einem Tag zu laufen. Es war noch nicht mal so schwierig, mittlerweile war ich ein halbprofessioneller Pilger, der sehr gut, leicht und mit minimalem Energieverlust lief. Das Einzige, was noch nicht stimmte, war das Gewicht, das ich tragen musste. Ich hatte, glaube ich, etwa dreizehn Kilo im Rücken, und ich war sicher, vielleicht noch auf drei oder vier Kilo verzichten zu können. Ich lief also über Gräfenberg – wo ich auch rastete, aß und mir noch Proviant besorgte – bis Kalchreuth in Mittelfranken. Kalchreuth, vor hunderten Jahren ein Kalkwerk, war heute ein winziges Dorf, mit weniger als dreitausend Seelen und mit einer kleinen Kirche, die noch nicht mal einen Pilgerstempel hatte, geschweige denn Übernachtungsmöglichkeiten. Also war zelten war angesagt. Ich war vorbereitet, hatte noch Proviant, Wasser und eine Toilettenpapierrolle, also alles gut. Pilgerabend, dann Tagebuch schreiben, Nachdenken, Existenznachweisnachrichten versenden und dann schlafen. Es war ziemlich warm und ich überstand die Nacht ziemlich gut, ohne meinen Rucksack klamottenleer machen zu müssen.

Am nächsten Morgen war die Aufregung, nach Nürnberg zu laufen, relativ schnell verpufft, da ich nur 19 Kilometer weit von Nürnberg war, und als ich paar Kilometer hinter mir hatte, merkte ich, dass der Weg durch die Stadt ging, so wie in Leipzig. Asphalt und Straßenbahn, weiter möglicherweise auch U-Bahn, absolut nicht inspirierend, unpersönlich und es hatte wenig, wenn überhaupt etwas mit Pilgern zu tun. Deshalb stieg ich in die Straßenbahn ein und fuhr bis ins Zentrum. Natürlich musste ich mich dann auf die Suche nach einer Unterkunft machen, aber erst einmal wollte ich einfach im einem Café sitzen und die Leute, die Gebäude, die Gerüche und die Geräusche der Stadt aufnehmen. Ich fühlte mich wie ein Schäfer, der aus seiner fernen und einsamen Hütte in die Stadt gekommen war, um seinen Ziegenkäse zu verkaufen, und der musste erst einmal staunen und verstand kaum, wie die Menschen auch anders leben konnten, und er versuchte, einen Sinn aus dem ganzen Wirrwarr und dem Summen um ihn herum zu machen.

Nürnberg, nach München die zweitgrößte Stadt Bayerns, mit über 500.000 Einwohnern, vom Fluss Pegnitz durchquert, in Mittelfranken angesiedelt aber mit einer Sprache mit starkem bairischem Akzent anstatt von fränkischem, ist eine sehr nette Stadt, mit schönen Gassen, Burgen, Kirchen, Kneipen und einer traditionellen Küche, dazu viele Wurstgerichte, insbesondere aber die berühmten Nürnberger Lebkuchen. Ob die Weißbergergassen, die Kaiserburg, die Frauenkirche, die Stadtmauer, die auch jetzt die Altstadt fast vollständig umschließt, oder das Albrecht-Dürer-Haus, man hat das Gefühl von Geschichte, Handwerkern, Bauern, Gemütlichkeit, Sicherheit und Anständigkeit.

Es war um die Mittagszeit ein unüberschreitbarer Rummel und großes Gebrummel auf den Straßen, eilige Geschäftsleute, die auf dem Weg von Büros zum Essen oder zurückkehrend vom Essen waren, Touristen und Gruppen von Touristen mit Reiseführern mit Regenschirmen oder Flaggen zum Winken, Frauen mit Kindern und Kinderwagen, Gymnasiasten, die vielleicht die Schule geschwänzt hatten und wie üblich viel Lärm um sich machten, Musikanten, die ihre Kunst zeigten, ein paar Bettler, die den Bürgersteig mit bunter Kreide bemalten, Weinstuben und Biergärten, Restaurants mit Terrassen voller Gäste, dazu die Bierkrüge, viel Sonne und ein verwirrter Jakobswegpilger mittendrin. Es war irgendwie schön, Großstadt ja, mit einem schönen Marktplatz und mit einem Frühling voller Blüten und Menschen, Genuss und lebendige Atmosphäre. Ich trank auch mein Augustiner Helles und dann machte mich auf der Suche nach einer Unterkunft. Ich wusste, es wird nicht einfach, die Jugendherbergen waren entweder nicht geöffnet oder voll besetzt, die Kirchen waren oft misstrauisch gegenüber Leuten wie mir, aber ich war in einer guten Stimmung und voller Zuversicht. Bei der Frauenkirche funktionierte es nicht, aber bei der Jakobskirche schon. Die Jakobskirche war eine wunderbare im gotischen Stil gebaute Kirche, mit einer langen Geschichte, die weit zurück bis zum Anfang des XIII. Jahrhunderts geht. Sie war lange Zeit eine katholische Kirche bis Anfang des XIX. Jahrhunderts, als sie in den Folgen der Reformation in eine evangelischen-lutherischen Kirche umgewandelt wurde.

Der Pfarrer hatte mir keine Möglichkeiten zu schlafen anzubieten, aber er stimmte meinem Vorschlag, im Garten der Kirche zu zelten, fröhlich zu. Er gab mir den Schlüssel der Kirche, falls ich in der Nacht die Toilette benutzen möchte oder, falls ich Hunger hätte, mir etwas von der Küche nehmen möchte. Es war wahnsinnig freundlich. Ich richtete mich ein und anschließend unterhielte ich mich mit dem Pfarrer intensiv und lange, er hatte ein bisschen Schnaps und einige der berühmten Nürnberger Lebkuchen vorsichtshalber mitgebracht. Wir lagen im Garten vor meinem in der Zwischenzeit aufgebauten Zelt und unterhielten uns gemütlich über Gott, Gesellschaft, Glaube und die Welt – ich weiß es nicht mehr genau, aber es gab keine kontroversen Themen, das weiß ich noch. Es war einer diese Tage, an denen alles im Lot ist und die Welt in Ordnung scheint.

Anschließend ging ich noch mal weg, um mich mit Manuel, dem Sohn von Stefanie und Gerhard, zu treffen. Manuel machte gerade in Nürnberg ein Praktikum. Stefanie war Martinas Cousine oder Tante oder so was in der Art, ich wusste es nicht mehr genau, vielleicht hatte ich es nie gewusst, es war auf jeden Fall eine komplizierte Familiengeschichte, und Gerhard ihr Ehemann. Manuel war ein gutaussehender Bursche, lang und schlank, blond und mit warmen, blauen Augen und einem sehr freundlichen Gesichtsausdruck. Wir tranken ein Bier in einem Biergarten. Er war ziemlich geschockt, als er mich ansah – wie viele andere Menschen auch – und mittlerweile fing ich an, mich daran zu gewöhnen. Er hatte mich seit zwei Jahren nicht mehr gesehen, das ist wahr, aber seine Schreck-Begeisterung war kaum zu übersehen. Ich erzählte ihm vom Jakobsweg, und ich war schon ein bisschen geschmeichelt, als ich die Bewunderung in seinen Augen las. Noch mehr geschmeichelt und verehrt fühlte ich mich, als Manuel seine Freundin anrief und sagte, dass er sich verspäten werde, da er noch eine Weile bei mir bleiben werde. Also tranken wir noch ein Maß Bier und dann musste er gehen. Ich danke dir, Manuel.

Es war schon Abend, die Sonne ging langsam unter, der Rummel in der Stadt hatte ein wenig nachgelassen, die Kneipen fingen an, sich auf die abendlichen Gäste einzurichten, die Spatzen schwatzten noch zur Nacht, und ich ging wieder zurück zu meiner Jakobskirche und meinem Zelt. Ich bereitete dann mein Abendbrot zu, gut gelaunt, in aller Ruhe und Gelassenheit, was offensichtlich nach zwei Maß Bier nicht so schwer war, ich aß lecker und gut, und ich hatte auch Nürnberger Lebkuchen als Dessert.

Dann besuchte ich auch die sanitären Einrichtungen der Kirche und wollte schlafen gehen, aber ich war noch nicht müde und lag im Gras in dem Schlafsack vor dem Zelt, es war warm und ein Himmel voller Sterne.

So dachte ich nochmal über die Mind Revolution nach, worüber ich mit Manuel nicht gesprochen hatte. Ich dachte, es wäre vielleicht zu viel für ihn auf einmal gewesen, zumal seine Freundin sicher schon ungeduldig auf ihn wartete. Es war ganz verrückt und es war mir irgendwie klar, dass so eine Bewegung von jungen Leuten gemacht und geleitet werden sollte, aber ich fühlte mich von der Idee so beflügelt. Ich wusste auch, dass in der 68er-Revolution auch einige intelligente, älteren Mentoren mitwirkten, zum Beispiel Herbert Marcuse (nicht, dass ich mich mit ihm vergleichen wollte, um Gottes willen), aber ich wollte auch meine Anteilnahme an der Mind Revolution rechtfertigen. Also dachte ich: Warum brauchen wir denn eine Revolution? Brauchen wir eine Revolution überhaupt?

Für mich war die Antwort ziemlich einfach. Ja. Die Geschichte hatte gezeigt, dass periodisch in einem Jahrhundert mindestens eins oder zwei große Kriege entstehen. Und die Kriege entstehen, um eine andere Weltordnung zu schaffen, in der die Dinge besser sein sollten. Ob Religionsgründe, Machteroberung, Raumeroberung oder ähnliche Ideen als Gründe des jeweiligen Kriegs von der Propagandamaschinerie verbreitet wurden, war nicht unbedingt von Bedeutung. Wichtig war, dass die Bevölkerung die bestehende Lage als massiv ungerecht empfunden hatte und sich eine Änderung wünschte. Und in so einem Krieg starben viele Menschen, je besser die Kriegstechnik wurde, umso mehr Menschen starben. Und jetzt sind wir an einem Punkt angekommen, an dem auf einer Seite die Technologie Waffen entwickelt hat, die die ganze Welt vernichten könnten, auf der anderen Seite die Unzufriedenheit der Menschen über die rasant steigende Ungleichheit zwischen dem Wohlstand der wenigen im Vergleich mit der Armut der vielen (als Ergebnis der bestehenden gesellschaftlichen Ordnung) sehr stark zugenommen hat. Und wir sind auch an dem Punkt angelangt, an dem kein Weltkrieg seit über achtzig Jahren mehr entstanden ist. Also wäre es statistisch gesehen höchste Zeit für eine neue, für die Gesellschaft vernichtende, aber auch erfrischende soziale Erneuerung, möglicherweise durch eine Weltkonfrontation. Ich denke aber, wir haben die Pflicht, gegenüber unserer jüngeren Generation alles zu tun, um einen neuen Weltkrieg zu vermeiden. Eine friedliche, geistige Revolution könnte auch die bestehende Gesellschaftsordnung verändern.

Brauchen wir eine Währung? Der Kurswechsel der Währungen gibt Ansporn zur Finanzspekulationen, um irgendwie künstlich Geld zu erzeugen. Wie kann man das verhindern? Zum Beispiel mit Darlehen, die eigentlich zinslos sein sollten, vielleicht freiwillige Geschenke, wenn man am Ende der Laufzeit das Geld zurückbezahlt? Wir müssten das bestehende Modell und seine Struktur verstehen, um ein alternatives Model zu entwickeln. Wir brauchen massive Informationen über das Kultusministerium, Finanzministerium und Gesundheitsministerium. Wer bestimmt das Gehalt der Lehrer, Ärzte, Krankenschwestern, und nach welchen Kriterien? Ein dezentrales Modell schien mir besser geeignet, um volksnäher zu sein.

Wir werden Eignungsprüfungen einführen müssen, für den Einstieg in eine Berufsausbildung, zumindest für die Berufe, die ohne Berufung nicht optimal ausgeübt werden können.

Ist Wachstumstheorie falsch? Braucht man Wachstum? Wie definieren wir Wohlstand und warum streben wir ihn an? Was ist Erfolg, wie definieren wir ihn und warum?

Welche Lehrgänge wollen wir einführen? Wie können wir das Potenzial der Kinder entdecken und fördern und ihnen – in einem Alter, wenn die Kinder sich selbst nicht wehren können – vorgeben, was erstrebenswert ist?

Religion muss unbedingt einbezogen werden, weil einige von den Ideen der Revolution eigentlich christlich sind, und die Kirche hat leider viel von der Kraft der Überzeugung, zur Umgestaltung und zum Umsetzen verloren. Fragen, Fragen, Fragen ...

Mit diesen Gedanken schlief ich ein. Als ich wieder wach wurde, sah ich nur Gras und Bäume und Blumen um mich herum, eine wunderbare Kirche und einen wolkenfreien Himmel. Ich duschte auch, da ich allein in der Kirche war und mich wie der Oberpfarrer der Kirche fühlte, weil ich einen Schlüssel für die Sanitäranlagen der Kirche hatte – schaute mir noch mal die Kirche von innen an und ließ mich von der Geschichte umarmen. Dann frühstückte ich ruhig und zuversichtlich. Gerade, als ich meine Sachen fertig gepackt hatte, kam der Pfarrer und wollte sich von mir verabschieden und mir noch ein bisschen Proviant mit auf den Weg geben. Ich war echt gerührt und bedankte und verabschiedete mich ordentlich, nachdem ich meinen Stempel bekommen hatte, und machte mich auf den Weg nach Schwabach.

Der Weg war nicht mehr so hügelig wie zuvor, einfacher zu laufen, natürlich, aber auch ein bisschen langweiliger. Hier, im Südwesten Nürnbergs es ist auch nicht mehr so waldreich.

Der Weg führte durch die Felder und vorbei an einigen Fischteichen. Ich erreichte Schwabach nach einigen Stunden, machte dort Rast und lief dann weiter bis Poppenreuth, eine Siedlung, die sich mit dem Bellen der Hunde und dem Muhen der Kühe ankündigte, etwa 25 Kilometer von Nürnberg entfernt. Ein kleines Dorf mit ungefähr sechzig Seelen, eine Kirche, die erstaunlicherweise keinen Stempel für Jakobswegpilger hatte, ein Gasthaus und eine Kneipe. Es geschah nichts Wesentliches, Abendessen in der Kneipe, Zelt aufgebaut und ruhig geschlafen.

Am nächsten Morgen ahnte ich noch nicht, dass dieser Tag vielleicht der schwierigste Tag meiner Pilgerreise sein würde. Es hatte den ganzen Tag geregnet, war kühl und windig, meine Regenjacke war nicht mehr dicht genug und nahm von Stunde zu Stunde an Gewicht zu, der Weg war matschig, ich wollte aber keine Pause machen, denn es war nicht klar, wann der Regen aufhören würde. Es war nur am Anfang schwierig gewesen, bis ich total nass wurde und meine Füße in meinen Wanderstiefeln schwammen, danach ging es einigermaßen OK. Ich lief und lief und lief, peinigte mich selbst und wollte es auch so. Die Feldwege waren voller Pfützen, denen ich nicht immer ausweichen konnte, die Waldwege wurden rutschig und ich musste aufpassen, damit ich nicht mit meinen sieben Sachen hinfiel. Ich war völlig durchnässt, meine stolze „Barely Legal“-Mütze wurde auch nass, meine Unterhosen auch, ich konnte es nicht sehen, aber gefühlsmäßig waren sie nass, doch. Und was machte ich die ganze Zeit, um mich gedanklich abzukoppeln und dem Körper zu signalisieren, dass er allein weiter machen muss? Ich dachte an die Leidenschaft. Ich glaube, dass dies eines der schönsten Worte in der deutschen Sprache ist, vielleicht zusammen mit „Fremdbestimmung“ und „Geborgenheit“, aber dazu mehr ein anders Mal.

Also, die Fähigkeit zu leiden, das ist wohl das, was das Wort Leidenschaft bedeutet. Das Wort „Passion“ in Englisch und Französisch (Leidenschaft scheint irgendwie auch von dort etymologisch abgeleitet zu sein) hat ursprünglich auch Leiden bedeutet – weitgehend hergeleitet von den Leiden Christi zwischen dem Abendmahl und seiner Kreuzung. Mittlerweile ist diese Bedeutung des Wortes in den anderen Sprachen aber abgestumpft. Es ist also die Leidenschaft, dich für jemanden oder etwas einzusetzen, bereit sein zu kämpfen und Zeit, Geld, vielleicht auch Gefühle aufzuopfern. Ich konnte mich nicht so sehr mit den passiven oder spirituellen Richtungen, die auf Harmonie, Einklang mit dem Universum und transzendentalem Verständnis für alle (also irgendwie leidenschaftslos) ausgerichtet sind, anfreunden. Diese einzige Welt war für mich immer in einer ständigen Umwandlung, war von Menschen bestimmt und von Menschen gestaltet, sich also leidenschaftlich für den Gestaltungsprozess einzusetzen. Dies schien mir durchaus sinnvoll.

Aber ich wollte jetzt über eine andere Leidenschaft nachdenken, über die Leidenschaft, sich leidenschaftlich zu verlieben. Das ist, ich glaube, meine Berufung in dieser Welt. Man sagt auch „leidenschaftlich verliebt“– wie schön kann das nur klingen! Ich habe mich in Martina vor dreißig Jahren verliebt und ich liebe sie immer noch. Es gab natürlich viele Umstände, die zu unserer Beziehung geführt hatten, abgesehen von den anderen Leiden, die wir beide in unsere vorherigen Beziehungen durchgemacht hatten. Und da waren vielleicht auch die Schwierigkeiten und Herausforderungen einer Fernbeziehung – ich in New York und sie in Mainz –, die sowohl meine kämpferische Einstellung als auch Martinas herausforderten, aber alles zu überwinden wäre nicht möglich gewesen, wären wir nicht verliebt gewesen. Ich bin auch in meine Kinder verliebt. Im weiteren Sinne – glaube ich – bin ich auch in diese Welt verliebt.

Mein jetziges Leiden für mich ist, nicht verliebt zu sein. Und ich leide ziemlich massiv darunter. Deswegen fällt es mir so schwer, allein zu sein. Ich möchte mich wieder verlieben und die Intensität des Lebens, des

Glücks, des Leidens wieder spüren, die Enttäuschungen, die Himmelsglücksmomente, die Vorfreude, etwas für deine Geliebte zu machen, die Nachfreude zu genießen, wenn ich etwas gemacht habe, womit ich viel Freude bereitete und geschätzt wurde, die Überraschungen, die Augenblicke der Liebe, die Augenblicke des totalen Miteinanders und die Augenblicke des Lebens und nicht nur des Seins. Also war meine erste Erkenntnis, ich bin nicht so verkehrt, ich kann das Beste aus mir herausholen und den Menschen schenken, aber nur dann, wenn in einem Zustand eines Verliebten bin. Es ist nun mal so.

Und siehe da, ich war ich in Gunzenhausen gelandet, fast 30 Kilometer von Poppenreuth entfernt. Immer noch in Mittelfranken, aber im Vergleich mit dem sechzig–Seelen-Dorf Poppenreuth fühlte sich Gunzenhausen mit 16.000 Seelen an wie eine Metropole. Ich übernachtete in einer kleinen, netten Pension und legte alle meine Klamotten zum Trocknen aus. Es war warm und feucht im Zimmer und manche Klamotten wären wahrscheinlich auch am nächsten Tag noch nass, deshalb nahm ich mir vor, diese Klamotten am nächsten Tag auf dem Rucksack festzumachen, in der Hoffnung, dass die frische Luft sie bald trocknen würde. Alle Sachen im Rucksack waren auch feucht. Ich fand mit Mühe ein halbtrockenes T-Shirt, das ich anzog, dann ging ich ins Restaurant und speiste erstmals ordentlich, da ich bislang den ganzen Tag nur Wasser getrunken hatte. Nach dem Essen und nach einem Augustiner Helles war die Welt wieder in Ordnung. Ich legte mich schlafen, aber ich konnte halt nicht einschlafen und musste komischerweise an meinen Vater denken.

Mein Vater starb, als ich noch Student war. Und das war ungefähr die Zeit, als ich zum ersten Mal heiratete – für drei Monate.

Sein Vater war die Liebe seines Lebens. Sein Vater hatte das beste Herz der Welt. Sein Vater hatte nicht studiert und hatte keinen akademischen Abschluss.

Aber er hatte die größte Liebe zu seiner Familie, die er jemals haben konnte. Er wusste nicht viel über Richtiges oder Falsches, denn in seinem jüngeren Leben gab es einige Male, in denen falsch richtig wurde und richtig falsch wurde und dann falsch wieder richtig wurde, Manchmal aber blieb richtig richtig und niemand wusste, wohin das Falsche ging, aber das war auf jeden Fall richtig. Das alles verwirrte ihn ziemlich, aber es verwirrte nicht sein Herz. Denn alles, was er tat, tat er mit all seiner Liebe und seinem Mitgefühl, und das konnte niemals falsch sein. Er war nicht unbedingt kantig und konnte sich kaum auf ein klares Ja oder Nein festlegen. Er hatte immer versucht, die verschiedenen Meinungen zu verstehen und eine Lösung herbeizuführen, womit alle einverstanden waren. Ja, er konnte manchmal nicht für etwas, woran er glaubte, geradestehen, er dachte immer instinktiv daran, eine Einigung, einen Mittelweg zu finden. Also war er nicht immer der „Stand-Up-Typ".

Aber in diesem rumänischen, levantinischen Land tat es fast niemand. Und so haben sie über Jahrhunderte überlebt.

Er war vielleicht nicht der klügste Mann, aber er war der beliebteste Mann zu Hause und bei seinen Arbeitskollegen. Seine Hingabe, anderen Menschen zu helfen und sie zu heilen, ging über das Richtige oder Falsche und über die Hartnäckigkeit oder Intoleranz hinaus.

Einige hätten ihn vielleicht als Verlierer bezeichnet, aber das ist OK.

Sein Vater starb nach sechs Monaten des Leidens. Mircea besuchte ihn oft im Krankenhaus und war gelähmt von der Ungeheuerlichkeit des Gedankens, dass er seinen Vater bald verlieren würde – er konnte es weder verstehen noch akzeptieren. Er konnte nicht mit seinem Vater darüber sprechen. Er war genauso unfähig wie sein Vater, der seine Gefühle auch in Worten nicht ausdrücken konnte. Man konnte nur seine Augen sehen, die alles erzählten – Bedauern, Trauer, Freude und vor allem unendliche Liebe.

Und dann, als sein Vater starb, passierte etwas Außergewöhnliches.

Etwas Unerklärliches, aber etwas, das vielleicht sowieso keiner Erklärung bedurfte. Mircea begann jede Nacht, fast jede Nacht – monatelang – davon zu träumen, dass sein Vater nicht gestorben war, dass sein Vater sich unter seinem Bett versteckte. Er ließ ihn nachts frei und brachte ihm Essen und Wasser und sie führten bis zum Morgengrauen lange Gespräche über alle möglichen unwichtigen und täglichen Dinge. Dann musste sein Vater zu seinem Platz unter dem Bett zurückkehren. Er konnte mit niemandem über seine Träume sprechen und sprach auch mit niemandem die nächsten zehn Jahre darüber, bis zu einem Tag in Brooklyn, New York. Aber diese Geschichte würde sich noch entfalten müssen.

Und das Leben ging weiter und Mircea studierte weiter am Polytechnischen Institut und wurde immer besser. Die Projektarbeit, die er machte, die Fächer, für die er Prüfungen ablegen musste, alles schien sehr interessant zu sein. Unerforschte Themen bei der Erforschung von Flugsimulationen unter extremen Bedingungen gaben ihm das einzigartige, einmalige Gefühl eines Wissenschaftlers, der dabei war, die Anti-Gravitationskraft zu entdecken und enthüllen. Dieses Gefühl ließ ihn tagelang in die Forschung eintauchen. Und Mircea war sehr glücklich und dankbar für diesen Tauchgang.

In diesen Tagen lernte er auch Joanna kennen, eine Studentin der Fächer Englisch und Französisch an der Universität. Sie war sehr hübsch und adrett und hatte einen Hund, Bouson; sie begannen sich zu sehen. Es war ein ganz besonderer Anblick, ihn, Joanna und den Hund auf seinem Motorrad zu sehen. Und eines ist sicher, der Hund liebte die Fahrten am meisten.

Sie hatten eine Gruppe gemeinsamer Freunde, alle Motorradfahrer und Studenten. Sie fuhren oft aus der Hauptstadt raus, runter am Fluss, durch die Dörfer oder in die Berge. Die Dynamik der Gruppe kümmerte sich von allein um Entscheidungen. Nachdem seine Arbeit am Institut für den Tag beendet war, musste er sich wirklich nicht sehr darum kümmern, was er nachmittags tun sollte; denn da war die Motorradclique. Und dies war auch eine sehr gute Therapie, das beglückende Gefühl, Teil dieser Motorradclique zu sein.

Mircea genoss diese Zeit, Gangmitglied zu sein, noch mehr, da es eine subtile Ablenkung von der Traurigkeit war, seinen Vater verloren zu haben. Es war ein reines Gefühl der Freiheit, mit dem Motorrad auf einem Sonnenuntergang übers Land zu fahren, Gras, Heu, Mist zu riechen, nur das Leben zu riechen, danach mit den Jungs und seinem Mädchen ein Bier zu trinken und über alles mögliche zu plaudern. So wie es im Leben nun mal ist, fingen die meisten Jungs an, ihre Freundinnen zu heiraten, so dass es in den letzten sechs Monaten vier Hochzeiten gab. Das war nicht nur ein Zufall oder eine zufällige Beobachtung. Es war mehr oder weniger das, was sie tun mussten.

Das Schulsystem in seinem Land garantierte allen eine kostenlose Ausbildung, einschließlich des akademischen Studiums. Die Einschränkung dabei war, dass sie am Ende des Studiums nicht nach einem Job suchen mussten, sondern der Job suchte nach ihnen! Das Arbeitsministerium veröffentlichte jedes Jahr eine Reihe von Stellen, die für jede Fakultät ausgeschrieben wurden, und sie mussten eine dieser Stellen auswählen. Das Auswahlverfahren basierte auf einem Ranking-Konzept. Der beste Absolvent einer bestimmten Fakultät hatte also die erste Wahl. Der zweite konnte einen Job aus den noch gebliebenen angebotenen Jobs auswählen und so weiter. Nun gab es Ausnahmen von der Regel, sodass ein Ehepaar nicht gezwungen werden konnte, sich zu trennen und die Partner in verschiedene Ecken des Landes geschickt werden konnten, nur weil dies das Ergebnis des Prozesses zur Aufteilung des Arbeitsplatzes war (vorausgesetzt, beide Partner absolvierten das Studium im selben Jahr). So dürfte die Braut dem Bräutigam folgen oder andersrum, damit die Eheleute nicht getrennt wurden. Dies war das Verfahren, was die Entscheidung zu heiraten, für diejenigen beschleunigte, die Vorteile für die Aufteilung des Arbeitsplatzes erhalten konnten.

Jetzt wurde Mircea – und allen Absolventen seiner Fakultät – ein Arbeitsplatz in der Hauptstadt garantiert, da der Staat in der Hauptstadt eine Flugzeugfabrik baute und in den kommenden Jahren viel mehr Arbeitsplätze benötigt wurden als Kandidaten von der Universität abgingen. Und nach der bestehenden Regelung würde Joanna ihm folgen und auch in Bukarest bleiben können, und nicht als Lehrerin in einem Dorf in einer weit entfernten Ecke Rumäniens.

Diese Situation brachte ihn aber völlig ins Wanken. Sein ganzes Wesen, alles, was er in sich fühlte und was er dachte, war, dass die Ehe die ultimative Hingabe an das Glücklichsein sei, und von all dem spürte er nichts mehr. Joanna war eine sehr schöne Frau, aber, schwer zu erklären, eine Frau mit einer Mission und ohne Selbstzweifel. Sie war, möglicherweise genetisch und erzieherisch bedingt, darauf programmiert, eine erfolgreiche Ehe zu führen, zwei Kinder, ein Haus in den Vororten oder in der

Elite-Wohngegend, ein teures und schickes Auto, vielleicht zwei, einen trendigen Job für sie und einen erfolgreichen Ehemann zu haben. Sie war hübsch, aber Sinnlichkeit, Rätselhaftigkeit, Zweifel und inspirierende Unsicherheit, all das waren überbewertete Dinge für sie und nur notwendig, wenn sie ihrem Lebensentwurf dienten.

Mircea mochte sie sehr, sie war witzig und angenehm in der Gesellschaft, sie hatten guten Sex zusammen, aber sie hatte ihren Lebensplan, sie hatte nur ihre Mission. Und es war möglicherweise nichts Falsches, eine Mission zu haben, es war nur so, dass er keinen festen Lebensplan hatte und nicht haben wollte. Noch nicht. Joanna war äußerst zärtlich und verständnisvoll und hatte sich in diesen Monaten der Trauer und des Leids nach dem Tod seines Vaters sehr um ihn gekümmert, und das half ihm sehr. Er war gern bei ihr und sie gab ihm irgendwie das Gefühl, sicher zu sein, da sie entschlossen ihrem Weg zum Erfolg folgte.

Und alle um sie herum erwarteten, dass er sie heiraten würde – ihre Eltern, ihre Mutter, ihre Brüder, Freunde, Kollegen und die Reiterclique, sogar die Gesellschaft. Sie sahen so gut zusammen aus, sie waren ein extravagant aussehendes, erfolgreiches junges Paar, Joanna würde durch die Ehe eine Garantie für einen Job in der Hauptstadt bekommen, was für jede junge Frau fast ein „Muss" war, sie plante bereits den Ort, an dem sie später im Herbst allein einziehen würden und die Zeit, in der sie ihr erstes Kind bekommen würde. Es war eigentlich auch normal so, aber Mircea war darauf überhaupt nicht vorbereitet oder dafür bereit.

Er hatte nur ein paar Monate Zeit, um sein Studium zu beenden, und viele Gedanken überwältigten ihn. Was für eine schöne Zeit er als Student hatte und mit welcher Klarheit er die logistisch-mechanische Diktatur in Rumänien durchschaute, wie dieses System funktionierte und wie seine Leute arbeiteten. In diesem Land nahm alles eine boolesche Form an – du warst für das System oder du warst per Definition gegen das System. Dazwischen gab es nichts. Diejenigen, die „zwischen den Welten" leben wollten – manchmal mit dem System, manchmal dagegen – landeten früher oder später im Gefängnis. Im System zu sein, bedeutete, das System aufzunehmen, durchzukauen und zu fördern. Es bedeutete, andere zu korrumpieren und selbst korrupt zu werden. Mircea war nicht dafür gemacht.

Er wusste, dass es für ihn immer schwieriger sein würde zu verbergen, dass er kein Diener des Systems war, obwohl es ihm von Tag zu Tag immer besser gelang, dies zu simulieren. Er war zumindest einer, der zwischen diese beiden Welten gehörte. Was würde also passieren, wenn er sein Berufsleben begann? Wie lange würde er brauchen, bis er eine Gelegenheit fand, dieses Land zu verlassen?

Wie sollte es jetzt mit Joanna weitergehen? Was hätte sein Vater getan? Oft sprach er in der Nacht immer noch mit ihm, da er immer noch hungrig und durstig war. Sie hatten diese schönen Gespräche und er erzählte ihm alles über sein Leben, über Joanna und die in Gedanken entstehende Maria. Sein Vater würde nichts darüber sagen, er würde ihn nur mit Liebe beobachten und sagen: „Mein Junge, mein lieber Junge!!"

Er hatte das Gefühl, dass er Maria wirklich früher finden wollte; sie war da, sie war immer da in seinen Träumen und sie war die einzige Person, mit der er einfach nicht sprechen und doch so viel sagen konnte. Seine Gefühle standen immer kurz vor dem Überlaufen, da sie oft nur zusammensaßen. Kein Gespräch. Keine Worte. Keine Briefe. Einfach zusammensitzen, manchmal zusammen ein Buch lesen, manchmal auf der Klippe sitzen und den Ozean beobachten, manchmal nur Leute an einem Hauptbahnhof oder auf einem Flughafen beobachten. Es gab immer eine winzige Verbindung zwischen ihnen, die als eine kleine Schnur begann und nach einer Weile endete als das geknotete, rohe Seil eines Seemanns. Aber es existierte als Sehnsucht natürlich nur in seinem Kopf, er konnte sich nicht erinnern seit wann, vielleicht, seit er gelernt hatte, mit bloßen Händen Fische zu fangen, vielleicht seit der Zeit, als Jack the Black in seinen Sommerferien das Machtwort hatte. Na ja, er betrachtete die Einzigartigkeit ihrer Zusammengehörigkeit und ihre, zur Zeit, offensichtliche Irrelevanz bei der größeren Schöpfung von Dingen.

Also beschloss er, Joanna zu heiraten, und fühlte sich für den Rest seines Lebens ein bisschen schmutzig und beschämt.

Es war eine sehr erfolgreiche und schöne Hochzeitsfeier; alle liebten und beobachteten glücklich die Braut und den Bräutigam, beide bekamen wie erwartet und wie geplant Jobs in der Hauptstadt und begannen zusammen – miteinander und mit Bouson – in einer kleinen Mietwohnung in einem Vorort der Hauptstadt zu leben. Joanna schämte sich und vermied es, Freunde an einen so „nicht repräsentativen“ Ort einzuladen.

Mircea begann seine Arbeit und versuchte, einen Sinn daraus zu machen, aber nach drei Monaten wurde er zu einem sechsmonatigen Militärdienst zu den Waffen einberufen, was eigentlich ein üblicher Vorgang war, wobei nur der Beginn dieses Militärdienstes die einzige Unbekannte war. Während dieser Zeit bei der Armee hatte er viel Leerlauf und er konnte seinen Gedanken freien Lauf lassen. Er erkannte, was für ein Idiot er gewesen war und was für einen schrecklichen Fehler er gemacht hatte, als er Joanna heiratete. Genau wie ihr Vater wollte Joanna ihm helfen, aber er erlaubte ihr, eine Liebesgeschichte aufzubauen, die gar nicht da war.

Er war so verärgert über sich selbst und wollte sich für seine Art, Menschen und möglicherweise auch Joanna zu täuschen, bestrafen. Also verweigerte er manchmal den Gehorsam, um bestraft zu werden. So gelang ihm mehrmals, für ein paar Tage und Nächte in die Einzelzelle für Sträflinge geschickt zu werden. Das war wirklich hart, ohne Möglichkeit zum Sitzen während des Tages (das Bett wurde an die Wand gezogen), ohne Tisch, Stühle oder sonstige Möbel, es gab kalte Zementböden, auf denen man nicht länger als zehn Minuten sitzen konnte, die Fenster waren sehr hoch und er konnte nichts draußen sehen, außer ein paar Sonnenstrahlen.

Keine Bücher, keine Kommunikation, nichts, reine und nackte Einsamkeit. Es fühlte sich gut an; es fühlte sich gut an, körperlich unter Schmerzen und geistiger Einsamkeit zu leiden. Als er ausstieg, fühlte er sich innerlich sauber und stimmte wieder mit sich selbst überein.

Egal, er und Joanna sprachen über die Wochenenden über eine Scheidung, da er an den Wochenenden seine Familie besuchen durfte. Er merkte, dass alles viel einfacher war, als er dachte, da Joanna nichts gegen eine Scheidung hatte. Zumindest sagte sie es so. Sie leiteten das Scheidungsverfahren ein, kurz nachdem er seinen Militärdienst beendet hatte, und alles war innerhalb von zwei Monaten erledigt und abgestaubt.

Bis auf einen sehr traurigen, schmerzhaften und regnerischen Nachmittag, an dem Joanna ihn sehen wollte; sie weinte und sagte ihm, dass sie nachträgliche Gedanken hatte und das Gefühl hatte, dass sie wirklich in ihn verliebt und bereit sei, alle ihre durchgeplanten Vorhaben der Welt zu vergessen und mit ihm zu kommen, wo immer er hin wollte. Genau das hatte Mircea befürchtet. Es war das Richtige zur falschen Zeit. Er war nicht mehr verliebt. Eigentlich war er es nie gewesen, aber ihre Verzweiflung, ihre Wärme und ihr verliebtes Herz, ihre plötzliche und überraschende Anerkennung, dass sie verliebt war und dass dieses Gefühl stärker war als sie, hätte vielleicht die Chance gehabt, ihn näher zu bringen, um ihr Herz zu öffnen. Aber es war zu spät.

Und das war das Ende seiner dreimonatigen Ehe.

Am nächsten Tag schien die Sonne wieder und ich freute mich so, dass meine Sachen, die mittlerweile noch halb nass waren, bald auch trocknen würden. Ich verließ die Pension mit Demut und nassen Wanderstiefeln, holte mir den Pilgerstempel in einer schönen Marienkirche, kaufte mir Proviant für unterwegs und machte mich auf den Weg nach Süd-Westen. Ich war guter Dinge und ging gute zwei Stunden vorbei am Altmühlsee. Das Wasser spiegelte die Sonnenstrahlen so sanft, dass ich an die wunderbare Verfilmung von Karl May, „Der Schatz im Silbersee“, denken musste, und dann ging es weiter durch den Wald, bis ich die Türme des Klosters in der Ferne sah. Auf einmal wollte ich Rast machen, das Wetter war perfekt fürs Zelten, ein kleiner Bach war auch in der Nähe und die Idee des Zeltens war echt verführerisch. Ich hatte alles, was ich brauchte, Proviant und Wasser, Toilettenpapier und ich war auch – gesamt gesprochen – gut in der Zeit, mit über 600 Kilometern hinter meinem Rücken. Ich hatte in meiner Planung für die deutsche Etappe einen zehntägigen Puffer für Stadtbesichtigungen, Wunden lecken und einfache Erholung vorgesehen. In Leipzig hatte ich mir nur einen Tag für diese Dinge genommen. Die ganze Pilgerreise war natürlich ein bisschen spartanisch und „pilgerisch“, aber ich hatte alles, was ich brauchte – in mir. Die einzige Sache, die mich in meinem Alleinsein ein bisschen störte, waren zwei sehr liebenswürdige Fahrradfahrer, die auf einer Tour waren, mir helfen wollten und mir den Weg bis nach Heidenheim unbedingt erklären mussten und sich einfach mit mir unterhalten wollten. Aber irgendwann waren sie auch weg und ich konnte ruhig und besonnen mein Mahl genießen. Natürlich machte ich auch ein Feuerchen, so, wie es sich gehörte. Leider war es noch nicht Hochsommer und ich hatte keine Maiskolben zu grillen gehabt, aber mit Schafskäse und einer Paprikaschotte war ich auch ausreichend beschäftigt beim Grillen. Selbstverständlich hatte ich auch Frühlingszwiebel, Knoblauch, eine schöne Tomate und ungarische Salami und Brot dabei. Anschließend einen Tee und über die Sachen nachdenken, was kann noch schöner sein? Der Sonnenuntergang fühlte sich so heimlich und herrlich an, kein Wind, nur der Geruch von Klatschmohn, Kornblumen, Nelkenkraut und Buschwindröschen.

Ich wusste, dass ich am nächsten Tag wieder eine lange Etappe vor mir hatte und wollte mich gut erholen. Ich schlief auch gut, die Nächte waren nicht mehr so kalt, es war bald Ende Mai, also war alles gut.

In Heidenheim holte ich mir am nächsten Tag nur den Pilgerstempel. Heidenheim in Mittelfranken ist ein stolzes und fein geschmücktes Dorf mit 700 Seelen, das am Abend zuvor sein 1065-jähriges Bestehen gefeiert hatte. Wie glücklich war ich, nicht dabei gewesen zu sein. Es wäre dann ein langer Abend geworden, mit offenem Ende.

Also war ich schon auf dem Weg nach Nördlingen. Ich lief ungefähr 33 Kilometer, wieder zwei geplante Etappen in einer, es war nicht so schwer, keine Höhen zu klettern oder so, eher ein zweihundert Meter Abstieg eigentlich, es war schwer, nur den Weg zu finden, da der Pilgerweg eigentlich zum Großteil parallel zu den Bundesstraßen verlief, und das wollte ich mit aller Kraft vermeiden. Also lief ich über kleine, abgelegene Feldwege, Wege, die man kaum bemerkte und die manchmal einfach so, am Rande eines Feldes, im Nichts endeten. Es war ziemlich anstrengend, aber ich schaffte es dennoch. Ich hatte zwei Briefe in meinem Kopf verfasst, die ich am Abend niederschreiben wollte. Es war eine Zeit, in der ich spürte, dass ich mit allen Menschen im Reinen sein musste, und dass ich Dinge, die ich jahrelang nicht sagen wollte oder konnte, jetzt endlich loswerden konnte. Der eine Brief war an meine Schwiegermutter adressiert und der andere an meinem Bruder, Gabriel.

Martina und ihre Eltern hatten eine sehr schwierige Familienbeziehung und Martina hatte sehr darunter gelitten und ich natürlich auch mit dazu. Über der ganzen Familie lastete der Tod von Martinas Bruder, der sich anscheinend mit 25 Jahren sein Leben genommen hatte. Ein Gefühl eigenen Versagens und eine gewisse Schuldzuweisung war für Martina und ihre Eltern vorhanden, und darüber zu sprechen war in der Familie tabu. Ich hatte in 28 Jahren niemanden darüber sprechen hören. Ich hatte Martina auch versprochen, nicht mit ihren Eltern darüber zu sprechen, und es hatte mich viel Energie und Kraft gekostet, ruhig und unparteiisch zu bleiben. Jetzt, wo Martina nicht mehr da war, fühlte ich mich von dem abgegebenen Versprechen befreit, ergo schrieb ich meiner Schwiegermutter alle meine Gedanken, alles, was ich ihr 28 Jahre nicht zu äußern gewagt hatte. Vor allem eine ganze Menge Fragen, die ich ihr stellte, und von deren Antwort ich mir erhoffte, mehr von den Hintergründen dieser Tragödie logisch und seelisch zu verstehen.

Als ich fertig mit meinem ersten Brief war, fühlte ich mich irgendwie gut und frei und ich beschloss, Rast zu machen. Ich sah die Türme der St.-Jakobskirche von Oettingen, ich glaubte auch, das Schloss gesehen zu haben, also hatte ich zwei Drittel der deutschen Jakobswegstrecke hinter mir. Mittlerweile hatte ich zu schätzen gelernt, wie wichtig es ist, in Ruhe und unbelastet das Essen vorzubereiten und dann anschließend zu essen. Ich hörte oft Musik dazu, Musik, die aus dem Nichts auf mich zukam und mich beruhigte und inspirierte ... Diesmal hörte ich auf einmal das fünfte Klavierkonzert von Beethoven oder vielleicht das vierte Klavierkonzert, ich weiß es nicht mehr genau. Vielleicht beide. Es war so erhebend, vielleicht war es doch das fünfte. Diese Klavierkonzerte gaben mir die Bodenhaltung und das Selbstvertrauen in New York, als ich diese Monsterstadt direkt nach meiner Ausreise erlebt und gespürt hatte. Mein Bruder, bei dem ich anfangs einige Monate gewohnt hatte, sagte mir: „OK, Mircea, sechs Monate maximal kannst du bei mir wohnen, danach bist du auf dich allein gestellt.“

Ich war wie vom Blitz getroffen. Das war nach zwei oder drei Wochen, ich hatte keinen Job gefunden und ich war entsetzt, beängstigt und enttäuscht von dieser Stadt und fühlte mich wie ein Verlierer. Damals verstand ich nicht, dass Gabriel mich nur auf diese seltsame Art und Weise auf den großen Kampf mit New York vorbereiten wollte. Aber diese Geschichte gibt es zu einem anderen Zeitpunkt.

Nach einer Stunde Pause lief ich weiter, langsam wurde ich müde, wollte es aber unbedingt bis nach Nördlingen schaffen. Sodann fing ich wieder an zu laufen und meinen zweiten Brief an Gabriel mental zu erfassen. Unsere Beziehung war relativ schwierig, er war der größere Bruder und ich hatte natürlich als kleiner Bruder eine ganze Menge Vorteile gehabt. Meine Eltern hatten meinem Bruder einige Regeln auferlegt, die zu meinem Vorteil waren. Er durfte mich nicht schlagen, weil er älter und erwachsener war, er musste mich mitschleppen, wenn er zu Geburtstagsfeten ging, und solche Sachen. Sicherlich gab es auch Nachteile, aber wesentlich weniger. Ich hatte seine Klamotten zum Tragen bekommen, zum Beispiel, als die zu klein für meinen Bruder geworden waren. Und als bei mir die meisten Klamotten dann nach zwei Monaten kaputt gingen, sagte meine Mutter immer: „Mircea, du bist unmöglich, dein Bruder hat diese Klamotten zwei Jahre lang getragen, und du machst die jetzt in zwei Monaten kaputt?!“

Mein Bruder war sehr fleißig in der Schule und brachte immer gute Noten nach Hause. Ich, als kleiner Bruder, war ein Jahrgang später dran und jedes Mal, wenn ich im neuen Schuljahr neue Lehrer bekam und sie meinen Namen lasen, fragten sie: „Bist du der Bruder von Gabriel?“

„Ja“, antwortete ich.

„Bist du so gut und fleißig wie er?“

Es war klar, dass ich mir so eine Chance nicht entgehen lassen wollte, und ich antwortete: „Sicherlich, vielleicht noch besser.“

Und so bekam ich von Anfang an einen Bonus wegen meines Bruders. Und solche Situationen nutzte ich immer genüsslich aus. So erging es mir die ganze Schulzeit. Gabriel war irgendwie ein Streber, gründlich und wissensgierig, in den letzten Schuljahren vielleicht auch ein wenig rebellisch. Ich dagegen war der sympathische Rabauke, immer für einen Scherz oder Streich bereit, mit Sport und Spaß an erster Stelle und erst danach lernen und studieren. In den letzten Schuljahren wurde ich vielleicht streberisch, aber nur ein bisschen. Das prägte unsere Beziehung, Gabriel war eifersüchtig auf meine Gelassenheit, möglicherweise auf meine Oberflächlichkeit, obwohl er dies mir gegenüber oft kritisierte. Eifersüchtig war er sicherlich auf meine Beliebtheit in der Gesellschaft und insbesondere auf den Erfolg bei den Mädchen, was in dieser Zeit eine große Rolle spielte. Vielleicht war er auch sauer, weil ich ihm nicht den gebotenen Respekt für den älteren Bruder zeigte, das weiß ich jetzt nicht mehr.

Ich war eifersüchtig auf seine Hartnäckigkeit, Geduld und Streberei was vielen Leuten damals imponierte. Und diese Liebe-und-Hass-Beziehung hat sich über die Jahre hingezogen und unsere Beziehung geprägt, sodass wir nicht mehr in der Lage waren, die wirklichen Erfolge und Errungenschaften des anderen zu sehen, insbesondere nachdem wir in die westliche Welt ausgewandert waren. Wir sahen uns dann kaum noch und sprachen kaum miteinander.

Und so verfasste ich den zweiten Brief. Er war noch nicht ganz fertig, aber es gab mir auch so ein Gefühl, ganz rein zu sein, als ob ich in den heiligen Wassern Jordans gebadet hätte und dann wieder äußerlich und innerlich gesäubert rausgekommen wäre. Ich brauchte keine Konflikte mehr aus- oder hineinzutragen, ich hatte keine innerliche Unzufriedenheit mehr. Es war ein wunderbares Gefühl.

Und so kam ich in Nördlingen an, übermüdet und ausgeglichen. Nördlingen, Kleinstadt mit ungefähr 20.000 Einwohnern, ist hauptsächlich bekannt wegen seiner Altstadt, die von einer kompletten, besterhaltenen und ca. zweieinhalb Kilometer langen Mauer mit fünf Türmen umringt ist. Es gibt vier oder fünf Kirchen, von denen die gotische St.-Georgs-Kirche mit ihrem 90 Meter hohen Kirchturm auch die berühmteste ist. Dort bekam ich auch den Pilgerstempel für den Jakobsweg. Ich übernachtete dort in einer Pension, ich war todmüde und ich schlief gleich ein.

Am Morgen schwor ich mir, keine Etappe mehr über 30 Kilometer zu machen. Also hatte ich nur eine 18 Kilometer lange Etappe vor mir und freute mich riesig, da ich mich mit Stefanie und Gerhard am Abend treffen sollte. Stefanie war eine Cousine Martinas und Gerhard ihr Ehemann. Mit ihnen war ich in Kontakt geblieben. Sie wohnten relativ in der Nähe (bei Kirchheim, ungefähr eine Stunde Autofahrt entfernt). Sie wollten mit mir ein bisschen mitpilgern und ich empfand es als sehr freundschaftlich, auch wenn immer noch am besten allein pilgern wollte. Ich ging ziemlich spät los, wollte Proviant einkaufen, aber die Geschäfte hatten noch nicht geöffnet. Dann frühstückte ich erst in einem schönen Café, plauderte ein bisschen mit den anderen und plante den Tag. Der Weg war meist leicht steigend und durch den Wald. Irgendwann kommt man, wenn man sich nicht verläuft, bis zu einer Wallfahrtskapelle namens Maria Buch, die mitten im Wald zu finden ist. Dahinter ging es immer noch bergauf, und es eröffneten sich schöne Blicke zurück ins Tal. Man konnte Neresheim schon bald sehen, allerdings lief der Jakobsweg eigentlich nicht durch Neresheim, der schon in Baden-Württemberg ist, sondern durch Dischingen, Gundelfingen und Günzburg, alle noch in Bayern. In Neresheim konnte man schön übernachten und der Weg nach Ulm war auch kürzer, ergo entschied ich mich für Neresheim.

Ich erreichte Neresheim (Kleinstadt mit nur 8.000 Seelen) spät am Nachmittag und machte mich gleich auf die Suche nach einer Übernachtungsmöglichkeit. So komisch es auch war, ich fand keine Unterkunft. Langsam wurde es auch dunkel, und der einzige Platz, der noch offen war, war die Kneipe. Also ging ich rein, setzte mich an einen Tisch und wartete auf die Bedienung. Es war nur ein Tisch besetzt, wo vier oder fünf Leute laut und meistens gleichzeitig sprachen, was allerdings in Ordnung schien, da alle ziemlich angetrunken waren. Ich hatte mich in der Zwischenzeit daran gewöhnt, dass die Leute mich wie das siebte Wunder anschauten, diesmal war es auch nicht anders, aber sie waren sehr lieb, luden mich zu sich an den Tisch und wir haben uns so gut wie es ging unterhalten. Dann telefonierten sie herum und organisierten mir ein Zimmer in dem wunderbaren Kloster. Ich wäre gerne länger bei diesen lieben Leuten geblieben, aber ich musste Stefanie und ihren Mann treffen. Einer von den Leuten am Tisch war der Polizeikommissar, er wollte mich unbedingt bis zum Kloster fahren, und es war alles so crazy, dass ich dieses Angebot nicht ablehnen konnte, und so fuhren wir zusammen los, der Polizeikommissar mit über zwei Prozent Alkohol oder so im Blut, in seinem Polizeiwagen. Er fuhr relativ anständig, was mich zu der Vermutung veranlasste, dass es nicht das erste Mal war, dass er mit solch einem Alkoholspiegel fuhr. Egal, am Ende umarmten wir uns mit viel Wärme und verabschiedeten uns, und ich musste ihm versprechen, dass ich irgendwann noch mal vorbeikommen würde, um sie zu besuchen. Vielleicht mache ich es auch.

Ich richtete mich in meinem kleinen Zimmer ein und sobald ich fertig war und das Kloster besichtigen wollte, trafen Stefanie und Gerhard ein. Ich freute mich sehr, sie sich auch, und dann gingen wir irgendwo zum Abendessen. Es war ein sehr netter Abend, mit viel Hellem und Nürnberger Bratwürsten, die Stimmung war gut und wir haben viel gequatscht. Gerhard war Religions- und Sportslehrer und ein grüner Verfechter, insbesondere was die Windmühlen anbelangt, da konnte man mit ihm diesbezüglich gar keine Witze machen – er war im Übrigen auch an einer Firma, die Windmühlen baute, beteiligt –, so dass dieses Gesprächsthema elegant vermieden wurde. Er war lang und schlank, mit langen weißen, lockigen Haaren im Nacken und über die Ohren, was den Eindruck erweckte, dass er sich gerade eben die Haare geföhnt hatte. Er hatte eine sehr hohe Stirn, die in eine Glatze überging, mit buschigen Augenbraunen, die eine Besonderheit hatten, sie konnten oft die Form von Gerhards Gefühlen annehmen. Wenn etwa unklar war, zog er die äußeren Enden nach oben. Wenn er sauer oder unzufrieden war, zog er die äußeren Enden nach unten. Wenn er etwas lustig fand, zog er sie in die Breite. Er war ein 68er-Hippie, für den die guten Zeiten stehen geblieben waren, sehr warm, herzensgut, voll guten Willens, und ähnelte erstaunlich dem Schauspieler Christopher Lloyd, dem Wissenschaftler in dem Film „Back to the future". Er war auch Sozialist von seiner Erziehung und christlichen Überzeugung, er wollte unbedingt das Vermögen der Reichen an die Armen per Gesetz umverteilen, und ich hingegen, nach 30 Jahren erlebtem Sozialismus im Westen angekommen, war begeistert von der Leistungsgesellschaft, die grundsätzlich nach dem meritokratischen Prinzip „wer mehr leistet, sollte auch mehr bekommen" funktionierte, wo Anstrengung, Arbeitseinsatz und Leidenschaft des Gelingens sich lohnt. Von daher hatten wir im Laufe der Jahre viele lange und vom Wein getrübte Auseinandersetzungen gehabt, aber immer alle mit dem gebotenen Respekt und der Höflichkeit.

Stefanie war Psychotherapeutin und konnte viel erzählen, sie konnte auch sehr gut zuhören und ich hatte sie gerne. Stefanie war ebenfalls ein Kind der 68er-Generation, sie hatte ein schönes oval geformtes Gesicht, dazu lange, blonde, glatte Haare, die mittlerweile nicht mehr so dick waren, aber genauso gepflegt wie damals. Sie trug sehr oft – fast immer, würde ich sagen – ein T-Shirt, das eine Nummer zu groß war oder eine lockere Bluse mit einem über die Knöchel fallenden Rock. Sie war sehr liberal und tolerant in ihren Einstellungen und litt stark unter der kaum existierenden Beziehung zu ihrer eigenen Familie. Sie genügte sich selbst und wurde von Gerhard sichtbar verehrt. Die beiden hatten zwei Kinder und wenig Geld, erhielten keine materielle oder sonstige Hilfe von deren Eltern oder Familie, aber sie kamen irgendwie klar. Sie lebten – man würde heutzutage sagen – „alternativ". Ich würde sagen, sie waren den 68er-Idealen treu geblieben. Sie hatten immer noch eine tiefe, grundsätzliche Unzufriedenheit mit dem bestehenden Gesellschaftssystem behalten, aber sie waren keine Revoluzzer mehr, sondern liebe Grüne mit kommunistischen Tendenzen. Ich habe mich gefragt, ob ich sie für meine Mind Revolution gewinnen solle, aber sie schienen mir doch ein bisschen abgestumpft, resigniert und energielos.

Nichtsdestotrotz war ich sehr froh, dass sie gekommen waren und sicherlich plauderte ich den ganzen Abend über mich, meine Pilgerreise, meine Gedanken, meine Umwandlung, meine Ängste und meine Hoffnungen. Je mehr Bier floss, umso weniger Sinn hat es wohl ergeben, was ich erzählte, aber sie hörten begeistert zu und sahen mich wie einen Messias an (der eigentlich nicht heilen konnte).

Am nächsten Morgen brachen wir zusammen nach Gingen auf, wo wir Hartmut treffen sollten. Nach zwei oder drei Kilometern trennten wir uns aber, weil sie so lieb waren und festgestellt hatten, dass sie mein Tempo nicht mithalten konnten, jedoch genüsslich und bequem die Strecke nach Gingen in ihrem Rhythmus gehen wollten. Dies erzählten sie mir aber erst am Abend, morgens hatten sie irgendwas genuschelt von wegen Telefonaten und Gesprächen, die Gerhard noch führen musste. Also verabredeten wir uns für das Abendessen in Gingen.

Die Etappe war nicht lang, mit meinem mittlerweile eingeübten Tempo vielleicht fünf Stunden. Ich lief also los und dachte nach über das Dilemma, einerseits allein laufen zu wollen, anderseits war da meine Freude, die ich empfunden hatte, Stefanie und Gerhard zu treffen, und die Vorfreude, am Abend noch Hartmut zu treffen. Es wird wohl so gewesen sein, dass ich Stefanie und Gerhard gestern Abend erzählt hatte, dass ich die ganze Reise für mich, und um mich zu finden, mache und dass ich gerne allein gehe, ich kann mich nicht mehr genau erinnern. Sie waren auf jeden Fall so lieb und rücksichtvoll, mich allein gehen zu lassen, ich war berührt.

Ich glaube auch, dass mein innerer Konflikt, einerseits allein sein zu wollen, anderseits mit Menschen und Freunden gleichzeitig zusammen zu sein, auch mit zwei anderen Komponenten zu tun hat, und zwar mit meinem Bedürfnis nach Bestätigung und mit meiner anscheinend angeborenen und weiter anerzogenen und verstandenen Selbstlosigkeit. Zwei Sachen, die in sich widersprüchlich sind, weil Selbstlosigkeit keine Bestätigung braucht. Aber die Dinge sind nun mal nicht einfach zu erklären, vielleicht brauchen wir neue Worte für neue Zusammenhänge oder bessere Erklärungen für bestehende Zusammenhänge. Tatsache ist, es kommt von meinem Inneren oft und spontan ein Ruf, etwas zu machen, das einem eine Freude bereiten kann. Natürlich ist das für alle Menschen mehr oder weniger auch so, wenn sie an deren Geliebte, Frau, Kinder oder Familie denken. Ich habe dieses innere Bedürfnis aber sehr oft und gegenüber vielen Menschen, die nicht mit mir verwandt sind, und, was noch wichtiger und ausschlaggebender ist, auch wenn dies vielleicht zu meinem eigenen Nachteil sein kann. Anders gesagt, ich stelle mich und meine persönlichen Bedürfnisse in den Hintergrund, also im gewissen Sinne ein Akt der Selbstlosigkeit. Auf der anderen Seite kann man natürlich mit gutem Recht sagen, dass es hier eigentlich um eine scheinbare Selbstlosigkeit, eine schließlich egoistische Handlung geht, weil es mir persönlich eigentlich Freude bereitet, so etwas zu machen.

Und es ist auch richtig, dass dieses befriedigende und überwältigende Gefühl, was mich während und nach der Tat umhüllt, nicht beschrieben werden kann. Man könnte mir vorwerfen – man hat es auch gemacht – dass so ein Verhalten zu einer Entpersonalisierung führen kann, weil man dann nicht mehr weiß, wer man wirklich ist. Es ist wahr, man zerlegt sich dann teilweise vielleicht in mehrere Persönlichkeiten, aber ist das nicht sowieso der Fall, dass wir mehrere Persönlichkeiten haben und vielleicht nur eine davon zum Vorschein kommt und die Führung übernimmt? Und ein starkes Ego zu haben oder als Alphatier zu gelten, sind das nicht nur Verhaltensweisen, die von klein auf von der Gesellschaft gepredigt und anerzogen werden, als notwendige, aber nicht ausreichende Bedingung, um im Leben erfolgreich zu werden? Und ist es denn, was die Gesellschaft als erfolgreich definiert?

Es ist alles sehr kompliziert und am einfachsten wäre es, wenn man selbst versuchen würde sich zu erklären, um dann mit sich ins Reine zu kommen. Änderungen der Persönlichkeitszüge sind im Alter sowieso kaum machbar. Ja, ich brauche manchmal eine Bestätigung meines Handelns, vielleicht mehr als notwendig. Aber was ist notwendig? Notwendig ist, was gesund ist. Aber was ist gesund? Gesund ist, was normal ist. Aber was ist aber normal? Und hier endet die Kette meiner Fragen, denn normal kann man nicht vollständig, absolut und eindeutig definieren. Trotzdem war es mir wichtig, darüber nachgedacht und auch eine Antwort gefunden zu haben. Ich muss fairerweise sagen, dass ich die Antwort gefunden habe, um mein Dilemma zu lösen, indem ich mir selbst die Bestätigungen gebe!

Ich wusste, dass das Treffen mit Gerhard und Stefanie mir keine neuen Erkenntnisse bringen würde, obwohl ich mir dies immer von einer Unterhaltung gewünscht hatte. Aber ich wollte sie einfach glücklich machen, und ich hatte mich auch gefreut, sie zu sehen.

Also entschied ich mich unbewusst, also gefühlmäßig, dass ich – durch meine Abenteuererzählungen, durch das Mitteilen meiner Gedanken und Gefühle, durch meine einfache Erscheinung – ein wenig Freude und Abwechslung, etwas Besonderes, in das relativ graue, ruhige Rentnerleben von Stefanie und Gerhard bringen kann, etwas, was wertvoll ist. Sie hatten mir vor Wochen geschrieben und wollten sich unbedingt mit mir treffen, man trifft nicht alle Tage einen Pilger, der von Berlin nach Santiago unterwegs ist. Also, so einfach war das, ich war einverstanden. Und siehe da, sie waren so rücksichtvoll und ließen mich die Etappe allein laufen. Das war doch eine Erkenntnis der warmen Herzen, der Anerkennung, des Zurückgebens. Ich danke euch, Stefanie und Gerhard.

Es war ein später Nachmittag Ende Mai und die Tage waren länger, der

Weg ging über Felder, und der Horizont im Westen war flach, keine Hügel oder so. Es war eine wahnsinnig rote Sonne, die sich vom Tag langsam verabschiedete, das Wehen und die Geräusche des Windes in den Blättern der Bäume am Rand des Waldes, der Geruch der mittlerweile reifen Weizen- und Roggenfelder, es war alles so idyllisch schön. Ich war schon wieder in der Schwäbischen Alb, in Baden-Württemberg, der Weg pendelte zwischen Bayern und Baden-Württemberg und ich konnte schon die Dächer von „Giengen an der Brenz“ sehen, die die Sonnenstrahlen rotfarbig verspiegelten, so wie die evangelische Stadtkirche mit ihren schönen ungleichen Türmen. Einer der berühmten, historisch belegten Jakobswege führt durch Gingen, also war ich wieder auf dem richtigen Pfad und dachte an meine „persönliche Legende“.

Als ich Gingen betrat, wartete Hartmut schon auf mich vor der Stadtkirche. Wir umarmten uns mit Wärme und Freude, er hatte schon ein Zimmer gebucht und sich die Stadt angeschaut. Also blieb uns nichts anderes zu tun, als in einer Kneipe zu landen. Ich sagte ihm, dass Stefanie und Gerhard auch bald eintreffen würden, wenn sie nicht schon da waren. Hartmut schien nicht so begeistert zu sein, zumindest schien es mir so. Ich schrieb Stefanie eine Nachricht, wo wir sind, und dann fingen wir an, einander zu erzählen. Hartmut war ein alter Freund, kann ich schon sagen. Er war mein Nachbar in Kirberg gewesen, dem Dorf, in dem ich dreizehn Jahre gewohnt hatte. Über die Jahre hat sich zwischen uns eine schöne Freundschaft entwickelt, die aus seiner Bodenständigkeit und meinem beruflichen Erfolg die ersten Keime gezogen hatte..

Hartmut war ein Bauernsohn, der später beruflich Purser bei Lufthansa für Überseeflüge geworden war und die ganze Welt gesehen hatte. Er hatte aber in seinem Inneren seine bäuerliche Herkunft mit Stolz erhalten. Wenn er nach einem Flug ein paar Tage zur Erholung frei hatte, war er immer im Garten und bastelte oder reparierte, strich an, baute etwas um, schnitt die Bäume, Büsche und Äste zurück, irgendwas machte er immer. Damals war ich seit kurzem von Mainz nach Kirberg umgezogen, in ein gerade gekauftes Haus. Und obwohl meine Geschichte in der westlichen Welt die Geschichte eines Stadtmenschen war – Ausländer, nach Amerika ausgewandert, dort in einer großen Bank in New York eine Stelle gefunden, nach Deutschland gekommen, die deutsche Sprache gelernt und hier in der größten deutschen Bank in Frankfurt gearbeitet – lebte ich mittlerweile in einem kleinen Dorf in der Nähe von Frankfurt und pendelte jeden Tag in die Mainmetropole. Ich war also nicht gerade der Sohn eines Bauern, aber hatte bestimmt eine Bauernsohnseele in mir. Das hatte Hartmut beeindruckt und er spürte vielleicht meine Bauernseele, auf jeden Fall hatten wir uns gemocht und sehr schnell Freundschaft geschlossen.

Hartmut war jetzt Rentner, er hatte einen kurzen gepflegten Bart, den er schon immer getragen hatte, strahlend blaue Augen, die immer lächelten, wenn er in einer guten Stimmung war, dazu ein ovales, kindliches Gesicht, starke und kräftige Arme, aber dünne Beine und einen respektablen Bierbauch. Er war voll integriert in die Dorfgemeinschaft und war früher Kapitän der Volleyballmannschaft und später dann Kapitän der Kegelmannschaft. Natürlich endeten die Trainingseinheiten und die Spiele immer in der Kneipe, was ihm mehr Spaß machte als die Spiele selbst. Er kannte fast alle Leute im Dorf und war da echt glücklich. Die Kinder von unserer Straße – und oft von den anderen Straßen des Dorfes – kamen gerne zu Hartmut, um mit ihm einfach zusammen zu sein. Es gab immer was zu tun oder was mit ihm zu bereden, ihm bei der Gartenarbeit zu helfen oder einfach mit ihm zu quatschen. Er nahm die Kinder ernst, wenn sie Geschichten von zu Hause erzählten oder einfach Sachen, mit denen sie sich beschäftigten oder die sie beängstigten. Hartmut war immer da, er konnte gut zuhören oder Fragen stellen, war immer für einen guten Rat oder ein Spaß zu haben. Er mochte Kinder, hatte selbst zwei Kinder, Susanne und Benjamin. Inzwischen war Susanne verheiratet und hatte selbst drei kleine Kinder, die sie gerne bei Hartmut parkte. Benjamin war in die Fußstapfen seines Vaters getreten und war selbst Cabin Crew bei Lufthansa.

In gewisser Weise erinnerte er mich an meinen Großvater, mit seiner Bodenständigkeit und Anständigkeit, wenn es auch nicht mehr war. Er mochte es nicht so sehr zu lesen, mit Ausnahme von dem „Kirberger Blättchen“ und ab und zu der „Frankfurter Rundschau“, und schaute auch nicht viel Fernsehen, abgesehen von Fußballspielen oder Ähnlichem. Fürs Lesen und Einholen und Mitteilen von Informationen war seine Frau zuständig, Marlies, die auch ehrenamtlich in der Kirche und Kirchenbibliothek arbeitete und dadurch über alles, was sich im Dorf abspielte, informiert war. Hartmut wanderte gerne, er war immer unternehmenslustig und kommunikationsfreudig. Alles in allem kann man schon sagen, dass Hartmut ein Guter war.

Wir machten es uns gemütlich, tranken Helles und dann Pils und irgendwann stießen auch Stefanie und Gerhard zu uns. Wir bestellten dann und aßen in aller Ruhe, Hartmut tat dies so genüsslich, er war echt ein Gourmet, der sich viel Zeit zum Essen nahm. Er nannte das gepflegt Essen. Wir erzählten einander alles Mögliche. Ich ermutigte Stefanie mehr von sich, Gerhard und Manuel zu erzählen, es war schließlich sozusagen deren Abschiedsabend. Es gefiel mir sehr, Stefanie, Gerhard und Hartmut um mich zu haben. Dann kam die Zeit des Abschiedes, Hartmut und ich wollten früher aufstehen und uns auf den Weg machen, Stefanie und Gerhard wollten die Stadt ein bisschen besichtigen.

Die Nacht war ziemlich anstrengend, da wir beide in einem Zimmer mit zwei Einzelbetten schliefen und Hartmut ziemlich laut schnarchte, ich vielleicht auch. Das war auch eine Vorwarnung für die Zeit, die auf mich zukam, da man in Spanien in Pilgerunterkünften mit dreißig, vielleicht vierzig Leuten schläft.

Am nächsten Tag wussten wir nicht, wie das Wetter sein würde. Der Himmel war bedeckt, es war auch irgendwie neblig. Es roch zwar nicht nach Regen, aber die nebligen Wolken, man wusste nicht, was genau es war, waren unheimlich hell und warm, als hätte die Sonne dahinter alles durchleuchtet und aufgewärmt. Es war einer dieser Tage, wenn man es ohne Sonnenbrillen kaum ertragen konnte, draußen zu sein. Und ich hatte keine Sonnenbrille dabei, das war eine alte Macke von mir aus alten Motorradzeiten, weil ich der Meinung war, alles genau sehen zu müssen, ohne irgendwelche Schutzbrillen, die mich in meiner Sicht hätten behindern können.

Hartmut wollte natürlich „gepflegt“ frühstücken, ich brauchte alle Geduld der Welt, und ich schaute ihm mit viel Liebe zu, wie er sich genüsslich alles zurechtmachte und dann, wie er anschließend mit der Welt im Einklang war.

Die Etappe war relativ kurz bis Nerenstetten, ungefähr 16 Kilometer, weil ich nicht genau wusste, wie schnell oder langsam und genüsslich Hartmut laufen würde. Ich ließ mir den Pilgerpass in der evangelischen Kirche stempeln und dann gingen wir los. Auf einmal brach die Sonne durch die Wolken, und von jetzt war der Nebel ganz weg und wir wurden mit einem superschönen Wetter beschert, mit strahlender Sonne, einem sehr angenehmen Wind und mit wunderbaren blühenden Kirsch- und Birnenbäumen, sogar Apfelbäumen, die ich am Vortag nicht richtig wahrgenommen hatte.

Wir nahmen auch ein bisschen Proviant für unterwegs mit und dann zogen wir los. Hartmut erzählte mir, wie unglücklich er gestern Abend am Anfang war, als er erfuhr, dass Stefanie und Gerhard auch dabei seien. Er wollte mich nur für sich haben, wie in den alten Zeiten, wenn wir von Kirberg nach Limburg fuhren und dann in einer irischen Bar Pool spielten und dabei Guinness tranken und dann gepflegt in einem Restaurant aßen, nur wir beide. Als er dann erfuhr, dass Stefanie und Gerhard am nächsten Tag abreisen würden, war die Welt für ihn wieder in Ordnung. Man kann mit Hartmut gut schweigen.

Wir waren gut unterwegs und nach einer Weile erzählte mir Hartmut, dass er Schmerzen unter beiden Füßen hatte, weil er Blasen bekommen hatte. Die Blasen waren nicht jetzt auf dem Weg entstanden, sondern beim Kegeln oder so, aber auf jeden Fall mussten sie behandelt werden. Er lief tapfer weiter und nachmittags kamen wir in Nerenstetten an. Der Weg verlief flach, durch Felder und durch Forstwege im Sparenwald bis nach Nerenstetten.

Dort angekommen ließ schon mal die Anspannung der ersten Etappe für Hartmut nach. Die Gemeinde Nerenstetten, mit nur 340 Seelen, war echt hübsch, mit einer Kirche, einem Gasthaus und einer Kfz-Werkstatt. Eine gemütliche Gemeinde, weit weg vom Chaos und der Verwirrung der Globalisierung, mit freundlichen Menschen, die Zeit hatten, also Ware, die heutzutage sehr schwer zu finden ist. In der Kirche wurde zwar angezeigt, dass das Gasthaus für Pilger zur Verfügung stünde, aber es war geschlossen, und die Kneipe auch, dementsprechend mussten wir eine Heldentat vollbringen, Hartmut mit seinen Blasen mehr als ich, und bis Langenau weiterlaufen. Zelten kam für Hartmut nicht in Frage. Er hatte sich die Wanderung als „gepflegt" vorgestellt, ein bisschen laufen, ein bisschen Unterhaltung über Gott und die Welt, gut und gepflegt essen und schlafen. Er hatte keine existenziellen, philosophischen, seelischen, spirituellen oder geistigen Probleme, er war im Reinen mit sich selbst und genoss das Leben im Vollen und Ganzen.

Wir hatten noch etwa fünf Kilometer vor uns, nicht so viel, aber wir mussten uns richtig zusammenreißen, da wir uns körperlich und geistig immer noch in der Entspannungsphase befanden, die, als wir früher in Nerenstetten angekommen waren, eintrat. Es waren fünf schwierige Kilometer, aber wie ich wusste, konnte man mit Hartmut auch gut schweigen, und wir konzentrierten uns beide auf unseren Kräftehaushalt und gingen weiter ohne viel zu reden. Reden war für das Abendessen angesagt.

Bei Sonnenuntergang waren wir in Langenau angekommen. Die Pension war teuer, Hartmut hatte sich ein teures Zimmer geleistet, ich blieb im Rahmen meines Budgets. Das Abendessen war ein Genuss, ich bestellte mir ein Steak, zur Stärkung meiner Kräfte, und Hartmut nahm sich eine Suppe als Vorspeise und dann eine Entenkeule mit Rotkohl und Knödel. Bier floss auch, ich blieb beim Hellen und Hartmut beim Pils. Wir unterhielten uns gut, er erzählte mir auch über seine Frau Marlies, die an Krebs erkrankt war, der aber früh erkannt wurde, und dass sie schon eine Chemotherapie hinter sich hatte und dabei auch ihre Haare verlor. Jetzt war sie aber schon in einer Reha-Phase. Auf einer Seite war es ihm unangenehm, mit mir über diese Sache zu reden, auf der anderen Seite schien er von dieser Geschichte weniger mitgenommen zu sein, jedenfalls deutlich weniger mitgenommen als ich während Martinas Erkrankung. Er erzählte mir, dass es Marlies es auch eine einfachere Art von Krebs sei, nicht so aggressiv wie bei Martina, ich weiß nicht mehr genau, welcher. Hartmut erzählte mir auch über seine Kinder, über sein Golf spielen, was ihm so gefiel, meistens weil er dann für ein paar Stunden wieder Gesellschaft hatte, mit der er sich nochmal austauschen konnte. Es ging ihm gut und er war außerordentlich glücklich, einfach mit mir zusammen zu sein. Er wollte nichts anderes als mit mir, seinem treuen Freund, zusammen zu sein. Nach dem Essen machten wir einen kleinen Spaziergang durch Langenau, wobei Hartmut ziemlich stark humpelte. Langenau, mit fast 16.000 Einwohnern, eine ordentliche, nette Kleinstadt am Rande der Schwäbischen Alb, hatte nicht so viel anzubieten, außer einer wunderbar barocken Martinskirche, einem Kebaphaus und einem Gasthof, wo wir schon zum Abendessen gespeist hatten. Es war ein gelungener Tag und wir gratulierten uns gegenseitig bei einem Gute-Nacht-Schnaps. Hartmut war sehr traurig.

Am nächsten Tag war endlich der Tag, an dem wir nach Ulm pilgern wollten. Ich weiß nicht, warum ich so eine Vorfreude hatte, aber ich hatte so eine Unruhe in mir und konnte es kaum erwarten loszulegen. Aber zuerst musste ich mit meiner mittlerweile ordentlichen Pilgererfahrung Hartmuts Fußsohlen und seine Blasen pflegen. Die zwei größeren Blasen stach ich mit einem sterilisierten Nagel auf, die anderen zwei ölte ich ordentlich und rieb sie mit einer Salbe ein, dann setzte ich zwei Läppchen aus Watte auf die Wunden und zum Schluss bandagierte ich die Sohlen professionell mit jeweils zwei Meter langen medizinischen Bändern. Es müsste bis Ulm reichen, meinte ich. Er meinte, dass in Ulm die Endstation für ihn sein würde, was ich verstand und respektierte. Der Arzt in Kirberg hätte ihm geraten, diese Wanderung auf Grund seiner Fußverletzungen abzusagen, aber er wollte partout nicht und wollte mit mir gehen. Für mich war es so interessant, ihn zu beobachten und unsere unterschiedlichen Auffassungen von Pilgerschaft zu sehen. Ich suchte das physische Leiden, oder zumindest begrüßte es, ich wollte leiden und das Leiden schien mir eine Buße zu sein, für etwas, das ich nicht so genau wusste. Und der Weg war da, um mich zu erlösen. Für Hartmut war es unangenehm und er hatte im Schmerz keinen Sinn gesehen.

Also ging das übliche morgendliche Ritual weiter, wir besorgten den Pilgerstempel im Pilgerausweis an der Martinskirche, holten Proviant und dann ging es los. Der Weg war nicht lang, vielleicht 17 Kilometer oder so. Wir ließen es langsam angehen, redeten nur ab und zu, Hartmut humpelte, aber ging tapfer weiter. Das Wetter war wieder gnädig mit uns, es war warm, sonnig und die Luft war voll mit Pollen, Staub und Bienen. Ich erzählte wieder von mir, damit der Weg kürzer wurde, ich erzählte ihm auch von Ana, der Portugiesin, die auf mich in Portugal wartete und er schmunzelte und war Augen und Ohren, um alles, was ich sagte, aufzunehmen. Eigentlich wusste ich nicht, was ich machen sollte, und das sagte ich ihm auch. Es war eine gewisse Anziehung und Aufregung da, eine viel jüngere Frau kennenzulernen, aber falls es mehr als eine einfache Affäre würde, davor hatte ich Angst. Sicherlich spielte die erotische, physische und sexuelle Komponente, die uns hauptsächlich zueinander geführt hatte und die sich aufgrund meiner Pilgerreise nicht entfalten konnte, eine sehr große Rolle in unserer kurzen Beziehung. Es war aber trotzdem schön und aufbauend, sich alle zwei Tage mit ihr über WA zu unterhalten.

Der Weg führte hautsächlich über Felder und der warme Wind bewegte das Getreide so harmonisch, sanft und wellig. Ulm war schon in Sichtweite, und in einer Stunde waren wir am Stadtrand. Es war früher Nachmittag, aber jetzt hatte ich keine Lust, über asphaltierte, unfreundliche Straßen zu laufen, es war so viel Lärm und Rummel, Hartmut humpelte, sodass ich vorschlug, von dort mit der Straßenbahn bis in die Altstadt zu fahren, und so machten wir es auch. Es war noch später Nachmittag als wir die Altstadt erreichten, und ich verliebte mich gleich in Ulm. In dieser Altstadt befindet sich das Münster mit dem höchsten Kirchturm der Welt. Das erfuhr ich dort, aber, obwohl ich davon beeindruckt war, war es nicht nur die Höhe des Turms, es war die ganze Altstadt als solche, mit dem Münsterplatz, Rathaus, Fischerviertel, mit Blick auf die Donau in der sichtbaren Nähe, die Kneipen, die kleinen Geschäfte und vor allem die Menschen.

Wir waren immer noch in Baden-Württemberg und auf der anderen Seite des Flusses befand sich bereits Neu-Ulm, das schon wieder in Bayern war. Die Donau war die Grenze zwischen den beiden Bundesländern. Alles schien mir mit einem bayerischen Geist bemalt zu sein und es war ein offenes Geheimnis, dass ich, irgendwo in meinem Herzen, eine bayerische Seele hatte. Ich glaube, mir gefiel am meisten der Kontrast zwischen der „alten“ Altstadt – an der, wo auch immer du hinschautest, tausend Jahre erzählte Geschichte sahst – und die vielen Studenten, die überall und in alle Richtungen liefen und der Stadt eine junge, dynamische und neue

Geschichte gaben. An der Universität in Ulm studierten mehr als 10.000 Studenten, an der Universität in Neu-Ulm über 4.000, und es schien, als seien alle in der Altstadt und am Münsterplatz. Es war ein warmer sonniger Spätnachmittag und das Licht der strahlenden Sonne hatte eine magische Wirkung auf die Menschen und die Studenten waren überall, sich sonnend auf dem Boden vor dem Münster, auf den Terrassen der Cafés debattierend, in Biergärten feiernd oder am Ufer der Donau romantisch und idyllisch Händchen haltend. Sicherlich waren auch eine Menge Touristen dabei, aber das war das i-Tüpfelchen. Ulm und Neu-Ulm sind eigentlich ein komisches Gebilde, sie wirken und haben Strukturen einer Großstadt, mit fast zwei 200.000 Einwohner eine ordentliche Gemeinschaft, aber aus historischen Gründen ist dieses Stadtgebilde auf zwei Bundesländer verteilt. Freundliche Menschen waren überall in den Geschäften, was ich im Übrigen in Ostdeutschland manchmal vermisst hatte. Hartmut und ich besuchten das schöne Münster, ich besorgte mir gleich auch den Pilgerstempel, dann spazierten wir noch ein wenig um herum, und anschließend landeten wir in einem Café, tranken ein Bier und erzählten einander. Hartmut sagte mir, dass für ihn in Ulm das Ende der Fahnenstange erreicht sei, da er mit seinen Blasen keinen Spaß mehr am Laufen habe und sich irgendwie schuldig fühle, wissend, dass wir miteinander noch einige schöne und gute Tage verbracht hätten. Aber es ging für ihn nicht mehr. Er war so warm und lieb und ich habe ihn in zwölf Jahren fast nie so nah gespürt. Ich hatte natürlich vollstes Verständnis für seinen Abbruch der gemeinsamen Reise. Wir drückten und umarmten uns wie zwei Freunde, zwei Kameraden, zwei Kumpel.

Dann gingen wir in unsere Zimmer, er in ein Zimmer, eingerichtet mit Toilette und Badewanne im Zimmer, „gepflegt“ könnte man sagen, ich in ein anderes Zimmer, mit Dusche und Toilette auf dem Flur, pilgergerecht, könnte man sagen.

Ein paar Stunden später trafen wir uns zum Abendessen und anschließend gingen wir in einen irischen Pub, wie damals, als wir in Kirberg Nachbarn waren und nach Limburg fuhren, um Pool zu spielen und Guinness zu trinken. Wir landeten in einem Keller, es war ziemlich leer, mit wenig Touristen und noch weniger Studenten, aber mir passte es, weil ich mich mit Hartmut unterhalten wollte und weniger Lärm war gar nicht so schlecht. Hartmut war mir ausgesprochen nah in den zwei Tagen, die wir zusammen pilgerten. Der Weg hatte uns so viel näher gebracht, auch wenn wir auf dem Weg nicht so viel sprachen. Er fing an. mir von seiner Kindheit und seinen Kindheitsgefühlen zu erzählen und ich war auf einmal sprachlos, gelähmt und unfähig. Er erzählte mir Dinge, über die er in den über zwanzig Jahren unserer Freundschaft nicht gesprochen hatte. Er erzählte über die sehr schwierige Beziehung mit seinem Vater und seinem Bruder, mit Tränen in seinen Augen. Er erzählte, wie sehr er sich wünschte, von seinem Vater geliebt und geschätzt zu werden, wie viel er darunter gelitten habe, zu wissen und zu spüren, dass alles, was er machte, nicht gut genug war. Er habe sich nicht ausreichend um seinen Bruder gekümmert, er habe nichts Ausreichendes gemacht, worauf sein Vater habe stolz sein können, er war halt „nur" ein Purser bei der Lufthansa, also nichts Gescheites, auch seine Frau sei nicht gut genug für ihn, meinte sein Vater. Ich hörte Hartmut aufmerksam zu und alles, was ich machen konnte, war nur, das Bier fließen zu lassen und ihn behutsam zu bitten, alles loszulassen, alles zu erzählen. Eigentlich musste er einige Wochen seinen Weg pilgern, um seinen Kopf freizumachen, dachte ich als erfahrener Pilger, mit mehr als 800 Kilometern auf dem Buckel. Es war alles so beeindruckend, Seele an Seele zu sein, alles so surreal, in einem irischen Kellerpub, der eigentlich wie ein gut bürgerlicher Weinkeller aussah, in Ulm. Da treffen sich zwei Freunde nach langer Zeit und reden miteinander über ihre Schmerzen und sind hemmungslos und fühlen sich befreit, endlich mit jemandem diese Schmerzen teilen zu können. Ich erinnere mich nicht mehr, wie lange wir dort geblieben sind und wie wir zurück in die Pension gefunden haben. Ich habe mich von unserem Gespräch nicht sehr belastet gefühlt, im Gegenteil, ich war froh, Hartmut etwas „entlockt" zu haben, weil ich dachte, dass es ihm gutgetan hat, darüber zu reden. Ich schlief in meinem Bett wie ein neugeborenes, unschuldiges Kind ein. Trotz der Alkoholmenge überstand ich die Nacht sehr gut, auch wenn mich am nächsten Morgen die Nachdenklichkeit einholte.

Am nächsten Morgen wurden wir ziemlich spät wach, wir frühstückten gepflegt und lange zusammen, für Hartmut war „gepflegt“ immer mit „lange“ und „gemütlich“ verbunden, und ich bat Hartmut, eine kleine Tüte Klamotten von mir mitzunehmen. Es war mir klar, dass mein Rucksack zu schwer für so eine lange Pilgerreise war und ich ein bisschen Gepäck abgeben sollte. So blieb ich mit einem Gesamtgewicht von acht statt zwölf Kilo, wie am Anfang der Reise, aber ohne Regenjacke. Hardy begleitete mich anschließend ein paar Schritte auf dem Weg. Ich kaufte mir in einer Bäckerei ein frisches Baguette. Es gibt keinen schöneren Duft als der Duft frischgebackenen Brotes, ich bin absolut verrückt nach diesem Duft, vielleicht kommt der Geruch der Feuerrauches, wenn man Auberginen oder Maiskolben grillt, gleich danach. Ich habe mich oft gefragt, warum es noch nicht so ein Parfüm mit dem Duft von frischgebackenem Brot gibt. Vielleicht werde ich selbst so etwas machen irgendwann. Ich kaufte mir im Supermarkt auch Lauchzwiebeln, Knoblauch, zwei Tomaten und eine Plastikflasche Wasser, anschließend bei einer Metzgerei Fetakäse und Kaiserspeck. Eine Dose Salz und Pfeffer hatte ich schon. Hartmut begleitete mich, er beobachtete glücklich meine feinschmeckerischen Vorbereitungen und wollte noch ein bisschen mit mir wandern. Der Abschied fiel uns beiden sehr, sehr schwer. Irgendwie gelang es uns doch, uns zu umarmen, und ich ging dann allein weiter.

Ich danke dir, Hartmut.

Ich hatte so ein Glück mit dem Wetter, es war wieder ein wunderbarer Maitag, mit umarmender Sonne und Sonnenstrahlen, nicht zu warm und einladend zum Laufen. Ich dachte plötzlich, dass es auch Maikirschen gibt, aber bis jetzt hatte ich auf meinen Wegen noch keine Obstbäume, die Früchte trugen, gesehen. Mein Weg ging jetzt nach Oberdischingen. Durch Oberdischingen verläuft der von Ulm herführende Oberschwäbischen Jakobsweg nach Konstanz. Es ist ein altes Teilstück des historischen Jakobswegs, der in Compostela endet.

Oberdischingen gehört zum Regierungsbezirk Tübingen, also war ich wieder in Baden-Württemberg und verließ wieder mein Lieblingsbayern. Der Weg schlingerte die ganze Zeit flach und lief durch Felder, die Luft war staubig, aber nicht mehr pollenbehaftet. Ich fühlte mich fit und dachte lange noch mal über Hartmut nach. Danke, Hartmut, dass du bei mir warst.

Oberdischingen war wieder ein kleines Dorf mit nur 2.000 Seelen und hatte einen sehr schönen Schlossplatz mit einer beindruckenden Kirche, die „Zum heiligen Namen Jesu“ hieß. Ich übernachtete kostenlos in einem Klostergebäude, das für Pilger eingerichtet war, und aß die Reste des Proviants, da die Klosterküche geschlossen war und ich keine Lust hatte, wieder in eine Kneipe zu gehen.

Am nächsten Tag, ganz früh am Morgen, ging ich zu der Verwaltung des Klosters und wollte ein bisschen Geld für das Kloster spenden. Und siehe da, ich konnte es nicht machen, weil mein Portemonnaie verschwunden war. Es war ein riesiger Schock. Alles, mein Ausweis, Kreditkarten, Führerschein, Pilgerpass, alle Dokumente waren darin gewesen. Ich konnte vielleicht noch nicht mal in die Schweiz laufen, geschweige denn nach Frankreich und Spanien, da ich keine Identität und kein Geld mehr hatte. Ich muss elend ausgesehen haben nach diesem Schock. Also alles in allem ein großer Mist. Ich musste also zurück und versuchen, mein Portemonnaie wiederzufinden. Ich wollte natürlich das Ganze so schnell wie möglich erledigen und mit dem Bus zurückfahren, aber ich hatte kein Geld und ich schämte mich, die arme Nonne noch nach Geld zu fragen, anstatt ihr Geld für das Kloster zu spenden. Also machte ich mich auf den Rückweg, stieg in einen Bus ein, der Busfahrer hatte natürlich Verständnis für meine unmögliche Lage, in der ich mich befand, oder war über meine Dummheit sprachlos, auf jeden Fall konnte ich mit dem Bus kostenlos mitfahren. Ich stieg in Bierbach aus, ein Dorf direkt an der Bundesstraße, wo ich zuletzt an einer Tankstelle Rast gemacht und meinen Geldbeutel benutzt hatte, um einen Milchkaffee zu bezahlen. Ich war ziemlich sicher, dort meinen Geldbeutel verloren zu haben. Eine der Kellnerinnen erinnerte sich an mich, sagte mir aber, dass sie keinen Geldbeutel gefunden habe und dass sie ziemlich sicher sei, ich hätte meine Geldtasche wieder eingesteckt. Ich war so niedergeschlagen, unglücklich und traurig, wie ein Hund im Regen, der keine trockene Bleibe gefunden hatte. Ich wusste nicht, was ich machen sollte. Ich versuchte mir vorzustellen, was ich tun musste, falls ich den Geldbeutel nicht finden würde, wohin ich gehen musste, Polizei, Meldeamt, Bezirksverwaltung, neue Papiere beantragen, Bank, es war einfach furchtbar, unvorstellbar, in was für einer unmöglichen Lage ich mich befand. Mein Gehirn versuchte Lösungen zu finden, aber ich hatte irgendwie die Übung und die Dynamik des aktiven Denkens verloren, vielleicht war es auch Panik. Alles, was ich konnte und wollte, war laufen und allein in der Natur sein, keine Hektik, keine Verpflichtungen, keine Termine ...

Wo hatte ich meine Geldtasche zuletzt benutzt? Ich war so ein Depp!!! Ich war mir aber sicher, dass die Geldtasche mir nicht unterwegs runtergefallen war. Ich hatte mir am Anfang der Reise eine Laufgürteltasche besorgt, in der ich mein Portemonnaie sowie andere Dinge wie mein Opinel-Taschenmesser, Bleistift, Landkarten, Medizin, Cremes, Schlüssel und kleine Sachen, was man halt mit sich rumschleppt, immer am Mann hatte. In Ulm war ich noch in der Bäckerei, im Supermarkt und in der Metzgerei gewesen, demnach hatte ich den Geldbeutel bei der Metzgerei dabei, und das wäre dann auch meine letzte Chance, ihn zu finden. Aber wie sollte ich nach Ulm kommen, die Spannung war so groß, ich konnte nicht so weit zurücklaufen und Geld hatte ich auch nicht. Aber das Glück war mit mir, man sagt *„Audaces fortuna juvet“*, oder, von mir auf Deutsch übersetzt, *„Das Glück ist mit den Tüchtigen“*. Der nette junge Mann wartete draußen, der in der Tankstelle meine Unterhaltung mit der Verkäuferin sowie meine Verzweiflung mitgehört hatte, und fragte mich, was ich jetzt zu unternehmen gedenke. Ich sagte ihm, dass ich nach Ulm, in die Altstadt, gehen müsse. Er war so freundlich und bot mir an, mich dorthin zu fahren. Ich wusste nicht, wie ich mich bei ihm bedanken sollte, außer einem festen Händedruck am Ende der Fahrt. Dann lief ich zur Metzgerei und stellte meine Frage. Die Dame, die an der Theke war und die Kunden servierte, sagte: „Anne, da ist jemand wegen des Portemonnaies.“

Ich hatte beinahe einen Herzstillstand. Diese Anne kam nach vorne und ich wiederholte schüchtern meine Frage. Die antwortete: „Ja, die Chefin hat das Portemonnaie gefunden. Es war oben auf der Glasscheibe der Theke.“

Ich sagte: „Da habe ich aber ein Glück. Es war mein Portemonnaie und ich hätte es gerne zurück.“

„Na ja, erstmal müssen wir prüfen, ob es Ihr Portemonnaie ist. Ich rufe jetzt gleich die Helga an, aber vielleicht ist es zu spät.“

„Wie meinen Sie das, zu spät?“ Ich spürte, wie kalte Schweißperlen auf meinen Rücken runterfließen.

„Ja, Helga, unsere Chefin, wollte das Portemonnaie nach Berlin schicken. Sie hatte die Adresse aus Ihrem Ausweis entnommen."

Mir wurde ganz mulmig. „Oh, nein. Kann ich mal schnell mit der Chefin reden?"

„Mal schauen, ob sie zu Hause ist. Heute ist ihr freier Tag. Sie ist nicht hier und ich muss sie erst anrufen. Aber ich glaube, ich habe auch ihre Handynummer", sagte Anne.

„Bitte, bitte, tun Sie es. Jetzt ganz schnell. Sie darf nicht das Portemonnaie nach Berlin senden."

Dann rief sie an, Helga war zu Hause, sie hatte das Portemonnaie noch nicht versendet. Sie fragte mich alles Mögliche, um festzustellen, ob ich auch wirklich der Eigentümer war. Alles lief gut, die Entspannung fing an, langsam die Anspannung zu vertreiben. Schließlich musste ich nur Helga treffen. Wir beschrieben uns, wie wir aussehen, tauschten Mobilnummern aus, sie gab mir ihre Adresse und ich versprach, dass ich sobald wie möglich mein Portemonnaie abholen würde. Sie wohnte aber in Günzburg, es gab keine S-Bahn oder so, es gab zwar einen Zug, aber der verkehrte nur jede Stunde und ich musste erst zum Bahnhof gehen.

Anne lieh mir zwanzig Euro, damit ich die Fahrtkosten bezahlen konnte, und ich versprach, dass ich Helga das Geld wiedergeben würde. Und dann eilte ich zum Bahnhof. Alles klappte ganz gut und in ca. eine Stunde war ich in Günzburg. Ich rief sie an und ein paar Minuten später lernte ich meine Retterin kennen. Sie hatte eine wunderbare, ehrliche Ausstrahlung, war vielleicht Mitte dreißig, gut übergewichtig und schien sich deshalb ein wenig zu schämen, mit einem sehr angenehmen Bubengesicht, kurzhaarig und weiblich, sehr weiblich. Sie wollte kein Geld von mir haben außer der zwanzig Euro Schulden, die ich bei Anne hatte. Ich bedankte mich mehrmals und fuhr wieder mit dem Zug zurück.

Es war kurz nach Mittag und endlich konnte ich meine Pilgeretappe anfangen, wobei ich erst zum Oberdischinger Kloster zurückgehen musste, um dort meinen Rucksack zu holen. Ich erinnere mich nicht mehr, wie ich zurückfand, ich war überschüttet von Glücksgefühlen und fragte mich ständig, warum mir so etwas passiert war. War es einfach meine

Schlamperei oder hatte das Ganze eine höhere Bedeutung? War das eine Prüfung, die ich bestehen musste, oder so?

Ich hatte eine lange Etappe vor mir, um die 27 Kilometer, und es war schon fast zwei Uhr am Nachmittag, als ich Oberdischingen verließ, nachdem ich mich mit der Nonne noch mal ein bisschen über Pilgern, Glauben und Wunder unterhalten hatte. Ich überquerte auf einer Brücke die Donau und ging weiter durch die Felder und weiter durch den Staub. Ich bemühte mich, relativ schnell zu laufen, um die verlorene Zeit wiedergutzumachen. Es war warm, aber irgendwie noch frühlingswarm und nicht Hochsommerhitze. Ich freute mich auf den Sonnenuntergang, und stellte fest, dass ich erst gegen acht Uhr abends in Biberach sein würde.

Mittlerweile waren der Roggen und Weizen schon ziemlich hochgewachsen. Ich marschierte irgendwie mit dem dritten Satz von Vivaldis „Jahreszeiten" weiter. Es gab kein Gewitter oder so, eigentlich gab es gar keinen Wind, alles war ruhig und folgte seiner inneren Bestimmung. Ab und zu wurde ich von den verschiedenen Hunden wahrgenommen. Es schien so zu sein, als ob die Hunde die Botschaft meiner Ankunft durch Bellen von einem zum anderen übertrugen und minutenlang wurde ich laut begrüßt. Ich habe mich daran gewöhnt, und zu Anfang einer Etappe nahm ich mir einen Stock aus dem Wald mit, mehr als Schutz vor den Hunden und nicht als Gehhilfe gedacht. So hätte ich mich wehren können, wäre es notwendig geworden.

Es ergaben sich keine schönen Ecken während des Tages, um eine gemütliche Rast zu machen oder so, und ich saß nur einmal für eine halbe Stunde auf einer Bank, am Rande von Warthausen, einem langweiligen Dorf mit ca. 5.000 Seelen. Ich war so froh, mein Portemonnaie wieder gefunden zu haben! Da dies meine ganze Reise fast beendet hätte, wäre es für mich eine Katastrophe gewesen. Mehr ging mir nicht durch den Kopf, vielleicht waren meine Gedanken immer noch ein bisschen gelähmt durch die Ereignisse des Tages. Na ja, Ende gut, alles gut.

Am Abend erreichte ich, begleitet von den besänftigenden Strahlen des Sonnenuntergangs, ein magisches Biberach und hielt direkt am Marktplatz an. Dort stand ein schöner Marktbrunnen, mit einer mittelalterlichen Architektur. Von dort aus hatte man auch einen Blick auf den berühmten

Turm der Stadtpfarrkirche Sankt Martin. Es war ein beeindruckender Blick und ich war ein müder und erschöpfter Pilger, der noch an Hartmut denken musste. Ich suchte eine griechische Kneipe aus, um ein feinschmeckerisches, „gepflegtes“ Abendessen zu bekommen.

Es war sehr angenehm, wieder allein zu sein, mich wieder meinen Gedanken auszuliefern. Ich aß in aller Ruhe und Gemütlichkeit und mit viel Appetit mein Abendessen, diesmal wählte ich Innereien. Ich dachte, dass es so etwas in Deutschland nicht mehr gibt, aber es gab es doch – mit Bratkartoffeln als Beilage und einem griechischen Salat. Das Essen schmeckte sehr gut und das Augustiner Helle war auch sehr erfrischend. Allerdings hatte ich mir zum ersten Mal keine Unterkunft gesichert und es war mir auch egal, ich hatte mein Zelt dabei und ich habe es darauf ankommen lassen. Ich fragte den Wirt, einen fast zwei Meter langen Kretaner, ob er mir helfen könne. Glücklicherweise sagte er mir, dass nach elf Uhr die Küche wieder sauber sein würde, und ich könne dort übernachten. Es war eine gute Nachricht, ich bedankte mich natürlich sehr und verbrachte dann die nächsten zwei Stunden mit meinem Hellen und meinen Erinnerungen.

Ich war über einen Monat unterwegs und ich wusste immer noch nicht, wohin mein innerer Weg mich führen sollte und wie sich meine persönliche Legende weiterschreiben würde. Sicherlich war mir eine ganze Menge geschehen, ich hatte so viele vergessene Dinge wiederentdeckt, aber über mich selbst war ich so unsicher wie am Anfang. Martine war immer noch sehr präsent, so auch die Schmerzen, aber ich bemerkte, dass ich wieder laufen konnte ohne ihr ständig zu erzählen, was ich gerade tat, und ohne sie dauernd zu fragen, ob sie alles hatte, was sie brauchte, oder so etwas Ähnliches. Vielleicht stimmt es doch, dass das Heilmittel gegen Schmerzen das Gehen ist, dachte ich, und freute mich auf den morgigen Pilgertag.

Die Kneipe war voll, obwohl es Donnerstag war. Die Leute um mich schienen mir so fremd, waren sie auch. Es war laut und alle waren gut gelaunt, machten Witze und genossen den Abend. Ich fühlte mich da wie ein Fremdkörper, und der Lärm störte meine Gedanken. Ich musste noch warten, bis die Gäste nach Hause gingen, und dann schrieb ich ein wenig an meinem Tagebuch und ein schickte ein paar Nachrichten an einen

Freund.

Am nächsten Tag war mir das Wetter wieder gnädig, ich holte mir Proviant und brach sehr früh auf. Mein Körper war jetzt ziemlich trainiert und ich spürte es auch. Es war eine ruhige und flache Etappe, knapp über 20 Kilometer, bis Bad Waldsee. Der Weg führte wieder über die Felder und es war so eine Stille, man konnte sie fast hören. Kein Vogelgesang, kein Lärm von Landwirtschaftsgeräten, keine Bauernstimmen oder Hundegebell, keine Wildtiere, keine Brise, einfach nichts außer spürbaren Sonnenstrahlen. Es war einfach Stille. Ich dachte an Joachim und Stefana, bis ich wieder nicht mehr wusste, wo ich war. Joachim hatte sich sicherlich in die Arbeit geflüchtet und sich selber die Wunden geleckt, Stefana war genauso wie ich auf einer Reise, um zu verstehen, wie eine Welt ohne ihre Mutter zu gestalten sei. Ich hatte es am einfachsten, weil ich nur laufen musste. Stefana musste ihren Weg selber finden, mit der Gesellschaft klarzukommen und ihre Rolle und ihre Berufung zu finden. Ich bewunderte sie, dass sie den Mut hatte, einen anderen Weg zu gehen als ich. Ich akzeptierte die Gesellschaft und versuchte das Beste daraus zu machen, für meine Familie und mich, obwohl mir klar war, dass die Gesellschaft, ihre soziale Ordnung und das soziale System, stark verbesserungsbedürftig war. Ich hatte das Glück und die Chance, dem kommunistischen System entfliehen zu können, und ich genoss die Freiheit und die Demokratie des Westens. Stefana war, obwohl sie eine hervorragende Ausbildung hatte, vielleicht auch deswegen, der Meinung, dass die jetzige Gesellschaft krank sei und nicht mehr gerettet werden könne. Deshalb wollte sie nicht mehr aktiv an dieser Gesellschaft teilnehmen, zumindest nicht in der Weise, die man als „erfolgreiche Kariere“ betrachtet. Das war zu einer Zeit, als Martina noch lebte. Wir waren in London und Joachim war schon erfolgreicher Unternehmer in Berlin. Ich war ziemlich wütend, denn Stefana hätte wahrscheinlich eine sehr erfolgreiche Karriere starten können und lehnte trotzdem alle Jobangebote ab, da sie keineswegs zu der Verewigung des Systems beitragen wollte. Martina war die Einzige, die Stefana in dieser Initiative unterstützte. Jetzt war so eine Situation entstanden, dass Martina nicht mehr da war und Joachim und ich die einzigen Stützen für Stefana sein mussten.

Und wieder war ich in den typischen Konflikt meines Lebens geraten, dazwischen, das zu machen, was die Menschen (Stefana) von mir erwarteten und dem, was ich für richtig hielt und tun wollte. Und es ging nur um die Gefühle, sich in dieser Welt verloren zu fühlen, um die verlorene Mutter, um das Vertrauen in das, was der Papa (der Held) zu sagen hatte, und nicht darum, wer nun Recht hatte und wer nicht. Schwierig. Stefana und ich hatten bis jetzt während meiner Reise oft miteinander um den heißen Brei gesprochen. Dabei sprach ich mehr über mich und meine Erlebnisse der letzten Tage und versuchte, sie von anderen Gedanken abzulenken. Die „Mind-Revolution" war auch ein Gesprächsthema und wir tauschten viele Gedanken aus. Wir überlegten auch, wie wir nach meiner Rückkehr die Vorbereitungen treffen könnten, um diese Bewegung in Gang zu bringen. Sie war von einem Retreat zum anderen gegangen, um die spirituelle und seelische Seite der Menschen zu erforschen und zu verstehen, letztendlich um sich selbst und ihre Bestimmung besser zu verstehen. Sie wollte ihren Lebenssinn erspüren und mit Menschen, die gleich besinnt sind, ein Leben im Einklang mit ihren Idealen führen. Sehr schwierig.

Auf jeden Fall richtete ich wieder meinen Kompass Richtung Süd-Westen ein und nach einer Stunde war ich in Bad Waldsee gelandet, wo gar nichts geschah, außer dass ich in einem ehemaligen Badezimmer in einem Kloster übernachtete. Bad Waldsee war ein Kurort für alte Menschen – man sagt auch Kneippkurort – und roch auch danach. Ansonsten war es mit fast 20.000 Einwohnern eine respektable, kleine Stadt, die um den Waldsee gebaut wurde, mit einem sehr alten und schönen Rathaus und einer schönen und noch älteren katholischen Kirche, die Stiftskirche. Dort holte ich am nächsten Morgen auch meinen Pilgerstempel ab.

Ich freute mich auf die nächste Etappe, weil ich immer Ravensburg hatte sehen wollte. Es waren ca. fünf Stunden zu laufen, eine angenehme Etappe. Es war auch angenehm und ich irgendwie gedankenlos. Ich ging und ging und beobachtete, was um mich herum passierte, wie die Mohnblumen, Margriten, violetten Wiesenblumen, Pusteblumen und alle anderen Feldblumen, deren Namen ich nicht kannte – wohl wahr, dass ich mehr

Automarken als Feld- oder Wiesenblumen kannte – am Rande des Weges deren Farben, Duft und schwingenden Stiele einsetzten, um die Bienen anzulocken. Überlebenskampf halt, wie alles in der Natur Sinn hatte, wie alles im Einklang und in einer wunderbaren Unordnung war. Sicherlich nur dort, wo die Menschen mit deren ertragsorientierten und zeitgewinnenden Optimierungen, mit deren Anwesenheit noch nicht so stark in die Natur eingegriffen haben.

Der Feldweg war leicht absteigend, was auch angenehm war. In meinem Kopf waren keine großen Gedanken, es waren nur einfache Beobachtungen der Natur. Es war wie eine traumlose Nacht, wie, wenn man schläft und schläft. Bei mir war es laufen und laufen. Die Pilgerrast machte ich am Rande eines Dorfes namens Köpfingen, mit vielleicht 200 Einwohnern, es lag auf der Pilgerroute Nürnberg Bodensee. Es war eine pilgergerechte Rast, mit zwei Bänken und einem Holzgestell für die Weinstöcke, die noch am Wachsen waren, und mit einem kleinen alten Brunnen mit einem sehr schönen mechanischen Pumphebel. Ich machte mir mein Mahl zurecht und aß in Ruhe, Hitze und Demut, aber mit viel Appetit meine zwei Brötchen, zwei Tomaten, Frühlingszwiebel, Schafskäse und ein bisschen Wurst. Dazu frisches Wasser vom Brunnen. Herrlich! Vielleicht hat der Spruch „du bist, was du isst“ ein Stück Wahrheit.

Eine Stunde später konnte ich Ravensburg schon sehen. Genannt auch die „Stadt der Tore und Türme“, hat Ravensburg über 50.000 Einwohner und zehn Türme, eine sehr schöne Altstadt und eine wunderbare Basilika, die, meiner Schätzung nach, an der dritten Stelle Europas steht, nach Sankt Paul in London und Sankt Peter in Rom. Ich ging in die Basilika hinein und genoss die Stille. Ich weiß es nicht genau, ob das, was ich da machte, beten war, aber ich fühlte mich so demütig und spürte, dass dies ein Ort der Vergebung und Großzügigkeit war.

Allerdings holte ich meinen Pilgerstempel doch in der wunderbaren Liebfrauenkirche.

Ich hatte noch einige Stunden Zeit und ich hatte auch Energie, sodass ich ein wenig in der Altstadt herumspazierte. Alles sprach mich an, freundliche Menschen, tolle Gebäude, Parks, Türme über Türme, Cafés, Biergärten, mit einem weitläufigen und wunderbaren Marienplatz. Einfach schön.

Ich ging dann zum Abendessen und dabei spürte ich schon ein Prickeln, die Etappe Deutschland ging langsam zu Ende, morgen würde ich in Konstanz sein, der letzten Stadt, bevor ich die Schweiz betreten würde. Ich übernachtete in einer Jugendherberge, in einem Sechsbettzimmer, glücklicherweise war ich allein im Zimmer. Die nächste Etappe würde möglicherweise hart werden, 38 Kilometer, wenn ich von Meersburg nach Konstanz über den Bodensee fahren würde, oder weniger hart, 20 Kilometer, wenn ich von Friedrichshafen nach Konstanz über den Bodensee fahren würde. Obwohl mir die Seele sagte, dass der Abschluss des ersten Teils des Pilgerns nicht einfach sein sollte, beschloss ich doch, nach Friedrichshafen zu laufen.

Also stand ich trotzdem ganz früh auf, das Wetter hatte mitgespielt, es war ein hervorragender Sonnenaufgang und es roch nach Tau und frischem Gras.

Da alle Geschäfte geschlossen waren, lief ich los ohne gefrühstückt zu haben. Es dauerte eine Weile, bis ich aus Ravensburg raus war, die Sonne ging langsam auf, aber die Sonnenstrahlen waren noch nicht so stark. Die Farben des Himmels veränderten sich ständig, die Sonne ging von meiner linken Seite auf, so dass ich, während ich lief, mit Freude die Anspannung und Bewunderung dieser Naturvorstellung sah. Danach wurde es ein bisschen neblig, aber plötzlich war der Himmel wieder ganz blau, mit ein paar kleinen weißen Wolken, die mich möglicherweise am Mittag von den heißen Sonnenstrahlen schützen würden. Die Feldwege waren auch zum Teil noch feucht. Die Natur erwachte langsam, die Bienen waren schon am Werk und bestäubten fleißig die Blüten, die Marienkäfer übten das Zickzack-Fliegen, die Heuschrecken kamen langsam in Gang, die Mohnblumen hatten sich schon ein wenig geöffnet und ich hörte von irgendwo einen Bach plätschern, vielleicht war es der kleine Fluss Schussen. Ich lief gesund und munter etwa eine Stunde bis Oberzell, einem kleinen Dorf mit 2.000 Einwohnern, aber mit einer Bäckerei, die geöffnet hatte. Ich frühstückte dort „gepflegt“, wie Hartmut sagen würde, ein belegtes Brötchen, einen frisch gepressten Orangensaft und eine Tasse Kaffee. Ich hatte keinen Proviant mehr, füllte mir also die Wasserflasche und dann lief ich weiter nach Friedrichshafen, wo ich meine Rast plante. Es waren noch zwölf Kilometer zu laufen und die ganze Wegstrecke waren staubige, nicht geteerte Feldwege, die auch nicht immer Richtung Friedrichshafen liefen. Ich war jetzt aber zielorientiert und lief wie ein Pferd, das seinen Weg nach Hause kannte. Es war auch meine letzte Etappe in Deutschland und ich hatte keinen Bedarf nach Nachdenklichkeit, ich wollte nur alles einsetzen, um die erste große Pilgeretappe, Deutschland, hinter mir zu lassen.

Dann, kurz nach Mittag, erreichte ich den Hafen in Friedrichshafen. Die gute Nachricht war, dass der Katamaran jede Stunde nach Konstanz abfuhr, also war ich ganz gespannt. Ich flanierte eine Weile durch die Stadt, die Hafenstädte haben mich immer fasziniert, Lissabon, Hamburg … Ich glaube, es liegt zum Teil an den Reflektionen des Lichtes im Wasser, was einer Hafenstadt ein gewisses Flair, eine spezielle, eigenartige Erscheinung bringt.

Es gibt wissenschaftliche Studien, die belegen, dass Lissabon ein besonderes Licht hat, was mehrere Ursachen hat. Erstens die Reflektion der Sonnenstrahlen, die im Fluss Tejo stattfinden, zweitens die Straßenpflasterungen, die Bürgersteige, insbesondere die, die mit den berühmten „cazulejos“ gepflastert sind, kleine kantige Steine, die wie Diamantsteine sind und das Licht unter tausenden von Winkeln reflektieren, und letztens die Farbe der Häuser, die fast immer in Pastellfarben gestrichen sind.

Auf jeden Fall ist Friedrichshafen eine sehr anziehende, relativ neue Stadt am Bodensee, entstanden Anfangs des XIX. Jahrtausends, mit über 60.000 Einwohnern, hauptsächlich bekannt durch das Zeppelin-Werk, wo auch der erste und letzte Zeppelin gebaut wurde und die internationale jährliche Zeppelinmesse stattfindet. Eine Stadt, die sich gerne entdecken lässt.

Ich aß dann mein spätes Mittagsessen auf einer Terrasse, und, als Pilgerritual und nicht aus Notwendigkeit, weil ich sowieso einen Tag in Konstanz bleiben wollte, kaufte ich Proviant für den nächsten Tag.

Anschließend nahm ich die Fähre nach Konstanz und genoss extrem die einstündige Fahrt. Es war doch irgendwie ein Abschied von Deutschland, auch wenn Konstanz noch in Deutschland liegt, und die Reflektion der Lichtstrahlen im Wasser hatte etwas Mystisches an sich.

Ich lief dann in die Altstadt, voll von Touristen, Studenten, Kneipen und Kirchen, es war ein wunderbarer Spätnachmittag, aber ich wollte unbedingt erst meine Unterkunft sichern. Es gab nur eine Jugendherberge in der Stadt, die voll besetzt war. Als ich mir die Preise für ein Zimmer in den naheliegenden Pensionen der Altstadt ansah, wurde mir klar, dass Konstanz eigentlich eine pilgerunfreundliche Stadt war. Ich wollte mir eine verdiente zweitägige Pause gönnen und buchte dementsprechend zwei Nächte in einer Pension.

Le Chemin de Saint Jacques

Schweiz

Juni

An meinem ersten Abend in Konstanz bummelte ich durch die Altstadt und wartete, bis eine Kneipe mich anzog. Konstanz ist die größte Stadt in der Vierländerregion am Bodensee und hat über 85.000 Einwohner und zwei Universitäten. Die Stadt liegt auf einer Halbinsel und die Altstadt wiederum auf dem Festland, aber an der Grenze zur Schweiz. Sie ist eine wunderbare Mischung von Kultur, Geschichte und Wirtschaft. Die vielen Gässchen und Fassaden, der Hafen, die Alpenkulisse, die Unmenge von Museen, Gärten und Kneipen, die unzähligen, märchenartigen Häuser – ich empfand all das als eine Belohnung für die lange Pilgerreise, die ich bis jetzt hinter mir hatte. Ich wollte mir auch die Marktstätte anschauen mit hunderten von Fachgeschäften. Ich war wieder mitten im gesellschaftlichen Leben und in der Geschichte gelandet, was auf fast allen Straßen zu spüren war. Ich setzte mich dementsprechend an einen Tisch in einem historischen Biergarten und verfiel in eine tiefe Nachdenklichkeit – allerdings erst nachdem ich meine Bestellung aufgegeben hatte. Es war der erste Mai, also war ich mehr als fünf Wochen unterwegs. Ich hatte Deutschland hinter mir, mit Ausnahme von Konstanz natürlich, aber das würde ich am nächsten Tag vielleicht auch bereits hinter mir gelassen haben. Und was war mit mir passiert? Ich hatte das Gehen wieder gelernt, die Einsamkeit der Nachdenklichkeit wiederentdeckt und genossen. Ich hatte mich dann gleich an das wunderschöne Buch „Die Einsamkeit der Primzahlen" von Paulo Giordano erinnert. Ich hatte unvergleichliche Menschen kennengelernt und unvergessliche Momente erlebt – wie Pessoa sagen würde. Ich hatte Gerüche empfunden, die ich nicht kannte, nicht mehr kannte oder längst vergessen hatte. Der Geruch von abgeschnittenen Holzbäumen, von Harz, von Regen im Wald, von Getreidefeldern, die, um dem Wind einen Gefallen zu tun, sich biegen und sich aneinander reiben lassen und dich begrüßen oder verabschieden. Der Geruch von

Pferdeäpfeln, von heißem Staub und Kies, der sich unter deinem Stiefel aufregt und dann wieder zur Ruhe kommt. Der Geruch von feinen, kleinen, authentischen und unberührten Wilderdbeeren, die wie ein Blitz alle deine Sinne treffen und dich in eine Trance des Genusses und der Sünde versetzen ... Aber wusste ich, wohin ich gehe oder gehen sollte (philosophisch gesprochen, da Santiago mir schon noch ein Begriff war)? Wusste ich, was ich weiter mit meinem Leben machen sollte, und wenn ja, wo und warum? Eigentlich nicht, aber ich war überwältigt von allem, was mir oder mit mir in den letzten Wochen passiert war. Es war wie eine andere Sichtweise von Sachen und Wesen, die ich noch nicht erfahren hatte, Dinge, die wir schon längst vergessen oder ausgelöscht hatten. Ich war also guter Dinge, dass der Weg mich doch weiser machen und mir Zeichen der Wahrheit deuten würde. Ich hatte mehr als 1.000 Kilometer hinter mir und laut eines Schildes, das ich vorher vor dem Konstanzer Münster gesehen hatte, hatte ich noch etwa 2.340 Kilometer vor mir, angenommen ich würde mich auf dem Jakobsweg nicht verlaufen, aber ich war mir sicher, dass es mir doch mehrmals passieren würde. Also hatte ich weniger als ein Drittel des Jakobswegs geschafft. Es hat sich aber als so viel mehr angefühlt.

Ich dachte dann, dass man von Berlin bis nach München oder Konstanz mit dem Flugzeug nur eine gute Stunde braucht und mit dem Zug oder mit dem Wagen vielleicht sechs bis acht Stunden. Und zu Fuß hatte ich mehr als fünf Wochen gebraucht. Was ich aber an Erlebnissen und Intensität der Gefühle und Sinne in dieser Zeit erfahren hatte, war überwältigend und in keiner Weise vergleichbar mit der Unterhaltung bei einem kleinen Snack in einem Flugzeug oder der Unterhaltung an einem Imbiss bei einer Raststätte oder im Auto. Und alles nur weil die Gesellschaft, von dem Gott der Maximierung des Profits geimpft wurde, der die Wissenschaft und Technologie auf die Spur gesetzt hatte, Werkzeuge und Maschinen zu bauen, getreu dem Motto „Zeit ist Geld“. Na ja, ich wollte keine Wertung abgeben und wusste nicht was richtig und was falsch war. Vielleicht war alles falsch oder alles richtig, ich wusste nur, dass meine letzten fünf Wochen eine absolut wahnsinnige Entdeckung waren und dass der Weg mich noch viele Sachen lehren würde – und ich war bereit dazu. Also ging ich mit diesen verträglichen Gedanken und mit dem Lied „Alone Travels“ von Eric Larob zurück in die Pension, hatte schon genug Bier im Restaurant getankt und mich nach einem guten Nachtschlaf gesehnt.

Am nächsten Morgen wusch ich meine sieben Sachen und betrieb dann meine Körperpflege minutiös, schnitt meine Nägel mit der Nagelschere ordentlich und wusch mir die Haare mit Hotelshampoo – von der Wohlstandsgesellschaft geschenkt. Nach einem genüsslichen und gepflegten Frühstück ging ich Richtung Konstanzer Münster. Konstanz war im Mittelalter Sammelpunkt der Pilger aus dem Schwabenland, die von hier aus nach Santiago de Compostela aufbrachen. Wichtiger Treffpunkt war das Münster. Neben der Silvesterkapelle mit ihren Fresken steht die um 900 erbaute Mauritiusrotunde mit einer Nachbildung des Heiligen Grabes. Jakobus der Ältere steht als einer der zwölf Apostel in der Rotunde. Man erkennt ihn leicht an den sieben Pilgerstäben und den mit Muscheln verzierten Pilgertaschen, die er für die aufbrechenden Pilgerinnen und Pilger bereithält. Das Münster war in der Zeit der Karolinger und ottonischen Königen im IX. Jahrhundert gebaut worden. Unvorstellbar, wie alt es war und dass es auf dem Münster Hügel errichtet worden war, der die „angesehene“ Höhe von sechs Metern über dem Bodensee hatte!

Heutzutage ist das Konstanzer Münster eine katholische Pfarrkirche und nicht mehr die Kathedrale der Bischöfe von Konstanz, da es kein Bistum Konstanz mehr gibt. Der Münsterplatz ist immer noch sehr beindruckend und großzügig gestaltet, genauso wie der Turm des Münsters. Ich weiß nicht, warum, aber ich habe mich sehr behütet und mit dem Münster verbunden gefühlt. Ich habe mir auch den Pilgerstempel dort geholt und bin dann zum Konstanzer Konzil gegangen. Vor rund 600 Jahren reisten Besucher aus allen Himmelsrichtungen nach Konstanz, um hier Probleme der Zeit, wie die Kirchenspaltung, zu lösen, Macht und Einfluss zu gewinnen oder einfach nur dabei zu sein. Der größte Kongress des Mittelalters hat seine Spuren bis heute in Europa hinterlassen. Dialoge statt Waffengewalt waren die Zeichen der Zeit. Dort wurden hauptsächlich theologische und gesellschaftliche Probleme der Zeit überwiegend im Gespräch gelöst – während ganz Europa durch Konflikte erschüttert wurde. Der größte Erfolg des Konstanzer Konzils war die Papstwahl und das damit verbundene Ende der Kirchenspaltung im Mittelalter, zu einem Zeitpunkt, als es drei Päpste wie Weltmeister in Schwergewichtsboxen gab, organisiert in verschiedenen Verbänden. Das Gebäude als solches bewegte mich nicht besonderes, die Geschichte dahinter schon. Mein letzter Kulturakt in Konstanz war der Besuch des Stadttheaters, die älteste Theaterbühne Deutschlands, die allerdings geschlossen war, wegen einer Sanierung, die über achtzig Jahre fällig war. Auf einmal war ich vor dem Rathaus, auf der Kanzleistraße, und die ganze Straße, das Rathaus eingeschlossen, war schön wie in einem Traum. Ich konnte nicht genug davon einatmen. Anschließend ging ich langsam durch die Gassen der Altstadt zurück, schaute mir die Fassaden der Häuser an, die kleinen Fachgeschäfte und die Menschen und irgendwie fühlte ich mich zum Teil als Tourist und nicht als Pilger – was ich nicht unbedingt als gut empfand. Es war Zeit wieder zu gehen. Also ging ich wieder in die Pension, bestellte ein kleines Abendessen in einer Kneipe gegenüber und aß mit Appetit ein Schnitzel. Dann ging ich in mein Zimmer, packte meine Sachen und plante die Etappe für den nächsten Tag. Ich hatte „Fernweh“, ein Wort, was ich bis vor kurzem nicht kannte und ein Wort, das ich mit Sicherheit auch noch nicht „gefühlt“ hatte.

Am ersten Juni – ein angenehmer Montag – stand ich ganz früh auf und machte mich für den Weg fertig. Ich war neugierig, was auf mich zukommen würde, war ungeduldig wie ein junges Fohlen und aufgeregt wie ein Kind an seinem ersten Schultag. Also war ich noch mal beim Münster, um mich zu verabschieden und mir den prächtigen Wegweiser – der auch die Distanz bis Santiago de Compostela zeigte – noch einmal anzuschauen. Der Himmel war wolkenfrei und voller Sterne, da es noch dunkel war, und alles fühlte sich so an, als wäre eine Geheimmission im Gange. Dann lief ich los in Richtung Süden, durch die Altstadt, vorbei an dem Konzil und der Stephanskirche – der ältesten Kirche in Konstanz. Es war immer noch relativ dunkel draußen. Ich war noch nicht mal richtig im Laufrhythmus, da sah ich gleich die Schweizer Grenze! Nach einer Minute war ich in der Schweiz. An meiner linken Seite wurde der Himmel ein bisschen heller. Mein erster Eindruck war hervorragend und ich sah Kreuzlingen in der

Ferne. Links und rechts waren Felder, die immer noch mit einem dünnen Düngerschleier gedämpft waren, und alles war ruhig und friedlich. Ich lief weiter, erreichte Kreuzlingen nach einer halben Stunde oder so – einen Vorort von Konstanz, mit über zwanzigtausend Einwohnern – und habe mir den notwendigen Proviant für die Etappe in einer Bäckerei geholt. Ich bin dann weitergelaufen, bis ich Bernrain erreicht hatte, einen Stadtteil im Südwesten von Kreuzlingen. Bernrain war und ist auch ein Wallfahrtsort für Pilger und er hat eine wunderschöne Kapelle, in der ich mir überaschenderweise selbst den Pilgerausweis stempeln konnte, da der Stempel einfach da war und an einer Schnur gebunden lag. Dort, am Rande eines Baches namens Saubach, machte ich auch Rast und zog mein Frühstücksritual durch, mit Fetakäse, Brötchen, Lauchzwiebeln, auch mit einer kleinen Knoblauchzehe und ein paar Scheiben Kaiserspeck. Ich war einfach glücklich und fing vielleicht auch an zu glauben, dass ich endlich richtig pilgere und ein echter Pilger geworden war. Die Pause dauerte nicht lange, weil ich einfach weiterlaufen und laufen wollte. Die Sonne wurde mittlerweile orangenrot, die Nebel hatten sich aufgelöst und es wurde heller. Der Himmel war jetzt blau und freundlich und der Pilgerpfad lief endlich durch die Felder und ich sah schöne, kräftige, gesunde Wälder, die ich bald erreichen würde. Alles war so sauber und ordentlich. Ich kam aus Deutschland, also wusste ich eigentlich, was Ordnung und Sauberkeit ist und bedeutet. Alles war so gepflegt. Ich lief durch Wälder, Dörfer und Dörfer und war sehr erstaunt, wie ordentlich alles war, beinahe surreal. Alles schien an dem Platz zu sein, wo es sein sollte. Die Zäune der Gärten waren gerade und im Lot, die Bäume waren geschnitten, getrimmt und sahen wie frisiert aus, die Blumen in den Gärten waren nach einem bestimmten Muster gepflanzt, nichts war dem Zufall überlassen. Und im Hintergrund waren immer die Alpen zu sehen, wie in einer mit Photoshop frisierten und verschönerten Postkarte. Ich, mit meiner alten Ausrüstung und meinem Aussehen, fühlte mich wie ein Fremdobjekt in dieser Landschaft. Und siehe da, in der Nähe von Märstetten, meinem Zielort, machte ich eine kurze Pause, als ich eine Art von Scheune auf der Straße sah. Dort konnte/durfte ich mir Milch aus einem Automaten holen, zumindest stand es so auf dem Schild. Mit einem komplizierten oder vielleicht nur undurchsichtigen System von Schläuchen kam die frische Milch, wenn man eine Münze in ein Loch warf. Ich konnte es kaum fassen. Es kam mir so vor, dass die Kühe dann just und in dem Moment gemolken wurden, wenn die Milchanfrage von dem Gerät kam. Die Milch war frisch, schaumig und leicht warm, genauso, wie ich es aus den Erinnerungen meiner Kindheit kannte, als ich selbst die Kuh molk und ab und zu auch die Milch trank. Ich wusste damals nicht, wie stark mich diese Erfahrung auf dem Pilgerweg noch prägen würde.

Also, nach fast vier Stunden erreichte ich Märstetten und bald auch die Pilgerherberge. Es waren schon zwei alte Damen da, die mir erzählten, es wären sieben Frauen und alle sieben waren die Betreiber dieser Herberge, alle ehrenamtlich. Man konnte bei ihnen auch Essen bestellen für das Abendessen und Frühstück am nächsten Tag. Ich war heute der einzige Pilger so weit, aber es hatten sich noch zwei andere Personen gemeldet und eine Übernachtung reserviert. Die beiden Frauen waren absolut fantastisch, in Trachtkleidern, eine mit gebundenen Haaren und die andere mit einem schönen, farbigen Kopftuch über ihrem Kopf. Die eine hatte ein Gesicht wie ein Fußball, aus dem die Luft herausgelassen wurde. Wahrscheinlich hatte sie eine Zahnprothese, die sie zuhause gelassen hatte. Ihr Oberkiefer sah vergrößert aus und ihr Unterkiefer war kleiner geworden, sodass sie dadurch ganz komisch und eigenartig sprach, ihrer Sprache aber mit Handbewegungen Deutlichkeit und Farbe verlieh. Die andere war kokett und wollte wissen, woher ich komme, und hat mich ständig angeschaut und immer gelacht. Vielleicht eine Vorfreude auf die Nachrichten über mich, die sie den anderen fünf Frauen bald bringen würde. Die wollten wissen, wie ich heiße, und haben mich dann nur „Florentin aus Berlin“ genannt. Nachdem die Höflichkeit der Unterhaltung zu Ende war, gingen wir langsam, um die Schlafstätte zu sehen. Es war ein sehr gepflegtes Zimmer mit fünf Doppelbetten und sauberen Toiletten. Es gab auch eine Veranda und einen Garten im Hinterhof. Ich bedankte mich herzlich, richtete mich ein und setzt mich auf die Veranda, um die Ruhe ein bisschen zu genießen. Kurz danach kamen die restlichen fünf Frauen, die unbedingt den „Florentin aus Berlin“ kennenlernen wollten. Sie waren alle so süß und hatten mir auch eine halbe Torte Erdbeerkuchen mitgebracht. Es war irgendwie ein gelungener Tag, obwohl nichts Besonderes passierte. Aber manchmal ist es das Schönste, wenn nichts Besonderes passiert. Ich bestellte mir für morgens Proviant für das Frühstück. Dann wollte ich mich ein bisschen ausruhen und darüber nachdenken, nämlich Erklärungen in meiner Kindheit finden, warum und wie ich so geworden bin, wie ich war.

Sein Leben als junger Ingenieur begann sehr gut und er bekam ein schönes Büro zusammen mit zwei weiteren Ingenieuren. Die Projekte sahen in Ordnung aus und Mircea fand sogar innerhalb weniger Wochen ein paar Freunde. Bei weitem war es nicht das gleiche fachliche Niveau wie an der Universität, aber es war OK.

Mircea erkannte bald, dass es keinen Raum für persönliche Entwicklung gab, kein Interesse daran bestand, neue Dinge auszuprobieren. Alles war bereits geplant und vereinbart, sein Job würde auf absehbare Zeit nur auf die Ausführung beschränkt sein. Kein Projektmanagement, keine kreativen Brainstorming-Meetings, keine gewagten Ideen. Kein Austausch von Unterlagen oder Kontakten mit der dekadenten kapitalistischen Welt, keine technischen Bibliotheken für die Forschung.

Was er jedoch im Überfluss bekam, waren politische Treffen und politische Aktivitäten außerhalb der Firma und auch politische Gehirnwäsche von den Führungsgremien innerhalb der Firma. Er musste etwas tun, da alles in ein paar Monaten unerträglich werden würde.

Also schrieb er sich für Abendkurse an der Fakultät für Pure Mathematik ein und bekam auch zusätzlich eine Stelle als Fachlehrer im technischen Zeichnen, einmal die Woche, an einem angesehenen Gymnasium, was seine Firma, als wissenschaftlicher Tutor des Gymnasiums, zur Verfügung stellte. Das veränderte ein wenig die Dynamik seines Berufslebens und gab ihm die dringend benötigte Abwechslung.

Die nächsten zwei Jahre waren ziemlich interessant. Er liebte Mathematik und pure Mathematik war eine echte mentale Herausforderung. Er liebte es auch, Mathematik und technisches Design am Gymnasium zu unterrichten, obwohl die Schüler ein größeres Interesse an dem jungen Lehrer zu zeigen schienen als an den Fächern der Mathematik. Aber das gefiel ihm auch und er nutzte seine angebliche charismatische Aura, um das

Interesse der Schüler für die Schönheit der Zahlen und Buchstaben zu wecken.

Und so lernte er auch Marina kennen. Sie war 18 und im letzten Jahr im Gymnasium und bereitete sich darauf vor, die Prüfungen für die Medizinische Fakultät an der Universität abzulegen. Eines Tages kam sie nach dem Unterricht auf ihn zu und fragte ihn, ob er ihr helfen könne, sich besser auf Physik und Chemie vorzubereiten, die beiden Fächer, in denen sie – neben Biologie – Prüfungen ablegen musste. Mircea war verblüfft über ihren Mut und ihre freche Haltung, stimmte jedoch zu, es freundlicherweise einige Wochen lang auszuprobieren.

Und das war der Beginn seines zweiten Ehe-Abenteuers.

Also bereitete er sich auf den Unterricht vor, recherchierte, überprüfte das Material, das abgedeckt werden musste, überprüfte die Tests, die den Schülern in den letzten fünf Jahren gegeben wurden, und dann fing alles an.

Marina war ein sehr kluges Mädchen. Sie verstand die Probleme ziemlich schnell und verstand es sehr gut, die wichtigen Teile von den unwichtigen zu trennen. Sie erfand sogar ein Schema, um Dinge besser auswendig zu lernen. Für Biologietests gab es viele Dinge, die nur Speicherplatz benötigten, also auswendig gelernt werden mussten. Aber es gab ein Problem: Sie schenkte den Dingen, die gelernt oder geübt werden mussten, nicht wirklich viel Aufmerksamkeit. Sie hatte zweifellos ein größeres Interesse an ihm. Das verursachte ein großes Problem, da er ein hohes Verantwortungsbewusstsein für die von ihm geleistete Arbeit hatte und sicherstellen musste, dass Marina angemessen auf die Prüfungen vorbereitet war. Aber wenn er eine Beziehung mit ihr eingegangen wäre, wäre sie massiv von der erforderlichen Arbeit, die zu erledigten war, abgelenkt gewesen. Und er war sich seiner Verantwortung bewusst.

Aber sie war trotzdem von seiner Anwesenheit abgelenkt (vielleicht war sie schon verliebt) und er fühlte sich von ihrem Aussehen, ihrer Spontanität, ihrem Witz und ihrer Munterkeit hingezogen. Die Angelegenheit hatte also alle Chancen, schief zu gehen, und das tat sie auch ...

Er wurde ihr Coach und brachte ihr die Strategie bei, sich während der Prüfungen auf alles mental vorzubereiten. Sie machten Testprüfungen,

Generalproben, er brachte ihr alle Feinheiten und Taktiken bei, die er kannte, um gute Ergebnisse zu erzielen. Es blieb nicht viel Zeit, sie hatten kaum noch vier Monate Vorbereitung und das ist nicht viel für eine solche Prüfung.

Die Medizin war für fast alle Studenten der beliebteste Studiengang. Ein Arzt in seinem Land zu sein, war eine privilegierte Position und materiell sehr lukrativ. Weniger in Bezug auf das reguläre Gehalt, sondern auf die Bestechungsgelder, ja, richtig, Bestechungsgelder. So lief es nun mal in seinem Land. Es gab dementsprechend eine große Konkurrenz für die Aufnahme an der Uni, normalerweise ungefähr 18 bis 25 Kandidaten für einen Platz.

Wie auch immer, Marina hat die Prüfungen erfolgreich bestanden und wurde bald Studentin. Die Euphorie nach der Veröffentlichung der Ergebnisse, der Wein nach der Feier, die tiefe Zärtlichkeit und Dankbarkeit, die Marina ihm nach der Feier zeigte, es passierte einfach. Sie kamen zusammen und sein Leben veränderte sich wieder.

Er erkannte bald, wie sehr Marina es liebte anzugeben und wie wichtig der soziale Status, die Klischees für sie waren. Sie verbrachten mehr Zeit miteinander, er traf ihre Kollegen der Universität. Viele von ihnen waren ausländische Studenten, da das Medizinstudium in Rumänien sehr billig war verglichen mit den Kosten für Bildung in den westlichen Ländern. Es war auch kein Problem, eine Prüfung zu bestehen, weil es nämlich nur davon abhing, wie groß das „Geschenk" an die Prüfungskommission war. Also, aus diesen Gründen kamen viele Studenten aus dem Ausland hierher, um zu studieren. Es war ihm ein bisschen unangenehm, dass Marina überwiegend ausländische Studenten nach Hause einlud und er nicht verstand warum, bis er langsam entdeckte, wie süchtig, wie verblendet sie von deren Lebensstil war: Designerkleidung, gute Autos, all diese teuren Gegenstände (Zigaretten, Füllfederhalter, Handys, Videorekorder ...).

Er genoss es auch, mit ihnen zu reden, sein Englisch zu üben, irgendwann mit ihnen Tennis oder Fußball zu spielen, normale Sachen halt.

Er war ein bisschen besorgt über ihren westlichen materiellen Fetischismus des Wohlhabendseins, aber es schien keine große Sache im Gesamtbild zu sein – sagen wir, zumindest vorerst nicht. Und er genoss ihr

Aussehen, ihre Frische, ihre Lebhaftigkeit –, was er als positiv empfand. Viele andere Leute sahen das anders, aber er war irgendwie betäubt von ihrer beleidigenden, doch eleganten Arroganz ...

Ihre Eltern setzten ihn unter Druck, die Beziehung zu ihrer Tochter zu formalisieren, in Form einer Ehe, da der Ruf der Mädchen in Rumänien eine große Sache war. Und ob im Nachhinein glaubhaft oder nicht, Mircea war damit einverstanden.

Er war immer noch träge, amorph in seinem Herzen. Er trauerte noch drei Jahre später um seinen Vater und überlegte sich: Dies ist der normale Zustand, das erwartet die Gesellschaft von einem treuen Soldaten und das scheint das Rezept zu sein, um glücklich zu sein. Sein Bruder war auch verheiratet und es schien in Ordnung zu sein. Er hatte sich eine kleine Wohnung gekauft, es geschafft, ein kleines Auto zu kaufen und er war ein erfolgreicher junger Ingenieur – und das alles hatte er selbst erreicht. Die Ehe war nur eine natürliche Fortsetzung. Er konnte den Schmerz über den Tod seines Vaters einfach nicht ertragen und wollte nur seine kranke und müde Seele auf jemanden stützen können. Er dachte dieser Tage nicht viel an Maria. Sie war sicherlich da, aber er war jetzt so eng mit der Gesellschaft verbunden, dass seine Zweifel, seine Träume, seine schöne, reine Maria irgendwie verblassten. War er in Marina verliebt, war sie die Liebe seines Lebens, war sie etwas, ohne das er nicht leben konnte? Höchstwahrscheinlich nicht.

Es ist genau das, was die Leute tun, dachte Mircea und ihm war bewusst, irgendwie ein Wiederholungstäter zu sein.

So heirateten sie an einem schönen Apriltag, als das Leben überall auftauchte, mit Vögeln, Bäumen und Blumen, mit einem romantischen Gefühl in der Luft, mit bettelnden Zigeunern und Wahrsagerinnen, mit großen Autos mit ausländischen Nummernschildern, mit großen Autos der Nachkömmlinge des politischen Establishments, mit einer übererregten und fast ohnmächtigen Schwiegermutter, mit einem veralteten Blick einer Schauspielerin – seine Mutter – und anschließend mit einer großen und sehr schönen traditionellen Zeremonie.

Also zog das Paar in seine kleine Wohnung und kaufte sich einen Hund. Dies war vielleicht eines der wenigen Dinge, auf die Mircea bestand, denn er liebte Hunde wirklich. Also hatten sie Paco bekommen, einen sehr gut gezüchteten und gutaussehenden Boxer.

So wurden Paco und Mircea unzertrennlich. Sie gingen zusammen Skifahren, sie gingen zusammen ins Meer schwimmen und Paco wartete in seinem Auto auf dem Parkplatz, wenn Mircea bei der Arbeit war. Paco gab ihm die dringend benötigte Schulter zum Anlehnen. Er fühlte sich bis zu einem gewissen, schrecklichen Tag sehr in Frieden mit sich selbst und mit der Welt. Dieser Tag ist in seinem Gedächtnis für immer mit Sturmwellen der Schande und Verlegenheit, Zorn und Rage geblieben.

Die Türklingel ging um 8:00 Uhr morgens. Mircea war angezogen und bereitete sich auf die Arbeit vor.

Als er die Tür öffnete, standen zwei Polizisten und ein Nachbar – ein alter Bekannter aus den Schuljahren – vor der Tür.

„Wir haben einen Durchsuchungsbefehl für Ihre Wohnung. Sie können Ihren Anwalt anrufen, aber wir werden die Wohnung betreten und sicherstellen, dass alles unberührt bleibt.“ Ein Nachbar musste als unabhängiger Beobachter anwesend sein, erklärten sie. Er dachte, er hätte einen Albtraum und wartete darauf aufzuwachen. Aber es war alles real, sogar Pacos Anknurren der beiden Offiziere.

„Ich brauche keinen Anwalt, macht weiter, macht, was ihr tun müsst“, flüsterte Mircea.

Also begannen die beiden methodisch alles zu durchsuchen, jede Schublade, jeden Schrank, die Küche, das Wohnzimmer, das Schlafzimmer. Mircea kochte Kaffee für sie und fragte, wonach sie denn suchten.

„Videorekorder, Zigaretten, Drogen, Kaffee, Parfums, Schmuck ... all das Zeug“, antwortete der Größere von ihnen. „Uns wurde gesagt, dass Sie Drogenhandel betreiben und illegale ausländische Gegenstände verkaufen.“

Nun, sie fanden offensichtlich nichts und sagten, dass Mircea in den kommenden Tagen ein offizielles Protokoll der heutigen Ergebnisse der Suche erhalten wird.

Mircea rief in seinem Büro an und sagte ihnen, er würde heute nicht zur Arbeit kommen. Seine Gedanken liefen in Kreisen und Spiralen und in allen möglichen geometrischen Formen. Er konnte einfach nicht glauben, dass es jetzt Aufzeichnungen bei der Polizei gäbe, wegen des Verdachts, Drogenhandel zu betreiben und illegale ausländische Konsumgüter mit Gewinn zu verkaufen. Sein Leben wurde in diesem Moment praktisch zerstört, wer auch immer der Whistleblower-Idiot war, der der Polizei solche Geschichten erzählte. Er wartete ungeduldig darauf, dass seine Frau von der Universität zurückkam, aber seine Gedanken waren ruhig. Er konnte klarsehen, was als nächstes passieren musste.

Er wusste, dass er keine kommunistische Geige war und war kein scheinheiliger Anhänger des Systems. Er wusste, dass er sich auch nicht offiziell gegen das System entschieden hatte. Vielleicht wiederholte er die Methode seines Vaters, nicht aufzustehen – was irgendwie überliefert oder geerbt worden sein musste – aber es war vielleicht der einzige Weg, nicht im Gefängnis zu landen. Ihm war diese Mischung aus Feigheit und Überleben bewusst. Er lebte in dieser Gesellschaft und erfüllte seine Pflicht, ohne Begeisterung, ohne Pathos, ohne Glauben, tat es aber in der Hoffnung, dass alles irgendwann und irgendwie besser sein würde. War es vielleicht die Grundeinstellung seines Volkes, das über Jahrtausende mit dieser Einstellung überlebt hat? Wer weiß ... Er wartete auch auf die Gelegenheit, dieses Land zu verlassen und an einem Ort zu leben, an dem Freiheit das höchste Gut war.

Mircea hatte in der letzten Zeit den Ehrgeiz und das Ziel, das Land zu verlassen, ein bisschen aus den Augen verloren. Dieses Ziel wurde blasser, aus Gründen, die er nicht erklären konnte.

Marina kam nach Hause, er erzählte ihr die ganze Geschichte und fragte sie, ob sie etwas getan habe, was diesen Verdacht hätte aufkommen lassen können. Und zu seiner zweiten großen Überraschung des Tages gab sie zu, Sachen von ausländischen Studenten gekauft und mit Gewinn an andere Leute verkauft zu haben.

Mircea hatte es irgendwie doch kommen sehen, ihr Wunsch zu protzen, ihr Wunsch nach materiellem Wohlstand, Lebensstandard und Ruhm in der Gesellschaft, all das war manchmal unerträglich.

Er sagte ihr, dass er das Gefühl habe, dass sie einen Punkt ohne Wiederkehr erreicht hätten und dass er nun am nächsten Morgen zur Polizeistation gehen würde, um offiziell die Genehmigung zu beantragen, das

Land zu verlassen. Er würde nach Amerika auswandern, wo sein Bruder seit zwei Jahren lebte. Marina dachte eine Weile nach und sie akzeptierte und unterstützte diese Idee voll und ganz. Ihr einziger Wunsch war es, die Universität, wenn möglich, in diesem Land zu beenden. Da das Genehmigungsverfahren des Antrags – was eine erste Phase der formellen Ablehnung beinhaltete, nach der man Widerspruch einlegen musste und so weiter – in der Regel Jahre dauerte, war es durchaus möglich, dass Marina die Möglichkeit hatte, die Universität zu beenden.

Mircea sagte ihr, dass die Wahrscheinlichkeit groß sei, dass das System sie nun viel belästigen und provozieren werde, da das System versuchen werde, die „fremden Zellen" zu zerstören Es sei durchaus möglich, dass er seinen Job verlieren werde oder sie aus der Universität geworfen werden könnte.

Aber beide waren sich einig, das trotzdem zu tun. Und so ging Mircea am nächsten Tag zur Einwanderungsbehörde und beantragte offiziell die Auswanderung, nach einem vierstündigen Grillen der Parteigenossen, die ihn davon zu überzeugen versuchten, nicht den größten Fehler seines Lebens zu machen.

Als ich weiter wach träumen wollte, wurde ich von jemandem begrüßt, und siehe da – ich traf endlich einen anderen Pilger. Nach 1.000 Kilometern endlich ein Jakobswegpilger, der auch in dieser Pilgerherberge Unterkunft gefunden hatte. Ich weiß nicht mehr, wie er hieß, er war ein langer Kerl, vielleicht Mitte vierzig, mit kurz geschnittenen Haaren und Brille, ein ovales Gesicht und eine zu kleine Nase für sein Gesicht und seine Länge. Wir unterhielten uns gut und das lustige war, dass er mich für einen erfahrenen Pilger hielt und alle möglichen fachlichen Fragen stellte. Angefangen mit „Wie kann man die Wasserflasche hinten vom Rucksack holen, ohne den Rucksack vom Rücken herunterzunehmen?" bis zu „was kann man gegen die Blasen an den Füßen tun?" Ich habe all mein auf dem Weg gewonnenes Wissen geteilt, auch wenn das vielleicht nicht so sehr bilderbuchmäßig war. Zum Beispiel, dass ich die Wasserflasche immer in der Hand trug, weil ich immer wieder ein paar Schlücke zu mir nahm und es zu aufwendig war, jedes Mal die Flasche vom Rucksack zu holen.

Allerdings hatte ich einen alten Rucksack, der keine Außentasche für so was hatte, aber er konnte es nicht wissen und außerdem hätte ich die Wasserflasche auch dann in meiner Hand gehalten. Natürlich hatte ich fast alle zwei oder drei Tage die Flasche irgendwo vergessen und war weitergelaufen, aber das spielte keine Rolle. Wir frühstückten zusammen am nächsten Tag reichlich, mit alledem, was die lieben Frauen mir fürs Frühstück mitgebracht hatten: gekochte Eier, Tomaten, Gurken, Käse, von den Frauen selbst gemachte Salami, Butter und natürlich die Reste von dem Erdbeerkuchen. Der andere Pilger hatte es eilig und brach früh auf – was mir nur gelegen kam, weil ich sowieso allein pilgern wollte. Die nächste Etappe sollte eigentlich bis Tobel laufen – es war nicht so sehr weit, aber zweihundert Meter höher als Märstetten. Das Wetter eignete sich besonders gut fürs Pilgern, weil es nicht so heiß, aber trotzdem sonnig war. Alles um mich herum wirkte freundlich. Ich lief sehr gut und schnell und nach zweieinhalb Stunden kam ich in Tobel an. Es wurde mir langsam klar, warum ich alles so harmonisch fand. Die Landschaft war hügelig und ich lief im Tal auf einem Pfad parallel zu einem Bach oder auf einem kleinen geteerten Weg. Die Getreidefelder fingen gleich dort am Bach an und kletterten dann langsam auf die Hügel und endeten an den Wäldern, die diese Hügel dann weiter stolz schmückten. Es waren auch Wiesen / Weiden dabei, auf denen die Kühe gerne und fleißig fraßen und ihre Anwesenheit mit klingenden Kuhglocken kundtaten. Mittlerweile waren manche Felder schon gemäht und der Geruch des gemähten Grases und der Heuhaufen betäubte mich mit Glücksgefühlen ... Das war natürlich und „natürlich" idyllisch, aber die Harmonie kam durch dieses wellige Wechselspiel flach und hügelig, durch Felder und Hügel und durch die Felder, die auf die Hügel hinaufkletterten. Einer der berühmten rumänischen Weisen, Lucian Blaga – Philosoph, Journalist, Dichter, Übersetzer und Wissenschaftler – hat sich mit diesem „räumlichen Horizont" (Feld-Hügel und die Welligkeit einer solchen Landschaft, was in Rumänien sehr oft vorkommt) beschäftigt. Insbesondere sah er einen Einfluss auf die rumänische Seele. Er schrieb in einem seiner philosophischen Papiere sinngemäß:

„Mit diesem räumlichen Horizont fühlt sich die rumänische Seele der Vorfahren in ihren letzten Tiefen solidarisch, und über diesen Horizont halten wir irgendwo in einem tränenreichen Winkel unseres Herzens eine vage paradiesische Erinnerung, selbst wenn wir längst aufgehört haben, in so einer Gegend zu leben. Nennen wir diesen Matrixraum hügelig und auf unbestimmte Zeit wellig und mit den spezifischen Akzenten eines Schicksalsgefühls ausgestattet: dem mioritischen Raum."

Ich war also sicher, dass meine zum Teil rumänische Seele diese Landschaft als paradiesische Erinnerung empfunden hat. Es war eine harmonische Erinnerung, friedlich, ausgewogen und im Einklang mit der Seele. Alles in allem war ich von der Schweiz tief beeindruckt.

Ich erreichte also Tobel, ein Dorf mit weniger als tausend Seelen, aber mit einer schönen Kirche. Ich machte dort Rast, aber lief dann weiter. Ich wollte Fischingen erreichen, weil dann eine Etappe mit Einstieg in die Alpen folgte, und wollte so eine Etappe frisch und ausgeruht anfangen. Ich fand auf dem Weg nach Fischingen endlich viele kleine Büsche mit wilden Erdbeeren auf der rechten, westlichen Seite des Weges. Ich hatte so viele Walderdbeeren in meinem Leben noch nicht gesehen und ernährte mich reichlich davon. Na ja, man kann sich nicht wirklich voll futtern mit den kleinen Dingern, aber sie schmeckten so köstlich! Es war Juni und ich rechnete damit, bald auch Erdbeeren, Kirschen, Sauerkirschen, Mirabellen, Himbeeren, Heidelbeeren, Stachelbeeren, Blaubeeren, Brombeeren, Johannisbeeren, Trauben, Äpfel, Birnen und alle anderen Sommerfrüchte zu finden. Ich ging weiter und konnte mich einfach nicht an der Landschaft satt sehen.

Der Weg kündigte einen Aufstieg an und ich war froh, eine kleine Generalprobe zu haben vor dem großen Aufstieg morgen. Er war relativ steil und ich – mittlerweile als erfahrener Pilger – fand meinen Rhythmus und schritt voran. Nach einer Weile wurde ich von zwei jungen Damen überholt, die sehr energisch liefen und gleichzeitig über irgendwas diskutierten. Totale Blamage! Nach eineinhalb Kilometern auf einem kurvenreichen Pfad, der beständig anstieg, holte ich die zwei Frauen ein. Sie machten eine Zwangspause, da sie keine Puste mehr hatten – und ich lief stolz und weise weiter, vielleicht auch ein bisschen arrogant, aber dennoch mit einem „Hallo, geht es, brauchen Sie irgendwas, kann ich helfen?“. Was Pilger halt mal machen. Der Weg verlief noch eine Weile weiter nach oben und ich hoffte, dass da oben auch ein Imbiss oder ein Restaurant sein würde, weil ich meine Wasserflasche schon längst geleert hatte. Und tatsächlich tauchte in der Lichtung, die mir im Wald irgendwie als Rettung erschein, ein Imbiss auf. Der Preis für eine Flasche da oben war vergoldet – ich meine, das Wasser schien Gold wert zu sein. Nirgendwo hatte ich bis jetzt solche Preise für eine Flasche Wasser gesehen. Egal, ich stillte meinen Durst und ging dann weiter. Ich wollte schließlich nicht, dass die zwei Damen mich einholen.

Nach einem Abstieg, der wie Balsam für meinen Körper und meine Seele war, sah ich im nächsten Dorf einen Garten voll Margeriten, klassische Margeriten, mit weißen Blütenblättern. Es waren hunderte, vielleicht tausende Margeriten, so ein schöner Anblick! Ich lief weiter, aber alle hundert Meter wurde ich hungriger und durstiger. Meinen Proviant hatte ich beim Frühstück verbraucht und meine Wasserflasche war wieder halb leer, obwohl ich sie im Imbiss wieder mit Leitungswasser gefüllt hatte. Ich hatte in etwa noch zehn Kilometer zu laufen, also beschloss ich im nächsten Dorf etwas zu essen. Ich suchte und fand es in einer Kneipe in Münchwillen, bei einem Italiener. Ich setzte mich auf die Terrasse an einen Tisch und wartete auf die Bedienung. Die kam prompt und in Form des Inhabers, ein gewisser Giovanni, der von meiner Unternehmung so begeistert war, dass er mir Pizza und Pasta und alle möglichen Gerichte anbot und dazu Unmengen von Bier, alles auf seine Kosten. Ich aß, trank und erzählte ihm die Geschichte eines Pilgers. Er war so glücklich und wollte mit mir eine Weile weiterlaufen. Anschließend sagte er dem anderen Ober, dass er für eine Zeit irgendwo hingehen müsse und lief mit mir bis Fischingen, weil er halt mehr von meinen Geschichten hören wollte. So ein netter Kerl!

Wir liefen bis nach Oberwangen, wo ich mir unbedingt die Kapelle St. Martin anschauen wollte, eine schöne auf einer Hügelkuppe bebaute barocke Kapelle. Es war ein kleiner Aufstieg angesagt, aber der Weg bis nach Oberwangen war nicht so schön, am Rande der Bahnlinie und dann parallel zur Autobahn. Ich war froh, dass Giovanni mit mir unterwegs war, dass wir uns unterhielten und den Weg ignorieren konnten, sodass der Aufstieg uns eigentlich guttat. Das schöne Innere der Kapelle, mit Altarbildern aus dem Leben des Heiligen Martin und die Bank vor der Kapelle hatten den kurzen Aufstieg gelohnt. Von Oberwangen bis Fischingen war es nicht mehr weit und wir schafften es in einer halben Stunde. Giovanni brachte mich auch zu einer Pension, die einem seiner Freunde gehörte, wo wir uns umarmten und verabschiedeten.

Fischingen, eine kleine und die südlichste Gemeinde des Kantons Thurgau, hat weniger als dreitausend Seelen und entstand durch eine politische Entscheidung im XX. Jahrhundert. Das Dorf Fischingen, als Teil der Gemeinde, war allerdings schon im XII. Jahrhundert entstanden und hatte sich als Wallfahrtsort etabliert, auch durch die unmittelbare Nähe des Klosters mit dem gleichen Namen. Die Benediktinergemeinschaft Kloster Fischingen gefiel mir sehr. Ich übernachtete dort in der Pilgerherberge, die Pilgern auf dem Weg von Konstanz nach Einsiedeln Obdach und Zuflucht bieten sollte. Das Klostergebäude erschien sehr imposant, im Barock- und Rokokostil gebaut, und es war sowohl von außen als von innen sehr schön, gut gepflegt und erinnerte mich an ein königliches Schloss. Die Schweiz passte halt zu meinen Gefühlen, Sinnen und meinem Verstand. Es gab im Kloster auch ein Restaurant, also speiste ich dort vernünftig und dachte an den morgigen Tag, den Tag, an dem ich das erste Mal zu Fuß die Alpen überqueren würde, und ob ich die „Reifeprüfung" des Pilgerns bestehen würde.

Am Morgen stand ich sehr früh auf, nahm ein kleines, aber proteinhaltiges Frühstück zu mir und besorgte anschließend Proviant für unterwegs. Als ich alles kontrolliert und sichergestellt hatte, dass ich pilgertüchtig und gut vorbereitet war, lief ich los. Es war ein Aufstieg von sechshundert Höhenmetern, der in sechs Kilometern zu schaffen war, dachte ich. Der Weg lief parallel zur Straße und war relativ kurvenreich. Es war frisch, sehr frisch, auch ein bisschen feucht. Der Morgennebel hatte sich schon gelöst, aber das Gras neben der Straße war noch taunass. Nach einer halben Stunde sah ich einen Fahrradfahrer, der an mir vorbeifuhr. Nach einer

Minute oder so fuhr er zurück zu mir und sagte: „Grüezi, wollen Sie nach Hörnli laufen?"

„Ja", sagte ich.

„Dann würde ich Ihnen gerne empfehlen, die Waldwege zu gehen, es wird wahrscheinlich ein bisschen länger dauern, aber der Aufstieg ist milder. Hier auf der Straße ist es ziemlich rau und unangenehm."

Ich bedankte mich und sagte: „Ich werde es wahrscheinlich so machen, da mir sowieso das Pilgern über Waldwege besser gefällt. Allerdings habe ich bis jetzt noch keine Markierungen gesehen und wusste gar nicht, dass es solche Wege überhaupt gibt".

„Doch, doch, der Pfad ist da, aber zugegeben nicht so gut markiert wie in Deutschland. Sehen Sie da das blau-weiße Kreuz? Das ist das Zeichen für Hörnli."

„Alles klar, dankeschön mehrmals", sagte ich.

Also verlor ich zum Teil meine Angst, den Pfad durch den Wald zu verlieren, und wollte in den Wald hineinlaufen. Da kam gerade ein anderer Fahrer, ein Autofahrer diesmal, der anhielt und mich einlud einzusteigen, da er Pilger gerne mochte. Der Aufstieg zum Hörnli sei doch brutal und man müsse sich so was nicht unbedingt antun. Es war irgendwie bewegend, berührend und erbaulich zu sehen, wie die Menschen mir helfen wollten, vielleicht einfach einander helfen wollten, als Teil derer Erziehung und gesellschaftlicher Gepflogenheiten. Ich bedankte mich herzlich und erklärte ihm, dass die Essenz eines Pilgers das Pilgern sei, und wünschte ihm eine weitere gute Reise. Ich lief also in den Wald und je mehr ich hineinkletterte, umso dunkler wurde es. Mir war seit einiger Zeit klar, dass der Wald ein Universum in sich und für sich ist. Bäume, Tiere, Pflanzen und Blumen, alle leben harmonisch zusammen und sind unbewusst Teil einer beinahe unerhörten Symphonie und aufeinander angewiesen. Man spricht heutzutage von Biotopen, Ökosystemen und Lebensräumen einer Lebensgemeinschaft. Ich würde es eine mystische oder göttliche, vielleicht stille Symphonie nennen. Der Wald erzeugte eine Sehnsucht in mir, ich wusste nicht wonach, aber eine gewaltige Sehnsucht. Es herrschte Stille. Stille und Schweigen. Und Wandern und Pilgern halfen vielleicht, diese Sehnsucht zu spüren und sich von dieser Sehnsucht einfangen zu lassen. Ich denke, dass wir diese Sehnsucht in uns von Geburt an haben. Pilgern bedeutet, den Weg der Sehnsucht zu gehen. Pilgerschaft ist auch Leiden und Schweigen. Wir pilgern und verlassen das Reich der Wortlaute, wir verlassen die Geborgenheit des gesprochenen Wortes. Man schweigt und geht weiter, aber man denkt doch. Man erinnert sich. Erinnerungen sind auch Denken. Man denkt und nutzt natürlich Wörter. Lautlose Wörter. Denken wird mit Worten gedacht und Wörter sind zum Denken unerlässlich, obwohl man das Reich der Wörter – eigentlich der Wortlaute – durch Schweigen verlassen hat.

Ich war froh, dass ich als Beobachter dieser Musik dabei sein durfte. Ob Farn, Moos oder Pilze, die die Schatten der Bäume brauchten, ob die kleine Bäume, die das Licht, das durch die Äste der größeren Bäume kam, aufsaugten, ob die Eichhörnchen, die genüsslich Eicheln aßen oder für den Winter fleißig sammelten, Vögel, die insbesondere in die Lichtungen des Waldes deren Solos sangen, Bäume, die als professionelle Staubsauger und Klimaanlage der Natur jedes Jahr eine praktisch staubfreie Zone und kühle Luft auch an sehr heißen Sommertagen anboten, alles war miteinander und aufeinander abgestimmt, geschweige denn die Sauerstoffproduktion und die Umwandlung des Kohlendioxids, als Teil der Fotosynthese. Ich schaute um mich herum und konnte mich nicht satt sehen. So mussten wir Menschen auch sein. Vielleicht ist es die Sehnsucht, die wir im Wald spüren, die Sehnsucht nach dem Menschlichsein und dem Wald und der Natur, die uns zeigt, dass sie da sind, da waren und da sein werden und unsere Reise hier nur vorübergehend, flüchtig und ephemer ist.

Ich spürte, dass mein Körper meine Aufmerksamkeit brauchte. Es war spät, es war kalt, ich war hungrig und ich war vor allem erschöpft. Offensichtlich wusste ich nicht mehr genau, wo ich war. Es waren einige Stunden vergangen, ich war auf dem Weg, ich war auf einem Weg, aber wo auch immer ich hingeschaut habe, waren keine Markierungen des Weges zu sehen. Ich war so tief im Wald und ich konnte noch nicht einmal feststellen, wo Norden und Westen war. Aber (dann) erwachte die Pfadfinderlehre in mir und ich schaute mir das Moos auf den Bäumen genau an und konnte dadurch bestimmen, wo Norden war, und dann dementsprechend auch, wo Süden und Westen war. Dann fand ich eine Lichtung: Es war himmlisch, ich hörte einen kleinen Bach in der Nähe, die Sonne kam durch und brachte die Wärme und schöne Farben mit und erschuf Schatten. Ich machte dort auf einem gefällten Baumstamm Rast, um wieder zu Kräften zu kommen, nahm genüsslich mein Knoblauch mit Feta, Tomaten, Frühlingszwiebeln und ein bisschen Wurst zu mir, trank viel Wasser, legte mir einen Plan für den weiteren Weg zurecht und nach einer Stunde war ich wieder wie neugeboren. Also, nichts als weiterlaufen. Natürlich beschloss ich, jetzt auf den Weg aufzupassen und fand bald auch die Markierungen des Weges nach Hörnli wieder. Nach weiteren zwei Stunden der körperlichen Anstrengung sah ich endlich ein Haus und ich dachte, es wäre meine Rettung in Sicht. Ich wollte dort übernachten, aber es waren nur Holzarbeiter dort und die Bude war voll. Ich fragte sie ängstlich, wie weit der Hörnli Gipfel noch sei, und sie meinten: „Na, zweihundert Meter weiter auf dem Waldweg!“ Es war eine gute Nachricht und ich dachte, es sei wie ein Geschenk für meine Hartnäckigkeit. Obwohl ich wusste, dass zweihundert Meter in Förstersprache vielleicht achthundert Meter bedeuten können, war ich trotzdem im siebten Himmel und nach einer weiteren Viertelstunde erreichte ich das Berggasthaus Hörnli. Die Sicht auf die Alpen war gewaltig schön und ich gönnte mir eine Übernachtung gleich dort, auf dem Gipfel.

Ich hatte ein nettes Zimmer bekommen, alles war sauber und freundlich, das Restaurant war anziehend und ich freute mich sehr, angekommen zu sein. Es war für mich ein echtes Erfolgserlebnis und ich fing auf einmal an, mit Martina in meinen Gedanken zu reden, wahrscheinlich aus dem Bedürfnis heraus, meine Gipfeleroberung mit ihr zu teilen. Ich richtete mich schön ein, wusch die Sachen, die zu waschen waren, und legte sie zum Trocknen hin. Weil ich noch zwei Stunden bis zum Abendessen hatte, beschloss ich einfach wieder nach draußen zu gehen, lief bis zum tatsächlichen Gipfel und setzte mich dort auf die dafür eingerichtete Bank. Es war mild, später Nachmittag, die Sonne ging langsam unter und die Aussicht auf die Berge war atemberaubend. Die Alpenspitzen waren schneeblau, orange und rot und wechselten ständig die Farben. Die Luft war klar und blau, der Himmel wolkenlos, es war eine kaum zu ertragende Stille. Ich war die einzige Person auf dem Gipfel und dennoch fühlte ich mich klein und demütig. Ich setzte meinen Gedankenaustausch mit Martine fort. Eigentlich hörte ich mehr zu als dass ich sprach. Sie hatte gesehen, wie ich mich quälte, wie ich ohne Ruder und Orientierung seit Monaten lebte, wie schuldig ich mich oft fühlte, und wollte mir irgendwie helfen. Sie bat mich, mein Leben zu leben, meine Beziehung mit Ana, der Portugiesin – oder eigentlich jeder anderen Frau, an der ich Interesse hatte – wachsen zu lassen und mich nicht zu schämen oder zu verstecken, da sie glücklich für mich und stolz auf mich sein mochte. Sie sagte mir, dass irgendwann das Leben sowieso weitergehen würde und dass sie die erste wäre, die sich freuen würde, wenn ich eine glückliche Beziehung begönne, neue Freunde fände und das Leben genösse, alle diese guten Dinge. Sie meinte, hartnäckig an einer Verhaltensweise festzuhalten aufgrund von alten Versprechungen, sei eigentlich keine Tugend. „Die Dinge ändern sich und du musst lernen, dich auch zu verändern. Du bist noch immer in der Vergangenheit verhaftet und mir."

„Aber Loyalität und Treue waren immer Grundwerte für mich, Martine", sagte ich.

„Mircea, Vergangenheit gehört den Vergangenen. Ich bin immer noch bei dir, aber du musst in der Gegenwart leben."

Ich konnte und wollte nicht mehr argumentieren, aber ich hatte so oft diese Vergangenheit in der Gegenwart erlebt. Ich war auch sprachlos und berührt. Und es war vor allem erstaunlich, dass ich die Martine vor meinen Augen hatte, die mit mir und den Kindern in Serfaus jahrelang Ski gelaufen war. Es war erstaunlich, weil ich während all der letzten Monate, als ich an sie dachte, immer Bilder von ihr im Kopf hatte, aus der Zeit, als sie krank war. Und diese Bilder, nur diese Bilder aus der Zeit ihrer Krankheit, werden mich viele Jahre danach begleiten. Dann wurde ihr Bild verschwommen und verschwand langsam. Ich wollte länger mit ihr reden, aber es war nicht mehr möglich. Ich dachte wieder, wohin ich gelangt war und wie mein weiteres Leben sein würde, aber eigentlich erlebte ich so etwas wie einen Befreiungsschlag. Ich fühlte mich leichter und dass ich mich nicht oder nicht mehr zu verstecken oder zu verbergen brauchte. Es war Ruhe und Frieden in meinem Kopf. Ich glaube, es war ein Wendepunkt auf meiner Reise und ich war dem Weg und dem Pilgern dankbar dafür, auch wenn das für mich bewusst nicht unbedingt das war, was ich von dem Weg erwartete. Dann, erfüllt von Dankbarkeit und beflügelt von Hoffnung, lief ich zurück in das Berggasthaus Hörnli und verbrachte mein Abendessen in Ruhe und Nachdenklichkeit. Ja, ich hatte Hoffnung, dass das Leiden irgendwann in der absehbaren Zukunft ein Ende haben würde und dass ich meinem Weg, meinen Sinn des Lebens und meine Bestimmung wiederfinden würde.

Während ich auf das Essen wartete, schrieb ich auch in mein Tagebuch, sprach dann mit den Kindern über dieses Ereignis und sandte Ana eine Nachricht (erzählte ihr aber nicht von meiner außerordentlichen Begegnung). Ich hatte alle paar Tage mit Ana gesprochen oder wir hatten Nachrichten ausgetauscht. Sie hatte sich tiefer und tiefer in mich verliebt und hatte Zukunftspläne für uns gesponnen oder geschmiedet. Ich war bei weitem nicht so weit mit meiner Gefühlslage, aber ich fühlte mich natürlich geschmeichelt, so ein Interesse bei einer Frau zu erwecken, die fast dreißig Jahre jünger war als ich.

Das Essen kam, es schmeckte sehr gut, aber das Schweizer Bier nicht. Ich legte mich hin und schlief sofort ein, tief und ohne Träume.

Am nächsten Tag ging ich weiter. Ich hatte Muskelkater vom Vortag und setzte mir dementsprechend kein Ziel. Ich nahm mir vor, halt zu laufen, bis ich nicht mehr laufen wollte oder konnte. Ich war immer noch beseelt von der Begegnung mit Martine, die Suche nach meiner Bestimmung wurde stärker und stärker und ich musste auch über die Momente und Schlüsselerlebnisse nachdenken, die meine Persönlichkeitsentwicklung über die Jahre geprägt hatten, .

Natürlich veränderte sich Mirceas und Marinas Leben danach. Sie wurden für viele Nachbarn, Bekannte und einige Freunde zu „Paria", „Persona non Grata", aber sie wurden auch von einigen Freunden bewundert, da sie den Mut hatten, die Ausreise offiziell zu tun, wohlwissend, dass sie Belästigungen erfahren hatten und weiter erfahren würden, wohlwissend, dass sie unter Druck brechen könnten, wohlwissend, dass sie keine Zukunft mehr in diesem Land haben würden, selbst dann nicht, wenn sie ihre Meinung hätten ändern können und weiter in Rumänien hätten bleiben wollen.

Und, ja, Mircea verlor nach sechs Monaten seinen Job und lebte dann vom Privatunterricht in Mathematik und Physik (es war natürlich eine entsprechend der damaligen Gesetze klar illegale Beschäftigung).

Er fing an zu studieren, zu lesen, aufzunehmen und verdaute alle unzensierten Informationen über den Westen und insbesondere die Vereinigten Staaten. Er hielt wöchentlichen Kontakt mit seinem Bruder, der in New York lebte und dort versuchte sich für Mirceas „Causa" bei verschiedenen politischen Persönlichkeiten Gehör zu verschaffen, da in Rumänien manchmal Menschen einfach verschwanden und niemand wusste, was mit ihnen passierte, außer die Geheimpolizei natürlich.

Dann kam die größte Überraschung von allen, als Marina ihm sagte, dass sie schwanger sei. Mircea war verblüfft – er würde Vater werden ... Er hatte also den Punkt in seinem Leben erreicht, an dem er sich als verantwortungsbewusster Erwachsener betrachten musste ... was jetzt mit all den Einwanderungspapieren passieren würde? All diese Gedanken kollidierten in seinem Kopf, um eine Antwort zu finden ... Aber er war einfach glücklich, vielleicht war es der glücklichste Moment in seinem Leben. Es gab zwei Personen, mit denen er diese Informationen teilen musste – mit seinem Vater und Maria.

Überraschenderweise war sein Vater sehr präsent, als er es wagte, abends mit ihm zu sprechen, und er sagte ihm sogar, dass es eine echte Herausforderung sei, das Land mit einem kleinen Kind zu verlassen. Aber sein Vater glaubte, dass Mircea ausreisen solle, wenn Mircea diesen Weg anschlagen möchte, und er solle sich keine Sorgen um seinen Vater machen. Er würde versuchen, Mircea zu beschützen, solange er noch könne, auch wenn Mircea an einem sehr weit entfernten und unbekannten Ort sein würde.

Und Maria, mit Maria hatten die Dinge angefangen zu verblassen. Er war verheiratet; er würde Vater werden und all das passte nicht zu seinen Träumen von Maria. Sie war nicht mehr so präsent, sie war da, sie lächelte, aber es war irgendwie ein entferntes und trauriges Lächeln, wie eine unerreichbare Blume auf einem Vorsprung in den Bergen. Eine Blume, die man so sehr erreichen wollte, aber es gab keinen Weg, um diesen Vorsprung zu besteigen ...

So vergingen Monate und der große Tag beziehungsweise die große Nacht kam, als Marinas Geburtswehen begannen. Mircea hatte den Krankenwagen bestellt und sie ins Krankenhaus gebracht, aber er durfte nicht bei ihr bleiben. Also ging er zurück nach Hause. Nach zwei Stunden oder so ging er zurück ins Krankenhaus, da er sowieso nicht schlafen konnte. Schließlich war frühmorgens Joachim Michael da und es ging ihm gut und Marina ging es auch gut. Die einzige Person, der es nicht gut ging, war Mircea.

Er weinte wie ein Baby, schmolz dahin, zitterte und konnte seine Gefühle nicht aufhalten. Es war ein so schöner, einzigartiger und unvergesslicher Moment, diesen wunderbaren Jungen zu sehen und mit ihm zu reden und ihn zu beobachten, so eine Ausnahmeerscheinung! Er wollte nicht nach Hause gehen. Er blieb, um zu sehen, ob Marina ihn richtig fütterte, um zu sehen, ob die Krankenschwestern sorgfältig genug waren, als sie ihn wuschen und die Windel wechselten. Er war da, um mit den Ärzten zu sprechen, auch wenn Joachim aus medizinischer Sicht in Ordnung war. Er wollte einfach nicht nach Hause gehen.

Er hätte nicht glücklicher sein können. Er hatte Joachim, Paco und seine Schüler. Das Unterrichten war eine Freude für ihn, und den Rest der Zeit nahm er Joachim und Paco auf lange Spaziergänge durch den Park mit und brachte ihnen Englisch bei. Er fütterte Joachim, wechselte seine Windeln, spielte mit ihm, las ihm Gutenacht-Geschichten vor und kuschelte mit ihm. Es war alles pure Freude.

Es machte ihm nicht einmal etwas aus, dass Marina ihn mit einem Studenten betrog. Sie war viel zu jung, um dieses Muttergefühl zu entwickeln, und sie war immer noch geblendet vom Glanz des Reichtums und materiellen, funkelnden Dingen ...

Mircea war derjenige, der Joachim seine ersten Worte sprechen hörte und natürlich war „Papa" das erste Wort. Er war es, der Joachim half, die ersten Schritte zu gehen und sein Erstaunen, seinen Stolz und seine Freude zu bezeugen, als er realisierte, dass er sogar allein gehen konnte, wenn auch nur ein paar wackelige Schritte am Anfang. Joachim und er machten Urlaub in den Bergen, sie machten Urlaub am Meer. Mircea brachte Joachim bei, wie man sein Geschäft direkt in einem kleinen Topf erledigt, sodass er danach keine Windeln mehr brauchte. Joachim war mittlerweile 18 Monate alt und das Warten auf den Pass und das Einwanderungsvisum ging langsam zu Ende. Alles war schon geplant, alle medizinischen Untersuchungen waren in Ordnung, alles wurde mit der amerikanischen und der italienischen Botschaft festgelegt, da sie vor der Einreise in die Vereinigten Staaten eine zweiwöchige Quarantäne in Rom verlangten. Sein Bruder erledigte alle Formalitäten von der amerikanischen Seite aus und das lange Warten hatte sich ziemlich bald ausgezahlt.

Marina und er waren immer noch verheiratet. Sie hatte aber diesen jungen Studenten als Lebenspartner. Ihre gegenseitige Vereinbarung bestand darin, sich wie ein glückliches Paar zu verhalten, bis sie das Land verlassen hatten, und dann die Bedingungen für deren Trennung in New York zu besprechen.

Mirceas Geduld war auch ziemlich am Ende, dieses Warten und diese Selbstbeherrschung, die er fast vier Jahre brauchte, um keinen Fehler zu machen, keine Provokation zu beantworten – meistens verbaler Missbrauch – es wurde immer schwieriger, seine Gelassenheit zu bewahren und seine Nerven zu behalten.

Aber die größte Depression und das größte Bedauern, das er durchmachen musste, war, als er Paco Freunden übergab und sich von ihm verabschieden musste. Er hatte noch nie so einen Schmerz gefühlt, solch einen schrecklichen Schmerz, an dem Tag und in den darauf folgenden Tagen, nachdem er Paco abgegeben hatte. Der Gedanke, dass Paco leiden würde, ohne zu verstehen, was mit ihm passierte, war einfach unerträglich. Paco aufzugeben, würde ihn sein ganzes Leben lang verfolgen. Aber fühlte sich einfach nicht stark genug, um es zu schaffen. Ein neues Leben beginnen, einen neuen Job in New York finden, sich um Joachim zu kümmern, Kindergarten und Babysitter organisieren, sich auf seine künftige Arbeit konzentrieren, alle Scheidungspapiere und Sorgerechtsfragen klären ... All das war viel und sich noch dazu um Paco zu kümmern, schien ihm ein Berg zu groß zu besteigen. Hätte er eine gute Ehe mit Marina gehabt und hätten beide in die gleiche Richtung gestrebt, wäre das etwas anderes gewesen. Jedenfalls hatte er es so entschieden und das würde er bis zum letzten Tag seines Lebens bereuen.

Und nach ein paar Monaten kam der berühmte blaue Umschlag an – die Einladung, ihre Pässe entgegenzunehmen.

Und hier war er mit seinem Pass in den Händen.

Mit den Flugtickets in seiner Jacke.

Mit seiner Frau neben ihm.

Und den schönsten kleinen Jungen in seinen Armen, den die Erde gesehen hatte.

Bereit für den Wahnsinn.

Der Abstieg von Hörnli war genauso anstrengend wie der Aufstieg, aber obwohl ganz viele Sachen durch meinen Kopf gingen, war ich gut gelaunt und froh gestimmt. Ich entschloss mich, mir den Nachmitttag freizunehmen, und so machte ich in Fischental Halt, nach nur drei Stunden laufen.

Fischental, ein kleines Dorf mit etwa sechshundert Schornsteinen, war so nett und gepflegt: Die Häuser waren alle neu gestrichen oder im besten Zustand, die Gärten voll von Margeriten, Rosen, gelbem Raps oder anderen Blumen, deren Namen ich nicht kannte. Die Balkone und Terrassen waren mit Geranien aller Farben geschmückt, die Obstbäume, meistens Äpfel, Birnen, Pflaumen und Mirabellen waren zurechtgeschnitten und hatten schon kleine Früchte. Die Scheunen waren voll Heu, da die vielen Wiesen schon gemäht und das Heu nach Hause gebracht worden war. Es roch natürlich, nach frisch geschnittenem Gras, nach Kühen und Schafen, nach gekochtem „Gschwellti“, nach etwas Urigem und gleichzeitig Frischem, die Blumen dufteten herrlich. Es war eine Freude, etwas mit eigenen Augen zu sehen, das ich als Kind nur mit geschlossenen Augen gesehen hatte, als Oma Märchen erzählte oder vorlas. Ich hatte so was in Bayern gesehen und liebte Bayern genau für dieses dörfliche, echte, märchenhafte, urige in mir erzeugte Gefühl, aber die Schweiz bot das notwendige Ambiente für die Erzeugung dieses Gefühls in Perfektion.

Ich ging ein bisschen durch das Dorf spazieren, holte mir den Pilgerstempel in der reformierten Kirche, atmete tief die Atmosphäre in Fischental ein – da wohl bekannt ist, dass Erinnerungen stärker bleiben, wenn sie einen Geruch haben oder wenn sie mit einem Geruch assoziiert sind – und ich pflückte und aß ein paar Himbeeren auf dem Weg. Ansonsten gibt es nicht so viel über Fischental zu berichten, außer dass der Jakobsweg von Süddeutschland über Konstanz, Fischingen und Fischental nach Einsiedeln führt. Und dass es in Fischental keine Pilgerherberge gab. Also fand ich ein Fremdenzimmer bei einer netten Familie, erledigte meine Tagebuch-Schreibpflicht und ging ins Bett.

Am nächsten Tag musste ich bis Rapperswil laufen und freute mich darauf, weil es in Rapperswil eine Pilgergemeinschaft geben sollte, so stand es in dem Bericht, den ich vor paar Tagen gelesen hatte, geschrieben. Also packte ich alle meine Sachen, kaufte mir in der einzigen Bäckerei Proviant, füllte meine Wasserflasche mit frischem Wasser, verabschiedete mich von der netten Familie, an deren Namen ich mich nicht mehr erinnere, und lief los. Der Abstieg setzte sich fort. Ich war immer noch siebenhundert Meter über dem Meeresspiegel und Rapperswil lag bei dreihundert Metern oder so. Der Weg verlief entlang den bewaldeten Hängen und gemähten Wiesen. Es war ein bisschen kühl, die Luft war klar, die Alpen waren nicht zu übersehen, immer beeindruckend und ein bisschen beängstigend mit ihren majestätischen von Schnee bedeckten Gipfeln, aber es war perfektes Wetter zum Pilgern. Nach ca. zwei Stunden erwartete mich eine wunderbare und überraschende Aussicht über Jona bis zum Züricher See. Der erste von vielen Seen, die ich noch zu sehen bekommen würde, dachte ich. Man sagt nicht umsonst, dass die Schweiz aus Bergen, Wiesen und Seen besteht. Ich beschloss, dort Rast zu machen und versuchte mit der Weite des Züricher Sees, mit der Höhe der Alpen und mit mir selbst in Einklang zu kommen, vor allem die Ruhe und die Stille zu genießen. Zwei belegte

Brötchen, eine Tomate und ein paar Knoblauchzehen haben Wunder gewirkt. Ich fühlte mich gut, irgendwie bestätigt in dem, was ich tat und die Hoffnung, die Welt und mich zu verstehen, war immer noch da. Ich hatte kein Musikgerät dabei, aber ich war trotzdem erfüllt von Tchaikovskys Piano Concerto no. 1 – Liebe, Weite, Sehnsucht, Vertrauen, Harmonie, Zuversicht, alles so erbaulich ...

OK, ein Pilger muss pilgern, also lief ich weiter mit Tschaikowsky in den Ohren ...

Irgendwann landete ich in Jona und von dort erreichte ich über einen unschönen Weg, der dreimal die Bahnlinien überquerte, den Rapperswiler Hafen.

Rapperswil, ein Städtchen mit fast siebenundzwanzigtausend Seelen, ist eine in 2007 entstandene Gemeinde in dem Kanton St. Gallen und die zweitgrößte Stadt im Kanton, nach der Stadt St. Gallen. Natürlich hat Rapperswil eine schöne Altstadt. Sie wurde auf einem kleinen Hügel errichtet, sodass die alten Gassen nach oben oder nach unten laufen und der Stadt eine wunderbare Atmosphäre geben: viele Kirchen, Kultureinrichtungen und so weiter, aber was Rapperswil ausmacht, ist der Hafen. Eine Hafenstadt besitzt eine Magie, vereint Fernweh, Heimweh und Wehmut in sich und hat immer Geschichten und Abenteuer zu erzählen. Ich lief am Hafen entlang, bis ich irgendwann den Pilgerberg auf einer kleinen Erhebung sah. Dort meldete ich mich, bekam zum Glück ein Bett in einem Schlafraum mit zwölf Betten und richtete mich schnell ein. Wir waren zwölf Pilger oder Wanderer, aber alle außer mir wollten nur durch die Schweiz wandern. Wir kochten zusammen Spaghetti, aßen zusammen und machten anschließend die Küche wieder sauber. Ich hatte keine besondere Unterhaltung oder ein besonderes Gemeinschaftsgefühl mit meinen Tischnachbarn, mit Ausnahme vom üblichen „Woher kommst du? Wohin gehst du? Wie hast du dich für den Weg vorbereitet?“ und andere solcher unpersönlichen Fragen. Zu mehr kam es nicht. Das war mir nur allzu recht, da ich keine Lust hatte auf einen langen Abend. Ich war ein Jakobspilger und Jakobspilger schweigen. Ich ging wieder im Hafen spazieren und es war so ein von Menschen aus Holz und auf Stelzen gebauter Steg, der über zwei Kilometer lang in zick-zack den Züricher See überquerte. Der Steg war eigentlich eine faszinierende Allee in einer Z-Form, die nicht breiter als drei Meter war. Als die Sonne unterging, war es so schön, auf diesem Steg zu gehen und zu sehen, wie die Natur und der See sich vom Tag verabschiedeten. Es hatte was Mystisches und Geheimnisvolles, man hatte das Gefühl, gesegnet zu sein, Teil eines so wunderbaren Naturschauspiels zu sein. Ich verabschiedete mich dann auch von dem Tag, mit einem Bierchen in einem Biergarten in der Altstadt – glücklicherweise hatten sie auch deutsches Helles – und dann ging es ab in die Koje.

Am nächsten Tag holte ich mir gleich den Pilgerstempel, ein Brötchen und einen Kaffee in einer Bäckerei und weiter in einem Lebensmittelgeschäft alles, was ich für unterwegs brauchte, einschließlich einer Flasche Wasser. Dann lief ich auf dem Holzsteg los. Es war so ein schöner Sonnenaufgang: Die Farben der Sonnenstrahlen und deren Reflexionen im Wasser waren ein Spektakel, das ich nicht aufhören konnte anzuschauen. Ich glaube, ich habe über eine Stunde lang auf diesem Steg gestanden, lief vielleicht ein paar Meter weiter, hielt wieder an, schaute mich weiter um und so weiter. Ich sah große, hungrige Karpfen oder Forellen im Wasser, die bei Touristen um Futter bettelten, wunderschöne, anmutige, geschmeidige Schwäne, kleinen wilde Enten, die sich zwangsläufig mit dem Leben im Schatten der majestätischen Schwäne abgefunden hatten und das Beste daraus machen mussten. Endlich kam ich auf der anderen Seite des Sees an und ging weiter Richtung Einsiedeln, wo ich Meret treffen sollte. Meret war eine sehr liebe Schweizerin, die eine schwierige Zeit hinter sich hatte, als sie nach zehn Jahren glücklicher Ehe Witwe wurde. Ihr Ehemann, ein erfolgreicher Önologe und leidenschaftlicher Alpinist, war bei einem Unfall ums Leben gekommen. Sie hatten einen kleinen Sohn, der vier oder fünf Jahre alt war, als sein Vater verunglückte. Meret hatte versucht, den Weinladen ihres Mannes – in seinem Sinne – am Leben zu halten, hatte eine lange und schwierige Ausbildung als Önologe gemacht. Aber da sie weder Erfahrung in Gastronomie noch in Betriebswirtschaftslehre hatte, hatte sie nach fünf oder sechs Jahre den Laden schließen müssen und hatte eine Stelle als Hauptassistentin bei einem angesehenen Büro für Wirtschaftspolitik angenommen. Sie war mittelgroß, eher kräftig gebaut, aber sehr weiblich und attraktiv. Ihr Gesicht war aristokratisch oval, aber was an ihrem Gesicht am meisten beeindruckte, waren die mandelförmigen, ausdruckvollen großen Augen. Ihr Leben hatte für ein paar Jahre nur aus Büro und Erziehung ihres Sohnes bestanden, bis sie Tobias, den Cousin meiner Frau, kennenlernte.

Tobias war ein talentierter und leidenschaftlicher Geigenspieler, Jurist und ein traumatisierter junger Mann. Die Scheidung seiner Eltern – als sein Vater die Familie verließ und eine andere Frau heiratete – hatte ihn damals besonders stark getroffen. Er war damals zwölf gewesen, wusste nicht damit umzugehen und hatte auch niemanden mit dem er hätte über diese Sachen sprechen können. Man sagte, er wäre Autist geworden, aber ich war mir sicher, Tobias war nur bindungsunfähig. Er hatte durch seinen Beruf (Jurist) und seine Position – Leiter der Rechtsabteilung in einer kleinen Börsenmaklerfirma – gesellschaftliche Anerkennung und eine komfortable finanzielle Situation erreicht, war gutaussehend und viele Frauen wären glücklich gewesen, mit ihm eine Beziehung einzugehen. Er war ein langer und schlanker Mann, mittlerweile vierzig Jahre alt, mit schwarzen Haaren und einem jungenhaften Gesicht, und sah mit seiner Brille ein bisschen aus wie Harry Potter. Wir waren gute Freunde geworden. Tobias hatte Martina und mir immer alle seine Freundinnen vorgestellt und auch nach meiner Meinung gefragt. Egal, welche Meinung ich hatte, jedes Mal, wenn sich seine Beziehung einer engeren und vielleicht zukunftssicheren Wendung näherte, hatte Tobias Schluss gemacht. Irgendwann hatte er eine Stelle in Zürich angenommen und Meret kennengelernt, sie hatten sich gemocht und kamen zusammen. Tobias wohnte allerdings allein in seiner sehr gepflegten Zweizimmerwohnung in Zürich, deren Einrichtung ihn viel Geld gekostet hatte, weil sie, seiner Meinung nach, „repräsentativ“ sein musste. Meret wohnte in einem Vorort Zürichs namens Rifferswil mit ihrem Sohn und ihrem Golden Retriever. Das war eine gute Basis für ihre Beziehung. Tobias liebte Meret sehr und so hatte er auch seine Unabhängigkeit und seinen Ort des Rückzugs, wenn die Dinge vielleicht – seiner Meinung nach – zu innig wurden.

Sie waren also mehr als zehn Jahre zusammen, mittlerweile war der Hund verstorben und der Sohn hatte das Haus verlassen, da er eine Lehre irgendwo in Genf angefangen hatte.

Ich mochte die beiden sehr und freute mich, einen Tag mit ihnen zu verbringen. Wir hatten es so abgemacht, dass Meret mich in Einsiedeln früh am Nachmittag abholen würde.

Einsiedeln war eine kleine Stadt im Kanton Schwyz, mit über fünfzehntausend Einwohnern der meistbesuchte Wallfahrtsort der Schweiz, und lag auf einer Hochebene von circa neunhundert Metern über dem Meer. Also wieder ein Fünfhundertmeteraufstieg, aber dennoch mild, in einer Strecke über sechzehn Kilometer. Ich lief fleißig, hatte schon Pfäffikon hinter mir und war auf gepflegten Berg- und Forstwegen unterwegs (die Schweiz halt). Ich bestieg schon einem Hang, der mich hinauf zur Passhöhe St. Meinrad führte, mit einer stolzen Höhe von neunhundertfünfzig Metern. Dann führte mich der Weg weiter, durch feuchte Wiesenhänge, über eine Hochebene, zu einem Ort namens Galgenchappeli. Ein Ort mit einem wunderbaren Blick auf einen weiteren See, den Sihlsee. Hier machte ich doch Rast und dachte, wie einfach und schön das Leben sein kann und wie nah das Paradies ist. Eine physisch anstrengende Tätigkeit, die einige Stunden dauern kann, in denen man sich gedanklich befreit von dem Alltag, von den gesellschaftlichen Zwängen, von den Worten, und dann eine Rast an einem herrlichen Platz macht – und jeder Platz kann herrlich sein, da bin ich mir sicher – sein Stück Brot, Käse und Wurst mit Lauchzwiebeln, Tomaten und vielleicht auch eine Knoblauchzehe isst, die Tomaten langsam und sicher in Scheiben schneidet und salzt, die Knoblauchzehe schält, Käse und Wurst portioniert und dann gemütlich, langsam und ruhig jedes mundgerecht geschnittene Stück isst, langsam kaut und runterschluckt und dabei den wunderbaren Ausblick auf den Sihlsee und die Alpen genießt. Wortlos und auch gedankenlos, man braucht nicht mehr, man ist im Einklang und Frieden mit sich selbst, mit dem Universum und, wer weiß, vielleicht auch mit Gott. Es sei denn, man hat Heißhunger, dann geht es nicht.

Nachdem ich mir dort Zeit für mich und meine Seele genommen hatte, lief ich weiter Richtung Einsiedeln. Von hier bis nach Einsiedeln waren es nur noch ein paar Kilometer auf einem Feldweg, der mich zum Ortskern Einsiedelns brachte und nur ein paar hundert Meter weiter entfernt lag das berühmte Kloster Maria Einsiedeln, deren Bau im IX. Jahrhundert anfing. Im XII. Jahrhundert wurde Maria die Patronin des Klosters und ab dem XIII. Jahrhundert wurde das Kloster Ziel der Pilger aus Frankreich, Deutschland, Spanien und Italien oder Zwischenstopp auf deren Reise nach Santiago de Compostela. Das Kloster, Benediktinerinnenkloster genannt, das nicht nur Klosterkirche, sondern auch Pfarrkirche und Pilgerkirche ist, wurde mehrmals durch Feuer zerstört und die jetzige barocke Bauarchitektur wurde im XV. Jahrhundert vollzogen. Es war eine imponierende, demütige und warme Kirche.

Ich war eine Stunde zu früh angekommen für mein Treffen mit Meret, so dass ich die Zeit hatte, mir das Kloster auch von innen anzuschauen. Es hatte auch eine beindruckende Bibliothek, die sich in einem großen Barocksaal befindet, das älteste Marstall Europas. In der bewundernswerten Gnadenkapelle kann man auch die Einsiedler-Muttergottes, die „schwarze Madonna“ besichtigen. In der Mitte des schönen Klosterplatzes – der sehr geräumig und großzügig gebaut wurde, um die Schönheit des Klosters zu untermauern – befindet sich der Liebfrauenbrunnen. Und dort, auf den Treppen, mit frisch in den Brunnen getunktem Kopf und nassem T-Shirt, wartete ich auf Meret.

Es war ein echt heißer Sommertag und die Sonne strahlte jetzt am Mittag mit voller Kraft und ich fragte mich, wie lange ich es in dieser Hitze noch aushalten konnte. Zum Glück erschien bald Meret, die mich am Anfang nicht erkannte, aber als ich auf sie zukam, erkannte sie, dass ich doch Mircea sein müsse (beichtete sie mir später). Wir bestellten uns Kaffee und Eis auf einer Terrasse vor dem Klosterplatz, erzählten uns ein bisschen voneinander und dann fuhren wir weiter zu ihrem Haus im Rifferswil, in der Nähe von Zürich. Es war ein sehr warmer und schöner Nachmittag. Ich machte mich erst zurecht, duschte ausführlich und wusch meine Sachen nach eineinhalb Monaten ordentlich in einer Waschmaschine. Tobias hatte noch eine Veranstaltung mit seinem Violinquartett und konnte erst spät abends kommen, so dass ich mit Meret einen langen, angenehmen Abend verbrachte. Es war vielleicht das erste Mal, dass ich allein für längere Zeit mit Meret war, und sie erzählte mir, irgendwie mit Erleichterung, von ihrem Sohn, von ihrem täglichen Leben und von ihrer Freude und ihren Schwierigkeiten. Irgendwann bereiteten wir zusammen das Abendessen vor und irgendwann aßen wir auch und tranken einen besonderen Wein – Meret hatte ihre alten Zulieferer behalten und ihren schönen Weinkeller immer wieder aufgefüllt. Kurz vor Mitternacht kam schließlich Tobias, brachte auch das Dessert mit und wir tranken und erzählten weiter. Es war wirklich schön, ungezwungen und uns wurde warm ums Herz. Tobias spielte uns auch ein bisschen Brahms vor. Es war deren Abend und ich versprach, dass ich am nächsten Tag auch über mich erzählen würde. Das Ganze ging am nächsten Morgen weiter mit einem üppigen Brunch, von Tobias allein vorbereitet. In deren gepflegtem Garten sah ich schöne Rosen, die kurz vor und in der Blüte standen – worauf Tobias sehr stolz war – und zart und einladend dufteten. Ich erzählte ihnen über meine Seelenreise, über meine Ängste und unbeantworteten Fragen. Wir hörten eine Menge Musik – ich glaube, meine geliebten Impromptus von Schubert waren auch dabei. Ich war für vierundzwanzig Stunden wieder unter Menschen, von Komfort umgeben und es war sehr angenehm. Aber es juckte mich wieder nach Pilgern. Ich dachte mittlerweile, dass Pilgern auch eine Krankheit oder eine Sucht sein könnte. Wir beschlossen, nicht nach Einsiedeln zurück zu fahren, sondern nach Brunnen, vierzehn Kilometer weit von Einsiedeln entfernt, eine vertretbare Schummelei, dachte ich. Auf jeden Fall, danke Meret, danke Tobias.

Brunnen war keine Hafenstadt als solche, eher ein Touristenhafen, aber doch ein Fischerdorf und Seemannsdorf. Klein, aber fein und eine der zwei wichtigsten Schiffanlegerorte und Hafenorte am Vierwaldstättersee zusammen mit Luzern.

Der Name Vierwaldstättersee leitete sich ab von der Zahl der an ihn grenzenden Waldstätten (heutige Kantone). Es war ein schöner Nachmittag, wir aßen noch ein Eis in einem Café und betrachteten die bezaubernde Landschaft: blaues Wasser, blaue Alpen, wolkenfreier Himmel, wie auf einer kitschigen, mit Photoshop bearbeiteten Postkarte und dann kam mein Raddampfer. Wir umarmten und verabschiedeten uns herzlich. Dann ging ich an Bord des Dampfers und für eine halbe Stunde genoss ich einfach nur die Landschaft. Ich ging in Beckenried von Bord, ein großes Dorf mit circa zweitausend Schornsteinen, das nicht besonders attraktiv war. Ich lief weiter durch die Straßen in Richtung Stans, wo ich auch übernachten wollte. Ich holte mir dennoch den Pilgerstempel bei der Pfarrkirche Beckenried, ein bisschen Proviant für das Abendessen und lief dann weiter. Der Nachmittag war herrlich, strahlende Sonne, der Weg führte durch Wald und Wiesen, war abwechslungsreich und es ging rauf und runter. Der Aufstieg auf dem Waltersberg – ca. sechshundert Meter hoch – war nicht so anstrengend und der Ausblick von der oben liegenden St.-Anna-Kapelle auf das Talbecken von Stans war eine schöne Belohnung. Es war schon später Nachmittag und so machte ich dort oben keine Rast, da ich nur zwei Stunden gelaufen war und in Stans so schnell wie möglich ankommen und meine Übernachtung organisieren wollte. Ich lief also den Berg wieder runter, bis ich in Stans ankam. Stans, die Hauptstadt des Kantons Nidwalden, war eine kleine Stadt – mit ungefähr neuntausend Seelen – und hatte eine warme, freundliche und irgendwie vertraute Atmosphäre, mit schönen, historischen Gebäuden und einer großartigen und imposanten Pfarrerkirche namens St. Peter und Paul aus dem XIII. Jahrhundert. Ich holte mir gleich den Pilgerstempel. Ich fand glücklicherweise schnell die Adresse meiner Unterkunft am Rande der Stadt, eine Pilgerherberge, die sich in der Mitte einer Wiese befand und auch Landwirtschaft betrieb. Sie war superschön. Es gab einen Schlafraum unter dem Dach mit etwa zwanzig Schlafmöglichkeiten, aber es gab keine Matratzen, sondern Heu. Also schlief ich auf dem Heu. Es waren noch zwei andere Wanderer da, die aber fast fertig mit dem Abendessen waren, als ich reinkam, und weitergingen, um einen abendlichen Spaziergang zu machen. Ich machte mir gemütlich mein Abendessen, dachte dann ein bisschen an meinen Tag mit Meret und Tobias, an die Etappe, die ich morgen vor mir hatte und schlief dann im Heu ein. Der Geruch erinnerte mich stark an meine Kindheit und Eiersuche – nicht Ostereier, sondern Eier, die man für ein Omelett mit Speck fürs Frühstück brät, Eier, die Hennen meistens im Heu oder Hühnerstall gelegt hatten und die ich als Kind in dem Dorf meiner Sommerferien mit laufender Nase, mit schmutzigen Händen und mit kaputten kurzen Hosen, aber auch mit großen Freude gesucht hatte.

Am Morgen fühlte ich mich fit und bereit für neue Abenteuer. Ich frühstückte ein bisschen, holte mir dann bei einer Bäckerei alles, was ich brauchte, und ging los. Die Etappe war nicht so lang, aber immer noch in den Alpen. Es war ein frischer Tag, ein bisschen kühl, wolkig, aber man spürte dennoch die Kraft der Sonnenstrahlen, die sich bald durchsetzen würden. Das Gras auf der Wiese war feucht, die Bienen waren auch langsam wach geworden und summend auf die Arbeit geflogen. Der Anblick der Wiese mit allen wilden Wiesenblumen stimmte mich fröhlich und ich lief zuversichtlich Richtung Flüeli-Ranft, eine kleine Gemeinde, die auf ca. achthundert Metern Höhe lag, also ein relativ anständiger Aufstieg von vier oder fünfhundert Metern, die in circa sechzehn Kilometern zu bewältigen waren. Ich war also immer noch auf dem offiziellen Jakobsweg. Wie üblich verlief der Weg auf sanften Berghängen mit saftigen Wiesen und einem herrlichen Ausblich auf Stans. Ich spürte zum ersten Mal auf diesem Weg den Geist des Jakobswegs. Fast auf jedem Rastplatz waren Bildstöcke, die aus Dankbarkeit oder mit besonderem Anliegen am Weg errichtet worden waren. Mal durch die Wiesen, mal durch Dörfer lief ich weiter. Es gab sogar einen Ort namens St. Jakob, mit einer schönen Kapelle – Chapelli, wie die Schweizer sagen –, wo ich mir unbedingt einen Stempel holen musste. Dann noch eine Stunde bis zu einer Maichäppeli, wo ich Rast machte. Ein behutsames Mittagessen, ruhig und ausgeglichen. Ich war immer noch in guter Stimmung und fühlte mich einfach mit allem um mich herum befreundet, mit Wiesen, Wäldern, Hängen, Blumen, Insekten und Kleintieren. Ich fühlte mich wie als wahrer Pilger von damals, glaubte ich. Ich war zufrieden mit mir und meinem Leben. Ich brauchte noch eine Stunde bis zum Aussichtspunkt Ebb und St. Nikolaus Chapelli und erreichte dann nach einer weiteren halben Stunde das Dorf Flüeli-Ranft. Eine seltsame Kombination, Ranft auf sechshundertvierzig Metern Höhe und Flüeli auf siebenhundertzwanzig Metern, verbunden durch einen frommen Pilgerweg. Es gab vielleicht nicht mehr als fünfzig Schornsteine in Flüeli. Es war ein idyllischer Ferienort, ideal für Menschen, die Seele und Geist auftanken wollten. Ich machte am Dorfplatz Rast und trank ein Bierchen. Eine alte Dame kam auf mich zu und fragte mich, ob ich eine Übernachtung benötigte. Ich bejahte und sie führte mich zu ihrem Haus, wo sie ein Fremdenzimmer eingerichtet hatte. Sie und ihre Schwester verwalteten es gemeinsam. Sie waren sehr religiös und in unserer Unterhaltung, obwohl sie von Anfang an respektvoll, höflich und fromm war, spürte ich schon ein bisschen deren Enttäuschung darüber, dass ich nicht so ein echter, religiöser Pilger war. Die beiden Schwestern waren sehr klein, in schwarz gekleidet und passten perfekt in dieses Haus. Es sah eigentlich von innen aus wie eine Kapelle, mit einer teilweise bemalten Holzdecke, mit weißen Wänden und einem Boden aus Terrakottasteinen, die eigentlich auch glasiert waren. Der Einzige, der nicht so ganz da hineinpasste, war ich. Na ja, es war nun mal so. Mein Zimmer war spartanisch, asketisch und pilgermäßig eingerichtet, ein Stuhl, ein kleines Waschbecken, ein winziger Schrank und ein schönes, buntes Glasfenster, sauber und staubfrei. Ich fühlte mich dort sehr wohl und es half mir, ein bisschen über meine Unternehmung nachzudenken. Das Dorf war irgendwie verzaubernd, ein Ort der Stille und Besinnung, mit vielen Kapellen, schönen Wäldern und einer echten Glaubensgemeinschaft. Ich spürte Frieden und Harmonie und ich entwickelte eine positive Energie. Ich glaubte, eine andere Phase meiner Trauer zu beginnen. Martine lebte noch in mir, aber ich hatte keine Schuldgefühle mehr, dass ich dabei war, mich vielleicht in das eine oder andere Mädchen zu verlieben. Ich war vielleicht auch ein bisschen emotionaler, da es auch unser Hochzeittag war und ich dachte, ich würde nie wieder so ganz werden, obwohl ich wieder Glück und Lust am Leben erfahren würde.

Am nächsten Morgen erwartete mich ein schönes Frühstück in der kleinen Küche und die lieben Schwestern organisierten für mich auch ein bisschen Proviant. Ich gab ihnen eine kleine Spende für deren Kirche, verabschiedete mich herzlich und brach dann auf. Ich hatte so viel Energie und Spaß am Laufen, dass ich wieder zwei geplante Etappen auf einmal laufen wollte – erst bis Kaiserstuhl und dann weiter zum Brüningpass. Es waren zwar „nur“ 28 Kilometer zu laufen, aber es war ein Abstieg von ca. fünfhundert Metern und dann ein folgender Aufstieg von über 700 Metern. Also runter zur Ranft, durch die Ranftschlucht, und weiter absteigend durch Waldstücke und Felder. Ich legte eine kurze Pause in Sachseln ein, trank einen Kaffee, besuchte die Pfarrkirche, holte einen Pilgerstempel und zog dann weiter, durch die Felder, zum Kaiserstuhl. Der Weg war angenehm zu laufen – die Luft in den Bergen war rein und roch oft nach Farn und Kieferzapfen, nach Tannenharz und Frische. Es tat mir gut zu laufen. Der Weg führte dann am Sarnersee vorbei, ein schöner, romantischer Seeuferweg. Die Sonnenstrahlen spiegelten sich märchenhaft im Wasser wider, es erinnerte mich wieder an Winnetou und „Der Schatz im Silbersee“. Dann weiter durch Weizenfelder und Dörfer. Langsam fing der Weg an, mich auch zu ernähren: Ich fand Erdbeeren und Heidelbeeren und am Rand der Dörfer auch oft Mirabellen- und Apfelbäume, die gerade blühten. Die Mirabellen konnte man schon essen. Sie waren genau so sauer wie damals in Bukarest, als ich sie als Kind gegessen hatte, weil ich nicht warten konnte, bis sie ganz reif waren.

Nach dreistündigem Lauf erreichte ich Giswil, eine Gemeinde, die keinen Dorfplatz hatte, aber dafür drei Burgruinen. Giswil war das, was man eine Streusiedlung nennt, mit gepflegten Bauernhöfen und Bauernhäusern. Sie lag am Fuß des Brünigpasses und obwohl sie eine Fläche so groß wie Zürich hatte, lebten dort nur ungefähr 3.500 Seelen. Hier würde also der brutale Aufstieg anfangen, bis zum Kaiserstuhl und weiter hinauf zum Brünigpass. Also musste ich wieder Kräfte sammeln und machte dementsprechend Rast. Ich aß meine Semmel, Schafskäse, Wurst, frische und süße Tomaten, Lauchzwiebeln, trank die Hälfte meiner Wasserflasche und bereitete mich mental auf den Aufstieg vor. Auf ging‘s. Es war ein mäßiger Aufstieg. Der Kaiserstuhlwald spendete kühlen, frischen Schatten, obwohl kein Wind wehte. Ich war glücklich, meine Wasserflasche in Giswil wieder gefüllt zu haben, da mein Wasserverbrauch relativ hoch war. Ich kam doch gut durch und die Belohnung lag vor mir. Der traumhafte Lungern See zeigte sich in seiner ganzen Schönheit. Ich lief eine gute Weile weiter auf dem Uferweg und machte dann noch eine Kaffeepause auf der Terrasse eines Gasthofes, mit einer herausragenden Aussicht auf den Lungernsee. Ich hatte nur noch neun Kilometer bis zum Brünigpass, ich war müde, aber es schien mir durchaus machbar, weiterzulaufen. Ich hatte so viel überschüssige Energie und so kindisch und unvernünftig wie es klingt, ich hatte jetzt keine Ruhe, wollte weiterlaufen und mein Ziel erreichen. Also wanderte ich weiter und erlebte ein besonderes Vergnügen auf dem Pilgerweg entlang der ruhigen Uferlandschaft bis zum oberen Ende des Sees. In Lungern, einem Dorf mit nur sechshundert Schornsteinen, atmete ich nochmals tief durch und startete den letzten Aufstieg des Tages. Es war eine schöne Strecke durch den Sattelwald, dann führten mich die berühmten und atemberaubenden Alpwiesen zum Brünigpass, der vom Kanton Obwalden zum Kanton Bern führt. Der Pass war nicht untertunnelt, dementsprechend verlief über diesen Pass eine Straße und eine Bahnstrecke, was den Tourismus förderte und die Natur und Landschaft überforderte.

Ja, ich hatte es geschafft!

Es war wie ein Befreiungsschlag, eine Befreiung von der wehmutsvollen Trauer und Unendlichkeit Martinas Todes. Und dann summte ich, ohne zu wissen, warum, den Gefangenenchor („Va pensiero“) aus „Nabucco“ von Verdi. Vielleicht weil in dem Lied über die Befreiung der Gefangenen und Heimweh gesungen wird. Ich war mir noch nicht darüber im Klaren, was es bedeutete, vielleicht weil es um die Kraft des Glaubens ging und ich an die Kraft der Liebe mehr als alles andere glaubte. Vielleicht hatte ich nicht viel Ahnung, worum es in dieser Oper ging, und mir ging das Lied von Anfang an unter die Haut. Vielleicht gibt es keine Erklärung ... Wahrscheinlich fühlte ich mich von der Gefangenschaft der Trauer befreit.

Ich gönnte mir eine Übernachtung in einem der Gasthöfe, und wie überall in der Schweiz, war ich immer wieder überrascht, wie teuer alles war. Egal, ob Übernachtung, Lebensmittel, Transport, Klamotten, alles war sehr teuer. Und die Menschen? Viele Schweizer, die ich inzwischen kennengelernt hatte, beschrieben sich selbst, bzw. ihre Kultur als skeptisch, vorsichtig und misstrauisch gegenüber allem Fremden. Eine Beschreibung, die recht häufig zuzutreffen schien. Auch ich hatte ja bereits meine Erfahrungen damit gemacht, wobei es spannend war, dass es den Schweizern selbst nicht gut damit ging. „Hier in der Schweiz ist es wahrscheinlich schwierig“, war ein Satz, den ich immer wieder hörte. Und falsch war diese Annahme nicht. Natürlich hatte ich auch liebe Menschen kennengelernt, die zwei Schwestern in Flüeli-Ranft, den Italiener in Münchwillen –

ein Italiener halt –, aber im Allgemeinen hatte ich schon das Gefühl, dass ich die Leute eher nicht ansprechen sollte, weil es so einfacher war.

Ich schlief ein wie Stein. Am Abend vorher hatte ich keine Gesellschaft beim Abendessen gehabt und das kam mir auch sehr gelegen. Ich konnte aber am Morgen keinen Proviant organisieren und mir verging auch der Appetit, als ich die Preise für ein Ei oder eine Semmel sah. Ich brach also auf, ohne Frühstück und ohne Proviant. Meine Wasserflasche füllte ich jedoch.

Von Brünig aus zeigte sich ein grandioses Bergpanorama mit den hohen Gipfeln des Berner Oberlandes und ewigem Schnee. Ich freute mich auf die Tagesetappe, aber der Weg ging nur kurz bergab. Ich musste noch mal aufsteigen, bis zum Aussichtspunkt „Tschuggen“. Es hatte sich aber gelohnt – man konnte schon den wunderbaren Brienzersee sehen. Der Weg verlief dann weiter oberhalb des Brienzersees an einem sonnigen Berghang mit einem Landschaftserlebnis von außergewöhnlicher Schönheit. Es ging dann endlich bergab, und wie! Der Weg führte steil, ich meine sehr steil, nach Brienzwiler und Hofstetten hinunter und war ab und zu nicht nur sehr steil, sondern auch rutschig. Im Brienzwiler habe ich endlich gefrühstückt, meinen Milchkaffee getrunken und Proviant in einem Lebensmittelgeschäft gekauft. Von Brienzwiler bis Hofstetten war es nicht weit und ich lief zügig. Ab jetzt war das Panorama des Brienzersees an der linken Seite ständig mit mir und das Laufen fiel mir sehr leicht, weil ich mich auf der einen Seite an der Schönheit des Sees nicht satt sehen konnte. Auf der anderen, rechten Seite – so meinte ich jedenfalls – konnte ich mich nicht verlaufen, da Brienz direkt vor mir lag. Die Seepromenade war spektakulär, aber ich machte doch eine kleine Schleife bis in die Dorfkirche und ließ mir gleich den Pilgerausweis abstempeln. Dann wieder runter zu der Seepromenade und weiter Richtung Interlaken. Ich musste leider den Seeweg verlassen und dann durch den Wald und Forstwege durch Oberried streifen Es war wie ein Spiel, denn am Ortsende von Oberried gelangte ich wieder zum Panoramaweg. Dann wieder Waldwege und so ging es weiter und als in Goldswil ankam, ein Vorort von Interlaken mit nur 400 Schornsteinen, beschloss ich, dort zu übernachten, weil ich dieses Gefühl von Schönheit und Vollkommenheit der Natur in mir behalten wollte und nicht gleich in der verrückten Welt der Stadt, mit Geschäften, Straßen, Banken, Kauf- und Konsumrausch der Touristen und Hektik der Menschen überhaupt landen wollte. Es war wieder ein Abend ohne besondere Vorkommnisse außer meiner Bewunderung für so eine wunderbare Landschaft. Ich war der Überzeugung, dass die Landschaft, das Klima, die Kultur und die Geschichte eines Landes irgendwie im Unterbewusstsein einen Einfluss auf die Form, die unsere Persönlichkeit im Laufe des Lebens annimmt, haben. Und ich hoffte in dieser Pilgerreise mich selbst ein bisschen besser zu verstehen inwieweit ich von der Landschaft, Kultur und Geschichte in Rumänien geprägt bin. Ich versuchte mir vorzustellen, wie sich ein junger Mensch, der in Paris aufgewachsen ist, im Leben entwickelt im Vergleich mit einem Menschen, der in Brienz oder Interlaken aufgewachsen ist. Mich hatte die Schweiz bis zu diesem Zeitpunkt enorm beeindruckt. Eine Sache, die mir noch nicht klar war, war der Bezug zwischen dieser herausragenden Natur, der von den Menschen gepflegten Landschaft und der Liebe zu Armbanduhren. Die Augenlider wurden mir aber schwerer und schwerer und ich beschloss, glaube ich, das Thema auf den nächsten oder übernächsten Tag zu verschieben.

Am nächsten Morgen war eine lange Etappe geplant bis in der Nähe von Thun, circa 25 Kilometer, aber der Pilgerweg verlief meistens am See entlang (Brienzer See und dann Thuner See), also flaches Land und einfach zu laufen. Ich freute mich, eine „langweilige“ Etappe vor mir zu haben, um mich physisch von den Anstrengungen der letzten zwei Tage zu erholen. Ich wurde früh wach, wusch mich und lief gleich los, mit der Absicht, in Interlaken zu frühstücken. Es war frisch, nebelig, gespenstig und kalt genug, um sogar meinen Atem zu sehen. Nichtsdestotrotz überlegte ich mir, wieder zu zelten, da die Übernachtungspreise in der Schweiz unerschwinglich waren. Nach einer halben Stunde war ich schon auf der Terrasse einer Bäckerei, hatte schon Einkäufe erledigt, meinen Kaffee gemütlich getrunken und mir die Menschen und die Innenstadt angeschaut. Interlaken (wie der Name schon sagt, Inter-Laken) liegt in einem Tal zwischen zwei Seen, drei Bergspitzen und hat ungefähr 5.800 Seelen. Die Seen sind durch den Fluss Aare – der größte und längste Fluss der Schweiz

– verbunden. Der Ort sprach mich nicht so sehr an und ich machte mich bald wieder auf den Weg. Den ganzen Tag am Ufer entlang, idyllisches Flachmoorgebiet, der Geruch von Pinien, eiskaltes, blaues Wasser, die Alpen als majestätischer Wächter des Geschehens, all das hatte die Folge, dass ich an nichts denken konnte. Ich war praktisch gedankenlos. Ich konnte mich noch nicht mal in Träumen verstecken. Irgendwann, nach zwei oder drei Stunden der mentalen Lähmung, erreichte ich die magischen Beatushöhlen, die mich beinahe umgeworfen hätten. Diese Höhlen waren absolut atemberaubend. Der Berg schien direkt aus dem Thunersee emporzusteigen und dann irgendwo in etwa 700 Metern waren diese riesigen Höhlen, besser gesagt der Eingang zu diesen Höhlen. Es hatte etwas von den Höhlen der Troglodyten, von denen ich gelesen und Bilder gesehen hatte, nur hier in der Schweiz waren diese Höhlen absolut riesig, Hunderte von Menschen konnten hier Platz finden. Es war magisch und geheimnisvoll. Man spürte wieder die Magie der Natur. Leider war alles so touristisch aufgebaut und organisiert, dass ich wieder ins Reich der Lebenden und Sterblichen zurückgeworfen wurde, und mit tiefer Wut und Bedauern betrachtete ich, wie die kommerzielle, kaufmännische, einfach merkantile Einstellung der Menschen das ganze Naturereignis verkauft hatte; Restaurants, Touren mit Führung durch die Höhlen, Souvenirs, Postkarten, Höhlenmenschenpuppen für die Kinder, Apps zum Downloaden, DVDs, CDs, Malhefte, Gebetsecken, Lichtspiele und Videoshows jede halbe Stunde. Was ist nur aus einer einfachen Wallfahrtskapelle des heiligen Beatus geworden! Einfach angewidert brach ich auf und erreichte am Ende eines Kieferwaldes schon Merligen. Hier wollte ich auch Rast machen, mein Mittagessen genießen und einen Pilgerstempel besorgen. Gesagt, getan. Soweit ich mich erinnern kann, versetzte mich der Weg wieder in den *Gemüsesein*-Zustand und ich marschierte weiter bis Hiltefinger, wo ich auch zeltete. Die Schönheit der Natur war so intensiv, präsent, dauerhaft und doch abwechslungsreich, dass ich nicht abschalten und in die Gedanken der Vergangenheit abtauchen konnte. Es war verrückt, ich konnte gar nicht denken. Manchmal ist Denken auch keine gute Idee! Das Einzige, was ich machen konnte, war, diese Schönheit, diese Ausstrahlung und die volle Demut unseres Seins zu spüren. Man hatte das

Gefühl, so etwas besitzen zu wollen, zu sagen: „Meine von Schnee bedeckten Berge, meine klaren blauen, kalten Seen, meine Sonnenstrahlen, mein Sonnenuntergang ...“ aber zum Glück kann man eigentlich nur besitzen, was man selbst erschaffen oder gebastelt hat. Die Natur kann man nicht besitzen, auch wenn man sagt „die Schweizer Alpen“ oder „die deutsche Eiche“, es sind Redewendungen oder geografische Hilfen für das Lokalisieren eines Ereignisses. In diesem Sinne baute ich mein Zelt auf – ich fand einen wunderbaren Platz zum Zelten in der Nähe des Wassers, der offensichtlich nicht innerhalb eines Campingplatzes lag, und ich durfte eigentlich mein Zelt nicht einfach so aufbauen – aber ich war müde und ich hatte es darauf ankommen lassen – aß ein bisschen Käse und Tomaten zum Abendessen und chattete anschließend noch mal mit den Kindern und mit Ana, der Portugiesin. Dann legte ich mich gemütlich zum Schlafen und vielleicht Nachdenken hin. Ana wollte unbedingt Kinder von mir haben und eine gemeinsame Zukunft mit mir, aber ich war noch nicht sicher, dass ich so weit war. Ich hatte mich befreit und war bereit für neue Beziehungen – danke, Martina –, aber die Geschichte mit Ana war noch nicht reif genug. Ich fühlte mich ein bisschen verliebt, aber es war momentan doch eher ein Techtelmechtel. Wir diskutierten viel darüber und letztendlich entschieden wir, dass wir uns bald wiedersehen müssten, um unsere Gefühle wieder zu prüfen.

Am nächsten Tag baute ich mein Zelt wieder ab und die Routine – alles in fünf Minuten wegen der Kälte fertig zu haben – war noch da, aber die Kälte war nicht mehr da. Es war noch ein bisschen feucht, da ich nah am Thunersee war. Die Sonnenstrahlen wurden zusehends kräftiger und ein Farbspektakel entwickelte sich langsam. Ich machte mich fertig und freute mich sehr auf die neue Etappe. Die Energie und die Freude am Laufen waren noch da, aber ich musste mich leider bald vom Thunersee verabschieden. Ich war nicht weit von Thun entfernt und nach einer Stunde gelangte ich zu einer Terrasse, nahm mein Frühstück zu mir, konnte auch meine Zähne anschließend ordentlich putzen und mich richtig waschen. Ich holte mir auch Pilgerstempel in einer kleinen Kirche namens St. Beatus. Dann ging es weiter und ich wollte mir einfach kein Ziel vornehmen, außer nicht in einem Gasthaus zu schlafen – in der Schweiz waren kaum wahre Pilgerherbergen zu finden – und man bot den Pilgern in Gasthäusern Unterkunft an. Also wollte ich an einem Tag laufen, bis ich nicht mehr laufen konnte und dann irgendwo übernachten.

Es gibt viele Gründe, warum Pilgern dich so süchtig macht. Die Vorbereitung und die Vorfreude, mit Planung, Angst, Aufregung und Zweifeln. Die Durchführung, sich jeden Tag ein Ziel zu setzen, es zu erreichen und manchmal sogar darüber hinaus. Es ist gut, zumindest für einen Tag ein Ziel zu haben, wo wir doch so oft einfach ziellos durch das Leben gehen. Mit Energie und Kraft zu laufen. Die Demut, die du jeden Tag erleben musst, du und das Universum, der Wald, die Seen, die Berge, die Blumen, die Insekten, die Vögel, die kleinen und großen Tiere, das Licht und die Schatten, und du bist ein winziger Teil des Ganzen und hast keine besondere oder hervorgehobene Stellung. Aber vor allen Gründen steht die Liebe. Die Liebe zu allem ringsherum, Liebe zu bekommen und zu teilen, Liebe zu den Menschen, die Schwächeren zu trösten und zu ermutigen, die Stärkeren für deren Kraft zu bewundern, die Liebe zu denjenigen, die nichts als sich selbst mitzutragen haben, zu bewundern.

Ich war in einer guten Stimmung, hatte Ziele, wieder Hoffnung, mochte Sachen erreichen. Ich war langsam wieder da, nur anders. Ich war wieder vollständig, aber eine andere Art von vollständig.

Der Weg war sichtbar und gut beschildert, so dass ich nach zwei weiteren Stunden nach einer Unterkunft suchte. Manchmal passiert es, dass Sachen zusammenpassen. Wieso weiß man nicht, man nennt das manchmal Glück, aber so was ist mir dann auch passiert. Als ich aus einem Wald zu einer Lichtung kam und die vor mir stehenden Hügel überqueren musste, fand ich so etwas wie einen kleinen Hof oben auf dem Hügel. Ich dachte, dass ich dort vielleicht eine Unterkunft bekommen könnte, und machte mich auf den Weg. Der Anstieg war ein bisschen anstrengend, aber nach einer halben Stunde war ich da. Und tatsächlich, es war ein, wie soll ich sagen, es war eine „Bed and Breakfast“-Einrichtung, die von einem jungen Paar betrieben wurde. Ich war so fasziniert und gleichzeitig eifersüchtig auf deren Mut, so etwas auf die Beine zu stellen. Sie waren eigentlich so eine Art von „Hippies“, die auf diesem Anwesen lebten, ohne jede

Erfahrung, die man für so was benötigte. Der Junge mit blonden Haaren, Wikingerbart, braun gebrannt und gut gelaunt, betrieb Landwirtschaft, d.h. er fütterte die Tiere und mähte die Wiesen mit einem historischen Traktor. Seine Frau kümmerte sich um den Hof, den Gemüsegarten, das Kochen und das B&B. Sie war groß und schlank, hatte einen buschigen, nach hinten getragenen blondem Zopf, ein Gesicht voller Sommersprossen, und große, schwarze Augen. Die beiden besaßen so eine gesunde und zuversichtliche Ausstrahlung. Sie arbeitete auch unten im Dorf. Sie war Lehrerin in der Grundschule und betrachtete das B&B als Nebenverdienst. Sie waren noch ganz am Anfang, hatten den Hof erst vor einem Jahr gekauft und alles war irgendwie im Um- oder Aufbruch, um es wohlwollend zu formulieren. Alles war so schmutzig, so unordentlich und doch so schön. Sie waren glücklich miteinander und glücklich, einen gemeinsamen Traum verwirklicht zu haben. Ich richtete mich im Schlafzimmer ein – ein Raum mit etwa zehn Betten, die nebeneinander standen. Es gab leider keine weitere Kundschaft, so dass ich den ganzen Raum für mich hatte. Es war schade, dass wir am Abend nicht ins Gespräch kommen konnten, aber ich habe es auch nicht forciert und dachte, dass die beiden ziemlich erledigt sein mussten. Ich bat nur um ein bisschen Brot, bekam ein echtes Bauernbrot (eine Hälfte) und begann mein Abendessen. Es war alles so idyllisch, das Paar war landwirtschaftlich und gastronomisch unerfahren, aber jung, verliebt und mit voller Energie und Kraft, deren Traum zu leben, mitten auf dem Berg, weit entfernt von der Krankheit der Gesellschaft.

Am nächsten Tag bekam ich einen Tee, zwei Spiegeleier direkt aus dem Hühnerstall und ein bisschen Butter. Ich bedankte mich herzlich und der Abschied fiel mir ein bisschen schwer, weil ich mit den beiden nicht richtig kommunizieren konnte. Die Zeit reichte nicht und ich hätte so gerne mit den beiden lange und ausführlich gesprochen. Na ja, es war ein warmes Schweigen. Ich wollte nur mit ihnen ein Lied von Liszt, „La Campanella" teilen, ihnen sagen, wie viel sie für mich und mein kommendes Leben bedeuten, und zusammen das Lied hören. Aber sie hatten kein Internet und es war schwierig, früh morgens – wenn man in Schwung ist und so viele Dinge für den Tag geplant hat – einen Moment der Nachdenklichkeit für uns zu finden und das Beten war auch nicht deren Sache.

Dann machte ich mich auf den Weg und kam ein paar Stunden gut voran. Ich erfuhr, dass die Gegend, in der ich übernachtet hatte, Bürgisstein hieß. In einem Dorf kaufte ich Proviant, rastete in einem Naturpark, aß und dachte über meine Vergangenheit nach, über den Anfang meines neuen Lebens in dem Land aller Möglichkeiten.

Die Wohnung seines Bruders befand sich nicht in New York City, sondern auf der anderen Seite des Hudson Rivers, in Jersey City. Sein Bruder war sehr stolz auf die Art und Weise, wie er seine Wohnung renoviert hatte und auf die antiseptische Atmosphäre, die seine Wohnung ausstrahlte – alles war so sauber, kein Staub, alles in perfekter Ordnung, da alle Dinge einen Platz hatten und sie immer da waren, wo ihr Platz war.

Für Mircea war klar, dass es in dieser Wohnung kein Leben gab – so wie er Leben verstand – und er nicht lange dort leben könnte, da Joachim dieses Krankenhaus durcheinanderbringen würde.

Aber es war ein ziemlicher Schlag, als sein Bruder ihm direkt sagte, dass er in sechs Monaten sein Leben sortieren sollte und ausziehen müsste.

Er war ein staatenloser Bürger mit einem staatenlosen Pass, der in ungefähr vier Monaten ablaufen würde, und ohne Arbeit. Er lebte in einem Land, das er überhaupt nicht begriffen hatte, und befürchtete, dass er es nie begreifen würde, mit einem zweijährigen Jungen, getrennt von seiner Frau, die er (zusammen mit ihrem Freund) materiell unterstützen musste. Dies war die einzige Chance sicherzustellen, dass Joachim an dem Ort, an dem seine Mutter lebte, eine relativ friedliche und liebevolle Atmosphäre erleben konnte.

Also fand er einen Job in einer Softwarefirma, wurde drei Monate später entlassen, arbeitete als privater Taxifahrer mit seinem alten Auto (Geschenk seines Bruders) und bekam schließlich einen Job bei der „Bank of New York“, wo ihm das Privileg zu Teil wurde, seine professionelle Karriere tatsächlich in der westlichen Welt zu starten. Er lernte einige neue Softwaresprachen, er lernte das Bankengeschäft und schrieb sich für ein Masterstudium in Informatik an der New York University ein.

Er fühlte sich wohl und war sehr erfreut, dass er sich innerhalb von sechs Monaten seine eigene Mietwohnung in Brooklyn leisten und ein anständiges Leben in New York beginnen konnte.

Seine Frau und ihr Freund zogen bei ihm ein, da sie die Miete ihrer eigenen Wohnung nicht mehr bezahlen konnten. Er bot es ihnen an, damit er Joachim in seiner Nähe haben konnte. Joachim lebte tagsüber bei Marina und Mircea kümmerte sich abends um den Jungen. Für Mircea war es wichtig, dass Joachim alles hatte, was er brauchte, einschließlich des Kuschelns und die Liebe seines Vaters. Marina wusste das und sie nutzte die Situation gnadenlos und klug aus.

Er dachte oft: OK, ich habe es mir selbst bewiesen, ich verdiene meinen Lebensunterhalt, einen anständigen Lebensunterhalt, in NY. Wenn du es hier schaffst, schaffst du es überall – so heißt es im Lied – aber ist es das? Ist dies das Traumland, die westliche Demokratie mit all ihrer Freiheit?

Sein Leben lag in Trümmern, die Familie zerbrochen. Er fühlte sich schuldig, Joachim keine liebenswerte, fürsorgliche Familie bieten zu können. New York war hässlich, unfreundlich, dort fehlte etwas. Alles schien falsch zu sein, das Essen, die Leute, die Autos, die Unterhaltungen, was die Leute sagten, wie sie es sagten. Eine sehr große Wolke der Heuchelei schien über dem ganzen Land zu schweben.

So süß Träume auch sind, Maria war auch in seinen Träumen aufgewachsen. Sie war nicht mehr das schüchterne, süße und neugierige 13-jährige Mädchen, das er es sich vor vielen Jahren als Schulkind zum ersten Mal erträumt und in das er sich verliebt hatte. Sie war jetzt eine hübsche, attraktive und funkelnde junge Frau mit schönen großen schwarzen Augen und wilder Neugier auf das Leben da draußen. Er konnte diese Art von Magie in Träumen beschwören. Jedes Mal, wenn er von ihr träumte, endete der Traum damit, von Teilen ihres Körpers und ihrer Seele zu träumen, und er genoss es ungemein, dies zu tun. Es war so, als würde er sie bauen, formen, malen, erschöpfen. Letzte Nacht, als er sich an sie erinnerte, träumte er aus irgendwelchen Gründen von diesem schönen Teil ihres Unterbauchs, der Partie zwischen ihrem Nabel und dem Schambereich, dem sogenannten Pelvis oder auch der Beckenregion. Es war vielleicht die Partie, die sie am besten definierte. Gut trainiert konnte man die winzigen Muskeln sehen, die sich unter dieser zarten Haut ausdehnten, einzigartig weiche und zarte Haut. Die Haut fühlte sich so rein, so intim und gleichzeitig gewagt, so schüchtern und gleichzeitig neugierig und fordernd an. Wenn du deine Hand sanft über diesen Teil ihres Körpers bewegen und deine Augen schließen würdest, würdest du Geborgenheit fühlen, du würdest Kinder fühlen, du würdest Liebe und Schutz fühlen. Mircea wollte nichts weiter als ein Kind von Maria haben. Er würde alles geben, um diesen Traum zu verwirklichen, Maria zu treffen, sie zu heiraten und Kinder mit ihr zu haben ...

Und er hoffte ständig, dass Maria kein amerikanisches Mädchen sein würde, denn er dachte diese Wochen und Monate ziemlich oft an sie.

Sie konnte keine Amerikanerin sein.

Ich war jetzt wieder munter und sprudelte vor Energie, also zog ich weiter. Das Wetter war herrlich und ganz warm. Ich fand wieder Walderdbeeren und bewunderte wieder die Intensität deren Geschmacks. Ich durchquerte Wälder und erfrischte mich an deren Feuchtigkeit und Kälte. Ich trampelte auf Feldwegen und pilgerte an Dörfern vorbei, unterhielt mich mit gelangweilten Schafen und im Zen gelandeten Kühen, bis ich in St. Antoni landete. Sankt Antoni war eine kleine Gemeinde mit nur 900 Schornsteinen im Kanton Freiburg in der Schweiz. Ich fand eine Übernachtungsgelegenheit in einer Pilgerherberge, in einem Schlafraum mit vier Hochbetten, wo ich glücklicherweise allein war.

Ich bereitete mein Abendessen im Zimmer aus meinen Mittagsresten und trank dann in der einzigen Dorfkneipe ein Glass Wein. Langsam spürte ich, dass ich ein anderes „Ich“ entwickelte. Ich hatte acht Kilo abgenommen und spürte dieses intensive Bedürfnis, einen anderen Teil von mir auszuleben, zur Geltung zu bringen. Ich war sicherlich in einem Loch, in einem gesellschaftlichen und persönlichen Loch. Ich war in einer Leere. Es war so leer um mich herum und in mir, so eine Leere wie die Luft in einer Blumenvase oder in einem ausgetrocknetem und verlassenem Wasserbrunnen. Ich hatte aber ein starkes Bedürfnis, ein einfaches Leben zu leben. Ich wollte keinen sozialen Status mehr anstreben, ich wollte einfach, simpel, dem Boden nah, der Natur nah, den Tieren nah, viel mehr Bauer sein, als ich es je war ... Das flüsterte mir der Weg, das erzählte mir der Wald, das gurrten mir die Vögel und das schnaubten mir die Pferde, die Kühe und die Schweine zu. Ich wollte wieder „back to the roots“, zu meinen Wurzeln, die ich verloren hatte oder die ich vielleicht noch nie gehabt /ausgebildet hatte oder haben würde, aber es schien mir einen Versuch wert. Ich dachte lange Zeit, dass Wurzeln mir nicht so wichtig seien. Aber vielleicht waren sie es doch und Martinas Präsenz sorgte vielleicht für einen Platz, an dem man die Worte Heimat, Heimweh, zuhause, Wurzeln sammelt oder verbuddelt, und ich hatte eigentlich kaum Momente oder Notwendigkeit, über diese Dinge intensiv nachzudenken. Um unserer Kinder willen mussten wir alles dafür tun, dass sie stolz auf uns waren, und dazu gehörte vieles, auch ein gewisser sozialer Status, den man anstreben sollte. Jetzt musste ich wieder neu auf die Suche gehen, aber nicht unbedingt nach einer Person, sondern nach primären Lebensgefühlen, nach Erde, Tieren, Blumen, Sonne, Regen, nach meinem künftigen, persönlichen Lebensinhalt.

Mircea hatte schon mal einen Versuch unternommen, als er in Kirberg, einem Dorf mit ein paar hundert Seelen in Deutschland gewohnt hatte. Als er während einer seiner üblichen Läufe, die er am Wochenende über die Wiesen und Hügel um das Haus und um das Dorf machte, einen wunderbaren Bauernhof auf einer Hügelspitze sah, war er so beeindruckt, dass er anhalten musste und sich den Hof näher ansehen wollte. Glücklicherweise war der Besitzer anwesend. Ein alter Herr um die sechzig Jahre alt, aber voller Kraft, mit roten Wangen, kurz geschnittenen Haaren, einer athletischen Figur und einer Harke in der linken Hand. Er war sehr nett, machte gerade eine Pause und führte Mircea über den Hof. Er zeigte ihm die Schweine-, Kuh- und Pferdeställe, die Scheune und den Blumen- und Gemüsegarten, die paar Schafe, die fleißig auf den Wiesen grasten, die landwirtschaftlichen Werkzeuge, den kleinen Traktor, Hackenpflug, Heugabel, Mistgabel, Balkenmäher, Düngerstreuer und alle diese wunderbaren Dinge mit wunderbaren Namen. Dann zeigte er ihm auch die fünf Schlafzimmer, die Küche, den Dachraum, den Keller und seinen

Hobbyraum. Der Bauernhofbesitzer erzählte mit so viel Stolz und erklärte alles, was auf einem Bauernhof gemacht werden musste. Es war ein Crashkurs für Mircea, aber es schreckte ihn bei weitem nicht ab, im Gegenteil, es spornte ihn an. Er spürte eine gewisse Traurigkeit in den Erzählungen des Besitzers und Mircea fragte ihn, ob er Familie und Kinder und einen Nachfolger für den Bauernhof hatte. Das war es. Der Bauernhofbesitzer wollte den Hof verkaufen, da er keinen Nachfolger hatte, besser gesagt keinen an dem Bauernhof interessierten Nachfolger hatte. Und er hatte sogar einen Verkaufspreis im Kopf. Mircea war erstaunt, wie billig er das Ganze abgeben wollte, und hatte sich schon in den Mann und den Hof ein bisschen verliebt. Er hatte schon angefangen, Pläne zu spinnen und zu schmieden, um den Betrieb zu kaufen, den Mann mit einem Fünfjahresvertrag anzustellen, um das Know-how zu erlernen, wie man einen Bauernhof betreibt, seinen Job in London zu kündigen, einen Business Plan zu entwickeln ... Er bedankte sich bei dem Besitzer für die Hofführung, verabschiedete sich und vereinbarte einen Termin für das nächste Wochenende, um sich weiter über die Details eines potenziellen Verkaufs zu unterhalten.

Dann ging er nach Hause und an einem schönen Abend vor dem Kamin – nachdem die Kinder schon im Bett waren – unterhielt er sich mit Martine über den Bauernhof. Es wurde ihm klar, dass sie so was nicht mitmachen würde. Obwohl sie eine herausragende Managerin sein konnte, Managerin eines Bauernhofs war nicht ihres angestrebten sozialen Status würdig. Außerdem war es nicht finanzierbar, die Risiken – nach einer guten Abwägung – zu groß, die landwirtschaftliche Ausbeute zu wetterabhängig, ihnen fehlte vollkommen die Erfahrung, die physische, tägliche Anstrengung war enorm, man könnte dann kaum gemeinsam in Urlaub fahren, da die Tiere gefüttert und gepflegt werden müssten ... und viele, viele andere ordentliche, logische Argumente, die gegen einen Bauernhof sprachen. Joachim war absolut erschreckt über so eine Alternative, Stefana war die Einzige, die sich gefreut hätte, da sie sich dann vorgestellt hatte, dass sie mit dem Pferd bis in die Schule reiten dürfte (sie war damals vielleicht acht Jahre alt und gefühlsmäßig von den Mühlen der Gesellschaft unverdorben).

Meine nächste Etappe war bis Orsonnes, in der Nähe von Romont, geplant, eine lange Etappe, ca. 27 Kilometer. Ich befand mich nun im Kanton Freiburg und die Landessprache war natürlich Französisch. Ich hatte mich schon lange auf die Jakobswegstrecke in Frankreich gefreut. Ich lief früh los und die Sonnenstrahlen ließen mich ihre wärmende Kraft noch nicht spüren. Dicke Nebel umhüllten die Felder, es war ziemlich kühl, aber angenehm für das Pilgern. Ich fand ein gutes Tempo und bewunderte immer wieder die Schönheit der Natur und die Liebe und Pflege, die die Menschen ihr in diesem Land entgegenbrachten.

Heute also, im französischsprachigen Teil der Schweiz, kam ich zu einer Mülldeponie für Holz, Metall, Papier, Küchengeräte und allem möglichen anderen Kram. Es waren ein paar Mitarbeiter vor Ort, die Sachen sortierten und für Ordnung sorgten.

Ich wollte sichergehen, dass der Weg, den ich eingeschlagen hatte, der richtige war und frage deshalb einen der Jungs.

Der fragte mich zurück: „Vous allez à Santiago?"

Ich antwortete: „Oui."

Er war ein Hüne von einem Mann und er packte mich, als wäre ich ein leichter Koffer, und tat so, als wolle er mich in einen Deponiebehälter hineinwerfen!!! Ich war so überrascht und erschreckt, obwohl ich wusste, dass er das nicht wirklich machen würde. Aber manche Menschen haben eine seltsame Art von Humor. Dann fragte er mich, ob ich Durst hätte und ob ich mit ihm ein Bierchen trinken möchte, und brachte mir ein Bier. Wir unterhielten uns ein bisschen, er war so ein netter Kerl. Dann ging er in die Bude hinein und erzählte den anderen, dass ich aus Berlin käme und so weiter ...

Und dann wollten mich plötzlich alle kennenlernen, meine Hand schütteln, mir alles Gute wünschen und jede Menge schmutzige Witze erzählen! Sie schauten mich an, als ob ich vom Mond gekommen wäre. In ihrer Art wirkten sie wie Latinos und sehr liebenswürdig.

Was für ein im wahrsten Sinne erhebendes Gefühl, den Tag so beginnen, durch die Luft geschleudert zu werden!

Pilgern ist eine wirklich tolle Gelegenheit, Sachen über andere Menschen und über sich selbst zu erfahren, zu erleben, zu träumen, Menschen kennenzulernen oder auch nicht!

Ich lief meistens über Feldwege bis Freiburg und ich beobachtete die goldenen Roggen- und Weizenfelder, die fast fertig zum Ernten waren. Die Sonne schien jetzt richtig intensiv. Ich schaute mir die Ameisenhäufchen auf dem Weg näher an, die kleinen Feldmäuse, die offensichtlich Angst vor mir hatten und sich aus dem Staub machten. Ich studierte die majestätischen Adler, die einsam und souverän über die Felder flogen, auf der Suche nach Mäusen, die sich schon vor mir versteckt hatten.

Bald erblickte ich Freiburg und lief bis in der Innenstadt. Das stellte sich als eine mühsame Angelegenheit heraus, Asphaltstraßen, Betonplatten und kaum Bäume, geöffnete Geschäfte auf den Straßenseiten, Autoverkehr; Lärm, viel zu viele Menschen unterwegs und keine Harmonie, eine (belebte) Stadt halt. Ich besorgte Lebensmittel für den Tag einschließlich der notwendigen Einliterwasserflasche, erlaubte mir dann einen Cappuccino und ein Croissant und plante ein bisschen den weiteren Tag. Ich wollte eigentlich die nächsten zehn Kilometer, um aus der Stadt zu gehen, vermeiden und schaute mir den Zeitplan der Busse an, den mir eine liebe Kellnerin zur Verfügung gestellt hatte. Alles war klar und ich passierte mit dem Bus in einer halben Stunde die Grenze der Stadt und pilgerte dann weiter. Ich lief noch gute zwei Stunden, legte dann eine Rast ein und nahm mein Mittagessen zu mir an einem Platz in der Nähe eines Dorfes namens Posat, auf einer Bank, unter einen Baum, der mich vor der Hitze bewahrte. Zwiebeln, leckere Tomaten, Schafskäse, Knoblauch und ein bisschen Bauernbrot, ich hätte mir nicht mehr wünschen können. Na, vielleicht doch: Da es schon Ende Juni war, fand ich einen Kirschbaum am Ende eines Feldwegs. Ich pflückte eine Menge Kirschen, die ich dann mit Genuss verspeiste. Ja, der Weg ernährte mich. Dann legte ich noch eine weitere Strecke zurück, es war später Nachmittag, die Abenddämmerung nahte, der Himmel wurde dunkelblau, die Eulen und Uhus pfiffen schon irgendwo weit entfernt ihre traurigen Lieder. Und sogleich erreichte ich Orsonnes, ein winziges Dorf mit weniger als 300 Seelen aber mit einem wunderbaren Kloster – Notre Dame de Fatima, ein Mönchskloster des

Zisterzienser-Ordens, wo ich meinen Pilgerpass vorzeigen musste, um dort ein Pilgerbett zu ergattern. Alles sehr ordentlich und gepflegt. Das Kloster wurde von vietnamesischen Mönchen geführt, die 1918 eine Variante des Zisterzienser-Ordens in Vietnam ins Leben gerufen hatten, dann 1979 aus Vietnam vertrieben wurden und in Orsonnes ein neues Zuhause gefunden hatten. Die Mönche führten auch einen kleinen Imbiss, wo ich mein Abendessen bestellte, ein Schnitzel und eine Maß Bier. Anschließend ging ich noch kurz spazieren und erlebte eine riesige Überraschung. Es gab in der Nähe des Klosters eine lichtdurchflutete Petanque-Anlage, auf der sich viele Bauern, Kinder und Frauen ein heftiges, leidenschaftliches Spiel zwischen der lokalen Mannschaft und der Mannschaft der Mönche anschauten. Es war wie aus einem Märchen, total surreal, zu sehen wie die kleinen Vietnamesen mit ihren braunen Kukullen angespannt und lebendig herumhüpften und die Kugel mit eleganten Bewegungen warfen. Es war ein traditionelles Spiel, ließ ich mir sagen, schon seit über zehn Jahren, und das ganze Dorf war dabei. Es sah eigentlich aus wie bei einer Kirmes. Man konnte das Spiel sehen und dabei trinken, essen, rauchen und das Spiel kommentieren. Herrlich, außerirdisch, fabelhaft.

Am nächsten Tag wollte ich bis Moudon über Romont laufen – eine Strecke von ca. 26 Kilometern. Ich frühstückte spartanisch im Kloster – ein Butterbrot mit einem gekochten Ei und einen Tee – und dann brach ich auf. Der Weg war angenehm/ einfach, es tat mir gut zu laufen und die Landschaft wurde langsam hügelig. Der Weg führte über Ackerfelder und von Dorf zu Dorf und am Rande der Straße ragten / standen / warteten Apfelbäume und Mirabellenbäume, die niemandem gehörten oder besser gesagt allen gehörten. Ich versorgte mich mit gelben und roten Mirabellen. Es ging mir gut, es war warm, ein Hauch warmen Windes blies und die Weizenfelder bewegten sich unentwegt in kurvigen Wellen. Falken zogen geduldig ihre Kreise über die Felder, wartend auf gelangweilte oder vielleicht mutige Mäuse, die auf der Suche nach Futter in Bewegung waren. Hunde meldeten sich auch und bellten einer nach dem anderen, um ihr Revier zu untermauern, alles idyllisch und poetisch. Bei einigen Feldern wurde der Weizen oder Roggen schon gemäht und die lustigen Heuhaufen lagen da auf den kahlen Wiesen, wie gehorsame Soldaten mit dicken Bäuchen. Es war Zeit fürs Mittagessen

Ich hatte gerade eine kurze Mittagspause gemacht und meinen Rucksack auf einen Stuhl, auf der Terrasse des Restaurants gelegt, als ich bemerkte, dass jemand um den Tisch herum ging, als würde er etwas auf dem Boden suchen. Aber ich dachte mir zunächst nichts dabei.

Als ich mit einem Glas kaltem Bier zurück an meinem Tisch kam – es gab keine Bedienung, sodass man selbst im Restaurant bestellen und dann seine Sachen abholen musste – da fragte mich ein Mann, ob er sich zu mir an den Tisch setzen dürfte. „Natürlich" antwortete ich. Er hatte ein freundliches Gesicht, unrasiert, neugierig, mit einem gepflegten Haarschnitt und er trug Tracht. Wir unterhielten uns kurz über das Wetter und die Landschaft. Er spendierte noch eine Runde und wir sprachen weiter über die Schweiz, Frankreich und Deutschland. Er war Franzose. Dann wollte er unbedingt noch eine Runde ausgeben. Er erzählte von seiner Familie und ich gab ein bisschen mit meinen Kindern an. Dann wollte er noch eine Runde schmeißen, aber ich konnte nicht mehr ... Ich wusste, dass ich noch einen zweistündigen Weg vor mir hatte. Dann wollte er auch Fotos von mir machen, da ich so besonders ausgesehen hätte.

Das Ganze war „kind of cool" ...

Als ich dann auf dem Weg endlich einen anderen Pilger traf und überholen wollte, sagte ich mir: Das ist nicht schön, so was macht man nicht. Das hier ist kein Wettbewerb. Dementsprechend grüßte ich die Dame, eine kleine Französin. Wir liefen eineinhalb Stunden zusammen und quatschten auf französisch. Sicherlich spielte das viele Bier dabei eine Rolle, dass ich keine Hemmung hatte, französisch zu sprechen. Und es gelang mir gar nicht so schlecht! Wir erreichten schon bald Moudon, fanden zusammen eine Unterkunft und verabredeten uns für das Frühstück am nächsten Morgen. Ich wusste schon zu diesem Zeitpunkt, dass ich am nächsten Vormittag irgendeine Ausrede finden musste, um allein weiterzugehen. Dann legte ich mich ins Bett und schlief wie ein Stein.

Nachdem ich mich also von Lisa, dem französischen Mädchen, nach dem Frühstück verabschiedet hatte, packte ich meine Sachen und zahlte an der Rezeption die Rechnung.

Als ich schließlich aufbrechen wollte, kam die Dame von der Rezeption zu mir und teilte mir mit, dass jemand mit mir zusammen nach Epalinges gehen möchte, meinem nächsten Ziel. Ich lehnte höflich ab und zog von dannen.

Eine Stunde später wartete ein anderer Pilger an einer Kreuzung auf mich und begleitete mich einfach. Ich stand vor einem Wegweiser und wollte sicherstellen, dass ich in Richtung Epalinges laufen würde. Er war vielleicht Ende vierzig, mit einem Gesicht voller Sommersprossen, Sonnenbrille und einer offensichtlich neu gekauften Pilgerausrüstung, aber ohne Zelt oder so. Er kam mir vor wie ein Beamter in seinen Sommerferien, der ein bisschen Bewegung brauchte und in der Natur sein wollte. Ich muss sagen, dass ich mittlerweile spüren konnte, was für einen Eindruck mein Aussehen auf andere Menschen machte. Er war offensichtlich neugierig und fragte mich nach meinem Ziel. Ich antwortete, ich ginge nach Epalinges und genösse es, allein zu laufen. Er erwiderte, er ginge nach Lausanne (12 km hinter Epalinges), also fing er an, neben mir zu gehen.

Ich wiederholte höflich, dass ich gerne allein gehen würde und in 1.300 Kilometern kaum mit jemandem zusammen gelaufen sei. Er entgegnete, er gehe auch gerne allein, blieb aber an meiner Seite. Ich bot ihm dann höflich an, dass er in seinem Tempo gehen solle, weil er ja weiter gehen müsse als ich und wahrscheinlich ein schnelleres Tempo anlegen müsste.

Der Trick zog leider nicht, und er sagte: „Pas de problème. Je peux accommoder."

Merde, dachte ich.

Dann fügte er hinzu, er wolle mich nur bis zum nächsten Dorf begleiten. Das klang vernünftig. Wir liefen also weiter und unterhielten uns, bis wir im Dorf ankamen.

Wir pausierten kurz, tranken Kaffee und Saft und ich kaufte mir noch ein Croissant. Dann wollte er weiterziehen. Ich sagte, ich würde noch ein bisschen sitzen bleiben und mein Croissant in Ruhe genießen. Wir verabschiedeten uns, ich wünschte ihm gutes Gelingen und blieb noch eine Weile.

Nach ungefähr einer halben Stunde machte ich mich auch auf den Weg, streifte etwa eine Stunde lang durch den Wald und wen sah ich da auf einmal? Étienne, den Pilger aus Moudon. Er saß auf einem Holzklotz und wartete auf mich. Er sah ziemlich traurig aus und beklagte sich, dass ich ihn glatt ausgeladen hatte. So was sei ihm in seinem ganzen Leben noch nicht passiert, er fühlte sich so ausgestoßen und unerwünscht, und hatte beinahe Tränen in den Augen. Er hätte eine Pause gemacht und darüber nachgedacht, was er mir denn getan hätte, dass ich so unhöflich und abweisend ihm gegenüber gewesen war. Na ja, ich war sprachlos und dachte, dass ich vielleicht doch zu hart gewesen sei und seine Gefühle unabsichtlich verletzt hatte. Ich beschloss, doch eine Weile mit ihm zusammen zu laufen. Gesagt, getan, für mich waren es sowieso nur noch eineinhalb Stunden bis zum Ziel. Étienne erzählte mir, dass er sich auf einer Tour de Schweiz durch die Berge befände, dass er Mitglied eines Schweizerischen Alpenverein wars, er seit Jahren durch die Schweiz wanderte und er bis jetzt niemanden wie mich getroffen hätte, der so bizarr und exotisch ausgesehen und so ein langes Pilgern hinter und vor sich hatte. Er fotografierte herum und fragte mich, warum ich die Schönheit der Landschaft und der Natur nicht verewigen mochte. Ich gab ziemlich viel Mist von mir, erklärte ihm, dass man Gedanken, Ideen und Gefühle nicht fotografieren könne, dass alles Momentaufnahmen seien, die mir allein gehörten und die nicht teilbar seien. Étienne war ein einfacher Mensch, er konnte und wollte nicht philosophieren, aber hörte mir neugierig zu, während ich über das Leben und das Pilgern philosophierte. Ich spürte langsam, dass er etwas in mich projizierte, irgend so eine Legende oder so, mein Aussehen und was ich erzählte, waren für ihn zu viel. Ich bekam ein bisschen Angst, dass mein Erscheinungsbild ihn destabilisieren könnte.

Aber Pustekuchen, er war nur stolz, jemanden wie mich kennengelernt zu haben, entschuldigte sich alle zehn Minuten und lief hinter mir und telefonierte mit seiner Freundin. Wir unterhielten uns auf Deutsch, aber er sprach mit seiner Freundin leise Französisch, um zu vermeiden, dass ich ihn verstünde. Aber ich hörte dennoch, wie er so was sagte wie: *„Fabienne, il faut absolument venir à Lausanne. J'ai fait la connaissance d'un pèlerin extraordinaire. Tu dois venir le connaître, je te le dis"* ...

Étienne sprach auch über sich und die Zeit verflog schön und schnell.

Wir kamen in Epalinges an und ich freute mich bald wieder allein sein zu können. Vor dem Abschied sagte Étienne mir das Einzige, was meine Meinung ändern konnte, und zwar, dass in Epalinges die superreichen Leute von Lausanne wohnten. Das traf mich hart in mein Pilgerherz, weil dort zu übernachten so gar nicht zu meinem Pilgerglauben passte. Deshalb gab ich spontan eine Absichtserklärung ab, dass ich nicht in Epalinges übernachten würde und nach Lausanne weitergehen möchte. Sein Gesicht war auf einmal so glücklich, er lachte von einem Ohr bis zum anderen und musste die Neuigkeit gleich seiner Freundin erzählen (dass er mich doch überreden konnte, nicht in Epalinges zu übernachten) und lachte sich kaputt über die politischen, wirtschaftlichen, moralischen, ethischen und religiösen Erklärungen meines Pilgerglaubens.

Also blieben wir noch zwölf Kilometer weiter zusammen, insgesamt 32 Kilometer, und tauschten uns wieder mal über Gott und die Welt aus. Ich bemerkte, wie sehr er anfing, mich zu mögen. Kurz von Lausanne rasteten wir noch mal auf einer Terrasse und es war wie in einem Film. Da kamen Leute zu uns und befragten mich (weil ich die Jakobsmuschel und die Mütze mit der Muschel trug) über das Pilgern, Compostela und alle solche Sachen. Es war unglaublich, bizarr und gleichzeitig lustig.

Als wir an der Kathedrale in Lausanne ankamen, hielt sich dort eine Gruppe von Japanern auf und auf einmal entdeckten sie meine Jakobsmuschel, sagten Compostela und verbeugten sich höflich. Sie wollten alle Fotos mit mir aufnehmen und ich fühlte mich wie Brad Pitt. Ich war verschwitzt wie eine Bulle, ich stank wie eine Sau, aber es hat ihnen nichts ausgemacht. Ein Foto mit dem exotischen Pilger war wichtiger.

Naja, Étienne war sehr zuvorkommend und telefonierte so lange für mich, bis ich auch einen Platz in einer Pilgerherberge zum Übernachten hatte.

Seine Freundin rief in der Zwischenzeit an und sagte, sie sei zwei Minuten weit von Lausanne entfernt, wir sollten auf sie warten und ein Bierchen trinken, da sie Stau an der Einfahrt in Lausanne erwarte. Gesagt, getan. Wir fanden eine gemütliche Terrasse in dem von Touristen überfüllten Lausanne und tauschten weiter Pilgererfahrungen aus. Étienne konnte es kaum erwarten, seine Freundin zu sehen. Irgendwann stieß sie endlich zu uns. Wir hatten für sie schon ein Glas trockenen Weißwein bestellt, wir stellten uns gegenseitig vor und begannen mit Smalltalk. Fabienne war gut gebaut und doch fein, sie hatte schöne dunkelhaarige Locken und strahlende blaue Augen, war relativ klein und selbstbewusst. Sie konnte ihre Augen nicht von mir abwenden, was mir war ein bisschen peinlich war, auch wegen Étienne. Ich erzählte ein paar Geschichten und ihre Augen waren voller Begeisterung. Sie unterhielt sich auch mit Etienne, zu schnell, dass ich ihnen folgen konnte, und dann sagte sie, sie hätte einen Vorschlag zu machen und sie wäre nicht enttäuscht, wenn ich ihn ablehnen würde.

„OK, leg mal los“, sagte ich.

„Ich würde Sie gerne zu uns zuhause zum Essen einladen. Es wird nichts Besonderes, ein paar Nudeln, ein guter Wein und so. Sie könnten dann auch bei uns übernachten“, sagte sie ein bisschen schüchtern.

„Oh! Das ist sehr verlockend. Wohnen Sie in der Nähe von Lausanne?“, fragte ich.

„Eigentlich nicht, es sind ungefähr zwanzig Kilometer von Lausanne“, erwiderte sie.

„Ist es denn in der richtigen Richtung, ich meine Richtung Compostela, Richtung Genf, Richtung Süd-Westen?“, fragte ich nochmals.

„Leider nein, aber ich könnte Sie morgen früh wieder in die Stadt fahren. Es würde mir und meinem Mann eine große Freude machen“, sagte Fabienne.

Ich dachte kurz nach und dann sagte ich: „OK, einverstanden!“, ohne genau zu verstehen, was sie mir gerade gesagt hatte. Das Bier halt. Sie war sehr erfreut und sagte: „Ah! Ich muss meinen Mann anrufen und ihm sagen, dass wir noch einen Gast zum Abendessen haben.“

Ich dachte: Mein Gott, was ist denn hier los! Sie küsste Étienne, hielt Händchen und redete gleichzeitig mit ihrem Mann? Ich fragte Étienne, ob er auch mitkäme, und er lächelte und sagte: „Natürlich“.

Dann fuhren wir los, die Stimmung war gut, wir lachten und stritten über die Soße für die Nudeln ...

Als wir dort ankamen, zeigte Fabienne Étienne und mir unsere Gästezimmer im ersten Stock. Ihr Mann war noch nicht zu Hause, sodass ich ausreichend Zeit für eine lange und heiße Dusche hatte. Ich wusch auch ein paar Sachen und war mittlerweile auch hungrig geworden. Fabienne kochte schon Nudeln und bereite den Salat zu. Étienne hatte auch fertig geduscht. Wir deckten den Tisch und er erzählte mir, dass Fabiennes Mann wusste oder vermutete, dass er und Fabienne ein Verhältnis hatten und Fabienne und er sich seit achtzehn Jahren und so kannten. Wenig später kam auch Fabiennes Mann nach Hause. Wir machten uns bekannt, tranken ein Glas Aperol und dann gab es Abendessen.

Wir hatten einen wunderbaren Abend. Sie waren Schweizer, aber lebten im französischen Teil der Schweiz – also *„liaisons françaises*".

Étienne streichelte Fabiennes Beine unterm Tisch und mir war alles so peinlich, dass ich diese Peinlichkeit durch ständiges Reden und Erzählen von Pilgergeschichten überspielte.

Gutes Essen, guter Wein – Franzosen halt, und alles kostenlos. Ich musste sie nur ein bisschen aus ihrer Lethargie und Routine für einen Augenblick aufwecken.

Fabienne schoss – mit meiner Erlaubnis – Fotos von mir und amüsierte sich dabei. Ich faszinierte den ganzen Abend lang die Gesellschaft mit meinen zahlreichen intellektuellen Geschichten, weil die ganze surreale Situation mit diesem Dreierpack für mich irgendwie ein Ansporn war zu glänzen. Ich wollte die Fotos, die Fabienne gemacht hatte, sehen und als ich mir dann die Fotos auf Fabiennes Mobiltelefon anschaute, schaute ich mir auch die WhatsApp-Unterhaltung an, die sie mit einer Freundin führte. Sie schrieb in etwa: „Sandrine, *j'ai un pèlerin exceptionnel avec moi ce soir – voir les photos. Aimerez-toi de l'avoir demain aussi?"*

Die Dame war verheiratet, ihr Mann war auch dabei, sie hatte aber ein Verhältnis mit Étienne und ich war der „pèlerin à louer".

Wie abgefuckt war das?

Es waren letztendlich abgewrackte Franzosen, die sich langweilten und nach Aufregung suchten, in Form eines exotischen Pilgers.

Ich war nach den 30 Kilometern Pilgern und viel gutem Wein ziemlich müde geworden, entschuldigte mich und ging schlafen. Étienne und Victor mussten früh aufstehen und das Haus um ca. 7:30 h verlassen. Ich konnte ein bisschen länger schlafen, da ich von Fabienne wieder in die

Stadt gefahren werden sollte.

Ich wurde um 7:15 h wach, um mich noch mal von Victor und Étienne zu verabschieden, packte meine Sachen zusammen und ging runter in die Küche. Fabienne war schon da, in einem Nachthemd, und fragte mich, ob ich etwas essen möchte, aber sie hatte etwas ganz anderes ausgedrückt, wofür sie keine Worte brauchte. Na ja, dann machten wir uns einen schönen, erotischen Vormittag und dann brachte sie mich auf dem Jakobsweg nach Genf. Während der Fahrt empfahl sie mir eindringlich, Sandrine zu besuchen, was ich natürlich und höflich ablehnte – obwohl ich als „pèlerin à louer“ empfohlen worden war. Sie wohnte eigentlich in der falschen Richtung, also westlich von Lausanne, ha ... ha ...).

Diese Geschichte war zwar menschlich, aber sie gefiel mir nicht so sehr, denn es war irgendwie ein Ablenkungsmanöver vom Weg nach innen, den ich gerade durchschritt. Oder vielleicht war es ein Teil des Lebens? Ich war komplett durcheinander. War es moralisch verwerflich? Ah, diese Franzosen immer mit ihren komplizierten Lebensverhältnissen ...

Auf jeden Fall begann ich meinen Pilgertag in Lausanne und lief an einem herrlichen Tag auf einem wunderbaren Pilgerweg am Nordufer des Genfer Sees entlang. Es war frisch und es ging ein Wind, der schalkhaft und versprechend wehte. Der Genfer See schimmerte silbern und glatt, die Sonne schien, es war ruhig, sauber und angenehm. Natürlich gingen mir die gestrigen Ereignisse durch den Kopf und ich dachte, es waren Szenen aus einem französischen Film mit Michel Picolli oder Jean Louis Trintignat und nicht Erfahrungen eines Pilgers. Es passte nicht zusammen, aber es war halt so. Nach einer guten Stunde erreichte ich Morgues und ich erblickte die schöne, malerische, mittelalterliche Altstadt, die sich am Seeufer befand. Ich besichtigte das wunderbare Schloss und bat um den Pilgerstempel in der reformierten Kirche. Dann wanderte ich weiter am Ufer. Ständig den See zu betrachten, war für mich keine Langeweile, sondern erzeugte in mir Begeisterung und eine spirituelle Balance. Es war ruhig, still und doch bewegte sich so viel. Es war wahrscheinlich das, an das Tschaikowski gedacht oder sich erinnert hatte, als er das erste Klavierkonzert komponiert hatte. Schwäne stellten ihre Eleganz zur Schau, in der

Ferne fuhren Raddampfer und gaben der Szene eine authentische, urige Note. Einige kleine Segelboote schickten sich an, der Schwaneneleganz Konkurrenz zu machen, und unbemannte Fischerboote lagen am Ufer, da die Fischer schon längst den Arbeitstag beendet hatten. Ich konnte wieder an nichts denken und ich befand mich weiter in vollem Einklang und in Harmonie mit allem, ich war ein Teil davon.

Langsam, aber sicher näherte ich mich Rolle, einem Ort, in dem überaschenderweise auch ein Campingplatz am Ufer lag. Ich stellte dort gleich mein Zelt auf. Der Sonnenuntergang am Genfer See hinterließ mich sprachlos. Ich kann nicht beschreiben wie wunderbar, mysteriös, zärtlich, zerbrechlich sich alles anfühlte, was für ein natürliches Lichtspiel sich mir bot. Ich konnte der Szenerie keine Musik zuordnen, aber vielleicht war es auch gut so. Es war pure Reinheit. Schönheit hin und Schönheit her, ich war aber hungrig und musste trotzdem etwas essen und zum Glück entdeckte ich eine kleine Terrasse eines Imbisses und bestellte mir etwas. Ich aß ruhig, gepflegt und genüsslich, das Bier schmeckte auch lecker. Bevor ich ins Zelt ging, sah ich auch eine Muttergans, die mit viel Sorge, aber auch mit Stolz und Überheblichkeit ihren sieben Küken das Gleiten im Wasser beibrachte. Es war ein gelungener Abschluss eines wunderbaren Tages und ich schickte den Kindern und Ana, der Portugiesin, noch ein paar Nachrichten, bevor ich mich zum Schlafen legte.

Am Morgen frühstückte ich lecker auf der Terrasse und telefonierte mit Emma, einer Jugendfreundin aus Bukarest, die jetzt in Genf lebte. Emma war mit einem Freund von mir namens Matei verheiratet, einem Kollegen aus den Zeiten, als ich in Bukarest gearbeitet hatte. Der Plan war der, dass, wenn ich in die Nähe von Genf gelangte, sie kommen und mich mit dem Wagen abholen würde, damit ich nicht durch die Stadt pilgern müsste. Nach meiner Schätzung würde ich bis Céligny drei oder vier Stunden brauchen, was mir als passender Treffpunkt erschien. Also packte ich mein Zelt zusammen und dachte an die Zeiten, als meine Finger beim Zeltabbauen an den eiskalten Zeltstangen festgeklebt waren und ich von lauter Schmerzen geschrien hatte. Das war im April, lange her ...

Es war wieder ein Spaziergang am Ufer des Genfer Sees und wieder so ein klarer Himmel, eine strahlende Sonne und ein märchenhafter Silbersee. Ich dachte die ganze Strecke an Emma und Matei. Ich hatte Emma seit über vierzig Jahren nicht mehr gesehen. Damals, als sie vielleicht sechzehn Jahre alt war, war sie unheimlich hübsch gewesen und ich hatte ihr gerne den Hof gemacht. Wie würde sie jetzt aussehen? Würde ich sie wiedererkennen? Ich sprach auch mit Matei, er war auf einer Geschäftsreise und konnte nicht dabei sein. Es war schade, weil ich ihn auch gerne gesehen hätte, aber andererseits war es auch irgendwie gut, weil ich sicher war, dass wir auch über die Zeiten, als ich mit ihr geflirtet hatte, reden würden und das hätten wir wahrscheinlich in Mateis Anwesenheit nicht entspannt machen können. Ich war ein bisschen angespannt und ich glaube, sie auch.

Als ich in Céligny ankam, fand ich eine Restaurantterrasse am Ufer und ich konnte dort auch in einer Kabine duschen – soweit ich wusste, war auch ein Campingplatz in der Nähe. Ich war dann also relativ sauber und auch relativ sauber angezogen. Meine Klamotten aber stanken unheimlich. Obwohl sie gewaschen waren, behielten sie den Gestank von Schweiß, aber das erfuhr ich erst viel später und das ist eine andere Geschichte.

Ich rief dann Emma an und sie versprach, gleich loszufahren. Ich fragte mich, womit ich mich jetzt beschäftigen sollte, da winkte mich jemand, der auf der Terrasse an einem Tisch saß, zu ihm. Es war mir nicht klar, ob er mich meinte, ich ging trotzdem zu ihm und er stand auf, stellte sich und seine Freundin, die auch am Tisch saß, vor und fragte mich, ob ich nach Compostela pilgern möchte. Er hätte meine Muscheln, die an meinem Rucksack und an meiner Kappe hingen, gesehen. Ich bejahte und er lud mich ein, mich hinzusetzen und mit ihm ein Bierchen trinken. Dann fing er an zu erzählen, dass er vor fünf Jahren auch diesen Weg gegangen sei und wie sehr diese magische Zeit des Pilgerns sein Herz immer noch erwärmte und wie nostalgisch er würde, wenn er einen Pilger träfe, und wie unbewusst stark und solidarisch diese Gemeinschaft der Jakobspilger sei. Er sagte sogar, dass Pilgern, der Camino insbesondere, süchtig mache. Man könne nicht mehr loslassen und man möchte immer wieder pilgern gehen, egal wohin, Hauptsache Pilgerwege, nach Rom, Jerusalem oder wohin auch immer. Ich empfand es überhaupt nicht so, da ich in

Deutschland und in der Schweiz kaum Jakobswegpilger getroffen hatte, aber das Bier war gut und es fühlte sich gut an, so eine Unterhaltung zu führen, während ich auf Emma wartete. Er hieß Thomas, war sehr lang und gut gebaut, breite Schultern und eine Boxernase, sonnengebräunt und selbstsicher, höflich und gleichzeitig bestimmend. Ich erzählte ihm ein bisschen über mein Pilgern, er teilte einige seiner Pilgererfahrungen, insbesondere aus Spanien, mit mir und wir tranken noch eine Runde. Seine Freundin sprach nicht so viel, vielleicht war es auch gut so. Ich fühlte mich jedenfalls gut und auf einmal kam Emma. Wir erkannten uns fast gleichzeitig. Sie kam zu unserem Tisch und holte mich ab. Ich stellte Emma Thomas und seiner Freundin vor und dachte, vielleicht blieben wir noch eine Weile da. Aber Emma – schüchtern wie damals – erzählte, dass sie auch andere Verabredungen hätte. Also verabschiedeten wir uns und fuhren los.

Es war viel Verkehr. Irgendwann spät am Nachmittag erreichten wir doch Emmas Appartement, eine Wohnung mit drei Schlafzimmern. Sie hatte auch zwei große Kinder, ein Mädchen und einen Jungen, die gerade nicht da waren. Emma war sehr lieb. Sie kochte etwas und dann aßen wir zusammen Abendessen und plauderten über unsere Kindheit, das Erwachsenwerden, gemeinsame Bekannte, wir erzählten uns, was wir in den letzten vierzig Jahren erlebt hatten ... es gab viel zu bereden. Ich spürte, wie fremd ich ihr erschein, fremd, aber irgendwie interessant, meine Lebensgeschichte und mein Pilgern waren sicherlich etwas aufregend. Es war warm, schön und irgendwie vertraut.

Emma war eine schöne Frau geworden, mit langen schwarzen Haaren, einem langen und edlen Gesicht, einem noch längeren Hals und einer aristokratischen Haltung.

Ich schlief im Zimmer ihres Sohnes. Emma sagte, der Junge sei unterwegs und würde erst am nächsten Tag wieder nach Hause kommen.

Am nächsten Morgen wollte ich nach Frankreich weiterlaufen, aber wir machten doch erst eine Tour durch die Altstadt und schnupperten ein bisschen die Genfer Atmosphäre. Ich hätte gerne einen Kaffee und einen Apfelstrudel in einem Café als Frühstück bestellt, aber Emma wollte partout zurück nach Hause. Ich spürte, dass sie es entweder nicht gewohnt war, in einem öffentlichen Raum zu sein oder in ein Café zu gehen, oder sie wollte einfach meine ungeteilte Aufmerksamkeit. Also gingen wir zurück in ihre Wohnung, frühstückten schön, plauderten weiter und dann fuhr sie mich bis zur französischen Grenze, die wohl bekannt in Genf war. Wir verabschiedeten uns, sie wünschte mir viel Glückt, wir versprachen uns, über WhatsApp in Kontakt zu bleiben, und sie wollte auch unbedingt ein Selfie von uns beiden aufnehmen, das sie dann gleich ihrer Schwester schickte.

Ich lief über die Grenze, ohne irgendwie kontrolliert zu werden, und dann war ich da. In Frankreich.

Frankreich

Ende Juni

Gleich hinter der schweizerischen Grenze, im Lathoy, machte ich eine kurze Pause, um innerlich zu begreifen, was ich bis jetzt geleistet hatte. Ich war zwei Monate unentwegt unterwegs, hatte zwei Länder überquert, Fußblasen überwunden, meinen Bart bis zu der Brust wachsen lassen und war darüber hinaus 1450 Kilometer gegangen und hatte viele, sehr viele Gedanken gehabt.

Ich saß auf einer Terrasse und war selbst beeindruckt, was ich erreicht hatte, was der Weg mit mir gemacht hatte, nämlich Buße, Leiden, Einsamkeit, geistige und körperliche Arbeit, Reise in mich selbst, Liebe, Weisheit, Reinheit und Ewigkeit.

Die Bedienung spendete mir ein Maß Bier für mein Aussehen und später noch ein Maß, als ich eine Kurzfassung meiner Pilgergeschichte erzählte.

Ich war in Frankreich angekommen, angetrunken und glücklich!

Meine erste Übernachtung war in Beaumont, einem kleinen Dorf, als ich die schöne und stolze Kirche, Saint-Etienne, sah, wo ich gleich meinen ersten französischen Pilgerstempel holte.

Am nächsten Tag lief ich bis Chaumont und ich übernachtete in so einer „Gite“ – das ist hier das Wort für eine Pilgerherberge – in einem Mehrbettenraum, wo ich wieder allein schlafen konnte.

Ich fühlte mich zum ersten Mal irgendwie einsam. Ich wusste nicht, wieso. Vielleicht muss man nicht alles verstehen und nicht für alles eine Erklärung haben. Manchmal sind die Dinge, wie sie sind, und man muss sie so akzeptieren oder etwas dagegen machen. Die Frage „warum“, die die Menschheit über Jahrtausende anscheinend nach vorne gebracht hat, müsste man überdenken, sie ist vielleicht überbewertet.

Weiter nach Seysell, einer kleinen Stadt an der Rhône, der Weg von Beaumont bis hier war ständig hügelig, wellig und man musste immer wieder aufsteigen und wieder runtersteigen. Seit drei oder vier Tagen lief ich und hatte eine gute Phase. Am Anfang musste ich mich mit Frankreich anfreunden. Mein Körper verlangte irgendwie so eine Ausdauerphase, wo ich nicht viel denken konnte, alles war dem Körper untergeordnet. Ich musste klarkommen, ich musste die Wege, die Natur, die Umgebung erst verstehen und mich auf diesen Rhythmus einstellen.

Obwohl mir Frankreich so sehr gefiel, war die Anstrengung ziemlich groß. Aber auf einmal ging alles wieder. Die Harmonie zwischen Körper, Geist und Natur war wiederhergestellt.

Ich meinte, Seysell war der Durchbruch. Eine wirklich wunderbare Kleinstadt in Haute-Savoie, zum Verlieben. Ich kann nicht in Worte fassen, wie ich zu diesem Ort passte, oder vielleicht umgekehrt. Auf jeden Fall waren wir auf der gleichen Wellenlänge. Die Rhône, die durch die Mitte der Stadt floss, die alten kleinen Häuschen – die Stadt war aus den römischen Zeiten bekannt – die alte Hängebrücke, alles so romantisch, alt und einigermaßen gepflegt. In Seysell übernachtete ich in einer kleinen Herberge und beim Frühstück hatte ich eine sehr nette Unterhaltung mit zwei Franzosen, Feinschmecker und Philosophen, wie alle Franzosen halt sind, die so lieb waren und mich auch verstanden, also war mein Französisch vielleicht doch nicht so schlecht. Ich spürte zum ersten Mal meine Grenzen des „Lebens am Rande der Gesellschaft".

Ich dachte auf dem Pilgerweg oft, dass alles um mich herum so schön ist und dass ich gerne mitten in der Natur sein möchte und wie es wäre, wenn ich – sagen wir sechs Monate – als Schäferhilfe bei einem Schäfer in seiner Hütte leben und arbeiten könnte, nur mit mir und mit den Tieren. Ich war begeistert von so einer Vorstellung und ich dachte wirklich, ich könnte so etwas machen. Nach meiner, na ja, magischen Erfahrung könnte man sagen, in Seysell wurde mir klar, dass ich so ein Leben nicht führen könnte, total von der Gesellschaft abgeschnitten. Vielleicht könnte ich in einem Jahr einmal so eine Erfahrung machen, aber so zu leben war mir doch zu viel. Ich muss noch mal darüber denken, aber ich möchte schon mal ein schönes Buch lesen und mit jemandem darüber reden, an der Rhône entlang spazieren gehen, Spiritualität, Geschichte und Kultur spüren und mit jemandem kuscheln können, und das geht schlecht, wenn man nur mit Burschen zusammen ist. Ich denke doch, dass ich für ein Leben als Eremit nicht geschnitzt bin.

Aber gehen geht schon.

Gehen, gehen und weiter gehen durch ruhige, ländliche Gebiete.

Die Sonne scheint, alles ist so voller Leben ... Pferde, Kühe, Ziegen auf den Feldern ... alle Arten von Hühnern und Hunden, die ihre Pflicht erfüllen und alle möglichen Verteidigungs-, Freuden- oder Angstgeräusche machen ...

Ich fühlte mich solide, selbstbewusst, der Rucksack tat nicht weh, die Stiefel fühlten sich perfekt und weich an, wie indische Mokassins, ich setzte meine Baseballkappe mit Jakobsmuschel auf und bereitete auch das Kopftuch vor, für den Fall, dass es richtig heiß wird. Ich holte mir ein paar schöne Kirschen von einem Baum neben der Straße. Es gibt nichts besseres, als frische Kirschen zu essen, die von einem Baum gestohlen wurden (vielleicht nur dann, wenn du in einem Kirschbaum bist, und Kirschen pflückst und isst und deinen Beutel voll mit Kirschen füllst).

Ich kaute die Kirschen mit Ruhe, Freude und Vergnügen und blies die Kirschsteine am Straßenrand gekonnt aus dem Mund, während ich weiterging. Die Welt gehörte mir. Ich war cool. Ich dachte, ich bin die moderne Version von Holden Caulfield.

Nachdem ich Proviant für den Tag in Seysell gekauft hatte, lief ich weiter nach Chanaz, einem kleinen Dorf mit 200 Schornsteinen. Winzig und schön. Die Rhône war nicht mehr so ein Bergbach, klein und rebellisch wie in Seysell, sie war breit, tief und doch unruhig, wie meine Hoffnungen. Ich mag die Franzosen, sie haben so eine Art, alles ästhetisch und schön in deren Umgebung zu machen, ob Häuser, von außen oder innen, Gärten, Klamotten, Tisch decken, Essen, Ausstattung aller Art von Dingen, die, wie soll ich sagen, so schön gemacht worden sind, als wären sie fast in einer Ausstellung. Aber nur fast, weil die ausgestellten Sachen in einer Ausstellung kein Leben haben. Und wenn die Franzosen etwas können, ist es das Leben zu genießen. Und es ging mir auch ein Spruch durch den Kopf – Pilgerbeobachtungen halt:

Les Suisses aiment préserver le plus-que-parfait comme parfait.
Les Français aiment préserver l'impairfait comme parfait.
Ça fait de sens parce que - comme universell connu - le parfait n'existe pas.

Das Dorf war in Feierstimmung. Es gab so eine religiöse Feier, und alle Leute waren am Spazieren, der See namens „Bourget“ war in Reichweite und die Leute machten mit Booten Rundfahrten, waren mit dem Kajak oder mit Booten unterwegs, die man mittels Pedalen betreiben musste. Ich traf endlich in der Herberge andere Pilger, einen Österreicher und einen Deutschen. Glücklicherweise hatte ich ein Zimmer für mich allein und am nächsten Tag frühstückte ich schön gemütlich, das berühmte Baguette war auch dabei sowie berühmte französische luftgetrocknete Salami mit Nüssen und andere Leckereien. Die anderen zwei Pilger waren schon unterwegs, sodass ich wieder allein, in meinem Rhythmus und mit meinen Gedanken, ging.

Ich hatte eine lange Etappe vor mir, in etwa 30 Kilometer, bis St. Maurice de Rotherens.

Es war bis jetzt eine Unmenge von Tälern und Hügeln gewesen, aber mein Körper war schon darauf eingestellt. Ich machte nur eine Pause, da ich Angst hatte, mein Ziel nicht zu erreichen. Ich musste etwa sieben Stunden laufen, das Wetter war wie bestellt, ein klares und durchsichtiges Sommerwetter, warm, nur ein paar weiße Wolkenlämmchen am Himmel, es roch nach Nussbäumen, Sonnenblumen und Wärme.

Als ich Pause am Rande des Feldweges machte und mein Mittagessen genoss, kam eine Truppe an mir vorbei, eine junge Mutter, ein junger Mann und ein Mädchen, vielleicht fünf Jahre alt. Mutter und Vater hatten jeweils ein Pferd, vollgeladen mit Gepäck, alles mögliche, Säcke voll mit Heu, Zelt und Schlafsäcke, Bleieimer, Drahtspüle, eine kleine Motorradbatterie, Klamotten aller Art, Werkzeuge, einen Kanister Wasser und viele andere Sachen, die ich bestimmt übersah. Auf jeden Fall waren die beide Pferde vollgepackt und liefen ruhig hintereinander, geführt an der Knebeltrense. Das Mädchen war die letzte und sie ritt einen Esel. Sie hatte einen Reithelm und eine Zahnspange und sie sah Stefana verblüffend ähnlich. Ich hielt sie an, weil ich so aufgeregt war, Pilger mit Pferden und Kind zum ersten Mal zu sehen. Sie kamen mir entgegen und sie pilgerten in die andere Richtung, irgendwo in Nord-Frankreich, aber sie waren im letzten Jahr auch in Compostela gewesen. Ich weiß es nicht, wovon sie gelebt haben (finanzielle Unterstützung für Proviant und so), Tatsache ist, dass sie eigentlich ein Nomadenleben geführt haben. Die kleine Tochter war noch nicht im Schulalter, so dass sie einfach monatelang mitpilgern konnte. Im Winter hatten sie bei den Schwiegereltern geschlafen. Und sie sahen so glücklich aus, sie waren auch glücklich, einschließlich der Mädels, die ihren eigenen Esel hatten.

Verdammt noch mal! Das brachte mich so durcheinander! Also es ist doch möglich, ein alternatives Leben zu führen ...wenn man es tatsächlich will! Ich wusste nicht mehr, was Sache ist, vielleicht weiß ich es jetzt noch nicht. Wir sind alle auf der Suche nach unserer Legende, ob wir wollen oder nicht, und ich glaubte, dass wenige von uns, wenn überhaupt, etwas finden werden.

Ich kam total erschöpft in St. Maurice de Rotherens an. Ich verbrachte den Abend mit anderen Pilgern, es war schön, sehr schön, nach so einem anstrengenden Tag wieder mit Menschen zusammen zu sein. Die Unterhaltung ging ausschließlich über die Erlebnisse der Leute während des Pilgerns und ein paar Tipps darüber, wo man gut übernachten kann und solche Sachen, also „berufliche“ Gespräche, könnte man sagen. Und es war sicherlich so, dass die Leute aufgeregt waren über das, was während des Tages oder der Woche passierte, und es den anderen mitteilen wollten. Eigentlich war nichts Schlimmes dabei (ich erlebte diese Art von Gesprächen in Deutschland auch, wenn die Leute aus dem Urlaub zurückkehrten. Es war nett – ich war vielleicht ein bissl' arrogant – aber irgendwie war ich spirituell nicht reicher geworden nach solchen Gesprächen. Man musste nicht spirituell reicher nach allen Gesprächen sein ... oder? Vielleicht doch? Ich wünschte mir eine andere Art, Erfahrungen oder Gedanken auszutauschen, ein bisschen abstrakter, philosophischer, mehr Nachdenklichkeit, mehr Ideen auszutauschen als praktische Tipps. Ich machte einige Versuche, die Unterhaltung in eine andere Richtung zu biegen, aber es ging nicht, vielleicht hatte ich weniger getrunken als die anderen. Egal, ich war zu müde und wollte ins Bett gehen, aber alles war so schmutzig, dass ich mein Zelt aufbaute und mich dort schlafen legte.

Am nächsten Tag lief ich bis Valencogne (ein kleiner, unbedeutender Ort mit sechshundert Einwohnern) und verbrachte einen wunderbaren Abend bei Annette Rossi. Sie kochte für mich – ich war der einzige Pilger –, deckte den Tisch schön, alles war gepflegt und wir unterhielten uns sehr gut. An dem Abend verstand ich auch die Bedeutung des Ausdrucks „Accueil Jacquaire" –, als sie ihn mir erklärte. Die Franzosen haben eine Gesellschaft gegründet, mit der Absicht, die Pilger ‚die den Saint-Jacques-Weg (Jakobsweg) nach Compostela nehmen, zu unterstützen. Der Ausdruck bedeutet in etwa: Aufnahme/Empfang der Jakobspilger. Die Gesellschaft bietet Unterkunft und Abendessen an und pflegt die Jakobswege, indem sie die Wegweiser neu errichten, die alten Wegweiser wieder auffrischen, die Wege reparieren, verbessern, teeren, die Bäume/Büsche am Rande des Weges zurechtschneiden und so weiter. Die Pilger können eine Spende für die Übernachtung abgeben, wie viel sie wollen und können, oder beim Kochen des Abendessens helfen. Darüber hinaus, wenn beim Essen eine schöne und gepflegte Unterhaltung entsteht, umso besser. Die Idee war und ist sehr schön, großzügig und bildet das Gefühl, vielleicht auch ein bisschen religiös, einer Gemeinschaft, die zusammen an einem Strang zieht. Die Pilger, die auf dem Weg nach Compostela sind, auf der einen Seite und die große Familie, die sich darum kümmert, dass die Pilger Unterkunft und Pflege bekommen, um weiter laufen zu können, auf der anderen Seite. Sicherlich ist es ein bisschen exklusiv, da nur die Jakobswegpilger mit Pilgerausweis dort schlafen dürfen, aber wie wir die Franzosen kennen, sind sie Meister des Imperfekts, sodass Ausnahmen von der Regel oft dabei sind, offensichtlich gut begründet.

Am nächsten Tag war ich wieder unterwegs nach „La Frette", einem Dorf mit 1.000 Einwohnern und ich hatte eines der wichtigsten Erlebnisse meines Pilgerns bis zu diesem Zeitpunkt. Als ich mich auf einer Straße in La Frette nach einer Unterkunft umschaute und ein bisschen unsicher und verloren aussah, kam eine fleißige, nette Bäuerin zu mir und meinte, dass ich sie suche, weil sie ein „Accueil Jacquaire" betreibt.

Und so war es auch. Sie zeigte mir dann das Zimmer und sagte, dass das Abendessen in etwa einer Stunde fertig sein werde. Ich packte meine

Sachen aus, wusch mich ein wenig und dann ging ich wieder in den Hof, wo die Frau die Vorbereitungen für das Abendessen machte. Sie fragte mich, ob ich ihrem Mann im Garten beim Kartoffeln ausbuddeln und Erbsen und Bohnen sammeln helfen möchte. So lernte ich Gerard kennen; eine magische, unglaubliche Begegnung. Ein kräftiger Bursche, aber nicht so groß, vielleicht Anfang sechzig, mit einem runzligen Gesicht, vom Wetter verhärtet, mit buschigen Augenbrauen, die sich nach oben streckten und sich fast mit den Stirnhaaren vermischten, kastanienbraunen Haare und strahlenden, tiefen, blauen Augen. Bauernhände, mit Fingern wie Karotten, einer alten und zu oft gewaschenen Arbeitskleidung, und er bewegte sich langsam, sicher und so natürlich durch seinen Gemüsegarten, als hätte er dieses Gärtnersein in seinem Blut, in seinen Genen gehabt. Auf einmal war ich in meine Kindheit zurückgeworfen, ich buddelte mit Gerard im Gemüsegarten Kartoffeln aus. Er erinnerte mich so sehr an meinem Großvater.

Das war es, was Gerard machte. Er hatte einen Gemüsegarten und kümmerte sich um das Gemüse, Tomaten, Gurken, Salat, Zwiebeln, Karotten, Knoblauch, Erbsen, Bohnen, Radieschen, Kohlrabi, Kohl, genauso wie Petersilie, Basilikum, Estragon, Zitronenmelisse, Thymian, Bärlauch, Oregano, Rosmarin und Liebstöckel. Er hatte auch eine Ecke mit Blumen verschiedener Sorten, Rosen, Margeriten, Hortensien, Rhododendren, Feldblumen, Pfingstrosen und Begonien, sodass er von März bis November seiner Frau frische Blumen schenken konnte – sagte er mir nachher. Eine Seite des Gartens lag an der Straßenseite. Eigentlich war es keine Straße, sondern ein Seitenweg, ein Teil des Jakobswegs, und der Garten hatte dort einen Zaun, der aus alten Flusssteinen gemacht und vielleicht einen Meter hoch war und dann auf der oberen Seite eine Hecke hatte. Aber der Zaun war irgendwie nicht auf der ganzen Straßenseite gerade gezogen. Es war so als hätte man bei der Planung eine gerade Linie auf dem Papier mit einem Lineal ziehen wollen, aber war über den eigenen Finger gestolpert. Es war so eine Halbkreisdelle nach innen gezogen, mit einem Durchmesser von circa eineinhalb Metern, also eine Fläche von ungefähr vier Quadratmeter. Diese Fläche war also nur von der Straße begehbar. Gerard hat den Zaun so konstruiert, dass er auf diesen vier

Quadratmeter Tomaten und Gurken hatte und pflegte, die für die Jakobspilger gedacht waren, die vorbeikamen und vielleicht Lust auf eine gute, frische Tomate hatten, und dann konnten sie sie selbst pflücken!

Inzwischen hatte Nanette, seine Frau, den Tisch gedeckt und als wir aus dem Garten kamen, war das Einzige, was wir noch machen mussten, unsere Hände zu waschen. Aber es gab noch was. Gerard musste seinen Bruder bei irgendwelchen Hausarbeiten beraten, also fuhren wir schnell zu seinem Bruder, weil das Abendessen fast fertig war. Der Bruder hatte Kühe und Schafe und verkaufte der Gemeinde Milch. Aber bevor er das Sauggerät an die Kuheuter machte, sammelte er manuell zwei kleine Eimer Milch für die Familie. Davon holte Gerard auch zwei Liter für Nanette und ich bat auch um zwei Becher Milch, die ich gleich trank! Wahnsinn!

Wir kehrten dann zurück und aßen eine leichte Gemüsesuppe und dann Spiegeleier mit Bratkartoffeln, Bohnen – alles aus dem Garten außer Eier – und die übliche Flasche Wein.

Anschließend wollte ich keinen Nachtisch nehmen, aber Gerard kam mit fünf oder sechs verschiedene Flaschen Schnaps und wir probierten alle aus.

„Alles selbst gemacht“, sagte Gerard, nicht ohne Stolz.

„Und der Wein?“, fragte ich.

„Auch selbst gemacht“, erwiderte Gerard.

Dann fingen wir an uns zu unterhalten, der Alkohol ließ auch die Hemmschwelle unserer Unterhaltung sinken – mehr bei Gerard als bei mir, weil ich keine hatte. Ich sah an der Wand vielleicht zwanzig Weidenkörbe verschiedenen Größen hängen und Gerard sagte, dass die Körbe sehr ästhetisch und schön seien. Und er antwortete: „Ja, im Winter ist es manchmal langweilig und dann mache ich einen Korb und schenke ihn den Dorfbewohnern zu verschiedenen Anlässen.“

Nanette schwieg die ganze Zeit, aber trank ordentlich mit, sie langweilte sich ein bisschen, aber ich war ganz aufgeregt und begeistert. Und auf einmal wollte sie mir das Haus zeigen, Wohnzimmer, Atelier und alles. Ich bekam eine kurze Führung, das Haus war schön, gepflegt und im Wohnzimmer waren viele Bilder an den Wänden aufgehängt. Ich fragte schüchtern, wer diese Bilder gemalt habe – obwohl ich die Antwort fast vermutete. Und ja, Gerard hatte alle Bilder gemalt. Es waren schöne Bilder, nicht Monet oder Van Gogh oder so, aber ansehnliche Bilder. Es waren hauptsächlich Landschaften, Blumen und Dorfecken und sie hatten Wärme, sie hatten Tiefe, sie hatten Volumen und sie vibrierten, wie man es eigentlich von Ölgemälden kennt, und jedes Bild erzählte auch eine Geschichte. Sie waren alle Aquarelle oder Radierungen. Also fragte ich Gerard, warum er keine Ölbilder gemalt hatte. Gerard sagte nur: „Komm mit!" Dann gingen wir in sein „Atelier", das eigentlich ein Kunst- oder kreatives Atelier war. Dort experimentierte Gerard mit der Technik der Ölmalereien, aber er meinte, mit der Qualität seiner Versuche in Ölmalerei noch nicht zufrieden zu sein. Im Zimmer gab es auch einen sehr schönen Schreibtisch, auf dem eine ganze Menge beschriebener Papiere lagen. Es lagen auch eine Menge Bücher da, auch fachmännische Bücher über die Technik der Ölmalerei, aber auch Camus, Voltaire, Proust (was ich auf die Schnelle entdecken konnte, ohne unhöflich zu sein).

Ich sagte: „Gerard, du scheinst aber auch viel Korrespondenz zu haben."

Und er antwortete: „Eigentlich nicht. Aber ich schreibe die Reden, die der Priester unserer Kirche bei verschiedenen Veranstaltungen vortragen muss – Hochzeiten, Taufen, Beerdigungen und sonstige Predigen."

Ich war absolut sprachlos. Wir kehrten an den Esstisch im Hof zurück, tranken weiter unseren Wein und sprachen über alles mögliche. Eigentlich stellte ich Fragen und Gerard antwortete. Er hatte klare und ausgeglichene Meinungen, er sprach klar und deutlich, ohne akademisch oder lehrhaft zu werden. Auch wenn die Antworten auf einige Fragen nicht deutlich waren, erklärte er im Nachhinein immer alles.

Ich konnte nicht glauben, dass so eine Person existiert und stellte ihm Fragen, um ihn besser zu verstehen. Gerard war nie aus seinem Dorf gereist, Nanette war ab und zu im Norden Frankreich gewesen – auch in Paris – aber sie war nie zusammen mit Gerard verreist. Er war in diesem Dorf geboren und hatte in diesem Dorf geheiratet, sprach keine Fremdsprachen und schaute kein Fernsehen. Er war die ganze Zeit beschäftigt – hauptsächlich mit seinem Garten. Er erkannte nach Bauernregeln die Wetterzeichen und konnte im Voraus „lesen", wenn Frost oder Nieselregen, Dürre, sengende Hitze oder Sturm kamen und dann die Pflanzen, das

Gemüse oder die Bäume geschützt werden mussten. Er lebte und folgte den Jahreszeiten, im Winter hatte er Zeit zu malen, zu lesen, Musik zu hören, Weidenkörbe zu machen, die Saat für den Frühling bereitzustellen, den Plan für die Gartenbepflanzung zu machen, kleine Tomatenkerne zu säen und die kleinen entstandenen Knospen dann in Töpfen umzupflanzen. Im Frühling kümmerte er sich um den Garten, pflanzte die Tomaten ein, buddelte den Boden aus, lockerte ihn mit den Händen und ordnete die Karottenschichten in reichen Abständen, pflegte die Büsche und die paar Obstbäume, die er hatte, schnitt Äste, kehrte den Acker, entfernte das Unkraut, machte Feuer und brannte die Äste und die toten Blätter, wässerte jeden Abend den Garten, schützte die Pflanzen vor den Schädlingen mit alten bäuerlichen Methoden und schenkte seiner Frau schöne Blumen aus dem Garten. Im Sommer war die Zeit zum Ernten, er buddelte die Kartoffeln und Karotten aus und sorgte für die Zutaten, die Nanette fürs Kochen brauchte, Tomaten, Gurken, Gewürze ... schrieb die Reden für den Priester und half mit Rat und Tat den Bewohnern, da er auch Präsident des Vereins der Weisen des Dorfes war. Im Herbst machte er Schnaps und Wein und säuberte auch die Holzfässer und legte in Salzlake Kohlköpfe mit Gurken und grüne Tomaten ein, prüfte den Zaundraht, „redete" mit jedem Stein aus dem Zaun, ob er ersetzt oder repariert werden musste, und kochte die Gläser für Nanette – damit sie ihre berühmte Sauerkirschenmarmelade für den Winter machen und in die Gläser einfüllen konnte.

Ich hatte eine nicht religiöse Epiphanie, Gerard hätte ich in einem anderen Leben sein können. Ich sah ihn / mich an und hatte das Gefühl, für eine Sekunde sein Leben zu leben. Er war in Frieden und Harmonie mit sich selbst. Er war in Frieden und Harmonie mit der Welt, auch wenn die Welt ausschließlich aus seinem Dorf bestand. Was für eine großartige Sache! Nicht viele Menschen auf dieser Welt sind in Frieden mit sich selbst. Er war einfach glücklich, sein Leben zu leben, er liebte sein Leben. Er hatte das Wesentliche gefunden. Nicht mit den Augen – wie der Fuchs dem kleinen Prinzen so schön erklärt hat –, sondern mit dem Herzen. Und das Wesentliche ist so natürlich. Und was natürlich ist, ist so einfach. Je weniger Natur desto komplizierter sind die Dinge. Ich sah den anderen Mircea, der aus mir möglicherweise geworden wäre, hätte ich die andere

Richtung genommen. Es war so schön!! Es war so schmerzhaft, aber doch so schön...

Ich war total durcheinander. Gerard, das junge Paar in Bürgisstein, die Familie mit dem kleinen Mädchen mit dem Esel, das waren Beispiele, vielleicht Zeichen, dass ein anderes Leben, ein einfaches Leben in der Natur, innig mit der Natur verbunden und glücklich zu sein, möglich ist, dass man nicht nur im Urlaub zwei Wochen in einem Naturpark in Südafrika oder der Sächsischen Schweiz oder vielleicht in einem Robinson Club in Österreich Natur nah erleben kann.

Läuft die Zeit langsamer oder anders in einem Dorf als in einer Großstadt? Ist die Zeit in einem Dorf nicht Geld? Hat man Zeit, um die Sachen ruhen zu lassen und darüber nachzudenken? Ich denke, ja ... Leider war ich so verdorben von der Großstadtgesellschaft, von der Gewinner- und Verlierer-Mentalität, von der Bequemlichkeit und virtuellen Realität der Medien. Ich gehörte zu lange der Gesellschaft der materiell Wohlhabenden an, um alles jetzt anders zu machen. Mein Weg würde mich zwingen, in eine andere Richtung zu gehen. Viel näher an der Natur, viel weiter weg von den unwichtigen Sachen, die dir die Gesellschaft als wichtig verkaufen möchte, aber einen kleinen Gemüsegarten würde ich wohl haben müssen! Und eigentlich hatte ich wenig Ahnung von dem, was man in einer Dorfgemeinschaft macht, von Landwirtschaft, von Sitten und Gepflogenheiten. Ich hatte schon als Kind mal gesehen, wie man eine Peitsche zusammenstellt, die Pferde mit Pferdegeschirr an die Karre bindet, Getreide und Heu in die Scheune bringt, die Kühe melkt, solche Sachen, aber man müsste so viel mehr wissen. Und vor allem, man muss eine Geschichte haben, um in einem Dorf zu leben. Eine Geschichte, die man hat und die sich weiter fortsetzt. Ich hatte keine Dorfgeschichte. Ich hatte nur Erinnerungen aus der Kindheit, schöne Erinnerungen, aber nur Erinnerungen, es war zu spät, mich jetzt in einem Dorf niederzulassen, um etwas Neues anzufangen. Es war aber ein Teil in mir, der weinte, weil ich diesen Weg nicht gegangen war, ja, es war mehr als Nostalgie, obwohl Nostalgie etwas mit Schmerz zu tun hat. Also musste meine Suche weiter gehen, um zu verstehen, wer ich bin, woher ich komme, wohin ich gehe und was das Wesentliche für mich ist.

Und irgendwie wollte ich diesen Ort aber nicht verlassen.

Am nächsten Tag blieb ich am Vormittag weiter bei Gerard und half ihm im Garten, aber am Nachmittag verabschiedete ich mich doch und lief weiter.

Ich war auf dem Weg nach Pommiers-de-Beaurepaire. So ein schöner Name. Ich sprach mittlerweile ohne Probleme Französisch, ich verstand und wurde verstanden. Ich fühlte mich sehr wohl beim Pilgern in der Natur, weit weg von den sozialen Netzwerken, Zeitschriften, Fernsehern, Theater, Kino, Zivilisation. Ich hatte das Bedürfnis zu schreiben, das ist wahr, aber es war auch so, weil ich meine Gedanken nicht verlieren oder vergessen wollte. Frankreich lag mir viel mehr als die Schweiz. Es war so viel ähnlicher wie mein Lieblingsdorf Dridif – jede Person, die mich kannte, lernte auch Dridif kennen, durch meine Erzählungen – in Rumänien.

Das Wetter war angenehm, ein bisschen wolkig, aber gut zum Laufen. Es war schon spät am Nachmittag und der Sonnenuntergang kam näher, ich war in einem Wald, es roch nach Harz und feuchten Farnen. Ich lief weiter und, warum auch immer, hielt ich auf einem kleinen Pfad im Wald an und schaute mir lange einen kleinen, sehr kleinen Bach an, der den Pfad entlang floss. Ich war an einer Lichtung und merkte auf einmal, wie frisch das Wasser aussah und wie die Sonnenstrahlen im Bach wunderbar schillerten. Der Bach war nicht tief, vielleicht zehn oder zwanzig Zentimeter, und voll von Steinen. Ich saß da und schaute mir sehr lange die Steine, das Wasser, die im Wasser gespiegelten Sonnenstrahlen an, und für einen Augenblick dachte ich: Das ist die Ewigkeit. Das ist alles. Ich weiß es nicht, ob ich Stein, Wasser, Wald, Lichtung, Farne oder Sonnenstrahlen sein wollte, aber da, in dem Moment, sah und spürte ich die Ewigkeit. Ich machte gleich ein paar Fotos, schaute alles an und löschte es wieder. Ich machte andere Fotos, schaute sie mir an und löschte sie wieder. Klar, man kann nicht die Ewigkeit fotografieren, man muss sie erleben. Ich war glücklich. Nach einer „ewigen“ Zeit, lief ich weiter und dachte über die Anfangszeiten meines Emigrantenlebens in New York nach.

Inzwischen hatte Mircea aber auch einige andere Gedanken. Er war ein Mann mit zwei gescheiterten Ehen und einem Sohn. Wäre das nicht beängstigend und für ein junges, dynamisches Mädchen unüberschaubar? Wer würde sein Leben mit ihm teilen wollen? Würde eine schöne junge Frau, so faszinierend und mit einem tiefen und traurigen Herzen wie Maria, ihn immer noch mögen? War es nicht nur eine Illusion auf seiner Seite? Und im Allgemeinen wäre es möglich, dass sich ein junges Mädchen, das in Alter und Persönlichkeit so anders wäre als er, sich in ihn verliebt?

Und dann, wie die Dinge nun mal passieren, rief sein Bruder ihn an und erzählte ihm, dass er einen Brief von Martina erhalten habe, dem deutschen Mädchen, das er vor Jahren in seinem Geburtsland kennengelernt und mit dem er einige sehr schöne Skitage verbracht hatte, nichts weiter, an einem seiner Skiurlaube, den er mit seiner damals schwangeren Frau Marina verbrachte. Martina hatte gehört, dass er endlich ausgewandert und irgendwo in New York war, und wollte wissen, ob es ihm gut geht. Das war ein ziemlicher Zufall, da er auch darüber nachdachte, wie es ihr heutzutage gehen würde.

Aber der Grund, warum er darüber nachdachte, war tatsächlich auf seine späten Gedanken über seine Unfähigkeit zurückzuführen, in dieser Stadt, in diesem Land, zu funktionieren und glücklich zu sein. Er hatte nur das Gefühl, dass er nicht hierher gehörte. Er hatte sich selbst bewiesen, dass dies nichts mit finanziellem und beruflichem Erfolg zu tun hatte, da er einen guten sicheren Arbeitsplatz hatte, im Büro geschätzt wurde und als verlässliches Mitglied der Gesellschaft angesehen wurde, also war er in New York „angekommen". Es fühlte sich irgendwie so an, als ob die Proportionen nicht stimmten. Die Proportionen zwischen Menschen, Straßen, Autos, Häusern, Bäumen, die Differenz zwischen dem, was die Leute sagen und was die Leute tun, das alles machte ihn unbehaglich, es war wie permanente Kopfschmerzen, keine schlechten, aber genug, um ihm ein gewisses Maß an Missfallen zu bereiten, dass er sich nicht fühlen und nicht er selbst sein konnte, wie er es normalerweise tun würde. Es fühlte sich wie eine gefälschte Welt an, wie ein Theater, in dem die Leute auf der Grundlage von Rollen handelten und in einem permanenten Smalltalk waren. Vielleicht war es eine Leere, die er fühlte, weil er an diesem Ort oder in der Denkweise der Menschen keine Tiefe der Geschichte spürte. In seiner Kindheit, in seinem Dorf in Rumänien, wenn man wissen wollte, wer jemand ist oder was er tut, hatte man gefragt: „Wem gehörst du?" Man hatte also den Wert eines Mannes zuerst nach der Zugehörigkeit zu einer Familie bemessen, denn das war das Wichtigste. Hier in New York lautete die Frage: „Wie viel Geld machst du?" Also hatte man den Wert eines Mannes in Geld bemessen. Es ging um Geld und Macht. Und ging es nur noch darum, es jetzt und hier zu haben.

Also begann er über eine Rückkehr zum alten Kontinent nachzudenken, nach Frankreich, Deutschland, England – oder irgendwo sonst in Europa. Er hatte es bis jetzt nicht so stark gefühlt, dass er Europäer war; dass es eine europäische Identität, Geschichte und einen Raum gibt, oder wie man es heutzutage nennt, ein historisches, geopolitisches spezifisches Umfeld. Und dann erinnerte er sich an Martina.

Also fingen sie an, Briefe auszutauschen, und dann fingen sie an, zu telefonieren, und dann kam sie, um Weihnachten und Silvester mit ihm in New York zu verbringen.

Und dann passierte eine außergewöhnliche Sache. Mircea fühlte sich in ihrer Gegenwart so sicher, verstanden und beschützt, dass er nach vielen Jahren endlich frei und von ganzem Herzen über den Verlust seines Vaters sprechen konnte. Er konnte nicht nur sprechen, sondern auch darüber weinen. Er erzählte ihr stundenlang, wie er seinen Vater all die Jahre unter dem Bett für sich behalten hatte, wie sie miteinander sprachen, wie sie sich füreinander fühlten und wie einsam sie beide waren. Es war ein wunderbares Gefühl der Erleichterung, all diese Emotionen loslassen zu können. Sicherlich hatte er sich nach so etwas gesehnt, aber Martina hat eben diesen Raum und diesen Platz einfach zu der richtigen Zeit gefüllt.

Martina war eine besondere Person, sie hatte selbst ein sehr hartes Leben gehabt, verlor ihren Bruder, sie hatte eine sehr unglückliche Kindheit – etwas, das Mircea nicht begreifen konnte – aber sie schaffte es irgendwie, durch ihre Leistungen ein Gefühl des Selbstvertrauens zu entwickeln. Sie war eine erfolgreiche, praktizierende Anwältin und hatte eine eigene Anwaltskanzlei, war eine anständige Skifahrerin und Tennisspielerin, liebte Musik, Bücher und guten Wein. Nach außen eine Erfolgsgeschichte – definiert anhand der eingestuften Erfolgsdefinition der Gesellschaft. Im Inneren ein unglückliches Wrack, eine blutende Seele und ein Kind, das nach Liebe schrie.

Alles kam zusammen. Es war eine Beziehung, die solide und schnell wuchs, Martina hatte dieses Ding, diesen Impuls zur Aufrechterhaltung des sozialen Status – Mircea dachte, dass es vielleicht eine Art Frauenkrankheit sein musste –, aber sie war vor allem anständig, nachdenklich und rücksichtsvoll, jemand, der sich danach sehnte, geliebt zu werden. Das Erstaunlichste war, dass sie sich als Kind nie geliebt fühlte! Was für ein Verbrechen von ihren Eltern, nicht nur ihren Kindern keine Liebe zu zeigen, sondern auch ihre Kinder mit Liebessuspendierung oder -rückzug zu erpressen. Damit musste er sich noch viele Jahre auseinandersetzen.

Aber er fühlte sich bei ihr wohl wie nie zuvor. Martina war eine Person, der man vertrauen konnte, zuverlässig, klug, mächtig, aber gleichzeitig sensibel und emotional. Also flog sie alle paar Wochen zwischen Deutschland und New York hin und her. Er reiste nach Deutschland, um ihre Eltern zu treffen, und nach Österreich für einen Skiurlaub, und ihre Beziehung wurde immer stärker. Es war eine feste Beziehung und es war Liebe. Martina war so verliebt und begann ihr Leben und ihre Zukunft zu planen. Mircea war ein wirklich glücklicher Mann. War er verliebt? Aber was bedeutete es, verliebt zu sein? Er erinnerte sich an die Geschichten seines Großvaters darüber, was es bedeutet, verliebt zu sein. Vielleicht war er nicht wirklich verliebt; vielleicht war er über die Zeitperiode der Verliebtheit gesprungen und hatte Martina einfach geliebt, vielleicht verlieben sich die Erwachsenen nicht mehr wie Teenager. Er wusste es nicht, aber er war sich sicher, dass er für den Rest seines Lebens bei ihr sein wollte.

Sie heirateten an einem schönen Tag im Juni, alle ihre Freunde kamen aus Deutschland, um die Hochzeit zu feiern; Mircea lud auch ein paar Freunde aus den USA ein, seinen Bruder natürlich, seine Freunde aus Rumänien konnten keinen Reisepass für die Hochzeit bekommen. Es war eine schöne Party, die von Martina gut organisiert wurde, im Sheraton Hotel in New York. Es war eine verrückte Woche, da sie Sightseeing-Touren in New York organisierten, Broadway-Shows für alle, aber das

Schönste war ihre standesamtliche Trauung im Central Park, an einem schönen sonnigen Tag, an einem Ort, den sie erst am Tag vor der offiziellen standesamtlichen Trauung gefunden hatten, wo sie gegenseitig das Gelübde vor ihren Freunden und dem Friedensrichter abhielten. Es war emotional, es war voller Versprechungen, Tränen flossen, Vögel sangen und es war alles echt ... Sogar der Friedensrichter wollte dem jungen Ehepaar etwas sagen, obwohl bereits alles, was gesagt werden musste, gesagt wurde, obwohl Konfetti und Reis schon auf allen Haaren und Schultern waren ...

Mircea erinnerte sich an seinen Großvater und seinen Vater und dachte darüber nach, was sie über ihn denken würden und welche Wendung sein Leben wieder nehmen würde ...

Er erinnerte sich sogar daran, dass sein Vater ihm erzählt hatte, als sie eines Abends viel zu viel zusammen getrunken hatten: „Mein Rat an dich ist, zu heiraten. Wenn du eine gute Frau findest, wirst du glücklich sein. Wenn nicht, wirst du Philosoph."

Ich kam in Pommiers an und übernachtete dort auch. Ein winziges Dorf mit circa 200 Schornsteinen, und nicht weiter berichtenswert. Weiter nach Salaise. Eine 25 Kilometer Etappe. Es war eine Zeit, wo ich auf meinen Körper hören musste. Ich lief weiter allein und es ging mir gut. So wahnsinnig war dieses Spiel Körper-Geist, an dem ich nichts dazu beitragen oder beeinflussen konnte. Trotz alledem wurde ich heute wackelig. Ich traf einen Pilger, der mit einem Pferd pilgerte, nicht auf dem Pferd, sondern neben dem Pferd. Das Pferd trug das Gepäck. Es war ein Spanier, der auf Mallorca geboren wurde, aber in Panama lebte – auf einem Boot.

Ich konnte mich mit ihm nicht lange unterhalten, da das Pferd graste und ich weiter musste, aber er wollte mir das Pferd geben. Er war auf dem Weg nach Santiago und wollte jemanden finden, dem er das Pferd schenken konnte, weil er wieder nach Panama musste, und das Pferd nicht in einem Käfig mitnehmen wollte. Ich wurde schwach. Ich sprach mit dem Pferd gesprochen, dachte darüber nach und sagte dann, verdammt, nein. Aus verständlichen, logischen Argumenten. Was für ein verrosteter, verkrusteter Systemsoldat bin ich! Scheußlich bin ich!

Fernando, so hieß er, erzählte mir, dass er zusammen mit seiner sehr kranken Frau nach Santiago pilgern wollten, um vielleicht dort ein Wunder zu erleben und den Krebs seiner Frau zu heilen. Da sie nicht so viel laufen konnte, kauften sie sich ein Pferd und pilgerten von Paris nach Genf, über Besançon, und die Frau war auf dem Pferd geritten. Sie war Schweizerin und wollte auch Verwandte in der Schweiz besuchen. Fernando war in Frankreich in Beaumont geblieben, an der Grenze zu Frankreich und hatte auf sie gewartet. Er hatte sich vor langer Zeit aus der Gesellschaft zurückgezogen, wohnte auf seinem Boot in Panama seit Jahren, und ab und zu hatte er die eine oder andere Reise mit dem Boot gemacht, um Zentralamerika herum. Anscheinend wollte er nicht nach Genf mit seiner Frau gehen und blieb, um auf das Pferd aufzupassen.

Die Krankheit seiner Frau hatte sich schlagartig verschlechtert und er wurde telefonisch informiert, dass sie in einem Genfer Krankenhaus gestorben sei. Nachdem alle logistischen und organisatorischen Sachen geregelt waren, hatte er sich von seiner Frau verabschiedet und seine Pilgerreise nach Santiago fortgesetzt. Er sah aber nicht mehr viel Sinn darin und wollte wieder zurück nach Panama, dementsprechend wollte er auch das Pferd loswerden.

Stell dir mal vor, ich wäre mit einem Pferd weiter gepilgert!! Es wäre der Hammer gewesen. Wie füttert man ein Pferd? Es muss Wasser trinken. Wie kann man es organisieren? Vielleicht würde ich demnächst den Spanier wiedersehen. Sollte ich das Pferd nehmen?

Was würde ich mit ihm in PDR machen? Crazy!!!

Ich machte meine Mittagspause auf einem Feldweg, inmitten von Sonnenblumen, es war herrlich, die Ästhetik dieser Blumen entfaltete sich in direkter Beziehung mit der Menge der Blumen. Und wenn du links und rechts hunderte, vielleicht tausende von Sonnenblumen siehst, wie eine disziplinierte Armee, deren letzte Reihe in dem Nebel der Horizontlinie verschwindet, eine Armee, die auf ein Zeichen wartet, um weiter zu marschieren, spürst du gleichzeitig Bewunderung und Begeisterung. Ich hatte meine Tomaten und Schafskäse dabei, ein Saucisson mit Knoblauch und frisches Brot, also was will man mehr? Gut gelaunt, erfrischt und satt ging ich weiter und erreichte das nächste Dorf und am Ende des Dorfes den

Jakobsweg, bog nach rechts um ein Haus mit einem wunderbaren großen Garten und sah eine alte Dame, die in einem Schaukelstuhl saß und in den Sonnenuntergang schaute. Ihre zwei Enkel waren irgendwo im Garten in einem Sandkasten beschäftigt. Sie schaute mich für eine Weile an und sah meine Jakobsmuschel an meinem Rucksack hängen. Ich sagte höflich „Bonjour“ und sie fing an zu schreien: „Enfants, enfants! Venez ici!“

Da standen die zwei Kinder vom Sandkasten auf und kamen näher.

Die Dame sagte: „Voilà la bas! Il est le Père Noël! Qui va a Compostelle!”

Und die Kinder sagten höflich: „Bonjour.“

Und ich lachte mich kaputt. Ich konnte und wollte nicht auf meine Erscheinung achten, ich war halt ein Pilger, aber ab und zu hatte ich mich selbst in einem Schaufenster oder See nicht erkannt. Und was ich sah, war tatsächlich nicht weit von Père Noël entfernt.

Es war ein guter Tag. Am Sonnenuntergang erreichte ich auch Salaise, nachdem ich fast verzweifelt war, weil ich die Adresse von „de Accueil Jacquaire“ nicht fand. Ich rief dort an und sagte, wo ich mich befinde, auf einer Terrasse inmitten des Dorfes, mit einem Bier in meiner Hand, mit drei Pilgern, zwei Iren und einem Franzosen am Tisch, weil die Gepflogenheiten des Pilgers auf dem „Chemin de Saint Jacques“ besagen, dass, wenn du dich in einem Lokal an einen Tisch setzen möchtest und es schon einen Tisch mit Pilgern gibt, dann solltest du um Erlaubnis bitten und zusammen mit den anderen Pilgern sitzen und Erfahrungen austauschen. Die zwei Iren waren sehr gesellig und wollten partout den Franzosen, einen langen Kerl, vielleicht fünfzig Jahre alt, mit einem Gesicht und der Einstellung eines Staatsbeamten, mit mir auf die Reise schicken, da er bis jetzt keine Übernachtungsmöglichkeit hatte. Es war mir unangenehm, es abzulehnen, aber ich machte es doch, weil ich schon wusste, was die Dame mir am Telefon gesagt hatte: sie hätte nur einen Platz frei. Nach einer Weile kam eine alte Dame mit einem noch älteren Peugeot angefahren und holte mich ab. Sie wohnten eigentlich etwa 15 Kilometer weit von Salaise und ich hätte die 15 Kilometer kaum noch geschafft. Es war ein sehr nettes altes Paar, das für mich am Abend nicht nur kochte, sondern sich auch um mich sorgte. Die Dame flickte meinen Rucksack, ihr lieber Mann reparierte meine Brille, er hatte so ein Gerät, um die Brillenrahmen zu heizen, damit er sie dann wieder einrichten konnte, weil meine Brille verzogen war. Ich konnte mich auch nicht wehren, als die Dame meine Wäsche machen wollte. Sie pflegten mich rundum und machten mich funktionsfähig. Wir aßen auch schön zu Abend und unterhielten uns sehr schön. Sie waren ziemlich religiös und ich wollte sie nicht mit meinem atheistischen, laizistischen Denken enttäuschen. Sie waren auch in Compostela, aber hatten nur die Spanienseite der Chemin de Saint Jacques gemacht. Wir sprachen dann doch noch über das Glauben und die Ethik und es war nicht nur sehr interessant, sondern auch herausfordernd und einigermaßen anstrengend, so eine Unterhaltung auf Französisch zu führen.

Am nächsten Morgen frühstückten wir auch gepflegt und in Ruhe, auch wenn es französisches Frühstück war, ich meine, nicht so üppig, aber die Baguettes waren warm, die Croissants waren frisch gebacken und le Fromage war saftig und geschmackvoll. Ich bedankte mich warm bei den beiden, verabschiedete mich und ging geflickt, gewaschen, satt und voller Kraft weiter. Mein nächstes Ziel war Bourg-Argenthal, was ich über Bessey erreichte. Bessey war ein Ort ohne große Bedeutung, wo ich zeltete und über die letzten Tage des Pilgerns nachdachte. Ich dachte auch über Fernando nach und beschloss, dass, wenn wir uns noch mal auf dem Weg zufällig treffen würden, ich das Pferd nehmen würde. Dieser Beschluss hatte mir den Glauben an mich selbst wieder gegeben.

Dann ging ich weiter nach Bourg-Argental, einem sehr schicken Dorf mit circa 3.000 Einwohnern, eine französische Gemeinde im Département Haute Loire, ich verließ schon den Département Rhône-Alpes. Ich ging wieder über Felder und ausgedehnte Waldabschnitte, und der Weg stieg stetig leicht an und dann war sinngemäß wieder Abstieg angesagt. Ich wusste nicht sicher, was mir besser gefiel, die Unendlichkeit der Felder und insbesondere der Felder voll mit Sonnenblumen, die Sicherheit und Unbeweglichkeit der Natur und Landschaft, die Hitze und die Obstbäume, die am Rande des Weges den Pilgern Pflaumen, Aprikosen oder Mirabellen anboten, das Vertraute oder die angenehme Kühle und Feuchtigkeit, die geheimnisvolle und überraschende Kraft des Waldes, der Pfad, der immer nach rechts oder links oder geradeaus ging und einem immer andere Eichen, Tannen, Buchen oder Farne, Blaubeeren-, Himbeeren-, Heidelbeeren oder Brombeeren anbietet, Lichtungen und Licht-Schattenspiele, Elfenblumen, Hahnenfüße, Schneeglöckchen, Waldmelissen, Schaumblüten oder wie auch immer diese Fülle von Waldblumen heißen, die dir den Weg verschönern. Es gibt natürlich keine eindeutige Antwort. Vielleicht war es nur ein Stück Musik, „La Campanella" von Liszt, was die Felder und Wälder zusammenführte, woran ich mich plötzlich erinnerte. Ich war auf jeden Fall nach einigen Tagen, die ich über die Felder ging, wieder im Wald und es gefiel mir sehr. Ich suchte mir eine gemütliche Lichtung aus, machte eine Rast und wurde nur von Spatzen und Spechten gestört, dann wieder weiter, bis ich dieses wunderbare Dorf, Bourg-Argental erreichte. Ich hätte aber keine größere Überraschung haben können, als ich das Haus, wo ich übernachten sollte, sah. Es war ein echtes prachtvolles Haus, ein echtes Herrenhaus, mit einem riesigen Garten, mit Erdgeschoss und zwei Stockwerken, mit vielleicht acht Schlafzimmern, mit einem riesigen Empfangsraum, einer Bibliothek und einem Büro, einem riesigen Wohnzimmer und einer Küche und einem Kunstatelier im Erdgeschoss, und die Schlafzimmer und vier Bäder im ersten Stock, wobei, so wie ich verstand, vier von den acht Schlafzimmern ensuite Badezimmer hatten. Ich musste mich kneifen, um sicherzustellen, dass ich nicht träumte. Es war ein liebes Ehepaar, er war jetzt Rentner, François, ehemaliger Banker, hatte für BNP Paribas gearbeitet, und Louise war Ärztin, arbeitete aber nicht mehr aktiv. Louise hatte im dem riesigen Garten vor dem Haus einen Tisch gedeckt und wir aßen dort zu Abend. Aber weil das Essen noch nicht fertig war, unterhielten wir uns ein bisschen und ich erzählte über Gerard und dass ich Milch vom Euter der Kuh trank, wie in meiner Kindheit. Da sagte Louise: „Na, dann kommen Sie mal mit!" Und sie nahm mich mit und wir sind gingen dann durch einige Gartenabkürzungen durch das Dorf und gelangten zu einem Bauer, der gerade dabei war, die Kühe zu melken. Und siehe da, Louise bat den Bauer, mir auch ein bisschen frische Milch zu geben! Und das war das zweite Mal, dass ich auf dieser Pilgerreise Milch direkt vom Euter der Kuh trank! Herrlich! Dann gingen wir zurück und Louise brachte die Speisen auf den Tisch. Es gab nur leckere und leichte Speisen und natürlich Käse und einen sehr guten Bordeaux. Wir unterhielten uns lange, es wurde dunkel und wir sprachen weiter bei Kerzenlicht, über Banken und spekulative Produkte, Derivate und Hedge Funds, aber auch über Glauben, Gott und Gesellschaft, Macht, Schicksal und warum wir auf der Erde sind, solche Sachen. Es war so, dass sich der Mann kontinuierlich über ein Thema unterhielt, sodass Louise ihn anschaute und wie auf einen Knopf drückte und François dann sofort das Thema wechselte. Ich verstand nicht, warum ich da war, warum waren diese Leute Mitglieder des „Accueil Jacquaire"-Vereins, wie ich vermutete?

Später am Abend, gingen wir ins Haus, in seine Bibliothek und François bot mir eine Zigarre an und öffnete noch eine Flasche Wein. Ich glaube, es war ein Haute Brion. Es war wie im Kino, wie in „The Great Gatsby" und der Clochard (ich) war dabei! Die beiden waren tatsächlich Mitglieder des „Accueil Jacquaire"-Vereins und nahmen Pilger auf, um genau solche Abende und Gespräche zu haben – ich glaube aber doch nicht, dass der Mann bei jedem Pilger eine Flasche Haute Brion öffnete. Ja, ich hatte solche Gespräche vermisst und den Komfort, das gute Essen und den Wein genoss ich auch, muss ich sagen.

Am nächsten Tag, nach dem Frühstück, wollte ich meinen üblichen finanziellen Beitrag für die Übernachtung und das Essen leisten, aber Louise winkte vehement ab und sagte mir, dass der schöne Abend, den ich ihnen geschenkt hatte, Belohnung genug war. Ich konnte es kaum fassen. Ich dachte: Na ja, vielleicht komme ich in ein paar Tagen wieder! Danke Louise, danke François!

Dann verließ ich Bourg-Argental und pilgerte weiter Richtung Montfaucon, eine Etappe von circa 25 Kilometern. Die Gegend war ziemlich hügelig und wellig, was wieder einmal Aufstieg und Abstieg bedeutete. Ich war so gut wie auf der Spitze der Hügel, in circa 1.000 Metern, und es gab einen wunderbaren Ausblick, der nur bei so einem klaren, wolkenlosen Wetter möglich war. Es schien eine erholsame Etappe zu sein, denn bis jetzt lief ich meist auf Feld- und Waldwegen und ich durchquerte keine Dörfer. Entweder lief der Weg um die Dörfer oder es gab weniger Dörfer hier in der Gegend. Am Nachmittag, früher als ich dachte, erreichte ich Montfaucon-en-Velay, einen eher kleinen, pittoresken Ort, mit etwa 1.200 Seelen, einem wunderbaren, alten Rathaus, einer Kapelle namens Notre-Dame und einer schönen kleinen Kirche namens Saint-Pierre, wo ich gleich meinen Pilgerstempel holte. Pilgern in Frankreich war sehr angenehm aus Planungssicht, da ich nicht wie in Deutschland, zwei oder drei Stunden lang am Abend nur auf der Suche war, eine Übernachtungsmöglichkeit zu organisieren, es sei denn, ich entschied mich fürs Zelten, sondern man hatte die Liste mit den „Accueil Jacquaire“ und die „Gites“ und deren Unterkünften, und man wusste, dass man eine Unterkunft finden würde. Und ich bekam einen Platz in einem Zimmer mit zwei Betten zugewiesen, und wer war schon da? Der Franzose, den ich vor einem Tag kennengelernt hatte. Jetzt sah ich ihn ein bisschen besser an, er hatte eine lange Nase und einen riesiges, viel zu langes Gesicht, kurz geschnittene Haare, eine weiße und schlaffe Haut, schöne und ausdrucksstarke Hände mit langen und knochigen Fingern. Er hatte einen kantigen, beinahe rechteckigen Unterkiefer und ein Kinn, das sich wie bei einer Marionette bewegte, als er sprach, und dabei dachte ich am Anfang, er hätte eine Gesichtsoperation gehabt oder so, aber er sah nun mal so aus. Na ja, man kann nicht alles haben. Ich duschte mich, er war schon fertig und dann lud er mich zum Abendessen ein. Wenn man in einer Gite übernachtet, wird man nicht unbedingt mit Abendessen versorgt. In einer Accueil Jacquaire schon. Also gingen wir essen und es war langweilig und traurig. Der Franzose erzählte mir über sein Leben und seine Familie. Er war geschieden und hatte einen sechzehnjährigen Sohn, aber keiner von beiden zeigten überhaupt ein Interesse an ihm und sie hatten keinen Kontakt mehr. Seine Eltern verfolgten seine Pilgerreise mit Interesse und würden ihn in zwei Tagen treffen. Es war seine erste Pilgerreise und er hatte Probleme mit den Blasen an seinen Füßen. Es war für mich sehr traurig, weil er keine Träume, Hoffnungen oder Selbstvertrauen hatte. Er war, wie soll ich sagen, ein Mann der kleinen Dinge. Ultrapedantisch, es war ihm wichtig, wie der Tisch im Restaurant gedeckt war, wie das Geschirr und die Gläser aussahen und das Essen, die Speisen, das Bier war irgendwie Nebensache. Er genoss das Bier überhaupt nicht, es war ihm ziemlich egal, ob es Bier war oder Wein und wenn Wein, dann was für ein Wein. Und er war Franzose! Ich dachte, er war bestimmt ein ehemaliger Beamter und eine Gestalt der Traurigkeit. Er hatte nichts Interessantes zu erzählen, machte auch nichts, außer die drei Marathons, die er gelaufen war. Da kam ein bisschen Leben in die Bude, als er davon erzählte. Er konnte nicht viel darüber erzählen, sodass ich ihn nach und nach fragen musste – einen Marathon zu laufen, war eine der Sachen, die ich auch mal machen wollte, und zwar in New York. Egal, wir gingen zurück ins Zimmer und legten uns schlafen, da wir beide ziemlich fertig waren.

Am nächsten Tag war die letzte Etappe vor der berühmten Le-Puy-en-Velay, dem Ausgangspunkt des französischen Jakobsweges, mit seiner berühmten Kathedrale. Ich bewegte mich am Morgen geschickt langsam und sagte, dass ich auch Proviant besorgen möchte, sodass wir uns verabschiedeten, und ich ging weiter allein nach Saint-Jeures, eine relativ kurze Etappe ...

Es war ein guter Tag zum Laufen, ein Tag, wenn der Körper von allein läuft und man Zeit zum Nachdenken hat. Langsam formte sich ein kleiner Umriss über das, was ich empfand und was ich wollte. Ich genoss unheimlich, ein Bub zu sein, keine große Verantwortung zu haben, die Sachen laufen zu lassen und von sich selbst erledigen zu lassen. Man kann es, wenn man pilgert und sich irgendwie am Rande der Gesellschaft bewegt. Natürlich möchte ich auch ein Mädchen bei mir haben, wenn es geht. Die letzten fünf Jahre mit Martina, als ich sie geliebt und gepflegt hatte, waren für mich körperlich auch nicht einfach gewesen. Ich hatte meine physischen Bedürfnisse zurückgestellt und jetzt, da ich mich befreit fühlte, wollte ich schon eine Beziehung haben, wo ich mich auch physisch entfalten konnte. Aber wichtig ist, dass ich glaube, eine Antwort auf die ewige Frage gefunden zu haben, für die Wurzeln, die die Menschen in der Regel haben und die ich nicht habe, nämlich die Frage, ob man Wurzeln braucht, ob man eine Heimat braucht, und was ich mache, wenn ich keine Wurzeln habe.

Die Wurzeln sind nichts anders als die Liebe selbst – habe ich früher behauptet. Großartige, wahre, warme Liebe. Wenn man liebt, bildet man diese Wurzeln, bildet man eine Heimat, auch wenn es eine Fremdheimat ist. Als Martina ging, sind mir die Wurzeln abgeschnitten worden. Aber nicht alle. Die Kinder, der Ozean, der Weg, die sind alle da und wachsen und helfen mir, Wurzeln zu bilden. Und weil die Liebe so wichtig ist, muss man sie auch verstehen, pflegen, gießen. Ich glaube, ich möchte ein Seelengärtner werden. Ja, ich glaube, die Seele muss gepflegt werden und ich kann Menschen dabei helfen. Ich weiß es nicht, ob man so was studiert, ob es ein Beruf ist oder nicht, sicherlich gibt es Psychologen und Psychiater und alles hat mit Empathie zu tun, aber ich denke, Seelengärtner zu sein, ist was ein bisschen anderes. Auf jeden Fall scheint es so zu sein, dass es mir mit einer Art Seelengärtnerfunktion bei einigen Menschen gelungen ist, ihre Schmerzen, Ängste, Verunsicherungen zu lindern und ihnen Hoffnung zu geben.

So dachte ich damals, aber das Leben hat mich später dann anderes gelehrt. Diese Geschichte aber werde ich zu einer anderen Zeit erzählen.

Ich war auch heute in einem hügeligen, welligen Höhenbereich, um Tausend Meter rum, meist in landwirtschaftlich genutzten Gebieten, wo ich immer wieder diese außerirdischen Seen von Sonnenblumensoldaten links und recht marschieren sah. Ich konnte jetzt viel besser nachvollziehen, warum Vincent van Gogh so besessen von den Sonnenblumen war, die er so oft gemalt hatte. Ich machte auch eine Rast, um zu sehen, wie ich mich inmitten dieser Armee fühle. Ich hatte ein bisschen Knoblauch dabei, Würstchen, gute Tomaten und Brie und auch ein halbes Baguette. Mehr brauchte ich auch nicht. Ich war Teil der Armee, ich war Teil des Universums, man sah mich nicht, aber ich leistete auch dazu meinen winzigen Beitrag in diesem riesigen Zeit-Raum-Gebilde. Ich war Sonnenblume, ich war erfrischender Bach an einem Tag mit sengender Hitze, ich war Berg und frische Wald- und Wilderdbeeren, Schäferhund und Büffel, ich war Heimat.

Ich ging weiter und endlich war ich in Saint-Jeures, einem winzigen Dorf in 1.200 Metern Höhe, mit nur 300 Schornsteinen, zwei Schlössern (Ruinen natürlich) und einer protestantischen Kirche. In einer netten Gite kochte ich mit Franzosen das Abendessen und plauderte. Es war ganz angenehm, obwohl die Spannung für den nächsten Tag, wenn wir nach Le Puy-en-Velay laufen würden, schon spürbar war.

Endlich war ich auf dem Weg nach Le Puy-en-Velay, der erst angenehm war, weil ich von 1.200 Metern Höhe runter auf 600 Meter langsam absteigen musste. Es war ein wunderbarer Tag und ein schöner Abschluss des Gebennensis-Pilgerwegs. Ich hatte 350 Kilometer hinter mir in Frankreich und ich war ganz stolz. Diese Etappe ging ganz schnell zu Ende und ich entschloss mich – wie in den Pilgerbücher empfohlen – einen vollen Tag hier zu verbringen. Es waren mehr und mehr Leute auf dem Weg, ich wusste nicht, wo alle diese Leute untergebracht werden sollten, aber ich hatte zum ersten Mal ein sehr angenehmes Gefühl von Zugehörigkeit zu der sich bildenden Pilgerfamilie und ein ängstliches Gefühl für die mangelnde Einsamkeit, mit der ich bis jetzt so wunderbar zurechtgekommen war. Ich kam nach Le Puy-En-Velay, nachdem ich zuerst die Loire überquerte, über eine Brücke mit einem atemberaubenden Ausblick auf die Stadt. Le Puy, mit seiner auf einem Vulkanhügel liegenden Kathedrale, ist von der UNESCO als Weltkulturerbe ausgezeichnet worden. Es war seit Bestehen der Jakobswege einer der wichtigsten Sammelorte für die Pilger. Ziel der Wallfahrer war eine der wenigen Schwarzen Madonnen – warum auch immer. Es wurde anscheinend auch eine Pilgermesse täglich dort gefeiert.

Ich lernte dann auch, dass die Kathedrale, die auf dem anderen Vulkannadel gebaut wurde, die Chapelle Saint-Michel-d´Aiguilhe ist.

Juli

Es war an einem warmen Spätnachmittag, als ich in Puy-en-Velay ankam. Die Dächer waren von den Sonnenstrahlen goldig gefärbt, die Schatten bekamen die ersten Blautöne des Sonnenuntergangs und ich spürte langsam einen Pilgerrausch. Die Straßen waren relativ leer von Ansässigen, die Innenstadt fühlte sich wie eine autofreie Zone an, es war ein Wirbel von Pilgern aller Art, junge, erwachsene oder alte Menschen, mit deren farbigen und staubigen Rucksäcken, mit improvisierten Gehstöcken, Hüten, Kopftüchern oder Kappen und Stiefeln, die viele Geschichte erzählen konnten. Die Pilger liefen durch die Straßen, einige laut, gut gelaunt und ungeduldig, andere romantisch, besonnen und in sich gekehrt oder neugierig und erwartungsvoll.

Ich buchte mir ein kleines Zimmer in einem kleinen Hotel für zwei Nächte, packte meinen Rucksack aus, zog ein sauberes T-Shirt an und ging weiter durch die Stadt spazieren. Was man auf jeden Fall nicht übersehen konnte, war die Kapelle Saint-Michel-d´Aiguilhe. Gebaut zum Ende des ersten Jahrtausends auf der Spitze einer vielleicht zwei Hundert Meter vulkanischen Erhebung, wirkte die Kapelle souverän und unerreichbar. Und doch, es waren 268 in Stein gemeißelten Stufen, die man auf den ersten Blick nicht sah, die aber die Kapelle für die Menschen erreichbar machte. Ich nahm mir vor, die Kapelle am nächsten Tag zu besichtigen, aber ich wollte an diesem frühen Abend trotzdem noch bis zur Kathedrale von Le-Puy-en-Velay laufen. Der Weg bis zur Kathedrale war mindestens genau so schön wie die Kathedrale. Man musste durch die Gassen und Straßen klettern und immer wieder die Fassade der Kathedrale erstaunen. Ich spürte die Geschichte dieser Stadt. Die Bachsteine des Wegs, auf die ich trat, hatten Geschichte, die Fassaden der Häuser und deren Ornamente, die Klinke und die Metallscharniere an den Türen hatten Geschichte, die kleinen Geschäfte, die Artikel aus einer anderen Zeit der Geschichte verkauften – wobei ich bei der Hälfte der Artikel keine Ahnung hatte, was man damit hätte anfangen können – hatten Geschichte, egal, ob Schreibwarengeschäft oder Haushaltswarengeschäft – die Kleider der Frauen hatten Geschichte, die Gesichter der Menschen dort hatten Geschichte und strahlten Geschichten aus. Ich stieg schon eine Viertelstunde an, bis ich an der Kathedrale ankam – so um zwei Hundert Meter Anstieg. Die Kathedrale war beindruckend durch ihre Dimension und, ja, durch ihr Anderssein. Ich hatte seit langem keine Kirche/Kathedrale gesehen, die nicht im gotischen Stil war. Diese Kathedrale war romanisch und vielleicht auch ein bisschen ottomanisch und letztendlich fast komplett restauriert, aber nicht so sehr gelungen, würde ich mal sagen. Ich saß lange da in der Kathedrale und dachte über mich nach, und so wie es sein mag, war ich ein bisschen traurig, dass ich nicht als Gläubiger erzogen worden war – also, getauft wurde ich schon, zu Hause, von dem Onkel meines Vaters, der orthodoxer Bischof oder Erzbischof war. Ich dachte, ich wünschte mir möglicherweise doch mehr Demut, Spiritualität und hatte Bedarf, Buße zu spüren. Auf jeden Fall war ich ganz froh, hier gewesen zu sein. Auf dem Rückweg, gleich neben der Kathedrale, gab es ein Museum, „Saint Jacques", sowie einen Treffpunkt, wo ich mich mit einigen anderen Pilgern unterhielt, die den Weg nach Compostela gegangen waren und mir interessante Ansichten mitteilten und mir praktische Tipps gaben. Es war eine gute Atmosphäre und ich hatte wieder dieses Gefühl von Gemeinschaft, Gemeinschaft von Menschen, die Leid und Demut erlebten und verstanden, Sachen, die man mit anderen Menschen nicht teilen kann, auf jeden Fall nicht komplett. So wie eine Fotografie und erlebte Realität. Man kann die Fotografie eventuell auch mit Hilfe von Computerwerkzeugen bearbeiten und schön machen, vielleicht schöner als die Realität machen, aber es wird immer eine fotografierte, künstliche Realität bleiben und nicht eine erlebte Realität.

Ich verließ dann das Museum und machte mich in die Richtung meines Hotels auf den Weg. Ich stieß, wie es manchmal vorkommt, auf einer Terrasse in der Nähe meines Hotels auf meine zwei irischen Pilger, die schon einige Biere getrunken zu haben schienen. Wir aßen gemeinsam dort das Abendessen, erzählten uns Pilgergeschichten und was man alles gemacht hatte, seitdem wir uns das letzte Mal gesehen hatten. Es war diesmal sehr nett, aber ich machte es nicht lange und ging ins Bett. Dieser Ort hatte mich bis jetzt stark bewegt und mir auf seine Art und Weise eine andere Sichtweise des Pilgerns gezeigt. Ich dachte, wie viele Millionen und Abermillionen von Pilgern durch diese Stadt im Laufe der Jahrtausende gegangen waren und wie stark und wichtig der Glaube für die Menschen war und noch ist.

An nächsten Tag ging ich zu den anderen zwei wichtigen, historischen, religiösen und leider touristischen Sehenswürdigkeiten. Die Kirche Saint-Michel-d´Aiguilhe, die auf einer Vulkannadel gebaut wurde – zusammen mit der Kapelle Saint-Clair-d´Aiguilhe, die später ebenfalls auf einer nebenliegenden kleineren Vulkannadel gebaut wurde – bewachten und schützten die Stadt majestätisch. Ich kletterte die 286 Steine hoch und wurde belohnt mit einer wunderbaren Kirche und einer atemberaubenden Sicht. Sie wurde gebaut zu Ehren des ersten Pilgers, der den Jakobsweg lief und seine Reise außerhalb Spaniens startete und zurückkam, irgendwann im X. Jahrhundert. Es ist beängstigend, wie alt diese Kirche war und seit wie langem die Menschen nach Compostela pilgern. Die Kirche war relativ klein, wie eine Kleindorfkirche, aber mit schönen kleinen bemalten Fenstern, durch das Licht scheu und farbig durchdrang.

Auf dem benachbarten Vulkankegel, dem Rocher Corneille, stand die Statue der Notre Dame de la France, die im Jahre 1860 gebaut wurde, in einer Größe von 16 Metern errichtet, aus dem Metall von vielen, aus einer im Krimkrieg bei Sewastopol erbeuteten Kanone gegossen. Anschließend war ich nochmals im Museum „Saint Jacques“, um letzte Details über die Pilgermesse, die am nächsten Tag, früh um 7:00 Uhr stattfinden sollte, zu erfahren. Ansonsten spazierte ich durch die Gassen der Stadt, um die Gerüche der Geschichte einzuatmen, und auf einer Terrasse gelang es mir, allein zu essen und die anderen Pilger zu beobachten, die sich wie auf einer Klassenfahrt, laut, energisch und rücksichtlos gegenüber anderen, verhielten. Ich ging dann zurück zu meinem Hotel und duschte wieder richtig. Die Klamotten, die ich gestern gewaschen hatte, waren trocken, ich inspizierte mich noch einmal, ich hatte keine Fußblasen, schnitt mir ordentlich die Nägel und war froh, am Morgen wieder zu laufen. Le Puy-en-Velay machte doch einen starken Eindruck auf mich und ich war sicher, dass ich eines Tages, in diesem Leben oder einem anderen, im Geist, im Körper oder beides, hier noch einmal sein würde. Obwohl es in keinem Zusammenhang mit irgendwas stand, summte ich den Kanon von Pachelbel im Kopf beim Einschlafen.

Am nächsten Morgen weckte mich der Zimmerwecker um 7:00 a.m., ich zog mich schnell an und ging dann los zu dem Treffpunkt der Jakobswegpilger in der Kathedrale Le-Puy-en-Velay, wo auch die Messe für die Pilger stattfinden sollte. Ich kam dort, kurz nachdem die Messe angefangen hatte, an, setzte mich auf einen Stuhl und versuchte, alles in mich aufzunehmen. Es war bewegend, so eine Anerkennung für die Pilger, die auf dem Jakobsweg waren, zu sehen und zu hören. Ich bekam Gänsehaut, es war faszinierend, wir waren – sage und schreibe – 86 Pilger, die diese Benediktion bekamen. Der Priester sprach so schön und ermunternd, es war eine Messe nur für uns! Wir sangen auch, es war wie eine griechische Feier für die Krieger, bevor sie in den Krieg zogen, glaube ich. Wir waren die Krieger, die diesen langen und schwierigen Weg besiegen mussten, um uns selbst zu verstehen und zu befreien. Die Emotionen erreichten mein Herz, und ich vergoss sogar ein paar Tränen. Ich hatte ungefähr die Hälfte des Weges hinter mir, es waren immerhin circa 1.800 Kilometer, die ich hinter mir hatte. Viele von den anderen Pilgern waren jetzt erst am Anfang. Die Messe war aber für alle von uns. Anschließend bekamen wir ein schönes Armband, eine Jakobsmuschel, ein kleines Kreuz und ich kriegte natürlich auch einen schönen Stempel in meinen Pilgerausweis. Dann mussten wir uns halt auf den Weg machen. Es war wie eine Massenwanderung, es nervte mich so sehr, dass ich beschloss, zuerst ein ordentliches und gepflegtes Frühstück in einem Café auf der Terrasse einzunehmen und den Sonnenaufgang und die Ruhe zu genießen. Ich versuchte, mich mit dem neuen Zustand des Pilgerseins – mit vielen Pilgern auf dem Weg, die man nicht vermeiden kann – anzufreunden und dann zurechtzukommen. Ich fragte vorher auch den Priester, wie viele Pilger in einer Woche die Benediktion bekommen würden. Er meinte, dass es ungefähr sechs- oder siebenhundert Pilger seien, das heißt, ungefähr hundert Jakobspilger pro Tag. Heute waren es ein bisschen weniger, sagte er.

Nach ungefähr einer halben Stunde und nachdem ich mich auch mit dem Proviant des Tages versorgt hatte, machte ich mich auf den Weg nach Saint Privat d’Allier, dem sogenannten Via-Podiensis-Weg. Ich lief in etwa eine Stunde, ruhig und allein. und es war sehr schön. Der Weg hatte einen ständigen und angenehmen Aufstieg, verlief aber leider auf einer asphaltierten Landstraße. Ich gelangte an eine Anhöhe, von der aus ich einen schönen Blick zurück auf die Stadt hatte und diese beherrschende Kathedrale sowie auf die zwei beeindruckenden Basalt- oder Vulkannadeln, auf denen die Kapelle Saint-Michel-d´Aiguilhe und die Statue der Notre-Dame de la France beinahe arrogant das Morgenlicht ausstrahlten.

Ich dachte, dass Le Puy mir irgendwie ständig den Eindruck einer sympathischen, mit viel Geschichte und Religion verwobenen Stadt machte, wobei die Kathedrale und die Statue de Notre-Dame de la France – sowohl von der Nähe als auch von der Entfernung, an der ich gerade war – von der Ästhetik bedenklich, wenn nicht sogar umstritten waren.

Ich war gut drauf und lief weiter, ohne eine Pause zu machen. Und bald sah ich die ersten Pilger vor mir. Es passierte dann etwas, was über meine Verstandeskraft lag. Ich spürte das starke Bedürfnis, diese Pilger, es war eine Gruppe von zwei Jungs und einem Mädchen, zu überholen. Ich machte es auch und fühlte mich wohl dabei. Dann, eine Viertelstunde später, es war wiederum eine Gruppe von fünf oder sechs Pilgern, die mich irgendwie störten, weil sie vor mir gingen, überholte ich sie, und ich fühlte mich wieder sehr gut dabei. Und es ging so weiter. Eigentlich fand ich auch einen praktischen Grund, warum ich dieses Bedürfnis verspürte, die Pilger zu überholen. Es war so, dass ich nicht sicher war, ob in Saint d'Allier ausreichende Übernachtungsmöglichkeiten vorhanden waren, und ich wollte sicherstellen, dass ich einen Platz für mich bekommen würde. Ich war in diesen Überholungsrausch versetzt worden und ich machte überhaupt keine Mittagspause und ging weiter. Ich fragte mich, warum ich so reagierte. Dass ich einen logischen Grund fand, um meine Anstrengung nach Überholen zu rechtfertigen, war nur eine Reaktion meines Gehirnes, um meinen Geist und meine Seele zu beruhigen. War diese Gehirnwäsche der Erziehungsmaschine, dass man immer der Erste und der Beste sein sollte, in einer Zeit entstanden, als man sich als Kind nicht dagegen wehren konnte, oder war das angeboren? Vielleicht war es ein bisschen von beidem. Ich war auf jeden Fall sehr wettbewerbsorientiert erzogen worden und wollte immer in der ersten Reihe sitzen, auch im Kino wollte ich immer in der ersten Reihe sein, um nichts zwischen mir und der Leinwand zu haben, damit ich alles ungestört in mich aufnehmen konnte, es sei denn, ich war mit einem Mädchen ins Kino gegangen und wollte dann in der letzten Reihe sitzen, aus offensichtlich romantischen Gründen. Wie auch immer es sein mochte, der Weg war jetzt ein etwas steilerer Abstieg, immer noch Asphalt, an einem Bach vorbei, aber der steile Abstieg bereitete mir kaum Schwierigkeiten.

Sicherlich waren einige Pilger dabei, die sich nicht so einfach überholen ließen. Dann wurde dies natürlich eine Art Kampf und ich erhöhte mein Tempo und die anderen auch, aber sie konnten dieses Tempo nicht lange halten und mussten mich doch vorbeiziehen lassen. Und so erreichte ich Saint d'Allier nach ungefähr fünf Stunden und vielleicht sechzig überholten Pilger und wurde von der Pastoralen Symphonie von Beethoven begleitet.

Ich übernachtete dort in einem Zimmer mit drei Betten. Es war das letzte Zimmer, das frei war in dieser schönen Herberge, und irgendwie war es doch gut, dass ich mich bemüht hatte, so viele Pilger wie möglich auf dem Weg zu überholen.

Ich war also mit zwei anderen Pilgern in einem Zimmer und wir gingen zusammen zum Abendessen. Der eine war Soldat und schien mir ziemlich verdächtig, als er mir sagte, dass er im Urlaub sei, er hätte den Pilgerweg nach Santiago schon früher gemacht, diesmal war er aus sportlichen Gründen unterwegs und wollte in Spanien die Nordroute des Camino (so heißt der Jakobsweg in Spanien) gehen, die wohl körperlich viel herausfordernder ist. Ich konnte so etwas gar nicht verstehen, so eine spirituelle Reise in Zeit und Raum als Wanderweg und Dauertraining zu betrachten. Ich war mir fast sicher, dass dies nicht die ganze Geschichte war, aber ich hatte in der Zwischenzeit gelernt, dass man auf dem Pilgerweg und generell nicht mehr aus einem rausquetschen sollte, als dieser bereit ist zu erzählen. Der andere war ein junger deutscher Student mit blonden und lockigen Haaren, schlank, sonnengebrannt und sehr sympathisch. Er studierte Elektrotechnik und fühlte sich als Homosexueller oder Bisexueller. Er wohnte noch mit seinen Eltern, aber konnte ihnen auf keinen Fall davon erzählen. Der Junge wollte einfach wissen, was mit ihm los war. Und ich, ich war überwältigt von dieser Massenwanderung und was sie mit sich brachte, und hatte keine Lust, mich mit den zwei Jungs zu unterhalten, also verabschiedete ich mich, vielleicht ein wenig rasch und unhöflich, ging zurück ins Zimmer und war froh, dass ich am nächsten Morgen allein beim Frühstück war und niemand mit mir zusammen weiterlaufen wollte.

An den nächsten drei Tagen oder so passierte nicht so viel. Ich ging auf wunderbaren Wegen und Dörfern der Vergangenheit, mit Wäldern, die so viel älter waren als die Dörfer, durch die ich pilgerte – und die Dörfer waren wirklich alt. Es beeindruckte mich so tief, in der Mitte dieser Geschichte zu sein und Teil der Dörfer und Wälder zu sein. Es war Demut und Stolz, Freude und Traurigkeit, Nachdenklichkeit und Anregung. Ich wollte die Wälder umarmen und „Ich bin dabei“ sagen, ich wollte die Dörfer umarmen und sagen: „Habt keine Angst, ich bin bei euch und werde euch schützen“. Ich lief durch Le Falzet, Saint Alban und Gentianes. Ich hatte eine Strategie entwickelt, um die Massenwanderung zu vermeiden, auch wenn es mit einem Risiko verbunden war, manche religiöse Orte und deren mögliche Sehenswürdigkeiten (von fast allen Pilgern und touristischen Büchern empfohlen) zu verpassen. Diese asynchrone Strategie, irgendwo zwischen den klassischen, bekannten und in Pilgerbüchern empfohlenen Etappen zu übernachten, half mir sehr, phasenweise die Menschen um mich herum zu vermeiden und was nicht zu vermeiden war, mehr und mehr zu akzeptieren. Ich zeltete auch zwischendurch und genoss die Freiheit, besonders jetzt, wenn durch die vielen Leute, die unterwegs waren, diese Freiheit gefährdet war. Dennoch lernte ich Menschen kennen und pilgerte mit manchen kilometerlang, wie Clement, ein Franzose, ein geschiedener Akademiker mit unerfülltem Leben, oder Laura, ein hübsches französisches Mädel, die nicht wusste, wohin und was sie mit ihrem Leben anfangen sollte und dachte, dass „Le Chemin de Saint Jacques“ ihr die Richtung zeigen würde. Ich fing auch intensiver an mit Ana, der Portugiesin, zu plaudern, und obwohl wir uns vor meiner Abreise nur ein paar Mal gesehen hatten, fühlte ich, dass die Intensität unserer Beziehung mit der Distanz von Raum und Zeit zunehmend größer wurde. Ich brauchte offensichtlich jemanden, der für mein Leiden und Werden Zeit und ermutigende Worte fand. Sie wollte unbedingt, dass wir uns sehen und unsere Gefühle überprüfen, aber ich wollte meine Reise partout nicht unterbrechen. Es war aber auch so, dass ich meinen Reisepass nicht dabeihatte, mir reichte für das Pilgern nur der deutsche Ausweis. Joachim wollte aber nach New York fliegen zu seiner leiblichen Mutter (die sehr krank war), um die letzten Tage bei ihr zu sein. Ich wollte ihn da nicht allein lassen, aber ich musste mir irgendwie den Reisepass holen. Die einzige Möglichkeit war, mein Pilgern doch für zwei Tage zu unterbrechen, nach Portugal zu fliegen und meinen Reisepass zu holen. Ana und ich sprachen darüber, und obwohl sie nicht so begeistert war, dass ich hauptsächlich nach Praia fliegen wollte, um meinen Reisepass zu holen, anstatt sie zu sehen (sie hatte möglicherweise gespürt, dass ich sie nicht für die Liebe meines Lebens hielt), freute sie sich trotzdem riesig. Wir mussten dann nur ausmachen, wann der richtige Zeitpunkt war.

Ich war mittlerweile In Golinhac und am nächsten Tag hatte ich ein Rendezvous mit Stefana in Conque, meiner nächsten Etappe. Ich zeltete wieder, es war sauber und angenehm. Es war mir sehr wichtig, insbesondere jetzt, meine Privatsphäre jeden Tag zu schaffen und zu behalten. Ich war täglich mit vielen Pilgern unterwegs, aber am Abend konnte ich meistens dann allein sein und musste nicht in der Pilgermasse baden. Ich wusste, dass ich viel Zeit brauchte, um diese Strategien zu entwickeln und mich mit der Sache zu beschäftigen, aber mir fehlte wirklich die Einsamkeit, die ich zum Denken und Nachdenken brauchte. Ich war beinahe 2.000 Kilometer gegangen und jetzt fing es an, mir nicht mehr so viel Spaß zu machen. Golinhac war ein winziges Dorf, 100 Schornsteine maximal, mit einer sehr alten Kirche, wo ich meinen Pilgerstempel holte, ansonsten nicht der Rede wert. Einen Tag zuvor war ich in Espalion gewesen, einem anderen Dorf mit wunderbaren Häusern, Kirchen, Mauern, Brücken und Schlossruinen. Ich war schon in Okzitanien. Okzitanien ist der aktuelle Name der französischen Region, die durch den Zusammenschluss der bisherigen Regionen Languedoc-Roussillon und Midi-Pyrenäen verwaltungstechnisch entstand, eine Region, die aber als traditionelles Sprachgebiet der okzitanischen Sprache über die Grenzen der heutigen Verwaltungsregion hinausragt. Ich hatte leider nicht genug Zeit, um ein Gefühl für den okzitanischen Geist, das Gedankengut oder die Sprache zu erkennen. Espalion war wirklich ein bezauberndes Dorf mit etwa 5.000 Seelen und viel, viel Geschichte!

Ich freute mich so darauf, am nächsten Tag meine Tochter Stefana in Conque zu treffen. Sie wollte mit mir eine Woche zusammen laufen, und das war so eine gute Nachricht, ich war so glücklich! Sie würde dann nach Toulouse fliegen und von dort einen Bus bis nach Conque nehmen.

Am nächsten Tag also stand ich ganz früh auf und pilgerte gleich nach Conque. Es war reine Etappe von etwa fünf Stunden, aber ich wollte unbedingt alles klären, einschließlich der Übernachtung, bevor Stefana in Conque war. Ich hatte sogar, als ich noch in Berlin war, einen Pilgerpass für sie organisiert. Ich hatte Glück, dass ich von keinem Pilger auf dem Weg angesprochen wurde, sodass ich in meinem Rhythmus gehen und sogar meine Mittagspause allein genießen konnte, mit meinem mittlerweile traditionellen Proviant, Knoblauch, Brie, gute Tomaten, französischer Wurst und Baguette.

Ich kam kurz nach Mittag in Conque an. Es gelang mir, ein Zimmer mit zwei Betten in der Herberge der Kathedrale Saint-Foy zu bekommen. Ich traf dort wieder ein Paar französischer Pilger, mit denen ich mich mehrmals auf dem Weg der letzten drei Tagen getroffen hatte, es waren gute Läufer, sie überholten mich ab und zu, dann überholte ich sie wieder, und ich sah auch die zwei irischen Pilger wieder. Ich freute mich, alle wiederzusehen, wir begrüßten uns herzlich, und es war plötzlich ein unbekanntes und scheues Gefühl der Pilgersolidarität da. Wir schauten uns an und machten Zeichen der gegenseitigen Anerkennung unserer Leistung, wie massierten und ölten unsere Waden, wir pflegten unsere Blasen, aber wir waren des Weges Gestalten, des Caminos Helden. Es waren die ersten Wurzeln einer Pilgerfreundschaft.

Conque ist ein wunderschönes mittelalterliches Dorf, mit nur 200 Seelen, aber mit ein paar tausend Bewohnern tagsüber, die alle touristischen Aktivitäten unterstützen, eine okzitanische Ortschaft und von der Vereinigung „Les plus beaux villages de France“ zu einem der schönsten Dörfer Frankreichs erklärt.

Stefana war angekommen. Sie hatte den Bus von Toulouse nach Conque verpasst und war per Anhalter mit einer netten Familie mit dem Auto gekommen. Es war sehr emotional, sie wiederzusehen und zu spüren, dass meine Tochter ihre Liebe mitbrachte. Wir machten einen Spaziergang durch Conque und besichtigten alte Gassen und Häuser. Die Ortschaft war schon im III. Jahrhundert dokumentiert worden und diente schon im X. Jahrhundert als wichtige Jakobspilger-Station. Beeindruckend, faszinierend und gewissermaßen demütigend. Wir hörten ein schönes

Orgelkonzert in der Kathedrale und dann gingen wir zum Abendessen. Wir sprachen auch mit Joachim. Es passierte alles am 10. Juli, dem Geburtstag Martinas, und alles wurde dadurch noch emotionaler.

Am nächsten Tag brachen wir früh auf. Aufregung total, der Weg war schwer, zum Teil sehr steil am Anfang, zu viele Pilger unterwegs, aber wir konnten dann nach etwa einer Stunde von der Menge Abstand nehmen und gingen ruhig zu zweit weiter. Wir sprachen viel, es war eine echte Freude mit ihr zusammen zu gehen und zu reden. Wir sprachen natürlich über Martina und ihren Tod, für Stefana war es sehr schwer, vielleicht noch schwerer als für mich, mit so einer Situation umzugehen. Ihr wurde der Boden unter den Füßen weggezogen. Sie hatte vor zwei Jahren schon eine sehr umstrittene Entscheidung getroffen, sich von dem von der Gesellschaft anerkannten Weg des Erfolgs zu entfernen und alternative Wege zu gehen, Wege der Selbstverwirklichung, die sich mehr in der Spiritualität, der Seele und dem Naturschutz wiederfanden. Dadurch hatte sie genug mit dem Establishment und schließlich mit mir zu kämpfen, weil ich nichts davon verstand und es mir wie ein gefährlicher Weg erschien. Martina hatte sie in ihre Entscheidung unterstützt und vielleicht verstanden. Es war auch eine schwere Zeit, weil Joachims leibliche Mutter, meine ex-Frau Marina, in New York im Krankenhaus lag, mit wenig Hoffnung auf Genesung, und Joachim sich entschieden hatte, nach New York zu fliegen und dort mit ihr einige Zeit zu verbringen, vielleicht ihre letzten Tage. Ich wollte ihm so sehr beistehen, ich wollte ihm helfen. Ich konnte mir vorstellen, was in seinem Kopf vor sich ging, zwei Mütter innerhalb eines Jahres zu verlieren. Wir telefonierten oft mit ihm oft und versuchten, ihn zu trösten. Joachim war möglicherweise wie ich gestrickt und konnte darüber nicht reden und hatte alles in sich reingefressen.

Irgendwann kamen Stefana und ich in einem Dorf an, wo wir in einer unappetitlichen Albergue übernachteten. Es waren viele Menschen, es war ungepflegt, laut, es war schmutzig und unangenehm. Aber es war nicht so wichtig. Ich hatte meine Tochter dabei, und das war Glück und Freude.

Wir liefen dann früh morgens wieder los und an einer Pfadkreuzung, in einer Pilgerhütte, wollten wir ein bisschen frühstücken und ein bisschen Proviant kaufen. Es war ein Tisch auf der Terrasse, wo schon einige Pilger Rast machten. Ich wollte Brötchen und Tomaten kaufen, aber der Verkäufer wollte kein Geld von mir haben und bot Stefana und mir einen Teller Suppe an. Wir bedankten uns, setzten uns an einem anderen Tisch hin und verstießen damit gegen die Regeln der Pilgerschaft, die besagen, dass, wenn an einem Pilgertisch noch freie Plätze sind, man sich dort hinsetzen sollte, aber ich wollte mit Stefana allein die Zeit genießen. Wir aßen unser Süppchen und entspannten uns ein bisschen. Wir unterhielten uns auch mit dem Wirt über meinen Camino und dann wollten wir wieder lospilgern. Beim Abschied aber standen alle Pilger von dem Terrassentisch auf und sangen „Ultreia“, das berühmte Pilgerlied, zum Abschied, auf Französisch und Lateinisch. Es war so bewegend, ich hatte beinahe Tränen in den Augen und Stefana auch, dann versuchte ich irgendwie einen Pilgertanz als Dankeschön zu tanzen. Ich glaube, es gibt keinen Pilgertanz, aber ich hatte das Gefühl, es machen zu müssen.

Anschließend liefen wir weiter und sprachen über Ana. Harter Tobak. Ich war ein Idiot und wollte und konnte Stefanas Gefühle nicht richtig schützen. Sie konnte sich nicht vorstellen, dass ich ein Bedürfnis haben könnte, eine andere Frau zu streicheln oder zu küssen. Unsere Liebe – Martina und ich – war für sie für gelebte sechsundzwanzig Jahre eine traumhafte Liebesgeschichte und sie konnte sich nicht vorstellen, mich mit einer anderen Frau zu sehen, auch wenn ihre logischen Gedanken sagten, dass so was doch möglicherweise normal sein könnte. Ja, Martina und ich waren achtundzwanzig Jahre verheiratet, achtundzwanzig Jahre der Dankbarkeit, Freundschaft und Liebe, das ist eine verdammt lange Zeit. Wir hatten eine Familie gegründet, Kinder groß gezogen und zusammen alle Herausforderungen des Lebens gemeistert, außer ihre Krankheit, die wir nicht besiegen konnten. Wir hatten zusammen an einem Strang gezogen und den Pfad nicht verloren. Und ich hätte so weitergemacht, hätte die Krankheit Martinas uns nicht einen Strich durch die Rechnung gemacht. Jetzt aber, da ich wieder allein war, wusste ich auch, dass meine Jugendträume der Verliebtheit wieder oder vielleicht immer da waren, diese

Träume, die mit dem Alltag einfach nicht zusammenpassten. Ich war und bin ein Romantiker geblieben, eine Seele vielleicht aus einer anderen Zeit, von der Zeit von Prinz Myshkin oder Edmond Dantes. Und ich musste noch einmal darüber nachdenken, wie alles so zusammen kam ...

Sie beschlossen, in Deutschland zu leben, also nahm Mircea Joachim mit und flog nach Deutschland. Marina und er hatten sich in Porto Rico von einem Gericht scheiden lassen – er musste noch nicht mal hinfliegen – Marina flog dahin und dann war alles erledigt, weil es schneller ging und dann hatten sie die Scheidungsurkunde in New York beglaubigen lassen. Er flog mit Joachim nach Deutschland ohne den Segen von Marina, die in dieser Zeit zusammen mit ihrem neuen Partner in Israel weilte und einen Job zu finden suchte. Es war Mircea klar, dass es zu einem Streit kommen würde und so war es auch, es führte zu einem heftigen Rechtsstreit um das Sorgerecht, der vor den deutschen Gerichten stattfand, und nach einem langwierigen und anstrengenden Prozess, mit enormen Bemühungen von Martina, um der Verteidigung in dem Fall zu helfen – wofür er Martina auf Ewigkeit dankbar sein würde – erhielt Mircea das Sorgerecht.

Und so begann sein neues Leben.

Am Anfang lebte und atmete er Europa durch Deutschland. Und er war so dankbar – er war sich nicht sicher, wem – für all das, was ihm widerfuhr. Er fühlte sich in Europa so wohl – und als sie einige Reisen nach Frankreich, Österreich, Italien und in die Schweiz unternahmen, fühlte er sich wirklich dazugehörig – nämlich zu Europa.

Er meisterte die Herausforderungen, einen Job zu finden und Deutsch zu lernen, das Eheleben machte Sinn und er genoss sein Eheleben vielleicht zum ersten Mal.

Er wurde ein erfolgreicher Manager – er arbeitete bei der größten und renommiertesten Bank in Deutschland – und ein glücklicher Vater und Ehemann. Und nach zwei Jahren bekamen sie auch ein kleines Mädchen, Stefana – das schönste, süßeste und energischste Mädchen, das man sehen konnte.

Er hatte eine Familie. Zum ersten Mal in seinem Leben nach dem Tod seines Vaters hatte er eine echte Familie. Und wenn man eine Familie hat,

hat man manchmal auch Auseinandersetzungen. Und Kämpfe. Aber es war immer ein guter, wahrer Wunsch der beiden und die Absicht, das Beste aus ihrer Ehe trotz dieser Auseinandersetzungen zu machen, und sie meisterten diese Kämpfe im Laufe der Jahre ziemlich gut.

Und er hatte diese zwei schönen gesegneten Kinder, Stefana und Joachim. Er konnte es kaum erwarten, dass das Wochenende kam, und mit den Kindern zusammen zu sein, mit ihnen zu spielen, zu lesen, zu rennen und sich zu verstecken, von den Kindern erwischt zu werden, über die Felder mit den Kindern zu laufen, im Garten ein bisschen zu arbeiten und all die anderen verrückten Sachen, die Väter machen, wenn sie so sehr in ihre Kinder verliebt sind. Es gab einen Altersunterschied von fünf Jahren zwischen Joachim und Stefana und daher gab es nicht so viele Dinge, die sie zusammen tun konnten. Er musste seine Zeit mit Joachim auf Tennis, Basketball, Fußball oder Tischtennis verteilen oder im Garten arbeiten, Stefana Bettzeitgeschichten vorlesen oder malen und seiner Tochter zuhören, diesem Energiebündel, und ihren endlosen Geschichten darüber, was während der Woche passiert war, und über Dinge, von denen sie glaubte oder wollte, dass sie während der Woche passiert gewesen wären. Denn Stefana war noch in diesem schönen, einzigartigen Alter, in dem Vorstellungskraft gleich oder wichtiger als Realität ist, und sie mischte jene in solchen miteinander verflochtenen Geschichten, in denen niemand verstehen konnte, wo die Grenzen zwischen Realität und Vorstellungskraft lagen.

Sie hatten eine wunderbare Zeit. Martina war auch manchmal Teil des Programms, aber sie war nach der Arbeitswoche oft erschöpft und brauchte Zeit, um sich zu erholen und wiederzubeleben.

Und sie hatten diese schönen Ferien, Skifahren im Winter und alle Arten von Aktivferien im Sommer, die mit ein oder zwei Wochen am Strand endeten, um sich zu entspannen, da das Liegen am Strand im Sand Mirceas einzige Sünde war.

Ihre Ehe war solide und sie waren glücklich, sie fanden den Weg zueinander und lernten sich so gut kennen, wurden echte Freunde und Mircea hatte immer versucht, Routine und Bequemlichkeit aus ihrer Ehe herauszuhalten und dieses Unerwartete, diese Überraschung, diese Freude am Zusammensein, diese Funken ihrer Liebe lebendig zu halten.

Mircea nahm pflichtbewusst an allen gesellschaftlichen Veranstaltungen teil, die Martina organisierte oder zu denen sie eingeladen wurde. Ihr sozialer Status innerhalb der Gemeinschaft war Martina äußerst wichtig. Sie organisierte das Familienleben und pflegte hauptsächlich die Kommunikation mit ihren Freunden.

Mircea war mit all dem zufrieden, da diese soziale Komponente, Smalltalk und freundschaftliche Unterhaltung mit den Nachbarn und Bekannten, etwas war, das er tun konnte, aber es war weder eine seiner Stärken noch einer seiner Wünsche. Und all das zu planen, wäre eine Qual für ihn gewesen.

Sie erfüllten den Erfolgstraum der Gesellschaft – Young Professionals, doppeltes Einkommen, zwei Kinde –, lebten in ihrem eigenen Haus in einem Vorort einer Großstadt und pendelten zur Arbeit, hatten zwei Autos.

Sie lebten in einem schönen Haus, das sie ein paar Jahre nach ihrer Heirat gekauft hatten, und zogen in dieses Dorf, Kirberg, wo Mircea am Anfang Monate damit verbrachte, nach deren Geschmack das Haus zu renovieren, um auch seinem Schwiegervater zu gefallen und zu zeigen, dass er ein guter Handwerker sei, gut in den Arbeiten im Haus wie Tapezieren, Parkett verlegen, Decken und Außentüren streichen, Wände rausbrechen und wieder aufbauen, all das gute Zeug, und nicht unwesentlich auch Geld sparen, indem man das alles allein oder mit Hilfe von Freunden machte. Aber er tat das wirklich gern und er war ein guter DIY-Typ.

Einer der besten Teile seines täglichen Lebens – obwohl das Wochenende dafür großzügiger war – war die Arbeit in seinem Gemüsegarten. Martina und er legten auch einen schönen Gemüsegarten im Hinterhof des Hauses an, in dem sie Gemüse säten – Frühlingszwiebeln, Tomaten, Knoblauch, Gurken, Kartoffeln, Radieschen, Auberginen und Paprika, Kräuter, Basilikum, Thymian, Petersilie, Dill und alle Arten auch von anderen Kräutern. Dies war die perfekte Balance für ihn und gleichzeitig der ausgeglichene Faktor in seinem Leben. Seine starke Neigung für das einfache Leben, für das Leben in der Natur, mit den Tieren, auf den Feldern zu arbeiten, die Tiere zu füttern und Zuwendung zu zeigen, Teil einer kleinen Gemeinschaft von Ideen, neuen Wegen und Lebensphilosophie und einer nachhaltigen Umwelt zu sein, war so stark in ihm wie immer.

Er wusste, dass er all das aufgab, als er sich entschied, einem anderen Lebensweg zu folgen, aber das Aufgeben hatte dann den Durst seiner Bauernseele nicht mehr gestillt. Sein kleiner Gemüsegarten war ein winziger Ersatz für dieses Leben, aber war das ein ausgleichender Faktor für seinen Lebensstil oder öffnete er eine Wunde, von der er glaubte, dass sie vor Jahren geheilt war? Es war nicht leicht, eine Antwort darauf zu finden, und es gab niemanden, der ihm half, die Antwort zu finden.

Seine Arbeit bei der Bank war äußerst interessant und herausfordernd, aber die Dinge wurden ziemlich kompliziert, da der Hauptsitz des Investment Banking, für das er arbeitete, nach London verlegt wurde. Er musste jede Woche zwei Tage lang nach London pendeln und das war ziemlich aufregend – London war das wichtigste europäische Finanzzentrum in Europa, er hatte an diesem Ort viel zu lernen –, es war aber auch ziemlich anstrengend.

Ende des Jahres wurde ihm die Möglichkeit gegeben, nach London umzuziehen, zusammen mit einem sehr ansprechenden Vergütungspaket. Das war ein entscheidender Moment in seinem Leben, und nach vielen Diskussionen und Debatten innerhalb der Familie entschieden Mircea und Martina, dass der beste Weg für sie wäre, wenn er das Angebot annehmen, aber für die Wochenenden nach Deutschland zurückkehren würde. Sie hatten dann etwas Zeit, um herauszufinden, wie sie mit dieser Situation umgehen sollten. Es war die zweitbeste Option. Die Kinder waren glücklich, in Deutschland zu bleiben, sie hatten ihre Freunde dort und kannten sich aus, es war ein kleines Dorf, in dem fast jeder jeden kannte. Martina hatte inzwischen das Geschäft ihres Vaters übernommen und wurde eine erfolgreiche Unternehmerin.

In den nächsten drei Jahren lebte Mircea von Montag bis Freitag in London und kam für das Wochenende nach Deutschland. London war ziemlich aufregend, es war wirklich so lebhaft, so anders. Er begann viel über die Geschichte des Königreichs und die besondere Rolle dieser kleinen Insel auf der Weltbühne zu lesen, zur richtigen Zeit am richtigen Ort zu sein, über ihren Innovations- und Unternehmergeist, über ihren

Humor, ihre Ironie, ihren Zynismus und ihr Selbstvertrauen. Es war eine großartige Zeit, das Pendeln war schwierig, Martinas Leben in Deutschland mit den Kindern war auch ziemlich schwierig, da sie sich mit vielen Dingen befassen musste, mit denen Mircea früher zu tun hatte. Die Ehe fing auch an, ein wenig zu bröckeln, weil drei Jahre allein in London zu sein und keine besonderen familiären Verpflichtungen zu haben keine einfache Sache war. Irgendwann hatten sie doch beschlossen, dass sie wirklich eher früher als später zusammenkommen mussten und dass Martina ihr Geschäft verkaufen, ihren Job kündigen und mit den Kindern nach London kommen würde.

Und sobald diese Entscheidung getroffen wurde, setzte Martina alle Hebel in Bewegung und in kürzester Zeit waren sie in London. Das war die Art von Frau, die sie war. Sie schaffte es, alle möglichen Dinge zu erledigen, die Beschlüsse erforderten, organisierte den Umzug, kümmerte sich um die Anmietung ihres Hauses in Deutschland, verkaufte ihr Geschäft, kündigte ihren Job, kümmerte sich um ihre Eltern, die mit dieser Entscheidung absolut unzufrieden waren. Mircea half, als er an den Wochenenden in Deutschland war, aber es war nicht so viel, was er an den Wochenenden tun konnte.

Das Schlimmste war die Geschichte mit den Kindern. Beide waren entschlossen, nicht nach London zu kommen. Joachim war sechzehn Jahre alt und er hatte seine Clique und seine Raptruppe und sie waren cool und er würde das nicht aufgeben wollen.

Stefana war fast zwölf Jahre alt und sie hatte die Pferde und die ewige Freundschaft mit zwei oder drei anderen Mädchen, diese Art von unsterblicher Freundschaft, die nur Mädchen in diesem Alter haben können ... Es gab jedoch ein bisschen Hoffnung, denn sie hatten schon einige Male London und Mircea besucht und sie fanden London sehr cool und ihre Freunde fanden sehr cool, dass Stefana und Joachim nach London ziehen würden, na also. Es dauerte ziemlich lange, Mühe, Tränen und Kuscheln, um sie davon zu überzeugen, mit mehr oder weniger Erfolg.

Auf jeden Fall war es wunderbar, Stefana dabei zu haben. Wir hatten sehr intensive, tiefe und berührende Gespräche, wie Vater und Tochter halt, wie zwei Freunde, wie zwei Erwachsene, die ihre Gedanken und Gefühle austauschen. Wir sprachen auch über Ana und über meine Bedürfnisse, mein anderes Ich zu erleben, über ihre Erfahrungen und Wünsche, über Martine, wir plauderten stundenlang zusammen und schwiegen auch zusammen. Wir hatten eine unvergessliche Woche und lange danach wurde mir auch klar wie lieb Stefana mich hatte, da sie mit mir auch in einem Zelt schlief, auch wenn ich bis zur Grenze des Ertragens stank – ich hatte nur drei T-Shirts dabei, die ich ab und zu beim Duschen wusch, ohne Spülmittel oder Ähnliches, sodass der Körpergeruch von denen nicht mehr wegzukriegen war. An einem Tag liefen wir durch einen Wald und wir sahen auf einmal ungefähr fünfhundert Meter vor uns zwei alte Menschen, ein Paar wahrscheinlich – ein französisches Paar, haben wir später erfahren –, das eine kleine Karre hinter sich herzog, wahrscheinlich mit deren Gepäck, da sie möglicherweise keine schweren Rucksäcke tragen konnten. Sie liefen ziemlich langsam und als wir uns annäherten, stellten wir mit großer Überraschung, dass in der kleinen Karre ein Hund war! Es war wie in einem Zeichentrickfilm, in dem der Herr der Hund war, der einen Sonnenschirm in seiner linken Pfote trug und das alte Paar ab und zu zum Ansporn und Weiterlaufen antrieb … Es war irgendwie rührend, so ein Bild zu sehen, vielleicht eines der schönsten Bilder des ganzen Camino. Wir kamen mit der alten Dame ins Gespräch, die sehr gesprächig und lieb war. Sie bot uns Kekse und Mineralwasser an und wollte wissen, woher wir kamen uns so weiter. Wir liefen eine Weile zusammen und sie erzählte uns, dass sie gerne 50 Kilometer laufen wollen, um deren Sohn und Enkelkinder zu besuchen, und sie hatten sich deshalb entschieden zu laufen, weil Laufen gesund ist und sie gerne laufen. Sie hatten ihr Gepäck im Voraus zu der nächsten Albergue geschickt und nahmen Pifou mit, da er sehr alt war und nicht mehr so richtig laufen konnte, und Pifou allein zu Hause lassen konnten und wollten sie nicht. Das Ganze war ein wunderbares Märchen, wie sie alle den Weg gemeinsam machten, wie sie mit dem Hund sprachen und wie der Hund mit dem alten Paar auch sprach, es war so liebevoll, rücksichtsvoll und verständnisvoll. Sie waren eine Familie, auf dem Weg zu neuen Ufern. Ich wollte alle umarmen, insbesondere Pifou, aber die Franzosen schienen solche unerwarteten emotionalen

Ausbrüche nicht unbedingt zu mögen. Stefana und ich verabschiedeten uns und liefen dann weiter und beschäftigten uns mit unseren Gedanken.

Am Nationaltag Frankreichs, dem 14. Juli, gingen wir in ein Restaurant auf einer Terrasse, und gönnten uns ein gepflegtes Abendessen. Das Wetter war herrlich, Spätsonne und eine frische, angenehme Brise und eine Kapelle mit einem Musikorchester, die französische Chansons spielte. Wir unterhielten uns gut, wir hatten schon vier oder fünf Tage hinter uns, das Pilgergefühl war da, wir hatten fast 120 Kilometer hinter uns, einen Durchschnitt von über 25 Kilometern am Tag, eine Meisterleistung von Stefana. Das Bier war auch da, wir summten Aznavour Chansons mit, ein gelungener Abend. Nach dem Essen kehrten wir ins Zelt zurück und lernten Pepe kennengelernt, der dort auch zeltete. Pepe war ein lieber Junge, ein Spanier aus Alicante, der nur Spanisch sprach, sodass wir einigermaßen begrenzt in unseren Kommunikationsmöglichkeiten waren, aber nichtsdestotrotz hatten wir eine gute Zeit an dem Abend und in den nächsten Tagen, als wir zum Teil auch zusammen pilgerten. Ich blieb meiner Strategie treu, sodass wir in Saint Felix übernachteten (wir zelteten), und nicht in Livinhac-le-haut, so wie es die Menge der Pilger machte, laut Reiseführer, und wir zelteten in Béduer, einem Dorf mit nur siebenhundert Seelen, und nicht in Figeac, was der Reiseführer empfahl. Aber wir besuchten Figeac, und es war einfach von einer atemberaubenden, gotischen Schönheit. Figeac war eine angenehme, mittelalterliche Stadt in der Region Okzitanien mit etwa siebentausend Seelen, malerisch, mit zahlreichen, gotischen Bürgerhäusern und Schlössern, Ruinen und einer imponierenden Kirche, Le Notre Dame du Puy, wo ich, traditionell mittlerweile, meinen Pilgerstempel für mich und Stefana holte. Wir flanierten mit Pepe durch Figeac und dann pilgerten wir weiter. Pepe war ein liebevoller Rabauke, und, nachdem wir uns mit unserer Wort- und Handsprache besser verstehen konnten, wurde das Pilgern mit ihm echt angenehm. Pepe machte die ganze Zeit Witze und gab uns Spitznamen. Er war „Pepe d'Alicante“, ich war „Tino del Camino“ oder „Père Noël de Compostelle“, Stefana war „Nana Catalana“. Ab und zu liefen wir mit verschiedenem Tempo oder Stefana und ich frühstückten länger und ruhiger und Pepe lief schon los, aber wir trafen uns immer wieder auf dem Weg, an einem schönen Rastplatz oder in einem Dorf. Das war eine neue Erfahrung für mich, und es war so, dass wir ihn dann manchmal sogar vermissten. Auf der anderen Seite war es auch gut so, weil Stefana und ich weiter über die Gesellschaft, das Leben und die Liebe sprechen konnten. Stefana war mittlerweile eine sehr erfahrene Beerensucherin, wie pflückten Brombeeren, Himbeeren, Maulbeeren aber auch Mirabellen, Pfirsiche, Äpfel und alles, was der Weg uns anbot.

An einem späten Nachmittag, nach einer relativ kurzen Pilgeretappe, kamen wir in Cajarc an, einem ebenfalls schönen mittelalterlichen Pilgerdorf mit zwei oder drei Pilgerherbergen, aber wir entschlossen uns zu zelten. Nachdem wir das Zelt in zehn Minuten fertig aufgebaut hatten und unsere Sachen im Zelt waren, gingen wir auf eine Imbissterrasse, wo ich mir ein verdientes Bier bestellte und Stefana einen Saft. Als ich genüsslich meinen ersten Schluck genommen hatte, sprang ich wie von der Tarantel gestochen auf und fing an zu schreien. Stefana wusste nicht, was los war. Es war so, dass ich eine Biene mit meinem ersten Schluck fast geschluckt hatte und sie sich aus Angst, bevor sie starb, entschieden hatte, mich in die Innenseite der linken Backe zu stechen. Ich war verständlicherweise erschrocken, lief herum und flüchtete, und in einer Viertelstunde sah ich von der linken Seite aus, als hätte ich zehn oder zwanzig Kilo zugenommen. Ich hatte Angst, dass ich bald nicht mehr essen oder trinken konnte – das Atmen gelang mir noch durch die Nase. Stefana konnte mit dem Lachen nicht mehr aufhören, ich lachte mittlerweile auch über mich, und so verbrachte ich später den Abend nur mit Bier, das ich allerdings vorher sorgfältig und aufmerksam prüfte, ob es bienenfrei war. Es war schön, aber ein wenig zu laut im Zelt, sodass wir am nächsten Tag sehr früh aufstanden, Proviant in Cajarc holten und uns weiter auf dem Weg machten. Meine linke Backe war immer noch geschwollen, aber mein Père-Noel-Bart versteckte die Schwellung relativ gut. Es war ein schöner Tag, das Wetter war gesegnet, sonnig, aber keine Hitze, gut warm, könnte man sagen und ein erfrischender Wind blies durch meinen Bart und Stefanas Mähne. Wir liefen die ganzen letzten Tage auf hohen Kalkplateaus, wo kaum Bäume oder Büsche wuchsen. Ab und zu waren doch einige Eichen zu sehen. Man sagte, dass hier auch Trüffel wären, die man mit Schweinen oder manchmal Hunden suchen konnte, aber wir sahen keine davon.

Stefana und ich waren gut gelaunt, wir sangen lange und falsch den „Bolero“ von Ravel, da er so rhythmisch war und uns beim Laufen half, und wir stahlen auch Früchte, wir tanzten und kauften und aßen Wassermelone am Ende in einem Dorf, Limogne-en-Bercy. Es war eine mega-Etappe, da wir in etwa 32 Kilometer liefen. Wir sprachen über Stefanas Sachen und über ihre Oma, die sehr krank im Krankenhaus lag, und wir sprachen auch über Joachim und seine leibliche Mutter, die auch in einem Krankenhaus lag. Joachim war schon in New York, um seiner Mutter – meine ex-Frau Marina – beizustehen. Deswegen konnte er auch nicht mit Stefana pilgern kommen. Am Abend trafen wir auch Pepe d'Alicante und freuten uns ganz dolle. Wir verbrachten einen wunderbaren Abend zusammen, es war die letzte Nacht in der Wanderwoche von Stefana, am nächsten Tag musste sie zurück nach Deutschland fliegen.

Wir feierten Stefana mit Pepe und ein paar Freunden und kürten sie zum „Ehrenpilger“ und es war sehr bewegend und berührend. Stefana war glücklich, aber ich noch viel mehr. Ich hatte sie so gerne bei mir, und ich spürte stark und sanft dieses Gefühl der Familie wieder, was ich über Jahre hinaus zu säen versucht hatte. Sie war und ist ein tapferes Mädchen und versuchte, den Verlust ihrer Mutter zu verstehen, zu verkraften und zu verdauen. Sie hatte immer noch starke Verlustschmerzen, aber sie war am Leben, sie war am Überleben und sie hatte die Kraft zum Lachen wieder gefunden und die Energie, ihren Kompass wiederzufinden oder neu einzustellen.

Am nächsten Tag hatten wir eine kurze und emotionale Etappe bis Varaire. Von dort nahm sich Stefana ein Pilgergepäcktaxi bis Cahors, was in der Regel nur die Gepäckstücke von den Pilgern, die leicht gehen möchten, von einer Gaststätte zur anderen transportieren (ja, es gibt auch diese Art von Pilgern, die aus Bequemlichkeit, Mangel an Kraft oder gesundheitlichen Einschränkungen nur so laufen können) und von dort den Bus nach Toulouse. Wir warteten eine Stunde oder so auf das Taxi und tranken genüsslich einen Kaffee auf einer Terrasse. Wir plauderten ein wenig und es war ein schöner Abschied, ohne Stress und Druck. Wir umarmten uns lange und innig, und dann war sie weg.

Ich pilgerte langsam weiter nach Cahors und kehrte wieder in meine Einsamkeit zurück. Eigentlich kehrte ich nicht genau in meine Einsamkeit zurück, weil Ana mir sagte, dass sie sich das kommende Wochenende für mich frei nahm, und es war jetzt schon Donnerstag. Bis Cahors waren es noch ca. 30 Kilometer, und ich kam dort am Donnerstag am Abend an, müde und über mich enttäuscht. Es waren 30 Kilometer der widersprüchlichen Gedanken. Ich wollte nicht den Camino verlassen oder wollte ich doch? Wollte ich mit der Natur weiter allein sein? Aber ich wollte auch meinen Reisepass haben, für den Fall, dass Joachim doch wollte, dass ich nach NY komme. Ich wollte mit Ana zusammen sein, aber ich wusste nicht, was daraus werden würde. Ich fühlte mich wieder im Käfig der Gesellschaft und spürte die Schwierigkeit der Entscheidungen wieder. Ich nahm mir ein Zimmer in einem Gasthaus und dann pflegte ich ein bisschen meinen Körper und meine Seele und versuchte, wieder Balance und Ausgeglichenheit zu finden.

Am Freitagmorgen schaute ich mir Cahors an, eine Kleinstadt mit fast 20.000 Seelen, gebaut vor zweitausend Jahren auf einer Halbinsel und mit einer wahnsinnigen Brücke namens „Pont Valentré", mit sechs Bögen und drei befestigten Türmen. Die Stadt war sehr schön, hatte auch eine imposante Kathedrale, Saint-Etienne (Pilgerstempel geholt), kleine Gassen flankiert von großen, würdigen Platanen, mit den berühmten angenehmen Cafés und alten Leuten, die in den anliegenden Grünanlagen und Parks Petanque spielten. Na ja, dann lief ich zum Bahnhof und nahm den Zug nach Toulouse und anschließend den Flug nach Lissabon.

Ana wartete auf mich am Flughafen und das Wiedersehen war schon ein bisschen seltsam und fremd, Ana hatte ein Hotelzimmer in Caldas da Rainha gebucht, eine ziemlich langweilige und unbedeutende Kleinstadt, mit Ausnahme von den Thermalbädern der Königin, die im XVIII. Jahrhundert landesweit berühmt waren, ein paar stolze Herrenhäuser in der Altstadt, ein lebendiger und farbenprächtigen Marktplatz und zwei ausgesprochen schöne Freizeitparks. In dieser Stadt entdeckten wir uns dann wieder.

Am nächsten Tag nahm ich mir den Reisepass von Praia d'El Rey und dann fuhren wir weiter nach Lissabon und verbrachten zwei heftige und wunderbar innige Tage dort, wie zwei verletzte Tiere, die sich gegenseitig lecken, pflegen und trösten. Es war eine Sehnsucht nach Liebe, nach körperlicher Nähe, nach Wärme und Geborgenheit, und vielleicht auch nach einem Sinn des Lebens. Sie war noch nicht geschieden aber lebte schon von ihrem Mann getrennt, sah sehr attraktiv aus, hatte einen dreizehnjährigen Sohn, eine nicht sehr bedeutende Persönlichkeit, nie ihre Heimstadt verlassen und hatte ein kleines Geschäft, ein Transportunternehmen, einen Bus, der von Ihrem Ex-Mann gefahren wurde. Sie war total unglücklich, sie spürte, wie das Leben an ihr vorbeizog, und das Einzige, was sie gut konnte, war gehen. Sie ging täglich kilometerlange Strecken, einfach so. Sie gehörte bestimmt dem Camino und ich war mir sicher, dass sie dort auch einen Weg und einen Sinn für ihr weiteres Leben finden würde. Ich, auf der anderen Seite, war auf der Suche nach Authentizität, nach urig, nach Heimat, nach Einfachheit, Echtheit, Geborgenheit und nach Gerard und satt von dem Kampf und der Eitelkeit der Gesellschaft der Wohlhabenden, mit einer verletzten Seele und traurig, wie ein Mann dessen Frau gerade gestorben ist, ohne zu verstehen, warum und weswegen, ohne dass ich irgendwas dagegen tun konnte.

Sicherlich, es waren zwei unvergessliche Tage, aber mir wurde langsam bewusst, dass unsere Welten zwei Kreise sind, die nicht deckungsgleich waren, noch nicht mal eine Deckungsmenge hatten, zwei Welten, die halt divergent waren. Wir versuchten, gemeinsam Pläne zu schmieden, aber ich glaubte, dass wir beide wussten, dass es sehr schwer sein würde, aus unserem Anderssein eine Gemeinsamkeit zu schnüren.

Aber es geschah trotzdem etwas, das mein Leben verändern konnte. Am Sonntagmittag, als wir uns doch entschlossen, das Hotelzimmer für einen Spaziergang durch Lissabon zu verlassen, kam ich plötzlich auf eine für mich besondere Idee, und zwar einen Buchladen zu eröffnen. Wir redeten darüber, ich kam in Fahrt, je mehr ich darüber redete oder nachdachte, aber Ana war nicht so begeistert. Sie wollte, dass ich als Busfahrer ihren

Ex-Mann in ihrem Unternehmen ersetzte. Ich war wiederum nicht so sehr von dieser Idee begeistert, besonders angesichts der fabelhaften Alternative einer Buchhandlung. Wir mussten nicht darüber an dem Tag entscheiden, aber mir wurde auf einmal relativ klar, dass unsere Differenzen möglicherweise doch nicht zu überbrücken sein würden.

Also brachte mich Ana am Spätnachmittag am Sonntag zum Flughafen. Der Abschied fiel mir sehr schwer, aber ich musste zurück auf den Camino. Zu keinem Zeitpunkt hatte ich in Betracht gezogen, den Camino zu unterbrechen, um ein neues Leben mit Ana anzufangen. Das war nicht die Antwort. Zu keinem Zeitpunkt hatte Ana mich versucht zu überreden, den Camino zu unterbrechen. Sie hatte mir nicht gesagt, dass es für sie möglicherweise zu schwer sei ohne mich und unsere Beziehung leiden könnte oder etwas Ähnliches. Meine Entschlossenheit war sichtbar, ich hatte eine Rechnung offen mit dem Camino, ich musste zurück. Also umarmten wir uns mit Liebe und Zuwendung und weg war ich. Ich war tatsächlich weg, mental so weg, dass ich im Flughafen nach der Pass- und Gepäckkontrolle unbedingt auf die Toilette gehen musste und dort meinen Gürtelbeutel vergaß. Es war wie in einem Albtraum. Als ich das Fehlen des Beutels – in dem ich meinen Ausweis, meinen Reisepass, mein Mobiltelefon, Geld und sonstiges hatte – bemerkte, ging ich sofort zurück auf die Toilette, aber der Beutel war nicht mehr da! Dementsprechend war ich illegal in einem Flughafen, hatte keine Papiere, kannte keine Telefonnummer auswendig – wenn man ein Mobiltelefon hat, kann man sich immer in der Kontaktliste den Namen, die Adresse und Telefonnummer anschauen –, konnte kein Flugticket vorweisen (es war alles in dem Mobiltelefon gespeichert). Ich konnte nicht mal in mein E-Mail-Konto in einem Internetcafé schauen, da ich mein Password nicht auswendig kannte. Alles Mist und keine Lösung in Sicht. Ich konnte nicht raus aus dem Flughafen, da ich keinen Ausweis hatte. Ich fühlte mich als wäre ich aus Krackhozia gekommen, wie Tom Hanks in dem „The Terminal“-Film. Ich durfte nicht raus, durfte nirgendwo hinfliegen, einfach eine beschissene Situation. Das Fundbüro – wo sich möglicherweise mein Gürtelbeutel befinden hätte können – war auf der öffentlichen Seite des Flughafens, aber ich konnte nicht dahinkommen, da ich nicht über die Passkontrollstelle gehen konnte.

Alles in allem ein großer Mist. Es war praktisch unmöglich, etwas über meine Identität und Absichten beweisen zu können, um mich aus diesem Schlamassel zu befreien. Ich war in einer ausweglosen Situation, einer neuen, dramatischen, frustrierenden und tragikomischen Situation. Ich saß eine Viertelstunde auf einer Bank, um mich zu beruhigen und nachzudenken, was man machen könnte, und ich konnte nur über meine Dummheit lachen. Nach einer Viertelstunde war ich nicht klüger geworden, aber das Gate für den Toulouse-Flug war bereits im Begriff zu schließen. Ich hatte also ungefähr fünf Minuten, um meinen Flug noch zu kriegen. Ich stand also auf und ging langsam Richtung meines Gates, ich weiß nicht, warum. Und dann, vielleicht hatten sich die Sterne in einer Konstellation der Hoffnung zusammengesetzt, vielleicht die Geister meiner Mutter, meines Vaters oder Martinas sich entschieden, mir zu helfen, vielleicht war es das Glück der Tüchtigen – obwohl ich nicht wusste, was an meinem Verhalten oder Vorhaben tüchtig war – als ich an der Ticketkontrolltheke ankam und offensichtlich alle Passagiere schon im Flugzeug saßen, bat mich die für die Flugtickets- und Ausweiskontrolle verantwortliche Dame zu beeilen, und gleichzeitig fragte sie mich, ob ich nicht vielleicht etwas verloren hätte. Ich wurde auf einmal von einem Blitz der Freude, Hoffnung, Entspannung und Scham getroffen und bejahte die Frage. Dann sah ich gleich meinen Gürtel auf dem Pult und bevor ich ihn wieder in Besitz nehmen konnte, musste ich beweisen, wer ich war. Aber es war kinderleicht, da ich alle mir gestellten Fragen – Name, Geburtsdatum, Name der Eltern, die Bank, die meine Kreditkarte erstellt habe, ich weiß nicht mehr, welche Fragen es waren – sofort beantworten konnte und in die Maschine einsteigen durfte. Ich checkte den Inhalt des Gürtels und alles, was ich hatte, war da, und wenn ich sage, alles, meine ich auch alles, Geld, Schlüssel, Mobiltelefon, alles war da, unberührt, sogar die Bilder meiner Kinder, die ich mit mir auf den Camino genommen hatte. Ich werde nie erfahren, wer die Person war, die meinen Gürtelbeutel fand und an das Wachpersonal weitergab, wer dieser guten Samariter war, aber ich werde ihm immer dankbar sein und auch für ihn und seine Gesundheit in Santiago Compostela eine Kerze anzünden.

Ich konnte vor lauter Aufregung im Flugzeug nicht schlafen, es war fast Mitternacht, als ich den Bahnhof in Toulouse erreichte, und nach vielen Verhandlungen mit der Polizeiwache und den Bahnhofangestellten – die sich offensichtlich langweilten und Lust am Quatschen hatten – bekam ich die Erlaubnis, im Bahnhof, versteckt in einem Wartezimmer, schlafen zu können, da mein Zug für Montcuq am nächsten Tag morgens früh fuhr. Ich lag also in meinem Schlafsack auf dem Boden in einem Bahnhof in einem Land in Europa wie ein Penner, ich war ein Penner und eigentlich ein Pilger. Wenn jemand mir gesagt hätte, dass ich eines Tages, nach dreizehn Wochen kontinuierlichen Pilgerns durch Deutschland, der Schweiz und Frankreich, auf einem Boden in einem Bahnhof in einem fremden Land schlafen würde, hätte ich gesagt, dass es Phantasmagorie oder ein Hirngespinst ist. Ich war viel zu aufgeregt, um einzuschlafen und dachte an meine physische und geistige Reise durch die Welt, seitdem ich Rumänien verlassen hatte, was ich alles erlebt, gefühlt, mir gedacht oder gewünscht hatte und was vielleicht noch vor mir stand. Ich dachte auch über die Jahre nach, die ich in London verbracht hatte ...

Endlich wurden die Flugtickets gekauft. Mircea mietete ein Haus in London, die Kinder wurden für die German School London angemeldet und ihr neues Lebensabenteuer begann.

Sie verbrachten fast neun Jahre in London. Nach kurzer Zeit liebten alle Familienmitglieder ihr Leben in London, außer Mircea. Er liebte viele Dinge, es ist richtig, aber das britische Volk hatte etwas irgendwie Rohes und Ungehobeltes an sich, und das konnte manchmal von Vorteil sein, da es dem Gespräch eine Art Frische und Einfallsreichtum verlieh, aber diese raue Seite ihrer Persönlichkeit schreckte ihn meistens ab, weil er es als schamlos empfand. Er liebte ihren Sinn für Humor, die Fähigkeit und manchmal den Wunsch, sich selbst zum Narren zu machen, ihre Toleranz, wahre Toleranz gegenüber anderen Individuen und anderen Lebensweisen, Religionen oder politischer Orientierung. Er mochte, dass sie eine gute Debatte liebten, er liebte ihre Ironie und ihre Subtilität, aber er hasste ihre nationale Krankheit, sich zu betrinken nur um betrunken zu sein, ihr unausgesprochenes, aber natürlich empfundenes Gefühl der Überlegenheit – vielleicht war das eine Voraussetzung für Toleranz.

Die 25 Kilometer Wasser, die England vom alten Kontinent trennten, und die Tatsache, dass sie sich auf einer Insel befanden, waren tatsächlich wie eine Integrationsbarriere. Das britische Volk hatte die gleichen moralischen Werte wie Europa, Mircea fühlte ziemlich stark, dass Europa eine starke und klar definierte Identität hatte, basierend auf ihrer verflochtenen Geschichte von Millionen von Jahren, dennoch waren die Briten irgendwie anders in ihrer Einstellung zum Leben. Alles in allem fühlte er sich sehr wohl und liebte es, dort zu arbeiten, und machte gute Freunde. Es war aber klar, dass London nicht der Ort war, an dem er sich für immer zufriedengeben würde oder sich niederlassen könnte.

Sein Sohn Joachim beendete die High School in London und kehrte dann nach Deutschland zurück, um den damals verpflichtenden Wehrdienst oder alternativen öffentlichen Dienst zu beantragen. Es war ziemlich schwer, ihn gehen zu lassen, aber es war viel schwieriger für ihn, mit fast neunzehn Jahren sein eigenes unabhängiges Leben zu beginnen und allein zu sein. Mircea sah Joachim ziemlich oft, als er jede zweite Woche geschäftlich nach Deutschland reiste und er diese außergewöhnliche Bindung Vater-Sohn am Leben hielt – eine Bindung, die in Rumänien begann und bis nach London, via New York und Deutschland aufrechterhalten wurde. Die Familie kam in allen Schulferien zusammen –seine Schwiegereltern einbezogen – und alles lief gut.

Martina hatte Stefana an die „Deutsche Schule" in London eingeschrieben, aber nach ein paar Monaten war Stefana von dem Unterricht gelangweilt und fing an, den Unterricht zu stören. Sie wurde schließlich und endlich aufgefordert, die Schule zu wechseln, Stefana wechselte von ihrer deutschen Schule zu einer amerikanischen Schule mit internationalem Abitur, was für sie eine sehr große Herausforderung war, da die Unterrichtssprache Englisch war und – offensichtlich für eine IB-Schule – Schüler aus der ganzen Welt kamen, mit unterschiedlicher Ausbildung, Mentalität und Erfahrungen. Das prägte Stefanas Persönlichkeit und eröffnete ihr eine neue Welt. Es war Martina und Mircea eine Freude, zu beobachten, wie eifrig Stefana war, all das neue Leben, die neuen Erfahrungen, die neuen Leute, den neuen Lehrplan aufzunehmen. Sie schloss ihr Studium ab und erhielt einen Studienplatz in Oxford.

Martina hatte ein bisschen Angst, die neue Situation und das neue Finanzgewicht zu bewältigen, und akzeptierte es, ihren Job und die damit verbundene „finanzielle Unabhängigkeit" abzugeben, aber Mircea war sanftmütig, fürsorglich, liebevoll und klug genug, um sie mit dem neuen Leben wohlfühlen zu lassen, und bald war sie voll auf dem Laufenden und hatte die Sache unter Kontrolle – das mexikanische „Aux Pair"-Mädchen, das sie in Deutschland hatten, war auch mitgekommen und kümmerte sich um den Haushalt. Martina kümmerte sich dann um die Kinder, um ein soziales Leben für sie zu schaffen, und die Familie in die Gemeinschaft zu integrieren, London zu entdecken und London zu erleben. Sie liebte es in London einfach. Sowohl Stefana als auch Martina blühten in London auf und es war das Beste, was ihnen passieren konnte. Und das gefiel Mircea natürlich.

Also fuhr ich am nächsten Morgen mit dem Zug bis Cahors und mit dem Bus bis Montcuq, wo ich meine Pilgerreise unterbrochen hatte, und lief weiter bis Lauzerte – eine relativ kurze Etappe, die ich in etwa drei Stunden machte. Es war schon spät am Abend, weil ich den Vormittag im Zug war und meine Reise nach Lauzerte erst nachmittags angefangen hatte.

Lauzerte ist ein mittelalterliches kleines Dorf im Okzitanien und wie Conque als eines der schönsten Dörfer Frankreich durch die Vereinigung „Les plus beaux villages de France" gekürt. Es hat in etwa 500 Schornsteine, drei Pilgerherbergen, zwei Kirchen und ein Kloster, eine ganze Menge Ruinen und einen wunderschönen Marktplatz. Ich machte natürlich Rast am Marktplatz und trank ein genüssliches Bier und – wie es halt die „Tradition" verlangt – plauderte mit anderen Pilgern über die Ereignisse des Tages und hörte mir sämtliche Geschichten an. Der Sonnenuntergang war schon durch, ich fand ein freies Bett in einer Pilgerherberge, aß ein Kleinlichkeit und legte mich schnell zum Schlafen, um ein bisschen Schlaf der letzten drei kurzen Nächte nachzuholen.

Am nächsten Tag kaufte ich mir, wie üblich, den Proviant für die Etappe, lief dann gleich los und beschloss, später auf dem Weg zu frühstücken. Es fiel mir alles schwer, meine Gedanken waren auch schwer. In Lissabon hatte ich mich nicht zuhause gefühlt. Ich weiß nicht, wieso, aber ich fühlte mich wie ein Fremdkörper. Es war ein störendes Gefühl, wieder in der Gesellschaft zu sein. Ich konnte mir nicht vorstellen, wie es sein würde, wenn ich mit dem Pilgern fertig sein und wann ich fertig sein würde. Auf jeden Fall war ich wieder am Laufen und das gefiel meinem Geist und meinem Körper. Der Weg war aber böse mit mir, weil ich ihn verlassen hatte, und machte meine ersten zwei Tage einigermaßen schwer. Es sah so aus, als wenn ich büßen musste. Das machte ich auch.

Es war schon Ende Juli und das Wetter war echtes Sommerwetter, warm, sehr warm, die Feldwege waren verstaubt, vertrocknet und die Luft roch nach Schweiß und Sonnenblumen. Kein Wind, keine Bewegung außer ein paar verwirrten Pilgern hier und da. Glücklicherweise lief der Weg bald in eine Art Wald, da die Au vom Fluss Tarn in der Nähe war. Wir waren dem Namen nach in der Region Tarn-et-Garonne, Land der zwei Flüsse, wobei der Fluss Tarn nah am Moissac in die Garonne mündete. Moissac war auch mein Etappenziel. Ich war wieder auf dem Weg und das war die Hauptsache. Meine Sonnenblumenfelder waren auch wieder da und ich hatte meine Rast unter einem Baum, am Rande des Feldweges, und wo auch immer ich hinsah, waren Sonnenblumen. Es war Mittag und die Sonnenblumensoldaten standen Gewehr bei Fuß und die Welt war in bester Ordnung. Ich war leer in Gedanken und voll in allen Sinnen – es duftete nach trockener und heißer Sommerluft, ich hatte feinen Sommerstaub in meinen Haaren, meinem Bart und auf meinen Fingern, ich hatte Vivaldis Jahreszeiten in den Ohren, ich hatte einen wunderbaren Nachgeschmack von Schafskäse, reifen Tomaten und Knoblauch im Mund und Augenkontakt mit zwei lieben, fetten Eidechsen, die faul und der Sonne genießend neben meinen Stiefeln Energie tankten. Ich könnte auch sagen, dass ich einen Grashalm zwischen meinen Lippen geschickt bewegte, aber es stimmte nicht. Na ja, ich machte mich wieder auf den Weg und dachte noch einmal über Joachim nach. Ich hatte immer noch ein leichtes Schuldgefühl, dass ich mich von seiner leiblichen Mutter getrennt hatte, ich habe ihm als Kleinkind meine ganze Liebe und mein ganzes Leben gewidmet, aber solche Trennungen hinterlassen immer Spuren, auch wenn er nicht darüber reden wollte oder konnte. Ich hatte auch jahrelang geschwiegen und das Thema Marina vermieden, weil ich irgendwie nicht schlecht über seine leibliche Mutter mit ihm reden konnte und beschlossen hatte, eines Tages mit ihm darüber zu reden, wenn er alt genug und erwachen war und über so ein Thema bereit sein würde zu reden.

Und es geschah auch so, an einem wunderbaren Abend in New York, als wir Stefanas Masterabschluss an der Columbia University feierten. Es war vielleicht einer der schönsten Abende meines Lebens. Wir waren zu viert Abendessen in einem schicken veganen Restaurant gewesen, wir hatten Stefana gefeiert und dann waren Stefana, Joachim und ich in einer Bar gelandet und hatten uns unterhalten. Martina war längst im Hotel, weil ihre Krankheit sie unheimlich müde machte. Ich weiß nicht, warum, aber wir waren bestimmt alle drei vom Alkohol ein bisschen beschwipst und ich fing an, Joachim über meine Zeit mit Marina vor und nach der Ehe, über die Zeit vor Joachims und nach Joachims Geburt zu erzählen. Eine unverschonte, relativ nüchterne und mit Fakten belegte Geschichte. Beide Kinder hörten mir aufmerksam zu, ich war in Fahrt und habe lange, viel zu lange gesprochen und ihre Fragen ausführlich beantwortet. Es war so emotional, so geheim, und irgendwie so ein inniges Gespräch, was wie ein Geständnis, Verrat, eine Anklage und gleichzeitig Verzweiflung klang. Ich erinnere mich nicht mehr an die Einzelheiten, aber es war das erste Mal, dass ich Joachim so berührt, so nah und so offen für Gefühle gesehen und gespürt habe. Wir umarmten uns alle drei und weinten stark und hemmungslos, wie Kleinkinder oft weinen, wenn die Eltern eine Märchengeschichte vorlesen, und der Heldin oder dem Helden ein Unrecht geschieht, was nicht wieder rechtens gemacht werden kann und sie in den kleinen Herzen ganz deutlich die Machtlosigkeit spüren, so wie in etwa „Das kleine Mädchen mit den Schwefelhölzern“ von Hans Christian Andersen. Wir blieben lange dort in der Bar und tranken auch viel zu viel, aber es war ein echt magischer Abend. Solche Momente sind für einen Vater, vielleicht auch für ein Kind, einmalig und ich konnte mich glücklich schätzen, so etwas erlebt zu haben. Diese Erinnerung ist wie eine Bergwasserquelle aus Energie, Liebe, Vertrauen und Zuversicht, aus der ich trinken kann, wenn ich Zweifel habe und danach dürste. Die ersten Strahlen des Sonnenaufgangs streichelten sanft und kitzelig unsere Nasen und Ohren, als wir die Bar verließen.

Irgendwann dann, spät am Nachmittag, war ich im Moissac. Der Eingang war beeindruckend, über eine fast vier hundert Meter lange Kanalbrücke über den Tarn, die Anfang XIX Jahrhundert erbaut wurde. Moissac ist nach Conque die zweitbedeutendste Stadt des französischen Teils des Jakobsweges und hat drei Pilgerherbergen, ein faszinierendes Kloster und die ehemalige und einmalige Benediktinerabtei Saint-Pierre de Moissac. Die Stadt ist auch fabelhaft gelegen, zwischen den zwei Flüssen Tarn und Garonne, und hat genauso wie viele andere Ortschaften in Südfrankreich dieses unvergessliche mittelalterliche Flair. Ich genoss so sehr, meine Runde durch die Stadt zu gehen, diese anscheinend unfreundlichen Steinhäuser zu sehen, die doch an fast jedem Fenster farbige, freundliche Blumen in Töpfen hatten, die kleinen Geschäfte in der Altstadt, einfach die Geschichte der Stadt aufzunehmen und einzuatmen, es war alles wie Seelenstreicheln für mich. Anschließend trank ich einen Wein in einem Café und pflegte meine Unterschenkel und Fußsohlen ein bisschen. Ich schlief in einem Gite und machte mich am nächsten Tag auf den Weg nach Saint-Antoine, nachdem ich meinen Proviant für den Tag gekauft hatte. Die Lebensmittelgeschäfte in Frankreich waren eine Freude, es gab immer besonderen, regionalen Käse oder Wurst, die wunderbar schmeckten, natürlich Baguette und Croissants und viele andere Köstlichkeiten. Aber, obwohl es nicht so störend war, waren unvermeidlich viele Pilger auf dem Weg. Ich lernte einige von ihnen kennen: Rebecca, Maurizio, Elena, Patrick und andere. Auch wenn ich offensichtlich und absichtlich ein bisschen mürrisch war, um meine Einsamkeit zu bewahren, spürte ich, dass die Leute um so mehr mit mir in Kontakt treten wollten. Trotz meiner Mürrischkeit und dass ich wenig zu sagen hatte, schien es den Leuten doch zu gefallen. Diese Menschen waren sehr freundlich, aber jede und jeder, einschließlich mir, hatte Probleme im Gepäck, und ich konnte nicht mit meinen Gedanken und meinen Problemen klarkommen, geschweige denn mir Probleme der anderen Menschen anhören und möglicherweise Ratschläge erteilen. Aber genau das schien die Erwartung der anderen Pilger zu sein aufgrund meines Aussehens, meiner Entschlossenheit und Erfahrung – weil ich schon über 2.000 Kilometer Pilgern hinter mir hatte und so zurückhaltend, schweigsam, abwesend und souverän erschien. Die Leute wollten sich mit mir fotografieren lassen und mich zum Abendessen oder zu einem Drink einladen, um mit mir ins Gespräch zu kommen. Ich weckte unabsichtlich Erwartungen in diesen Menschen. Es war keine einfache Sache, ich würde sehen müssen, wie ich damit weiter zurechtkommen konnte.

Auf jeden Fall war der Weg wieder freundlich zu mir, ich spürte, dass wir einander wieder mochten. Eine lange Etappe nach Saint Antoine war fast erbarmungslose 30 Kilometer lang und es schien wieder die Sonne. Es gibt natürlich auch gute Seiten, wenn man Ende August durch die Felder, Wälder und Dörfer pilgert, man kann jetzt Pfirsiche, Äpfel, Birnen und Pflaumen von den Bäumen am Rand des Weges oder im Wald pflücken oder einfach in den Gärten im Dorf klauen. Das machte das Leben natürlich einfacher, weil ich nicht mehr hungern musste, wenn ich zu wenig Proviant oder das eine oder andere Mal gar keinen Proviant bei mir hatte. Der Weg konnte und wollte mich ernähren. Es schien doch eine gute Entscheidung gewesen zu sein, keine Regenklamotten mehr mitzuschleppen, da es seit meinem Aufenthalt Ende Mai in Nürnberg bis jetzt nicht mehr geregnet hatte und es keine Anzeichen, weder in der Natur noch in der Wettervoraussage, für kommenden Regen gab.

Am Spätnachmittag erreichte ich Saint-Antoine. Es war eine sehr interessante Etappe und ich sah endlich Teile der berühmten Wasserstraße vom Atlantik bis zum Golf Biskaya am Mittelmeer, der sogenannten „Canal de Midi“. Sie läuft über hunderte Kilometer, aber der Kanal wurde nur über eine Länge von 240 Kilometer gebaut, der Rest war schon durch die Flüsse Garonne und Gironde vorhanden und musste nur erweitert und fahrbar gemacht werden. Ein Meisterwerk menschlicher Anstrengung, deren erste Fertigstellung im XVII. Jahrhundert nach vierzig Jahren Arbeit war. Seitdem wurde der Kanal immer und wieder verbreitert und vertieft, weitere Schleusen wurden gebaut, da durch das Zentralmassiv und durch die Pyrenäen gebaut werden musste, um das Mittelmeer zu erreichen und dementsprechend Höhenunterschiede zu bewältigen. Leider ist mit dem Zugverkehr und den Autobahnen in den folgenden Jahrhunderten der Transportwettbewerb stark gestiegen und der „Canal de Midi" verlor viel an Bedeutung. Nichtsdestotrotz stieg die touristische Anziehungskraft und man konnte mit einem kleinen Boot oder einer Jacht die Strecke von Saint Estephe bis Sète fahren. Vielleicht mache ich diese Tour auch eines Tages, eine Zwei- oder Dreiwochentour wäre nicht schlecht. Saint-Antoine war ein sehr kleines Dorf mit ungefähr hundert Seelen und keinen besonderen Sehenswürdigkeiten, aber es hatte doch eine nette Kneipe, wo ich meine Camino-Mitläufer wiedertraf. Eine Kurze Unterhaltung und ein kurzes Abendessen, Zelt aufgebaut, ein bisschen gechattet und dann ab in die Koje.

Am nächsten Tag gab es eine kleine Überraschung, Rebecca setzte sich an meinen Frühstückstisch in der Kneipe, wo ich genüsslich mein Croissant aß und meine Tasse Kaffee trank, und fragte mich, ob sie mit mir die Etappe laufen könne. Und so liefen wir zusammen ungefähr fünf Stunden bis Lectoure, einem kleinen mittelalterlichen Dorf, umringt von den Ruinen einer Mauerfestung, mit winzigen Gassen, vielen, vielen Blumen, einem freundlichen und gemütlichen Marktplatz mit einem kleinen Park, in dem alte Männer mit den berühmten französischen sechsteiligen Schirmmützen als Kopfbedeckung Petanque spielten, alles so idyllisch, mit einer Kirche, einer Kathedrale und zwei Kapellen. Rebeca und ich hatten gleich die Terrasse, wo wir ein Bier trinken konnten, eingenommen und die mittlerweile traditionelle Stunde Entspannung genossen, bevor wir uns in die Herberge begaben. Rebecca hatte eine freundliche Natur, war vielleicht Ende zwanzig oder so, mit lockigen, braunen Haaren, einem ovalen Gesicht mit einem Kinngrübchen, neugierigen Augen, die zum Teil Angst, zum Teil Traurigkeit und zum Teil Schmerz ausdrückten. Ich glaube, sie hatte blaue oder grüne Augen. Sie war gut gebaut, ziemlich robust, ohne dick zu sein, mit gut geformten langen Beinen, hübsch, aber irgendwie bäuerlich und mit einem etwas burschikosen Benehmen. Sie war

Australierin und hatte große Probleme. Sie war in ihrer Kindheit vom Vater geschlagen und vielleicht missbraucht worden, ihre Mutter starb als Rebecca zwölf Jahre alt war, sie hatte auch einen jüngeren Bruder, der anscheinend drogensüchtig wurde und die Schule verlassen hatte. Rebecca war mit zweiundzwanzig von Zuhause geflohen und seit fünf Jahren unterwegs gewesen, lebte in Indien, Goa, in Hippiecamps und einige Monate in einem Osho Retreat. Sie war in Südamerika gewesen, in Peru besuchte sie Machu Picchu und versuchte, die Inka-Philosophie zu verstehen. Irgendwann, nach so vielen Erfahrungen nach außen, beschloss sie, den Camino zu gehen und zu versuchen durch eigene Erfahrungen zu finden, was ihr Weg im Leben sein könnte. Zumindest war es das, was sie mir die fünf Stunden erzählt hatte. Es war eine schöne, traurige Geschichte, aber es gab natürlich eine ganze Menge Fragen, und ich war und wollte nicht ihr Seelsorger werden. Es tat mir sehr leid und natürlich unterhielten wir uns über Gott und die Welt, und dafür reichten noch nicht mal fünf Tage, geschweige denn die fünf Stunden, die wir heute zusammen liefen. Natürlich zeigte ich meine ganze Empathie und sagte ihr, dass die Entscheidung, den Camino zu laufen, bestimmt die richtige sei, weil der Weg ihr im schlimmsten Fall gar nichts geben würde, aber nehmen würde er auch nichts. Abstand zu gewinnen und weit weg von der Gesellschaft zu sein, kann auch eine andere Perspektive sein über das, was wichtig und nicht wichtig ist, und ihr Zeit fürs Nachdenken schaffen, die man sonst sehr schwer findet, wenn man sich schon als kleine Maus im Laufradkäfig der Gesellschaft verfangen hatte.

Als wir Lectoure erreichten trennten wir uns und ich besuchte die Kathedrale Saint Gervais und holte mir den Pilgerstempel, bevor ich mein Bett in der Herberge suchte.

Am nächsten Morgen sah ich Rebecca beim Frühstück wieder und sie wollte weiter mit mir bis zum nächsten Etappenziel, Condom, laufen. Sie tat mir sehr leid und obwohl ich schwor, in meinem neuen Leben nur das machen zu wollen, was ich wirklich wollte, ohne Kompromisse, und das war im Moment nun mal, allein zu laufen und mich auf meine Gedanken zu konzentrieren, stellte ich fest, dass ich es doch als richtig empfand, mit ihr eine Weile weiterzulaufen, also erklärte ich mich damit einverstanden, weil ich dachte, dass mit Rebecca zu laufen doch etwas ist, das ich tatsächlich machen wollte und es insofern keine Abweichung von meinem Schwur war. Es war ein bisschen schleierhaft, aber es war nun mal so. Also rüsteten wir uns für die Pilgeretappe mit Baguette, gekochten Eiern, reifen Tomaten und Knoblauch, köstlichem Käse, Wurst und natürlich reichlich Wasser aus. Ich benutzte wieder mit Stolz mein Opinel-Taschenmesser bei unserer Rast, auch um angeberisch zu zeigen, was ich von Joachim bekommen hatte.

Wir gingen also vier Stunden zusammen und es war angenehm, mit ihr zu plaudern. Wir sprachen über ihre Lebensreise, eigentlich war es Rebecca, die meist sprach, ich hörte nur zu, aber die Magie von gestern war irgendwie nicht mehr da. Gestern war ich fasziniert gewesen über ihre Geschichte und heute konnte ich sie besser als Mensch beobachten. Sie war eine Weltenbummlerin, eine „Backpack“-Weltwanderin, und sie hatte eine sehr schwere Kindheit, wahr. Aber sie hatte nicht Heilung, Sinn, Zweck oder Erleuchtung gesucht, sie schien nicht die innere Unruhe, Unzufriedenheit oder Wut gehabt zu haben und zu sagen: „Es muss mehr in diesem Leben geben.“ Sie wollte immer wieder neue Erlebnisse und Aufregungen haben, Menschen kennenzulernen, Spaß zu haben und so. Der Camino, meiner Meinung nach, war eine spirituelle Fahrt in dein Inneres, egal, ob du gläubig bist oder nicht, ein Weg, auf dem du dir Fragen, die in dir brennen, die dich aufwühlen, stellen kannst und vielleicht Antworten auf diese Fragen zum Teil auch von dem Weg bekommst. Rebecca schien mir keine besonderen Fragen zu haben. Na ja, schade, aus meiner Sicht war das eine „verpasste Gelegenheit“, aber der Weg war für alle Leute da, egal, welche Ansichten oder Erwartungen sie hatten, wenn sie welche hatten.

Wir pilgerten weiter, jetzt waren wir in der Gascogne, heute Gers genannt, inmitten von Armagnac, zwei magische Namen meiner Kindheit und Jugend. Gascogne, weil einer meiner Helden d’Artagnan war, der aus Gascogne stammte, und Armagnac, des berühmten Weinbrands wegen, wovon ich in meiner Jugend nur träumen konnte und viel später, als ich im Westen gelandet bin, den Weinbrand Gottes endlich ausprobieren konnte – und es war Liebe auf den ersten Schluck. Also landeten wir in Condom, dem malerischen Städtchen im Süden Frankreichs, eingebettet in Wiesen, Wälder und Weinfelder, suchten gleich den Marktplatz und entdeckten auf einmal ein Museum für Kondome, was sehr überraschend war, da auf französisch Condom Präservativ hieß. Es war mehr als ein Witz gedacht – erfuhren wir später – da viele Touristen verblüfft von dem Namen des Dorfes waren und Assoziationen suchten. Die Stadt, die kleinen wunderbaren Gassen, die Geschäfte, alles war atemberaubend schön und alles war irgendwie um die Kathedrale Saint Pierre gebaut, ein Meisterwerk Anfang des XVI-Jahrhunderts im französisch gotischen Stil. Und vor der Kathedrale war natürlich auch die Terrasse des Restaurants, wo die Pilger sich traditionsmäßig sammelten. Und da war noch etwas, am Eingang der Kathedrale standen vier aus Eisen gebaute Statuen mit meinen Kindheitsfreunden, Athos, Aramis, Porthos und natürlich d'Artagnan. Ein bisschen kitschig, zugegeben, aber es berührte mich doch sehr, zu wissen, dass ich genau dort war, in Gascogne, wo diese Musketiere tatsächlich gelebt hatten und Inspiration für Alexandre Dumas' Buch gewesen waren. Und auf der Terrasse traf ich Jose alias Pepe wieder, was mich außerordentlich freute. Alles in allem war es ein gelungener Tag, den ich feiern wollte, genau wie die Kavaliere und Musketiere damals feiern mussten, mit Bier und Pfannkuchen ...

Wir gingen zusammen wieder in die Kathedrale, holten uns den Pilgerstempel und hörten uns die schöne Geschichte von dem berühmten Grafen de Montesquieu an – der Hauptfigur und dem Stolz der Bevölkerung in Condom –, der zum Teil in der Stadt gelebt hatte. Wir liefen später, denke ich, noch ein paar Kilometer, weil Pepe wollte, dass wir woanders übernachten. Dementsprechend gingen wir zu einer anderen „Gite d'Etappe", wo ich auch fast alle anderen Pilger, mit denen ich mich in den letzten Wochen unterhalten hatte, traf. Wir waren also ungefähr fünfzehn Pilger, und die Hälfte davon war entschlossen zu zelten, einschließlich Pepe und mir, jeder in seinem eigenen Zelt. Das Haus war ein Herrenhaus und hatte ausreichend Zimmer, aber es war so eine große Wiese vor dem Haus, umrahmt von einigen alten und imponierenden Platanenbäumen und es war einfach schön, in der Natur zu schlafen, sodass viele von uns sich fürs

Zelten entschieden hatten. Bertrand, ein Mann vielleicht in meinem Alter, hatte vor einigen Jahren seinen Sohn verloren, der auf dem Pilgerweg nach Santiago verunglückt war (wie ich später erfuhr). Er hatte diese Unterkunft, diese Gite, für die Pilger gebaut, für seinen Sohn und in seinem Andenken und zu seiner Ehrung. Alle ankommenden Pilger waren Bertrands Sohn geworden. Er kümmerte sich um die Pilger, bereitete Frühstück und das Abendessen vor, fuhr mit den Pilgern zu einem in der Nähe gelegenen See und badete dort zusammen mit den Pilgern, er unterhielt sich mit allen und hatte Zeit für alle. Wir wurden alle zum Abendessen eingeladen, es war ein riesiger Tisch für fünfzehn Pilger und Bertrand, der aus mir nicht bekannten Gründen seine Frau nicht dabei hatte. Er hatte bei der Tisch-Sitzordnung darauf bestanden, dass ich an seiner rechten Seite sitzen solle und so geschah es auch. Wir unterhielten uns dann während des Essens und er erzählte mir auch über seinen Sohn. Ich öffnete mich auch ein bisschen ihm gegenüber, wir tranken einen guten Bordeaux und je mehr wir tranken, umso mehr sprachen wir über den Sinn des Lebens und die persönliche Berufung im Allgemeinen und auch unsere im Speziellen, darüber, was das Leben für uns alle in seinem Sack hat, über Erinnerungen, Deutungen und Spiritualität, mangelnden Glauben und Hoffnung.

Als wir mit dem Essen fertig waren, holte Bertrand zum Abschluss zwei Flaschen Armagnac. Ich war wie gelähmt und sprachlos und es war mir klar geworden, dass, für mich, die Begeisterung und Bedeutung einer Flasche Armagnac in gewissen Maßen ein köstliches, exquisites, aber doch fetischistisches Traumweltsymbol für die Freiheit und Demokratie und für die anderen einen anderen Stellenwert hatte, wenn überhaupt. Sicherlich war es auch die Armagnac Gegend, aber egal, Armagnac war Armagnac und ich genoss es unendlich. Bertrand hatte es gemerkt und wollte mir eine Flasche schenken, einfach aus Freude, als er sah wie ich den Weinbrand mit so viel Genuss gekostet und geträumt hatte und welche Erinnerungsmomente sich in meinem Kopf bildeten und wie meine Körpersprache eine lange wortlose Geschichte erzählt hatte, all das, was dieses göttliche Getränk auf mich wirken gelassen hatte, aber ich konnte es nicht annehmen, wenn nicht aus anderen, aber zumindest aus Platz- und

Gewichtsgründen. Aber irgendwann, zu später Stunde, sagte Bertrand etwas, was mich sehr beeindruckte und berührte. Er sagte, ich sei einer der weniger Pilger, die er in fünf Jahren, seit er diese Gite betrieb, getroffen habe und als „Profi" bezeichnen würde. Es gibt keinen Beruf „Pilger" in der Gesellschaft als solches, insofern ergibt Profipilger keinen Sinn. Ich wusste aber, wie Bertrand es meinte, als ein Zeichen der Hochachtung für meine Person, meinen Weg und meine Berufung, und das hat mich sehr stolz und gleichzeitig weich gemacht. Grund für einen letzten Schluck Armagnac und einen guten, wenn auch kurzen Schlaf.

Am nächsten Tag ging mit Pepe zusammen und versuchte ein bisschen mehr zu kommunizieren und vielleicht auch ein bisschen Spanisch zu lernen. Es war eine lange Etappe bis Eauze, über 30 Kilometer und Pepe sprach ununterbrochen. Ich hörte ihm aufmerksam zu und versuchte etwas daraus zu lernen, auch wenn ich vielleicht nur die Hälfte verstand. Das eine oder andere Mal fragte ich ihn, was das eine oder andere heißt, aber manchmal wollte ich ihn nicht unterbrechen, weil er mir so emotional über sein bisheriges Leben erzählt hatte. Pepe wuchs zusammen mit seinem zwei Jahre älteren Bruder auf und sie machten viel Unfug in der Schule, insbesondere als sie in die Pubertät kamen. Pepe war so eine gutmütige Natur, dass ich ihn mir nur als lieben Rabauken in der Schule vorstellen konnte. Auf jeden Fall wollte er Betriebswirtschaft studieren, aber sein Vater meinte, er sollte deren kleine Firma übernehmen, sein Bruder war nicht seriös oder reif genug für so was. Pepe hatte schon in den Schulferien seinem Vater das eine oder andere Mal geholfen, Kundengespräche geführt, Bestellungen entgegengenommen oder in der Werkstatt geholfen. Sein Vater war ziemlich krank und Pepe verstand, dass er in der Firma einsteigen musste, obwohl er auch wusste, dass sein Bruder der Lieblingssohn seines Vaters war, konnte er nicht verstehen, warum sein Vater nicht seinen älteren Bruder als Nachfolger in der Firma einsetzen wollte. Ihm passte es nicht so gut, sein BWL-Studium aufzugeben, aber er wusste auch, dass er auch Geld zum Studieren brauchte, und die Firma konnte im Moment dieses Geld nicht erwirtschaften. Also stieg er in die Firma ein und in den nächsten sechs Monaten wurden die Sachen besser in der

Firma, er hatte in der Zwischenzeit auch die schöne Letitzia – ein dunkelhaariges Mädchen mit feurigen Augen, schlank, mit edlen Händen und Armen und mit einem welligen und verführerischen Gang – kennengelernt und sie hatten sich ineinander verliebt, alles schien im Lot zu sein.

Wir waren schon ein paar Stunden unterwegs und beschlossen, Rast zu machen. Pepe hatte auch Proviant dabeigehabt, spanische Salami-Spezialitäten und andere Leckereien, sodass zusammen mit den frischen Baguettes, Tomaten, Käse und Knoblauch daraus eine beinahe feierliche Mahlzeit wurde. Auf einmal merkte ich, dass ich mein Opinel-Taschenmesser nicht mehr dabeihatte. Das war hart, es war von Joachim und ich betrachtete es als Glücksbringer. Nach kurzer Überlegung war ich der Überzeugung, dass ich das Messer bei Bertrand vergessen hatte. Also rief ich ihn an und bat, ihn danach zu schauen. Nach einer halben Stunde rief er zurück und sagte, das Taschenmesser sei gefunden worden. Ich freute mich so sehr! Jetzt war es so, dass diese Jacquard-Vereinigung auch einen Transportdienst anbietet, für Leute, die ihr Gepäck nicht tragen können oder wollen, sodass die Pilger im Voraus das Gepäck in die nächsten Gite schicken und dann bequem über die Felder und Wiesen laufen konnten. Ich hatte schon die Adresse von einer größeren Gite in Eauze und rief den Jacquard-Dienst an und bat sie, mir das Messer an die Adresse der Gite in Eauze zu liefern. Mehr hätte ich nicht machen können.

Pepe, sein wahrer Name war Jose, und ich pilgerten weiter durch die hügelige Landschaft, es war ein warmer Sommertag und die Maiskolben auf den Feldern um uns herum sahen saftig, milchig, frisch und anziehend aus. Wir holten uns drei oder vier Kolben für die nächste Rast – ich meine, wir klauten sie, aber ich hatte keine schlechten Gefühle, man sagt den Pilgern, dass der Weg sie ernähren wird, und ich nahm es wörtlich. Wir liefen also weiter und Pepe erzählte mir seine Geschichte weiter. Nach einem Jahr in der Firma beschlossen Letizia und er zu heiraten. Alles lief sehr gut, die Eltern und Schwiegereltern freuten sich und die Planung der Hochzeit fing dann an. Wie in Spanien bei einer Hochzeit üblich, feierte man großzügig. Alle Verwandten und Bekannten wurden eingeladen, es herrschte eine feierliche Stimmung, die Menüs wurden besprochen, alle Tanten, Cousinen und Mütter kochten, arrangierten und dekorierten. Pepe kaufte sich einen schönen Anzug, Schuhe und ein großartiges Hemd und war total glücklich. Er wählte natürlich seinen Bruder als Trauzeugen aus und konnte die spannende Atmosphäre vor der Hochzeit kaum ertragen. Einen Tag vor der Kirchentrauung holte ihn sein Vater in sein Büro und erklärte ihm, dass er sehr zufrieden mit seiner Leistung in der Firma sei, aber er hätte sich entschlossen, die Leitung der Firma seinem älteren Bruder zu übertragen, und sie werden nach der Hochzeit die weiteren Einzelheiten besprechen müssen. Pepe war wie versteinert, als er sich das anhörte, sagte aber nichts. Seine Gedanken waren nur bei seiner Letizia und der Hochzeit. Am Tag der Hochzeit hatte er keine Geduld mehr und ging in Letizias Zimmer, um mit ihr nochmal über Gott und die Welt zu reden. Und hatte dann den Schock seines Lebens. Letitzia lag nackt im Bett und sein Bruder war auch da und nackt im Bett, und die beiden waren innig umarmt. Pepe konnte es nicht fassen, konnte nicht verstehen oder irgendwie wahrnehmen, was er sah. Er drehte sich und verließ das Zimmer wortlos. Mit seinen letzten Kräften ging er wie im Traum zu seiner Mutter, sagte die Hochzeit ab und verschwand. Nach einigen Tagen, zumindest laut Kalender – er hatte keinerlei Erinnerungen daran, was er in diesen Tagen gemacht hatte, außer, dass er irgendwo in einer Scheune geschlafen hatte – kam er zurück ins Leben und entschloss sich, nach Santiago pilgern zu gehen. Was das Leben mit einem machen kann!

Pepe war dennoch voller Energie und Lebensfreude, er hatte eine erfrischende Art, war witzig, immer gut gelaunt, hilfsbereit und strahlte gute Laune aus. Man hätte in hundert Jahren nicht ahnen können, wie verzweifelt, unsicher, ohne Selbstbewusstsein und ohne Ruder er war.

Wir machten die zweite Pause, und grillten die vorhin geklauten Maiskolben in der Glut eines Feuerchens, was wir am Rande des Feldwegs machten. Sie waren anschließend absolut hervorragend, Kindheitserinnerungen kamen hoch und wir fühlten uns beide unbesiegbar. Irgendwann erreichten wir Eauze, ein Dorf mit knapp 4.000 Seelen, die dokumentierte Hauptstadt der Region Armagnac, was Pepe und ich in der Kneipe neben der außerordentlich schönen Kathedrale Saint-Luperc mit einem kleinen Glass Armagnac ehrten. Danach suchten wir eine Gite d'Etappe aus, wo wir übernachten wollten, bekamen unsere Schlafplätze zugewiesen und ich ging weiter zu der Gite, deren Adresse ich Bertrand vorhin gegeben hatte, und an die er mein Opinel-Messer schicken sollte. Ich traf dort eine sehr unfreundliche Dame, die mich fragte, warum ich nicht dort übernachten möchte. Ich erzählte ihr höflich, dass ich andere Arrangements gemacht hatte, aber sie war nicht glücklich darüber. Auf jeden Fall sagte ich ihr, dass der Transportdienst der Jacquard Vereinigung heute im Laufe des Nachmittags oder morgen früh mein Messer mitbringen werde und bat sie höflich, das Messer entgegenzunehmen – ich würde es später abholen. Darüber meckerte sie auch, aber ich war nicht in der Stimmung, jetzt mit ihr länger zu debattieren.

Ich hatte in den letzten Tagen eine ganze Menge Pilger kennengelernt, Elena und Maurizio, beide mit massiven Problemen miteinander und mit den anderen, Claire und wie sie alle heißen. Alle auf diesem Weg waren psychisch oder seelisch kranke Menschen, Patrick auch. Ich fühlte mich wie bei einem Therapiekreis mit Menschen um mich herum, jede musste aufstehen und über seine Geschichte, Krankheit, Leiden oder Sucht erzählen und ich empfand es unanständig mitzumachen. Es waren persönliche Dinge, worüber man nicht redet oder reden sollte. Gruppentherapien, Familienaufstellungen waren nichts für mich. Ich dachte immer, dass ich ein Mitspieler und Mitläufer war, ein Teamkamerad. In dieser Clique der Pilger, obwohl ich alle mochte, fühlte ich mich als Außenseiter und es war auch gut so.

Ich mochte nicht unbedingt über meine persönlichen Sachen reden. Ich konnte gut schweigen und mir deren Geschichte anhören, ich weckte irgendwie Vertrauen und sie öffneten sich und ihre Seelen und Leiden und suchten Verständnis, Empathie und Rat, aber ich war kein Priester.

Am nächsten Tag ging ich in die Kathedrale und holte mir einen wunderbaren Stempel, dann kaufte ich mir in einer Boulangerie alles, was ich für den Tag brauchte. Ich wollte aber in einem Café einen Kaffee trinken und ein Croissant essen, bevor ich meine Tagesetappe anfing. Ich aß genüsslich und gepflegt mein Frühstück und dann ging ich zu der unhöflichen Dame, um mein Opinel-Messer abzuholen. Sie war mürrisch, wie an dem Tag zuvor, und ich brauchte viel Geduld, bis ich sie dazu brachte, zu sagen, dass sie das Messer schon bekommen hatte, aber sie mochte es mir nicht geben, da ich nicht in ihrer Gite übernachtet hatte! So etwas war mir noch nie passiert und ich wusste nicht, was ich sagen sollte. Ich schlug vor, ihr Geld zu geben, als hätte ich dort übernachtet, aber das wollte sie auch nicht. Ich saß sprachlos da, sie hatte das Messer in der Hand, wir schauten uns an und schwiegen. Nach gewisser Zeit kam sie doch zur Vernunft, händigte mir das Messer aus und sagte nur, dass ein Pilger so etwas nicht machen sollte oder so was Ähnliches. Ich verstand es damals nicht, auch heute verstehe ich es nicht, außer dass manche Menschen andere Verhaltensregeln als ich haben.

Egal, ich hatte mein Opinel-Messer wieder und lief weiter und siehe da, Pepe war auf dem Weg vor mir. Ich freute mich natürlich sehr, und wir liefen wieder die Hälfte der Strecke nach Nogaro zusammen. Wir wollten rasten und suchten im nächsten Dorf das Café am Marktplatz. Von der ganzen Bande der Pilger waren wir die letzten im Café, meinte ich. Es blies ein frischer Wind, die Luft war klar und noch nicht warm, die Sonne strahlte fleißig, es war die Zeit, wenn die Stadtmenschen langsam ihr Frühstück fertig haben, und über die Dinge, die sie für den Tag planten, nachdenken, und wenn die Dorfmenschen schon lange unterwegs auf deren Ackerfeldern sind, um Gras für das Vieh zu mähen oder Weizen zu ernten und Weizenköpfe oder Weizenrollen zu machen. Wir machten uns also auch auf den Weg und nach zwei Stunden liefen wir vorbei an dem berühmten Domaine de Laubuchon, was offenkundig eines der berühmten Schlösser ist, das Armagnac herstellt und zu einem unverschämten Preis verkauft. Wir liefen dann bis Manciet weiter, wo die ganze Clique auf einer Terrasse genüsslich die Sonne genoss, zusammen mit einem Bier, einer Zwiebelsuppe oder sogar traditionellen Pommes Frites. Wir machten auch dort eine Rast und dann lief ich mit Claire die zweite Hälfte des Weges. Ich weiß nicht, wie es dazu kam, Pepe wollte schneller laufen, war nicht müde und ist weitergelaufen. Claire freute sich sehr, mit mir zusammen zu gehen. Also gingen wir zusammen und Claire fing an mir zu erzählen, wie und was die Pilger in ihrer Gruppe über mich sprachen. Sie schauten mich an, als wäre ich ein Held, ein Mönch oder Abt, ein Vorbild, ein Aufgeklärter. Ich war zum Teil schockiert und sicherlich wurde meiner

Eitelkeit reichlich Nahrung gegeben, aber mehr als zu Laufen, hatte ich nicht gemacht. Ja, ich war ein bisschen asozial und hatte mich in die „Mannschaft“ der Pilger nicht voll integrieren lassen. Ja, mein Erscheinungsbild war den Menschen aufgefallen. Ja, ich sah ziemlich bizarr und schräg aus, aber von Held oder Vorbild war keine Rede und dafür gab es auch keinen Anlass. Die Menschen brauchen wahrscheinlich immer Helden und Träume, die oft von anderen geträumt, gelebt oder verwirklicht werden sollen. Es gab fast jeden Tag mindestens zwei Personen, meistens Pilger, die mich auf dem Weg fotografieren wollten.

Wir liefen also ungefähr zwei Stunden, durch Weinberge und über Wiesen, wir kosteten genüsslich die weißen Weintrauben, die zur Herstellung des Armagnacs benutzt werden, wir liefen auch durch Waldabschnitte von Eichen- und Edelkastanienbäumen und wieder durch Weinberge und irgendwann kamen wir in Nogaro an. All diese Zeit waren wir in der Region Okzitanien geblieben, die unendlich zu sein schien. Nogaro hatte neben 700 Schornsteinen auch eine schöne Kirche namens Saint-Nicolas, zwei schöne Parks in der Nähe des Marktplatzes mit jeweiligen Petanque-Plätzen unter den Platanenbäumen und einen Campingplatz, wo ich auch zeltete. Es war wieder eine Freude, allein zu sein, in meinem Zelt zu liegen mit meinen Gedanken und meinen Sachen. Ich wollte nicht wieder das Abendessen mit den Pilgern verbringen, ich hatte das Bedürfnis, für mich da zu sein.

Dann fing ich an, auf einmal über die Zeit nachzudenken. Wie wir wissen, gibt es Zeit nicht, aber man versucht – mit beachtlichem Erfolg – eine logische Struktur in unser Leben zu bringen, in dem die Zeit eine bedeutende Rolle spielen soll. Und weil eine Struktur, ein Koordinatensystem, nicht viel anderes als ein Märchen ist, dachte ich auch an die Zeit wie an ein Märchen. Zeit ist ein Schatz, den wir in einer magischen, unsichtbaren Tüte bei der Geburt bekommen und mit uns tragen. Jedes Mal, wenn wir jemandem Zeit schenken – der Familie, den Freunden oder Lehrern, den Bauern und Bäuerinnen am Marktplatz oder dem Pfarrer in der Kirche – wird unsere Tüte kleiner, aber nicht leichter. Und irgendwann wird die Tüte leer werden. Es ist unsere Entscheidung, was wir mit der Tüte machen und wem wir Zeit schenken. Am Anfang wird uns gesagt, dass wir

„Verpflichtungen haben" und Zeit derjenigen oder demjenigen schenken müssen. Bald aber wird uns auch klar, dass dies unsere Tüte ist und wir herrschen über diese Tüte. Jemandem über das Gesicht streichen, ein schönes Gedicht in der Nacht für eine unbekannte Freundin schreiben, eine Gutenacht-Geschichte den Kindern am Abend vorlesen, die Blumen im Garten gießen, für die Geliebte am Wochenende das Frühstück vorbereiten und ihr dann ans Bett bringen und sie mit einem Kuss und dem Duft des frisch gemahlenen und gekochten Kaffee zu wecken, die Bücher, die du selber in der Nacht liest und träumst und über Meere und Berge fliegst, auf der Suche nach der ewigen Liebe, all das ist Zeit, die wir den anderen und auch uns selber schenken.

Die Tüte wird nicht leichter, weil wir auch Zeit von anderen Menschen bekommen. Zeit, die man nicht mehr verwenden kann. Man nennt diese Zeit Erinnerungen. Und irgendwann wird die Tüte nur die Zeit der Erinnerungen haben. Und irgendwann wird man sich an die Erinnerungen nicht mehr erinnern können.

Am nächsten Tag wurde ich von den Vögeln wach gesungen. Es war ziemlich früh, aber ich hatte eine lange Tagesetappe vor mir, von etwa 35 Kilometern bis Miramont-Sensacq. Es war relativ brutal, aber ich wollte in Ruhe Frankreich verlassen, es wurde langsam langweilig: so viel Schönheit, so vieles gutes Essen, so viel Wein, so schöne Dörfer. Also holte ich alles, was ich an Proviant brauchte, ab und freute mich, dass ich allein in meiner Ruhe und mit meinen Gedanken laufen konnte, ohne irgendeine Einladung zum Mitlaufen von einem Pilger ablehnen zu müssen. Der Tag schien freundlich zu mir zu sein, blauer Himmel, kein Wind, Grasgeruch und plätscherndes Wasser von den vielen Bächen, die gegen die Steine und weichen Ufer des Flussbettes stießen, und die gute Nachricht war, dass ich bald nicht mehr in der Region Midi-Pyrénées sein würde, sondern in der Haute-Pyrénées, es hieß, dass die Berge näherkamen und somit Spanien näherkam. Ich sprach auch ziemlich oft mit Ana und tauschte Nachrichten mit ihr und es war dabei ein ungutes Gefühl, dass die Schere zwischen ihren und meinen Gefühlen immer größer und größer wurde. Ich brauchte sie, ich brauchte ihre Nähe und ihren Körper. Sie hatte mich die ganze Zeit der Pilgerreise mitgetragen, aber es war mir klarer als klar, dass wir keine gemeinsame Zukunft haben konnten. Es war eine zusätzliche Belastung, diese Gedanken für mich zu behalten, weil wir über solche Sachen am Telefon nicht diskutieren konnten.

Ich lief fleißig den ganzen Tag und musste wieder über meine Lebenswanderung und Erlebnisse meiner Heimatlosigkeit nachdenken.

Ihre Ferien waren großartig, es war eine wirklich liebevolle Familie, die Kinder waren sehr glücklich und stolz auf ihre Eltern und umgekehrt, das wollte Mircea immer.

Eines Sommers beschlossen sie, ihre Sommerferien damit zu verbringen, Portugal zu erkunden. Gesagt, getan, gebucht und gereist.

Sie waren zwei Wochen im Süden Portugals in einem 5-Sterne-Hotel – Martina hatte immer noch dieses Ding mit sozialem Status und göttlichem Komfort für den Urlaub, und es war in Ordnung, abgesehen von der Tatsache, dass Mircea den Mythos und die Tradition der „Deutschen" fortsetzen musste – „Erster am Strand" – und er musste um fünf Uhr morgens aufwachen und seine Handtücher auf die Liegestühle am Strand legen und dann zurück ins Bett, um weiterzuschlafen, wenn es ginge.

Aber abgesehen von diesem Ärgernis war alles sehr schön, einschließlich des Wetters. Sie hatten jedoch nicht so viel Gefühl für die lokale Kultur, und das war es, was Mircea störte, da er wirklich Portugiesen sehen und mit ihnen sprechen und sich nicht mit 5-Sterne-Hotelpersonal und betrunkenen britischen Touristen unterhalten wollte.

Sie hatten auch ein paar Tage in Lissabon gebucht, um die Stadt zu erkunden – in einem 5-Sterne-Hotel, natürlich. Aber sie beschlossen, ein Auto zu mieten und durch die Dörfer nach Lissabon zu fahren, ohne die Autobahn zu nehmen. Und die echte Stimmung des Landes – die Mircea vom ersten Tag ihrer Landung in Portugal an empfand – begann zu wachsen.

Dieses Land war so schön, so arm und schön, so arm, aber nicht verschmutzt von Globalisierung und Tourismus. Und er liebte die Menschen hier; er nahm sie als ehrlich und stolz wahr. Es erinnerte ihn so sehr an die Dörfer und das Leben in Rumänien, außer, dass die Menschen dort weder ehrlich noch stolz waren. Aber er fing an, wieder an Maria zu denken.

Er erkannte, dass er dachte, träumte und sich die meiste Zeit nach Maria sehnte, wenn sein bestehendes Leben beruflich oder persönlich unerfüllt war, wenn er sich unsicher und frustriert über sein Leben fühlte, oder wenn seine nicht gelebte jugendliche, romantische, reine Liebe in ihm aufwachte beim Lesen einiger schönen Bücher. Da das Lesen etwas Besonderes für ihn war, las er viel, alle Arten von Büchern, es war seine Art, der Welt von „ich muss dies und das tun" zu entkommen und in eine Welt einzutauchen, in der Gefühle das Maß aller Dinge waren und in der das Rationale und das Materielle nur ein Rahmengerüst war, um zu helfen, dass die Dinge nicht völlig locker werden.

Aber in all diesen letzten Jahren war so viel passiert und es war so viel Dynamik in seinem Leben, Umzug, Länder wechseln, Jobs, neue Schulen für die Kinder und all das in einem sehr schönen harmonischen Familienleben, in dem er sich sicher und geliebt fühlte.

Die Reise nach Lissabon brachte all diese Gefühle und Wünsche mit sich hoch, die er als junger Mann hatte, um in einem kleinen Dorf auf eine nachhaltige Art und Weise zu leben, der Natur nahe zu sein und Teil der Natur zu sein, Teil seines Kinderdorfes, seines Großvaters, das war eine Art süßer Schmerz, den er fühlte, dieser süße Schmerz, den manche vielleicht Melancholie, Zuneigung, Zärtlichkeit oder Dankbarkeit gegenüber der Mutter Natur und der höheren Bedeutung für die Teilnahme, ein vergänglicher Teil all dessen zu sein, nennen.

Er erinnerte sich sogar an den Hof, den er entdeckt hatte und den er in Deutschland kaufen wollte, um seinen Job bei der Bank aufzugeben und diese Seite von ihm zu leben, die ab und zu auftauchte und ihren Anteil an ihm wollte. Es war zu der Zeit, als dies eine der Optionen war, anstatt nach London zu ziehen. Also dachte er darüber nach. Stefana und Mircea waren absolut verblüfft, aber auch begeistert von dieser Idee, aber Joachim ging zu Martina und sagte ihr: „Mama, ich hoffe du weißt, wie man mit Dad umgeht, um sicherzustellen, dass dies niemals passieren wird. London ist hundertmal besser als das."

Und Martina wusste sicherlich, wie man Mircea reibungslos, aber sicher von dieser „nicht repräsentativen" Idee ablenkt.

Lissabon war eine der schönsten Städte, die er je gesehen hatte, und das aus vielen Gründen. Die Tatsache, dass sie so nah am Meer war und dass sie auf sieben Hügeln gebaut wurde, die Architektur, die dort lebenden Menschen, der unvergessliche Fado und das Nachtleben, all das machte diese Stadt einmalig. Aber vor allem das besondere Tageslicht, das diese Stadt hatte, war fast unheimlich. Es wurde wissenschaftlich anerkannt – wie er später herausfand – und es gab nur drei Orte auf der Welt, die ein so besonderes Licht hatten.

Martina verliebte sich auch in Portugal, sodass ein Keim einer Idee in ihr entspross, ein Haus in Portugal zu bauen, am Anfang als Ferienhaus und später als Ruhestandsort. Und Martina, Martina war so ein Mädchen, um das zu ermöglichen.

Die Zeit verging so schnell als Mircea hart arbeitete, und fast wie jedes Mal in seinem professionellen Leben, wenn er neue Ideen für die Verbesserung der betrieblichen Prozesse, für die Optimierung der Abläufe und im Allgemeinen für jede neue Idee, die er hatte, brachte das auch einige Probleme mit sich. Es brachte manchmal auch ein Unwohlsein in die Chefetage der jeweiligen Bank, wo er gerade arbeitete, sodass er Lust hatte, etwas anderes auszuprobieren, und als er ein Angebot bekam, zusammen mit seinem Chefhändler und Freund und mit Unterstützung einiger Investoren ein eigenes Unternehmen zu gründen – damals sprach man noch nicht von Start-ups – machte er es auch und sie gründeten dieses kleine Unternehmen. Es waren vier Jahre lang harte Arbeit, aber es hatte sich gelohnt, als sie endlich die finanziellen Mittel bekamen, um das Traumhaus zu bauen, das sie in Portugal haben wollten.

Ja, Mircea war irgendwie nicht der ideale Mainstream-Arbeiter. Er musste immer neue Wege, neue Methoden, neue Optionen ausprobieren. Er liebte es, etwas nicht nur anders, sondern auch besser zu schaffen. In den meisten Fällen wurde der Weg zur Verbesserung nur teilweise durch die Verbesserung bestehender Prozesse und Verfahren erreicht. Es gab auch ein Element der Vermeidung von Routine und Langeweile, sodass die Modellierung neuer Finanzinstrumente aus Sicht des

Risikomanagements und der Preisgestaltung eine mentale Herausforderung darstellte und er sich deshalb im Bereich Investment Banking so gut fühlte. Er war seinen Vorgesetzten gegenüber immer ehrlich und loyal, aber seine Art, die Grenzen, die das Schema der Dinge in einer großen Organisation vorsieht, zu übertreten, die Extrameile zu laufen und Dinge, die sehr oft außerhalb seiner Verantwortungsbereiche lagen, auszuprobieren, brachte viel Neid und Ärger mit sich. Sein Name war in der Londoner Finanzmarktfamilie bekannt und sein professioneller Ruf war ausgezeichnet, sodass er permanent mit aufregenden Stellenangeboten der Headhunter bombardiert wurde. Es war ein gutes Gefühl zu wissen, dass seine beruflichen Fähigkeiten geschätzt und gut bewertet waren. Er kam einen langen Weg von diesem sozialistischen Land, das so viele Jahre unter dem kommunistischen Regime lebte, über New York und Frankfurt, und landete in London, der Welthauptstadt der Finanzmärkte.

Er war der Mann auf dem Fahrersitz in diesem „Start-up" und hatte die Verantwortung für Betrieb, Technik, Forschung und Entwicklung.

Er hatte eine wirklich großartige Zeit für vier Jahre, aber ein Start-up ist halt ein Start-up, es wurde gebaut, um mit Gewinn verkauft zu werden, so funktionierte das System, und so wurde es auch gemacht. Er bekam eine ordentliche Belohnung, mit der sie mit dem Bau des Traumhauses im Traumland begannen.

Am Spätnachmittag erreichte ich Miramont-Sensacq, ein winziges Dorf mit nur dreihundert Seelen, einer Dorfkneipe, einer Pilgerherberge und einem Lebensmittelgeschäft. Es gab auch eine schöne romanische Kirche, Saint Jacques de Sensacq, in der ich natürlich meinen Pilgerstempel holte. Ansonsten gab es nicht so viel zu berichten, ich war allein und glücklich. Die nächste Etappe war eine Arbeitsetappe und ich stand früh auf, alles war still und ein bisschen kühl, es war neblig und Tau lag auf dem Gras und auf den Blättern der Bäume und kleine warme Nebel lagen über den Feldern, aber Gehen musste sein. Ich war zwei Tage allein unterwegs und ich aß wieder so viele Trauben wie lange nicht mehr. Ich ging die ganze Zeit durch Weinfelder und Weinberge, mittlerweile war ich in Aquitaine, einer Region in der Südwestecke Frankreichs, die an Spanien und den

Atlantik grenzte und wo sich auch Saint-Jean Pied-de-Port befand, die letzte Stadt des Chemin Saint-Jacques, bevor ich die Grenze nach Spanien überqueren würde. Der Weg war gut zu mir, er gab mir Pfirsiche, Aprikosen, mittlerweile auch Äpfel und Mirabellen. Es gab ab und zu auch Maisfelder, aber die Franzosen haben halt so einen besonderen Bezug zu den Trauben und dem Wein.

Ich hatte mein französisches Büchlein mit der Route bei der letzten Übernachtung vergessen, es war nicht so tragisch, da ich in etwa zwei Tagen Saint-Jean Pied-de-Port erreichen müsste, aber ich war halt auf die Navigation nach der Sonne angewiesen und auf die spärlichen Wegweiser des Camino, die immer gut versteckt waren. Aber es machte viel Spaß zu laufen, ich war mit mir im Reinen, ich war mit Martina im Reinen. Ich denke, dass ein Plan für mein weiteres Leben langsam anfing, Form anzunehmen.

Diese Idee, einen Buchladen zu öffnen, nahm mehr und mehr Kontur in meinem Kopf an, und ich fing an, mehr und mehr darüber nachzudenken. Ich vergaß in der Zwischenzeit, natürlich, was sonst, wie viele Kilometer ich gegangen war, ich spürte ein bisschen die Müdigkeit, war aber entschlossen, in einem Dorf, das mir zusagte, anzuhalten statt mich nach einer Landkarte zu orientieren, da ich sowieso keine Landkarte mehr hatte. Ich machte also eine Pause am Rande eines Dorfes, in einem schönen Hof, bei einer lieben Frau, die den Pilgern Mittagessen oder Snacks anbot. Sie hatte vor, irgendwelche Leckereien zu kochen, und sie war gerade dabei, irgendein Gericht mit solchen kleinen Wachteleiern aufzubereiten. Ihr Mann hatte einen besonderen Wein im Angebot, ich weiß nicht mehr, welchen, ich glaube, es war ein Jurancon Appellation d'Origine Contrôlée oder etwas Ähnliches, auf jeden Fall ein berühmter französischer Weißwein. Er schaute mich mit Neugierde, Überraschung und Überheblichkeit an und fragte mich, ob ich etwas trinken möchte. Ich sagte ja, aber ich wolle auch etwas essen, und ich fragte, ob ich mich an dem Gartentisch setzen dürfe – es war ein großer, runder Tisch für etwa zehn Personen oder so und es saßen schon sechs oder sieben Personen da, alle Franzosen. Der Wirt sagte „ja, natürlich“, dann machte ich es mir dort am Tisch bequem und die Wirtin kam, um die Bestellung entgegenzunehmen. Ich bestellte einen Snack oder eine Zwiebelsuppe, ich weiß es nicht mehr, aber auch ein Bier und eine kleine Karaffe von dem berühmten Weißwein. Der Preis für die Karaffe Wein war ziemlich hoch, aber ich dachte, nach so einer langen Strecke könne ich mir so was gönnen. Ich fing an, mich zu entspannen und mich ein bisschen mit den anderen Leuten am Tisch zu unterhalten. Es war alles irgendwie idyllisch, vertraut und warm. Die Leute unterhielten sich über die Ernte, über das Wetter, über Verwandte, über Krankheiten. Sie genossen die Zeit der Nachmittagsruhe mit einem Glas Wein und ein bisschen Unterhaltung, es gab keine Eile. Das war es, es gab keine Eile, niemand musste etwas unbedingt machen, niemand musste unbedingt wohin. Ich war der Einzige, der unbedingt weiterlaufen musste und relativ ungeduldig war, also wirkte ich dort wahrscheinlich wie ein Fremdkörper.

Später kam der Wirt zu mir und fragte mich, ein bisschen aggressiv, schien mir, aus welchem Land ich komme. Ich sagte ihm, ich sei Deutscher und dann ging es los. „Klar, Deutsche. Kein Respekt für den Wein. Wie kann man Bier und Wein gleichzeitig bestellen? Wie kann man Jurancon und einen Snack bestellen, wenn auch Crêpes auf dem Menü stehen?“

Es war mir klar, dass ich da nicht zu passte, aber immerhin hatte ich nicht gestohlen und auch niemanden beschimpft. „Lieber Herr, ich kann schon ein Glas Wein genießen, so ist es nicht. Ich habe aber 30 Kilometer hinter mir und ich muss weiter pilgern. Ich habe unheimlichen Durst – also habe ich ein Bier bestellt, um meinen Durst zu löschen, und einen Snack, weil ich Hunger habe. Anschließend wollte ich den Wein in Ruhe genießen, bevor ich weiterlaufe.“

Der Wirt wurde weicher und freundlicher, aber er sagte trotzdem, auch wenn in einem wärmeren Ton: „Sagte ich doch. Deutscher. Effizienz. Praktisch. Zielstrebig.“ Dann ging er zur Theke zurück. Tja, ich kann nur sagen ... Klischee und Stereotypen kommen nicht aus dem Nichts. Egal, ich genoss mein Essen und trank meinen Jurancon mit Eleganz und Stil, einschließlich der köstlichen Crêpes, die mir als Beilage zum Jurancon vom Haus geschenkt wurden. Ich verabschiedete mich und ging dann weiter, durch einen Wald, und hatte auf einmal so ein großes Bedürfnis, meine

Füße in einem Bach zu erfrischen. Und tatsächlich, nach einigen Minuten sah ich ein Bächlein an meiner linken Seite oder besser gesagt hörte ich es, nicht mehr als zehn Zentimeter tief oder so, was sehr verführerisch war. Ich zog meine inzwischen professionell eingelaufenen Stiefel aus, meine Socken auch und ging ein bisschen in den Bach. Es war herrlich, absolut herrlich. Ich blieb so eine Ewigkeit stehen und bewunderte immer wieder die Schönheit der kleinen Dinge. Nach einigen Minuten setzte ich mich auf einen Holzstumpf und ließ meine Füße trocknen. Ich war sehr müde und, obwohl ich irgendwie Navarrenx als Zielort im Kopf hatte, sagte ich mir, dass ich in dem nächsten Dorf übernachten würde. Als diese Entscheidung fiel und ich mich auf das Laufen auf Sicht, ohne Landkarte oder Kompass, vorbereitete, sah ich jemanden auf dem kleinen Pfad durch den Wald kommen. Es war Jean und ich freute mich echt riesig, ihn zu sehen. Jean war ein Franzose, der mich mit seiner Pilgergruppe seit zwei Wochen mehr unbewusst als bewusst begleitete. Claire, Maurizio, Elena und Patrick waren alle in seiner Pilgergruppe. Er war ein guter Läufer, ich glaube, er und ich waren die besten, die motiviertesten und die ausgeglichensten. Ich hatte ihn in den letzten zwei Wochen mehrmals beim Laufen überholt und er mich auch. Wir sprachen aber kein Wort miteinander außer „Ultreia“ oder „guten Lauf“ beim Überholen oder am Abend, als wir uns in einem Dorf trafen. Er hielt an und fragte mich, wohin ich verschwunden war, weil er mich in den letzten zwei Tagen nicht gesehen hätte. Ich sagte, dass ich auch nicht wisse, was in den letzten zwei Tagen geschehen sei. Er fragte mich, wo ich heute die Tagesetappe anfange, und als ich ihm sagte, dass ich keine Ahnung habe und dass ich eine ziemlich lange Etappe hinter mir habe, wollte er es nicht glauben. Ich sagte, dass ich keine Landkarte mehr habe, aber froh sei, einfach so weitergelaufen, und dass ich jetzt so müde sei und im nächsten Dorf bestimmt übernachten würde. Er fragte mich wieder, wo ich heute morgen startete, und als ich mich erinnerte und es ihm sagte, erwiderte er verblüfft, dass ich ca. 48 Kilometer gelaufen war und dass das nächste Dorf Navarrenx sei und er auch da übernachten wolle und er fragte mich, ob wir beide vielleicht zusammen laufen sollten. Das war so eine ehrenhafte und schmeichelhafte Einladung, ich konnte es nicht ausschlagen. Also gingen wir zusammen weiter und

Jean – der aus mir nicht bekannten Gründen – große Hochachtung und Vertrauen in mich zu haben schien, fing an, mir über sein Leben zu erzählen. Es ist gut, manchmal einfach loszulassen. Wir kamen in Navarrenx über eine alte, gut erhaltene Steinbrücke aus dem XII. Jahrhundert über den Fluss Gave d'Oloron an und bekamen relativ einfach zwei Schlafplätze in einer überfüllten Gite, da die Dame de la Maison mit mir Witze machte und fragte, ob ich mir jetzt einen Urlaub gönne, da ich später so viel zu tun hätte. Ich erwiderte ihr, dass ich nicht so ganz verstehe, was sie meinte. Sie sagte dann: „Sie sind doch le Père Noël, oder?"

Es war also gute Stimmung, wir bekamen die Schlafplätze. Ich war glücklich, dass ich endlich bald in einem Bett schlafen werde, aber vorher verabredeten Jean und ich uns zum Abendessen.

Navarrenx war ein schönes Dorf mit etwa 300 Schornsteinen, mit seinem Zentrum umringt von einer Festungsmauer, die in sehr gutem Zustand war, mit alten Steinhäusern mit wunderbaren und wunderbar gepflegten Blumen an vielen Fenstern, mit alten Bäumen, die viel gesehen und auch viel zu erzählen hatten, wenn man sich die Zeit nehmen würde, um sie zu hören. Wir gingen natürlich auf die Restaurantterrasse in der Nähe der Kathedrale Saint-Germain d'Auxerre. Es war ein gelungener Abend, gutes Essen, guter Wein und gute Unterhaltung. Jean erzählte mir seine Lebensgeschichte weiter. Er war ein erfolgreicher Unternehmer, verheiratet mit einer wunderbaren Frau, sie hatten eine Tochter bekommen, die mit vierundzwanzig Jahren bei einem Autounfall verunglückt war. Seine Frau war zwei Jahre danach an einer furchtbaren Krankheit erkrankt, sie war vom Hals nach unten komplett gelähmt, aber immer noch geistig völlig dabei, mit Humor und Lebensfreude. Sie sei seit über zehn Jahren krank und Jean konnte nicht damit klar kommen. Er verkaufte sein Geschäft und hatte genug Geld, seine Frau war auch vermögend und er kümmerte sich um sie, kam aber nicht klar mit seinem Leben. Er weinte wie ein Kind, und wahrscheinlich spürte er, dass ich vollkommen nachvollziehen konnte, was er erzählte. Seine Frau sagte ihm vor einigen Jahren, es wäre eine gute Idee für ihn, den Chemin Saint Jacques zu pilgern, und das sei das dritte Mal, dass er es tue. Seine Frau sagte ihm auch, dass er sich auf dem Weg alle Freiheiten nehmen könnte, sie würde ihn aber nur bitten, in deren Dorf die

Gepflogenheiten der Familien wahrzunehmen. Er hatte sie so geliebt, wie sie früher war, er liebte sie so, wie sie jetzt war, aber sein Leben war eine Qual. Sein Aufopferungsvermögen hatte auch Grenzen, aber sie hatte keine Schuld, dass sie so krank war. Und so machte er alle zwei Jahre so eine drei Monate lange Pilgerreise, um Kraft und Energie zu sammeln, um Leben zu spüren, und jedes Mal, wenn er zurück zu seiner Frau kam, fühlte er sich als Betrüger, schmutzig und unrein. Es gab nichts zu sagen. Ich war still und achtungsvoll. Nach einer Weile beschloss ich oder spürte, es tun zu müssen, Jean auch eine Kurzfassung meines Lebens mit Martine zu erzählen, und es war wie ein Wunder. Er umarmte mich und sagte, dass er die ganze Zeit gewusst habe, dass ich vielleicht die einzige Person sei, die voll verstehen könne, was er durchmachte. Wir waren uns an dem Abend so nah, dass wir am nächsten Tag Angst hatten, uns zu treffen oder miteinander zu sprechen, damit das Geheimnis und der Zauber unserer Gefühle von gestern nicht gelüftet würde.

Wir trafen uns auch nicht. Ich lief weiter allein, nachdem ich meinen Proviant und meinen Pilgerstempel geholt hatte, und ich glaubte, Jean war viel früher losgefahren. Ich war in einer erstaunlich guten Verfassung, obwohl ich gestern über 50 Kilometer gelaufen war. Ich konnte es kaum erwarten, in Saint-Jean-Pied-de-Port anzukommen, aber es waren noch etwa 60 Kilometer, also musste ich mich gedulden und noch eine Übernachtung einlegen. Ich lief und lief und war ziemlich stolz auf mich. Ich war über 2.500 Kilometer gelaufen und hatte weniger als 1.000 Kilometer bis Compostela. Ich hatte bald noch eine wichtige Entscheidung zu treffen, ob ich den klassischen Camino Weg durch Spanien gehe, den sogenannten Camino Francés (so wie geplant und dokumentiert) durch Nordspanien, oder ob ich den Camino Primitivo oder sogenannten Camino del Norte, der an der Nordküste des Atlantiks entlang lief, nehmen sollte. Die Meinungen der Pilger, die ich auf dem Weg traf, waren geteilt. Manche wollten den Camino Francés laufen, er war sehr gut ausgeschildert, ging durch berühmte Ortschaften wie Pamplona, Logroño, Burgos und Leon, war ein spiritueller Weg, mit Übernachtungsmöglichkeiten jede fünfzehn Kilometer, mit wunderbaren Kirchen auf dem Weg, aber zum Teil mit

Massentourismus, da alle Wege aus Frankreich, der Schweiz, Deutschland, England und Spanien in St Jean Pied-de-Pond münden und von dort dem Camino Francés folgen. Andere meinten, der Camino del Norte, mit Anfang im Irun, in der Nähe vom Biarritz, an der Küste entlang, sei so landschaftlich viel schöner, weniger Pilger und physisch viel anstrengender, also eine echte herausfordernde Wanderung, nicht unbedingt eine Pilgerreise. Ich nahm mir vor, diese Entscheidung in St Jean Pied-de-Pond spontan zu treffen, ohne darüber viel nachzudenken. Ich war möglicherweise nicht mehr so an das logische Denken gewöhnt – mit Analyse und Synthese, Vorteilen und Nachteilen und solchen Dingen.

Das Wetter meinte es wieder gut mit mir, mit einer Sonne, die mich den ganzen Tag zärtlich umarmte, mit einem erfrischenden Wind und einem Tageslicht, das, je mehr ich im Süden war, von schönen, warmen und vollen Farben war. Es war zum ersten Mal, dass ich einige der Briefe van Goghs, in dem er sich über das außerordentliche Sonnenlicht in Südfrankreich geäußert hatte, verstand.

Die Etappe nach Uhart Mixe war sehr angenehm und es war auch die letzte Übernachtung vor St Jean Pied-de-Port. Ich aß unterwegs reichlich supergute Trauben und traf auf dem Weg auch Winzer und unterhielt mich mit ihnen über Rebenfelder, Keltern, Maische, Fässer und überhaupt übers Weinmachen, und ich wurde dann in deren Weinkeller eingeladen, um Kostproben zu nehmen. Am späten Nachmittag erreichte ich auch Uhart Mixe und Jean war auch da, auf der berühmten Pilgerterrasse, die wir überall fanden. Es war schön, uns wiederzusehen, und ich freute mich sehr. Wir tranken zusammen ein Bier, aber das Gespräch lief nicht so ungezwungen und schön wie in den letzten Tagen, als wir nur einfach Pilger waren. Jetzt hatten wir beide nicht nur ein Gesicht, sondern auch eine Geschichte und ein Geheimnis, was wir mit uns herumschleppten. Es war komischerweise ein Unbehagen da, weil wir früher sehr wenig übereinander wussten, jetzt aber schien es, dass wir zu viel übereinander wussten. Aber es war doch auch eine andere Wärme da. Wir plauderten ein bisschen und dann ging ich weiter, um mir eine Bleibe für die Nacht zu suchen.

Das Dorf war echt winzig, zweihundert Seelen, aber mit einer Pfarrkirche, Saint-Pierre, einer Kapelle, einem Schloss und einer wunderbaren

Brücke und unvergesslichen Olivenbäumen. Wir waren schon im Baskenland und ich verstand kaum ein Wort von dem, was die Menschen miteinander redeten. Es war eine harte Sprache, mit stark ausgeprägten Konsonanten. Aber mit den Pilgern, oder zumindest mit mir, sprachen sie doch Französisch und ich bekam einen Platz zum Schlafen. Ich schlief nicht so gut, ich dachte viel an den morgigen Tag. Ich war wie ein Pferd, das seine Karre nach Hause fährt, wahrscheinlich mit dem angetrunkenen Bauern drin liegend, der das Ende seines Arbeitstages oder den Anfang seines Feierabends in der einzigen Kneipe des Dorfes gefeiert hatte, und das Pferd freute sich mehr und mehr, als es die Nähe seines Pferdestalles spürte. Morgen würde ich das Kapitel Frankreich abschließen.

Also am nächsten Morgen das Ritual, Pilgerstempel in Saint-Pierre geholt, ein Baguette für unterwegs, ein Croissant und Kaffee auf die Schnelle und dann nichts wie laufen und laufen. Ich kann mich nicht mehr an diese Etappe erinnern, mit Sicherheit war es nichts Besonderes und viele Kilometer auf dem Asphalt, weil ich feststellte, dass die Strecken, die ich auf Asphalt lief, irgendwie, mit der Zeit, meinen Erinnerungen entschwanden. Ich ging also fleißig weiter, es waren einige Pilger auf dem Weg, aber keiner wollte irgendwas mit irgendjemandem reden. Ich denke, alle wollten endlich den Ort erreichen. Die letzten Kilometer waren auf Asphalt, und man konnte nur über eine schöne, alte Brücke in dem Dorf ankommen. Saint Jean Pied-de-Port lag in einem Tal, an der Grenze zu Spanien und war von den Flüssen Laurhibar und Nive de Béhérobie umringt, die hinter dem Dorf in den Fluss Nive mündeten. Die Altstadt beiderseits der Nive de Béhérobie ist von einer Stadtmauer umgeben. Es war sehr wahrscheinlich, dass die Pilgerherberge und der Campingplatz voll waren, und nachdem ich durch das Dorf spazierte und nach einer Unterkunft fragte, bestätigte sich meine Vermutung. Es war Hochbetrieb, Anfang August, ich war dreieinhalb Monate unterwegs, kaum zu glauben. Ich beschloss dann, mich zu belohnen und in einem Hotel ein Zimmer zu buchen und meinen Körper und, wenn ich ein bisschen Glück hatte, auch meinen Geist zu pflegen, wie ich es in Konstanz gemacht hatte, als ich den deutschen Teil der Pilgerreise hinter mir hatte. Auf jeden Fall lud mich der

Spaziergang durch das Dorf in keiner Weise zu einer Nachdenklichkeit, Spiritualität oder inneren Reise ein, aber ich war zu müde, darüber „nachzudenken“. Ich ließ meine Sachen im Zimmer und ging noch mal nach draußen, um ein Bier oder Glas Wein oder beides (Deutsche halt!) auf einer Terrasse zu trinken und mich zu entspannen. Das Dorf war sehr schön, kleine Gassen, schöne Steinhäuser mit Blumen am Fenster, so typisch Südfrankreichs Dorfmuster. Ich holte eine Broschüre mit den Sehenswürdigkeiten des Dorfes vom Hotel und schaute rein. Es gab ein Schloss auf einem Hügel, Château de Mendiguren, eine sehr alte Kirche, Notre Dame, die sich in der Nähe einer Brücke mit dem gleichen Namen befand, und das Altdorf überhaupt, mit Häusern aus dem XVI. Jahrhundert. Ich bestellte mir noch ein Bier. Ich hatte keinen Hunger und vielleicht auch keine gute Stimmung. Ich schaute mir die Pilger an, die ständig von links nach rechts und rechts nach links über die Straßen des Altdorfs liefen und deren Aufregung und Ungeduld, die sichtbar und unmissverständlich war. Die meisten waren Jakobspilger, für sie war Saint-Jean Pied-de-Port der Ausgangspunkt für die Pyrenäenüberquerung und den weiteren Camino Frances.

Es roch nach Euphorie, Energie und Hoffnung, wie bei Jugendlichen vor einer Klassenfahrt an einen Ort in die Berge, wo sie für paar Tage auch zelten würden und die Jungs auf Gelegenheiten hofften, mit den Mädchen am Abend zum Tanzen zu gehen oder halt nur Musik zu hören und vielleicht die Mädchen auch küssen zu können. Vielleicht hofften die Mädchen es auch. Ich ging zurück ins Hotel, nahm ein Bad und legte mich ins Bett. Am nächsten Tag nahm ich mir ausreichend Zeit für die Körperpflege, ich badete, schnitt mir die Fußnägel, entfernte meine Hornhaut, aber das komische war, dass ich in meinen Fußsohlen überhaupt kein Gefühl mehr hatte, sie waren komplett taub, als wäre meine ganze Sohle nur Hornhaut, was nicht der Fall war. Erst ein Jahr nachdem ich meine Pilgerreise beendet haben würde, spürte ich wieder die Fußsohlen. Ich wusch auch meine Haare und pflegte meine Hände. Ich wusch auch meine Klamotten und ansonsten war ich einfach faul. Ich entschloss mich, erst am nächsten Tag weiterzupilgern, aus einem guten Grund. Die erste Pilgeretappe, die mich nach Spanien führte, war wahrscheinlich die größte

Herausforderung des ganzen Camino. Der Weg ging nach Roncevalles, was über einen Bergspitz von über 1.400 Metern zu erreichen war. Saint Jean Pied-de-Port lag bei hundert Metern. Es war also ein gewaltiger Anstieg über 1.300 Meter. Es wurden Empfehlungen gemacht, dass Pilger, die nicht voll fit waren, einen anderen Weg nehmen sollten, der den Berg irgendwie umlief und nicht nach Roncevalles führte, sondern in einen anderen Ort namens Espinal, oder stattdessen einfach den Bus. Man sagte auch, dass es keine Übernachtungsmöglichkeiten auf dem Weg nach Roncevalles gab und Zelten auch nicht erlaubt war. Es war klar, dass ich unbedingt nach Roncevalles wollte. Aber ich musste früh morgens anfangen, um genug Zeit für mehrere Pausen zu haben. Aber heute war heute und ich war mit allem mittags fertig, verließ das Hotelzimmer und wollte mir das Schloss Château de Mendiguren anschauen. Es war auf dem Weg das gleiche Wirrwarr, Hektik und zielloses Hin und Her, ungefähr wie auf einem Jahrmarkt, wo sich die Leute einfach die Läden und die anderen Menschen anschauten, vielleicht ein Schnäppchen kauften und dann zufrieden auf einer Terrasse über die anderen Menschen diskutierten und sich amüsierten. Ganz anders als in Le Puy-en-Velay oder Conque, wo auch viele Menschen und Pilger waren, aber man spürte die Religiosität des Ortes, auch wenn man nicht unbedingt gläubig war, suchte man Besinnung und hatte das Bedürfnis, in sich hinein zugehen und sich den großen Fragen zu stellen, auch wenn man die Antworten nicht hatte, aber es war OK, weil man auf der Suche nach den Antworten war.

Ich war auch auf einer „Trauerverarbeitungwiegehtesweiterwanderung“ und hatte auch noch keine Antworten, aber ich war mir sicher, dass ich mich den Antworten näherte. Ich brauchte aber mehr Einsamkeit, mehr Reflektieren, mehr Zeit zum Nachdenken. Und hier, an diesem berühmten Ort, fühlte sich alles an wie auf einem Hauptbahnhof. Ich kletterte die halbe Stunde pflichtgemäß zum Schloss und es war schön, aber alles war sehr touristisch und praktisch eingerichtet – mit Plätzen, um eine Rast zu machen und gleich daneben Verkaufsstellen für Souvenirs. Auf dem Rückweg sah ich Jean auf einer Terrasse. Er war mit einer Dame und ich wollte nicht unbedingt stören, ging aber trotzdem kurz zu ihm. Jean freute sich wahnsinnig und wir unterhielten uns ein bisschen. Er hatte sich entschlossen, den Camino Norte zu gehen, ich den Camino Francés, also trennten sich unsere Wege dort. Es war so emotional und wir spürten uns wieder so nah, auch wenn wir nicht viel redeten. Die Dame verstand nicht, aber es war auch nichts zu verstehen. Wir waren zwei Pilger, zwei abgeschrotete Soldaten, zwei ehemalige Söldner, zwei verlorene Seelen, zwei gesinnte und verliebte Menschen mit verletzten Herzen, vereint in unserem Schmerz, Schmerz, den wir miteinander gefühlt und verstanden hatten.

Wir tauschten Adressen und Telefonnummern aus, wohl wissend, dass wir uns nie wiedersehen oder miteinander telefonieren würden. Wir nahmen uns in die Arme und umarmten uns innerlich lange. Ich hatte schon ein paar Tränen in den Augen, aber ich konnte sie relativ gut kaschieren, so wie es sich für einen harten, erfahrenen Pilger gehört, und dann war ich weg. Es war so, als ob das Mendelssohn-Violinkonzert in E Minor, Op. 64 in meinen Ohren summte, insbesondere der erste Satz, „Allegro molto Appasionata“, eine Tragik einer nicht wiederkehrenden Zeit, für mich, für Jean und für uns beide, und dennoch gleichzeitig eine Zeit, die wir beide voller Optimismus und Lebensfreude suchten. Eine Zeit, die bestimmt noch kommen und unsere Lebensreise prägen und uns verändern würde. Vielleicht hatten wir beide unbewusst Angst vor diesen Veränderungen. Vielleicht war es doch Bruch in meinen Ohren – Violinkonzert in G Minor, Op. 26? Ich werde es nie genau wissen ...

Und heute, im Nachhinein rückblickend, nach fünf Jahren, hätte ich Jean gerne wiedergesehen und gewusst, was der liebe Gott mit ihm und seiner Seele gemacht hat.

Camino Francés

Spanien

Anfang August

Also, es war der Tag des Roncevalles. Ich stand früh auf, es war noch relativ dunkel draußen, und der Tau auf Bäumen, Blumen und auf dem Gras war noch schön sichtbar, die Rollläden der ersten Geschäfte waren schon hochgezogen, eine aufregende, ungeduldige und versprechende Bewegung der schon aufgestandenen Pilger hatte die Straße ganz lebendig gemacht. Jeder wollte noch ein Brötchen, Obst, Wasser, Batterien für die Taschenlampen, Aspirin oder Pflaster für die Zehen oder Sohlen kaufen. Der Himmel war dunkel und drohte, uns einen starken Regen zu schenken. Ich hatte keine Regenjacke mehr oder irgendwas in der Art, um mich vor dem Regen zu schützen, und überlegte, ob ich noch einen Tag in Saint Jean Pied-de-Port verbringen sollte, aber das ganze auffrischende Durcheinander auf der Straße nahm mich mit und so kaufte ich mir doch Proviant und machte mich auf den Weg. Es war ein langer und schwieriger Anstieg von etwa fünf Stunden. Ab und zu, wenn man auf eine Lichtung kam und sich eine kleine Perspektive des Anstiegs anbot, sah man die Pilger ordentlich einer hinter dem anderen laufend, wie die Ameisen, wenn sie etwas zu fressen fanden. Aufregend, beeindruckend und erstaunend wie die Bilder von Edmund Hillary, als die Expedition, um den Everest zu besiegen, in vollen Gängen war. Ansonsten harte Arbeit. Die Wälder waren dicht und dunkel, der Himmel wurde bedrohlich schwarz, das Ganze fühlte sich irgendwie außerirdisch an. Nach drei Stunden oder so machte ich eine Pause, um mich zu entspannen und für die Eroberung des Ibañeta-Passes vorzubereiten. Der Legende und dem berühmten Rolandslied nach hat auch Karl der Große bei seinem Spanienfeldzug den Pass überquert und mit seinem Neffen Roland die Heiden, die damals in Spanien herrschten, besiegt. Mein Knobi gab mir Mut und Kraft, ich aß auch die guten Tomaten und die französische Salami ganz genüsslich. Ich wollte länger da sitzen bleiben, aber es war auf einmal ganz kühl und windig, und ich dachte, es wäre besser zu laufen, solange es nicht regnet, also fing ich wieder an zu laufen.

Nach weiteren zwei Stunden begann es in Strömen zu regnen. Da ich schon bei tausend Metern Höhe war, waren die Bäume auch fast verschwunden und man musste auf diesem mondähnlichen Plateau laufen. Ich war schon komplett nass, aber ich sah in der Ferne eine Art Hütte, eine winzige Hütte, und hoffte, dass dies meine Unterkunft sein könnte und sie mich vor dem Regen schützen würde. Nach noch einer Viertelstunde hatte ich die Hütte erreicht, kam rein und sah ein wunderschönes Mädchen, vielleicht Anfang zwanzig, Spanierin, besser gesagt Katalanin, patriotische Katalanin, erfuhr ich später, die auch vor dem Regen in diese Hütte geflüchtet war. Die Hütte war winzig, vielleicht konnten dort vier oder fünf Menschen sitzen oder stehen, aber nicht mehr. Das Schöne dabei war, dass die Hütte auch einen kleinen Kamin hatte, und ich fand hinter der Hütte eine ganze Menge Holz. Also machte ich ein Feuerchen und zog mein nasses T-Shirt aus und ein neues, glücklicherweise noch trockenes T-Shirt an und es war auf einmal gemütlich, sogar romantisch, auch wenn ich keine Duplo-Schokolade oder Merci-Törtchen dabeihatte. Die Tür war offen und wir sahen einige Pilger, die vorbeikamen und uns anschauten, aber sie gingen alle weiter, wahrscheinlich weil sie die schöne Atmosphäre unserer Gemeinschaft nicht stören wollten. Das war mir in dem Moment recht und ich konnte mich mit Caterina – so hieß sie – schön unterhalten. Sie war tatsächlich sehr schön und ich fühlte mich schon von ihr stark angezogen, ich glaubte, sie hatte es auch gespürt, sie war wahrscheinlich Menschen gewohnt, die von ihr fasziniert waren, aber ich wusste auch, dass sie in mir nicht den Mann, sondern den Weisen, den magischen, asketischen und einsamen Pilger sah. Nach einer Weile hörte es auf zu regnen, wir verließen die Hütte und, nachdem ich das Feuerchen gelöscht hatte, liefen wir weiter zusammen. Caterina war zweiundzwanzig Jahre alt und hatte die Schule beendet, jobbte dann ein Jahr und jetzt wollte sie etwas anfangen, wahrscheinlich studieren, aber sie wusste noch nicht, was. Sie kam aus einer wohlhabenden Familie aus Tarragona, einer schönen Hafenstadt mit einer sehr alten Geschichte, war gut erzogen, höflich, kokett und wissbegierig. Sie wollte nicht die ganze Welt erobern, sie wollte in Katalonien bleiben und arbeiten und sie strotzte vor Stolz, Katalanin zu sein, mir schien sogar etwas Religiöses oder Mystisches dabei zu sein. Ich bat sie, mir ein wenig zu erklären, warum sie sich so stark mit Katalonien identifizierte. Sie erzählte mir mit Leidenschaft, Überzeugung und Pathos über die Schönheit Kataloniens und die dort lebenden Menschen, über die blühenden Zeiten des Landes bis ins XVI. Jahrhundert und über den Niedergang der Sprache und die Bedeutung Kataloniens, nachdem das Königreich Kastilien und das Königreich Aragon die Grundsteine für die Entstehung Spaniens gelegt hatten, über die immer wieder protestierenden Katalanen und deren Kampf für ihr eigenes Land und ihre eigene Sprache. Es waren viele Aspekte in der Geschichte Europas und Spaniens, die ich nicht kannte oder nicht mehr kannte – obwohl ich als Musterschüler auch in Erdkunde immer sehr gut vorbereitet war, aber die Schule in Rumänien damals war nicht unbedingt europäisch ausgelegt, und mir leuchtete vieles von dem, was Caterina erzählte, ein, aber am meistens beeindruckte mich das Feuer, das in Caterina brannte, wenn es um dieses Thema ging. Wir unterhielten uns sehr gut, ich erzählte ihr auch, als alternativen Weg der Entwicklung einer Nation, über die Art der rumänischen Bevölkerung, zu überleben, ohne zu rebellieren, ohne organisierten Widerstand, sich den neuen Gegebenheiten nach einer Eroberung des Landes durch irgendwelche wandernden Völker oder König- und Kaiserreiche anzupassen und zu warten, weil alles, was kommt, auch irgendwann wieder gehen wird. Sie schaute mich beinahe mit Mitleid an, für sie ging es immer nur mit Kampf und Revolution, wenn man etwas erreichen wollte. Die Zeit lief also sehr schnell und bald waren wir in Roncesvalles, wo wir uns in einer langen Schlange anstellten, um eine Unterkunft in dem Augustinerkloster zu bekommen. Roncesvalles hatte nur zweiundzwanzig Seelen, das heißt, vielleicht sechs oder sieben Häuser, nicht mehr. Sicherlich kamen mehrere Leute tagsüber hoch, um die Bedienung des Klosters und der einzigen Kneipe, wie ich später feststellte, zu betreiben. Es fühlte sich so an, als wäre Roncesvalles kein Dorf, aber eine Belohnung für eine hart erarbeitete Pilgeretappe. Caterina wollte weiter bei mir bleiben und wir bekamen zwei obere Betten in einem Raum mit etwa fünfzig Etagenbetten. Es war meine erste Erfahrung, was Massenpilgern bedeutet. Es gab vier Räume mit etwa fünfzig Etagenbetten, das heißt, es war eine Unterkunft für 400 Pilger! Das Kloster bot kein Frühstück oder Abendessen an, es gab nur Betten und Waschräume. Ich erinnerte mich an meine Wehrdienstzeiten in Rumänien, denn nur dort hatte ich ähnliche Menschenmengen erlebt, die in einem Raum schliefen, es gab natürlich aber keine Mädchen beim Wehrdienst, die in demselben Schlafraum mit Buben schliefen. Ich hatte noch ein bisschen Zeit, um mich umzusehen, und besuchte das Kloster und dessen Innenterrassen, bekam meinen Pilgerstempel und besuchte auch die Kneipe. Es war Spätnachmittag und der Himmel wurde hell und eine schöne Sonne, mit wärmenden Sonnenstrahlen, die uns umarmten, war zu sehen. Ich holte mir ein Bier und einen Snack oder so was Ähnliches und lief dann weiter, bis ich endlich einen Platz fand, wo ich allein sein konnte.

Es war ein Erfolgserlebnis, ich hatte die so genannte schwierigste Pilgeretappe hinter mir, und es war noch nicht mal so anstrengend gewesen. Es war verrückt, ich war schockiert über die Massenmenge von Pilgern, es waren nicht achtzig Pilger, wie damals, als wir in Le Puy-en-Velay starteten, es waren in etwa 350 Menschen da! Da machte ich mir schon Gedanken, wie es weitergehen sollte. Später aufstehen und laufen, nachdem alle schon weg waren, vielleicht in anderen Dörfern übernachten als die Reisebücher empfehlen – so wie eine musikalische Synkope, wo die Betonung sich verschiebt von einem starken auf den vorherigen schwachen Punkt – oder mehr zelten, vielleicht würden auch interessante Pilger unterwegs sein, mit denen man sich gut unterhalten konnte, wie Caterina. Sie blieb im Kloster, um Sachen zu waschen, um sich zu waschen und so was. Diesmal war ich froh, dass jemand mit mir am nächsten Tag weiterlaufen wollte. Es war nicht so, dass ich nur allein sein wollte per se, ich wollte nicht wie ein Asket oder Troglodyt in einer Höhle leben, aber ich wollte allein und in Freiheit sein, in der Natur sein, mich bewegen, die Schönheit eines Pfades durch die dunklen Wälder, die Lichtungen mit deren in der Nähe laufenden Bächen, die Felder und die Bäume, die Hügel und die Berge, die Sonnenaufgänge und Sonnenuntergänge sehen, hören, spüren, riechen, genießen. War ich weitergekommen in meiner Suche nach mir? Hatte der Weg mir irgendwas gesagt oder gezeigt? Eigentlich nicht, das

Einzige, was mit mir passierte, war, dass ich die Trauer nach Martina irgendwie abgeschlossen und ihren Segen bekommen hatte, mein Leben so zu gestalten, wie ich es mir wünschte und wie sie es mir wünschte, was eigentlich dasselbe sein sollte. Aber was das bedeuten sollte, musste ich noch erfahren.

Am nächsten Morgen stand ich also ein wenig später auf, Caterina war schon fertig und laufbereit. Es war ein ziemlich unfreundliches Wetter, dunkle Wolken, schwül, und es roch bedrohlich nach Regen und Gewitter. Ich zog mich schnell an und wir machten uns auf den Weg, da es kein Lebensmittelgeschäft in Roncesvalles gab und die Kneipe noch geschlossen war, also konnten wir kein Frühstück bekommen, außer ein paar Kekse, die Caterina noch dabei hatte. Wir liefen etwa eineinhalb Stunden und tauschten hauptsächlich unsere Eindrücke über die Zeit in Roncesvalles aus. Wir gingen durch das baskische Land, in der Autonomen Gemeinschaft Navarra, und kamen in Espinal an, einem Dorf mit nur 200 Seelen und einer zu großen, imponierenden Kirche, die dem Apostel Bartholomäus gewidmet war. Das Dorf hatte auch ein Lebensmittelgeschäft und einen winzigen Marktplatz, wo wir Rast machten, nachdem wir uns endlich Proviant und Wasser geholt hatten. Dann liefen wir weiter und probierten eine Weile, zusammen zu schweigen. Mir kamen wieder die Gedanken der „Mental Revolution" in den Kopf und ich wusste nicht, ob ich Caterina davon erzählen und sie damit belasten sollte, weil sie so lebhaft und gierig auf der Suche nach einem ehrenhaften, interessanten Projekt war, um ihm ihre Energie, Kraft und Durchsetzungsvermögen zu widmen. So, wie sie war, konnte es passieren, dass so eine noch nicht komplett durchdachte Idee ihren Kopf und Geist verdreht, aber ich war auf der anderen Seite doch neugierig, ihre Meinung über so eine gewaltige Idee zu hören. Also sprach ich zu ihr doch über dieses Projekt und die drei Stunden, die wir bis Zubiri hatten, waren irgendwie nicht genug. Caterina hörte sich alles aufmerksam an und zwischendurch stellte sie gute Fragen. Mein Punkt war, dass so eine friedvolle Revolution eine Aufgabe der jungen Generation sei und man alles auf ein System setzen solle, das auf eine neue Basis gestellt wird, statt das alte System ändern zu wollen. Ein neues

System, das nicht auf Profit- oder Wohlstandsmaximierung ausgerichtet war, sondern auf Leistung, wobei Leistung auf Schöpfung des Mehrwerts für die Gemeinschaft und Mehrwert nicht nur als etwas Materielles zu betrachten ist, sondern auch als Seelisches, Moralisches oder Spirituelles. Das war ein bisschen zu viel für das arme Mädchen und ihr klassisches, gut erzogenes Aufwachsen innerhalb des Establishments war zu stark in ihr verankert. Das in Frage zu stellen bedeutete für sie, die Eltern und ihre Familie in Frage zu stellen und das war einfach zu viel für sie. Wir kamen also auf keinen gemeinsamen Nenner in unseren Ansichten, aber wir waren in Zubiri angekommen, was auf baskisch „Dorf an der Brücke" heißt, und die schöne, alte Brücke musste tatsächlich überquert werden, um ins Dorf zu kommen.

Zubiri hatte 400 Seelen oder so, eine kleine Pfarrkirche, eine Kneipe und eine Herberge. Es waren viele Pilger auf der Straße und in der Kneipe und ich hatte den Eindruck, alles war irgendwie überfüllt, also entschloss ich mich, ein wenig weiterzulaufen. Caterina war müde und wollte dortbleiben. Also umarmten wir uns, verabschiedeten uns, sie schaute mich irgendwie schuldig an, schuldig, dass sie sich vielleicht nicht spirituell und rebellisch genug für den Kampf gegen das Establishment fühlte und mich möglicherweise enttäuschte. Ich tröstete und ermutigte sie, ihren Weg weiterzugehen. Der Camino würde ihr zeigen, wo es lang ging, und ich sagte ihr, dass ich keine Zweifel hatte, dass es so geschehen werde, und dann ging ich weiter.

Ich lief vielleicht noch eine Stunde, bis zu einem Dorf namens Larrasoaña, wo ich zeltete. Ich war immer noch in der Region Navarra und es wurde immer noch um mich herum baskisch gesprochen, was mir als altgriechisch erschien, ich verstand also überhaupt kein Wort, außer Bocadillos. Auf jeden Fall bekam ich meine Bocadillos und mein St.-Miguel-Bier in der einzigen Taverne des Dorfes, ein Dorf mit nur 40 Schornsteinen und einer Kirche. Die Dörfer in Spanien schienen kleiner zu sein als in Frankreich, bis jetzt sah ich nur Dörfer mit 30 oder 50 Schornsteinen (in Spanien wird die Größe eines Hauses durch die Zahl der Schornsteine ausgedrückt), winzige Gemeinschaften, die zum Teil autark waren und aus einer anderen Zeit geschnitten zu sein scheinen. Ich hatte Glück, dass dort nur zwei Pilger an einem anderen Tisch waren, anschließend besuchte ich die Pfarrkirche San Nicolás de Bari und schmückte meinen Pilgerpass mit noch einem Stempel. Ich fand einen Platz für mein Zelt, baute es auf, blies meine Isomatte auf und ein paar Minuten später war ich im Reich der Träume.

Am nächsten Tag lief ich also allein, nachdem ich mir Bocadillos für den Weg besorgte und dazu Knoblauch, Tomaten und Schafkäse. Mein nächstes Ziel sollte Pamplona sein, die Hauptstadt der Region Navarra, eine Stadt mit einer langen und blutigen Geschichte. Die Stadt hatte immer gegen Eindringlinge gekämpft und wurde mehrmals zerstört, von Goten, Franken, Karl dem Großen, Arabern, Franzosen und was weiß ich noch, von wem. Es war ein Zentralpunkt für die Pilger, mit zwei riesigen Pilgerherbergen, aber berühmt eigentlich für die Feierlichkeiten von San Fermin, wenn der weltbekannte Stierlauf stattfindet. Es war eine kurze Etappe, weil ich dachte, dass Pamplona viel zu bieten habe, und ich die Stadt erkunden wollte. Und tatsächlich, angefangen mit dem Eingang über die mittelalterliche Magdalenenbrücke (Puente Magdalena) an den Festungsanlagen vorbei und durch das Frankentor (Puerta Fráncia) direkt in die Altstadt, über die gotische Kathedrale Santa Maria la Rea und das Rathaus bis zu den einfachen Häusern der Stadt – es war alles von einer beeindruckenden und faszinierenden Schönheit. Das einzige Problem waren die vielen Pilger, die herumspazierten, mich eingeschlossen. Bei den Pilgerherbergen standen die Pilger in der Schlange, um einen Unterkunftsplatz zu bekommen. Mir wurde alles zu viel und nachdem ich meine Rast machte, lief ich weiter und dachte nur, weg von hier, weg von diesem Menschengedränge, weg von den Pilgerzügen. Ich lief und lief und wollte mich dort aufhalten, wo ich mich wohlfühlen würde, und siehe da, nicht weit von Pamplona, in etwa fünf Kilometern Entfernung fand ich ein Dorf, Cizur Menor, mit wieder mal nur in etwa 50 Schornsteinen, in dem sich früher ein Johanniterkloster befand, das, nachdem die romanische Kirche San Miguel Arcangel fertig gebaut worden war, plötzlich verschwand. Es war Spätnachmittag und ich hatte erfahren, dass es im Dorf auch eine Pilgerherberge gab. Ich ging dahin und tatsächlich, es gab eine Herberge, für etwa dreißig Betten. Sie befand sich neben der Kirche San Miguel Arcangel, die auch die frühere Kommende[1] des Malteser-Ordens war, und hatte dreißig Betten, die alle leider schon besetzt waren. Sie wurde geleitet von der Delegation der spanischen Assoziation des Ordens, die dabei von Freiwilligen aus Navarra und anderen Regionen Spaniens unterstützt wurde. Es war eigentlich nicht so schlecht, weil ich sowieso zelten wollte und an meine gute Erfahrung in Nürnberg dachte, als ich auch im Garten im Innenhof der Kirche gezeltet hatte.

Es gab einen wunderbaren Blick bis nach Pamplona und ich wollte mir gerade einen Platz suchen, als ich schon ein anderes Zelt sah. Ich fing an, mein Zelt aufzubauen, da kam ein blondes Mädchen aus dem anderen Zelt und sagte „Hallo". Ich erwiderte den Gruß und dann kamen wir ins Gespräch. Sie war Schwedin, vielleicht 25 Jahre alt, klein, aber gut gebaut, ziemlich burschikos, sehr sympathisch und unkonventionell, die auch auf dem Camino unterwegs war, aber kaum Gepäck hatte. Sie erzählte mir, dass ihre Eltern sie mit dem Auto begleiteten und sie sich alle zwei Etappen trafen und am Abend zusammen aßen. Bis hier war das nichts Besonderes, aber sie sagte mir dann, dass sie den Camino lief! Also nicht ging, sondern lief! So etwas hatte ich bis jetzt nicht gehört. Anscheinend hatte Eva eine Art von ADHS-Krankheit, eine Art von zu viel Energie, und sie wusste nicht, was sie mit so viel Energie tun sollte. Sie hatte alle Wettbewerbe für Mittelstrecken für Amateure in Schweden gewonnen und ihre Eltern hatten ihr diese Reise geschenkt. Also konnten wir nicht zusammen laufen (also ich nicht) oder gehen (sie nicht). Schade, ich hätte mich so gerne mir ihr unterhalten, aber jetzt musste ich mein Zelt aufbauen, und zwar schnell, weil ein Gewitter sich schon angekündigt hatte und es sehr windig geworden war. Ich versuchte, die Heringe so tief ich konnte einzubuddeln und setzte noch große Steine drauf. Wir gingen zum Abendessen dann in die Pilgerherberge, ich aß Pasta, glaube ich, trank ein Bierchen und dann gingen wir ins jeweilige Zelt zurück.

---

[1] Kommende ([kɔˈmɛndə], Betonung auf der zweiten Silbe; lateinisch commendare „anvertrauen", „empfehlen") bezeichnet ursprünglich als Begriff im Kirchenrecht die Übertragung der Einkünfte eines Kirchen- oder Klostervermögens auf eine dritte Person unter Befreiung von den Amtspflichten.

Ich hatte meine schlimmste Nacht hinter mir. Ich war tatsächlich eingeschlafen und in der Nacht kam ein Sturm und ein Gewitter mit Blitz und Donner und allem, was dazugehörte, um jemandem einen Schreck einzujagen! Nach 30 Minuten war die Erde so weich, dass die Heringe nicht mehr hielten. Die zusätzlichen Steine, die ich aufgrund des ankommenden Gewitters auch auf die Heringe gesetzt hatte, ebenfalls nicht. Ich lag im Zelt wie in Tom & Jerry und hatte Hände und Beine an allen vier Ecken des Zeltes, um die Heringe zu sichern, damit das Zelt nicht wegfliegen würde! Alles war schon nass im Zelt. Dann, irgendwann, beruhigte sich das Wetter und ich schlief endlich ein. Gegen vier Uhr morgens wurde ich wach, da ich den Eindruck hatte, dass das Zelt sich bewegte, vielleicht schwamm oder wegrutschte.

Als ich raus aus dem Zelt wollte, war es tatsächlich so, dass das Wasser überall um mich herum war und man kaum erkennen konnte, dass dort eine Wiese gewesen war. Das Zelt war vielleicht zwanzig Meter weiter gerutscht. Es sah aus wie in einem Schwimmbad.

Im Zelt war alles nass – aber echt alles! Schlafsack, Isomatte, Klamotten, Nahrungsmittel – alles. Weil die nächste Phase des Gewitters angefangen hatte, sammelte ich auf die Schnelle alle Sachen und brachte sie in die Kirche – auch das Zelt. Ich versuchte, wieder einzuschlafen, es ging aber nicht, weil ich so nass war, bis auf die Unterhosen.

Am Morgen musste ich natürlich raus aus der Kirche, weil der Gottesdienst gegen sechs Uhr morgens startete, und der Pfarrer war sprachlos, als er alle meine Klamotten auf den Bänken der gleich kommenden Gemeinschaftsmitglieder sah, also musste ich wieder auf die Schnelle alle meine Sachen packen und nach draußen auf die Terrasse der Pilgerherberge schleppen. Glücklicherweise hatte der Regen aufgehört und die Sonne schickte uns die ersten schüchternen Sonnenstrahlen. Ich wartete eine Stunde in der Hoffnung, dass das Zelt, der Schlafsack und die Isomatte trocknen würden, aber dem war nicht so, und ich ging dann weiter mit allen noch feuchten Sachen im Rucksack. Die Kleider, die ich anhatte, waren auch feucht, es war echt Mist. Aber egal, ein Pilger muss da halt durch – diese Unannehmlichkeiten gehören irgendwie dazu. Ich frühstückte gemütlich und gepflegt. Eva war schon weg, die anderen Pilger auch und ich hatte die ganze Zeit der Welt nur für mich. Um etwa acht Uhr entschloss ich mich weiterzulaufen und spürte schon die Vorfreude, wieder allein zu laufen. Pustekuchen!

Jetzt mal ehrlich, jeder weiß, wie gerne ich den Camino gehe. Und wenn ich mal früh morgens alles zusammenpackte, die lieben und mittlerweile ein bisschen in Mitleidenschaft gezogenen Camino-Stiefel anzog und meine „hast du alles dabei“-Checkliste durcharbeitete, dann gibt es nichts, was mich noch aufhalten kann. Ich gehe halt. Ich gehe und ich gehe und ich gehe.

Es gab vielleicht nur zwei Sachen, die mich stoppen konnten. Die Brombeeren – die inzwischen ganz reif waren und mich am Rande des Weges ständig und erfolgreich verführten, geschweige denn traumhafte Trauben, Mirabellen und Nektarinen – oder Mädchen mit 17 Ringen in den Ohren, Nase, Augenbrauen und sonst wo, mit unzähligen Tattoos und Hippie-Klamotten, die am Rande der Straße liegen und unsterblich weinen. Das kann ich wirklich nicht haben und ich muss halt anhalten. Die anderen Pilger gingen vorbei, denn so etwas kann um acht Uhr dreißig morgens die Tagesordnung durcheinanderbringen, die Etappenziele gefährden. So ein Mist mit diesen scheinheiligen Pilgern.

Also hielt ich an und versuchte etwas Sinnvolles zu machen, was allerdings in einer solchen Situation in etwas so einfach war, wie Messer, Gabel und Löffel richtig einzusetzen beim ersten Abendessen bei den Schwiegereltern. Also gar nicht einfach.

Als Lisa die Augen öffnete und sie mein Gesicht sah, mit der Sonne hinter mir, die wahrscheinlich eine Aura um meinen Körper strahlte, war sie auf einmal ruhig. Ich glaubte, sie musste erstmal verstehen, wo sie war. Ich hob sie langsam hoch und sie sprach ständig über ihre Eltern, Familie, Freunde und den Camino. Sie trank ein wenig Wasser und meinte es ging ihr jetzt besser. Ein Junge erschien auf einmal und meinte, mit Lisa den ganzen gestrigen Tag gelaufen zu sein, und alles sei ok. Dann verabschiedete ich mich und lief weiter. Zwei Minuten später war die Heulerei wieder im Gange. Dann lief ich zurück und versuchte, die Sache zu organisieren, Martina wäre echt stolz auf mich gewesen. Ich baute ihr Zelt ab und gab es dem Jungen mit, forderte sie auf, sich ein T-Shirt anzuziehen, sie hatte keins. Ich gab ihr ein Shirt von mir (von der „Breakfast Bei Bosse" Serie, Second Edition). Ich versuchte, ihre Haare zusammenzubinden, aber es ging nicht, der Junge gab mir ein Haargummi, weil sie keins hatte, und dann band ich ihre Haare zusammen. All das, weil es so unerträglich heiß war, obwohl es noch nicht mal zehn Uhr war. Es war klar, dass Lisa entweder zu viel am vorherigen Abend getrunken oder gekifft hatte. Ich versuchte, mit ihr zu reden und sie zu beruhigen. Sie erzählte etwas über die Eltern, die auf sie warteten und dass sie sich beeilen muss. Ich fragte sie auch, wohin sie gehen möchte und sie antwortete leise: „Logroño."

Ich sagte ihr, dass ich sie zu einem Abendessen in Logroño einlade, damit sie einen Ansporn hatte, die Strecke durchzugehen. Dann war ich fertig mit meinen Anweisungen und ging los.

Und der Weg half mir wieder zu gehen, es war einer dieser Tage, wo ich nicht über Sachen nachdenken musste oder konnte, sondern nur gehen. Es war so, als würde ich mich zurücklassen und auf einen Beobachter von außen reduzieren. Die Welt war außerhalb von mir, um mich herum und vor mir, und die Geschwindigkeit, mit der sie sich bewegte (oder ich), machte es mir unmöglich, sehr lange etwas zu verfolgen. Ich beobachtete mich nur von außen und sah, dass ich – aus nicht so sehr klaren Gründen – im ganzen Frieden mit mir war. Ich lief weiter, Kilometer nach Kilometer, das Land war ziemlich flach, der Weg ging durch die Wälder und Felder und ernährte mich reichlich. Das Wetter war am Anfang angenehm und von dem Regen von gestern Nacht blieben nur ein paar Pfützen auf dem Weg. Es wurde langsam Mittag, die Hitze stieg wesentlich an und es war kein Wind zu spüren. Ich würde mich daran gewöhnen müssen, dass die nächsten Wochen die Hitze unerträglich sein würde. Man sagte, dass man die Bedeutung des Wortes „Siesta" hier spüren werde. Man könne nur frühmorgens ein paar Stunden laufen und dann am Spätnachmittag noch ein paar Stunden. Es war noch nicht so weit, aber ich wusste, was auf mich zukommt.

Ich ging durch Dörfer, wunderbare, idyllische Dörfer, und übernachtete, wo auch immer es mir gefiel. Die Architektur in Nord-Spanien war ein bisschen anders als in Frankreich, der Einfluss der Araber war sichtbar, die Häuser und insbesondere die Kirchen hatten diese Mischung zwischen der strengen und geheimnisvollen arabischen, maurischen Architektur und der romanischen, freundlichen christlichen Architektur, eine Mischung, die man heutzutage mozarabischen Stil nennt. Die Leute, die hier in den Dörfern wohnten, schienen mir viel ärmer und vielleicht viel ehrlicher und weniger arrogant zu sein als in Frankreich. Ob es mit dem Wohlstand etwas zu tun hatte, sei dahingestellt.

Und ich? Ich war irgendwie ein „Charakter“ auf diesem Camino, vielleicht war ich gezwungen, eine Rolle zu spielen, die mir zugeteilt wurde, vielleicht hat der Camino verdeutlicht, wie ich wirklich war, ich weiß es nicht. Auf jeden Fall grüßten mich viele Leute. Ich war der „Père Noel“-Pilger, so nannten mich immer noch viele, sie kannten mich als den super trainierten deutschen Pilger, der alle überholte oder zumindest überholen wollte, viele suchten meine Gesellschaft und wollten die Ratschläge oder die Geschichten, die ich erzählte, hören. Andere machten sich lustig über meine Ablehnung der Abendgesellschaft der Pilger in der Kneipe und kannten mittlerweile auch meine Hartnäckigkeit, mit der ich meine „Allein-laufen“-Einstellung verteidigte. Ich genoss es auf einer Seite, aber es war mir echt unwichtig.

Konnte es sein, dass das „Anderssein“, was wir fast alle in unserer Jugend angestrebt hatten, bei mir stärkere Spuren hinterlassen hatte und Teil meiner Identität geworden war? Konnte es sein, dass ich die Menschenmengen auf längere Zeit, anders als zum Beispiel bei einem zeitbegrenzten Fußballspiel, nicht so gut ertragen konnte, es sei denn, ich war der – oder einer der – Anführer? Ich weiß es nicht, vielleicht war es so, aber es war auch viel mehr. Ich weiß mit Sicherheit, dass ich eine soziale, empathische, weiche Ader hatte, dass ich die Nähe der Menschen brauchte wie die Luft. Der Camino ist aber anders, weil ich ein Ziel hatte und ich mich davon nicht ablenken lassen wollte und weil für mich der Camino kein Urlaub war. Ich war durchgeschwitzt von diesen vielen Gedanken, aber auch von der unerträglichen Hitze, die bei über achtunddreißig Grad lag.

Irgendwann am Abend landete ich – nach fast sieben Stunden und 38 Kilometern Pilgern – in Los Arcos.

Los Arcos war mitten in einem Flachland, überall nur Weizen- und Maisfelder, Staub, wieder Staub und Hitze, wobei sich auch ein Fluss in der Nähe befand, der Rio Odron, was offensichtlich ein bisschen mediterranes Klima schaffte. Das Dorf hatte in etwa 300 Schornsteine, nicht besonders schön, aber mit einer außerordentlichen, seltsamen Kirche, die Pfarrkirche Santa Maria, die souverän über das ganze Dorf wachte. Man konnte nicht sagen, was für einen Stil die Kirche hatte, weil man da alles sah, was man an architektonischen Richtungen kennt: romanisch, gotisch, arabisch und maorisch, mozarabisch, barock, Renaissance, neoklassizistisch, einfach alles. Natürlich wurde die Kirche wahrscheinlich mehrfach teilweise zerstört, durch Feuer oder Kriege, und dann umgebaut, es war ein totales Durcheinander. Interessanterweise störte es mich nicht, es war sogar angenehm, einfach durch die Räume zu gehen und zu sehen, dass es wie in einem Schloss aussah – der Rokoko-Salon, der Renaissance-Salon, der Mauren-Salon. Der Eingang der Kirche war wie üblich in der Nähe der am Marktplatz sich befindenden Restaurantterrasse oder andersrum – was mich sehr freute. Ich zog mein Pilgerritual da durch, massierte mir die Füße, Gelenke und Waden, entspannte mich und trank in Ruhe mein Bier. Ich bestellte auch eine Portion Pimientos de Padron, eine spanische Leckerei, die mir sehr gefiel und mit einem Märchen oder einer Legende verbunden ist, aber die Legende werde ich euch ein anderes Mal erzählen. Ich hatte diese Leckerei vor ein paar Tagen entdeckt und an Pepe gedacht (ich hatte schließlich eine lange Etappe hinter mir). Es scheint wahr zu sein, dass es keine ehrlichere Liebe gibt als die Liebe zum Essen, wie George Bernard Shaw einmal sagte. Vielleicht nur die Liebe zum Lesen. Dann ging ich zu der von mir gewählten Pilgerherberge und kochte doch, wie es sich gebührt, mit den anderen Pilgern zusammen und wir aßen dann gemeinsam das Abendessen. Es war eigentlich sehr angenehm, weil mich in der dortigen Gesellschaft niemand kannte und niemand etwas von mir wollte. Ich genoss es sehr, ein einfacher Pilger zu sein, der seine Pasta isst, sein Glas Rioja trinkt, die Leute beobachtet und vielleicht hört, was sie sagen, vielleicht nicht, aber auf jeden Fall darüber nachdenkt, was Gott aus uns gemacht hat, wo wir gelandet sind und was wir bis jetzt erreicht haben und was wir noch in diesem Leben vor uns haben.

Ich lief die letzten zwei Tage jeweils über 30 Kilometer, meine Waden waren schon ein bisschen strapaziert und ich hörte schon ab und zu das Wort „Tendinitis", das eine Pilgerreise kaputt machen könne, also Sehnenentzündung. Ich beschloss dann, die nächste Etappe, bis Logroño zu laufen, „nur" 26 Kilometer, und möglicherweise dort auch einen Ruhetag einzulegen, um meine Waden zu schonen.

Also gesagt, getan, am nächsten Tag stand ich früh auf und ging gleich los. Ich war nicht mehr in der Provinz Navarra, ich war jetzt in der Provinz La Rioja. Die Landschaft war relativ flach und die Sonne ziemlich stark. Ich ging früh los, damit ich ein paar Stunden gut laufen konnte, bevor die Hitze – manchmal nah an der 40 Grad-Celsius-Grenze – uns anfing, Atem- und Kreislaufprobleme zu bereiten. Nach einer Stunde laufen machte ich in einem kleinen Bistro Rast und genoss mein köstliches Frühstück.

Es gab nicht viel zu sagen, aber ich war verzaubert. Es war einer der Momente der Geschichte, in dem ich mich als ein unwesentlicher Teil der Weltgeschichte fühlte, ein Moment, als ich mich wie Cervantes, Velasquez, Picasso oder Sancho Panza fühlte, auf einer Bank sitzend, die vielleicht dreimal so alt wie mein Großvater war, und mein Großvater, muss man schon sagen, war furchtbar alt gewesen, in einem Innenhof eines ziemlich verfallenen, aber stolzen Gasthauses, das möglicherweise auch die Inquisition erlebt hatte. Man musste nur für einen Augenblick die Augen schließen, einfach zuhören und riechen ... Es war 7:30 Uhr morgens, du bist bereits eine Stunde zu Fuß gelaufen und hältst an diesem kleinen Ort an, um dich etwas auszuruhen. Der Ort ist noch nicht wach, aber er ist dabei, wachzuwerden. Die Hähne erfüllen ihre Morgenpflicht, die Straßen werden gerade mit Wasserkörben bewässert, so dass der Tag frisch riecht, die Vögel zwitschern um dich herum, der diskrete Duft der Blumen aus den offenen Fenstern lässt sich spüren, der Morgentau umhüllt alles mit Frische und Hoffnung. Du riechst den frisch gebrühten Kaffee, das frisch zubereitete Gebäck namens „pastel de nata" oder „Pão-de-Deus", den Tabak aus der Pfeife und die Zigarette der beiden Rentner, die bereits auf der Terrasse Platz genommen und ihr Cassis getrunken haben. Und wenn du die Augen öffnest, siehst du, wie die Sonne mit fast religiöser Sturheit alles zum Leben erweckt. Das ist Alchemie, das ist die Alchemie der Liebe. Und du willst gerade der Subjektteil und nicht nur der Objektteil dieses Bildes werden – was du in der Tat nach einer halben Stunde Beobachtung und Sinnaufnahme, die eine magische und unerklärliche Metamorphose in Gang gesetzt haben, geworden bist. Und die grünen Sonnenblumentöpfe, die sich von den offenen Fenstern im ersten Stock voller Stolz zeigen und mit den Buchstaben „SM“ bemalt sind, sind nur eine Manifestation einer sozialen Anomalie, eines farbigen Flecks auf dem Bild. Sie haben nichts mit sexueller Perversion zu tun – für die bösen Köpfe, die das gedacht haben könnten, sie sind eine Werbung für ein spanisches Bier, San Miguel, mit der unglücklichen Abkürzung SM. Und im Übrigen, auf dem von mir gemalten Bild riecht es nicht nach Bier. Die Töpfe scheinen nur da zu sein, um daran zu erinnern, dass Perfektion kein Zustand ist, den man erreichen kann, sondern ein Zustand, den man anstreben kann (vielleicht indem man die Blumentöpfe wechselt). Und der Name des Gasthauses – „El Alquimista“ – ist sicherlich beabsichtigt.

Der Ort, in dem ich war, hieß Torres del Rio, nur für den Fall, dass jemand so was Ähnliches auch erleben möchte.

Obwohl alles so romantisch, warm und voller Sehnsucht war, aber auch optimistisch, erbaulich und voller Hoffnung, konnte ich nichts anderes in meinem Kopf hören als Chopins Tristesse. Na ja, die Pause war zu Ende, der Kaffee getrunken und ich lief weiter. Es war wie ein Wunder, wie beruhigend, vertrauensvoll und ausgleichend das Laufen für jemanden sein kann, wie bei einem Tischler, der aus einem Stück Holz eine Kommode, eine Tür oder einen Tisch entstehen lässt. Ich lief weiter durch das Flachland und die Hitze war kaum zu ertragen. Gott sei Dank hatte ich das spezielle Kopftuch, ein Bandana, dabei. Die anderen Pilger sagten mir, dass die schwierigste Etappe, bekanntermaßen, und im August insbesondere (wegen der Hitze), zwischen Logroño und Burgos sein würde, circa 120 Kilometer, also mindestens vier kleine Etappen, die man sehr früh morgens und vielleicht ein bisschen am Abend laufen solle. Mir war aber jetzt schon unheimlich warm, allerdings war es schon Mittag. Ich lief also durch Viana bis nach Logroño, litt an der Hitze wie ein Hund und trank vielleicht drei Liter Wasser. Ich sah auf dem Weg viele Weinberge, ich nahm mir ein paar Trauben und die waren köstlich, im August waren sie schon reif und die Weinreben wuchsen bis zum Straßenrand, also ein Traubenparadies für die Pilger. Ich aß und aß, bis ich nah an Logroño war, und schaute mir dann von Ferne die Stadt an. Eine schöne Stadt, die Hauptstadt der Region Rioja, mit über 150.000 Einwohnern, einer ganzen Menge Kirchen und einer besonders imponierenden Kathedrale, Santa Maria de la Redonda. Der Eingang in die Stadt führte über eine lange und schöne Brücke und der Weg in die Innenstadt war links und rechts von alten, schönen Häusern bebaut in der strengen spanischen Architektur des Mittelalters. Ich suchte mir eine Herberge aus, es waren eine ganze Menge Pilger da und ich war froh, wieder in diese Menge einzutauchen und ruhig und still meinen Abend mit meinen Gedanken zu verbringen. Es ist wichtig, den Gedanken die Zeit zu geben, sich zu entwickeln, ohne Hektik oder Gedränge, in Stille und Ruhe. Nicht dass ich besondere Gedanken hatte oder Sprossen von Gedanken, ich wollte einfach den Abend ohne Lärm und soziale Gepflogenheiten verbringen. Aber keiner sprach mich an und es war insofern ganz gut. Ich erinnerte mich an ein Gedicht von Rilke, von dem ich nur das Ende in Kopf hatte, sinngemäß ...

Es handelt sich darum, alles zu leben, bestimmt die Fragen.
Wenn man die Fragen lebt, lebt man vielleicht allmählich
ohne es zu merken, eines fremden Tages
in die Antworten hinein.

Ich lebte seit vier Monaten die Fragen und hatte bis jetzt kaum Antworten bekommen. Aber ich war geduldig. Geduld, Ruhe, Stille, das war es, was ich brauchte,

Am Abend machte ich noch eine Runde durch Logroño, besuchte die Kathedrale und den Marktplatz, ich ging durch die vielen kleinen Gassen der Innenstadt, aber ich war nicht mehr an solche großen Städte gewöhnt. Meine Siedlungen auf dem Weg hatten ein paar hundert, vielleicht tausend Schornsteine, nicht mehr, eine übersichtliche Größe, wo die Leute einander alle kannten, und wenn nicht, fragten sie: „Wem gehörst du?“ – denn du müsstest bestimmt aus einer Familie kommen, die sie kannten. Ein Glas Rioja und eine Kleinigkeit zu Essen und dann lief ich wieder in die Herberge.

Am nächsten Morgen musste ich – ich weiß nicht, warum – an Lisa denken. Ich hatte sie zum Abendessen in Logroño eingeladen, aber ich hatte von ihr in den letzten Tagen nichts gesehen oder gehört. Ich bereitete mich innerlich auf die nächsten Tage Pilgern vor, Tage, an denen der Hauptfeind die Hitze sein würde. Also, zwei Flaschen Wasser und zwei T-Shirts, die ich jeden Abend waschen müssen würde, da ich nur zwei T-Shirts und ein Shirt zum Schlafen dabeihatte. Ich kaufte mir auch Proviant. Ich hatte beschlossen, mit dem Bus bis an die Grenze der Stadt zu fahren, weil es auf den asphaltierten Straßen keinen Spaß machte und Logroño auch nicht besonders schön war, wie ich meinte .

Auf dem Weg zu der Bushaltestelle sah ich überraschend den Jungen, der bei Lisa gewesen war, als ich sie getroffen hatte. Er sagte mir, Lisa sei im Krankenhaus in Viana, ein Ort, durch den ich auch gestern gelaufen war. Sie hatte Depressionen, diagnostiziert in Deutschland und Spanien, und sie hatte gemeint, der Camino würde ihr helfen, die Depressionen zu überwinden. Eine traurige Geschichte.

Als ich auf den Bus wartete, kam ein junges Mädchen – anscheinend eine Pilgerin – mit Sandalen und großen Blasen überall an den Fußsohlen und Zehen, die Stiefel an den Rucksack gehängt, und schaute sich den Zeitplan der Busse an. Ich sprach sie an und es stellte sich heraus, dass Heike, so hieß sie, durch die Tränen der Verzweiflung, 19 Jahre alt war und zurück nach Deutschland wollte, weil sie die Schmerzen nicht mehr ertragen konnte. Ich konnte sie doch überzeugen, mit mir mit dem Bus erst einmal aus der Stadt zu kommen und dann in eine Apotheke zu gehen. Ich kaufte Watte und elastische Bandagen für sie, ließ ihr die Behandlung angedeihen, die ich auch Stefana verpasst hatte, und bat sie dann noch einen Versuch zu unternehmen zu gehen.

Wir liefen siebzehn Kilometer zusammen und sie erzählte mir ein bisschen über sich. Sie wollte Geige studieren an dem Konservatorium und hatte ständig Krach mit ihrem Vater, der natürlich andere Pläne oder

Wünsche für ihre Zukunft hatte. Musik wäre zu gefährlich und einseitig. Wenn sie ein Problem mit ihren Händen oder Fingern bekommen würde, wäre alles umsonst gewesen, aber Heike war in die Geige und klassische Musik verliebt, und sie liebte auch ihren Vater sehr und wollte ihn nicht enttäuschen. Tja, dabei konnte ich ihr nicht sehr helfen. Sie hoffte, der Weg würde zumindest ihre Sorgen für eine Weile mildern und dass sie ein bisschen Abstand von allem nehmen könnte, um anschließend besser darüber nachzudenken. Sie hatte recht und es ging ihr auch gut, zumindest nicht schlechter – sie hatte keine zusätzlichen Blasen bekommen und die alten Blasen schienen zu heilen, sie war wieder guter Dinge und wir verabschiedeten uns, da sie in einem anderen Ort Rast machen wollte.

Das war eine gute Sache und ich fühlte mich so gut, ihr helfen zu können und sie nicht nach Hause gehen zu lassen. Sie hatte sich ständig bei mir bedankt!

Ich lief weiter und es war hart. Ich war mitten in der Wüste, so fühlte es sich an, eine unerträgliche Hitze, über vierzig Grad, es waren keine Bäume, nur verstaubte Wege zwischen den Getreidefeldern, die trockener als trocken waren. Und obwohl man auf dem Camino Frances alle zehn Kilometer ein Dorf oder eine kleine Siedlung mit einer Herberge oder eine Art von Übernachtung finden kann, waren in den 120 Kilometer zwischen Logroño und Burgos nur sechs oder sieben Dörfer. Das kam mir nicht sehr gelegen, da ich andere Übernachtungsmöglichkeiten als die meisten Pilger suchte, um meine Einsamkeit des Pilgers weiter zu bewahren, und ich konnte dadurch nicht mehr so einfach zeit- und raumversetzt zu den anderen Pilgern laufen. Das war nicht unbedingt sehr schlimm, unangenehm war nur, dass man mindesten drei Liter Wasser mit sich tragen musste, da auch keine Raststätte mit laufendem Wasser, ein Wasserbrunnen oder Ähnliches vorhanden waren. Es war also eine harte Etappe bis Nájera. Die Landschaft war monoton, müde und irgendwie nicht frisch. Getreidefelder und Felder und wieder Felder, und mein Geist flog wieder zu den Erinnerungen meines Werdens.

Es war ein schwieriges Projekt, ein Haus auf eine abgelegene Wiese zu bauen, da sie noch in London lebten. Martina hatte alles unter Kontrolle, weil sie jeden Monat ein paar Tage dahin flog, um den Fortschritt zu überprüfen. Sie hatten einen lokalen, unabhängigen Vermesser, der jede Woche die Räumlichkeiten besuchte und viele Bilder schickte, um alle Details zu überprüfen. Es war eine Herausforderung, aber sie meisterten es zusammen außergewöhnlich gut und innerhalb von zwei Jahren war alles fertig. Sie verbrachten die meisten Ferien in Portugal – abgesehen vom Skifahren. Portugal wuchs in ihrem Leben, sie trafen Leute und fanden Freunde, sie hatten eine so schöne Zeit und das Haus war so komfortabel, einladend und sie hatten fast immer Freunde im Haus. Portugal wuchs in ihrem Leben, ebenso wie Maria in Mirceas Gedanken. Es war schwer zu verstehen, eigentlich war es nicht zu verstehen, aber er sah sie in seinen Träumen so deutlich wieder. Er war ein glücklicher Mann, er liebte seine Frau und die Kinder, aber Portugal weckte einige Dämonen auf, einige vergessene Gefühle, einige Momente seiner Kindheit, einige Teile von ihm, die seit langer Zeit Winterschlaf hielten. Er war ein „gescheiterter" Bauer; ja, das war er auch und er nannte irgendwie diese Liebe in der Natur zum Leben, diese Liebe zum wahren Leben, ohne Raffinesse, ohne Kleinbürgertum, diesen süßen Schmerz, den er hatte, Maria. Eines Tages begann er wieder von Maria zu träumen und diesmal waren es ihre Beine. Und das war wirklich verrückt. Sie hatte die erstaunlichsten Beine, die man sich vorstellen kann. Die Form der Unterschenkel war wie auf einem Bild von Modigliani, ihr Oberschenkel war dagegen stark und weich, sie musste einen klugen Sport wie Schwimmen oder Reiten betrieben haben, um diese schöne Harmonie zwischen Kraft, Muskeln und Zärtlichkeit aufrechtzuerhalten ... es erinnerte ihn an diese schönen Rennpferde. Ihre Beine waren eine Klasse für sich, das musste er anerkennen. Oh, es war so ein schönes Bild, leider konnte er das in seinen Träumen nicht wirklich gut sehen, da sie die meiste Zeit Hosen trug, aber man spürte die pulsierende Schönheit, die ausgezeichneten, eleganten Bewegungen ihrer Beine. Mircea musste an diese magische, göttliche Proportion denken, den goldenen Schnitt, über den er in der Schule gelesen hatte. Er war sich sicher, dass ihr Unterschenkel und Oberschenkel in einem goldenen, göttlichen Verhältnis standen. Es konnte nicht anders sein; da dieses magische Verhältnis von vielen Künstlern in der Geschichte verwendet wurde und auch heute noch verwendet wird, um Beziehungen zwischen Objekten herzustellen, bei denen wir uns wohlfühlen, ohne zu wissen warum. Ihre Beine waren einfach perfekt, einfach perfekt; er wusste das, er wusste das mit seinem Geist und seinem Körper.

Ihr Leben in London ging zu Ende; Stefana schloss ihr Studium in Oxford ab und schrieb sich für einen dualen Master in Paris und New York ein – natürlich erst, nachdem sie ihr Sabbatjahr in Südamerika verbracht hatte, was sie so sehr wollte. Sie zogen nach München, die Stadt, die Mircea in Deutschland am meisten liebte. Er liebte es, weil es keine echte Stadt war; Es war ein großes, sehr großes Dorf. Es hatte diese bäuerliche Dorfatmosphäre, die Menschen waren einfach, ungekünstelt – außer diese unmögliche Schickeria – nah an der Natur, man konnte ihre nicht gestresste Energie sehen, die sie ausstrahlten. Er hätte definitiv hier in einer anderen Existenz geboren sein wollen, wenn so etwas möglich war, dachte er. Kein Stress, nur Lebensfreude, Lebensfreude. Stress war typisch für Großstädte, für Gemeinschaften, die sich in Schichten organisieren, wie es die Agglomeration von Menschen an einem Ort erfordert. Schichten von Produzenten, Händlern, Einzelhändlern, Einzelhändlern von Großhändlern, Regulierungsbehörden, Controllern, Controller von Controllern und Regulierungsbehörden der Regulierungsbehörden, all dieser Wahnsinn, der ein Eigenleben entwickelt hat und dem sie gehorchen müssen. Aber München war ein Segen. Mircea fühlte sich in München so gut, so viel besser als in London. Es war alles so nah an seinem Herzen und seiner Seele. Er würde sich nicht entscheiden können, ob er sich in München oder Portugal niederlassen möchte. Leider nahm sein Leben eine solche Wendung, dass er sich nicht mehr entscheiden musste. Martina hatte seit einigen Monaten einige Schmerzen und sie konsultierte einige Ärzte, machte medizinische Untersuchungen und alles schien in Ordnung zu sein, abgesehen von den Schmerzen, die sie hatte. Ein Jahr, nachdem sie sich in München niedergelassen hatten, fand sie endlich einen sehr klugen Arzt, der alle Puzzleteile aus den Berichten anderer Fachärzte zusammensetzen konnte. Und dann wollte er nur einen letzten Test machen, um seine Vermutung zu bestätigen. Und das Ergebnis war herzzerreißend. Martina hatte Krebs, eine spezielle, relativ seltene Krebsart –

das multiple Myelom. Dies war ein Krebs des Knochenmarks, der ihr Immunsystem hemmte, sodass früher oder später jede kleine Krankheit, an der sie erkrankt, tödlich sein könnte, da sich ihr Immunsystem nicht mehr selbst verteidigen würde. Es war für ihn in dem Moment nichts anderes als geistige Lähmung, Gehirnlähmung, vollständiger Schock. Es gibt Momente im Leben, in denen das Gehirn sich weigert, die Realität zu akzeptieren. Es war einfach nicht möglich. Mircea konnte nicht atmen, konnte nicht sprechen und erst recht nicht akzeptieren, dass Martinas Leben nun einem völlig anderen Weg folgen würde. Und sein Leben auch. Diesen Tag, diesen Nachmittag und die anschließende Nacht würde er nie vergessen. Es war Verzweiflung und Angst, Martina auf subtile und sanfte Weise zu trösten, wo immer er konnte. Es war Wut und der Wunsch zu kämpfen; aber er kannte oder verstand den Feind nicht. Er konnte nicht mehr klar denken.

Wie auch immer, sie begannen Informationen zu suchen und die Anamnese einer solchen Krankheit, die Behandlung, die Überlebenschancen, den Status der weltweiten medizinischen Forschung zu diesem Thema, alternative Behandlungen zu erforschen ... Am nächsten Tag mussten sie ins Krankenhaus, Martina wurde ins Krankenhaus eingeliefert und sofort behandelt, und dann wurden die nächsten Schritte besprochen. Er hatte ein persönliches und ehrliches Gespräch mit dem Chefspezialisten und die Antwort auf seine Hauptfrage war verheerend. Martina hatte zwischen fünf und sieben Jahre zu leben, und das nur, wenn sie eine sehr giftige chemische Behandlung bekommen würde. Es war eine kalte Dusche, es war eine eisige Dusche und er beschloss, dass er ihnen allen das Gegenteil beweisen würde. Er würde sich um Martina kümmern und sich um die Familie kümmern und das Gegenmittel herausfinden und sie trotz all dieser Ärzte heilen. Und er beschloss auch, Martina nie von seinem Gespräch mit dem Arzt zu erzählen. Sein Leben war in Trümmern. Alles ergab jetzt keinen Sinn mehr. Und es sollte eine Schlacht werden, die er verlieren würde. Er hatte diesen Gedanken irgendwo in seinem Kopf, aber er wollte diesen Gedanken einfach nicht aufkommen lassen.

Ja, das waren schwierige Zeiten.

Ich schüttete mir einen Liter Wasser über den Kopf, ich trank die anderen zwei Flaschen und hoffte, dass Nájera bald in Sichtweite sein würde, was auch geschah. Nájera war eine Kleinstadt, nicht bemerkenswert außer dem Kloster Santa Maria de Real, einem ehemaligen Benediktinerkloster, wo ich selbstverständlich meinem Pilgerpass einen neuen Stempel verpasste. Vielleicht war es auch so, dass die Neugierde, ein Dorf oder eine Kleinstadt zu erkunden, nach vier oder fünf Stunden Lauf in der Hitze nicht mehr so groß war. Die große Überraschung war aber, dass ich in dem Garten vor der Herberge das Zelt von Pepe entdeckte. Pepe war auch da und wir machten uns einen schönen Abend und verabredeten uns früh für den nächsten Tag, um soweit es geht zu laufen, bevor die Sonne ihre kräftigen Strahlen auf uns werfen würde.

Also liefen Pepe und ich am nächsten Morgen relativ früh, um circa sieben Uhr, los. Es dauerte ein wenig, bis wir unsere Zelte abgebaut und uns gewaschen hatten, leider konnten wir nicht so früh frühstücken. Es waren schon viele Pilger unterwegs, was eigentlich zu erwarten war. Wir wählten eine andere Route, um wenige Begleiter auf dem Weg zu haben, aber wie die Dinge nun mal waren, stießen wir auf eine Gruppe Italiener und dann liefen wir alle zusammen weiter. Die Italiener waren laut und gesprächsfreudig und wir unterhielten uns natürlich. Irgendwann war auch eine Dame da, ich glaube, sie hieß Antonia und sie war streng katholisch. Sie hatte offensichtlich Vertrauen zu mir gewonnen und wollte, dass wir eine Weile zusammen liefen, um ihre Geschichte und ihren Schmerz mit mir zu teilen. Es war eine klassische Geschichte. Sie hatte sich in einen gutaussehenden, verheirateten Mann verliebt und hatte eine Affäre mit ihm gehabt. Anschließend hatte der Mann ihr gesagt, dass er die Beziehung beenden müsse, es sei nicht richtig, er würde sich nicht scheiden lassen und all diesen Mist. Antonia war durcheinander, sie war in einer desolaten Situation, wusste, dass sie etwas gemacht hatte, was sie nicht hätte machen sollen, weil nicht nur die katholische Religion eine Beziehung mit einem verheirateten Mann als Sünde betrachtet, sondern auch die Moral der christlichen Gesellschaft und die dazugehörige Ethik so was nicht billigen, obwohl für die beiden keine materielle oder Freiheitsstrafe dafür vorgesehen waren. Aber sie war verliebt und ihr Herz sagte ihr, dass es doch richtig war, für ihr Glück zu kämpfen, und jetzt wollte sie pilgern, um ein bisschen Abstand zu der ganzen Sache zu nehmen, um zu erfahren, was der Camino ihr vielleicht mitteilen würde. Sie wollte auch meine Meinung dazu hören. Uff!!! Harter Tobak. Als ich in die Rolle des weisen Mannes gedrängt wurde, musste ich auch was sagen. Antonia war gutaussehend, mit schwarzen schulterlang geschnittenen Haaren, kohlschwarzen Augen und marmorweißer Haut, mit einem Gesicht, das Kraft und Entschlossenheit ausstrahlte, mit einem schön geformten Mund mit etwas dünneren Lippen, sodass sich die ganze Charakterstärke zeigte, aber gleichzeitig mit einem schüchternen und unsicheren Lächeln, sie war ziemlich lang und gut gebaut, vielleicht Anfang vierzig. Sie war stolz und selbstbewusst, sie war Chefdesignerin in einem Designbüro in Florenz und wollte auch mal glücklich sein. Sie hatte jahrelang keine Beziehungen gehabt, hatte sich auf ihre Kariere konzentriert, aber sie hatte auch ein anderes Ich, ein Ich, das sich verlieben wollte, das romantisch war und Schmetterlinge in ihrem Bauch spüren wollte, das sich einfach gehen lassen wollte, Sonnenuntergänge mit Champagner und Träume gemeinsam mit jemandem träumen wollte. Aus irgendwelchen, vielleicht unklaren und mehr oder weniger obskuren Gründen wurde sie schwach und anfällig gegenüber den Komplimenten, Manieren und dem Erscheinungsbild eines Kunden, für den sie einige Monate ein Projekt führte. Sie hatte sich auf eine Beziehung mit diesem Mann eingelassen und sie hatte Emotionen und Gefühle gespürt, worüber sie nur in den Büchern gelesen hatte, gleichwohl ein permanentes Schuldgefühl dabei gehabt, da sie wusste, dass der Mann verheiratet war. Es war ein sechsmonatiges Karussell der Gefühle – sagte sie – und sie hatte sich nicht mehr verstanden, wusste nicht mehr, was und wo und wer. Ich hörte ihr aufmerksam zu und sagte nichts. Wir liefen eine Weile zusammen, ohne uns Worte zu sagen.

Irgendwann, am Anfang eines Dorfes, Cirueña, schlug ich vor, eine Rast zu machen. Es gab eine Bank und zwei staubige Bäume, die uns ein bisschen Schatten schenkten, sowie einen Brunnen, wo man sich die Wasserflaschen auffüllen konnte. Antonia war auch müde und wir aßen dort von meinem üblichen Proviant und tranken viel Wasser. Es gab Tomaten und

Schafskäse, Frühlingszwiebeln und ein bisschen Chorizo, kaum Worte und wenig Bewegungen, damit wir nicht schwitzten und für den Rest der Etappe Energie sparten. Dann sagte ich ihr: „Antonia, gehen ist die beste Therapie überhaupt. Du musst keine Erwartungen haben. Es gibt nur gehen und die nächste Etappe planen. Am besten allein gehen. In ein paar Tagen wirst du Ruhe erreichen, Ruhe und Gleichgewicht. Dann wirst du auch die Schönheit der Welt um dich herum sehen und auch die Intensität dieser Welt spüren. Es wird Erfahrungen geben, in Wäldern, auf Bergen, in Feldern, Bächen und auch Städten. Du wirst Erfahrungen in Gesprächen und vor allem im Schweigen sammeln. Und eines Tages wirst du dich auch leicht und rein fühlen und mit allem in Einklang sein und du wirst zurückkehren in dein Leben und tun, was richtig ist. Was du hier erlebst, wird in dir bleiben und dein Rückgrat stärken. Das ist alles, mehr gibt es nicht zu sagen."

Als ich mit meiner Rede fertig war, sah ich – wie aus dem Nichts – Pepe kommen. Er war immer ein Sonnenschein und wir gingen dann zu dritt bis in das nächste Dorf namens Santo Domingo de la Calzada, wo ich eine andere große Überraschung erleben sollte. Als wir ankamen, verabschiedete ich mich von Antonia und sagte ihr, dass der Weg noch lang ist und ich sie bestimmt wieder treffen werde. Sie schien mir eine fast unmerkbare Traurigkeit in ihren Augen zu haben, aber ich meinte, es wäre besser für uns beide, wenn ich sie nicht darauf anspreche. Daraufhin ging ich mit Pepe weiter und wir suchten eine kleine Kneipe mit Terrasse. Auf einmal saß ich mit jemandem an einem Tisch, der gemütlich sein San-Miguel-Bier trank. Ich meinte, es wäre Fernando, der Spanier aus Panama mit dem Pferd. Als ich mich näherte, begrüßte er uns und lud uns ein, an seinem Tisch zu sitzen. Es war tatsächlich Fernando und ich dachte, ich werde gleich ohnmächtig. Ich hatte mir versprochen, dass, wenn uns das Schicksal noch mal aufeinander treffen lassen würde, ich das Pferd, was er mir vor einigen Wochen angeboten hatte, dann akzeptieren und mitnehmen würde. Ich musste meine innerliche Versprechung halten, es war eine Selbstverständlichkeit, Ehrensache und eine Pflicht. Ich spielte schnell in meinem Kopf sämtliche Möglichkeiten durch und dachte, dass ich in Santiago Kontakt mit dem ehemaligen Besitzer aufnehmen und ihm das Pferd dann zurückgeben könnte. Es war nicht einfach, aber machbar. Das Problem war, dass ich wahrscheinlich sehr bald für zwei Tage nach Deutschland fliegen musste, weil meine Schwiegermutter im Krankenhaus im Sterben lag und ich meine Kinder damit nicht allein lassen wollte. Aber Pepe konnte sich vielleicht für zwei Tage um das Pferd kümmern. Alles ging mir blitzartig durch den Kopf.

In der Zwischenzeit unterhielten wir uns über unsere Erfahrungen mit dem Pilgern durch Spanien, Pepe sprach mit Fernando eine Weile Spanisch und irgendwann dann kam ich zur Sache und fragte Fernando, wie es dem Pferd ging und wie sie miteinander zurechtkommen und solche Sachen. Dann sagte Fernando zu mir: „Du, ich hatte Glück im Unglück. Als ich die Hoffnung, das Pferd jemandem zu schenken, beinahe verloren hatte, wurde das Pferd irgendwie krank. Es wollte nicht mehr essen oder nur wenig und hatte keine Kraft, kilometerweit zu laufen. Ich brachte es in Logroño zum Tierarzt und nach einer sorgfältigen Untersuchung wurde festgestellt, dass das Pferd so eine Art Krankheit hatte – die Hufrehe hieß – und musste vom Tierarzt für einige Wochen behandelt werden. Ich erfuhr auch, dass das Pferd auch ziemlich alt war."

Fernando schenkte dann dem Tierarzt das Pferd und der Tierarzt bedankte sich sehr, da er seit einigen Jahren mit dem Gedanken, sich ein Pferd zu kaufen, gespielt hatte. So war es also. Das liebe Pferd rettete meine Ehre, Glaubwürdigkeit und Selbstvertrauen. Ich gab noch eine Runde aus und verabschiedete mich dann von Fernando und suchte eine Bleibe für die Nacht.

Wir landeten irgendwie in einer Herberge, in der auch die Gruppe der Italiener von vorher sich eingerichtet hatte, auch Antonia. Ich schlief gut und dachte an dieses Land und die Menschen. Sie waren echt nette Menschen und, obwohl viele von den Pilgern lebten, hatte ich bis jetzt keinen Hauch von Kommerzialisierung, Ausbeutung oder andere Auswüchse der Verbrauchsgesellschaft gespürt. Es war Tradition, es war Glauben, die Pilger hatten immer noch den Respekt, die Aufmerksamkeit und Achtung der Dorfbewohner für die lange Reise der Schmerzüberwindung, die sie sich vorgenommen hatten. Es waren so viele kirchliche und religiöse Denkmäler, Bauten und historische Erinnerungen, die ich in jedem Dorfe erlebte, und ich hatte die ganze Zeit eine sehr starke spirituelle Begleitung des Weges. Die Jacquards und deren Vereinigung in Frankreich hatten mich auch sehr beeindruckt, aber dort war ein Austausch der Erfahrungen und eine Qualität der Unterhaltung, die das Ganze veredelten, Franzosen halt. Hier in Spanien waren die Leute einfach nur da und wollten dir helfen und dich ehren. Ich schlief mit diesen Gedanken ein und am nächsten Tag ging es weiter.

Ich wollte wieder länger laufen, die Strecke der Dürre und peitschenden Sonnenstrahlen musste heute zu Ende gehen. Ich beschloss von der Region Rioja nach Kastilien und León zu gehen und wollte bis San Juan de Ortega laufen, also in etwa 40 Kilometer.

Am nächsten Morgen war Pepe schon unterwegs, als ich aufwachte. Ich frühstückte schön in Ruhe und anschließend kaufte ich mir Proviant für unterwegs und ging dann los. Ich lief durch kleine Dörfer mit großen Klöstern, Grañón, mit ihren nur zwei Hauptstraßen und dem schönen Johanneskloster, Villamayor del Río, Belorado, mit den zahlreichen Kirchen und dem Franziskanerkloster, Espinosa del Camino, mit seinen wunderbaren Fachwerkhäusern und Ermita de Valdefuentes, mit einem Kloster und einer Pilgerherberge der Zisterzienser aus dem XII. Jahrhundert. Als ich in Villamayor del Río war, hörte ich jemanden, der schnell hinter mir lief, und auf einmal eine Stimme, die vor Freude schrie: „Flo!“

Ich drehte mich um und hier war sie: Eva, die Schwedin von der Malteser-Kirche, die ihr Laufprogramm durchzog. Sie hielt ein paar Minuten an, wir unterhielten uns kurz und es war richtig schön. Wir verabredeten uns dann in San Juan de Ortega für das Abendessen mit ihren Eltern, die dort auf sie warteten. Der Weg war hügelig und unruhig und ich musste stundenlang aufsteigen und absteigen. Ich dachte an Eva. Ach, für sie musste es noch anstrengender als für mich sein, den Weg zu laufen. Die vielen Kirchen und Klöster und ihre über die Jahrhunderte hinaus erzählten Geschichten vermischten sich in meinem Kopf, aber die Spiritualität des Weges stieg ständig in meinem Herz, wie eine Flutwelle, die nicht mehr aufhört.

Ich machte irgendwo bei einem Brunnen eine Pause, wo ich Antonia wiedersah, die starke Schmerzen und große Blasen an den Sohlen hatte. Ich teilte mit ihr meine medizinischen Künste, meine Pilgererfahrung, meine Pflaster, Bandagen und Schmerzmitteltabletten und ich pflegte sie, so gut ich konnte. Sie war mit ihren Nerven am Ende und sie hatte ihre Sohlen die ganzen Tage nicht gepflegt, weil sie Schmerzen spüren und büßen wollte – wir Pilger sind irgendwie am Anfang gleichgesinnt – und sie hatte ans Aufhören gedacht. Ich tröstete sie und versprach ihr, dass alles am nächsten Morgen gut sein würde. Ich aß dann zu Mittag, zusammen mit ihr und den zwei Italienern, die sie begleiteten und ihr den Hof machten. Wir unterhielten uns über nichts, aber es war doch hilfreich, um sie von der Sache ein wenig abzulenken. Es schien, dass sie mir glauben wollte, und das freute mich sehr. Nach ein paar Tagen sah ich sie wieder, hoffnungsvoll und komplett genesen.

Ich erreichte endlich auch am frühen Abend, nach acht Stunden Lauf, San Juan de Ortega, einen Ort, der einsam in den Wäldern der Montes de Oca liegt und in etwa 25 Seelen hat, aber ein riesiges, wunderbares Kloster, das früher eine Unterkunft für 500 Gläubiger war, und sogar eine Pilgerherberge, was mir sehr entgegenkam. Ich wollte mir aber unbedingt das Kloster zuerst anschauen. Der Legende nach wurde der später heiliggesprochene Juan de Ortega im Jahre 1080 in einem kleinen Dorf in der heutigen Provinz Burgos geboren und verstarb 1163 in dem für damalige Zeiten biblischen Alter von 83 Jahren. Seit seiner Jugend widmete Juan sich mit seinem Lehrer Domingo de la Calzada der Befestigung des Jakobswegs und dem Bau von Brücken zwischen Logroño und Burgos. Nach dem Tod seines Lehrmeisters und Vorbilds unternahm er im Jahre 1112 eine Pilgerreise nach Jerusalem. Auf dem Rückweg erlitt er Schiffbruch. In seiner Todesangst rief er den für die Rettung von Schiffbrüchigen zuständigen Heiligen Nikolaus an und versprach diesem, im Falle seiner Rettung eine Kapelle zu stiften. Was er dann auch tat. Das Kloster war riesig, irgendwie Romanik / Gotik oder so was Ähnliches. Ich setzte mich dort eine halbe Stunde auf eine Bank und dachte über nichts nach. Ich war erschöpft und traurig. Ich holte mir den Pilgerstempel und ging dann in die Herberge. Anschließend ging ich in die einzige Kneipe im Ort, um mit

Eva und ihren Eltern zu dinieren. Es war bewegend zu schauen, wie die Eltern sich um Eva kümmerten, man spürte das Leid, den Stolz und die unendliche Liebe, mit der sich die Eltern, wahrscheinlich seit Jahren, um sie sich kümmerten, damit Eva Spaß am Leben hatte und um ihr zu zeigen, dass sie doch am Gesellschaftsleben mit Freude und Anerkennung teilnehmen konnte, auch wenn sie durch ihre offensichtliche Krankheit von den Menschen als besonders wahrgenommen wurde. Ich war sehr bewegt und wollte den ganzen Abend Eva in die Arme nehmen, sie küssen und ihr sagen, dass Anderssein OK ist. Wir sind irgendwie alle anders, man merkt es nur halt nicht. Es war ein wunderbarer Abend und vielleicht eine Lehre für mich. Ich wusste nicht, welche, aber ich war mir sicher, dass diese Begegnung mit Eva in mir Spuren hinterlassen würde.

Ich verabschiedete mich irgendwann mit Bedauern, Wärme und Bewunderung von Eva und ihren Eltern und ging in die Albergue. Ich übernachtete dort demütig, in einem Raum mit dreißig Betten oder mehr, voll besetzt, und ich fühlte mich so ähnlich wie am Anfang der Pilgerreise – klein, unbedeutend, einsam und doch voller Gefühle, Energie und Liebe, aber weit entfernt von der Gesellschaft der Menschen, obwohl ich in einem Zimmer mit dreißig Menschen war. Es gelang mir, von allen Pilgern, die im Raum waren, mentalen Abstand zu halten, und natürlich half mir auch die Tatsache, dass ich immer noch relativ inkognito war. Die Leute ignorierten mich quasi, oder besser gesagt ließen mich in Ruhe.

Am frühen Morgen stand ich als letzter aus dem Bett auf, damit ich die ganze Morgenhektik der Pilger vermeiden konnte. Ich duschte in Ruhe und packte meine Sachen zusammen, aber der Tag fing nicht so gut an, als ich merkte, dass ich die Mütze, die ich von Joachim geschenkt bekommen hatte, nicht mehr fand. Es ärgerte mich massiv, weil ich sehr an dieser Mütze hing. Aber es war, wie es war, ich konnte und wollte nicht 40 Kilometer zurückmarschieren in der Hoffnung, die Mütze irgendwo auf dem Weg zu finden.

Ich machte mich dann auf den Weg, an einem nebligen Morgen, wenn die Sonnenstrahlen noch nicht durchgedrungen waren, aber es herrschte doch schon eine Erstickungsatmosphäre, weil keine Brise oder ein

Schimmer von einem Wind wehte, der die Luft ein wenig gekühlt hätte. Die Gedanken kamen wieder, ich freute mich, dass sie kamen, sie waren meine Freunde und Wegbegleiter. Ich dachte auf dem Weg ab und zu an Martine und manchmal „flog“ ich wieder auf dem Weg, wie früher. Diese Sache mit dem „Fliegen“ war so eine seltsame Sache. Es war so, dass ich vor Jahren auf einmal einen Traum hatte, in dem ich einfach fliegen konnte. Wir wohnten damals im Kirberg, in einem Haus am Rande der Ackerfelder und in der Nähe eines Waldes, in einer schön hügeligen Gegend. Ich flog so schön, ich konnte einfach laufen, schneller laufen auf einem absteigenden Pfad durch die Felder, die Arme weit offen und gleich war ich in der Luft. Am Anfang hatte ich ein bisschen Angst, aber danach kontrollierte ich meine Bewegungen besser und wusste, wie schnell eine kleine unkoordinierte Armbewegung den Flug zum Absturz bringen konnte, aber auch, wie schön man abbiegen und sich die Landschaft aus der Vogelperspektive anschauen konnte. Nach zwei oder drei Träumen konnte ich schon Schleifen durch die Luft machen und auf dem Rücken fliegen. Am schönsten war, wenn ich nah über die Felder flog, in etwa zwei oder drei Metern Höhe, und die absteigenden und aufsteigenden Pfade in der gleichen Höhe, also quasi parallel mit der Landschaftskontur. Am Abend wurde es dunkel und neblig und ich konnte nicht gut genug sehen, ich hatte Angst vor einem Zusammenprall, aber ich flog doch gut durch und als ich wieder nach Hause kam und in mein Schlafzimmer zurückkehren wollte, blieb ich an der Decke hängen und konnte nicht mehr nach unten kommen. Ich sah meinen Körper im Bett schlafen, aber ich konnte mich nicht mehr bewegen, ich hing an der Decke. Es war eine ziemlich peinliche und sichtbar unmögliche Situation, die ich unbedingt lösen musste, und ich zwang mich, an die Wand zu kommen und dann langsam und mit unmenschlichen Bemühungen die Wand entlang nach unten zu klettern und endlich in meinem Körper zurückzukommen. Am nächsten Tag war ich vollkommen erschöpft. Manchmal war auch mein Bruder oder mein Kumpel Hardy dabei, als ich über die Felder flog, und sie haben mich beobachtet, manchmal waren meine Kinder dabei. An einem Abend machte ich einen Nachtflug, es war ein wenig schwieriger, weil ich die Bäume und manche Pfosten, die die elektrischen Leitungen trugen und die ich nicht gut sehen konnte, nicht erwischen wollte. Ich dachte ständig an die Bedeutung dieses Traumes, was es war, warum es so mit einem Schreck endete, und was wäre gewesen, wenn ich es nicht geschafft hätte, zurück in meinen Körper zu kommen. Offensichtlich sind die Realität und die Träume ein wechselbarer Zustand, abhängig von dem Standpunkt des Subjektes. Es könnte gewesen sein, dass der Traum die sogenannte „Wirklichkeit" war und aus der Sicht des Fliegers die Wirklichkeit eigentlich der Traum war. Als Menschen können wir nie die Wirklichkeit an sich wahrnehmen, sondern nur unsere subjektive Wahrnehmung der Wirklichkeit. Genau genommen: Jeder Mensch konstruiert seine eigene Wirklichkeit. Man sieht halt die Sachen nicht, wie sie sind, sondern wie wir sind.

Es ging natürlich dann auch um die Frage, was „objektiv" und was „subjektiv" ist, was die Philosophen bis jetzt noch nicht eindeutig geklärt haben und sich noch nicht auf von ihnen entwickelte Methoden, Standards und Konventionen geeinigt haben. Eines Tages sprach ich mit meinem Freund Sorin darüber und er war so was von schockiert über das, was ich ihm erzählte. Jetzt ist es auch so, dass er seit ein paar Jahren indische Philosophie studierte, und er sagte mir, dass es ein gewünschtes Ergebnis der buddhistischen Meditation ist, die Trennung zwischen Körper und Geist zu erreichen, und zwar durch das Fliegen des Geistes. Er hatte es in drei Jahren buddhistische Meditation ohne Erfolg gemacht und war erstaunt, dass mir so etwas gelungen ist, einfach so. Na ja, so eine Geschichte ist schwer durchzukauen,

Tatsache ist, dass ich mein „Fliegen" nicht auf Kommando erreichen konnte, es kam ab und zu, ich wusste nicht, wann und warum, aber es war himmlisch schön. Die letzten fünf Jahre, seit Martine krank wurde, war ich nicht mehr geflogen. Als ich auf dem Camino war, konnte ich manchmal wieder fliegen. In der christlichen Religion, glaube ich, sagt man, dass der Geist der Verstorbenen für etwa vierzig Tage nach dem Tod des Körpers in der Gegend verweilt. Na ja, vielleicht wollte ich, dass mein Geist noch mal den Geist Martines trifft und sich abschließend verabschiedet. Wer weiß? Es sind vielleicht nur reine Spekulationen eines von der Spiritualität des Camino berührten, müden Pilgers.

Aber mit diesen Gedanken kam ich in Burgos an. Burgos ist Hauptstadt der Region Kastilien-Leon, eine Stadt mit stolzen, über 170.000 Einwohnern auf beiden Ufern des Río Arlanzón und nicht sehr schön. Die Stadt war mittlerweile ungewöhnlich groß für mein Gemüt. Die gotische Kathedrale im Zentrum der Stadt war der Jungfrau Maria geweiht und berühmt für ihre Größe und Architektur. Es war beindruckend, wie viel die ganze Stadt und ganz Spanien von der Religion bestimmt sind. Die Religion und die Kirche hatten über Jahrhunderte so viel Macht und auch so viel Kraft. Man spürte diese Geschichte hier, in den vielen Kirchen und religiösen Bauten rundherum, in allen Dörfern, durch die ich lief, in allen Orten, wo ich übernachtete oder Rast machte, es war kaum möglich, nicht ein wenig fromm zu werden, und es war überhaupt nicht möglich, hier gelebt zu haben und nicht fromm zu werden. Ich ging ab und zu in diese Dorfkirchen und blieb dort eine Weile. Man spürte und roch die Geschichte. Eigentlich hätte ich viel mehr Zeit haben müssen, um die Geschichten dieser Dörfer zu lesen und zu hören, mich mit den Menschen zu unterhalten und in die damaligen Zeiten einzutauchen. Vielleicht würde ich es das nächste Mal machen, diesmal spürte ich, dass meine Aufmerksamkeit und Geduld langsam nachließen.

Ich ging allerdings nicht durch Burgos, ich nahm den Bus in die Innenstadt, besichtigte die Kathedrale und das Zentrum und nahm dann wieder den Bus bis zum Rande der Stadt und anschließend lief ich weiter bis Tardajos, einem kleinen idyllischen Dorf, nicht weit von Burgos. Tardajos hatte eine menschliche Dimension, in etwa 300 Schornsteine, mit einer kleinen Kirche, „Parroquia de la Asuncion“ und einer kleinen Kneipe, wo ich selbstverständlich mein Bier und eine Portion Pimientos de Padron zu mir nahm. Ein kurzer Besuch in der Kirche, Pilgerstempel besorgt und in die Herberge gegangen, die hier „Albergue de Peregrinos“ hieß. Ich telefonierte und chattete am Abend auch mit Ana. Es gab Zeichen der Entfremdung beiderseits, wenn man es so ausdrücken kann. Wir hatten uns nur ein paar Tage gesehen, als ich in Portugal lebte, wir waren für kurze Zeit zusammengekommen und dann wurde ich Pilger. Die winzig kleinen Erinnerungen, die wir zusammengebastelt hatten, wurden in den vier Monaten, seitdem ich unterwegs war, langsam verwischt und verblassten, und das wunderbare Wochenende, das wir in Lissabon verbracht hatten, blieb mehr als ein physisches Bedürfnis der Liebe als eine romantische, innerliche, leuchtende, erhebende Liebe in unserer Erinnerung. Wir waren uns einig, weiter in Kontakt zu bleiben und alles zu klären, wenn ich meine Pilgerreise beendet hatte, in der Hoffnung, dass wir dann uns richtig kennenlernen würden.

Die nächste Etappe war wieder eine lange Etappe, in etwa 40 Kilometer, und ich bereitete mich gut vor. Mittlerweile lag der Tagesdurchschnitt der Etappen bei 30 Kilometern und vielleicht sogar mehr. Ich hatte einigermaßen Sorgen, dass ich meinen Körper überstrapazierte und dass ich vielleicht die berühmte Pilgerkrankheit namens Tendinitis bekommen würde. Ich lief aber relativ langsam, und eine Weile lief ich mit einer Familie Kanadier chinesischer Abstammung zusammen. Es war ziemlich erstaunlich, wie der Sozialmedienzauber manche Sachen bewirkt. Die Kanadier sahen einen Film über den Camino (mit Martin Sheen in der Hauptrolle) und entschlossen sich (der Vater), aktiver Urlaub zu machen, indem sie den Camino Frances laufen wollten. Eine rein sportliche, erholsame Reise, um Europa zu entdecken. Es fiel mir schwer, einen gemeinsamen Nenner für unsere Weltanschauung und Wahrnehmung der Wirklichkeit zu finden. Sie lebten so weit von Europa entfernt, waren den Vereinigten Staaten näher als Europa und darüber hinaus war deren gefühlte Heimat China für die Eltern und Kanada für die Kinder (sie waren circa zwölf und acht Jahre alt und Smartphone süchtig). Sie teilten mir die Enttäuschung mit, dass es keine Spielplätze für die Kinder in den Alberguen in den Dörfern gab, Billardtische in den Restaurants oder Grillplätze auf dem Weg. Sie erwarteten einen gewissen Komfort in den Unterkünften und Freizeiteinrichtungen. Ich war sprachlos, aber ich verstand auch, dass sie, in deren Auffassung darüber, was Camino Frances ist, Recht hatten. Also hatte es keinen Sinn, mit ihnen eine philosophische, existenzielle oder spirituelle Debatte zu haben, und es war vielleicht auch gut für mich zu sehen, dass auch andere Menschen andere Meinungen und Interessen hatten.

Das Wetter war unverändert, warm, staubig, kein Windhauch – ein wolkenloses und bestimmendes Wetter. Das Laufen für uns und jede Aktivität überhaupt für die Dorfbewohner waren in dieser Hitze eine Herausforderung, wie mir schien, obwohl die Menschen, die wir auf den Feldern ab und zu trafen, mit Ruhe, Stoizismus, aber auch Glauben und Vertrauen ihre Arbeit machten, sei es, den Weizen zu ernten und die Weizengarben zu binden, die Weinstöcke zu pflegen und vom Unkraut zu befreien oder den Tieren Futter und Wasser zu geben.

Man erwartete vergeblich den Regen. Ich übernachtete in einem kleinen Ort namens Itero de la Vega, mit etwa 50 Schornsteinen und einer wunderschönen kleinen, aber irgendwie vertrauten Dorfkirche. Es gelang mir auch, das Abendessen nicht mit den Kanadiern zu verbringen, ich trank allein ein kaltes Bier und massierte ausführlich meine Waden, anschließend aß ich etwas und legte mich ins Bett. Ich war ziemlich müde und auf einmal war ich ein wenig traurig. Ich lag da im Bett und hatte Tränen in meinen Augen. Da die Dinge sich dem Ende näherten, fing ich wieder an nachzudenken. Dieser Camino war Martinas Camino, genau so sehr wie meiner. Es war mein Abschied, meine Abgabe, mein Tribut für Martine. Wenn es also vorbei war, wie sollte es weiter gehen? Wenn mich nicht viele administrative Aufgaben in Praia erwartet hätten, hätte ich echt überlegt, ob ich nicht auch den Camino-Rückweg mache,, weil es so ein wunderbares Leben in Einsamkeit war. Auf der anderen Seite hatte ich auch starke Schmerzen im Knöchel und den Ligamenten in meinem linken Fuß. Ich musste auch schauen, was da noch gemacht werden konnte.

Ich weinte, weil ich spürte, dass, wenn ich aufhören würde, sich auch ein Teil der Verbindung zu Martine abschwächen würde, weil kein Tribut mehr zum Leisten da wäre... Ob das irgendwie Sinn macht? Schwer zu erklären. Aber man kann nur dann stark werden, wenn man auch Schwächemomente hat oder zulässt, oder?

Der nächste Morgen war der Hammer. Wie üblich wartete ich, bis alle Pilger weg waren, und dann nahm ich in Ruhe meine Dusche, wusch meine Sachen, pflegte mich ein bisschen und bereitete mich für die Tagesetappe vor. Ich packte alle Sachen und wollte mir dann kurz Proviant für den Tag kaufen und loslegen. Als ich mein Mobiltelefon von der Steckdose neben der Eingangstür nehmen wollte: Überraschung, es war kein

Mobiltelefon da! Ich konnte es nicht glauben! Ich ließ mir den Abend zuvor noch mal durch den Kopf gehen und war mir sicher, dass ich mein Telefon dort zum Laden gelassen hatte, da es die einzige freie Steckdose im Raum war. Na ja, es half nicht zu jammern, es war klar, dass ein Pilger mein Telefon aus Versehen mitgenommen hatte. Ich hoffte, nicht die Kinder der Chinesen / Kanadier. Ich ging vorbei an dem Büro der Albergue und fragte, ob jemand dort ein Mobiltelefon abgegeben hatte, was natürlich nicht der Fall war. Ich fragte dann, ob sie ein Mobiltelefon hätten, um mich selbst anzurufen, in der Hoffnung, dass jemand antworten wird. Das hatten sie auch nicht – damals waren Mobiltelefone noch eine Seltsamkeit. Also machte ich mich auf den Weg und hoffte nur, dass ich bis zum nächsten Dorf alle Pilger, die in Itero de la Vega übernachteten, würde erreichen können. Denn danach konnte man verschiedene andere Wege des Camino einschlagen, und die Wahrscheinlichkeit, mein Mobiltelefon zu finden, wäre dann stark reduziert. Das nächste Dorf, Boadilla der Camino, befand sich in zehn Kilometern Entfernung, also in etwa zwei Stunden Lauf. Es war ziemlich knapp, weil die ersten Pilger normalerweise die Albergue um circa sechs Uhr morgens verlassen, damit sie laufen konnten, wenn die Hitze noch nicht unerträglich wird, und ich hatte die Albergue um etwa acht Uhr verlassen, sodass sie schon einen beträchtlichen Vorsprung hatten. Verdammt, es war schwierig, ich konnte nicht zwei Stunden pausenlos mit Gepäck und Stiefeln rennen, aber ich ging doch sehr schnell. Nach einer halben Stunde holte ich die ersten Pilger ein und fragte, ob sie nicht aus Versehen ein fremdes Mobiltelefon genommen hätten. Sie kontrollierten es alle höflich und die Antwort war negativ. Ich bedankte mich und ging weiter mit mittlerweile gedämpften Hoffnungen. Das gleiche passierte nach zehn Minuten wieder. Wieder negativ. Ich lief weiter und fing an zu denken, wie ich ohne Mobiltelefon weiter zurechtkommen könnte. Ich musste demnächst auch nach Deutschland fliegen, Flüge buchen, weiter mit meinen Kindern kommunizieren ...

Nach einer Viertelstunde sah ich die nächste kleine Gruppe von Pilgern. Ich stellte höflich wieder die Frage, und siehe da, eine deutsche junge Frau sagte: „Ja, ich war es. Heute Morgen war alles dunkel und ich war nicht mehr sicher, wo ich mein Telefon eingesteckt hatte, und ich dachte, das

Telefon am Türeingang sei meines. Und dann, als meine Freundin mir auf dem Weg mein Telefon gab, da sie es von der Herberge geholt hatte, verstand ich, was passiert war."

Ich hätte sie umbringen können, aber jetzt war alles wieder gut und ich hätte es sowieso nicht mehr ändern können und war glücklich, mein Telefon wiedergefunden zu haben, dachte ich. Und ich bat das Mädchen, mir mein Mobiltelefon zurückzugeben. Aber sie antwortete mit einer unschuldigen Miene: „Es tut mir leid, aber ich habe es nicht mehr. Ich wusste nicht, was ich machen sollte, und dann kam eine Gruppe von Pilger, die mit ihren Fahrrädern unterwegs waren, und ich fragte sie, ob sie nicht ein Mobiltelefon vermissen, und als sie nein sagten, wusste ich nicht, was ich machen sollte. Sie boten aber mir an, das Mobiltelefon mitzunehmen und die anderen Pilger, die vor mir waren, zu fragen, ob sie ein Mobiltelefon vermissen und ich gab denen dann das Mobiltelefon."

Ich war fix und fertig. Jetzt hätte ich sie ohne jegliche Gewissensbisse würgen können. Sie war echt naiv, um es euphemistisch zu formulieren. Und ich sank ich wieder in ein Loch der verlorenen Hoffnung

„Haben Sie gedacht, dass vielleicht die Fahrradfahrer einfach das Mobiltelefon nehmen und weiter wegradeln und nichts machen? Wie konnten Sie denen etwas geben, was Ihnen nicht gehört? Haben Sie nach deren Namen und Telefonnummern gefragt, um mit Ihnen in Kontakt zu treten, falls noch etwas passiert?"

Sie antwortete gar nicht mehr und fing an zu weinen. Sie einfach umzubringen, wäre zu leicht gewesen. Man musste ihr zuerst erklären, was sie falsch gemacht hatte, ab dem Moment, als sie mein Mobiltelefon genommen hatte, dass sie nicht gleich die Albergue angerufen hatte in den Moment, als sie feststellte, das falsche Telefon genommen zu haben (vielleicht wäre ich noch da gewesen und hätte mich mit ihr auf eine Methode der Rückgabe verständigen können), bis zu dem Punkt, als sie das Mobiltelefon den Fahrradfahrern gegeben hatte, ohne zu wissen, wer sie waren und wie sie sie erreichen konnte. Dann hätte man sie ruhig umbringen können. Ich nahm dann ihr Mobiltelefon und rief eine Nummer an, aber niemand meldete sich. Es war egal, ich beruhigte mich in der Zwischenzeit und lief dann weiter, obwohl ich keinen Plan hatte.

Ich dachte, was ich an der Stelle der Fahrradfahrer machen würde, wenn ich den Eigentümer des Mobiltelefons nicht finden würde. Wahrscheinlich würde ich das Telefon im nächsten Ort in einer Kneipe hinterlassen, in der Hoffnung, dass derjenige, dem das Telefon gehörte, in den auf dem Weg liegenden Kneipen nach seinem Telefon fragen würde.

Also lief ich fleißig und schnell bis Boadilla, es war zehn Uhr morgens und wahrscheinlich hatten die Kneipen noch geschlossen, vielleicht musste ich dann in den Lebensmittelgeschäften fragen. In einem Dorf mit 115 Einwohnern dürften nicht so viele Kneipen, Lebensmittelgeschäfte oder Kirchen sein, also war es doch eine machbare Aufgabe. Die erste Kneipe, als ich im Dorf ankam, war geschlossen. Die Kirche war geschlossen. Die zweite Kneipe war geöffnet, ein Zeichen Gottes vielleicht und ich fragte gleich nach einem Mobiltelefon und die Antwort lautete: „Welchen Typ und welche Farbe hatte die Schutzhülle?"

Also war die Welt wieder in Ordnung mit Ausnahme meiner Knie, die so weich wurden, dass ich mich hinsetzen musste, bevor ich irgendwelche Laute von mir geben konnte.

Ich blieb dort, nahm ruhig und gepflegt mein Frühstück auf einer Terrasse ein, beruhigte mich und brachte das Adrenalin wieder auf normale Werte zurück. Seit langer Zeit hatte mir ein Kaffee nicht mehr so gut geschmeckt wie jetzt. Die Welt war wieder in Ordnung. Dann lief ich zügig weiter und hatte auf einmal eine ganze Menge Energie. Das Wetter war erträglich warm, sodass ich ohne Pause bis Carrión de los Condes lief.

Es war eine kleine Stadt und sie hatte ein monumentales, romanisches Kloster, „San Zoilo", eine atemberaubende Kirche, „Santa Maria del Camino", und noch einige andere Kirchen. Eine sehr nette Stadt, voll von Pilgern, und ich rastete auf einer Terrasse vor der Kirche „Nuestra Señora de Belén", wo ich mein längst verdientes Bier genüsslich trank, und schaute mir das Eingangsportal der Kirche und die Pilger an, die in die Kirche und aus der Kirche traten. Der Wirt bot uns auch musikalische Begleitung an und ich war vielleicht in einer besonderen Stimmung, aber ich hörte komplett fasziniert den Camaron de la Isla singen, einen spanischen Zigeuner, der die Art des Flamenco Singens zur Perfektion gebracht hatte. Es war so ein Schrei nach Befreiung, nach Liebe in seinen Liedern, so eine

Schönheit und Traurigkeit, die man kaum ertragen konnte. Und ich erinnerte mich immer wieder an die Zeiten mit Martina.

Und Mircea verlor diesen Kampf. Fünf Jahre. Fünf anstrengende, schöne, einzigartige Jahre.

Martina war eine sehr starke Frau und sie stellten einen Angriffsplan zusammen, um die beste Pflege und die besten Ergebnisse zu erzielen. Mircea fuhr sein Leben, seine Bestrebungen, seine Wünsche vollständig runter. Er wurde ein Schatten seiner selbst. Er war da, um alles und jedes zu tun, was getan werden konnte, um ihre Schmerzen zu lindern, um sicherzustellen, dass die beste Behandlung durchgeführt werden würde, und um sicherzustellen, dass sie alles bekommt, was sie verlangt. Es war zumindest das, was er tun konnte, um all die Jahre der Harmonie und Liebe, die sie ihrer Familie geschenkt hatte, zurückzuzahlen. Also fing er an zu kochen und das Essen ins Krankenhaus bringen, da das Essen im Krankenhaus abscheulich war. Er ging einkaufen, putzte das Haus, ging ins Büro und verbrachte so viel Zeit wie möglich mit Martina. Er brachte Freunde mit, um sie im Krankenhaus zu besuchen. Sie hatten geheime Partys mit ausgezeichnetem Essen, Trinken und Tanzen – da sie nur ein Zimmer für sich hatte, tat er alles, um ein Lächeln auf ihr Gesicht und eine Hoffnung auf ihre Seele zu zaubern. Schließlich kam sie nach Hause und die Konvaleszenz und Genesung begann. Es war eine kleine Erleichterung für ihn, da er nicht mehr zwischen Job, Haus und Krankenhaus hin und her fahren musste. Und sie zu Hause zu haben, war, als würde das Leben zu ihnen zurückkehren. Sie war gebrechlich und schwach, aber sie waren zusammen, sie konnten miteinander reden, sie konnten ihre Tränen zusammen weinen. Es war so emotional, dass keiner von ihnen seine Gefühle zurückhielt – das hatten sie beschlossen. Er hatte dort ein bisschen geschummelt, aber man hätte denken können, das hatte sie auch. Sie wollten nur den geliebten Menschen beschützen und Seelenschmerzen so weit wie möglich lindern. Es war eine Zeit, die er nie vergessen wird. Es war eine große Tat, den Kindern die Wahrheit zu sagen, aber das musste er tun. Er sprach zuerst mit Stefana. Es war schrecklich, es war zu viel, Stefana auseinanderbrechen zu sehen, ungläubig und stundenlang unfähig, aufzuhören zu weinen. Und es war schrecklich, Joachim vom Flughafen abzuholen und ihm von Martina im Auto zu erzählen, während er ins Krankenhaus fuhr, und ihn weinen und schreien und fluchen zu sehen. Es war eine Katastrophe für die Familie, vor allem aber für Martina. Mircea und die Kinder hatten viele Gespräche darüber, wie sie sich verhalten und mit der ganzen Situation umgehen sollten, und jedes Mal flossen viele Tränen. Nach sechs Monaten der Genesung zogen sie zurück nach London, als sie von einigen hervorragenden Fachärzten auf diesem Gebiet und einigen ermutigenden Behandlungen erfuhren, die sie durchführten. Sie verbrachten die nächsten vier Jahre in London und Martina wurde ziemlich oft für ein paar Wochen zur Behandlung ins Krankenhaus eingeliefert, insgesamt blieb sie jedes Jahr fast sechs Monate im Krankenhaus. Es war ein Leben in der Hölle. Es war ein Leben in der Hölle mit Liebe. Der Schmerz, die Unsicherheit, die Angst, der Wunsch, eine Lösung zu finden, obwohl sich ihr Zustand immer weiter verschlechterte, er lebte wie in Trance. Er fühlte nichts anderes. Er konnte nichts mehr fühlen. Er lebte nicht, er war ein Werkzeug, er war eine Waffe, er war der Spazierstock, an dem man sich festhalten konnte, er war das Handtuch, mit dem man sich die Tränen abwischen konnte, er war der Grund für sie, weiterzukämpfen, und die Kinder natürlich auch. Eines der größten Probleme, die er hatte, war, dass er nicht in der Lage war, mit ihr über das Ende zu sprechen. Er konnte es einfach nicht. Es fühlte sich für ihn so an, als würde er sie dabei verraten und verlassen. Und er konnte sie nicht verlassen. Nicht jetzt, nicht später, niemals. Und er wusste, dass sie das manchmal gerne tun würde, aber er konnte es nicht. Sie sprach mit seinen Freunden, manchmal sogar mit Stefana darüber, aber sie war klug genug zu erkennen, dass sie in Mircea zu viel Schmerz verursachen würde, um ihn zu bitten, darüber zu sprechen. Und sie liebte ihn zu sehr und deshalb würde sie das auch nicht tun.

Er hatte vor einigen Monaten seinen Job gekündigt, damit er sich Tag und Nacht um Martina kümmern konnte. Und dann sagten ihr eines Tages die Ärzte, dass sie nicht mehr viel für sie tun können, damit sie die Behandlung abbrechen und sie in ein Hospiz bringen konnten. Dieses Wort klang so hässlich, beängstigend und unfreundlich. Das war es also?

Hatten sie das Ende der Linie erreicht? War das die Endstation? Mircea konnte das nicht verstehen. Er konnte einfach nicht akzeptieren, konnte nicht akzeptieren, konnte nicht akzeptieren. Martina war ruhig und gelassen. Er konnte nicht mit ihr sprechen; er war ein Idiot. Er konnte einfach nicht mit ihr sprechen und über IHRE Gefühle sprechen. Er konnte es nicht akzeptieren, sie zu verlassen. Er hatte in den letzten Wochen viele Male mit den Kindern gesprochen und sie hatten ihm gesagt, es sei an der Zeit loszulassen. Er konnte und wollte nicht. Also verbrachte er die nächsten zwei Tage und zwei Nächte damit zu untersuchen, ob es irgendeinen Ort auf der Welt gibt, an dem einige Experimente für kranke Menschen durchgeführt werden, die sich in ihrem Krankheitsstadium befanden. Und er fand ein australisches Forschungsteam, das eine sehr alternative und revolutionäre Behandlung für Menschen zu entwickeln versuchte, die sich in diesem späten und letzten Stadium der Krankheitsentwicklung befanden. Und das Team arbeitete mit einer medizinischen Klinik in Deutschland zusammen. In Deutschland gab es aber keine Plätze mehr im Programm. Also musste er an vielen Orten anrufen und diese Angelegenheit mit einer Reihe von Leuten besprechen, und er nutzte alle Verbindungen, die er hatte, und ließ Leute, die er kannte, mit dem Chefarzt der Klinik sprechen. Er nutzte all seine Überzeugungskraft, und am Ende gelang es ihm, einen Termin für eine Voruntersuchung von Martinas Zustand zu bekommen, und wenn es vernünftige Chancen gab, dass ihr geschwächter Körper auf die neue Behandlung reagieren konnte, würden sie es tun. Vielleicht würde es ihr einen Platz im Experiment geben. Es fühlte sich so gut an, denn dies könnte der Durchbruch sein, auf den sie all die Jahre gehofft hatten.

Er hatte ein langes Gespräch mit Martina, da es ziemlich schwierig war, sie aus dem Abgrund zurückzubringen, in den sie gefallen war. Es war eine sehr emotionale Diskussion und es war so schwer für ihn, ihr Herz und ihre Gedanken zu fühlen, ohne zusammenzubrechen. Aber ihr Wunsch zu leben, mit den Kindern und mit ihm zusammen zu sein, gewann, genau wie er gebetet und gehofft hatte, so dass sie beschlossen, diese Behandlung zu versuchen.

Es war wie fünf Minuten vor zwölf. Sie mussten nach Deutschland umziehen, denn unabhängig vom Behandlungsergebnis musste sie direkt von dieser Klinik überwacht werden.

Also organisierte die tapfere Martina den Umzug erneut – diesmal in ihr Haus in Portugal, da dies der einzige Ort war, an dem sie all ihre Habseligkeiten aus einer Hand aus London mitbringen konnten; auf der anderen Seite war Portugal sowieso ihr Plan für den Ruhestand und wer weiß, vielleicht hatten sie die Chance, ein paar Jahre dort zu verbringen. Es war so eine positive Überlegung und er war so glücklich, dass Martina sich wieder Hoffnungen machte, denn es gibt nichts Schöneres als Hoffnungen im Leben. Vielleicht sind die Hoffnungen und Träume die wahre Realität ...

Die Kinder wollten an dem Treffen mit dem Chefarzt teilnehmen, und es war sehr gut, die Kinder dabei zu haben, hier stand das Glück der ganzen Familie auf dem Spiel. Es war ein sehr gutes und offenes Treffen und alle möglichen Alternativen wurden diskutiert. Am Ende wurde eine gemeinsame Entscheidung getroffen, welcher Behandlung sich Martina unterziehen würde. Dies war ein so wichtiger Moment in ihrem Leben, in dem alle vier beschlossen, was als nächstes zu tun war – und so musste es auch sein.

Nachdem die Ärzte weggegangen waren, diskutierten sie anschließend noch mal viel, die Kinder auf der einen Seite und Martina und Mircea auf der anderen Seite, dann Stefana und Martina, dann Joachim und Martina. Und es musste so sein, denn es war vielleicht der wichtigste Moment in ihrem Leben.

Also bekam Martina die Behandlung und ihr kleiner geschrumpfter Körper überlebte diese Behandlung und wie durch ein Wunder zeigten die ersten Tests nach einer Woche einen vollständigen krebsfreien Körper. Es war ein Wunder, es war ein echtes Wunder, aber sie wussten, dass alle Wunder nur einen Tag andauern, so dass die Botschaft lautete, dass ihr Körper positiv auf die Behandlung reagiere, aber diese Behandlung in einer Reihe von Sitzungen fortgesetzt werden müsse. Der gesamte medizinische Prozess müsse im Rahmen des Programms fortgesetzt werden.

Aber es war ein Zeichen des Erfolgs und es war eine Euphorie, diesen Erfolg nach fünf Jahren Kampf gegen die Krankheit zu leben.

Und weil dieses Ergebnis beinahe zur Weihnachtszeit war, beschlossen sie, nach Portugal zu gehen, um dort Weihnachten zu verbringen, das heißt, Martina entschied es, zur Verzweiflung der Ärzte. Die Ärzte, die sie im Krankenhaus behalten wollten, hatten Martinas Haltung als unverantwortlich angesehen, in ihrem Zustand zu reisen, aber sie kannten Martina nicht.

Es war so, als ob sie wusste, dass dies ihr letztes Weihnachtsfest sein könnte ...

Und es war ein wundervolles, segensreiches, lohnendes, verzeihendes und freudiges Weihnachtsfest, wie sie es seit Jahren nicht mehr hatten. Martina tanzte und lachte sogar und genoss ihre Geschenke und sie spielten Spiele und blieben fast die ganze Nacht wach ... wie in alten Zeiten ...

Und dann flogen sie zurück nach Deutschland, um die Behandlung fortzusetzen, da sie einige Monate lang an einem Programm teilnahmen, das ihnen eine zweiwöchige Pause zwischen den Behandlungssitzungen einräumte.

Die Kinder gingen weg und man konnte die Erleichterung und Freude in ihren Gesichtern lesen, dass das Leben weitergehen wird, und Martina Teil dieses Lebens sein würde. Alles war wieder in Ordnung, wie immer – abgesehen von den letzten fünf Jahren.

Martine und er beschlossen, in der nächsten Pause von zwei Wochen wieder nach Portugal zu fahren. Die Ärzte kämpften nicht erneut gegen diese Entscheidung, da sie wussten, dass es sinnlos war. Sie hatten Martina inzwischen kennengelernt. Martina hatte jedoch eine kleine Lungeninfektion und sie gaben ihr einige Pillen, um diese Infektion unter Kontrolle zu halten, bis sie zurückkommen würde.

Ich stand da auf der Terrasse, aber ich war weit weg in meine Gedanken eingetaucht. Ais ich wieder auftauchte, hörte ich wieder Cameron de la Isla singen und ich konnte mich nicht satthören. Ich hörte auch Lieder, die er unter der musikalischen Begleitung von Paco de Lucia sang, ein anderes Idol meiner Jugend.

Dann, auf einmal, ich weiß nicht, von wo, kam ein Mädchen an meinen Tisch und fragte, ob sie sich hinsetzen dürfe. Ich bejahte selbstverständlich die Frage und dann sagte sie, dass sie Kelly heiße und aus Paris komme. Sie hatte mich seit mehreren Tagen beobachtet und mit ihrer Freundin über mich gesprochen und würde so gerne mehr von mir erfahren. Ich bestellte ihr eine Tasse Kaffee und erzählte ihr ein bisschen über mein Pilgern von Berlin bis hier. Ihre Augen strahlten und sie war von meiner Leistung und meinen Geschichten begeistert. Kelly war ein kleines Mädchen, vielleicht zwanzig Jahre alt, mit schwarzen, geraden, ein bisschen geölten und in etwa schulterlang geschnittenen Haaren. Ihr gebräuntes Gesicht war oval geformt und geprägt von hohen Wangenknochen und warmen, schwarzen mandelförmigen Augen. Ihr Mund war sehr schön geformt mit sensuellen, Botox verdächtigen, vielleicht ein bisschen zu dicken Lippen. Sie war nicht unbedingt hübsch, aber angenehm und sehr sympathisch und freundlich in ihrer Erscheinung. Ihre Mutter war Kolumbianerin und hatte sich in einen Franzosen verliebt, der sie nach Paris brachte und sie danach, als er erfuhr, dass sie schwanger geworden war, verließ. Ihre Mutter kam aus einfachen Familienverhältnissen, hatte keinen Schulabschluss und konnte erst einmal in Paris nur putzen gehen, um für sie und ihre Babytochter zu sorgen. So lebten sie jahrelang. Die Mutter sparte Geld, wo und wann auch immer sie konnte, damit sie und ihre Tochter einmal im Jahr oder alle zwei Jahre zurück nach Bogota fliegen konnten, um die Familie zu besuchen. Die Mutter war Kellys ein und alles. Sie war die Heldin, die sich für Kelly opferte, um ihr eine bessere Zukunft bieten zu können. Kelly hatte vor kurzem die Schule beendet und ihr Bakkalaureat bestanden. Sie verriet mir aber, dass sie ein riesiges Problem hatte. Sie machte erste Erfahrungen mit der Sexualität und stellte fest, dass sie lesbisch war. Es gab aber nichts in der Welt, was sie hätte bewegen können, ihrer Mutter so etwas zu gestehen. Die strenge Auffassung der in Kolumbien praktizierten katholischen Religion duldete so etwas nicht. Die ganze Kraft der Mutter, die sie für das Leben in Paris, für die Fürsorge, für ihre Tochter, über die Jahre hinaus brauchte, weit weg von ihrer Familie, entstammte nur aus ihrem Glauben. Es wäre ein schwerer Schlag für ihre Mutter zu erfahren, dass ihre Tochter lesbisch sei, sagte Kelly. Sie war auf die Idee gekommen, den Camino Frances zu machen, in der Hoffnung, ein bisschen Licht in ihrer hoffnungslosen Situation zu finden.

Ich konnte mir vorstellen, wie tief ihre Schmerzen waren, was für ein schweres Herz sie hatte und was für einen Mut sie aufbringen musste, um mir die ganze Geschichte zu erzählen. Ich war für sie offensichtlich eine Person, der sie vertrauen konnte, ein Priester, ein weiser Mann, ein mutiger Pilger, der bestimmt vieles gesehen und erfahren hatte. Die ganze Unterhaltung dauerte in etwa eine Stunde. Ich war am Anfang wie versteinert und konnte keine Worte finden. Dann kam ich wieder zu mir und bestellte mir erstmal noch ein Bier. Ich bat den Wirt, mir mehr Paco de Lucia zu spielen und dann sagte ich Kelly, dass ich nicht viel dazu zu sagen habe, aber ich würde mich freuen, wenn wir die nächsten Tage ab und zu zusammen laufen würden und uns unterhalten könnten. Sie war ganz glücklich mit der Idee, bedankte sich herzlich für das Zuhören, und dann verabschiedete sie sich. Aber bevor sie weg ging, fragte sie mich, ob ich noch ein wenig da bleibe. Ich sagte ja, ich bestellte mir ja gerade ein Bier, und obwohl ich noch keine Unterkunft hatte, fand ich den Nachmittag mit Paco de Lucia und die Sicht auf die Kirche mir gegenüber ganz toll und genoss die Zeit. Kelly fragte mich dann, ob ich ihre Freundin auch kennenlernen möchte, weil sie gerne auch mit mir reden möchte. Ich hätte über die ganze Situation lachen können, aber ich spürte, wie wichtig es für Kelly war, und ich nickte ihr nur zu.

Zehn Minuten danach kam ein pfiffiges Mädel, Nadja, und ich bat sie, mir gegenüber Platz zu nehmen, was sie auch gleich tat. Nadja war das Kind einer ausgewanderten tschechischen Familie, vielleicht Mitte zwanzig. Sie war ein hübsches blondes Mädchen, das auch in der einfachen und staubigen Pilgerkleidung gut aussah. Oder vielleicht genau deswegen. Sie hatte schöne blaue Augen, mit einer Stupsnase und einem runden Gesicht, und das Ganze sah vielleicht ein wenig zu puppenartig aus. Ihr Körper war gut geformt und sie war sich ihrer Anziehungskraft bewusst. Mein Eindruck war, dass sie außer Selbstbewusstsein auch ein bisschen Koketterie hatte. Sie war genauso neugierig wie Kelly zu erfahren, wie ich war und warum ich war, wie ich war.

Ich bestellte ihr eine Cola, erzählte ihr nur eine Kurzfassung meiner Pilgerreise und sagte ihr, sie könne von Kelly mehr erfahren, und wenn wir Glück haben, könnten wir noch am nächsten Morgen zusammen laufen. Dann könnte man lockerer und leichter über die Dinge reden, weil die Worte nicht in einem Raum bleiben würden, um die Atmosphäre zu belasten, sondern frei und leicht wie vom Winde weggeblasen werden würden ... aber es wäre nett, wenn sie mir etwas über sich erzählen würde. Und dann legte Nadja los. Ihre Eltern waren vor der „Wende" nach Deutschland geflohen, ihr Vater hatte Landwirtschaft studiert und die Mutter hatte als Sekretärin bei einer Baufirma in Pilsen gearbeitet, zwei Berufe, mit denen sie keine großen Chancen für einen Arbeitsplatz in Deutschland hatten. Sie waren also nicht in Deutschland geblieben, sondern nach ein paar Monaten nach Frankreich weitergereist, wo ein Onkel (der Cousin ihres Vaters) wohnte, und eine Stelle für ihren Vater in Saint-Étienne, in der Nähe von Lyon, gefunden hätte. Dort hatte sich der Vater als Förster weitergebildet und dann bei einem privaten Landbesitzer, der mehrere Waldgrundstücke hatte, gearbeitet. Er hatte seine kleine Firma gegründet und seine Frau hatte die ganzen Büroarbeiten erledigt, Rechnungswesen, Abwicklung, Zahlungsverkehr, solche Sachen. Nadja war ein paar Jahre später auf die Welt gekommen und war dort aufgewachsen. Die ersten Jahre waren schön und sie hatte wunderbare Erinnerungen an ihr Haus am Rande der Stadt, mit den Kaninchen, den zwei Kirschbäumen und dem Gemüsegarten, mit den Kindern, mit denen sie auf den Feldern gespielt hatte. Dann waren sie umgezogen, weil Nadja aufs Gymnasium musste und es in der Gegend, wo sie wohnten, kein oder kein gutes Gymnasium gab. Die Trennung von den Kumpeln und Kirschbäumen fiel ihr schwer, aber alles ging schnell vorbei, als sie neue Freunde in der Schule fand. Und hier fingen langsam die Schwierigkeiten an. Normale Schwierigkeiten, würde ich sagen, aber für Nadja war es nicht so. Sie hatte keinen Bezug zu Tschechien und sie war dort nur ein oder zwei Mal als Kleinkind zu Besuch gewesen. Sie war eine kleine Französin und hatte französisch gelebt und gespürt. Ihre Eltern hatten in der Vergangenheit gelebt und ständig nur tschechische Zeitungen gelesen, miteinander und mit ihr tschechisch gesprochen und sich entweder geweigert oder sich einfach nicht integrieren können. Nadja verstand zwar Tschechisch, antwortete aber immer auf Französisch. Und als Nadja in die Oberschule kam, hatte sie langsam die Bindungen mit Ihren Eltern verloren. Sie hatten weder Interesse gezeigt, vielleicht verstanden sie auch nicht die Probleme und Sorgen, die Nadja in der Schule hatte, und konnten ihr nicht helfen. Sie wollte ihre Eltern lieben und stolz auf sie sein, aber sie schaffte es nicht. Sie war und würde eine Emigrantentochter bleiben und das passte ihr nicht. Sie geriet mehr und mehr in die Rolle eines Rebellen. Sie ließ sich tättowieren, sie rauchte, hatte Nasenringe und trug nur schwarze Klamotten. Sie beendete die Schule zwar, aber wollte nicht studieren und fing an, hier und da zu jobben. Sie war ein Jahr auf einer Asienreise und probierte alles Mögliche aus, aber das Gefühl der Entfremdung ihrer Eltern und die Scham dafür verließen sie nicht. Und so entschloss sie sich, den Camino zu laufen, um zu verstehen, was mit ihr los war und wie alles weitergehen sollte.

Wie ich schon sagte, dieser Camino ist ein Sanatorium der Psychiatrie in Bewegung!

Ich wusste wieder nicht, was ich sagen sollte. Ich konnte ihr in dem Moment nicht sagen, dass ich auch ein Emigrant war und den Blickwinkel der Eltern gut verstehen konnte, auch wenn ich es nicht billigte. Ich sagte ihr nur, dass ich mich geehrt fühlte, dass sie ihre Geschichte und Gefühle mit mir geteilt hatte hat und dass ich mir gerne wünschte, mehr mit ihr zu laufen und von ihr zu erfahren.

Dann war es an der Zeit, mir eine Bleibe für die Nacht zu suchen, was allerdings nicht schwer war. Es gab eine Albergue ein paar hundert Metern weiter, wo ich auch ein Bett für mich fand und wo auch Nadja und Kelly übernachteten.

Am nächsten Morgen war ich wieder der Letzte, der aufstand, und das Erste, was ich machte, war, mein Mobiltelefon zu orten. Alles war okay, alles gepackt, mein Pilgerstempel geholt und weg war ich. Mein Kopf war leicht, das Wetter war schön und kühl, es kam wahrscheinlich Regen auf uns zu. Mein Kopf war leicht, aber nichtsdestotrotz voll von Geschichten von Nadja und Kelly, aber auch von meinen eigenen Geschichten. Die nächste Etappe war ein bisschen kürzer, bis „Terradillos de los

Templarios“, einem kleinen Dorf mit nur 80 Einwohnern. Ich lief allein, ich weiß es nicht, wo die Mädels waren und welchen Weg sie nahmen, aber sie übernachteten bestimmt nicht in Terradillos de los Templarios. Der Weg bis ins Dorf war ohne besondere Ereignisse gelaufen, es war halt ein Arbeitstag. Es war Ende August und ich fand überraschenderweise einen Nussbaum am Rand des Pilgerwegs, der ziemlich schöne, große Nüsse hatte, und vielleicht hatten sie schon die Essbarkeitsphase erreicht. Das erinnerte mich wieder an meine Kindheit und an meine Jungenbande …

Okay, hier eine Herausforderung: Sie müssen eine Nuss finden. Idealerweise in der ersten oder zweiten Septemberwoche. Die Nuss muss mit einer grünen Schale bedeckt sein.

Sie versuchen dann, diese Schale zu brechen. Wenn sie leicht kaputtgeht, ist es vielleicht zu spät, aber Sie könnten vielleicht doch Glück haben. Wenn dies nicht der Fall ist, müssen Sie sich die Hände schmutzig machen und versuchen, die Schale mit einem Messer oder einem scharfen Gegenstand zu schneiden. Sobald Sie fertig sind, sollten Sie eine kurze Pause machen und sich die Nuss anschauen.

Dieser Vorgang hat natürlich einen Nachteil, da Sie sich die Hände schmutzig und fleckig machen werden und sie nicht einfach wieder reinigen können. Aus der grünen Schale tritt eine Flüssigkeit aus, die so durchdringend ist und sehr widerstandsfähig gegen fast alle Reinigungsmittel oder altmodische Reinigungsmethoden. Sie müssen also einen Bimsstein verwenden und Ihre Hand reiben, bis eine sehr dünne Hautschicht und auch die Flecken verschwunden sind. Es ist ein wenig schmerzhaft, aber, hey, niemand sagte, es wäre einfach. Natürlich können Sie das auch später machen, wenn Sie schon satt sind vom Nüsse essen sind.

Jetzt kommt der schwierige Teil. Sie müssen die Mutterschale brechen. Dies ist nicht einfach, da sie nicht wie erwartet bricht. Das liegt daran, dass die Schale jung ist und noch keine Verhaltensmuster entwickelt hat, wie wir es alle tun, so dass sie mehr oder weniger zufällig bricht. Dies ist nicht ideal, da das Ziel darin besteht, das Herz der Nuss aus ihrer Schutzschicht so intakt wie möglich zu bekommen. Je stärker Sie mit einem harten Gegenstand – Stein, Hammer – auf die Nuss schlagen, desto größer ist die Wahrscheinlichkeit, dass Sie den Nusskern brechen. Es sei denn, Sie haben einen Nussknacker – aber erstens gehört ein Nussknacker nicht zum Standardpaket eines Pilgers oder Wanderers – und zweitens nimmt er Ihnen den Spaß, das Geheimnis und die Vorfreude des Unterfangens ...

Wenn Sie also mit vielen kleinen und gefühlsmäßigen Schlägen auf die Schale hauen, können Sie die Schale doch in kleine Stücke zerbrechen, die Sie dann vorsichtig verschieben, sodass Sie Teile des Herzens der Nuss freibekommen können.

Das Herz der Nuss sollte von einer weißen, leicht gelblichen Schale und nicht von einer gelblichen, bräunlichen Schale bedeckt sein. Wenn die Schale bräunlich ist, ist es zu spät. Sie können die Nuss immer noch essen, aber es wird eine im Geschmack durchschnittliche frische Nuss sein und nichts weiter.

Nun beginnt der heikle Teil. Es erfordert Geschicklichkeit, Geduld und Entschlossenheit. Sie müssen die weiße gelbliche Schale so abziehen, dass das Herze der Nuss nicht gebrochen wird. Jeder Teil des Herzens muss sorgfältig abgezogen werden. Sobald Sie damit fertig sind, müssen Sie tief durchatmen, sich einen Moment entspannen und über den gesamten Prozess nachdenken, den Sie durchgelaufen haben, und sich konzentrieren, auf sie, die Nuss, schließlich den Nussbaum, aber nichts weiter. Es ist alles, worum es geht, Sie, die Nuss und der Nussbaum.

Dann schließen Sie die Augen, schließen die Ohren und stecken gleichzeitig ein ganzes Herz in den Mund und beginnen zu kauen. Was passiert, kann nicht beschrieben werden.

Es gibt keine Worte dafür.

Ich kann das Wort „wie“ nicht verwenden, da es zur Facebook-Generation gehört und eine andere Bedeutung entwickelt hat. Ich kann nicht „es erinnert mich an“ verwenden, da dies sich auf meine Erinnerungen, meine lieben Erinnerungen bezieht (die nur meine Erinnerungen sind und vielleicht auch Erinnerungen meiner Jungenbande, mit der ich in meiner Kindheit die Nüsse vom Nussbaum gestohlen habe), und ich werde diese Erinnerungen für mich behalten.

Es ist wahr, dass die Menschheit ein Wort namens Himmel erfunden hat, mit der Bedeutung von etwas Perfektem, Schönem und Ewigem.

So etwas gibt es nicht.

Aber wenn der Himmel existieren würde, würde er definitiv so schmecken.

Dann rief mich meine Tochter an und teilte mir mit, dass ihre Oma gestorben sei, was wir alle seit einer Woche oder so erwarteten. Ich musste den ganzen Abend an sie denken. Was für eine Frau sie gewesen war, wie armselig und seelisch arm sie gewesen sein musste. Eifersüchtig auf ihre eigene Tochter zu sein und sie mit Liebesentzug zu bestrafen. Und was für eine wunderbare Oma sie gewesen war, die Kinder zu verwöhnen und sie zu umsorgen all die Jahre. Mit diesen Gedanken schlief ich ein.

Am nächsten Morgen beschloss ich, meine Kinder bei der Beerdigung nicht allein zu lassen. Was für ein schwieriges Jahr für sie. Stefana verlor Mutter und Großmutter innerhalb von sechs Monaten, Joachim noch seine leibliche Mutter dazu. Das war absolut traumatisch und destabilisierend. Ich musste für zwei Tage dorthin fliegen. Das war auch für meine Beine gut, da ich wieder Schmerzen in meinem linken Bein hatte und eine Pause bestimmt geholfen hätte. Jetzt, da ich einen Plan hatte, konnte ich wieder anfangen zu laufen. Der Regen, der sich gestern irgendwie durch Wolken und kühle Luft gemeldet hatte, kam heute Nacht, aber jetzt hörte es wieder auf und es war frisch und nass, perfektes Wetter fürs Pilgern. Ich lief also fleißig ein paar Stunden und es waren natürlich diese unendliche und mittlerweile bekannte Weite der kargen Landschaft und die alten, mit Lehm gebauten Hütten der Dörfer, die alle rötlich und spärlich bemalt waren, die mich seit zwei Wochen begleiteten und mich jedes Mal in diese Trance der Erinnerungen versetzten. Ich hielt irgendwo auf einer Bank an einer Pilgerraststätte auf einem Feldweg an und versuchte mir vorzustellen, wie diese Landschaft den Charakter und die Seele der Menschen in dieser Gegend beeinflusste. Wird man ruhig, ausgeglichen und weise? Wird man faul, lakonisch und energielos? Oder wird man hart, kraftvoll, mit Ausdauer und Zielstrebigkeit? Schwer zu sagen. Ich kannte keine spanischen Persönlichkeiten, die in Kastilien und León geboren wurden. Vielleicht nur Rodrigo Díaz de Vivar, bekannt als El Cid, der irgendwie Krieger wurde und für und gegen die Mauren gekämpft hatte. Na ja, es war ein Thema, das ich ein anderes Mal vertiefen wollte, dachte ich, während ich meine üblichen Tomaten mit Schafskäse und dazu Knoblauch und scharfe Salami, zusammengesetzt in den berühmten Bocattino, aß. Ich dachte mir, dass es vielleicht unmöglich gewesen wäre, eine Liebe für die Natur so zu entwickeln, dass man in dieser Gegend Musik wie die „Pastorale" Symphonie von Beethoven oder die „Vier Jahreszeiten" von Vivaldi komponieren könnte. Okay, nicht komponieren, aber würde jemand, der hier geboren wurde und gelebt hatte, so eine Musik mögen? Würde er sie nicht als „Schnulze" empfinden? Inwieweit prägt uns und trägt die Zeit, der Ort und die Kultur, wo wir geboren worden sind und wo wir unsere Kindheit und vielleicht Jugendzeit erlebt haben, dazu bei, unsere Persönlichkeit zu gestalten

Na ja, als ich weiterlief, traf ich nach einer Stunde oder so Kelly und Nadja, die in einer Gruppe mit anderen Jungs und sichtlich gut gelaunt waren. Ich begrüßte sie und lief weiter und vermutete, dass, wenn sie weiter mit mir laufen wollten, sie es mir auch sagen würden. Aber es war nicht der Fall und ich lief glücklich und ruhig weiter. Ich entschied mich dann, in „Bercianos del Real Camino" zu übernachten, ein Dorf mit nur 200 Seelen und dabei zwei Alberguen, zwei Hotels und keiner Kirche – die alte Kirche war am Ende des Jahrtausends zusammengebrochen. Also kein Pilgerstempel.

Am nächsten Tag war fünfzehnter August – der Tag der Heiligen Maria – einer der größten religiösen Feiertage in der Katholischen Kirche und insbesondere in Spanien – und ich machte mich auf den Weg nach León, wieder eine Großstadt, die vielleicht als Abwechslung nach den vielen kleinen Dörfern nicht schlecht war. Ich kaufte mir Proviant im Supermarkt, Bercianos del Real Camino hatte auch einen Supermarkt, und dann ging ich los, es waren circa 40 Kilometer zu bewältigen. Zum Glück war das Wetter relativ gut, es war noch früh (sieben Uhr) und frisch, die Luft war erträglich und es war noch keine Hitze da. Ich lief wieder lange durch diese spanische Steppe, die so zu Gedanken einlud, und ich dachte an meine Schwiegermutter, an ihre Geschichten, an ihre Ängste, alleine zu sein, an ihren unerträglichen Schmerz, einen Sohn im Alter von zweiundzwanzig Jahre zu verlieren, und letztendlich an ihre lebenslange Rache an Martina, weil sie Martina für die Hauptschuldige an dem Tod ihres Sohnes hielt. Es war durchaus möglich, dass Martinas Krankheit durch das ständige Schuldgefühl, was ihre Mutter ihr eingeimpft hatte und gegen das sie sich nicht wehren konnte, und durch über die Jahre verweigerte Mutterliebe entstanden war. Aber jetzt brachte so eine Erkenntnis gar nichts, und meine Meinung war nur eine Überlegung, die ich nur meinen Kindern mitgeteilt hatte. Jetzt war Martina tot und ihre Mutter war auch gestorben und ich musste meine Familie schützen, schätzen und lieben, mehr konnte ich nicht machen. Die Toten mit den Toten und die Lebenden mit den Lebenden, so ist es nun mal.

Ich lief weiter durch Dörfer, die alle geschmückt waren, und es lag so eine Vorspannung in der Luft für die Feierlichkeiten, die am Abend laufen sollten. Ich machte meine Mittagspause in einem Dorf namens Reliegos, wo ich auch die Bedeutung des Wortes Bodega verstand. Also eine Art Lager- oder Kellergewölbe. Die meisten ländlichen Häuser waren aus Bruchsteinen, Fachwerk oder Lehm gebaut und hatten keinen Vorratskeller; erst im Laufe der Zeit wurden diese meist separat und in Abhängigkeit von den jeweiligen Landschafts- und Bodenverhältnissen ausgeschachtet bzw. in den natürlichen Felsen gemeißelt, wobei der Eingang oft halb oberirdisch gemauert und mit Steinen und einer dicken Erdschicht bedeckt war. Um einen Temperaturanstieg und den Einflug von Vögeln, Fledermäusen sowie Insekten vermeiden zu können und eine gewisse Luftfeuchtigkeit zu gewährleisten, wurde gänzlich auf Fenster verzichtet – die Beleuchtung erfolgte durch Fackeln oder Kerzen. In derartigen historischländlichen Kellergewölben konnten sowohl Lebensmittel wie Schinken, Würste, Oliven als auch Weinfässer kühl und vor Schädlingen (Mäuse, Insekten etc.) und Fäulnispilzen geschützt gelagert werden. Die kühlen Temperaturen in diesen Kellern hatten zur Folge, dass man sich – vor allem im Sommer – bis in die späten Abendstunden hinein gerne hier aufhielt und im Kreis der Familie gemeinsam aß und trank. Manchmal wurden auch Verwandte oder Nachbarn eingeladen, die sich mit mitgebrachten Speisen und Getränken am abendlichen Mahl bzw. Umtrunk beteiligten. So weit die Geschichte der heutigen Weinkeller oder Weinausschänke. Ich lief durch Mantilla de las Mulas, Puente Vilarente und andere Dörfer und endlich, erschöpft und todmüde, erreichte ich León. Ich konnte kaum noch laufen, ich war neun Stunden unterwegs, sodass ich mich auf einer Terrasse hinsetzte, ein Bier bestellte und einen Eimer Eis, und dann ruhig wieder ins Leben kam, mein Bier trank, meine Waden mit einem voll mit Eis gepackten T-Shirt bandagierte und die Leute auf der Straße beobachtete. Meine Waden taten mir mehr und mehr weh, heute hatte ich es ein wenig mit meinen neun Stunden Laufen übertrieben und diese verrückte Tendinitis grüßte mich. Ich musste noch vier Tage schaffen, dann hatte ich eine zwei Tage Pause einzulegen geplant, wegen der Beerdigung meiner Schwiegermutter, und ich hoffte, das wäre Zeit genug, um die Wadenmuskeln zu entspannen.

Die Feierlichkeiten der Santa Maria waren voll im Gange in Leon, die Stadt war nicht wiederzuerkennen, geschmückt, sauber und freundlich, die Leute sangen auf der Straße und umarmten sich in den Kneipen, als wäre ein Weltkrieg gerade beendet oder Barcelona hätte gerade die Fußballmeisterschaft gewonnen. Es waren so viele kleine Kneipen, voll mit Menschen, es erinnerte mich stark an London. Und es war unmöglich, sich nicht von dieser Energie, Freude und Lachen anstecken zu lassen. Ich fand eine Albergue, ließ meine Sachen da und ging zurück auf die Straßen und Gassen, plauderte, trank mit den Leuten, einfach so. Ich besichtigte auch die berühmte gotische Kathedrale de León und Basilika San Isidoro zu einem Punkt, an dem ich noch munter und nüchtern war. Ich kam irgendwann um Mitternacht zurück in die Albergue und schlief wie ein Baby nach einem guten Essen ein. Die Fiesta und der Lärm gingen weiter, bis vier oder fünf Uhr in der Früh, aber ich bekam gar nichts mehr davon mit.

Am nächsten Tag hatte ich einen dicken Kopf und konnte am Anfang überhaupt nicht wach werden. Nach einem doppelten Espresso und einem Bocattino war die Welt wieder in Ordnung. Ich lief wieder ganz gut durch diese spanische Steppe, die sich ab und zu und zu meiner Zufriedenheit mit einem kleinen Hügel dekorierte, so dass die Landschaft ein Stück ihrer Langeweile verlor. Es war wieder Hitze und voller Staub mit unzähligen, hartnäckigen und seelisch und moralisch verletzten und orientierungslosen und gedankenlosen Pilgern. So wie mir.

Ich übernachtete an einem Ort, der Hospital de Orbigo hieß, aber es war nichts Besonderes zu berichten, nur dass ich auf der Straße einen spanischen Priester traf, mit dem ich mich ein bisschen auf Französisch unterhielt und von dem ich einen gewissen Segen bekam, was mir allerdings ein bisschen spanisch vorkam. Ich verbrachte die Nacht irgendwo in einem Garten und schlief im Freien auf meiner Isomatte. Es war ein wunderbarer kristallklarer Himmel, mit einem Feld von Millionen und Abermillionen von Sternen, ich näherte mich offensichtlich Santiago de Compostela an. Nächste Etappe war bis Astorga, eine kleinere Etappe, vielleicht nur drei Stunden Lauf oder so, und es war wieder besser, weil meine Gedanken kamen und ich dann beschäftigt war und gut laufen konnte, ohne Angst zu haben, dass ich zu lange laufe und meine Waden strapaziere. Es zeigte sich wieder, dass meine Reise bald ein Ende haben würde, es blieben nur „drei hundert Kilometer“ und eine gewisse Angst kam wieder hoch. Dieser Camino war zum Teil Martinas Camino und wenn ich ihn hinter mir haben würde, würde es eine Art von Abschluss sein oder zumindest ein Teilabschluss, weil der Camino eben enden würde. Die Angst kam daher, dass ich nicht wusste, ob dieser Abschluss auch ein Abschied von Martina sein und ob sie mich dann weiter im Leben begleiten und beschützen würde. Wenn es sich logistisch und von der Energie her machen ließe, würde ich gerne den Weg zurücklaufen, von Santiago nach Berlin, also Camino „Reverse“, Camino „Decomposed“, denn solange ich auf dem Camino war, würde Martina mich beschützen. Aber fünf Monate noch bis Januar zurückzulaufen, also Wintermonate, Schnee, Alpen im Schnee überqueren, Weihnachten, Geburtstag auf dem Weg, wäre harter Tobak. Noch mehr, meine Schmerzen im linken Bein wurden stärker und stärker, in den Waden und Knöcheln. Das war bestimmt der Anfang der befürchteten Tendinitis und ich musste schon irgendwie was machen, hauptsächlich eine Weile ausruhen. Es war noch abzuwarten, was der Weg mir sagen würde, also liefen meine Gedanken fort. Was hatte ich erreicht mit diesem Pilgerweg? Was hatte ich gelernt? Was hatte der Weg mir gezeigt? Fragen über Fragen. Na ja, es ist eine Art allein zu sein, eine Art, zusammen allein zu sein.

Es bildete sich über Tage und Monate eine Gemeinschaft, eine Zusammengehörigkeit, und irgendwie zählte ich mich doch dazu, weil ich einen unheimlichen Respekt vor den Pilgern und Wanderern bekam, obwohl ich am Abend und auch während des Tages das Alleinsein suchte und meistens nicht mit der Gruppe Pilger lief oder kein gemeinsames Abendessen hatte. Die anderen Pilger bewunderten meine Leistung, meine Ausdauer, Zähigkeit und mein Aussehen, aber am meisten, wie ich mit ihnen sprach, was ich auszusagen hatte oder wie ich zu schweigen und wann ich zu schweigen wusste. Ab und zu hatte ich auch schöne Gespräche mit dem einen oder anderen Pilger, aber oft betrachteten sie mich als „weisen“ Mann, als eine Art Seelendoktor, weil sie oft dieses Bedürfnis hatten, mir ihre persönlichen und intimen Probleme mitzuteilen, wissend, oder vielleicht nur in der Hoffnung, dass ich sie verstehe. Natürlich hatte ich meistens keine Antworten zu deren Sorgen, aber deren Vertrauen, mir alles zu erzählen, war ehrenhaft, wenn auch für mich teilweise sehr belastend, weil ich wusste, dass sie vielleicht auch Antworten oder Lösungen von mir erwarteten, und ich hatte keine Lösungen. Ich wusste aber, dass das Teilen einem die Schmerzen lindert, und ich war ein sehr guter, aufmerksamer und ruhiger Zuhörer. Das Einzige, was ich versuchte, war, die Unterhaltung in eine Richtung zu lenken, wo es kein Recht und Unrecht geben kann, kein schuldig und unschuldig, nur die Zeit und den Weg zu genießen und nach vorne zu schauen.

Obwohl ich in einer gewissen Weise eine Sonderstellung in dieser Gemeinschaft der Pilger hatte – eine Stellung, die ich eigentlich fast immer in meinen Leben hatte, mit kaum einer diesbezüglichen Anstrengung meinerseits – für den Camino sind alle Menschen echt gleich. Das ist eine wunderbare Erkenntnis. Es ist OK, normal zu sein, sagt uns der Weg (ich hatte oft den Kindern gepredigt, dass es OK sei, anders zu sein, aber das ist eine andere Geschichte und steht auf einem anderen Blatt, für später). Letztendlich sind für den Camino alle Menschen normal, egal, wie sie sind. Ich traf Menschen auf dem Weg, die mich massiv nervten, manchmal Menschen mit einer so negativen Aura, dass ich nicht wusste, wie schnell ich mich davon entfernen wollte. Für den Camino sind aber alle Menschen gleich.

Ich genoss es so sehr, allein zu sein, die Gedanken laufen zu lassen und dann zu hören, was sie sagten. Allein zu sein, ist auch normal. Vielleicht sind wir alle irgendwo, ohne es zu wissen, allein, aber normal allein.

Die Sucht des Camino ist die uneingeschränkte Freiheit, die Freiheit der Natur, wo es keine gesellschaftlichen Regeln oder Gepflogenheiten gibt. Es gibt keine Regel auf dem Camino. Die einzige Regel ist „niemand überholt mich“. Spaß beiseite, die einzige Regel auf dem Camino ist, keine Regel zu haben. Man isst, wann man Hunger hat, man trinkt, wann man Durst hat, man wacht auf, wenn man aufwacht und man läuft, wenn man Lust dazu hat. Die Sucht ist, dass man außerhalb der Gesellschaft lebt, man wird nicht seelisch, geistig, moralisch oder geopolitisch manipuliert, man „muss“ nicht Sachen machen, es gibt nicht „man tut das nicht“. Es gibt keine Zwänge und man muss kein Bild seines Seins für die Gesellschaft pflegen. Wie jemand mal sagte, bestimmt ein Pilger:

Ich habe vom Wasser gelernt.
Ich habe von der Sonne gelernt.
Versäume keinen einzigen dieser wunderbaren Momente,
die der Weg dir bietet, um zu wachsen.

Was noch?

Der Weg zeigte mir auch, dass mein Techtelmechtel mit Ana sich sehr wahrscheinlich nicht in eine leidenschaftliche Beziehung der Verliebtheit umwandeln würde, denn unsere Welten und Weltanschauungen waren zu unterschiedlich.

Aber wie mein Leben weiter gehen sollte, hatte ich noch nicht erfahren.

Ich wünschte mir so gerne, dass mein Bruder, Gabriel, bei mir wäre, und dass wir einige Tage zusammen laufen würden. Ich war mir sicher, dass alle Spannungen, die zwischen uns über die Jahre gewachsen waren, einfach durch gemeinsames Schweigen und Laufen weggefegt werden könnten. Er war die einzige Person, die mich schließlich seit meiner Geburt kannte. Aber er spürte es nicht so, und so eine magische Umwandlung und

Reinigung der Gefühle und ein liebevolles Verständnis für unser Anderssein konnte nur dann entstehen, wenn das Bedürfnis dazu spontan entsteht. Das war ein trauriger Schatten meiner Pilgerreise geblieben.

Und so langsam erreichte ich Astorga, mit etwa 10.000 Einwohnern, Bischofssitz des Bistums Astorga, eine der größten Diözesen Spaniens. Eine sehr schöne Stadt, mit weniger Touristen und Pilgern, obwohl sie einen wunderbaren Marktplatz hatte, mit einem atemberaubenden, neogotischen Bischofspalast, entworfen und bebaut von dem nicht weniger berühmten Antoni Gaudi, der durch einen glücklichen und sinnvollen Fall auch das Museum der Camino beherbergte. Die Kathedrale Santa Maria von Astorga, die in einem Rechtswinkel mit dem Bischofspalast liegt, wurde im XV. Jahrhundert gebaut und roch auch danach und fühlte sich auch so an. Ein architektonisches Meisterwerk, wo ich auch meinen Pilgerstempel gleich holte.

Am Abend war ich allein, trank mein Bier und versuchte, meine Wadenschmerzen im linken Bein mit einem Eisbeutel zu lindern. Ich hatte den ganzen Tag Schmerzen, aber ich musste noch zwei Tage bis Ponferrada durchhalten, wo ich für zwei Tage eine Pause einlegen wollte und nach Neesbach, in Deutschland, zu der Beerdigung meiner Schwiegermutter fliegen wollte, um meinen Kindern beizustehen.

Am nächsten Morgen ging es weiter, nach El Acebo de San Miguel. Ich kaufte mir Proviant, aber da es wieder eine sehr lange Etappe war – ca. 40 Kilometer – freute ich mich schon auf die Bocadillos, die ich hoffentlich irgendwo auf dem Weg, auf einer schönen Terrasse, in einem kleinen Dorf, essen würde. Der linke Fuß tat mir im Moment nicht weh, der Tag war jung und die Sonne schien schon gnadenlos, obwohl es sehr früh war. Die Landschaft war schon ein bisschen hügelig, aber es gab kaum Bäume und kaum Schatten. Es war wieder eine Pflichtetappe, schwer zu laufen, aber der Gedanke, dass es weniger und weniger Kilometer bis Santiago wurden, war höchst motivierend. Ich lief bis Rabanal del Camino, das angeblich höchst gelegene Dorf auf dem spanischen Teil des Caminos, bei etwa 1.400 Metern, der direkt vor dem Übergang über den Monte Irago liegt. Ein nettes Örtchen mit ein paar von Pilgern gut gefüllten Kneipen, wo ich mein Spätfrühstück zu mir nahm und meinen Durst mit einem Liter Wasser stillte. Nach einer kurzen Pause lief ich weiter nach Foncebadón, wo ich unbedingt die berühmte Cruz de Ferro besuchen wollte. Was für eine touristische Enttäuschung!! Das Kreuz steht auf dem höchsten Punkt des spanischen Jakobswegs am Monte Irago auf 1.500 Metern – also höher gelegen als das Dorf Rabanal del Camino. Der Steinhaufen, auf dem das Kreuz stand, wurde von Pilgern stetig vergrößert. Ein Brauch hatte sich angeblich jedoch bis heute unter den Pilgern gehalten: Das Ablegen eines mitgebrachten Steins symbolisiert die Sünden, die man hinter sich lässt. Einige Pilger hinterlassen gar persönliche Gegenstände und Briefe an der Stelle. Aber es ist wie Disneyland in Paris: schmutzig, mit Bussen, die dort mit Hunderten von Touristen ankommen, mit Pilgern, die sich gegenseitig mit Steinen bewerfen, keine Pietät, keine in sich kehrenden Gedanken, einfach eine Schande. Nichts wie weg von diesem Kreuz. Gott sei Dank war es nicht mehr weit bis El Acebo. Der Ort ist ein winziges Dorf in einer begnadeten Lage auf einem Hügel, mit einer wunderbaren Sicht über die Provinz Leon und mit vielleicht nur 30 Schornsteinen, wenn nicht weniger. Nur ein paar Gassen, ein winziger Marktplatz, zwei Herbergen, eine Kirche und ein Café. Aber alles so putzig, fein, gepflegt und mit einem Auge auf die Schönheit fürs Detail. Ich übernachtete in einer Herberge, „Albergue parochial“, zusammen mit anderen Pilgern. Wir kochten und aßen zusammen, ich mit meiner distanzierten, schüchternen und vielleicht ablehnenden Haltung, die im Laufe des Abends einfach verschwand. Wir waren vielleicht zehn oder zwölf Pilger, aus Italien, Frankreich, Ungarn und offensichtlich Deutschland.

Nach dem Essen unterhielten wir uns ein wenig und dann wurde ich gebeten, ein bisschen zu erzählen. Ich wollte witzig sein und sagte, dass wir nicht genug Wein haben, um zu erzählen. Da sind zwei Jungs aufgestanden und gingen gleich in die nächste Kneipe und kamen mit fünf Flaschen Wein zurück. Die waren fast alle so jung und neugierig und wollten ein bisschen mehr von den Erfahrungen dieses alten, verrückt aussehenden, sehr zurückhaltenden und anscheinend weisen Pilgers. Als sie hörten, dass ich in Berlin meine Pilgerreise angefangen und über 3.000 Kilometer auf dem Buckel hatte, war das Erstaunen in ihren Gesichtern offensichtlich sehr groß und es wurde auf einmal still. Man hörte nur das Geräusch des Weins, der ab und zu in die Gläser floss, und natürlich meine Stimme. Ich weiß nicht mehr genau, was ich erzählte, aber die eine Frau war am Heulen und die anderen hatten Tränen in den Augen und ich wusste nicht, wo, wie und mit was ich sie getroffen hatte. Ich war vollkommen perplex. Ich erinnerte mich nur, dass ich mit meiner Seele erzählte und mit ihnen teilte – und ich konnte reden und reden und reden – wie der Camino uns für die Ewigkeit in einer unumkehrbaren Weise ändert, über unsere zunehmende gesellschaftliche Gefangenschaft und die bittersüße Einsamkeit des Pilgers, über die sich verlierende Bedeutung des Handwerks und des Glaubens, und so was. Sicherlich erzählte ich auch ein wenig über die unmöglich schwierige Lage der jungen Leute, die unterwegs auf dem Camino liefen und völlig durcheinander waren, weil der Weg in der Regel eine in etwa asoziale Geschichte erzählt, eine Geschichte der Demut, Wehmut, der Suche nach in uns liegender Wahrheit, vielleicht auch der Pietät und Ehrfurcht, wobei die jungen Leute, die am Anfang ihres selbstständigen Lebens waren, die Wege und die Antworten für den gesellschaftlichen Erfolg und die Anerkennung suchten. Es würde bitter für sie sein, zu erfahren, dass der Weg solche Antworten möglicherweise nicht hatte oder haben konnte. Vielleicht sprach ich auch über die geistige, mentale Revolution, die ich anstrebte, um die Gesellschaft zu fundamentalen Änderungen zu zwingen, Änderungen, die den Menschen und nicht den Profit als höchstes Gut und Mutter aller Dinge betrachteten. Auf jeden Fall war es spät in der Nacht, der Wein war alle, ich hatte all die Jungs so lieb, wir umarmten uns und gingen dann schlafen. Ich konnte aber nicht gleich einschlafen, ich war immer noch beeindruckt, sogar erschrocken, wie groß die Macht der Worte und Ideen sein kann und was für einen Effekt und welche Folgen ein gut erzähltes Märchen haben kann.

Am nächsten Tag wachte ich in einer guten Stimmung auf und zwei von den Jungs, die Italiener natürlich, wollten ein Foto mit mir machen und unbedingt in Kontakt bleiben und Adressen tauschen, was wir auch taten.

Dann ging es weiter nach Ponferrada. Ich wusste, dass ich nach dieser Etappe nach Ponferrada meine Füße ein bisschen würde schonen können, in der Hoffnung, dass es dann für die weitere Pilgerreise reichen würde. Ich wusste auch, dass ich die Kinder wiedersehen würde, also nur gute Sachen. Es war eine kurze Etappe, nur ca. 20 Kilometer, die ich in drei Stunden schnell erledigte. Dann verbrachte ich den Rest des Tages mit Fußpflege und allgemeiner Körperpflege, ich wusste, dass ich eine kuriose Erscheinung bei der Beerdigung abgeben würde, aber ich wollte irgendwie doch eine kuriose gepflegte Erscheinung sein.

Am nächsten Tag, früh morgens, nahm ich den Zug nach Santiago und dann den Flieger nach Frankfurt. Es war schon ein komisches Gefühl, eine Strecke, für die ich fünfeinhalb Monate gebraucht hatte, jetzt in zwei Stunden gemütlich mit dem Flugzeug zu schaffen. Zeit und Raum sind offensichtlich nur Kopferscheinungen.

Neesbach, das Dorf, wo meine Schwiegereltern die letzten Jahrzehnte gelebt haben, war ein Dorf, das man nicht unbedingt in Erinnerungen hält, es geschah nichts in diesem Dorf und es wird auch nichts geschehen, ein armes Dorf von ehemaligen Leibeigenen, das jetzt keine Leibeigene mehr hatte, jedoch arm und unbedeutend blieb. Kein Lebensmittelgeschäft, keine Bäckerei, kein Kindergarten. Noch nicht mal eine Kneipe. Es hatte eine Kirche, einen Friedhof und eine für Freiwillige gedachte Feuerwehrstelle. Mein Kumpel Hartmut holte mich vom Flughafen ab, verpasste mir einen schwarzen Anzug und ein weißes Hemd (seinen Hochzeitsanzug, der mir gerade noch passte) und dann waren wir im Geschäft.

Ich freute mich riesig, die Kinder zu sehen, meine Cousine Kathrin, Hartmut und seine Familie. Es war jedoch wie in einem Traum, alle diese Menschen um mich zu haben und gleich die Organisation der Zeremonie der Beerdigung zu planen, das gemeinsame Essen in einem Restaurant zu verantworten und die Testamentseröffnung und andere organisatorischen Sachen zu regeln. Es war mir viel zu viel, aber ich musste da durch. Ich war dort, aber es war keine ehrliche letzte Ehre, die ich ihr erweisen konnte. Es war keine Liebe zwischen mir und meiner Schwiegermutter gewesen, obwohl ich mich über Jahre und Jahrzehnte ihr gegenüber einwandfrei verhalten hatte und sie irgendwie überzeugen wollte, ihre sture

Abneigung gegenüber Martina, ihrer Tochter, doch abzulegen. Es gelang mir leider nicht.

Die zwei Tage, die ich dort in dem Haus meiner Schwiegereltern verbrachte, machten mich gleich wieder gesellschaftsmüde, mit allen Leuten, die Bestätigung suchten und wahrgenommen werden wollten, mit den üblichen und notwendigen Gepflogenheiten, die eine Beerdigung so mit sich bringt und mit den dunklen, grauen Wolken der Verstorbenen des Hauses, die seit langem und immer noch lange über das Haus bestimmen würden. Ich teilte meine Zeit zwischen Kindern und jeweiligen Verpflichtungen, wobei die Kinder ein wenig zu kurz kamen, aber ich wusste, dass ich in einer Woche oder so die beiden Kinder bei mir auf dem Weg nach Compostela haben würde. An dem Tag nach der Beerdigung musste ich alle notwendigen Gespräche mit dem Notar, Steuerberater und auch mit der Familie führen, hatte dann ein schönes Abendessen mit den Kindern, und gleich früh morgens an dem Tag danach reiste ich wieder zurück. Es war auf jeden Fall gut, dass meine beiden Beine wieder gut waren, ich hatte keine Schmerzen. Es schien doch wahr zu sein, dass die beste Therapie für eine sich anbahnende Tendinitis die einfache Ruhe ist. Therapie und „terre a pieds“, was für ein sprachlicher Klangzufall … die ganze Pilgerreise war eigentlich „terre a pieds“ und gleichwohl auch eine Therapie für mich.

Als ich im Flugzeug saß, kamen wieder Gedanken über Gedanken über mich und ich spürte wieder ganz stark Martinas Nähe.

Und das war der Anfang vom Ende. Sie flogen nach Lissabon und hatten ein paar schöne Tage zusammen, aber die Infektion besserte sich nicht, im Gegenteil, sie bekam Fieber und Mircea musste sie in Lissabon ins Krankenhaus bringen, da sie nicht nach Deutschland zurückfliegen konnte. Und zwei Tage später war sie tot. Ihre letzten Worte, die sie ihm sagte, waren mit einem Flüstern im Ohr – als sie nicht mehr laut sprechen konnte und er seinen Kopf zu ihrem Mund beugen musste: „Ich werde es schaffen.“ Das war's. Sie war gegangen als Kämpferin.

Die folgenden drei oder vier Wochen waren nur mechanische Arbeiten des Körpers und Gehirns, die Mircea erfüllen musste, darunter die wichtigsten, die Kinder und insbesondere Stefana zu trösten, die sich nicht verzeihen konnte, nicht anwesend gewesen zu sein, als ihre Mutter starb. Sie kam sofort aus London zurück, als Mircea sie danach gefragt hatte und er es ihr nicht am Telefon hatte sagen können, aber er konnte es ihr auch am Flughafen nicht sagen, als er sie vom Flughafen abgeholt hatte. Er erinnerte sich nur vage daran, dass sie sich irgendwann mitten auf dem Flughafen auf den Boden legten und Stefana schrie und schrie und die beiden schrien und weinten. Joachim unterbrach seine Ferien in Hawaii und kam mit dem nächsten Flug zurück.

Es war eine sehr familienintensive Zeit, die sie zusammen hatten. Sie hielten sich aneinander und beide Kinder hielten ihn und sich an ihm fest. Die Kinder taten alle pflichtbewussten Dinge und halfen ihm, mit all der Logistik und den Vorbereitungen für die Beerdigung fertigzuwerden. Und die Beerdigung war etwas sehr Warmes, Freundliches, Natürliches, Nachdenkliches, was an Martina erinnerte und in gewisser Weise doch etwas Besonderes war, so erzählten es ihm die Kinder später, denn für Mircea war alles irgendwie eine theatralische und surreale Sache, und er war nicht da, er war bei Martina und flog über die Berge und Täler. „Ich werde es schaffen“, hatte sie gesagt ... Sie war dort und sie hatte es geschafft ...

Nachdem all diese und jene Vorbereitungen, Beerdigung und Nachbestattung beendet waren, musste er irgendwie funktionieren und Entscheidungen treffen und sich mit Dingen und mit seinem Leben und seinem Herzen befassen. Mircea beschloss, nach Portugal zurückzukehren und dort zu bleiben, weg von der mitfühlenden Menge von Freunden und Verwandten, die mit ihm zusammen sein und sich um ihn kümmern wollten. In Portugal zu sein, in dem Haus, das sie zusammengebaut hatten, war irgendwie das Beste für ihn, da er Martina immer noch in der Nähe hatte, alles in diesem Haus hatten sie zusammen aufgebaut. So vergingen Monate und Portugal bekam wieder eine gewisse Form in seinem Leben und seinem Verstand. Er sah einige portugiesische Freunde, begann lange, lange Spaziergänge am Strand und durch den Wald zu machen und wurde wieder lebendig. Teilweise genoss er seine Einsamkeit, aber er hatte das Gefühl, dass er irgendwie weggehen und die wahre Einsamkeit suchen musste. Und dann war es natürlich Portugal und es war Maria. Sie war in seinen letzten fünf Jahren der Tortur und des Himmels fast verschwunden, aber jedes Mal, wenn die Familie nach Portugal ging, selbst in den letzten Jahren, und sie waren ziemlich oft dort, fühlte er immer noch ihre Anwesenheit, ein bisschen stumpf und diffus, aber sie war da. Er war nicht mehr so jung und er war jetzt ein echtes Chaos. Maria war wahrscheinlich noch sehr jung. Was konnte er einem jungen, lebendigen, überschwänglichen Mädchen bieten? Würde ihre Liebe zu ihm nicht ein schreckliches Opfer für sie bedeuten? Und würde sie es danach nicht bitter bereuen, ihr Leben mit seinem zu vereinen, wenn es doch passieren würde? Konnte sie sich in jemanden verlieben, der so desorientiert, so unsicher, so verwirrt und mit so viel Schmerz in seiner Seele war, wie er es jetzt war? Wäre das nicht völlig falsch? All diese Fragen kamen ihm auf seinen langen Spaziergängen in den Sinn und es war alles so seltsam wie immer, denn Maria existierte nicht materiell. Sie war und lebte in gewisser Weise sein Alter Ego, sie war alles, was er vielleicht hätte sein wollen und nicht war – bodenständig, echt, verwurzelt, authentisch, gesellschaftsunempfindlich. Sie war aber auch die Verkörperung, der Inbegriff dessen, was er für „verliebt sein" hielt, ein seelischer Zustand, der als flüchtig und vergänglich gilt, aber für sie der Sinn des Lebens und ein absoluter, permanenter, aber doch flüchtiger Zustand war, wenn so was für jemand Sinn machen kann. Aber Mircea trauerte. Und er wusste nicht, was er tun oder wohin er gehen sollte, sein Vater war weit weg und er konnte ihn nicht mehr erreichen. Sein Vater und sein Großvater waren Gestalten der Vergangenheit, die er so nah an seinem Herzen hielt, aber sie lebten nur in seinem Herzen, nicht einmal unter seinem Bett, wo sein Vater so viele Jahre nach seinem Tod lebte. Er fühlte und wusste, dass das Leben den Lebenden gehört. Bekannte und Freunde würden immer noch von Zeit zu Zeit an Martina und möglicherweise an ihn denken, aber sie würden dann mit ihrem Leben weitermachen. Es geschah genauso, als sein Vater starb, als seine Mutter starb. Und er hasste es, von seinen Freunden mitfühlend angesprochen zu werden. Er wollte allein sein, in Frieden gelassen werden, um seine Wunden zu lecken, allein gelassen zu werden, um einen Platz für seine Seele zu finden, um mit Martina zusammen zu sein, solange sie noch da war. Also beschloss er, eine Pilgerreise zu machen. Er war ein überzeugter und praktizierender Atheist, aber die gesamte Geschichte der Menschheit war seit Tausenden und Abertausenden von Jahren mit dem Glauben an höhere, übernatürliche Kräfte verflochten, die angeblich das Schicksal der Menschen beeinflussen oder bestimmen konnten, und einige dieser Geschichten waren so bewegend und inspirierend und er wurde irgendwie empfindlich für diese Idee, zu heiligen Orten zu reisen. Alles war so schmerzhaft in ihm und um ihn herum und er wusste nicht, wo es alles ein Ende haben würde, aber seine Entschlossenheit, diese Pilgerreise zu machen, wurde stärker und stärker.

Es ging zurück nach Ponferrada – erst mit dem Flugzeug nach Santiago und dann mit dem Zug nach Ponferrada. Ich holte meine Sachen, die ich dort in der Herberge hinterlassen hatte, und machte mich weiter auf den Camino. Allerdings eine kurze Etappe, pflichtgemäß, weil es schon Nachmittag war, als ich da ankam. Ich lief bis Villa Franca del Bierzo, eine nette kleine Stadt.

Der Ort liegt zwischen zwei hohen Bergketten und er ist durchquert von einem Zusammenfluss zweier Flüsse (Rio Burbia und Valcarce), hat zwei romantische Steinbrücken und lädt einen Pilger zu einem angenehmen Aufenthalt ein. Mit fast 3.000 Seelen war Villa Franca früher der Verwaltungssitz der Provinz El Bierzo. Die Stadt hat natürlich ein Schloss, eine schöne Kirche, Colegiata de Santa Maria Kloster, und ein Kloster – Convento de los Padres Paules.

Ich fühlte mich pudelwohl in dieser kleinen Stadt, genoss meinen Abend, aß gut und gepflegt mein Abendessen und ging dann gleich ins Bett, um den durch die Beerdigungsfeier entstandenen Gedanken zu entwischen.

Am nächsten Tag erledigte ich die Geschichte mit dem Pilgerstempel, machte die Einkäufe für den Pilgertag und brach früh nach Fonfria auf. Ich wollte so früh wie möglich wieder Frieden mit dem Camino schließen, da ich am vorherigen Abend schon bemerkt hatte, dass der Camino nicht so freundlich mit mir als Pilgerreiseunterbrecher war. Meine Beine waren wieder fit, es würde eine Weile dauern, bis sie wieder voll heile sein würden, sicherlich musste ich aufpassen und vielleicht mehr Rastpausen einlegen als früher, aber alles in allem war es gut. Die Etappe war ziemlich lang und ich wollte allein sein und war es auch, wahrscheinlich auch dadurch vor der Kohorte der Pilger des Tages, weil ich so früh losgelaufen war. Nach zwei Stunden Lauf oder so rastete ich in einem kleinen Ort, Trabadelo, einem Ort mit nur 350 Seelen. Ich saß auf einer Terrasse, die Sonne war schon da und die Sonnenstrahlen brachten mich bereits ins Schwitzen, aber zum Glück hatte die Terrasse riesige Sonnenschirme, einen guten Kaffee und Wasserflaschen zum Mitnehmen. Ich aß meine Bocadillos in Ruhe, dazu Knoblauch, eine Tomate und Schafskäse, was ich alles noch dabeihatte, die Welt war also in Ordnung. Es war ein vielversprechender Tag, das Wetter war erträglich warm, Trabadelo war so winzig, schön und pilgerfreundlich, die Menschen auf der Straße begrüßten mich, langsam verzieh mir der Weg meine Eskapade. Die Landschaft war wild, soweit man schauen konnte, es gab nur von Sonne verbranntes Gras und auch ein paar Bäume oder vom Wind verdrehte und fast getrocknete, verstorbene Baumstämme. Der Weg war teilweise rau und führte später zwischen Weinfelder, was natürlich sehr angenehm war, weil ich den Nachtisch gleich mitnahm. Ich lief weiter und dem Körper ging es gut und die Gedanken fingen an zu spinnen. Ich entwickelte diese Idee, dass ich meine Pilgerreise nicht in Santiago beenden möchte, weil ich Angst hatte, den Weg zu beenden. Ich hatte immer noch Angst, vielleicht jetzt noch mehr, weil ich näher und näher an Santiago war und nicht wusste, wie es weitergehen sollte. Und zum Glück entdeckte ich bei meiner nächsten Rast, irgendwo in einem Dorf namens O Cebreiro, Mozart wieder. Überraschend und unerwartet spielte in einem Café, wo ich auf der Terrasse saß und mir mein Mittagessen gönnte, das Konzert für Klarinette und Orchester. Es war genau das, was ich brauchte, Energie, Lebensfreude und Vertrauen.

Ich lief weiter und war guter Dinge. Ich ging durch einen kleinen Wald und beobachtete alles, was sich um mich herum bewegte, fruchtbare Natur in ihrer besten Zeit, August. Wir, als Menschen, sind so weit gekommen und wir haben uns weiterentwickelt, haben Wissenschaft, Logik und Forschung entdeckt, aber wir haben die innige Beziehung mit der Natur vielleicht nicht verloren, allerdings bestimmt vernachlässigt. In dieser Welt, in der ich die Natur täglich spürte, sah und bewunderte, viel älter und komplexer als die Welt der Menschen, gab es Lebewesen, die Bewusstsein und Sinne hatten, die wir längst verloren haben, falls wir sie irgendwann überhaupt hatten. Wir lenkten uns so weit vom Schiff der Natur weg, dass eine Kommunikation zwischen diesen zwei Welten kaum mehr möglich war. Wir versuchten dennoch, die Sprache der Natur zu verstehen oder zumindest sie zu übersetzen. Das machte ich seit einigen Monaten auch und empfand es als helle Magie, eine reale Form der Magie, die wir wissenschaftlich betrachten und verstehen wollten, Sprache, die aber den alten Kulturen schon längst bekannt war. Und wir klemmten immer noch fest in unserer Weltanschauung, und hatten große Schwierigkeiten, uns den nicht materialistischen Formen der Wahrnehmung anzunähern. Wir werden nie wissenschaftlich die Gefühle eines Rehs verständlich machen können, das in einer Lichtung erscheint und Wasser aus dem dort liegenden, kleinen Bach trinken geht, seine Scheue und Ehrfurch oder die Vorfreude, die durch die Bewegung der schwarzen, nassen Nase, ich glaube, Windfang nennt man die Nase bei Rehen. Wir werden nie wissenschaftlich verständlich machen können, was die Bäume fühlen, warum die Bäume im Winter nur aus Holz sind (vielleicht kriegen wir das irgendwann gerade noch hin) und wie die Bäume miteinander kommunizieren oder wie das Bewusstsein der Tiere die Außenwelt wahrnimmt…

Und so langsam hatte ich Fonfria erreicht, eine Siedlung mit in etwa zwanzig Schornsteinen, eine winzige Ortschaft mit nur einer Kirche und einer Herberge. Ich verließ aber die Provinz Leon und war jetzt in Galizien. Ich war todmüde, und na ja, ich würde mal sagen, glücklich. Ich weiß nicht, warum, ich war gesund, ich erreichte, was ich heute erreichen wollte. Ich war wieder in der Mitte der Natur und mit dem Camino befreundet, ich hatte ein Bett, wo ich übernachten konnte, es waren ein paar Pilger in der Herberge, aber sie waren schon im Bett, und ich hatte eine einladende Flasche Bier vor mir … Was will man mehr?

Ich konnte mir leider keinen Pilgerstempel in Fonfria holen, da die Kirche noch geschlossen war, und ich konnte nicht frühstücken, da keine Bäckerei und kein Lebensmittelgeschäft im Dorf waren. Das war aber etwas, womit ich im Grunde genommen gerechnet und mir irgendwie, vielleicht unbewusst, gewünscht hatte, deswegen suchte ich mir sehr oft kleine Dörfer fürs Übernachten aus, Dörfer, die nicht in der Literatur über die Etappen des Camino Frances beschrieben werden, Dörfer, über die keine Empfehlungen im Internet geteilt wurden, Dörfer, die authentisch sind und nicht in touristische Attraktionen für Wanderer und Scheinpilger umgewandelt sind. Es war also eine in Kauf zu nehmende Unannehmlichkeit.

Ich lief dann weiter Richtung Barbadelo. Ich machte meine Frühstückspause bei Triacastela, nach zwei Stunden Lauf, in denen ich glaube, drei oder vier kleine Pausen gemacht zu haben und ein Kilo Trauben am Ende des Weges gegessen zu haben. Oder vielleicht mehr. Die Jakobskirche war geöffnet, so wie die Kneipe, also holte ich mir den Pilgerstempel, dann frühstückte ich ordentlich – Hartmut hätte „gepflegt" gesagt. Dann ging es weiter auf dem Weg. Ich lernte einen Jungen kennen, einen Italiener namens Silvio, mit dem ich mich ein paar Stunden sehr schön unterhielt, obwohl man unser Gespräch auch als Streit hätte bezeichnen können. Stellen Sie sich mal vor, Silvio war Corporate Anwalt in einer Private Equity Firma auf dem Camino, auf der Suche nach Wahrheit. Eine heikle Sache, könnte man sagen. Und damit die Sache runder, ich meine absurder und surrealer wurde, holte ich auch Kelly unterwegs ein. Kelly, das lesbische, zwanzigjährige Mädchen aus Paris kolumbianischer Abstammung, das ich vor ein paar Wochen kennengelernt hatte. Silvio war voller Stolz und relativ vertraut mit Finanzprodukten und hatte klare Vorstellungen, was Profit bedeutet, was Corporate Culture ist und wie der juristische, legale Apparat die Jagd nach M&A, Start-ups und IPOs unterstützen müsste. Ich war gerade zehn Monate weg von dieser Welt und vertrat offensichtlich einen anderen Standpunkt, meine Weltanschauung war in den vergangenen zehn Monaten von anderen Werten geprägt, sodass wir mit voller Kraft aufeinanderprallten. Meine langjährige Erfahrung im Banking hatte mir sicherlich geholfen, seinen Standpunkt zu verstehen, ich hatte diesen Standpunkt sogar für Jahre miterlebt und mitgetragen. Ich war in dieser Welt des materiellen Profits total gefangen. Aber jetzt war alles anders geworden. Ich sah Sachen, die ich vorher nicht gesehen hatte oder nicht sehen wollte, es war so, als sei ich in einer parallelen Welt anderer

Realitäten. Nach zwei oder drei Stunden Unterhaltung machten wir eine Mittagspause in Sarria, besuchten die Kirche de Santa Marina de Sarria und San Salvador de Sarria, holten wir uns die Pilgerstempel und anschließend vereinbarten wir ein Time-Out des Gesprächsthemas bei einem spärlichen, pilgermäßigen Essen auf einer sehr schönen Terrasse, zu Kellys Glück. Kelly hatte uns die ganze Zeit auf dem Weg zugehört, wahrscheinlich ohne viel davon zu verstehen. Dennoch schien sie stolz, dabei zu sein, aber leider verabschiedete sie sich von uns in Sarria.

Als wir weiterliefen und das Thema weiter diskutierten, gelang es mir doch, Silvio mit einem Beispiel meine Sichtweise klarzumachen, obwohl ich mir bis heute nicht sicher bin, ob ich ihm damit half oder nicht. Vielleicht sagte er nur so, dass er meine Sichtweise verstand und dachte dabei doch: Ah, dieser alte Knacker, der nicht aufhören kann zu reden, sich selbst zu hören, rechthaberisch und bevormundend zu sein ….

Ich wollte ihm helfen, die Gesamtheit und die Harmonie der Dinge zu sehen und zu verstehen, dass wir, als Lebewesen, keinen Auftrag haben, diese Harmonie zu zerstören. Der Witz bei der ganzen Geschichte war, dass wir diese Zerstörung früher hauptsächlich im Namen Gottes gemacht hatten, jetzt machten wir es im Namen des Geldes. Wenn eine Firma ein Medikament herstellte, das Diabetes bei Menschen in Griff hält, dann ist das eine gute Sache. Wenn, um diese Medizin herzustellen, der Amazonas zerstört wird, weil einige Komponenten des Wirkstoffes nur dort durch Bohrungen gewonnen werden können, dann ist es nicht mehr so eine gute Sache. Jetzt kommen aus Sicht des Unternehmens die Kosten des Schadens des Waldes nicht in die Bilanzierung, also gefährden sie nicht den Gewinn und Verlust des Unternehmens. Noch weiter, das Unternehmen erzielt größere Gewinne, wenn mehr Medikamente verkauft werden, also wenn mehr Menschen krank werden. Das heißt, es ist im wirtschaftlichen Interesse der Firma, wenn mehr Menschen an Diabetes erkranken, damit mehr Menschen geholfen wird. Das wird auch nicht bilanziert. Aber das Geschäftsmodell der Firma ist nicht in Ordnung, weder bei der Herstellung noch bei dem Verkauf, auch wenn die Firma, laut Bilanz, profitabel und attraktiv ist. Also, die Definition des Profits muss in dem Dokumentationsbündel notwendig für die Zulassung einer Firma umgeschrieben werden, und zwar von den Corporate Anwälten, um die Gesamtheit der Aktivitäten der Firma abzubilden und die realen gesellschaftlichen und umweltlichen Nach- und Nebenwirkungen der Herstellung und Verkaufsmaximierung zu berücksichtigen und zu entschärfen. Sicherlich war das harter Tobak für einen jungen Anwalt am Anfang der Kariere.

So langsam kamen wir aber in Barbadelo an. Es war noch hell und voll von Pilgern, obwohl Barbadelo nur etwa 200 Seelen hat. Wir besichtigten gleich die romanische Jakobskirche Igrexa de Santiago de Barbadelo, man sagt, es wäre eine Sehenswürdigkeit von nationalem Wert. Und tatsächlich, diese Jakobskirche, die im XII. Jahrhundert aus Granitsteinen erbaut wurde, ist immer noch relativ intakt geblieben, mit herausragenden Portalen, die mit Abbildungen von Menschen Tieren, Pflanzen und Jakobsmuscheln geschmückt sind. Wir hatten dann einen schönen Abend und unterhielten uns über andere Sachen, es war schön und nett, aber am nächsten Tag liefen wir doch nicht mehr zusammen. Ich wollte allein weiterlaufen und über die Sachen nachdenken. Ich denke, Silvio auch.

Der nächste Tag war eine kurze Etappe, nur 20 Kilometer, bis Portomarin und ich fing langsam an, an die Kinder zu denken, die übermorgen bei mir sein würden. Ich wollte natürlich fit sein und hatte insofern zwei kürzere Etappen geplant, bis nach Palas del Rei, wo ich meine Kinder treffen sollte. Der Weg nach Portomarin war schön und grün und ich konnte ab und zu genüsslich Äpfel und Birnen am Rande des Weges, der durch die Felder führte, pflücken. Es war so eine innere Freude, auf dem Weg zu sein, mit dem Weg befreundet zu sein und einfach frei zu sein.

Das war es eigentlich, man war frei. Keine Schranken, keine Verpflichtungen, keine Grenzen. Wir Menschen hatten dieses Gefühl seit langem nicht mehr. Das Bedürfnis war aber da, sodass man in der Regel seinen Urlaub dementsprechend plante, um kleine Dosen von dieser Freiheit zu tanken. Es war aber nur eine illusorische Freiheit, Surrogat-Pillen, ob man eine Kreuzfahrt macht, zwei Wochen in die Wildnis oder auf Safari mit Reiseführer fährt oder auf Berge im Himalaja klettern geht, mit Pfadführer und technischer Ausrüstung. Es sind nur Tropfen dieser Freiheit des Raumes, Zeit und Gedanken, man hat dabei auch zum Teil Grenzerfahrungen

– wenn das Adrenalin stark steigt –, worüber man gerne seinen Kollegen und Freunden zu Hause erzählt. Die Freiheit, von der ich spreche, ist die Freiheit, die man hat, wenn man Sachen nicht machen muss, wenn man Gedanken und Gefühlen freien Raum gibt, um sich zu entfalten, auszudrücken, rumzutoben, rumzuwirbeln, eine überwältigende und gleichzeitig erschreckende Freiheit. Die Freiheit, Zeit zu haben, wenn Zeit nicht Geld ist.

Auch die Geschichte mit Ana nahm den Lauf, der unvermeidlich war. Die Last der Ferne hatte unsere Beziehung auch stark beeinträchtigt und vielleicht war das im Sinne der Dinge. Wir schrieben uns ab und zu mit Wärme und Liebe, aber die Wolken der Trennung bedeckten langsam, aber sicher den Himmel und alles wurde dunkler.

Ich machte eine Rast in einem Ort namens Brea und aß genüsslich meinen Proviant. Brea war ein winziges Dorf, aber mit einer Besonderheit. Es stand dort ein Wegweiser für die Camino Pilger, der sagte, dass es ab Brea bis Santiago de Compostela nur noch 100 Kilometer waren! Da war schon eine Schlange von Pilgern vor diesem Wegweiser, die ein Foto davon machen wollten. Ich auch. Ich pilgerte dann weiter nach Portomarin und lernte auf dem Weg Marie-Charlotte kennen, eine faszinierende Frau, die mit einem Esel namens Bruno und einem Hund namens Bella unterwegs war und schon über 1.000 Kilometer Pilgern hinter sich hatte. Sie war eine starke Frau, dunkelhaarig und mit irgendwie grauen Augen, die überraschend vertrauenerweckend waren, ein bisschen wohl beieinander, aber nicht unangenehm übergewichtig, wahrscheinlich Mitte dreißig oder so. Ihre Hände beeindruckten mich, sie waren ausdrucksstark und kräftig, aber ich glaube, sie wussten auch, wie Streicheln geht. Alle ihre Bewegungen waren sicher und mir war klar, dass diese Frau ihr Leben selbst gestaltet. Wir liefen weiter zusammen, sie erzählte mir, dass sie irgendwo in einem Dorf in Südfrankreich lebte, verheiratet gewesen war, jetzt aber geschieden, und keine Kinder hatte. Ihre bäuerlichen Eltern arbeiteten auf einem Weingut und sie hatte auch von ihren Eltern viel über Weinbau und Weinherstellung gelernt. Sie selbst war Krankenschwester und arbeitete in einem großen Krankenhaus, irgendwo in Marseille, glaube ich. Sie hatte ihr eigenes, kleines Haus, mit einem kleinen Weinbetrieb für sich, Bruno,

Bella, zwei Katzen und wohnte allein. Sie war vor zwei Jahren geschieden worden und seitdem hatte sie ein bisschen an Selbstvertrauen verloren und hatte sich jetzt entschieden, ein halbes Jahr eine Pause zu machen und ihr Leben neu zu denken und neu zu organisieren. Sie hätte gerne auch die Katzen mitgenommen, aber wie wohl bekannt, Katzen sind zwar domestiziert, aber doch Wildtiere, sodass sie die Katzen auf diese Pilgerreise nicht mitnehmen konnte, und ihre Eltern hatten ihr versprochen, sich um die Katzen zu kümmern. Da war jemand da, die genau wusste, was sie wollte, auch wenn sie nicht mehr wusste, wo es lang geht. Auch wenn sie den Eindruck einer selbstbewussten, starken Frau machte, war in ihrer Stimme und in ihrem Verhalten irgendwas, dieses „je ne sais quoi", was Weiblichkeit, Zärtlichkeit und Schwäche zeigte. Oder vielleicht bildete ich mir es nur ein.

Wir liefen dann zusammen weiter und erreichten Portomarin kurz nach Mittag. Wir verabschiedeten uns für das Abendessen, da sie noch Unterkunft und Futter für Bruno und Bella organisieren musste. Portomarin ist ein Ort, der aufgrund seiner Brücke über den Fluss Miño schon immer als ein bedeutsamer Pilgerort galt, weil die Pilger über diese einzige Brücke des Ortes gehen mussten, um nach Santiago weiter zu pilgern. Ich hatte genug Zeit, um meine Beine und Waden ein bisschen zu massieren und zu pflegen, dann durch das Dorf – mit etwa 300 Schornsteinen – spazieren zu gehen und mir den Pilgerstempel in der wunderbaren Kirche San Nicolas zu holen. Anschließend kehrte ich zum Marktplatz zurück, setzte mich auf eine gemütliche Terrasse, bestellte ein Bierchen, und schaute, wie sich ein Dorf für die Abendseele vorbereitete. Ich beschloss, heute Nacht zu zelten, wusste aber nicht, wo. Ich dachte, vielleicht in dem Hinterhof einer Albergue oder so was in der Art. Irgendwann kam auch Marie Charlotte mit Bella. Sie hatte ihre Haare gekämmt und sich ein bisschen geschminkt, aber im Großen und Ganzen war sie unverändert. Sie hatte Bruno versorgt und ließ ihn in einer Albergue, die sich auch um die Tiere kümmerte. Wir hatten einen schönen Abend, erzählten und lachten viel und dann sagte ich ihr, dass ich mich auf den Weg machen muss, um einen Platz für mein Zelt zu finden. Marie Charlotte meinte, es wäre genug Platz auf der Wiese, dort, wo sie den Esel gelassen hat, also gingen wir dahin. Ich baute mein

Zelt auf, ich arbeitete mittlerweile relativ professionell, mit sichereren Handgriffen und Bewegungen, und brachte meinen Rucksack, die Matratze und den Schlafsack rein. Marie Charlotte fragte mich, ob sie auch bei mir zelten könne, weil es ihr zu doof war, ihr Zelt jetzt noch aufzubauen. Ich war natürlich überrascht, aber angenehm überrascht, und sagte natürlich „ja, was sonst?“. Und na ja, es war danach so eine Sache … ich erinnere mich noch, dass Marie Charlotte unbedingt zu der Musik aus ihrem Mobiltelefon strippen wollte. Der Rest ist irgendwie schwammig, ich meine mich dennoch erinnern zu können, dass Marie Charlotte mir zuflüsterte, sie möchte keinen Sex haben, sie möchte nur kuscheln und das Gefühl haben, jemandem nah zu sein. Bella war auch in dem Zelt und schaute sich alles mit einer souveränen Gleichgültigkeit an. Was soll ich sagen? Auf dem Camino sind alle Menschen etwas Besonderes. Alle Menschen sind eigentlich Geschichten, interessante, seltsame und vielleicht traurige Geschichten. So war sie auch, so war ich auch. Wir schliefen umarmt ein und es war ein seltsames Gefühl. Ich habe mich so gefühlt, als wären wir beide zwei nasse oder vielleicht frierende Hunde, zwei einsame Wölfe, die einander brauchten, um Wärme zu spüren, um die kalte Nacht auszuhalten und ein bisschen Kraft für den nächsten Tag zu sammeln. Es ging nur um diese Nacht. Morgen würde ein anderer Tag sein, übermorgen auch, aber jetzt ging es nur darum, diese Nacht psychisch zu überstehen.

Am nächsten Tag frühstückten wir zusammen und dann verabschiedeten wir uns, mit viel inniger Wärme und Freude, dass wir uns doch kennengelernt und den Mut gehabt hatten, uns zu gestehen, dass wir noch ein bisschen schwach und vielleicht seelisch krank waren und einander brauchten.

Ich lief weiter Richtung Palais del Rei. Heute war der Tag, an dem ich meine Kinder wiedersehen würde und nicht nur das; wir würden auch drei oder vier Tage zusammen laufen, bis nach Santiago de Compostela. Es war wieder eine kurze Etappe, aber es war gut so, denn es waren mittlerweile so viele Pilger unterwegs, dass einfach eine Unterkunft in einer Herberge zu bekommen ein richtiges Problem geworden war, so dass ich schon alles organisiert und reserviert haben wollte, bevor die Kinder ankamen. Die Zeit flog und ich kam ziemlich früh in Palais del Rei an.

Riesenmengen von Pilgern waren dabei, die drei Alberguen des Ortes hatten schon industrielle Dimensionen, jede konnte vielleicht um die zweihundert Pilger aufnehmen. Ich „reservierte“ also vier Plätze, ein Wort und eine Methode, die ich auf diesem Camino bis jetzt nie benutzt hatte. Obwohl viele Camino-Reiseführer stark empfahlen, Reservierungen vorab zu machen, machte es für mich keinen Sinn. Für mich war und ist der Camino ein spiritueller Pilgerweg, ein temporärer Aufenthalt für die Seele, ein poetisches, romantisches und amoralisches Märchen, eine Oase, weit weg von der Gesellschaft, der Gesellschaftsordnung oder gesellschaftlicher Gepflogenheiten, eine eigentlich psychiatrische Anstalt in einer ungeordneten, brownschen Bewegung, denn man geht und schläft, wo sich Platz findet, und isst und trinkt, wenn man Hunger und Durst hat und was man findet, findet man mit minimaler Planung, wenn überhaupt. Ich schlief manchmal in einer Albergue, manchmal in einem Zelt, manchmal einfach in meinem Schlafsack unter freiem Himmel. Leider war der Camino eine professionelle Maschinerie geworden und eine wichtige, wenn nicht die einzige Einnahmequelle für die Bewohner der Dörfer. Ich dachte auch zum ersten Mal darüber nach, was Thomas – der ehemalige Pilger, den ich in der Schweiz auf einer Terrasse getroffen hatte, an dem Tag, als ich auf Emma wartete – mir gesagt hatte: dass Pilgern, und der Camino insbesondere, jemanden süchtig macht, und man sagt „einmal Pilger, immer Pilger“. Ich spürte, dass das tatsächlich stimmen könnte. Ich wollte auch nicht aufhören, offensichtlich aus anderen Gründen. Ja, ich wollte weitergehen, nach Süden, denke ich. Ich war noch nicht fertig, ich spürte, ich musste weiter. Mittlerweile konnte ich mir gut vorstellen, irgendwann später wieder auf den Camino zu kommen.

Ich reservierte also vier Plätze fürs Übernachten – Dave, Joachims Halbbruder, war auch dabei – und setzte mich dann in die Sonne und wartete auf die Kinder. Es waren nur noch 70 Kilometer zu schaffen, und mit den Kindern zusammenzulaufen und die Pilgerreise in Santiago in deren Anwesenheit zu erreichen, war ein Segen (wobei ich wusste, dass ich dann noch weiter nach Portugal und vielleicht Rome laufen wollte). Ich dachte auch an meine Maria, die Maria meiner Träume, deren Kontur schwammiger geworden war. Sie war mein Jugendtraum geblieben, aber ich hatte mittlerweile drei Ehen hinter mir und war selber nicht mehr der Jüngste. Ich konnte mir schwer vorstellen, wie sie jetzt aussehen würde, nach dreißig Jahren, was in ihrem Leben in dieser Zeit passiert war, ob ihr die wunderbare Frische, der Humor und die Schlagfertigkeit noch erhalten geblieben waren, ob ihr Körper noch so reizend elegant war, ob sie verheiratet war und vielleicht Kinder hatte … Sie war noch bei mir, weil ich die Hoffnung, sie zu treffen, noch nicht aufgegeben hatte, aber sie kam nicht so häufig in meine Gedanken wie früher.

Früh am Nachmittag kam Stefana und wir verbrachten einen wunderbaren Nachmittag zusammen, wir erzählten viel, lachten viel und warteten auf die Jungs, die aber kamen und kamen nicht. Irgendwann riefen wir die Jungs an und sie sagten, dass sie unterwegs seien und bald ankommen würden, aber ohne Gepäck, da die Gepäckstücke bei Swissair in Berlin liegen geblieben waren. Ich konnte nur sagen: Typisch Joachim! Ihm passierten oft solche Sachen, meistens ohne irgendwie eine Schuld daran zu haben, er hatte anscheinend nur so eine besondere metaphysische Kraft, besondere Ereignisse an sich zu ziehen.

Irgendwann kamen sie mit dem Bus an und wir tranken gemütlich zuerst ein paar Bierchen und aßen einige Bocadillos und wir freuten uns alle und dolle, wieder an so einem seltsamen Ort zusammen zu sein. Die Welt war wieder in Ordnung. Man konnte im Ort keine Klamotten oder Unterwäsche kaufen, also mussten die Jungs ihre Sachen gleich waschen und zum Trocknen hinlegen. Wir bekamen trotzdem noch Zahnbürsten und dann gingen wir essen. Ich erzählte vieles, damit Stefana und insbesondere die Jungs die Stimmung und den Geist des Camino spüren konnten, und ich war halt glücklich. Dave war sehr lieb, aber ihn hatte die Gemeinschaft von Stefana, Joachim und mir unterbewusst schon ein wenig getrübt, aber was soll es, man kann nicht alles haben. Dave hatte seine Mutter vor sechs Wochen verloren und es war ein großer Schock für ihn und eine noch größere Leere in seinem Leben entstanden. Er hatte überhaupt keine Beziehung mit seinem Vater seit seinem siebten Lebensjahr und seine Mutter war sein Sinn der Familie, bis er vor einigen Jahren Joachim besser kennengelernt hatte. Joachim hatte Marina und Dave im Laufe der Jahre mehrmals besucht, aber er war selbst noch ein Kind und obwohl er spürte, dass die Atmosphäre der Familie dort nicht so gut war und Dave keinen glücklichen Eindruck machte, wusste er nicht, wie er Dave helfen konnte. Mittlerweile hatte er Dave nach Deutschland geholt und ihn in seiner Firma angestellt und Dave war ihm dafür dankbar. Es war ein gelungener Abend, aber morgen war die Reifeprüfung für die Jungs, eine Etappe von etwa 28 Kilometern, bis Ribadiso, also relativ lang für die Anfänger – ich erinnerte mich, dass meine ersten Etappen, als ich in Berlin meine Pilgerfahrt begonnen hatte, nicht länger als 15 oder 20 Kilometer waren.

Am nächsten Tag also holten wir den Pilgerstempel in einer kleinen, schönen Kirche namens San Tirso, wir holten auch Proviant für den Tag und dann brachen wir auf. Ich hätte lachen und lachen können und hatte schon die ganze Zeit ein Schmunzeln auf meinem Gesicht, weil es ein unvergessliches Bild war, die Jungs laufen zu sehen, mit Sneakers und einfach normaler Streetwear, wobei alle Pilger um uns herum – und es waren Dutzende und Dutzende von Pilgern, die vor uns und hinter uns liefen – mit professioneller Pilgerausrüstung unterwegs waren (Rucksack, Pilgerstiefel, Schlafsack, Isomatte, Kopfbedeckung …). Die Jungs waren halt unvoreingenommene Sonntagwanderer! Aber es passte irgendwie zu Joachim, der oft in solche Situationen geriet. Sie waren in ständigem telefonischem Kontakt mit Swissair und mussten sagen, in welchem Ort die Gepäckstücke abgeliefert werden sollten. Also setzten wir uns Ribadiso als Ziel und eine Albergue, deren Name wir im Internet erfahren hatten. Wir sprachen natürlich mit der Albergue und erzählten, dass ein Wagen vorbeikommen und das Gepäck von Joachim und Dave abgeben würde. Also war alles wieder in Butter. Das Laufen bis Ribadiso war sehr schön, wir bildeten spontan Zweiergruppen und ich lief mal mit Stefana zusammen, mal mit Joachim und mal mit Dave. Wir unterhielten uns über alles Mögliche, es war viel Nachholbedarf und wir hatten die ganze Zeit der Welt, um über alles zu reden, auch dafür ist der Camino da. Die Jungs setzten ein hohes Tempo an, weil sie halt Jungs und Wettbewerbsfreaks waren (und sie hatten auch kein Gepäck dabei) und ich konnte sie nicht überzeugen, langsamer zu laufen. Sie waren neugierig, alles zu sehen, alles zu erfahren und meine Geschichten, die ich ihnen erzählte, selbst zu erleben. Wir liefen durch einen Ort, Castañeda, der als der Ort gilt, in dessen Öfen der Kalk für die Kathedrale in Santiago de Compostela gebrannt worden war. Die Steine waren zuvor gute 100 Kilometer von Pilgern transportiert worden, die diese aus dem Steinbruch bei Triacastela (wo ich auch gewesen war) mitgebracht hatten. Es war viel Pilgergeschichte auf dem Weg und auch viele Pilger. Wir machten irgendwo am Rande des Weges Rast und fühlten uns langsam und gemütlich als Teil der Natur und ließen uns von der Natur einfach einnehmen. Dave meinte, dass sein linkes Knie ihm Probleme bereitete, aber er lief tapfer weiter, er wollte unsere Freude und Tage nicht verderben.

Wir kamen in Ribadiso an und fanden auch die Albergue, die gleich nach einer alten Brücke auf der rechten Seite war und einen riesigen Garten hatte, der bis ans Ufer des Flusses – den wir gerade überquert hatten – reichte. Der Garten war voll von jungen Leuten, die in der Sonne lagen oder im Wasser spielten. Es war so ein schönes Bild voller Leben und strahlte voller Liebe und positiver Energie. Ribadiso ist ein sehr kleines Dorf mit nur neun Seelen, hat aber eine der schönsten Alberguen auf dem Camino. Wir trafen dort auch Kelly und ihre Freundinnen und nachdem wir unsere Betten bekommen hatten, gingen wir auf die Terrasse und aßen gespannt eine Kleinigkeit. Dave massierte sein Knie und seine Waden, Stefana war duschen oder ging direkt an den Strand, um zu baden, das Bier war schon bestellt und Joachim kämpfte wieder mit der Fluggesellschaft, denn die Gepäckstücke waren nicht, wie geplant und abgesprochen, in die Albergue gebracht worden.

Zum Abendessen waren wir zusammen mit Kelly & Co und anschließend spielten wir Karten. Ich zog mich langsam zurück, ich wollte, dass die Kinder die Zeit genießen, es waren meistens junge Leute am Tisch und die debattierten die Probleme und Herausforderungen ihrer Generation, flirteten ein bisschen miteinander und alles war gut.

Ich dachte nur, was für ein Glück, solche Kinder zu haben, und wie schön es war, wieder zusammen zu sein und wie es weiter gehen würde. Wir gingen irgendwann schlafen, es war ziemlich spät und ich war nicht mehr so gewöhnt, lange Abende wach zu bleiben.

Am nächsten Tag war der vorletzte Tag, eine Etappe von etwa 20 Kilometern, nicht sehr lange, aber mit viel Anstieg und Abstieg und für mich Tristesse. Wir frühstückten kurz und französisch, also Kaffee und Croissants, es war keine besondere Unterhaltung, jeder von uns war vertieft in seine Gedanken. Es dauerte eine Weile, bis wir in die Gänge kamen, aber irgendwann liefen wir los, natürlich nachdem wir uns die Pilgerstempel geholt hatten, die uns von der Leitung der Albergue gegeben wurden. Wir liefen nicht mehr so schnell, da Dave stärkere Schmerzen hatte, ich konnte nicht einschätzen, ob es normale Schmerzen waren oder von irgendwas induziert wurden, negativem Aufmerksamkeitsbedarf oder so etwas Ähnlichem. Nach zwei Stunden legten wir eine Rast in einem Dorf namens Salceda ein und besorgten uns Schmerztabletten, diesmal frühstückten wir ordentlich und dann gingen wir weiter. Die Stimmung war nicht so gut, die Kinder waren betrübt und irgendwie nervös. Dann liefen wir an einem Nussbaum vorbei und Stefana wollte unbedingt die Geschichte mit dem Schälen der Nüsse und wie man das Herz isst, selbst erleben. Also holten wir ein paar Nüsse und ich verlieh meiner Erzählung der letzten Woche Wahrheit, Echtheit und Geschmack. Das brachte uns wieder zusammen, wir lachten, machten unsere Hände schmutzig und bald kamen wir in Pedrouzo, unserem Ziel, an. Wir mussten eine gute Stimmung haben, denn Pedrouzo war eine Katastrophe. Ich denke, es war das hässlichste Dorf auf dem Camino. Es lag an der Hauptstraße, links und rechts, schmutzig, unfreundlich, hatte ungepflegte Häuser und Gärten und darüber hinaus war auch so eine unerträgliche Hitze, man fühlte sich halt nicht willkommen. Joachim und Dave waren jetzt zwei Tage ohne Gepäck und die Lage war immer noch lustig, aber aus deren Sicht natürlich höchst unangenehm. Sie blieben auf einer Terrasse unter einem Sonnenschirm und versuchten, die Sache mit dem Gepäck mit der Fluggesellschaft zu klären. Es war nicht einfach, weil die Jungs der Fluggesellschaft keine Adresse für das Bringen des Gepäcks geben konnten, da wir keine hatten. Wir hatten eine für den Tag, wussten aber nicht, wo wir morgen übernachten würden.

Stefana und ich gingen, um Plätze in einer Albergue zu finden. Auch da gab es Spannung, da ich zwei Alberguen ablehnte und Stefana nicht nach ihrer Meinung fragte. Ich war es gewohnt, in den letzten sechs Monaten

Entscheidungen selbst zu treffen, und Stefana wollte mitentscheiden. Egal, wir entschieden uns, gemeinsam für die dritte Albergue, sie war neu gebaut und roh neu. Die Dame an der Verwaltung war sehr nett und zuvorkommend, Stefana und ich vertrugen uns wieder und alles war wieder gut. Wir gingen zurück zu den Jungs und sie waren auch guter Dinge, weil die Fluggesellschaft ihnen versprochen hatte, das Gepäck an diesem Abend in Pedrouzo ankommen zu lassen. Also war alles wieder gut, es war Nachmittag, heiß wie noch nie, nichts Besonderes im Ort zu sehen, also blieb uns Zeit zu plaudern und Bier auf der Terrasse zu trinken. Wir erzählten und sprachen viel, hatten Spaß und hörten spanischen Flamenco, Cameron de Isla und Diego el Cigala. Joachim sprach auch ein wenig über die Zeit in New York und den Tod Marinas und die Trauerfeier. Ich war bewegt und ich war ganz Ohr, weil Joachim sehr selten über persönliche, intime, schmerzhafte Sachen redete, und es tat mir so leid, dass ich damals nicht dabei war, um ihm helfen zu können. Er war mir so nah und ich spürte ihn an dem Abend auch so nah. Wir aßen gut und gepflegt, und wir sprachen natürlich über den morgigen Tag, an dem wir Santiago erreichen würden. Wir warteten auch lange und umsonst auf das Gepäck der Jungs. Es war alles so durcheinander, denn am nächsten Tag wollten wir ganz, ganz früh loslaufen, damit wir vor der Massenwanderung der Pilger in Santiago ankommen würden, und nicht auf die potenzielle Möglichkeit eingehen, auf das Gepäck zu warten, um es morgen zu bekommen. Also gingen wir letztendlich ziemlich früh ins Bett.

Es war aber die letzte Nacht, bevor wir Santiago erreichen sollten, und es trieb mich zum Nachdenken. Ich meinte, eine größere gefühlte Müdigkeit in den Beinen gehabt zu haben, natürlich spürte der Körper, dass die Reise zu Ende ging und verlangte, sich zu entspannen, mein Geist sagte nein, ich muss und will weiter pilgern, ich habe Angst davor aufzuhören, weil dann die Frage aufgeworfen wird, wie es weitergehen soll, und ich darauf keine Antwort habe – also war es alles in allem eine sehr unruhige Nacht, mit wenig Schlaf und vielen Gedanken.

Anfang September

Endlich war es so weit. Es war noch dunkel, als wir aufwachten, jeder von uns war mehr oder weniger aufgeregt, diese letzte Etappe hinter sich zu lassen. Wir wuschen uns schnell, wir beeilten uns. Ich wusste nicht, warum, es war so, dass jeder den Eindruck hatte, etwas zu verpassen, jeder wollte sofort unterwegs sein. Als wir auf den Weg aufbrachen, war es ein Bild, das mich an einen Eintritt in ein Fußballstadion bei einem besonderen Derby erinnerte. Aus vielen Richtungen, auf vielen Straßen, kamen Menschenmengen, die sich alle in Richtung Wald bewegten, wie Tausende von Ameisen, die durch erstaunliche, wundersame und mir unerklärliche Weise miteinander kommunizierten und sich dann in ordentlichen Reihen, gemeinsam, dem Stück Zucker oder Brot, das auf dem Boden lag, näherten. Wir verließen gleich den Ort und liefen in einen Wald hinein, es war am Anfang dunkel und still und man hörte nur die Stimme des Waldes, man hörte noch nicht mal das Murmeln der entfernt vorbeifahrenden Autos oder andere Geräusche der Gesellschaft der Pilger. Es war stockdunkel, aber der Himmel war wolkenlos und man konnte sehr gut die Tausende und Abertausende von Sternen sehen, alles war noch ziemlich monochrom, in verschiedenen Tönen von grau oder schwarz, Farben der Kälte und der Geheimnisse. Es fühlte sich magisch an.

Bald aber konnte man diese Momente nicht mehr richtig genießen, aufgrund des Lärmpegels, der durch die Unterhaltung der vielen Menschen, die unterwegs waren, entstand, und dem Bedürfnis, mit den anderen Menschen sprechen zu wollen, auch wenn man nichts zu sagen hatte. Ich war entsetzt, traurig und genervt, weil ich die Ruhe, die Meditation, die Spiritualität, die ich in diesen Stunden, als wir uns Santiago näherten, suchte und auch erwartete.

Irgendwann wurde es besser, da wir eine Zeit- und Raumlücke fanden und keine Gesellschaft mehr um uns herum war. Es waren nur in etwa drei Stunden bis Santiago de Compostela, also eine kurze Strecke. In der Zwischenzeit wurde es schon hell und warm, die Bäume im Wald waren aber groß und dicht beieinander, sodass man die Wärme der Sonnenstrahlen nur als Liebkosen sanft auf dem Rücken spürte.

Das Pilgern, das Gehen durch die Wälder und Lichtungen, durch Felder, Berge und Täler hat seine eigenen Gesetze, die Gesetze der Natur. Die Gesellschaft hat andere Gesetze, Gesetze von Menschen, für Menschen gemacht, aufgrund von ethischen, religiösen, moralischen oder welchen Verhaltenskodexen auch immer, also menschliche Gesetze. Mein Leben war in den letzten fünf Monaten den Gesetzen der Natur gefolgt und ich genoss es unheimlich, ich fühlte mich frei wie nie in meinem Leben. Jetzt hatte ich so eine Angst, diese Freiheit zu verlieren. Es war irgendwie, als hätte ich zurück ins Gefängnis gehen müssen. Ich wollte es nicht, ich wollte frei bleiben, aber doch zum Teil zurück zu den Menschen, na ja, eine Art von Quadratur des Kreises. Im Grunde genommen fühlte sich alles wie ein wunderbares Märchen an, aber von dem richtungsweisenden Weg, der mir sagen würde, wo es mit mir in meinem Leben lang gehen soll, war keine Rede.

Stefana und ich liefen sehr gut zusammen, die Kleine strengte sich richtig an, in meinem Tempo zu laufen, und als erfahrener Pilger hatte ich schon ein ordentliches Tempo. Und da dies die letzte Etappe war, war ich auch wie ein Pferd, wenn es spürt, dass das Ziel der Fahrt sich nähert, denn dann zieht es die Kutsche energischer und mit mehr Kraft, um schneller das Ziel zu erreichen.

Auf einmal sah Stefana am Rande des Weges ein Mädchen sitzen und weinen und als wir uns dem Mädchen näherten, stellten wir fest, dass es Kelly war, die da lag und einen Nervenzusammenbruch hatte. Sie wollte gar nicht mehr gehen, sie meinte, sie habe fürchterliche Schmerzen im rechten Bein und wolle einen Krankenwagen rufen und direkt zum Flughafen fahren. Anscheinend hatte sie auch Streit mit den anderen Mädchen in ihrer Gruppe, vielleicht hatte sie auch Streit mit dem Mädchen, mit dem sie eine Liebesbeziehung haben wollte, es war nicht sehr klar, was die Ursache ihrer Wut und Schmerzen war.

Wir setzten uns zu ihr und ich sprach lange mit ihr und munterte sie auf. Ich erklärte ihr, dass im Wald kein Krankenwagen kommen würde und wir schon bald Santiago erreichen würden, und wenn wir dort seien, würde sie ganz stolz auf sich sein, so etwas Außerordentliches erreicht zu haben, und die anderen Mädchen würden staunen, dass sie doch die innere Kraft gefunden hatte, sich zusammenzureißen und die Reise bis zum Ende weiterzumachen. Ich erinnere mich nicht mehr, was ich ihr alles genau sagte, ich erinnere mich nur, dass ich ununterbrochen sprach und ganz aufmerksam auf ihre Stimmung hörte und weitere Worte sprach, bei denen ich spürte, dass sie ihr helfen würden, wieder auf die Beine zu kommen. Letztendlich wollte Kelly nur ein wenig getröstet werden, ein bisschen wahrgenommen werden, ein bisschen gestreichelt werden und Zuwendung bekommen. Also liefen wir zu fünft weiter und bald erreichten wir Santiago, aber es waren noch einige Kilometer, die wir durch die Stadt laufen mussten, um an der Kathedrale der Pilger von Santiago anzukommen. Wir liefen durch die Altstadt und es war alles wunderbar alt, authentisch und autochthon, freundlich und irgendwie angepasst an die vielen Pilger, die durch ihre Strömungen und Lärm die Schönheit, die Wärme, die Spiritualität und die Pietät der Stadt überhaupt nicht beeinträchtigten konnten.

Meine Erinnerungen wurden zum Teil danach schwammig. Es war noch früh, da wir ziemlich schnell gingen, um bei der Pilgermesse, die um zwölf Uhr jeden Tag für die Pilger stattfand, dabei zu sein. Wir kamen irgendwann an der Kathedrale an. Joachim und Dave waren wieder und weiter mit der Fluggesellschaft in Verbindung, um die Gepäckstücke zurückzubekommen. Stefana ging mit einem anderen Mädchen, ich glaube, es war Kelly, irgendwo ein Büro suchen.

Vielleicht sollte ich auch ein paar Worte über die Kathedrale schreiben, in der Hoffnung, dass ich nicht dogmatisch oder langweilig werde. Die Kathedrale galt als Grabeskirche des heiligen Jakobus, an der seine Gebeine als Reliquien begraben waren. Die armenische Jakobskathedrale in Jerusalem beanspruchte aber, im Besitz des Schädels des Apostels zu sein. Die Kathedrale wurde im XI. Jahrhundert gebaut und danach ständig erweitert. Die zahlreichen Erweiterungen der Kathedrale sind eine Mischung der Architekturzeitalter, mit einem barocken Westportal, einer klassizistischen Nordfassade, einem romanischen Südportal und gotischen Kreuzgängen im Inneren. Die Grundfläche wurde dabei von ehemals 8.200 m² auf beeindruckende 23.000 m² erweitert.

Ich befand mich im Südportal der Kathedrale und kniete dort und weinte wie ein Kind und zitterte. Es war ein wunderbarer Herbsttag, ein wolkenfreier Himmel, die Sonne schien, aber es gab keine Hitze und es schwebte eine Welle von frommer Seligkeit über uns und zwischen uns.

Ich verlor möglicherweise das Zeitgefühl, ich saß da und saß da und es gingen so viele Sachen durch meinen Kopf, die ich nicht so gut in Worte fassen konnte. Ich fand irgendwie keine Worte, oder, besser gesagt, die Worte fanden mich nicht. Es waren auf jeden Fall schöne, fast magische Momente der Einsamkeit, Erleichterung, Erlösung, Erschöpfung, Dankbarkeit und, ja, vielleicht Traurigkeit, Demut und gleichzeitig auch Hoffnung. Ich spürte meine Geringfügigkeit vor der Unendlichkeit des Glaubens, obwohl ich nicht ganz genau wusste, was Glaube ist, zumindest was religiöser Glaube ist. Ich spürte zu keinem Zeitpunkt Furcht. Ich versuchte später, aus den Erinnerungen zu schreiben und meine Gefühle zu beschreiben, vielleicht wird die eine oder der eine mich ansatzweise verstehen können.

Dies war der Weg von mir und Martina. Es war mein Weg. Es war ihr Weg. Ich denke, ich habe verdeutlicht, was sie für mich bedeutete und was für eine Leere in meiner Seele entstand. Aber es musste weiter gehen. Sie wird in meinem Herzen bleiben, sie hat dort einen Platz seit mehr als dreißig Jahren und es wird sich daran nicht viel ändern. Sie hat mich auf diesem Weg begleitet und wir haben uns auf diesem Weg verabschiedet. Ich schaute das Südportal an und dachte: Es ist einfach Wahnsinn. Nicht zu glauben, dass ich die Entschlossenheit, die Kraft, die Ausdauer und die innere Überzeugung, das Richtige zu machen, gehabt hatte. Was für eine Reise in Raum, Zeit und Reich des Inneren, welche Schmerzen meine Beine, mein ganzer Körper und meine Seele gespürt haben! Aber vor allem war da ein nicht zu bändigendes Gefühl der Freiheit! Es war so, als hätte ich eine lange und schmerzhafte Buße ertragen müssen, um diese Freiheit zu erreichen. Aber ich war da!

Als ich aufstand, war Stefana ein paar Meter hinter mir und wartete auf mich. Wir gingen dann zusammen auf die Suche nach den Jungs und dann gingen wir alle in ein Café und tranken ein Bierchen und tauschten die ersten Eindrücke aus. Wir erlebten aber auf dem Weg durch die Stadt unvergessliche Momente, unbekannte Pilger, die auf uns zukamen und uns umarmten und uns für das Erreichen des Ziels gratulierten. Viele Leute kamen auf uns zu, auch weil sie mich erkannten, den „weisen deutschen Pilger mit dem langen Bart", und die Freude, endlich den Camino beendet zu haben, brachte uns alle in eine besondere Aufregung. Ich erkannte einige Pilger, andere nicht, aber es war nicht wichtig. Wir waren eine Gemeinschaft der Einzelgänger, eine Gemeinschaft der Leidtragenden, die nach vorne gehen mussten, denn nach hinten war zu viel Schmerz. Immer nach vorne gehen. Ich hatte in meinem ganzen Leben bis dahin so ein Gefühl der Solidarität, des Mitgefühls und Gemeinschaftsgeheimnisses im Leiden noch nie erlebt. Diese Freude, diese Befreiung und Erlösung der Pilger gaben der ganzen Stadt ein besonderes Licht. Es schien alles so feierlich zu sein, alle Menschen waren in so einer guten Stimmung, es erinnerte mich an eine Szene aus dem Buch „Das Parfüm" von Patrick Süskind, in der es dem Hauptdarsteller, Jean-Baptiste Grenouille, gelungen ist, das perfekte Parfüm herzustellen und seine Mitmenschen durch den Duft des Parfüms in eine Euphorie zu versetzen.

Wir gingen dann zusammen in die Kathedrale hinein, um die Messe zu sehen und zu hören, eine Messe nur für die Pilger. In Le Puy-En-Velay, in Frankreich, war ich so bewegt, als ich dort die Messe für uns gehört hatte. Wir waren damals um die achtzig Pilger in der Kathedrale. Jetzt waren wir vielleicht 4.000 oder mehr. Alles Pilger! Es war eine beeindruckende Messe, insbesondere das Schwingen des Weihrauchkessels. Eines der größten Wahrzeichen der Kathedrale ist dieser „Botafumeiro" – der vielleicht größte Weihrauchkessel der Welt. Er kommt bei den wichtigsten Feierlichkeiten der Kathedrale zum Einsatz und als Hommage der Stadt Santiago an die Pilger. Gelegentlich wird er auch nach vorheriger Anmeldung von Pilgerfahrten in der Kathedrale geschwungen. Sein Duft besitzt symbolische Bedeutung für das Gebet und die spirituelle Reinigung – so die Legende.

Ein Kapitel in meinem Leben ging zu Ende. Ich spürte seltsamerweise eine Kraft, eine physische, aber auch geistige Kraft, einen Segen, eine Hand, die mich vor allem schützte. Als ich diese Tausende Pilger sah, die im Leiden und Schmerz diese Hunderte und Aberhunderte von Kilometer liefen, um Frieden und Erlösung zu finden, und an die anderen Tausenden Pilger dachte, die morgen kommen würden und übermorgen, dachte ich nach, dass es vielleicht doch eine übernatürliche Energie gibt – nennen wir es erstmal Energie – die da ist, eindeutig spürbar, Energie, Zusammenhalt, Gott, wie auch immer wir es nennen wollen, etwas, das vielleicht durch alle unsere gemeinsamen Gedanken entsteht, durch die Hilflosigkeit unserer Schicksale und Hartnäckigkeit unseres Daseins, am Leben teilzuhaben. Ich habe eine Familie bekommen, zwei wunderbare Kinder und wir haben viele, schöne und emotionale Momente zusammen erlebt. Mein Leben hätte auch anders laufen können. Es gibt immer mehrere Wege, Weggabelungen und Sackgassen. Aber es ist so gelaufen, wie es gelaufen ist, und ich bin endlich stolz und glücklich, dabei auch meinen Beitrag geleistet zu haben. Jetzt ist letztendlich die Zeit, um nach vorne zu schauen. Wie jemand irgendwann irgendwo gesagt hat, morgen wird der erste Tag des Rests meines Lebens sein. Habe ich gefunden, was ich mir erhofft habe? Ich bin so lange gepilgert, dass ich mich nicht mehr genau erinnere, was ich mir am Anfang des Camino gewünscht habe. Hat der Weg mir gezeigt, wo es mit mir und meinem Leben lang geht? Eindeutig nein. Weiß ich jetzt, wie mein Lebensinhalt sein wird? Hat der Weg mir geholfen, mich wieder zu finden? Eindeutig ja. Aber es sind noch viele Fragen offen und meine Hoffnung und mein Glauben ist, dass es nur eine Sache der Zeit ist, bis ich diese Antworten finde. Ich muss halt weiterpilgern. Also werde ich es tun.

Nach der Messe wollte ich den Nachweis meiner Reise holen und musste mich in einer Schlange von Menschen anstellen, die alle dasselbe wollten. Ich war schon stolz auf alle meine gesammelten Pilgerstempel und ich wartete geduldig in der Schlange und ignorierte die ersten Zeichen der Rückkehr in die zivilisierte Welt – die Bürokratie und die Warteschlange. Ich bekam irgendwann ein schönes Pilgerdiplom und eine Auszeichnung und war stolz wie ein Pfau. Auf einmal hatte ich auch eine andere Idee, das Ende der geplanten Pilgerreise auch in einer anderen Art und Weise zu ehren und meinen Bart rasieren lassen. Es gab einen Aufschrei, die Kinder wollten es nicht, für sie war ich jetzt der Pilger geworden und ich musste weiterhin so aussehen wie jetzt, da ich mit meiner Reise noch nicht fertig war. Wir liefen weiter durch die Stadt, argumentierten und diskutierten, bis wir ein Friseurgeschäft fanden. Dann setzte ich mich doch durch und ging hinein. Sicherlich war ich so neugierig wie ein Küken, wie ich als normaler Mensch wieder aussehen würde. Stefana, Joachim und Dave trafen auch Pepe d'Alicante, und auch er wartete draußen, um mein neues Ich zu sehen. Es war, natürlich, ein gewisser Schock für alle, die draußen warteten, einschließlich mir. Ich hatte meine „weise und weiße Aura" verloren, aber eigentlich war ich ein Bursche, der ganz OK war. So eine Umwandlung war schwer zu verdauen für jemanden, der mich als erstes als Pilger mit weißem Bart kennengelernt hatte. Es gab viel Gelächter und jeder wollte mein Gesicht anfassen, um sicherzugehen, dass keine Zauberei oder Trick im Spiel waren.

Nach ein paar Bierchen in einer Kneipe war alles wieder gut. Joachim und Dave hatten endlich ihre Gepäckstücke lokalisiert, sie waren in Pedrouzo angekommen, wo wir vor einem Tag übernachtet hatten, und sie beschlossen, mit einem Taxi dorthin zu fahren und das Gepäck selbst zu holen. Die Kinder nahmen sich drei Zimmer in einem Hotel und ich wollte weiter in einer Pilgerherberge übernachten. Wir verabschiedeten uns für das Abendessen.

Am Abend landeten wir auf einer Terrasse und aßen und tranken sehr gut, aber irgendwie wurden es mehr und mehr von uns am Tisch und ich hatte noch nicht genug getrunken, um doppelt zu sehen. Die Jungs waren auch im Besitz ihres Gepäcks und alles war gut (auf dem Rückflug waren die Gepäckstücke am Flughafen wieder auf einem anderen Flieger gelandet und wieder nicht in Berlin angekommen, so etwas konnte nur Joachim oder Dave passieren). Es war eigentlich keine Terrasse, sondern einfach Stühle und Tische, die auf die Straße gestellt worden waren, sodass es kein Problem war, noch einen Tisch und ein paar Stühle dazuzuholen. Pepe war da, Kelly und ihre Freundinnen waren da, Nadja war auch da, ich sah sogar Silvio ... Es war nett, freundlich, das Gefühl, wieder in dem Mauskäfig der Gesellschaft gefangen zu sein, hatte noch keine seelischen Konturen angenommen und das Bedürfnis zu Feiern war auch da. Ich fühlte mich auch normal, auch wenn ich ab und zu die erstaunten, aber gut versteckten Blicke von Kelly, Nadja und den anderen auf mir spürte, die nicht begreifen konnten, dass ich und ich dieselbe Person waren. Es war auch der Abschiedsabend von Stefana, sie musste am nächsten Morgen wieder nach London, glaube ich, zurückfliegen.

Am nächsten frühen Morgen verabschiedete ich mich von Stefana und umarmte sie noch einmal lange, ein großartiges Mädchen, es tat mir wahnsinnig leid, dass ich ihr nicht weiterhelfen und ihren Schmerz lindern konnte. Wir waren aber einige Tage zusammen gelaufen und hatten eine starke Bindung gehabt, was uns beiden sehr guttat, um einander, aber auch selber zu verstehen, wie wir mit dem Tod von Martine umgehen sollten.

Ich möchte an dieser Stelle allen dafür danken, die mich in diesen Monaten unterstützt und an mich gedacht haben.

Ich habe gestern Morgen an einem heiligen und mystischen Tag Santiago de Compostela erreicht.

Ich bin 3420 (dreitausendvierhundertzwanzig) Kilometer gelaufen und bin genauso erstaunt wie sie, dass ich diesen Weg wirklich gegangen bin.

Meine Kinder sind auch da und waren bei mir in den letzten Tagen, wir sind zusammen gelaufen. Das war ein sehr emotionaler, unbeschreiblicher Tag, in Santiago, in der Kathedrale und rund um die Kathedrale.

Ich versuche mich immer noch zu erinnern, warum ich das alles getan habe, aber die Tatsache, dass ich mich nicht mehr genau erinnere, ist vielleicht eine gute Sache. Möglicherweise muss ich Martina fragen.

Es ist eine außergewöhnliche, einzigartige, unerklärliche und unbeschreibliche Reise in mich hinein. Und ich sage bewusst „es ist“, weil die Reise noch nicht beendet ist. Ich fühle mich so gesegnet, dass ich hier nicht aufhören möchte. Ich bin mir nicht sicher, ob ich überhaupt aufhören will.

Eigentlich gibt es nur vier Dinge, die mich an dieser Stelle aufhalten können:

1. *Meine Stiefel gehen kaputt. Diese Stiefel sind wie meine erste Liebe, einzigartig und können nicht ersetzt werden. Wenn also die Stiefel brechen, kann ich barfuß anhalten oder weitermachen, da ich in*

meinem ganzen Körper und Geist das Gefühl habe, dass die ultimative bescheidene und natürlichste Art, sich selbst zu verstehen, darin besteht, barfuß zu gehen. Das werden wir sehen.

2. *Ich werde krank. Hoffentlich wird dies nicht der Fall sein, aber ich werde sicherlich in so einem Zustand mit dem Pilgern aufhören müssen.*
3. *Ich entdecke die wahre Bedeutung und den heiligen Gral des Gehens, indem ich verstehe, wie ich ohne Gehen gehen kann – indem ich dieses schöne Gefühl von Frieden, Harmonie, Selbstvertrauen, wahrer Liebe, dieses Gefühl, von der Natur geteilt zu werden und mit der Natur zu teilen, dieses emotionale und erfüllende Gefühl des Gebens in mir spüre – indem ich nur in meinem Kopf wandere, da wir in vielerlei Hinsicht alle Pilger sind, ohne es zu wissen.*
4. *Eigentlich erinnere ich mich nicht mehr, was das vierte Ding war ...*

Ich werde dann meine Pilgerreise auf anderen Ebenen fortsetzen.

Die Zeit wird mir sagen, wann ich aufhören muss und was mich aufhalten wird, aber jetzt werde ich weitergehen.

Also, mit anderen Worten, wie meine Tochter sagte ... „Ich gehe, deshalb bin ich."

Camino Portugues

Spanien

Es war mein letzter Tag in Santiago.

Joachim, Dave und ich hatten einen Männertag, das heißt, die Jungs schliefen lange und ich ging einkaufen. Ich kaufte mir neue Unterwäsche und T-Shirts – die alte Unterwäsche konnte man nicht mehr waschen, es sei denn, ich hätte sie erst in einem großen Topf gekocht, den ich nicht hatte. Ich checkte alle Sachen noch mal, ob sie in Ordnung waren, Schlafsack, Isomatte, Zelt, Messer, Essbüchse. Ich pflegte die Laufstiefel noch einmal und machte das Bandana sauber, und ich war eigentlich fertig, um meine neue Reise anzutreten. Dann ging ich zu den Jungs und wir spazierten einfach noch einmal durch Santiago und aßen am Abend noch mal herrlich und gepflegt. Es tat sehr gut, mit Joachim Zeit gemeinsam zu verbringen. Er wusste immer, wie man jemanden wieder zum Lachen oder zumindest zum Schmunzeln bringt, hatte Esprit und reichlich Humor, war fürsorglich, warm und lieb. Es war genau, was ich brauchte, um diese weitere Reise anzutreten, genau wie in Berlin, vor über fünf Monaten, als ich den Camino anfing. Es war ein wunderbarer Abend und ich spürte ihn wieder so nah. Natürlich tranken wir zu viel, weil es das ist, was Männer, insbesondere Vater und Sohn, machen, wenn sie sich nach langer Zeit wiedertreffen. Dave war auch sehr lieb und wollte ständig, aus Rücksicht und Anständigkeit, im Hintergrund bleiben und uns uns unterhalten lassen. Ein lieber, lieber Kerl.

Am nächsten Morgen verabschiedeten wir uns auch lange und ausgiebig, umarmten uns und dann ging ich los.

Ich entschloss mich, nach Süden, nach Portugal, zu wandern, da westlich und nördlich der Atlantik war und östlich hieße wieder zurück die alte Route nach Berlin zu laufen, es sei denn, dass ich mich irgendwo bei Gerard oder so niedergelassen hätte, was eigentlich sehr unwahrscheinlich schien, und wieder sechs Monate unterwegs zu sein, bis Februar, in der

Kälte, dem Schnee und Regen schien mir nicht machbar. Auch die Logistik war zu heroisch, da ich dann nicht würde zelten können, die Pilgerherbergen im Winter nicht geöffnet waren und ich auch keinen Bitt- und Bußgang nach Canossa machen müssen wollte. Außerdem wollte ich auch nicht von Hotel zu Hotel und dort übernachten, da so etwas in meinem Verständnis kein Pilgern war. Also fiel die Entscheidung ziemlich schnell. Sicherlich hatte ich in Portugal auch eine Bleibe, in Praia del Rey, sicherlich war Ana auch ein Faktor, obwohl ich zu der Überzeugung gekommen war, dass es nie zwischen uns funktionieren würde, aber sie war noch da und wartete auf mich, und mit dem Herz weiß man ja nie, wie die Sachen laufen. Es war auch Maria, die Maria meiner Träume, die mittlerweile Mitte vierzig oder so sein könnte, und ich dachte, sie ist höchstwahrscheinlich verheiratet (vielleicht unglücklich?) mit Kindern, und ich wusste immer noch nicht, wo sie zu finden war. Ich hatte doch einen Schimmer Hoffnung, sie zu treffen, vielleicht auch in Portugal, wer weiß… Also, nach Portugal pilgern. Portugal, ich komme!

Ich hatte ungefähr 45 Kilometer zu laufen, was eigentlich wie eine Bagatelle erschien, im Vergleich mit dem, was ich schon bis jetzt gelaufen war, aber meine körperliche und geistige Einstellung war nicht optimal. Ich lief gegen den Strom der Pilger, da die Pilger von Lissabon oder Porto Richtung Santiago de Compostela liefen, insofern waren die Markierung und die Wegweiser anders als ich gewöhnt war, und dadurch ein wenig verwirrend für mich. Ich landete schon am ersten Tag irgendwo anders als ich wollte, und musste zum Teil umkehren, wie gesagt nicht optimal. Und da war noch etwas, mir war nicht so klar, warum ich noch laufe, ich hatte dieses Gefühl, dass ich die Pilgerreise schon beendet hatte, also hatte es eigentlich keinen Sinn, weiter zu laufen. Der Körper weigerte sich auch – er hatte sich total entspannt, als wir Santiago erreicht hatten. Ich hatte vielleicht die Gesamtanstrengung des Körpers in den letzten fünf Monaten unterschätzt, der Körper hatte sich die letzten Wochen und Tage durchgequält und ausgehalten, weil er wusste, dass die Erlösung in Santiago kommt. Es war so, als hätte ich einem Marathonläufer am Ende seiner Strecke gesagt: „Pass auf, jetzt muss du zurück weiter laufen …“

Na ja, ich hatte meine Tagesetappe gekürzt und mich entschlossen, nur bis Padrón zu laufen, etwa 20 Kilometer, um mich und meinen Körper mit der Idee des Weiterlaufens anzufreunden und ihn nicht so sehr zu strapazieren. Und außerdem ist Padrón die Heimat der berühmten „Pimientos de Padrón“, diese unreife, grüne Paprika, gebraten und gesalzen, die göttlich schmeckt. Die Etappe war irgendwie traurig. Das Wetter war mild und freundlich, aber die ersten Zeichen des Herbstes waren da, die Sonnenstrahlen liebkosten, das Licht tauchte die Farben in milde und romantische Töne, die Bäume hatten angefangen, stolz und beinahe arrogant ihre Vielfältigkeit zu zeigen, und man hätte fast an jeder Ecke Äpfel, Birnen, Nüsse, Trauben, Pflaumen und sogar Mirabellen pflücken können. Ich aß so viel Obst wie lange nicht mehr. Es fühlte sich bizarr an, einfach so zu laufen, ohne ein Gelübde vorher abgelegt zu haben, auf einem Camino zu laufen, sogar in die „falsche“ Richtung zu laufen. Ich hatte immer noch meinen Pilgerpass dabei und fragte mich, ob ich mir in Padrón einen Pilgerstempel holen sollte oder nicht. Ich kam also am Frühnachmittag ganz entspannt, verwirrt und mit meinem Bauch voll von Früchten in Padrón an. Padrón gefiel mit sehr gut, mit einer schönen Kirche, „Santa Maria de Iria Flavia“ (wo ich doch den Pilgerstempel holte), einem schönen Marktplatz und einfach schönen, alten, mit Geschichte beschichteten Häusern, mit alten Platanen und einer wunderbaren, alten Brücke und kaum Menschen, es war Siesta-Zeit. Ich fand doch eine offene Terrasse, wo ich mein San-Miguel-Bier genüsslich trank und an die komische Situation, in der ich mich befand, dachte.

Die Bedienung brachte mir auch die bestellte Portion Pimientos de Padrón, also war alles easy und gelassen. Ich hatte auch beschlossen zu zelten, Padrón hatte zwei Alberguen, es waren vielleicht 3.000 Schornsteine in der Stadt, und die wenigen Menschen, die auf der Straße waren, sahen freundlich aus und passten irgendwie – mit deren Kleidung und deren Aussehen – sehr gut in das malerische Bild der Stadt. Ich wollte halt zelten, ich dachte es wird mir helfen, diesen Teil des Pilgerns besser zu verstehen. Dann trank ich noch ein Bierchen und ging mir einen schönen Platz für das Zelten suchen. Ich fand eine schöne Wiese am Ende der Stadt, in Richtung Caldas del Rei, mein nächstes Ziel, und baute mein Zelt auf.

Es war richtig angenehm, nach den vielen Alberguen in den vielen Dörfern, in denen ich vor kurzem in Spanien übernachtet hatte, wieder im Freien zu schlafen.

Eigentlich baute ich mein Zelt gar nicht mehr auf und übernachtete einfach unter freiem Himmel. Es war angenehm warm und ich sah einen Himmel voller Sterne, ein echtes „Feld der Sterne“ – Compostela. Ich versuchte wieder zu verstehen, was mit mir passierte. Für den Weg von Berlin nach Santiago de Compostela hatte ich mich vorbereitet, hatte einen Plan mit Etappen, Etappenlängen, Übernachtungsmöglichkeiten, notwendiger Ausrüstung, Einrichtungen, die ich unbedingt sehen wollte, und solchen Sachen. Auch wenn ich oft vom Plan abwich, kam ich früher oder später wieder auf den geplanten Weg. Jetzt war ich am Laufen und würde sehen, was halt passiert. Ich hatte jetzt keinen Plan und wollte eigentlich keinen Plan mehr machen oder haben. Ich wusste natürlich die Richtung, dass ich erst einmal in Richtung Süden, Richtung Porto laufen musste, nah, aber nicht sehr nah am Ozean, dann Richtung Lissabon, wobei ich auch unbedingt in Coimbra landen wollte. Es war aber richtig, ohne Ruder einfach loszulaufen und mich vollkommen in die Arme des Weges zu begeben. Es fühlte sich so an wie eine Steigerung des Freiheitsgefühls, im Vergleich mit dem Pilgern, das ich bis jetzt gemacht hatte, wo ich Tausende von Kilometern lief und lief, aber meistens mit Zeit- und Raumvorgaben, wann und wo ich sein musste, gemäß meiner Planung. Jetzt wusste ich, dass ich Coimbra und Fatima sehen wollte, aber wann und wie ich es tat, war unwichtig. Wichtig war, endlich zu wissen, wohin mit meiner Seele und wo ich meine Heimat finden würde.

Also war ich mit meinen Gedanken zufrieden und schlief wie ein Baby ein.

Am nächsten Morgen wurde ich von dem Morgentau, von dem Geruch der feuchten Grasgarben und von dem nicht zu überhörenden Brüllen der Kühe und der Lämmer, die nach Futter verlangten, geweckt. Es war noch halb dunkel, es war trotzdem idyllisch, rustikal, bukolisch. Ich lag noch einige Minuten auf dem Gras, um alles in mich aufzunehmen und mir diese sinnliche Schönheit einzuprägen.

Alles gut und schön, aber ich wollte mich waschen, einen warmen Tee oder einen heißen Kaffee trinken und auch eine Toilette besuchen. Ich stand dann auf, packte meine Sachen zusammen und legte los, in der Hoffnung, bald eine Bäckerei, Albergue oder so was Ähnliches zu finden. Nach einer Stunde fand ich auch eine Bäckerei, die offen hatte und die mir auch eine Toilette anbot, und die Welt war wieder heile.

Ich lief ein paar Stunden sehr gut und es war wie ein Segen, wieder allein zu sein. Das bedeutete, dass ich schon einige Pilger traf, die aber alle in die Gegenrichtung liefen. Ich dachte, es würde mit schwerfallen, niemanden zu haben, den ich überhole müsste, aber diese Macke hatte ich nur in Südfrankreich und Spanien. In Deutschland und in der Schweiz lief ich auch ziemlich allein. Also alles gut, ich spürte die Einsamkeit und ihre Vorteile wieder und alles war in guter Ordnung. Ich ging durch ein Dorf und holte mir Proviant, in einem anderen Dorf holte ich meinen Pilgertempel ein, wobei der spanische Priester, der dabei war, mir die ganze Zeit zu erklären versuchte, dass ich in die falsche Richtung lief, bis ich ihm mein Diplom von der Kathedrale von Santiago de Compostela vorzeigte und ihn beruhigen konnte. Ich machte auch Rast in einem Dorf namens „A Baxe“, das zwar abwärts von dem Camino war, aber um so authentischer. Ich pflückte wieder einmal Trauben zum satt werden und ging dann weiter bis Santa Margarida, wo ich auch übernachtete. Ich schlief wieder im Freien. Einschlafen war so schön, in der Ruhe des Abends.

Das Aufwachen am Morgen, mit Geruch und Geräuschen, Kühen und Schafen, war auch hervorragend, obwohl auch so natürlich, ohne Wecker, Fernseher oder Computer. Ich hatte halt eine Bauernseele. Ich sprach am Abend auch mit Ana, sie freute sich riesig, dass ich mich entschlossen hatte, weiter nach Portugal zu laufen, und wir schmiedeten vorsichtig wieder Pläne, wobei eine gewisse Hülle des Misstrauens zwischen uns zu spüren war. Ich war natürlich glücklich, sie bald wiederzusehen. Auch die letzte Tage wechselten wir Nachrichten, aber es waren ziemlich neutrale, höfliche Nachrichten.

Am nächsten Tag wollte ich nach Pontevedra laufen, eine fünfstündige Etappe, eine Steigerung über die letzten zwei Etappen, aber mein Körper hatte sich wieder zum Laufen eingestellt, ich war wieder in Form und freute mich auf das Leben und Laufen. Ich war immer noch in Spanien und konnte es kaum erwarten, Portugal zu erreichen. Nach der üblichen Suche nach einer Toilette, Waschmöglichkeiten und Frühstück lief ich weiter und beschloss eine Marktuntersuchung zu machen. Ich hatte ein T-Shirt an, auf dem geschrieben stand:

I  N.Y.

Im Gegensatz zu dem bekannten Spruch:

I <8 N.Y.

Es ist wohl bekannt, dass man Hass / Hate nicht so ohne weiteres abbilden kann, wie man Liebe / Love mit einem Herzchen darstellen kann. So entschied ich mich, ein bisschen zu tricksen und als Bild einen Hut / Hat abzubilden.

Ich wollte die Aussage „I Hate New York“ andeuten, in der Hoffnung das man aus dem „**I Hat N.Y.**“ relativ einfach „**I Hate N.Y.**“ ableiten kann.

Ich wollte den entgegenkommenden Pilgern ein Paar Fragen stellen. Meine Fragen waren immer dieselben: Sprechen Sie Englisch? Ein bisschen vielleicht? Ich habe einen einfachen Test für Sie. Könnten Sie deuten, was auf meinem T-Shirt steht?

In den nächsten zwei Stunden kamen mir vielleicht 450 Pilger entgegen, aber ich fragte nur 273 von ihnen, da die anderen keine gute Stimmung ausstrahlten, und sie so tief in ihre Sachen vertieft waren oder ich sie einfach nicht mochte. Ich schrieb alles auf und nahm mir vor, am Abend die Antworten auszuwerten.

Aber ich lachte wie lange nicht mehr. Ich beobachtete das Verhalten der Pilger und deren Reaktionen, wie spritzig und wie lahm einige von ihnen waren, wie lustig sie antworteten, wie kokett einige der Frauen waren. Es wäre brilliant gewesen, hätte ich jemanden dabeigehabt, um alles zu filmen. Es waren Spanier, Portugiesen, Franzosen, Amerikaner, Polen, Tschechen, Briten und natürlich Deutsche dabei.

Von den 273 Person, die ich fragte, konnte ich einige allgemeine Beobachtung machen:

- Die Mädchen reagieren schneller als die Jungs, auch wenn die Antwort falsch ist, da sie wahrscheinlich mehr TV-Quizsendungen sehen als die Männer
- Die Spanier sprechen kein Englisch
- Das portugiesische Volk schaut immer auf das größere Schema der Dinge
- Die Franzosen mögen keine analytischen und komplizierten Sachen
- Den blonden Mädchen ist es egal, wie die Antwort lautet, solange sie dabei gut aussehen – ich hatte nur drei oder vier blonde Mädchen gefragt, daher ist die Verallgemeinerung nicht unbedingt repräsentativ
- Männer scheinen immer eine Exit-Strategie zu haben („Ich habe keine Zeit dafür, ich muss die Tagesetappe in der vorgegebenen Zeit schaffen ...")

Eine potenzielle Schlussfolgerung war, dass wir möglicherweise eine weitere Ausgabe der Shirts mit der folgenden Nachricht benötigen, um Klarheit zu schaffen:

I  to <8 N.Y.

Ich erreichte Pontevedra, ohne überhaupt die fast fünf Stunden Lauf zu spüren. Eine alte Großstadt, am atlantischen Ozean, eine obligatorische Pilgerstation auf dem portugiesischen Camino, mit einem schönen Marktplatz namens „Plaza de la Peregrina", wo sich auch eine besonders schöne Kapelle, gewidmet den Pilgern, befand – ich holte mir gleich den

Pilgerstempel. Die Kirche, die „Sanktuarium der Virxe Peregrina“ heißt, war als eine Barockkirche, als Heiligtum der jungfräulichen Pilgerin errichtet worden, die als Schutzpatronin der Stadt und der Pilger galt. Es gab vor der Kirche auch einen schönen Platz, um Rast zu machen, wo ich die schönen Sonnenstrahlen des Nachmittags genoss, die Ruhe auskostete und mir nochmal gerne den galizischen Dialekt der Menschen anhörte.

Leider fand ich keinen Schlafplatz, ich erzwang jedoch irgendwie das Versprechen der kirchlichen Albergue, einen Stück Boden zum Schlafen zu bekommen. Allerdings erst am späten Nachmittag, wenn die Pilgerauslastung der Einrichtung sich etwas reduziert haben würde. Also hatte ich in etwa noch zwei Stunden, um die Stadt zu besichtigen, was ich auch machte, aber, aus unbekannten Gründen, landete ich doch auf einer netten Terrasse und trank mein San Miguel genüsslich und gepflegt. Ich dachte nochmals über die letzten Tage nach. Ich musste etwas an mir haben, warum die Leute, die ich unterwegs traf, mich immer noch anstarrten und manchmal sogar ansprachen. Ich hatte keinen Bart mehr, also konnte es nicht an dem langen Bart liegen. Sicherlich war ich fast der einzige verrückte Pilger, der in die Gegenrichtung pilgerte, aber das allein reichte vielleicht auch nicht als Erklärung. Ich glaubte, es musste irgendwie eine Ausstrahlung sein, aufgrund der langen Pilgerreise und Erfahrung, vor allem spirituellen Erfahrung, die ich hinter mir hatte. Stefana hatte mir das beste Kompliment vor einer Woche gemacht, als sie mir sagte, dass sie nicht mehr sicher sei, ob die Leute sie oder mich anstarrten, wenn sie uns begegnen (als wir zusammen, Seite an Seite, den Camino liefen). Ich spürte, ich war entspannter und gelassener geworden und ließ die Sachen auf mich zukommen, natürlich hoffte ich aber auch, dass ich aufspüren und aufnehmen würde, wenn der Camino mir etwas über meinen weiteren Lebensweg zuflüstern würde. Mal sehen.

Ich ging zurück in die Albergue und tatsächlich bekam ich einen Schlafplatz auf dem Boden, in einem schönen Raum, der nach einer Bibliothek, einem Ruheraum für die Priester, oder so etwas Ähnlichem aussah. Ich war allein in diesem Raum und fühlte mich ziemlich geehrt und vielleicht bevorzugt, so einen schönen Schlafplatz zu haben. Es war vielleicht auch ein Zeichen, dass ich meine Idee über die außerordentliche Buchhandlung mit Bibliotherapie, die ich das letzte Mal, als ich in Lissabon mit Ana war, entwickelt hatte, doch weiterverfolgen sollte. Ich hatte ziemlich oft, seitdem ich in Lissabon war, gedacht, wie ich so etwas bewältigen könnte, aber ich hielt die Idee doch für eine Ablenkung von meinem Pilgerweg und dementsprechend hatte ich sie nicht weiterverfolgt.

Ich konnte endlich nach den Tagen des Zeltens wieder duschen und meine Zähne putzen und sogar meine Unterwäsche waschen. Ich dachte vor dem Einschlafen noch mal, wie wenig man eigentlich braucht, um zufrieden mit sich selbst, ja, vielleicht auch glücklich zu sein.

Am nächsten Morgen stand ich später auf, frühstückte ganz gut und brach wieder Richtung Süden auf. Der Weg war voller Geschichte. Am Anfang war es langweilig, am Rand der Straße zu laufen, dann ging es durch die Weinfelder, wo ich wieder zwei Kilo Trauben mitnahm, die ich anschließend genüsslich aß, während ich durch die Wälder und Berge ging. Der Weg lebte, es war zum großen Teil ein geteerter Weg, aber geteert auch mit kleinen, ovalen, von Ewigkeit geprägten Bachsteinen, und vom ganzen Straßenbelag her war sichtbar, dass ich mich auf einer alten Römerstraße befand. An den Vertiefungen des groben Steinpflasters glaubte man, die Radspuren alter Fuhrwerke noch erkennen zu können und diese irgendwie antiken, vergessenen Straßen hatten auch ein Meter hohe Ränder, die mit großen Steinblöcken errichtet worden waren. Ich hatte das Gefühl, Geschichte zu erleben, es hätte mich nicht überrascht, eine Pferdetroika von einem Pferderennen in der Antike entgegenkommen zu sehen. Na ja, ich war immerhin noch in Galizien, einer ehemalige Römische Provinz. Es passte alles. Nach ein paar Stunden machte ich Rast in einer Kleinstadt, Redondela. Das Wetter war angenehm, die Wälder schützten mich vor der stechenden, heißen Nachmittagssonne. Ich wurde von diesem Traum der Geschichte in die jetzige Zeit durch die Schönheit der Natur zurückgeworfen, als ich auf einer Terrasse Platz nahm und mein Mittag-, eigentlich Nachmittagessen kostete und den Atlantischen Ozean an der schönen Bucht von Vigo, bei einer guten, kühlen Flasche Estrella – der zweitbekanntesten Biersorte Spaniens – bewunderte.

Ich wollte in den Pausen oder am Abend ein bisschen über den Camino Portugues lesen und mehr erfahren, aber überraschenderweise, gab es kaum Literatur im Internet über diesen Weg, was ich eigentlich gut fand – weil viel von dem Weg unberührt und vielleicht auch unempfindlich von Globalisierung und Agrotourismus blieb – auch wenn es ein bisschen frustrierend war. Na ja, ich lief weiter, der Weg war genau wie vorher, eine sehr schöne Strecke zum Laufen.

Ich spürte, wie die Natur überall sie selbst war und ich wollte auch ich selbst sein, wie ich war, nur war mir nicht so klar, wie ich war. Ich denke, das war auch mein Drama und ich musste unbedingt herausfinden, wie ich tatsächlich bin. Es ist nicht einfach, weil man so viele Facetten, so viele unterschiedlichen Persönlichkeitszüge hat, insbesondere wenn man sich zum größten Teil durch die anderen definiert oder wenn man empfindlich auf die Meinung der anderen reagiert. Ich habe mich immer erfüllt und glücklich gefühlt, wenn ich die anderen glücklich machen konnte, das war mein Mantra. Genau wie die Lebensweisheit, die ich meinen Kindern so oft vorgetragen habe, dass es besser ist, mehr zu geben als zu nehmen und es besser ist, das kleinere Stück Kuchen zu nehmen als das größere, aus zwei Gründen: erstens, dass man nicht beschuldigt werden kann, dass man mehr genommen hat als die anderen (es kommt sehr selten vor, wenn überhaupt, dass man beschuldigt wird, weil man weniger genommen hat als die anderen) und zweitens, die innere Freude zu sehen, wie die anderen sich freuen – wohl wissend dass man zu dieser Freude beigetragen hat – eine Freude, die nicht absolut war, aber ganz nah dran. Und das gilt sowohl für materielle oder praktische Dinge als auch für Zuwendung, Liebe oder andere gefühlsmäßige Anmerkungen oder Feststellungen.

Bei mir war es tatsächlich so, dass ich mich oft in den anderen hineinversetzen musste, um zu versuchen, deren Gedanken zu lesen, aus deren Gesten, Blicken oder Äußerungen zu verstehen, was ich tun konnte, um sie glücklich zu machen, das heißt, deren Glück war auch mein Glück geworden. Warum ich so war? Eure Vermutung ist genauso gut wie meine, und ich dachte, dass es sicherlich der Weg war, der solche Gedanken in uns freisetzte, und vielleicht auch Antworten und Lösungen zu den wichtigen Fragen, die man sich selbst stellt, finden würde. Ich brauchte also noch ein bisschen Geduld.

Es war spät geworden und ich hatte noch eine kleine Strecke zu laufen, also machte ich mich doch wieder auf den Weg. Der Weg war am Anfang schön, weiter durch die Felder, aber nach etwa einer Stunde verbreiterte sich der Weg und mündete in eine Landstraße, was nicht mehr so angenehm war.

Bald erreichte ich auch Mos – eine Gemeinde immer noch in Galizien, mit etwa 15.000 Einwohnern – und mein Etappenziel. Es gab nur eine Albergue in Mos, die Albergue Municipal, die sehr schlecht und schmutzig aussah, sodass ich mich entschloss, wieder zu zelten. Also baute ich mein Zelt auf, aß meine Reste vom Proviant und blieb dort. Ich hatte keine Lust, irgendwo in eine Kneipe zu gehen. Mos sagte mir überhaupt nicht zu, ich wollte endlich Portugal erreichen, aber das war für den nächsten Tag geplant. Ich versank wieder in meine Gedanken.

Ich erinnerte mich, wie ich es als Kind (und Erwachsener noch mehr) hasste, wenn die Kinder beim Spielen oder sonst wo schummelten. Warum? Ich weiß es nicht. Es war so. War es vielleicht aufgrund der Bücher, die ich gelesen hatte? War ich hochempfindlich wegen des ethischen, moralischen Erziehungsgerüsts, das uns anerzogen wurde? Ich weiß nur, wie wütend ich war, als Bezirkswahlen waren, demokratische Wahlen, aber überall, in allen Bezirken Bukarests, war nur ein Kandidat pro Bezirk angemeldet! Warum es so war, konnte mein Vater, hoher Offizier in der rumänischen Armee, mir nicht so klar erklären, und ich war erschrocken, dass er so eine einfache Maskerade nicht als solche gesehen haben wollte, denn so eine Heuchelei machte mich wütend. Ich hasste es zu schummeln, bis heute noch. Und ich hasste noch es mehr, des Schummelns bezichtigt oder verdächtigt zu werden. Ich hasste es so sehr, dass ich mir schon damals angewöhnte, aus der Trennlinie zwischen Schummeln und nicht Schummeln eine Trennfläche zu machen, ich meine, den Umständen und Konturen meines Verhaltens nicht die geringste Angriffsfläche oder den Verdacht des Schummelns anzubieten und ganz eindeutig als korrekter Spieler betrachtet zu werden. Nichtsdestotrotz nahm ich oft, wenn ein Zweifel an einem Sachverhalt entstand und jemand verdächtigt wurde, die

Schuld auf meine Kappe, weil es mir so leid für denjenigen oder diejenige tat, und ich wollte deren Schuld auf mich nehmen.

Als ich älter wurde, hatte sich dieses Verhalten von mir ein wenig gelegt und ich hatte den Gerechtigkeitszügen Vorfahrt gelassen, aber was mich betraf, ich konnte und wollte nicht schummeln.

Es war auch so, dass ich viele Jahre später, als ich schon Student war, erfuhr und indirekt erlebte, dass meine Mutter meinen Vater betrogen hatte. Ich hatte es auch früher irgendwie gespürt, meine Mutter war immer kokett, gutaussehend und hatte ihr Selbstvertrauen aus Flirten gezogen, und sie konnte echt flirten. Aber ich wollte die Wahrheit vielleicht nicht wahrhaben, denn eine ganze Welt wäre dann für mich zusammengebrochen, umso mehr, da ich meinen Vater so sehr liebte und bewunderte, und ich empfand die ganze Geschichte als sowas von unfair, ehrlich gesagt zum Kotzen. Als ich während der Studienzeit die Bestätigung der außerehelichen Beziehung meiner Mutter mitbekam, war ich schon stark genug, so einen Schlag auf mein Kinn zu nehmen, und ich konnte, dachte ich, die Schmerzen ertragen. Dies hatte mit Sicherheit stark dazu geführt, dass ich Loyalität noch mehr als wesentliche Charaktereigenschaft, wenn nicht „die wesentlichste“ zählte, und Schummeln verdammte, Fremdgehen zählte damals für mich auch dazu. Es hatte auch dazu geführt, dass die Beziehung mit meiner Mutter stark darunter litt und wir nie wieder so zueinanderkamen, wie ich ihre Nähe und Liebe in meiner Kindheit spürte und spüren wollte.

Und es gab noch was. Ich konnte mir als Kind, und als Erwachsener genauso, kaum Sachen wünschen. Ich weiß nicht, warum. Ich glaube, ich war so gestrickt, verdrahtet, programmiert, mir Sachen nicht zu wünschen. Sicherlich wollte ich Sachen erreichen, also habe ich Sachen gewollt und dafür gekämpft. Ich wurde zum Teil auch so von meinen Eltern getrimmt, ich konnte fast alle verrückten Sachen machen, vorausgesetzt dass ich am Ende des Schuljahres bei dem üblichen, jährlichen Schulfest auf dem Podium stand, wo die drei besten Schüler jeder Klasse standen und die Prämien entgegennahmen. Das war der Preis für meinen Schutzschild, in Form meines Vaters, der mich überall für mein spitzbubenartiges, unsinniges, dummes Zeug, was ich in der Schule veranstaltete, und es waren nicht wenige Male, verteidigte und alles als kindischen Kram bezeichnete. Auch jetzt, wenn ich mich manchmal in mein zehn- oder zwölfjähriges Ich zu verwandeln versuchte, spürte ich nur so ein vages Gefühl von Angst, dass die Sachen, die Geschenke, die ich mir teilweise wünschte und auch bekam, nicht richtig meiner Vorstellung entsprechen und ich dann meine Enttäuschung nicht verbergen können würde. Ich empfand es als ungeheuerlich, den Geschenkgeber, der sich bemühte, etwas für mich zu tun, traurig oder enttäuscht zu machen. Also äußerte ich lieber keine Wünsche. Und sicherlich machte ich auch die Situation insbesondere für meine Familie dadurch noch schwerer, mir Sachen zu schenken. Aber zumindest hoffte ich, herauszufinden, wie sie mich betrachteten und was sie gedacht hatten, was ich mir gewünscht hätte haben können. Na ja, ich war auch kein einfaches Kind.

Ich war als Kind aber doch sehr ambitioniert, tatkräftig, hatte Ausdauer und wollte mir Ziele setzen, zum Großteil allerdings nur Sachen, die ich selbst erreichen konnte und wo ich nicht auf die Hilfe von anderen angewiesen war, vor allem nicht auf die Hilfe der Erwachsenen. Ich war der Beste in fast allen meinen Unternehmungen, egal, ob in schulischen, sportlichen oder sonstigen bubenbandenmäßigen Angelegenheiten.

Also konnte alles, was ich in meiner Kindheit erlebt hatte, dazu beigetragen haben, dass ich so geworden war, wie ich war? Vielleicht ja, vielleicht war alles bei mir schon bei der Geburt gestrickt, ich weiß es nicht. Man wird ja nie genau wissen, dass ich war, wie ich war, und ich glaubte, daran nicht viel ändern zu können, auch wenn ich es wollte. Tatsache ist, dass ich bis jetzt doch ein schönes, erfolgreiches Leben gelebt hatte, mit zwei wunderbaren Kindern, auch wenn ich zwei unglückliche Ehen hinter mir hatte. Hätte ich etwas anders gemacht haben wollen? Ich glaube, im Wesentlichen nicht, und ich sage es nicht aus Bequemlichkeit oder Angst vor dem Versagen, sondern weil ich tatsächlich der Überzeugung war, dass ich nicht so verkehrt war und dass ich die moralische, väterliche, seelische sowie finanzielle Verantwortung für mich und meine Familie mit Stolz und Würde trug.

Die einzige Sache, die ich damals nicht verstand und vielleicht bis heute nicht, war die Liebe. Für mich war die Liebe einfach Hingabe,

Leidenschaft, Ergebenheit, Verwirrung und gleichzeitig eine explodierende Intensität der Intimität der Gedanken, der Seelen und der Körper, bis zu einem Punkt, an dem alle diese Dinge ineinander verschmelzen und dann nur ein absolutes Glücksgefühl bleibt. Ich war ständig verliebt und ich habe geliebt zu lieben, ich habe es geliebt, verliebt zu sein, ich habe mich ständig nach diesem absoluten Glück gesehnt, was ich bis jetzt immer noch nicht erlebt hatte, und wenn schon, dann, ja, irgendwie nur punktuell. Ich war zwar ein paar Mal nah dran, nah genug, um zu spüren, dass es so etwas geben könnte, aber ich hatte es noch nicht erlebt – ich hätte es bestimmt gewusst, wenn so etwas passiert wäre, möglicherweise wäre ich in diesem Zustand des Absoluten für immer geblieben.

Ich hatte mich mit den Gedanken eines alten Ehepaares beschäftigt, das einander nach Tausenden von Jahren des Zusammenlebens, einschließlich Eheberatung, immer noch nicht genau kannte. Er träumte immer noch von Dornröschen und sie sehnte sich nach Prince Charming, während sie darüber stritten, wer an der Reihe war, den Müll rauszubringen. Ich war sicher, dass es in einer ganzen Reihe von wunderbaren Ehen genauso war. Ich hatte immer und immer an die Existenz dieses absoluten Gefühls gedacht und gehofft, dass ich eines Tages ein Teil davon sein könnte. So ein Gefühl wäre mit der Maria meiner Träume mit Sicherheit für uns beide entstanden.

Es fühlte sich so an, als hätte ich die ganze Nacht nicht geschlafen, vielleicht war es auch so, auf jeden Fall stand ich auf, sobald ich das Muhen der Kühe und das Zwitschern der Vögel hörte, baute mein Zelt wieder ab, packte alles schön und sorgfältig ein und weg war ich. Ich wusste, dass ich heute Portugal erreichen würde und ich hoffte, dass einige Sachen sich ändern würden. Ich verlor irgendwie die Spiritualität und die Magie des Weges, und ich hoffte, dass zumindest die Magie zurückkehren konnte, wenn nicht auch das fromme Gefühl. Ich lief etwa eine gute Stunde, es war ein schöner, frischer und gut riechender Tag, an dem der Staub auf dem Weg riesig war und mich freundlicherweise, zusammen mit der Wärme der Sonnenstrahlen, umhüllte. Eine kurze Pause in O Porriño, eine kleine, ruhige und gelassene Stadt, mit in etwa 20.000 Seelen und einer beeindruckenden historischen Atmosphäre, eine Stadt, in die warum auch immer mich meine Füße geführt hatten, besser gesagt, wohin auch immer der Camino mit mir gehen wollte. Und er wollte, dass ich eine Rast mache, nachdem ich vorher ein wenig Proviant für den Weg in einem Lebensmittelgeschäft gekauft hatte. Ich saß also auf einer Terrasse, mit meiner Tasse Kaffee und einem spanischen Gebäck, „Crema Catalana“, einer Art „Crème brûlée“, was mich total weckte und mir einen Energieschock verpasste. Aber ich war guter Dinge und lief dann weiter nach Tui, auf einem schönen alten, malerischen Weg, durch den Wald, entlang eines Flüsschens, über Schotter und Steine, die es kaum erwarten konnten, mir Geschichten über Fußabdrücke, Könige, Prinzessinnen, Pilger und Geschäftsleute zu erzählen, über weinende, verliebte Seelen oder mutige, abenteuerlustige junge Ritter. Ich glaubte, ich war auf der Via Romana XIX, die in vielen Teilen mit dem Camino Português identisch war. Ich genoss jeden Stein und hörte mir jede Geschichte mit Bewunderung und Respekt an.

Portugal

Ich war seltsamerweise mit Chopin unterwegs und ich hörte mir mehrmals die Klavieretüde „Tristesse“ an, was irgendwie meiner Stimmung entsprach. Ich war traurig und zugleich hoffnungsvoll, energisch und melancholisch und war neugierig, endlich Portugal von Norden zu betreten, zu sehen und zu erleben. Am Mittag erreichte ich Tui, die letzte Bastion Galiziens, aber ich hatte keine große Geduld, Tui zu erforschen, ich sah schon Portugal auf der anderen Seite des Rio Minho und ich wollte so schnell wie möglich dahin, obwohl Tui, mit seiner Kathedrale Santa Maria – wo ich mir natürlich meinen letzten Pilgerstempel in Spanien holte und mir zum wiederholten Mal den Witz, dass ich in die verkehrte Richtung laufe, von dem Priester anhören musste – eine kleine, putzige, angenehm Stadt ist. Tui war immer schon Grenzstadt und Pilgerstation; Jakobus selbst soll hier gepredigt haben. Aber ich war irgendwie wie ein Pferd, das sein Zuhause spürt und sich beeilt. Ich lief über die Brücke und es wurde mir vielleicht zum ersten Mal klar, was ich in den letzten Monaten geleistet hatte und wie ich mich über mich fühlte. Ich stand vielleicht eine halbe Stunde auf der anderen Seite des Flusses und schaute mir Tui, Spanien, Frankreich, die Schweiz und Deutschland an und saß danach noch eine halbe Stunde und aß meinen Proviant fertig, wobei ich natürlich auch ein oder zwei oder was weiß ich wie viele Bierchen trank. Ich hatte das Gefühl, einen Teil von mir in Spanien, also in der Vergangenheit gelassen zu haben. Es war Geschichte, die ich da geschrieben hatte, es war Geschichte, was ich da erlebt und gelebt hatte, und jetzt war die Zeit gekommen, neue Ufer zu erforschen und neue Wege zu gehen. Dementsprechend wollte ich auch symbolisch meine Uhr um eine Stunde nach vorne drehen, da Portugal eine Stunde vor Spanien lebte, aber es war nicht notwendig, da die Zeit sich automatisch auf meiner Uhr und auf meinem Mobiltelefon umgestellt hatte! Na ja, das war es dann mit meiner symbolischen, heroischen Geste. Zeit zum Weiterlaufen also.

Valença, die nächste Stadt in Portugal nach Tui, war nur ein Katzensprung von vier Kilometern entfernt und nach einer weiteren knappen Stunde Pilgern erreichte ich Valença, eine Siedlung mit etwa 3.500 Seelen. Ich schaute mir die schöne historische Altstadt in Ruhe an, die historischen öffentlichen Gebäude und Wohnhäuser, die alt, schön, farbig, gepflegt und gesprächig waren, die vielen Brunnen und natürlich die kleine Kirche de Santo Estevão. Valença erinnerte mich an Obidos, da die Altstadt voll ummauert war, genau wie in Obidos. In den letzten Jahrhunderten wurden die Stadtmauern immer weiter verstärkt und sie boten heute einen imposanten Anblick. Ich wollte noch ein wenig laufen, ich hatte positive Energie und lief dann weiter Richtung Fontoura. Es wurde langsam neblig, so was hatte ich seit vielen, vielen Tagen nicht mehr erlebt, Spanien und der Camino Frances waren eher eine Wüste mit einer wüstenähnlichen Hitze, also Feuchtigkeit null. Egal, es war jetzt neblig und vielleicht unangenehm, aber der Weg war sehr schön, das heißt, was man in diesem Nebel noch sehen konnte. Es war aber beeindruckend, Menschen zu sehen, die in ihren Gärten oder an ihren Häusern arbeiteten und an den Zaun kamen und mir Obst und frisches Wasser anboten und sich mit mir unterhielten. Es waren arme, liebe Menschen, die ihr wenig Hab und Gut mit mir teilen wollten und mich ehren wollten und denen die Globalisierung, die Verschmutzung der Natur, das Gedankengut des Profites und das wilde Anstreben des Wohlstands fremd waren. Für sie galten die Gesetze der Natur, die Regeln der Gemeinde und die Kirche. Ich fühlte mich mit diesen Menschen so verbrüdert und wir sprachen so lange miteinander, dass mein Abendessen eigentlich nur aus diesen Nêsperas bestand, eine Art von japanischer Wollmispel, was mir fast alle Bauern anboten, sonst hatte ich keinen Proviant mehr. So eine Freundlichkeit hatte ich in ganz Spanien nicht auf diese Art empfunden. Wahrscheinlich trugen auch das neblige Wetter und dieser unheimlich schöne, romanische Pilgerweg zu der Besonderheit dieser Begegnungen bei, aber ich fühlte mich, ja, ich würde sagen, fast heimisch, obwohl mir immer noch nicht klar war, was für ein Gefühl es sein sollte. Der Weg war angenehm, meine Stimmung war gut – ich war erleichtert, dass Projekt Santiago abgeschlossen zu haben, also die Pflicht war durch, jetzt war die Kür an der Reihe – ich war gelassen und ließ die Sachen auf mich zukommen, und nach eineinhalb Stunden fand ich eine Albergue in der Nähe von Fontoura, die von zwei Kanadiern betrieben wurde, wo ich auch übernachtete.

Ich war anscheinend der einzige Gast und Ray und ich unterhielten uns gut bei einem Glas Bier, er war den Camino vor Jahren gelaufen, den Camino Frances, als er seinem Job als Journalist bei einer renommierten Zeitschrift in Montreal gekündigt hatte und neue Wege und einen Sinn in seinem Leben gesucht hatte, und er hatte geträumt, einmal eine Albergue zu betreiben. Ich weiß es nicht, ob er Wege fand, aber er fand auf jeden Fall eine schöne und attraktive Frau, für die eine Albergue in Portugal zu betreiben etwas Exotisches und Aufregendes zu sein schien. Also flogen sie beide nach Porto, um den Camino Portugues, von Porto nach Santiago, zu pilgern und zu verstehen, ob sie sich wirklich in Portugal niederlassen wollen. Sie sahen dann nach zwei Wochen zufällig diese Albergue, die zum Verkauf stand, und dann lief alles wie geschmiert mit dem Papierkram, neue Einrichtung, Einleben und das Betreiben einer Albergue. Leslie, seine Frau, machte alles um die Albergue herum, kochte, putzte, flickte, pflegte den Garten und solche Sachen und Ray war für das Marketing, Unterhaltung, Einkaufen und Finanzen zuständig.

Ray und ich sprachen über viele Sachen, und nach einigen Flaschen Bier gingen wir zum Abendessen. Leslie hatte sehr gut gekocht, ich hatte auch einen riesigen Hunger, es ist wahr, aber es schmeckte richtig gut und wir unterhielten uns über alles Mögliche, ich weiß nicht mehr genau, ich denke, wir sprachen natürlich über die kranke Gesellschaft, über die „Occupy"-Bewegung und solche Sachen, glaube ich, aber alles, woran ich mich noch erinnern kann, ist, dass Leslie mir am nächsten Tag, beim Abschied, eine Visitenkarte in die Hand drückte und mir dann sagte, dass sie unbedingt bei meiner „Mind Revolution" aktiv mitmachen möchte und dass so etwas ihr einen Sinn im Leben wiedergeben würde. Die Sache mit der Albergue war sehr schön, aber die Tragweite und Zielstrebigkeit einer solchen Unternehmung wie der „Mind Revolution" wäre sehr gut mit ihrer Philosophie und ihrem Leben im Einklang. Sie wäre computeraffin und hätte viel über die Apathie, Verfremdung und mangelnde Anpassung der jungen Generation an die bestehende Gesellschaftsordnung gelesen und könnte viel zu der Entfaltung der Idee beitragen. Ich war total verblüfft, Ray auch ein bisschen, ich versprach ihr, dass ich sie anrufen und anschreiben werde, wenn ich mit der Vorbereitung, dem benötigen Manifesto und der Satzung für die erste Sitzung der noch zu konstituierenden Unternehmung fertig werde.

Ich pilgerte also weiter Richtung Ponte de Lima, erste Etappe über 20 Kilometer, seitdem ich Santiago de Compostela verlassen hatte. Ich hatte kein genaues Ziel mehr, ich navigierte nach Sicht. Es war so erfüllend, einfach zu laufen und zu spüren, dass die Menschen an dich glauben, dass du sie inspirierst und neue Wege für sie öffnest. Es war ein sonniger Morgen, die Nussbäume und die Trauben waren so einladend an den Seiten der Straße und es gab keine Drahtzäune oder so was Ähnliches wie in Deutschland oder der Schweiz. Nicht dass die Menschen, die auf dem Camino unterwegs waren, sich nicht bedient hätten. Die dadurch entstanden Schäden waren aber im Vergleich mit der Freude und dem Guttun für die Bauern nicht nennenswert. Der Weg war wie gestern: die Via Romana XIX, die anscheinend bis nach Porto lief, und die Religiosität des Weges, die ich zwar nicht mehr so wie früher spürte, umso mehr jedoch die Geschichte der römischen Zeiten.

Irgendwann erreichte ich auch Labruja, ein Dorf mit etwa 400 Seelen, was auf einem hohen Plateau lag und leider auch eine touristische Attraktion war. Der naheliegende Gipfel, der circa zweihundert Meter abseits des Weges lag, wo sich das sogenannte Cruz dos Frances befand, erinnerte an einen Hinterhalt, in den Napoleons Truppen Anfang des XIX. Jahrhunderts gerieten. Durch irgendwelche Zustände war eine schöne Tradition entstanden, dass Pilger hier Steine zur Erinnerung an ihre Reise hinterlassen. Es war bewegend, ich war allein da und konnte eine halbe Stunde oder so Rast machen und unsere Bedürfnisse nach Zusammenhalt, Mitgefühl, Gemeinsamkeit reflektieren, einfach nach an einer spirituellen Ebene, auf der wir miteinander kommunizieren können. Und nicht wie diese verdammte Verbrauchsgesellschaft, die von Profitmaximierung und Bequemlichkeit bestimmt ist und die gewusst hat, aus diesen menschlichen Gefühlen Verkaufswaren zu machen, und sie durch mass-media-Instrumente den Menschen als Träume zu verkaufen.

Ich aß dort gemütlich und genüsslich mein Mittagessen, und ich war mehr und mehr überzeugt, dass irgendwann irgendjemand irgendwo irgendwas starten muss, um den Menschen die Unannehmbarkeit der bestehenden Wahrnehmung deutlich zu machen und andere Wege, möglicherweise integrative Wege, zu entwerfen. Na ja, vielleicht holte mich der Einfluss des gestrigen Gesprächs mit Leslie und Roy ein, auf jeden Fall war ich nur zehn Kilometer von Ponte de Lima entfernt und der Weg war jetzt für lange Zeit absteigend, also pilgerte ich froh weiter und kaute „Mind Revolution“-Ansätze durch.

Die Harmonie, die Einfachheit und Natürlichkeit des Weges, das Wetter, die Steine, die Bäume am Straßenrand oder im Wald, die Geschichte, die man überall spürte, in den Gesichtern der Menschen, die auf ihren Äckern schufteten, in den kleinen und alten, aber stolzen Häusern der Dörfer, die sich unter der vergangenen Zeit irgendwie zu bücken schienen, und die Ruhe und Gelassenheit, die überall herrschte, einfach alles war in vollkommenem Einklang mit meiner seelischen und psychischen Stimmung. Diese Etappe galt für mich als eine der schönsten Etappen des Camino, wenn nicht die schönste. Langsam lief ich über eine beeindruckende Brücke über den Fluss Lima und erreichte die kleine, schöne Stadt Ponte de Lima.

Ponte de Lima, das etwa auf Meereshöhe liegt, ist eine der ältesten Ortschaften Portugals und lag zu Römerzeiten günstig an der wichtigen Straße zwischen Braga und Astoria, wo sie durch die Brücke über Lima den Übergang und den Verkehr kontrollierte. Der Ortskern, das Rathaus, der Marktplatz waren natürlich alt, aber gepflegt und sich ihrer Schönheit bewusst. Ich holte mir gleich den Pilgerstempel in der wunderbaren Kirche San Antonio de Torre Velha. Ich wusste nicht, warum ich es jetzt noch machte, wahrscheinlich weil ich komischerweise anfing, das Innere der Kirchen zu mögen. Dann schaute ich mir die „Museu de Terceiros" an. Anschließend trank ich das übliche Bier auf der Terrasse am Marktplatz, hier war „Super Bock" der Renner, und pflegte ein bisschen meine Füße. Ich ging endlich in die Albergue, die ich eigentlich nicht in besonders guter Erinnerung habe. Ich schlief recht gut und war mit mir selbst ganz zufrieden.

Am nächsten Tag konnte ich es kaum erwarten, wieder zu laufen.

Die Etappe sollte mich zu einem winzigen Ort mit etwa 3.000 Seelen, Portela de Tamel, vor Barcelos, führen. Ich war mir immer noch treu, indem ich die größeren Städte für die Übernachtung mied, diesmal auch aufgrund von Pilgerüberfüllung. In Portugal stellte ich langsam fest, dass dies hier nicht der Fall war, aber was konnte ich sagen, die Macht der Gewohnheit. Früh morgens holte ich mir in einem Lebensmittelgeschäft alles, was ich brauchte, und dann ging ich ohne Frühstück los. Der Weg belohnte mich wieder mit wunderbaren Feldwegen, Wäldern und Obstbäumen. Es war kaum zu begreifen, wie wohl ich mich in dieser Landschaft fühlte. Es ist wahr, dass ich jeden Tag ein oder zwei Kilo Trauben aß, aber das sollte nicht der Grund sein. Ich sprach auch mit Ana, sie war begeistert von meiner Idee, einen Buchladen zu eröffnen, und wollte für mich arbeiten, und da ich jemanden brauchte, der die Landessprache kannte, schien es mir eine tragbare, aber auch gefährliche Lösung zu sein, da ich mir über meine Gefühle nicht so klar war. Wir verabredeten uns in Fatima, einem berühmten Pilgerort für Portugal und Europa, wo ich meine Pilgerreise symbolisch beenden wollte, um dann gemeinsam nach Praia del Rei weiter zu wandern. Es sah so aus, als ob mein Leben immer noch ein Durcheinander war, eine Art von Liebeskummer war immer noch da, mir war nicht klar, wo ich bleiben wollte, nachdem meine Pilgerreise zu Ende sein würde, und auch nicht, was für eine Bedeutung und Zweck in diesem Leben für mich noch zu finden sei. Eines hatte ich doch erreicht, ich hatte mit Martine Frieden und Freude geschlossen und ihren Segen, neue Ufer zu erobern, neue Wege zu gehen und meine Verwirklichung zu suchen und zu bekommen. Das war schon mal was.

Der Weg war einfach verzaubernd, man roch und spürte, wie die Menschen vor Hunderten und Hunderten von Jahren diesen Weg, diesen selben Weg gelaufen waren, mit Demut und einem starken Willen, den Sinn des Lebens neu zu entdecken. Es gab keine besonderen Aufstiege oder Abstiege, es ging ruhig und langsam voran. Ich machte eine Mittagspause, kurz nachdem ich vom Distrikt Viana do Castello zum Distrikt Braga überlief, in einem Dorf namens Balugães, glaube ich. Ich setzte mich auf eine kleine Terrasse, die zu einer Pasteleria gehörte, und ich aß genüsslich mein Brötchen, mit Knobi und Tomaten dazu, und trank auch einen Kaffee. Ich unterhielt mich dann mit zwei Landarbeitern so gut ich konnte, mit Händen und Gesichtsausdrücken, über alles Mögliche. Ich fühlte irgendwie, dass ich dazugehörte, sie spürten wahrscheinlich das Gegenteil, aber sie hatten es mich auf jeden Fall nicht spüren lassen. Es war Mittagszeit und wie wohl bekannt, machten sie Siesta, in etwa zwischen zwei und fünf Uhr, aber ich musste weiterlaufen und verabschiedete mich mit Bedauern.

Nach noch zwei Stunden Laufen in dieser herrlichen Landschaft landete ich in Portela de Tamel, in der Albergue de Sao Pedro Fins. Portela de Tamel war eine aus Not entstandene Ortschaft an einer Kreuzung zweier Landstraßen und hatte nichts zu bieten. Eine oder zwei Kneipen, ein paar Holzbrett- und Landwirtschaftsgerätelager und das war es. Es war kein Dorf, es war eigentlich ein Gewerbegebiet mit ein paar angeschlossenen Häusern, es hatte keine Geschichte, es war nichts. Trotzdem gab es auch eine schmutzige Albergue, die seltsamerweise voll von deutschsprachigen

Burschen war. Ich fühlte mich dort aber komischerweise nicht wohl und wollte mich auch nicht mit ihnen nicht unterhalten. Sie waren ein bisschen angetrunken und hatten dieses Herdenverhalten angelegt, als sei die ganze Albergue ihr Eigentum, was irgendwie stimmte, aber sie brauchten Publikum, um ihre humorlosen Witze zu machen, und ich war nicht bereit, das Publikum zu spielen. Ich dachte, es seien nur die Briten, die ein schlimmeres Herdenverhalten hätten, aber die hatten zumindest Humor. Egal, ich ging ins Bett und dachte noch einmal asn diesen schönen Tag …

Der nächste Tag war ein Tag der Hoffnung. Ich wollte Pòvoa de Varzim erreichen, eine kleine Stadt, die allerdings am Atlantischen Ozean lag. Es gab, angefangen von Santiago de Compostela, eine sehr attraktive Variante des Camino Portugues, die an der Küste des Ozeans lief, mir aber damals zu nah an einer Wanderung statt einer Pilgerreise zu sein schien, so dass ich mich für die reine Pilgervariante entschied. Mittlerweile war das Ganze doch wie eine Wanderung geworden, ich wollte dieser Sache keine Wertung beimessen, aber es war nun mal so. Es waren auch kaum Pilger auf dem Weg, die meisten Kirchen waren geschlossen oder hatten keinen Stempel für die Pilger. Es war schon ein bisschen komisch und unerwartet, da der Pilgerweg, auf dem ich mich befand, von Santiago nach Porto, die schönste Strecke der Gesamtpilgerreise war! – gemessen an meiner Gemütslage, meinem seelischen und psychischen Zustand und meinem emotionalen Gleichgewicht.

Es war eine längere Etappe, über 30 Kilometer, und ich stand ganz früh auf, nahm Amalia Rodrigues mit mir und ging summend und ohne Frühstück los. Es war ein wunderbarer Herbsttag, nicht mehr so heiß, es waren viele kleine weiße Wolken am Himmel, wie Lämmer, fragil, neugierig und unschuldig, und es war eine warme Brise, die mich angenehm abkühlte. Der Weg führte meistens über die berühmten portugiesischen Feldwege, mit im Freien grasenden Pferden und gelangweilten Hunden, die schon schattenwerfende Bäume suchten und auf die Siesta der Herrchen warteten. Nach fast zwei Stunden machte ich meine Rast und holte mir in einer Pasteleria eine „Bifana", eine portugiesische Spezialität, irgendwie ähnlich mit den spanischen Bocadillos, also ein Sandwich mit einem sehr guten portugiesischen Brot und warmem Rinder- oder Schweinebraten. Ich setzte mich auf eine Terrasse am Marktplatz in Barcelos, eine beeindruckende Stadt mit mehr als 100.000 Seelen und einem wunderschönen historischen Stadtkern, mit vielen architektonischen Sehenswürdigkeiten. Ich fügte meinem Sandwich natürlich ein bisschen Knoblauch und Fetakäse bei und die Welt war in Ordnung. Ich flanierte auch kurz durch die Altstadt. Eine schöne Altstadt, mit einem riesigen Hügel in der Mitte, Monte São Félix, auf dem sich eine schöne Kapelle befand, mit einer berühmten Kirche, „Templo do Senhor Bom Jesus da Cruz", wo es mir doch gelang, einen Stempel zu bekommen. Mehr sah ich nicht, weil ich weiterlaufen wollte. Ich war also fleißig und lief ca. zwei Stunden ununterbrochen weiter. Ich wechselte vom Distrikt Braga zum Distrikt Porto, was sich für mich als ein Erfolgserlebnis darstellte, und irgendwann machte ich wieder eine Rast, als ich den Geruch des Ozeans, nach vielen, vielen Monaten im Landesinneren, in meiner Nase spürte.

Ich glaube, es war vor oder nach einem Dorf mit etwa 700 Schornsteinen namens Laundos, das, immerhin, dem Kreis Pòvoa de Varzim angehörte. Ich saß da, auf einer Bank, in der Nähe des Dorfes, und ich schaute mir die Felder an, die roten Mohnblumen, die am Rande der Feldwege wuchsen, die Maiskolben, die reif und dick und trotzdem milchig waren, die ich als Kind mit so viel Freude von den sozialistischen Feldern der landwirtschaftlichen Kooperativen gestohlen und gegessen hatte, und dachte: „Die Geschichten wiederholen sich. Immer." Also holte ich mir drei Maiskolben, ein paar trockene Äste und machte ein Feuerchen. Als ausreichend Glut vorhanden war, ich musste schon eine halbe Stunde oder so warten, spießte ich die Kolben, einen nach dem anderen, auf drei Spieße, die ich in der Zwischenzeit mit meinem Opinel-Messer zurechtgeschnitzt hatte. Nach ein paar Minuten waren die Maiskolben fertig und ich aß sie in Ruhe, mit dem Genuss der Kindheit und mit dem Gefühl der Tüchtigen. Es war ein einmaliger Moment und ich habe ihn auch jetzt in guter Erinnerung. Ich musste aber weiterlaufen, also löschte ich das Feuer, wie ich es bei meinem Wehrdienst gelernt hatte, und machte mich auf den Weg.

Nach einer guten Stunde erreichte ich Pòvoa de Varzim und ging gleich an den Strand. Es war immer noch warm, es war der Anfang eines wunderbaren Sonnenuntergangs, ich zog mich aus und sprang einfach ins Wasser, mit der Energie und Neugierde eines unerfahrenen Bauernjungen, der einen Ozean nur im Fernsehen gesehen hatte.

Es war ein unheimliches Gefühl von der Unendlichkeit der Erde – nach 3.600 erschöpfenden Kilometern Pilgern in fast sechs Monaten, in die Unendlichkeit des Wassers des Ozeans zu springen. So was hatte ich noch nicht in meinem Leben erlebt. Ich kann es auch kaum beschreiben, es war wie eine geistige Taufe, wie eine mir nicht bekannte Energie, die mich umhüllte und mir ihre Zärtlichkeit anbieten wollte, wie die Freude eines römischen Kriegers, der nach einem hart gekämpften Sieg erschöpft nach Hause kommt, und die Liebe der Familie spürt. Ich schwamm und hüpfte vor Freude in dem unglaublichen, schönen Licht der Abendsonne und dachte, dass der Himmel nicht sehr weit von hier sein kann.

Anschließend zog ich mich wieder an und suchte mir eine Unterkunft, aber seltsamerweise war ich irgendwie verändert. Ich hatte keine Lust auf ein Abendessen und auch keine Lust darauf, das Nachtleben in Pòvoa de Varzim zu erleben. Ich dachte lange darüber nach, wohin ich mit der Energie wollte, die ich in mir spürte, wo lang die Reise gehen würde, im Grunde genommen die gleichen Fragen, die ich am Anfang meiner Pilgerreise hatte. Ich war so weit gekommen, physisch sauber, seelisch rein und geistig fit, um ein neues Kapitel in meinem Leben zu schreiben.

Ich fand glücklicherweise eine Albergue der Gemeinde Pòvoa de Varzim, wo ich meine Sachen ließ, aber ich wollte wieder raus, wieder raus. Denn es war ein sehr angenehmer Abend und ich wollte mir ein wenig die Stadt anschauen. Es war auch so, dass ich bis jetzt keinen „Sommerurlaub“ gehabt hatte, ich pilgerte den ganzen Sommer durch und fühlte langsam, mir fehlten der Strand, die Wellen, der Wind ..., die ganze Magie des Ozeans. Pòvoa de Varzim war ein Ort, an dem die wohlhabenden Familien aus Porto Urlaub machten, er hatte Flair und war zum Teil als extravagant, nonchalant und skurril angesehen. Pflichtweise suchte ich mir eine Kirche und ich fand sie auch, die „Igreja Nossa Senhora da Lapa“, wo ich meinen Pilgerstempel bekam, nach der mittlerweile klassischen Unterhaltung mit dem Priester über die falsche Richtung, die ich lief, und so weiter. Ich fand anschließend auch eine Terrasse am Strand und bestellte mir einfach einen

Caipirinha. Ja, ich war nicht mehr Pilger, ich war wieder da, wollte Dinge anfangen, die Welt verändern, die Bösen bekämpfen, Mädels anmachen, es war, als wäre meine Jugend zurückgekommen. Vielleicht nennt man das „Älterwerden Crisis", ich weiß es nicht, aber es war mir auch egal. Ich war so müde und voll in Gedanken, jetzt war ich vielleicht weiser und ich fühlte mich frei und im vollen Einklang mit der Welt, aber alle Antworten hatte ich immer noch nicht.

Am nächsten Tag frühstückte ich erstmal köstlich und gepflegt in einem Café, auf einer Terrasse, mit Blick auf den Ozean und auf den wolkenfreien Himmel. Ich bestellte Spiegeleier mit Speck (Knoblauchzehen hatte ich noch dabei), Müsli mit frischen Früchten und knackigen Nüssen, Kaffee und frisch gepressten Orangensaft. Nach dem Frühstück bereitete ich meine Tagesetappe vor. Ich wollte bis nach Porto laufen, eine lange Etappe von etwa 30 Kilometern. Das Schöne und Prickelnde daran war, dass der Weg am Strand entlanglief, zumindest bis Matosinho, einem Vorort von Porto – so wurde es mir gesagt, auch wenn ich mir das fast kaum vorstellen konnte. Dann, mit einem japanischen Touristengefühl im Bauch, neugierig auf neue Sachen, die ich unbedingt fotografieren und in meinen sozialen Medien veröffentlichen musste, fing ich meine Etappe an.

Und es war tatsächlich so, dass die Menschen eine Art von Steg in den Sand gebaut hatten, in der Nähe der privaten Gärten der Bauern oder den Grundstücken der neureichen Portugiesen, die dort Herrenhäuser mit Pools und Tennisplätzen gebaut hatten. Aber egal, der Weg war fantastisch, man konnte ständig in die Sonne schauen, die schon die Herrschaft des Himmels behauptete, die Menschen, die sich am Strand sonnten, die Surfer, die die Wellen jagten, die Kinder, die ständig, immer wieder und auf Ewigkeit ihre Sandschlösser errichteten. Die Wellen und das Wasser des Ozeans, die sich in der Sonne spiegelten, die Möwen, die wahrscheinlich alle anderen Vögel verscheuchten und auf der Suche nach Essensresten waren, alles war atemberaubend schön.

Ich lief und lief, es war so warm, dass ich kein T-Shirt anzog, meine dreiteiligen Hosen schon zu kurzen Hosen machte und noch dazu eine

Kopfbekleidung aus einem seidigen Tuch in Form einer Piratenmütze trug. Es war unheimlich schön und unheimlich heiß, sodass ich meine erste Rast schon nach einer Stunde machte, in Vila do Conde.

Vila do Conde war eine kleine und boutiqueschöne Stadt, eine ehemalige wichtige Hafenstadt, die im letzten Jahrhundert ihren Ruf von einer Hafenstadt in eine exquisite, teure Urlaubsstadt für die Reichen und Schönen umgewandelt hatte, ein Vorort von Porto. Ich machte aber dort nur wegen der Hitze Rast und lief dann, nachdem ich reichlich Mineralwasser getrunken hatte, weiter. Es war eine einmalige Etappe und ein einmaliges Gefühl, auf diesem Steg zu laufen, 20 Kilometer lang, unter der erbarmungslosen heißen Sonne, vielleicht schlimmer als in Nordspanien, als ich in den Bezirken von Rioja und Navarra pilgerte, durch Los Arcos und Logroño, und die Hitze damals schien mir schon fast unerträglich. Aber wie ein weiser Mann einmal sagte: „Man kann nicht sagen, was genug ist, solange man nicht erfährt, was zu viel ist." Ich hielt, glaube ich, noch dreimal an und trank noch zwei Flaschen Wasser, einmal badete ich auch im Ozean und anschließend aß ich auch eine Kleinigkeit, alles ist aber ein wenig verschwommen in meinen Erinnerungen, durch die Intensität der Hitze und der Gefühle der unendlichen Freiheit und Schönheit. Auch heute spüre ich ein diffuses Glück, das mich umarmt, wenn ich darüber nachdenke oder schreibe.

Irgendwann kam ich in Matosinho an, ganz nah an Porto, wobei ich das Wort „Vorort" bewusst vermeide, weil es mir ungerecht zu sein scheint. Matosinho ist eine Stadt mit über 100.000 Einwohnern, hat einen beeindruckenden Hafen, ist eine Industriestadt geworden und hat eine ganze Menge zu bieten. Die Stadt war seit dem XVI. Jahrhundert ein bekannter Wallfahrtsort und die architektonisch und künstlerisch bedeutende Kirche „do Bom Jesus de Matosinho" war absolut fantastisch, eine barocke Augenweide, mit einer außerordentlich eleganten Fassade. Ich spazierte ein bisschen durch den Ort, ich musste mir halt einen Pilgerstempel in der berühmten Kirche holen, und dann pilgerte ich weiter.

Als ich das Industriegebiet durchquerte, entschloss ich mich, doch die U-Bahn für die noch fünf gebliebenen Kilometer zu nehmen, da die ganze Umgebung nicht mehr anzubieten hatte, und durch die Straßen eines

Industriegebiets einer Stadt zu laufen nicht unbedingt etwas mit Pilgern zu tun hatte.

Mitte September

Ich tankte in Porto noch einmal auf einer Terrasse Energie, und nach langem Hin und Her fand ich auch eine Unterkunft in einer Pilgerherberge. Ich wusch mich und ging dann gleich los, um die zweitgrößte, aber erste Industrie- und Handelsstadt des Landes zu erkunden. Ich spazierte in die Altstadt Ribeira, und es war so ein malerischer, bunter Blick, den Marktplatz und alle Gassen zu sehen und hindurchzulaufen. Es war nicht nur historisch beeindruckend, es war auch malerisch einmalig und ich verstand, warum die ganze Altstadt als UNESCO-Kulturerbe eingetragen ist. Ich suchte mir irgendwann eine Terrasse mit Blick auf den Fluss Douro aus, wo ich nach dem ersten Bier, also ein Cerveja namens „Super Bock“, auch meine Müdigkeit der langen Etappe spürte, aber es war eine Art von Erfüllung geprägter Müdigkeit, also gleichzeitig eine belohnende Entspannung. Lange Rede, kurzer Sinn, das Bier floss weiter. Ich bestellte mein Abendessen und tauchte in meine Gedanken ab. Ich wollte noch einen Tag in Porto bleiben und ein besseres Gefühl für diese Stadt bekommen, ich wollte aber auch gleichzeitig schneller nach Praia kommen, um Ana zu sehen. Es waren noch circa 200 Kilometer bis Fatima zu laufen, der Pilgerort, wo wir uns treffen wollten. Die Bilder meiner Maria, die Maria meiner Träume, waren noch da, aber irgendwie verstaubt und unvollständig. Ich konnte sie gut träumen, als sie zehn oder zwanzig oder vielleicht auch dreißig Jahre alt war, aber ich konnte sie mir mit fünfzig nicht vorstellen. Mit fünfzig hat man eine Familie, Kinder, ein Auto, vielleicht zwei, man lebt wahrscheinlich in einem Vorort einer großen Stadt, hat vielleicht einen Gemüse- und Blumengarten und Schwierigkeiten mit den pubertierenden Kindern. Es war also sehr unwahrscheinlich, sich eine Maria so malen zu können, die sich nach wahrer Liebe sehnt, die Sehnsucht nach inniger und gemeinsamer Geborgenheit, nach einer neuen, frischen und erfüllenden Beziehung hat. Und trotzdem wollte ich es nicht wahrhaben und versuchte immer wieder, sie – oder vielleicht mich – zu träumen. In der Zwischenzeit kam auch mein Essen und ich aß gepflegt und langsam und anschließend lief ich in meine Bude.

Am nächsten Tag schaute ich mir einige Kirchen an, die herausragende Kathedrale von Porto, wo ich auch meinen Pilgerstempel holte, die „Igreja do Carmo“ und „Igreja da Trinidade“. Wunderbare Bauten, mit einem markanten barocken Stil, der vielleicht auch den Charakter der Stadt prägte. Ich hatte mein Mittagessen wieder auf einer Terrasse am Marktplatz und schaute mir die Touristen an, dachte ein wenig über die unausweichliche Globalisierung und den damit verbundenen Identitätsverlust nach und über die Tatsache, dass ich doch meine Haare auch mal schneiden lassen müsste. Das war möglicherweise kein guter Gedanke, weil mein Nachmittag beim Friseur endete.

Ich fand einen sehr kleinen Friseursalon mit zwei Arbeitsplätzen, es war niemand da, außer der Haarschneider, ein junger, wie ein Hippie aussehender Bursche namens José. José war ungefähr fünfunddreißig Jahre alt, ziemlich lang und schmal, mit enger, schwarzer Lederhose, mit langen, hellbraunen Haaren, zusammengebunden zu einem Pferdeschwanz. Er hatte schöne Hände mit langen Fingern, politisch grün gefärbt, und strahlte Ruhe und Nichtstun aus. Er hatte den Salon von seinem Vater geerbt und hatte einen eigenen Betriebsablauf entwickelt, basierend auf Kommunikation, Freundschaft, einem guten Gefühl und sehr angenehmer Atmosphäre. Zeit hatte keinen Geldwert bei ihm. Ihm war es wichtig, ein gutes und interessantes Gespräch zu haben, einen Kaffee oder ein Glas Portwein mit dem Kunden zu trinken und einfach die Zeit zu genießen. Haareschneiden war Nebensache. Wir hatten eine ganze Menge Stoff zu besprechen, meine Pilgerreise und seine Lebensphilosophie, so dass ich über drei Stunden in seinem Laden saß. José war hundertmal mit seiner Schere in einer Hand und dem Kamm in der anderen Hand stehen geblieben und erzählte mir Geschichten aus seinem Leben und teilte politische oder soziale Meinungen mit mir. Wir unterhielten uns über Musik und über die Achtziger Jahre, es war ein Brunnen von Ideen, Meinungen und Bildern, was wir austauschten, und zwischendurch schnitt er auch an meinen

Haaren ein bisschen. Er erklärte mir auch, woher die allgemeine Aussage, dass man „Geld in Porto verdient, um es in Lissabon es auszugeben“ kommt, den Schmerz einer Stadt, im Schatten Lissabons zu wachsen, und den Schmerz eines Landes als kleiner, ehrgeiziger, und stolzer Bruder im Schatten Spaniens erwachsen zu werden, also eine Menge Gesprächsstoff für uns. Anschließend rasierte er mich auch, ich hatte mich seit Santiago de Compostela nicht mehr rasiert, aber José hatte auch hier seine Vorstellungen, ich wurde „à l’ancienne“ rasiert, mit einem heißen Tuch, das auf mein Gesicht geworfen wurde, um die Haut wärmer und feuchter zu machen, mit einem alten Schneebesen mit einem Handgriff aus Elfenbein und einer Rasierklinge mit einem Handgriff aus Mahagoni. Es war ein sehr interessanter Nachmittag und Abend gleichzeitig, ich kaufte mir dann irgendwo eine „Francesinha“, ein typisches Sandwich in Porto, mit viel Fleisch und würzigen Zutaten, ein Gericht, was der Legende nach sogar in Napoleons Zeiten zubereitet wurde, und saß dann auf einer Mauer irgendwo und aß mein Sandwich, trank mein Superbock und schaute mir die Altstadt noch mal an.

Am nächsten Morgen stand ich ziemlich früh auf, holte mir auch Proviant für den Weg und dann lief ich los. Ich wollte lange laufen, bis in ein Dorf namens São João de Madeira, eine Strecke über 30 Kilometer. Ich spürte, dass meine Geduld, Neugierde und Energie vielleicht nicht mehr so groß waren, vielleicht weil meine Erwartungen, Antworten auf meine Fragen vom Weg zu bekommen, nicht komplett in Erfüllung gegangen waren. Es ist aber auch so, dass die Menschen viel mehr die Rückreise als die Abreise träumen. In meinem Fall konnte man nicht genau sagen, dass es eine Rückreise war, weil ich nicht dahin zurückkehrte, woher ich abgereist war, weder geografisch noch spirituell oder gesellschaftlich gesprochen. Es war eine Umwandlung, die mit mir passiert war, immer noch mit offenem Ende, aber dennoch war ich nicht mehr dieselbe Person.

Der Camino in Portugal, südlich von Porto, lief hauptsächlich parallel mit der Autobahn, zum Teil durch die Felder und Wälder, aber meistens lief er auch auf den Landstraßen. Es waren nicht so viele Waldwege für Pilger oder Wanderer entstanden, obwohl es viele Wälder gab, Hügel und

Felder. Es gab auch Berichte darüber, dass jedes Jahr zwischen fünf und zehn Pilger auf dem Weg durch Autounfälle verunglückten. Ich hätte auch über die Felder und durch die Wälder laufen können, aber es verlangte von mir viel Energie, und die Risiken einer Reise auf Sicht und Sonne waren mir durchaus bekannt. Also lief ich weiter auf dem Asphalt und durch die Dörfer. Die Wälder fehlten mir. Das Laufen durch die Wälder hatte auch angefangen mir zu fehlen. Ich gewöhnte mich so sehr an die Wälder und vielleicht hatten sich auch die Wälder an mich ein bisschen gewöhnt. Ab und zu, wenn ich ein paar Kilometer durch die Weizenfelder lief, machte ich auch Rast und aß meine Tomaten, Schafskäse, Salami und Knoblauch und dachte über die Sachen nach. Ich dachte mehr und mehr über die Idee eines Buchladens nach, eines speziellen Buchladens für Leute, die gerne lesen, oder Leute, die gerne lesen würden und weder die Bücher noch den Mut dazu haben. Ich recherchierte am Abend auch manchmal im Internet und las über die Bibliotherapie, also die Heilung durch das Lesen, was zu meinem neuen Konzept ganz gut passte.

Es war nicht so sehr viel auf dem Weg zu sehen, außer Autos. Nur wenn ich durch ein Dorf lief, spürte ich, wie das Leben dieser armen, ehrlichen und stolzen Portugiesen lief. Es erinnerte mich sehr stark an das Dorf meiner Kindheit, Dridif. Ich denke, dass der Stolz dort dadurch entsteht, dass man eine sehr enge Beziehung mit der Erde, den Tieren und der Natur hat, dass die Natur und man selbst einander gegenseitig bewundern, respektieren, lieben und brauchen. Dort, wo man sich der Herr zu sein anmaßt und die Natur beugen möchte, laufen die Sachen auseinander und früher oder später werden die Menschen den Stolz in Arroganz umwandeln.

Nach sieben Stunden, drei Pausen, zweimal den Weg verlieren, als ich mich doch gewagt hatte, durch die Wälder zu laufen, und nach viel Nachdenklichkeit, erreichte ich São João de Madeira und machte mich auf die Suche nach einer Albergue.

São João de Madeira war eine Stadt mit über 20.000 Seelen, aber keine schöne Stadt. Es war industriell sehr schnell und sehr früh gewachsen, aber es war nicht organisch, gesellschaftlich oder spirituell gewachsen. Es gab offensichtlich eine klare Trennung zwischen der industriellen Zone der Stadt und der Altstadt, aber die Architektur der Stadt war von neuen

Bauten sehr stark geprägt, oder von neuen modernen Renovierungen der alten Bauten mit Stahl, Glas, Beton, all diesen kalten, unfreundlichen Materialien, so dass die Geschichte, die Tradition, der historische Staub weggeputzt wurden, die Patina der Stadt nicht mehr erkennbar war, und die Stadt ihre eigene Identität verloren zu haben schien. Schade. Na ja, es gab doch einige schöne Kirchen in der Stadt, ich holte mir gleich den Pilgerstempel an der Wallfahrtskapelle „Capela Nossa Senhora Milagres“ ab, dann sicherte ich meine Unterkunft und anschließend landete ich zum Abendessen in einem traditionellen Restaurant, wo die Leute und das Ambiente doch sehr angenehm waren, eine einfache Atmosphäre, mit einfachen und freundlichen Menschen und gutem Essen. Es war keine herausragende Küche, aber es schmeckte und man spürte, dass mit Liebe und Stolz gekocht wurde, auch wenn ich wahrscheinlich der einzige Tourist, Pilger oder Gast war. Alle anderen waren bestimmt Einheimische. Das Essen hatte also geschmeckt, das Bier auch, was wollte man also mehr? Ein bisschen Unterhaltung, vielleicht, aber mein Portugiesisch war tatsächlich sehr rudimentär und reichte nicht für eine gepflegte Unterhaltung. Ich verabschiedete mich also und ging zurück im mein Sechsbettpilgerzimmer, wo ich zum Glück der einzige Gast war.

Ich stand ganz gut gelaunt am nächsten Morgen auf, zog mein Pilgerritual mit dem Proviant durch und machte mich auf den Weg, ohne zu frühstücken, als wäre ich bemüht, die Stadt für die mangelnde Persönlichkeit strafen zu wollen. Der Weg führte gleich über die Ackerfelder und die warme, späte Septembersonne strahlte mich an und begleitete mich fast den ganzen Tag. Nussbäume und Weinreben fütterten mich, ich war wieder Pilger, die Natur kannte mich wieder oder vielleicht erkannte ich sie wieder. Nach knapp zwei Stunden wollte ich doch eine Pause machen, einen Kaffee trinken, was essen und mich ein wenig entspannen. Ich landete in einem Ort namens Oliveira de Azeméis, ein gesegneter Ort, würde ich sagen. Ich sah einen wunderbaren Marktplatz, eine schöne Wallfahrtskirche namens „Santuário La Salette“, schöne Herrenhäuser, alte Häuser mit leicht verfallenen Fassaden und Ausdrucksfalten historischer Art. Ich hatte im Gespür, dass in diesem Ort alles im Lot sei.

Und dann geschah es. Nachdem ich meine Rast in der kleinen Pasteleria beendet hatte, lief ich weiter durch den Ort und als ich durch eine einfache Gasse, mit zweistöckigen alten, bunt gestrichenen Häusern auf beiden Seiten der Straße, lief, hörte ich eine Musik, die aus einem Zimmer mit offenem Fenster kam, das sich im Erdgeschoss befand.

Es war eine weibliche, besondere, wunderbare, sublime, einmalige Stimme, die aus den gesungenen Noten Magie entstehen ließ, und ich blieb stehen, wie versteinert. Das Fenster hatte die Gardinen zu, sodass ich nicht sehen konnte, ob eine Frau hinter den Gardinen tatsächlich sang oder nur eine Aufnahme auf einem, was weiß ich welchem, Gerät gespielt wurde. Es war aber auch unwichtig. Ich war so fasziniert und überwältigt von der Musikalität des Liedes, dass mir keine Worte einfallen, um so etwas Unbeschreibliches zu beschreiben. Ich verstand keine Worte des Liedes, es ging also nicht um die Erzählung, es ging nur um die Magie der Stimme und der Interpretation. Es hatte in mir etwas bewegt oder in Bewegung gesetzt, sodass mir die Tränen aus den Augen kamen und ich nicht aufhören konnte zu weinen, oder vielleicht nicht wollte. Vielleich kam all der Schmerz, der in den letzten sechs Monaten oder vielleicht letzten fünf Jahren, seit Martina erkrankt war, raus, in Form von Tränen. Vielleicht war das Lied nur auf etwas in mir gestoßen, Erinnerungen an meinen Großvater, als er mich gelehrt hatte, wie man Fische mit der Hand fangen kann, oder an meinen Vater, als er mit seinem Gewehr einen Fuchs geschossen hatte, als wir mit dem Pferdekarren zwischen den Ackerfeldern kutschiert waren, oder vielleicht an Herrn Weng, den alten Tischler in unserer Gegend, den ich als Achtjähriger alle paar Tage in seinem Atelier besucht hatte, um mich an dem Geruch des Holzes und des Holzleimes zu berauschen. Ich liebte es einfach, seine fleißigen, intelligenten und magischen Hände bei der Arbeit zu sehen und vielleicht doch die Erlaubnis und den Rat zu bekommen, wie ich mir ein Holzschwert schneide. Ich werde es wahrscheinlich nie wissen, vielleicht waren alle diese Erinnerungen zusammen in mir wach geworden, es war eine urige Erinnerung an etwas, was ich sehr stark vermisst habe, und ich wusste nicht, was es war. Dann erschien eine Frau auf dem Balkon im ersten Stock des Hauses, die ihren Staublappen schütteln wollte, sie sah mich und sprach mich an (ich wiedergebe nur sinngemäß die Unterhaltung, weil ich sie nur zum Teil verstanden hatte und generell in meinem damaligen Zustand ohnehin nicht viel, egal in welcher Sprache, hätte verstehen können.

„Mein Herr, warum weinen Sie? Haben Sie was verloren? Geht es Ihnen schlecht?

„Nein“, erwiderte ich. „Es geht mir gut. Ich höre nur intensiv die Musik.“

„Aber wieso weinen Sie? Es ist doch nicht Musik zum Weinen. Es ist zwar Fado, aber es ist ein fröhliches Lied, das sind fröhliche Lieder und man sollte lachen oder zumindest schmunzeln.“

„Ja, verstehe ich“, konnte ich gerade so zwischen meinem gewaltigen Tränentropfenregen über die Lippen bringen.

Das war es. Nicht mehr und nicht weniger. Magie. Man könnte sagen es war eine echte Offenbarung, ich dachte nur, wenn ein Volk so eine Musik komponieren und singen kann, meinetwegen als Volkslieder, dann hat dieses Volk viele Gemeinsamkeiten mit mir und mit meinem Volk und es wäre vielleicht hier, in diesem Land, wo ich mein Leben leben sollte. Ich kannte natürlich Fado von früher und es gefiel mir sehr gut, aber es haute mich nicht so um, möglicherweise war das, was ich kannte, die traurige, klassische, Variante voller Schwermut von Fado, die überall in Portugal gesungen wird, die kommerzielle Form oder so etwas. Was ich da in Oliveira de Azeméis hörte, war etwas anderes und einmalig, es war doch Schwermut, aber mit ein bisschen Schmunzeln und Zukunftszuversicht und es traf eine Saite meiner Seele, die wiederum andere Saiten meiner Seele in Resonanz brachten – wie man es bei der Musik eines indischen Sitar kennt –, die wiederum meinen Geist beflügelte und gleichzeitig meinen Körper versteinerte. Es ist immer schwer, eine Offenbarung mit Worten zu erklären, weil eigentlich nichts zu erklären ist. Man kann so was nicht vorbereiten, die passende Zeit und das Ambiente dazu finden. Eine Offenbarung offenbart sich oder nicht.

Endlich zeigte mir der gütige Weg, wonach ich die letzten Monate, mehr oder weniger bewusst, gesucht hatte. Es war die Musik des Nach-Hause-Kommens. Es war der Geruch des Nach-Hause-Kommens. Es war nicht der Geruch der Heimat, meine Heimat war in Rumänien, das war mir auch nach diesen Monaten Pilgern klar geworden.

Irgendwann hörte ich auch auf zu weinen und ging weiter in einer stillen, tiefen und weisen Harmonie mit mir selbst. Der Weg hatte nichts Besonderes an sich, er lief parallel mit der Straße und es wurde in der Zwischenzeit auch neblig, aber ich war in einer geistigen Stratosphäre und lief wie eine mechanische Puppe oder ein Trommelsoldat, ohne alles um mich herum richtig wahrzunehmen. Ich fing irgendwann auch an, das zweite Konzert von Rachmaninow zu summen, allerdings nur den zweiten Satz, „Adagio Sostenuto“. Was für eine seltsame Assoziation! Auf einer Seite die Unendlichkeit der russischen Steppe und der slawischen, unvollendeten Liebe, auf der anderen Seite die Unendlichkeit des Ozeans und das Gefühl der Resignation, des Schicksals und der Melancholie.

Nach weiteren zwei guten Stunden Pilgern erreichte ich mein Tagesziel, Albegaria-a-Velha, einen wunderbaren Ort, eine Kleinstadt mit etwa 5.000 Schornsteinen, einer Menge Geschichte und einen Fluss, Rio Vouga, über dessen Auen einige alte Brücken gebaut wurden, in Zeiten, als die Einwohner Portugals an die Römer als Halbgötter glaubten. Ich rastete in einer Kneipe neben dem Rathaus, im historischen Kern der Stadt, und fühlte mich pudelwohl. Ich dachte, wenn die Liebe eine der Botschaften des Tages war, dann sollte ich vielleicht mit Ana sprechen. Nachdem ich meine Cerveja und Bifana bestellt hatte, rief ich sie an. Sie freute sich und irgendwie freute ich mich auch, dass ich sie in ein paar Tagen sehen würde. Ich wollte so gerne mit ihr über die Erlebnisse, Erfahrungen und Gedanken reden und am Telefon konnte man nicht so gut reden, denn zum Reden braucht man bekanntlich auch die Augen. Wir konnten miteinander kommunizieren in einfachen Sachen, aber tiefere, kompliziertere Zusammenhänge waren nicht so einfach zu vermitteln, da ihr Englisch auch ziemlich rudimentär war, viel besser als mein Portugiesisch auf jeden Fall, aber dennoch nicht ausreichend. Also umarmten wir uns wörtlich und träumten wieder zusammen über unser Wiedersehen in Fatima und über die physische Nähe, die uns dann alle Probleme zu lösen helfen würde. Ich speiste sehr gut und gepflegt, und dann suchte ich die nächste Albergue, die ich auch sehr schnell fand, bekam gleich eine Unterkunft, setzte mich ins Bett und schlief sofort ein, ohne mich zu waschen oder umzuziehen. Na ja, Pilger halt.

Am nächsten Tag wollte ich bis Agueda laufen, aber eigentlich war ich ziemlich ungeduldig und wollte die Reise zu Ende bringen, da alles, was ich erreichen wollte und erhofft hatte, in Erfüllung gegangen war, so dass ich dachte, vielleicht schaffe ich es, bis Mealhada zu laufen, ungefähr 38 Kilometer. Also brach ich früh auf, zum Glück fand ich auch eine Pasteleria, die schon offen war, wo ich mir Proviant kaufte. Die Sonne hatte noch keine Kraft, obwohl sie sich schon angekündigt hatte, es war ein bisschen feucht und es waren kaum Leute auf der Straße. Der Weg war asphaltiert und unangenehm zum Laufen, aber ein Pilger sucht sich nicht den Weg, der Weg sucht sich die Pilger, so ein ungeschriebenes Gesetz der Natur. Also lief ich weiter, marschierte durch mehrere Dörfer durch, holte mir die schmackhaften Nêsperas, und damit war mein Frühstück erledigt. Nach einiger Zeit war ich den asphaltierten Weg satt und ich wich vom Weg ab, lief durch die Ackerfelder weiter und fing wieder an, auf Sicht und Sonne zu navigieren, wie ich es so oft in Deutschland gemacht hatte. Ich machte auch Rast am Rande eines kleinen Bachs und aß gemütlich mein Brot, Tomaten, guten portugiesischen Käse und meinen üblichen Knoblauch. Ich wollte ein bisschen nachdenken, aber ich war zu ungeduldig und lauffreudig, also lief ich weiter. Ich folgte einem Pfad und lief über diese riesigen Felder, vielleicht war es auch die Aue des Bachs, ich weiß es nicht, aber was ich weiß, ist, dass meine Wasserflasche sich langsam leerte und ich natürlich ausgerechnet dann einen riesigen Durst bekam. Ich dachte, es wäre nicht so schlimm, ich werde meine Flasche mit Wasser im nächsten Dorf nachfüllen. Aber das nächste Dorf kam und kam nicht. Die Sonnenstrahlen ließen mich schwitzen, es war richtig heiß geworden. Nach einer Stunde oder so änderte ich die Richtung und lief weiter in die Richtung, wo ich meinte, dass der Bach sein sollte. Die Rechnung ging aber nicht auf, ich fand den Bach nicht, es waren auch kein anderer Bach dabei und keine Obstbäume, Weinberge oder sonst andere Bäume in Sicht, die meinen Durst löschen konnten. Mein Durst stieg also mehr und mehr, genauso wie meine Panik. Am Anfang fand ich alles einfach lustig, nach Tausenden von Kilometern, die ich bis jetzt gelaufen war, in so eine Situation zu gelangen, dass ich kein Wasser bei mir hatte. Ich sah oder traf auch keine Pilger. Ich versuchte mich zu beruhigen, indem ich dachte, die Dörfer können nicht so weit voneinander entfernt sein, also würde demnächst entweder ein Dorf zu sehen sein oder ein Wegweiser, der die Richtung und Entfernung zu der nächsten Siedlung zeigen sollte. Also, Hunger zu haben ist OK, man kann sich auf dem Weg mit Blättern, Wurzeln, Getreide behelfen, aber Durst zu haben und in so einer Hitze laufen zu müssen, war nicht einfach. Ich wusste nicht, was ich tun sollte. Ich wusste, ich muss mich beruhigen, aber ich wusste nicht, wie. Ich fing dann an, langsam und tief zu atmen und kleinere Schritte zu machen, und setzte mir meine alte und mittlerweile staubige gefaltete „Barely Legal"-Mütze mit dem Schirm nach hinten auf, um „cool" zu sein wie Holden Caulfield, aber auch „cool" – im richtigen Sinn des Wortes. Ich hatte den Eindruck, nach Gefühl und Sonnenlage, dass es schon Spätnachmittag geworden war, und ich hätte so gerne gewusst, wo ich mich befand und wo das verdammte nächste Dorf ist. Irgendwann fand ich doch einen Wegweiser, der sagte, dass es nur zwei Kilometer bis Aguada de Baixo waren. Das war aber eine Erleichterung!! Erstens würde ich Wasser, sogar Bier, bekommen können und zweitens wusste ich jetzt, dass ich mich doch auf dem Weg nach Mealhada befand und mich nicht Richtung Atlantik oder Spanien bewegte. Von Aguada de Baixo bis Mealhada waren es nur noch 14 Kilometer oder so. Also lief ich wie der Wind bis Aguada, ein kleines Dorf mit 1.000 Seelen oder so, setze mich auf die Terrasse des einzigen Restaurants im Dorf und bestellte mit meinem letzten Atem Wasser und Bier. Nachdem ich meinen Durst gestillt hatte, trank ich in Ruhe, Stille und Schmunzeln mein Cerveja Sagres und lachte über mich selbst. Als ich entspannter wurde, bestellte ich auch ein Bifana-Sandwich und aß es mit Appetit und Freude. Ich blieb dort eine halbe Stunde oder so, dann lief ich weiter – meine Wasserflasche war natürlich voll – schaute mir die einzige Kirche des Dorfes an, aber sie hatte keinen Pilgerstempel anzubieten. Egal, ich pilgerte weiter nach Mealhada. Es gab bis Mealhada keine Vorkommnisse mehr, ich lief weiter entlang der Landstraße und nach guten zwei Stunden war ich da, zu gleicher Zeit, als die Sonne unterging. Ich ging gleich in die Albergue Hilario, die einzige Albergue und Hotel des

Dorfes, wo ich schnell und unkonventionell einen Schlafplatz bekam, was mir auch wichtig war, da ich mich todmüde fühlte.

Also, ich hatte wahrscheinlich nur noch drei Etappen. Die nächste Etappe nach Coimbra, danach bis Tomar oder so und die letzte Etappe nach Fatima. Es waren von Fatima nach Praia noch 60 Kilometer, aber für mich war Fatima erstmal die Endstation, da ich dort Ana treffen sollte, und das Ende war dann offen.

Es gab gar nichts zu sehen in Mealhada, ein Dorf verstreut auf der rechten und linken Seite der Landstraße, 4.000 Seelen, ich glaubte, es gab dort noch nicht einmal eine Kirche. Ich schlief gut und lange und freute mich auf die Etappe am nächsten Tag. Es war eigentlich eine kürzere Etappe, sodass ich ordentlich frühstücken und dann auch noch ein wenig Proviant für unterwegs besorgen konnte.

Ich war gut gelaunt, ich lief gut, das Wetter war angenehm, nicht so heiß wie gestern, ich hatte ausreichend Wasser dabei, also nur gute Dinge. Der Weg lief ausnahmsweise nicht parallel zu der Straße, sondern durch einen Wald am Anfang und dann durch die Felder, also auch angenehm. Ich wollte nach zwei Stunden eine Pause machen und kam in einem Ort namens Souselas an. Es war aber komisch, dass alle Geschäfte, einschließlich der Kneipen, geschlossen waren. Ich erinnerte mich nicht mehr, es war Sonntag oder ein Feiertag oder so. Also wollte ich wieder laufen, aber ich sah an einer Kreuzung ein Auto, aus dem zwei Jungs, angezogen mit Anzug und Krawatte, ausstiegen, und ich dachte, es kann nur eine Hochzeit- oder eine Trauerfeier sein. Da ging ich hin und unterhielt mich mit den Jungs. Die waren sehr nett und es stellte sich heraus, dass wir eine gemeinsame Bekanntschaft hatten, und zwar den Besitzer eines Surfgeschäftes in Peniche, einer kleinen Stadt in der Nähe von Praia d'El Rey. Es war für sie so eine Besonderheit mit einem Pilger, der so eine lange Strecke hinter sich hatte, zu reden, sie waren so freundlich und wussten nicht, wie und was sie mir anbieten sollten, um unsere Freundschaft zu ehren. Es war tatsächlich eine Hochzeit, ich müsse unbedingt die Braut und ihre Familie kennenlernen. Ich konnte sie nur mit Mühe überzeugen, dass ich weiterlaufen musste und nicht dableiben konnte. Sie gaben mir dann Proviant für den Weg – es war Proviant für vielleicht drei Tage – ich trank ein Sagres mit ihnen und anschließend bekam ich auch ein T-Shirt mit der Abbildung der Surfschule in Peniche geschenkt. Ich bedankte mich ganz herzlich, sie waren wirklich so nette, liebe Leute und ich dachte, hätte ich auch noch den langen Bart und Haare gehabt – also das Erscheinungsbild des alten, weisen Mannes – wäre ich nicht in der Lage gewesen, die Ortschaft und die Hochzeit zu verlassen und hätte dort vielleicht übernachten müssen.

Verrückte Welt! Ich glaube, jeder Mensch hat mehr oder weniger das unterdrückte Gefühl oder den Traum zu Laufen und Laufen, mitten in der Natur zu sein, nah an den Jahreszeiten, den Regen zu riechen, die Sonnenblumenfelder zu begrüßen und zu bewundern oder die ermüdeten Füße nach einem langen Pilgertag in dem kalten und wild laufenden Wasser einer Bergquelle zu baden und abkühlen zu lassen, eine Sehnsucht nach dem stillen, kraftvollen und gleichzeitig frommen Aufgenommenwerden, mit dem ein Wald dich umhüllt und begleitet, und vor allem nach der Freiheit, die soziale Ungebundenheit und ein sozial verantwortungsloses und pflichtfreies Leben zu leben statt etwas zu „müssen".

Ich glaube, man muss ab und zu im Leben den Mut haben und sich solche „Auszeiten" nehmen, um sich zu suchen, um seine Legende oder seine Bestimmung zu finden, sich wiederherzustellen, sich wieder einzurenken, neu einzurichten oder sogar wiederzuerfinden. Solange man mit Tausenden von Fäden an die bestehende Gesellschaft und Gesellschaftsordnung gebunden ist, wird es einem nicht gelingen, frei über sich selbst zu reflektieren.

Ich pilgerte also eine schöne Strecke weiter, durch Felder, Wälder und streichelnde Sonne und nach zwei guten Stunden war ich schon am Rande Coimbras. Ich stieg dann in einen Bus ein, weil ich nicht auf asphaltierten Straßen am Rande einer Stadt durch Plattenbauten oder industrielle Landschaften laufen wollte. Darüber hinaus fing es plötzlich auch an zu regnen. In der Altstadt fand ich relativ schnell eine Albergue, bekam auch gleich ein Bett zugeordnet und dann hatte ich noch ein paar Stunden, um mir die Stadt anzuschauen.

Coimbra war eine Studentenstadt, es waren über 30.000 Studenten in der Stadt – in einer Stadt mit etwa 150.000 tausend Einwohnern – und sie hatte eine lange und ereignisvolle Geschichte. Es waren Römer, Mauren, Muslime, wieder Mauren, Spanier, Franzosen und Engländer, die die Stadt im Laufe der Jahrhunderte erobert hatten. Coimbra hatte die älteste Universität Portugals und vielleicht eine der ältesten, wenn nicht die älteste Universität Europas. Die Stadt hatte, genau wie Lissabon, viele Schäden durch das Erdbeben im XVIII. Jahrhundert erlitten und wurde rekonstruiert, genau wie Lissabon, unter der Führung des berühmten Marquês de Pombal, eines ehemaligen Coimbra-Studenten. Die Stadt wurde durchquert vom Rio Mondego und es gab vier oder fünf alte Brücken, die den Fluss majestätisch überquerten. Ich lief in die Altstadt und in den Universitäts-Stadtteil, und ich hatte so ein Gefühl, Wissen, Geschichte und Religion zu riechen, etwas, das ich ähnlich nur in Wittenberg in Deutschland gespürt hatte. Es waren viele junge Leute auf den Straßen, die laut sprachen und argumentierten, auch eine Menge Touristen, es gab auch schöne kleine Kneipen, alte Gebäude mit wunderbaren Barockfassaden, imposante Universitätsgebäude und Bibliotheken, kleine Geschäfte, Buchläden und Antiquitätsläden, Azulejos, farbige Türen und Fensterrahmen und vor allem war es ein permanentes Auf und Ab – dadurch, dass die Altstadt und Universität auf einem Hügel gebaut wurden. Ich genoss es sehr, auch wenn meine Beine nur „Terrasse und Cerveja“ schrien, aber es war langsam Abend und ich ging dann in ein Lokal, das auch eine Band hatte, und ich wollte unbedingt auch die berühmten Coimbra-Fado hören und überhaupt authentische Coimbra-Musik.

Wie man es üblicherweise macht, wird erst gespeist, getrunken und gesprochen und irgendwann spät am Abend kommt die Band und fängt an zu singen. Eine Band wird nie vor einem Publikum, das noch am Essen ist, auftreten. Ich hatte viel von der Protestmusik und Undergroundmusik, die in Coimbra entstand, von der Diversifizierung des Fado, der hier stattfand, und von der ironischen Variante des traurigen und tragischen Lissabon-Fado, der hier gesungen wird, gehört. Ich wurde nicht enttäuscht. Ich saß an einem Tisch mit drei Studenten, zwei Portugiesen und einem Mädchen aus Holland, die versuchten, mir die Musik und die Philosophie hinter der Musik zu erklären. Sie waren sehr nett und wir unterhielten uns viel über Musik und andere Dinge, sicherlich war ich mit meiner Geschichte die Kuriosität des Abends am Tisch schlechthin, was die Bewunderung der kleinen Holländerin weckte. Auf jeden Fall musste ich auch erfahren, dass die zwei bekanntesten Lieder in Portugal, „Avril in Portugal“ und „A Garota de Ipanema“, hier entstanden waren. Ich kannte beide Lieder sehr gut, ich dachte „Avril in Portugal“ sei ein französisches Lied und wurde eines Besseren belehrt, weil es durch Amalia Rodrigues nach Frankreich gebracht worden war und dort von den französischen Chansonetten-Sängern eingenommen und gesungen wurde, genau wie der berühmte, einmalige Bossanova „A Garota de Ipanema“, der auch hier komponiert und nach Rio exportiert worden war. Zumindest erzählte es mir Anika so, die Holländerin, mit der ich mich mehr und mehr am Abend unterhielt. Cerveja und Portwein flossen und irgendwann kamen wir in einem Nachtklub an, wo wir uns mehr Fado und Underground-Musik anhörten, es war kein Techno, aber so was wie Housemusik, meinte ich.

Auf jeden Fall stand eine Sache fest. Ich schlief nicht in meinem Bett in der Albergue. Am nächsten Tag schlief ich so lange, dass ich aufstehen musste, um mich anzuschauen und zu riechen, ob ich noch atme, um festzustellen, dass ich noch am Leben bin. Anika musste in irgendeine Vorlesung gehen, wir verabschiedeten uns zärtlich und ich kam wieder zu meiner Albergue zurück. Ich hatte einen dicken Kopf und ich beschloss noch einen Tag in Coimbra zu bleiben, da die nächsten zwei und die letzten Tage meiner Pilgerreise länger und schwieriger sein würden und ich dann sehr früh aufbrechen musste.

Ich schaute mir die katholische Kirche „Sé Velha“ (die alte Kathedrale) an, die beeindruckende romanische Architektur aus dem XI. Jahrhundert, die hervorragend erhalten geblieben ist. Ich konnte nur staunen über die meisterliche, handwerkliche Arbeit von damals. Ich schaute mir auch die „Sé Nova“ (die neue Kathedrale) an, die auf dem Altstadthügel der Stadt Coimbra gegenüber der geschichtsträchtigen Universität lag und nicht weiter als zweihundert Meter von der alten Kathedrale. Eine im Barockstil in XVI. Jahrhundert gebaute Kathedrale, die jahrelang als Jesuitenkirche galt, bis die Jesuitenorden aus Portugal vertrieben wurde. Die Fassade war sehr imponierend, aber gleichzeitig freundlich und warm, die Innenausstattung und insbesondere der Altar waren prachtvoll barocke

Erinnerungsstücke der Macht, die damals die Kirche hatte und in Portugal zum Großteil auch immer noch hat. Ich machte dann meine Mittagspause in einer Kneipe, die „Maria Portuguesa“ hieß, und aß schön und gepflegt auf einer Terrasse, gleich neben einem Geschäft namens „Bud & Temple“, das anscheinend ein Cannabis-Kult war, was ich leider nicht ausprobierte. Die Gassen in der Altstadt, um die Universität herum, mit kleinen Kneipen, Kunstausstellungen, Terrassen und einfach vielen einfachen Plätze, wo man chillen und entspannt ein Bier und einen Kaffee trinken konnte, gaben der Altstadt eine wunderbare warme, freundliche, ungebundene, ungezwungene und doch intellektuelle Atmosphäre.

Letztendlich besuchte ich auch den barocken Uhren- und Glockenturm sowie die wunderbare Bibliothek der Universität und anschließend kletterte ich die monumentalen Treppen runter, die beeindruckend waren und vielleicht nur von den potemkinschen Treppen in Odessa übertrumpft werden konnten. Es tat mir gut, wieder ein bisschen Kultur, Geschichte und Menschheit zu genießen, nach so vielen Monaten Einsamkeit. Ich machte am Abend noch einen Spaziergang und telefonierte noch mal mit Anika und wir tauschten E-Mail-Adressen aus, aber ich wollte doch allein den Abend verbringen und früh ins Bett gehen, um fit zu sein für die lange Etappe, die auf mich wartete.

Am nächsten Morgen stand ich mit dem Zwitschern der Vögel auf, es war noch dunkel, aber ich hatte keine Geduld mehr und brach gleich auf. Ich fuhr mit dem Bus eine halbe Stunde bis an die Stadtgrenze und versuchte, im Bus nicht wieder einzuschlafen. Dann pilgerte ich fleißig zwei Stunden parallel mit der Landstraße, bis ich in einem kleinen Ort ein kleines Universalgeschäft fand, was schon geöffnet war, ich frühstückte etwas, trank einen kleinen Kaffee und organisierte Proviant für unterwegs. Mein Ziel war eine kleine Ortschaft, Abiul, die 46 Kilometer von Coimbra entfernt war. Also doch eine heroische Strecke.

Der letzte, ungeplante, extra Tag in Coimbra hatte einen Klick in meinem Kopf gemacht, hatte eine Tür zu einem Raum der Gedanken geöffnet, die in meinem Kopf waren, aber undifferenziert und unqualifiziert und in keiner Weise bewertet. Es war die Atmosphäre, die ich in Coimbra gespürt hatte, von hochbegabten Studenten, die auserwählt waren und in dieser wunderbaren Umgebung mit archetypischen Seminaranstalten zusammenkamen und studierten, die mich stark an das einmalige Buch „Glasperlenspiel“ von Herman Hesse erinnerten. Es war auch die wahnsinnige Bibliothek, die ich gesehen hatte, mit mehr als 300.000 Büchern, die mich zurück zu meinen Gedanken anspornten, eine Buchhandlung aufzumachen. Ich wurde mehr und mehr in diese Richtung gezogen. Ich spürte, dass meine Pilgerreise zu Ende geht oder ging und dass meine Bestimmung, meine Legende darin bestand, den Menschen das Lesen zurückzubringen. Ich bekam dieses starke Gefühl zurück, dass es in unserer gesamten Gemeinschaft eine schmerzhafte Suche nach Wiedererlangung der Authentizität, Authentizität unserer Werte und unseres Zwecks, gibt.

Wir sind in gewisser Weise in dieser technokratischen Gesellschaft verloren gegangen, wir haben diese Wahrnehmung von einem Unbehagen, was nicht artikuliert werden kann, und wir versuchen es zu bewältigen, indem wir soziale Nischen suchen, um Empathie zu atmen und unser soziales Unglück zu überleben. Wir scheinen nicht mehr in der Lage zu sein, uns zu verteidigen, und wir können uns nicht vor der Außenwelt verstecken, eine Außenwelt, in der Multitasking und Fokuswechsel alle fünf Sekunden von einem sozialen Medium zum anderen die Mutter aller Dinge zu sein scheint.

Also kam ich auf die Idee, den Leuten das Lesen zurückzugeben. Es ist unnötig zu erwähnen, dass man den Leuten das Lesen nicht als Geburtstags- oder Weihnachtsgeschenk zurückgeben kann. Die Herausforderung war und ist also berghoch. Es war mir klar geworden, dass ich einen besonderen, magischen Rückzugsort schaffen muss, einen Raum der Harmonie, Weisheit und des emotionalen Wohlbefindens.

Dies müsste mit Sicherheit eine Buchhandlung sein; eine Buchhandlung, die die besten Bücher ausstellt, die jemals geschrieben wurden. Eine Buchhandlung, die durch die Atmung von über fünfhundert Kuratoren leben soll, die mir die Buchtitel der zehn besten Bücher geben würden, die sie je gelesen hatten.

Man könnte dann in der Buchhandlung ein Buch lesen, einen Kaffee trinken, eine Partie Schach oder Go spielen, ein einzigartiges kulinarisches

Erlebnis haben, ein Glas Wein trinken und ein gutes Gespräch führen (literarisch oder vielleicht philosophisch, existenziell oder sozialpolitisch) mit einem Freund oder einem unserer Therapeuten.

Dies wird eine Buchhandlung mit Atmosphäre sein müssen, eine emotionale Buchhandlung, eine Buchhandlung für Inspiration und Motivation sowie eine Werkstatt zum Lehren und Lernen, was gute Zeit ist, Zeit, die von den Menschen der Buchhandlung erstellt wird, und Zeit, die versuchen wird, die Menschen wieder mit den Büchern und wieder miteinander zu verbinden.

Na ja, das war eigentlich das Konzept. Aber so etwas auf die Beine zu stellen, war auch eine herculanische Aufgabe. Alles zu stemmen, die Bücher zu finden, richtige Angestellte mit der richtigen Einstellung zu finden, sie erst einmal aufzuklären und in dieses Projekt einzuarbeiten, die Finanzierung, das Marketing und vor allem den richtigen Ort zu finden, mein Kopf spann schon Gedanken über Gedanken, Fragen über Fragen, und ich pilgerte weiter, bis ich irgendwann doch Hunger und Durst bekam und in der nächsten Ortschaft, Tapéus, eine Rast machte. Tapéus hatte vielleicht nur 50 Schornsteine oder so, die Häuser waren so verstreut, dass man nicht sagen konnte, ob man einen Nachbarn hatte, oder, anders gesagt, der nächste Nachbar befand sich dreihundert Meter entfernt oder so. Eine winzige und besondere Ortschaft, weil alles um Tapéus herum, wo auch immer ich hinschaute, Olivenfelder waren. Stolze Olivenbäume, die vielleicht hundert Jahre alt waren und viele, sehr viele Oliven hatten. Ich saß dort am Rande des Dorfes auf einer Bank und genoss meinen Schafskäse mit Tomaten und Knoblauch, und ich dachte, dass ein paar Oliven gut dazu passen könnten, aber frische Oliven, vom Baum gepflückt, schmecken doch ganz anders als eingelegte Oliven, musste ich feststellen. Die Oliven schmeckten echt bitter, eine kaum zu ertragende Bitterkeit. Ich dachte am Anfang, dass ich eine kranke Olive erwischt hätte und dann probierte ich noch ein paar aus, aber sie waren so bitter, dass ich den echten Geschmack der Olive nicht mal entnehmen konnte. Also blieb ich bei meinem Knoblauch. Es war kurz vor Mittag und ich hatte noch einiges vor, sodass ich nach einer halben Stunde wieder unterwegs war.

Ich sprach auch mit Ana und es war eine wahnsinnige Vorfreude beiderseits, zu wissen, dass wir uns in weniger als 48 Stunden wiedersehen würden. Ich spürte, dass ich doch in Ana verliebt war, oder vielleicht nicht. Sie spürte, dass sie stark in mich verliebt war oder vielleicht nicht. Es war alles sehr intensiv und schön, obwohl ich doch eine dunkle Wolke in meinem Herz hatte, ich wusste nicht, warum. Ich sprach auch mit meinen Kindern und sie waren auch begeistert von der Idee mit der Buchhandlung und wollten natürlich dabei helfen.

Der Weg verließ endlich die Landstraße und ging wieder durch Felder und Wälder. Es war Ende September, ich war in einem Wald und es war ein Licht, das man nur in Portugal finden konnte. Das Licht kam durch die dicken Bäume zerlegt in Schatten und Farben und umarmte mich und schützte mich, die Bäume haben mich Stärke und Bodenhaftigkeit gelehrt, es war meine Zeit. Ich pilgerte mit Freude und Vertrauen weiter.

Ende September

An diesem prächtigen, farbenfrohen Septembertag in Portugal hatte ich das Gefühl, dass meine Reise zu Ende geht.

Der portugiesische Teil, der sogenannte „Camino Portugues“, insbesondere die Strecke von Santiago de Compostela bis Porto, ist der schönste Teil der gesamten Reise. Es scheint, dass es so sein musste.

Ich kann nicht erklären, was passierte, aber etwas hat mein ganzes inneres Wesen überschritten, transzendiert, kurz, nachdem ich Santiago erreicht hatte. Und hier war ich, ohne zu wissen warum, es geschah ohne meinen Willen, oder ich war nicht in der Lage meinen Willen zu wollen. Ich wurde von dem Weg, von dem Wind, von dem Licht, von der Geschichte getragen.

Manche Leute nennen es Magie, manche nennen es Gott, manche nennen es Zufälligkeit oder Glück und manche sagen, es ist alles nur ein Mist.

Es war eine unbeschreibliche Zeit und es war die beste Therapie – sowohl wörtlich, literarisch als auch phonetisch gesehen die besten „terre à pieds“ –, die ich in meinem Leben betreten habe.

Pilgerfahrt ist unter anderem die Wiederentdeckung des Weltraums, ein Lob des Weltraums. Und wenn man Glück hat, kann man tatsächlich Unmengen von „Armagnac“ und „Haute Brion“ trinken, auch keine schlechte Sache.

Leider wurde die Pilgerfahrt auf eine einfache Unannehmlichkeit der Gesellschaft reduziert (Unannehmlichkeiten, die mit einem Billigflugticket leicht überwunden werden konnten).

Der Weg ging langsam zu Ende – und hier würde ich neu anfangen. Der Weg hatte mich die ganze Zeit begleitet. Ich würde den Weg für die restlichen 50 Kilometer bis Fatima gehen.

Wie jemand vor langer Zeit sagte – und wenn er es nicht tat, werde ich es jetzt tun:

„Wenn man günstigen Wind in seinen Segeln haben möchte, muss man wissen, wohin man segelt.“

Heute war der erste Tag meines neuen und alten Ichs.

Ich wusste, was ich wollte, ich hatte einen Sinn, ich wusste, wo ich hingehöre und ich hatte auch herausgefunden, was Heimat bedeutet.

Ich wusste, wohin ich segeln sollte. Ich musste nur noch segeln lernen.

Und letztendlich, ob ich wollte oder nicht, spürte ich, dass das süße Gift der Sucht des Pilgerns doch in mir zu tropfen angefangen hatte …

Ich machte gerade eine Gedankenpause und schaute mir noch mal die Landschaft, die Sonne und die Felder an, die mich über Monate und Monate begleitet und geschützt hatten. Und ich stellte aber auch fest, dass ich schon in Abiul war, auf einer Terrasse gegenüber der Kirche, die „Matriz de Nossa Señora de Neves“ hieß, die Kirche, von der ich später meinen letzten Pilgerstempel holte. Ich saß da, mit einem Glas Sagres in meiner Hand. Es war Spätnachmittag, es ging mir gut, ich bestellte mir die berühmte Bifana und ich genoss den kommenden Abend, als wäre es mein letzter Tag. Mir hatte es immer gefallen, die ineinander spielenden Spätnachmittag-Frühabend-Zeiten, das Licht, die Schatten und die untergehende Sonne zu beobachten. Und dann alles mit 48 Kilometern hinter mir, mit einem Sagres und einer Bifana war ich voll bedient, ein besseres Ende des Tages konnte ich nicht verlangen. Ich hätte gerne mit den Leuten, die auch auf der Terrasse an einem anderen Tisch saßen, geplaudert, aber meine Sprachkenntnisse waren leider nicht ausreichend. Als ich fertig mit dem Essen war, suchte ich mir eine Unterkunft und fand einen Platz in Casa del Arco, eigentlich die einzige Albergue-ähnliche Einrichtung in diesem achthundert-Schornsteine-Dorf. Ich war wie ein Bär, der nach dem langen und traumlosen Winterschlaf aufwachte und dann ausgeruht, munter und lebensfröhlich wieder die Welt erforschen geht.

Am nächsten Tag, als ich aufstand, dachte ich nur, dass ich an diesem Tag meine Reise in Fatima beenden würde. Ana würde heute Nachmittag kommen und mein nomadisches Leben als Pilger würde vorerst zu Ende gehen. Ich hatte immer noch die Worte in den Ohren, die Thomas in der Schweiz, als ich mich mit ihm auf einer Terrasse in einem Vorort Genfs unterhalten hatte, gesagt hatte: „Pilgern kann süchtig machen, und wenn man auf dem Jakobsweg gepilgert ist, wird man bestimmt süchtig."

Ich hatte damals und auch bis jetzt keine Gefahr gesehen. Für mich war es das notwendige Ende einer Zeit des Gehens und Leidens, damit ich eine andere Zeit meines Lebens offen und bereit betreten konnte. Zeit ist nicht eine sequenzielle, quantitative Aufzählung, Zeit hat auch qualitative Komponenten, die man erkennen und genießen kann. Dafür muss man aber bereit und in der Lage sein, diese qualitativen Komponenten zu erkennen.

Egal, ich machte mich auf den Weg, ich hatte keinen Hunger, ich war ungeduldig und neugierig, was mir das Leben bringen würde und was ich daraus machen würde. Es war ein schöner Vormittag, der Weg war hügelig, ging wieder durch Felder und Wälder und Dörfer, die Septembersonne war ein Genuss, ein leichter Wind brachte mir Frische, es war ein guter Tag zum Pilgern, es war aber ein besserer Tag zum Reflektieren, so dass ich stundenlang pilgerte und darüber nachdachte. Ja, was ich auf diesem Weg gelernt hatte, wusste ich nicht genau, ich wusste aber, was ich nicht mehr sein wollte. Ich wollte nicht mehr eine Rolle spielen. Ich hatte immer eine Rolle, in die ich mich möglicherweise selbst hineinmanövriert hatte, gespielt. Die letzten fast dreißig Jahre hatte ich die Rolle des bürgerlichen, in die obere Mittelschicht einzuordnenden erfolgreichen Bankmanagers gespielt, der eine glückliche Familie hat, zwei süße, erfolgreiche Kinder, eine erfolgreiche, liebende Frau, zwei Autos, teures Silberbesteck und Geschirr für zwölf Personen, ein eigenes Haus in einem Dorf in der Nähe einer Großstadt, befreundet ist mit dem Arzt, dem Schuldirektor und dem Pfarrer. Wir hatten Sommerferien und Winterferien im Ausland verbracht, damit man dann zuhause ein Unterhaltungsthema mit den Nachbarn und der Verwandtschaft haben und angeben konnte, wie und wo wir gereist waren. Wir hatten in London gelebt und immer angegeben, als wir nach Deutschland kamen. Ich hatte eigentlich kaum Freunde. Es hatte mir nicht viel ausgemacht, ich hatte meinen Job mit Freude, Einsatz und Leidenschaft gemacht und das war vielleicht mein Ausgleich. Es war aber auch eine Pflicht, weil die Ausbildung der Kinder teuer war, Au-Pair-Mädchen für die Kinder, Haus, Autos, Reisen, alles musste auch finanziert werden. Es war aber doch eine Rolle. Ich habe diese Rolle ungezwungen gespielt. Ich wurde so erzogen und habe selbst das Leben so verstanden, dass ich auf die Anerkennung anderer Menschen angewiesen war, was mich wiederum Selbstvertrauen bilden ließ. Und es lag auf der Hand, was ich machen musste, um die Anerkennung der Gesellschaft zu bekommen. Ich musste Erfolg haben, gemessen daran, was die Gesellschaft als Erfolg bezeichnet. Also hatte ich diese Rolle gespielt, erfolgreicher Schüler, Student, junger Ingenieur und letztendlich Bankmanager. Ich hatte Erfolg, also Anerkennung. Was hieß dann Erfolg und was hatte er mir gebracht? Erfolg war bemessen durch Wohlstand. Es gab auf einer gewissen Stufe der Karriereleiter einen einigermaßen gewissen Wohlstand. Also, die „Gesellschaft“ – was auch immer das bedeutet – hatte mich als erfolgreiches Mitglied des oberen Mittelstands eingestuft. Der ganze Witz dabei war, dass das Wort Wohlstand eigentlich ein Gefühl, also Glück oder Heil, beschreibt. Man machte dann die gesellschaftliche Gleichung, dass die erworbenen materiellen Gegenstände gemäß deiner Lebensstufe, in der du dich befindest, den entsprechenden Wohlstand, also dein Glück mit sich bringen!

Glücklich sein ist aber ein Gefühl, und Gefühle sind bekanntermaßen nicht messbar, weil sie keine objektiven Gegenstände sind. Man kann nicht sagen, dass mein Glück, meine Tomaten in meinem Gemüsegarten gedeihen zu sehen, größer ist als dein Glück, einen schnelleren Wagen als ich zu fahren. Jeder Einzelne verfügt über unterschiedliche Ressourcen und Erfahrungen, die eine Rolle dabei spielen, wie er von unterschiedlichen Gefühlen beeinflusst wird. Diese entstehen durch die Wahrnehmung durch eigene Sinnesorgane. So wie nicht alle Menschen auf die gleiche Weise Freude empfinden, empfindet auch nicht jeder auf die gleiche Weise Schmerz. Es gibt keine Hierarchie von Gefühlen, die besagt, dass die Gefühle einer Person besser oder schlechter, stärker oder schwächer sind als die einer anderen Person.

Ich habe an meine Tochter gedacht, als sie mit der Ausbildung fertig war und am Anfang ihrer professionellen Karriere stand und mir sagte: „Papa, ich habe alle diese Jahre getan, was ihr und die Schule wolltet, dass ich mache, also lernen und ein erfolgreicher Student sein. Daran wurde ich bemessen. Jetzt bin ich zu dem Punkt gekommen, wo ich denke, ich werde machen, was ich möchte."

Ich erinnerte mich, dass ich auch als junger Mann solche Überlegungen gehabt hatte, war aber nicht mutig genug, um vielleicht zu sagen: „Und jetzt fängt mein erwachsenes Leben erst an und ich werde machen, was ich will, und nicht was von der Gesellschaft und Familie von mir erwartet wird."

So weit war ich mit meinen Überlegungen. Ich wollte den Rest meines Lebens authentisch leben, keine Rolle mehr spielen. Und vor allem unempfindlich sein dafür, was andere Menschen über mich denken und sagen, so verstand ich die Authentizität. Ich hatte einige Menschen auf dem Camino getroffen, die authentisch waren, aber Gerard, in Frankreich, hat mich am meistens beeindruckt, durch seine innere Ruhe, Anständigkeit, Ausgeglichenheit, Bodenständigkeit, sein Selbstvertrauen, seine Harmonie, Authentizität, Weisheit und Wissensgier. Ich dachte oft an ihn. Er und seine Gemüse- und Obstgärten, seine Bücher, Gemälde und sein selbstgemachter Schnaps. Ja, ich wollte authentisch, echt sein. Was das heißt? Schwer zu sagen, ich wollte authentisch sein wie damals, als ich Fische mit meinen Händen gefangen hatte, als ich mir Peitschen selbst gebastelt hatte, als ich auf einen selbst geschnitzten Spieß Maiskolben – zugegeben geklaut von den Maisfeldern der sozialistischen Kooperativen – gespießt hatte und auf der Wiese, in der Nähe eines Bachs, auf einem selbst gemachten kleinen Feuer, gebraten und gegessen hatte. Das war für mich authentisch und echt. Authentisch bedeutete eigentlich für mich, sich nicht verstellen zu müssen. In der Natur muss man sich nicht verstellen, da ist man echt. In der Natur tut man Sachen, die man kann und möchte, zwischen den Menschen tut man Sachen, die man kann, aber nicht unbedingt immer möchte. Das ist der Unterschied. Ich hätte gerne in meinem Leben mehr Sachen, die man möchte, gemacht. Ich erinnerte mich, damals, als wir in Kirberg wohnten, wie ich einen Bauernhof kaufen wollte. Es hatte mich so gereizt, einen Bauernhof zu betreiben, es war vielleicht kindisch, es war mein Schrei, mein Schmerz, ich wollte meine märchenhafte Kindheit wieder leben, ich weiß es nicht. Mein Leben wäre ganz anders gewesen, hätte ich darauf bestanden, es zu machen. Es gab natürlich viele Risiken, die damit verbunden waren, und ich wollte, dass Martina und die Kinder dabei mitziehen, aber ich konnte irgendwie nicht genug oder nicht richtig artikulieren, wie wichtig es für mich gewesen wäre, so etwas zu machen.

Oder ein anderes Mal, als ich ein Landgut in Frankreich kaufen wollte, mit einem Schloss mit 26 Zimmern und 5.000 Hektar Land, mit einem wunderbaren Gemüse-, Obst- und Blumengarten, einem Fischteich, Getreidefeldern und mit einem riesigen Wald, auch mit einem Jagdrevier. All das war in der Normandie, wir hatten im Schloss übernachtet und am nächsten Morgen hatte ich mich mit dem Besitzer unterhalten, er wollte alles verkaufen, hatte keine Kraft mehr, alles zu betreiben und zu verwalten. Wir hatten das Schloss inspiziert, Küche, Heizung, die elektrischen und Wasserleitungen, das Dach – ob es feucht oder nass war –, den Keller – ob er trocken war –, die Wände, Fenster, alles. Es war alles in guter Ordnung. Der Preis war absolut finanzierbar, mein Schwiegervater wollte mit einer Hälfte in dieses Geschäft einsteigen (das wäre vielleicht in der Zukunft ein Problem geworden, aber erst einmal war es eine finanzielle Entlastung für mich). Natürlich wäre es eine riesige Umstellung für uns gewesen, umzuziehen, eine Schule für die Kinder zu finden, einwandfrei Französisch sprechen zu lernen, sehr wahrscheinlich hätte ich meinen Job in London aufgeben müssen, das Gut hätte Geld einbringen müssen, das Schlosshotel hätte betrieben werden müssen, aber auch mit dem Betreiben von der Fischerei und den Getreidefeldern hätte man finanziellen Erfolg haben müssen, die ganze Administration des Landgutes, die Kommunikation mit den Behörden und dem Verwaltungsrat des kulturellen Erbes Frankreichs, zu der auch das Schloss gehörte, um mögliche Finanzierung für die Instandhaltung des Schlosses zu bekommen und viel, viel mehr Kram, der erledigt und organisiert werden musste. Aber ich war begeistert und ich hätte mir gut vorstellen können, so was als Lebensaufgabe zu haben. Ich konnte mich wieder einmal nicht durchsetzen, so etwas macht man nur, wenn alle an einem Strang ziehen, ansonsten wird nur Stress und Ärger daraus, also machten wir es auch nicht.

Ich war also bereit, mein Leben zu ändern, weil ich jetzt auch selbst entscheiden konnte, was ich machen möchte, eine Sachlage, die mir ganz neu erschien. Also hatte ich auch einen Plan entworfen, ich wollte den Menschen etwas zurückgeben, ich spürte, dass ich doch die Begabung und die Bestimmung hatte, den Menschen zu helfen, sich besser zu kennen. Meine Buchhandlung sollte „Letters Matters" heißen und ich hatte schon den Entwurf eines Plans, was, wie und wann alles geschehen soll, um so etwas zu ermöglichen.

Na ja, ich dachte, ich bräuchte noch paar Tage Pilgern, um alle diese Gedanken ins Lot zu bringen, aber ich würde erst einmal an diesem Tag das Ende meiner Pilgerreise feiern und das Wiedersehen mit Ana. Ich sah schon Fatima in der Ferne, also war ich nur ein paar Kilometer entfernt, es war Mittag und ich erinnerte mich nicht mehr, wo ich die letzte Rast gemacht hatte, so viele Gedanken liefen durch meinen Kopf. Ich wollte einfach laufen und die Atmosphäre der Stadt riechen, also lief ich noch eine halbe Stunde bis in die Altstadt. Ich buchte ein Zimmer in einem guten Hotel und dann stieg ich gleich in die Badewanne und nahm ein langes, heißes, seit langer Zeit ersehntes Bad. Das Zimmer war nicht sehr groß, aber nett eingerichtet und ich entspannte mich eine Weile. Ana musste jeden Augenblick da sein, sie hatte mir schon eine Textnachricht gesendet und die Spannung des Wiedersehens stieg und stieg. Ich hatte schon Champagner und Blumen bestellt, mich sauber angezogen und mich ans Fenster gesetzt und die Parkplätze angeschaut.

Nach einigen Minuten konnte ich nicht mehr im Zimmer warten und ich ging nach draußen, obwohl es sehr heiß und die Luft ganz stickig war.

Naja, dann kam sie, mit ihrem kleinen Wagen, parkte und stieg aus, schüchtern und unsicher. Wir umarmten uns, aber nicht wie zwei verliebten Menschen, sondern wie zwei gute Bekannte. Ich war ein bisschen überrascht von der Selbstkontrolle, die Ana hatte – die Meinung der Öffentlichkeit und der Ruf einer Frau, einer verheirateten Frau, denn sie war noch verheiratet, auch wenn getrennt lebend, waren ihr heilig, insbesondere an einem Ort wie Fatima. Was für eine Heuchelei, dachte ich nur. Dann gingen wir in mein Hotelzimmer, ich signalisierte diskret dem Empfang, dass man die Flasche Champagner ins Zimmer bringen könne, Ana setzte sich aufs Bett, ich mich auf einen Stuhl und wir schauten uns an. Sie war zierlich, verängstigt und schön. Ich denke, sie schaute mich lange an, weil sie mich bis jetzt noch nie ohne langen Bart und Haare gesehen hatte. Ich meinte, ich sah gar nicht so schlecht aus, aber doch gewöhnungsbedürftig. Der Room Service kam und brachte den Champagner und einige Petit Fours und verschwand dann elegant. Wir tranken ein Glas, gratulierten und beglückwünschten uns gegenseitig und dann war die Anziehungskraft zwischen uns nicht mehr zu bändigen. Wir liebten uns lange, schmerzhaft und euphorisch, es war eine Freude und eine Sehnsucht des Wiedersehens nach so langer Zeit, dass wir keine Worte brauchten oder fanden.

Nachdem wir unseren Liebeshunger gestillt hatten, konnten wir ruhiger und intimer über einige Sachen sprechen. Ich war wahnsinnig froh, sie wiedergesehen zu haben, aber es war etwas da, was nicht dahin gehörte. Unsere Welten und Weltanschauungen waren zu unterschiedlich. Sie war in ihrem Dorfkreis groß geworden und hatte das Leben so verstanden wie eine kleine Maus. Im Haus konnte sie leben und machen, was sie wollte, aber draußen wollte sie ganz unbeobachtet bleiben. Sie war in einer Bauernfamilie zur Welt gekommen und wollte zwar weg in die weite Welt laufen und bewunderte mich für meine Weltreise und alles, was ich gemacht hatte, aber sie hatte nicht den Mut, sich gehen zu lassen, groß zu denken, zu träumen und halt die Welt zu erobern. Sie mochte die Idee mit der Buchhandlung, aber sie wollte es in ihrer kleinen Stadt oder in Caldas da Rainha, einer Stadt mit 20.000 Einwohnern, machen. Wir träumten nicht zusammen, oder wir träumten zusammen, aber hatten verschiedene Träume. Ich konnte meine Hände nicht von ihr lassen, wir liebten uns wieder, und es war Trauer und Geborgenheit, Liebe und Abschied, Schmerz, den wir beide unterschiedlich erlebten und spürten. Wir beide wussten, wohin die Reise führt.

Wir stritten dann heftig. Ana meinte, wir könnten für eine Weile unsere Beziehung als erotische Freundschaft behalten, Kundera-mäßig, aber ich habe mein ganzes Leben so etwas nicht gemacht oder gekonnt. Eine Affäre zu haben, passte nicht in meine Weltanschauung. Sie konnte ohne mich nicht, aber wollte mit mir nicht so ganz, meinte sie. Ana fing an zu weinen. Ich sagte, ich liebte sie und ich liebte sie, ich fing an Sachen zu versprechen, die ich sicherlich nicht einhalten konnte, und sie fing an zu schreien, dass sie so lange auf mich gewartet hatte. Wir beide hatten die Kontrolle verloren über das, was wir sagten, vielleicht waren wir leicht angetrunken. Wir ließen uns dann etwas zu essen aufs Zimmer bringen und wir aßen etwas. Dann gingen wir ins Bett und umarmten uns innig und alles war wieder gut, wieder wahnsinnig, brutal und erotisch, wohl wissend, dass es am nächsten Tag nicht mehr so sein wird.

Wir umarmten uns für den Rest unseres Lebens und schliefen erst mit dem Vogelgezwitscher ein. Am nächsten Tag standen wir auf, packten alle Sachen, dann frühstückten wir genüsslich, wir unterhielten uns wie alte Freunde und dann fuhren wir los. Nach einer Stunde war ich zu Hause, in Praia. Wir umarmten uns wieder, verabschiedeten uns und ich spürte, wie gefährlich diese Sache mit dem Umarmen war, aber wir beide blieben nüchtern und dann fuhr Ana weg.

Wie jemand mal sagte, wenn die Liebe nicht Wahnsinn ist, ist es auch nicht wahre Liebe. Und unsere Liebe war nicht Wahnsinn. Es war ein wahnsinniges körperliches Bedürfnis nach dem anderen, also die beste

Voraussetzung für eine erotische Freundschaft, aber keine wahnsinnige Liebe. Und das war für mich nicht das, was ich suchte. So war es halt.

Der Weg

Ich habe Entscheidungen getroffen, egal ob richtig oder falsch. Richtig oder falsch ist nur eine Momentaufnahme – die vielleicht nach Monaten oder Jahren gegenteilig bewertet wird – eine Betrachtungsweise, denn wir wissen nicht, was gut oder schlecht ist in sich. Gut oder schlecht sind Werte, die von der Gesellschaft definiert werden, in Bezug auf Erfolg, Ansehen und Anerkennung einer Person, die zu der Fortsetzung der bestehenden Ordnung der Gesellschaft beiträgt. Richtig oder falsch, gut oder schlecht sind nur in Verbindung mit einem moralischen, ethischen, kulturellen und sozialen System einer Gesellschaft zu sehen. Das ändert sich aber ständig, weil die Gesellschaft in sich ein lebendiger Organismus ist.

Ich habe gelernt loszulassen, wenn die Sachen, die mir passieren, nicht mein „Wesentliches" angreifen. Sachen passieren nun mal, und es ist, denke ich, überheblich zu glauben, dass man alles, was mit und in einem passiert, versteht oder verstehen muss.

Es war eine Zeit, die ich wahrscheinlich unbedingt brauchte, um loszuspinnen, Gedanken oder Halbgedanken, Überlegungen oder Bruchteile von Überlegungen zu artikulieren, Zeit, um mein Gehirn sich austoben zu lassen, Zeit, um mich neu zu positionieren. Ich war wie ein Rechner, der auf Grund eines Fehlers seinen operativen Speicher auskippt und sich dann neu starten lässt.

Was wir wirklich im Leben machen wollen – vielleicht oft unbewusst, als junge Menschen wussten wir es schon, aber mit der Zeit haben wir es wahrscheinlich vergessen –, ist unsere persönliche Legende zu finden oder selbst zu bauen.

Das ist meine Story, Teil meiner persönlichen Legende. Und irgendwo habe ich gelesen, dass jemand gesagt hätte – vielleicht habe ich es auch nicht gelesen oder niemand hat es gesagt –, dass Stories nur denen passieren, die sie auch erzählen können. Auf die gleiche Weise präsentieren sich vielleicht manche Erfahrungen nur denen, die sie haben wollen.

Und auch wenn ich keinen weißen Bart mehr trage, bin ich vielleicht doch ein bisschen älter und weiser geworden. Oder vielleicht nur älter.

Letztendlich habe ich erfahren, dass es meine echte Authentizität ist, verliebt in das Verliebtsein zu sein. Und um das zu erfahren, musste ich doch das Mädchen, die Maria meiner Jugend- und Erwachsenträume, kennenlernen. Sie hieß Margot und es geschah tatsächlich. Ich lernte sie kennen, was ich immer noch für „magischen Realismus“ halte, und jeder Tag war und ist wie ein erfrischender Sommerregen nach einer langen Hitzewelle, aber über dieses Märchen werde ich ein anderes Mal erzählen.

Ich habe das Bedürfnis gehabt, diese Geschichte zu erzählen. Ich habe es hauptsächlich für mich gemacht, um mich besser zu verstehen, und es hat wunderbar funktioniert. Bis jetzt.

Das Leben ist nicht das, was man gelebt hat, sondern das, woran man sich erinnert und wie man sich daran erinnert, um es zu erzählen, sagte mal Gabriel Garcia Marquez.

Danksagung

An dieser Stelle möchte ich allen, die an mich geglaubt und mich unterstützt haben – gedanklich, seelisch, spirituell –, meine Legende zu entdecken, wieder ich zu werden, wieder zurückzukommen, und wieder zu träumen, aus dem ganzen Ich, danken.

Es waren eine ganze Menge Menschen, die mir auf dem Camino begegnet sind und meine Zeittüte wieder gefüllt haben. Ich möchte jetzt einige davon auch namentlich erwähnen.

Alexander, der Pflastersteinleger in Saarmund, Klaus Wagner, der Kunstsammler aus Treuenbrietzen, der junge Martin aus Wittenberg, der junge Tischler aus Krippenha, Stefan, der Hippie-Vater aus Böhlen, Wolfgang, der verrückte Motorradbastler aus Borna, der ewig junge Musikliebhaber Walter von Meerane, Manuel, der liebe Student in Nürnberg (der Sohn von Martinas Tante Stefanie), Stefanie und Gerhard, die zwei Tage mit mir auf dem Pilgerweg waren, und natürlich Hartmut, der liebe Hartmut, Nachbar und Freund von mir, Meret, die mich in Einsiedeln abholte und mir dann zusammen mit Tobias, ihrem Freund, einen wunderbaren, kuscheligen Abend schenkte, Étienne und Fabienne, die zwei Schweizer, die mir zeigten, wie man über die Grenzen der Anständigkeit gehen kann, ohne unanständig zu werden, Thomas, der die Glocken der Pilgersucht bei mir läutete, die ewig schöne und schüchterne Emma, die mir Genf präsentierte als Vorgarten ihrer Wohnung, Gerard, der so natürlich und authentisch lebte, dass ich eigentlich kaum glauben konnte, dass er real ist und nicht eine Auswirkung meiner fieberhaften Pilgerfantasie, Clement, der frustrierte Akademiker, die kleine Laura, die einfach wandern und neue Menschen kennenlernen wollte, Pepe aus Alicante, lieb und lebensfreudig, aber mit einer furchtbaren Geschichte, die er auf den Schultern mittrug, Rebecca, Maurizio, Elena, Patrick, die alle in einer Gruppe von Franzosen pilgerten und die ich mehrmals auf dem Weg traf und plauderte, Bertrand, mit dem ich mich im Schmerz wie verbrüdert fühlte, der seinen Sohn verloren hatte und eine Gite für Pilger in Ehren und Erinnerung seines Sohnes betrieb, Caterine, die Junge Katalanin, die die Härte des Caminos als

Generalprobe der Tapferkeit sah, bevor sie ihre Ausbildung anfing, Jean, der einzige Mitpilger, mit dem ich mich als „Bruder in Schmerz und Sünde“ fühlte, Eva, die verrückte Schwedin, das Energiebündel, die den Camino im Rennen machen wollte, Kelly, die arme junge Kolumbianerin, die verstehen wollte, warum ihre „Anomalität“ nicht normal war, Nadja, die kleine, rebellische Französin, die mit ihrer Emigrantenherkunft nicht klar kam, François und Louise, das wunderbare Paar in Frankreich, die es als Berufung empfanden, in deren imposanten Herrenhaus eine Pilgerunterkunft anzubieten, Fernando, aus Panama, der mir sein Pferd schenken wollte und mich, ohne zu wissen oder zu wollen, mit ethischen, moralischen Fragen konfrontierte, die selbstbewusste Marie-Claire, die mit Hund und Esel pilgerte, alles in ihrem Leben unter Kontrolle hatte, außer ehrliche Zärtlichkeit und Kuscheln, Ray und Leslie, die Kanadier, die grundsätzlich Rebellen und Alternativ waren (und eine Albergue in Portugal betrieben haben), aber bereit waren alles aufzugeben und bei meiner Mind Revolution mitzumachen.

Ich möchte auch „Ana, die Portugiesin“ hier erwähnen, für die Rolle, die sie mehr oder weniger bewusst in meinem Leben spielte. Als ich meine Pilgerreise mit offenem Ende antrat, brauchte ich wahrscheinlich aus Angst, vielleicht auch Sicherheitsbedürfnis, einen Hafen, zu dem ich hätte zurückkehren können, wenn alles schiefgelaufen wäre. Sie war sechs Monate lang dieser Hafen, und hat mich auf der ganzen Reise begleitet, ermutigt, unterstützt und begehrt.

Auch der Leistung von Cornelia, Marcell, Lambert und Elmar – meinen unprofessionellen Lektoren und Korrektoren – gebührt hohe Anerkennung, für deren Einsatz, dieses Buch von Deutsch auf Deutsch magisch umzuwandeln.